C
Einführung und professionelle Anwendung

Peter Prinz
Ulla Kirch-Prinz

C

Einführung und professionelle Anwendung

mitp

Bibliografische Information Der Deutschen Nationalbibliothek
Die Deutsche Nationalbibliothek verzeichnet diese Publikation in der Deutschen Nationalbibliografie; detaillierte bibliografische Daten sind im Internet über <http://dnb.d-nb.de> abrufbar.

Bei der Herstellung des Werkes haben wir uns zukunftsbewusst für umweltverträgliche und wiederverwertbare Materialien entschieden. Der Inhalt ist auf elementar chlorfreiem Papier gedruckt.

ISBN 978-3-8266-1766-9
2., aktualisierte und erweiterte Auflage 2007

E-Mail: kundenbetreuung@hjr-verlag.de

Telefon: +49 89/2183-7928
Telefax: +49 89/2183-7620

IT-fachportal.de

Lektorat: Sabine Schulz
Sprachkorrektorat: Petra Heubach-Erdmann
Satz: III-satz, Husby, www.drei-satz.de

Inhaltsverzeichnis

Vivi und Jeany gewidmet

Einleitung

Dieses Buch wendet sich an jeden Leser, der die Programmiersprache C lernen oder vertiefen möchte, gleich ob Anfänger oder fortgeschrittener C-Programmierer.

Die C-Sprachbeschreibung basiert auf dem ANSI-Standard X3.159 des American National Standards Institute. Dieser Standard entspricht der ISO/IEC-Norm 9899, die 1990 von der International Standards Organization verabschiedet, 1995 in einem Amendment ergänzt und 1999 erweitert wurde.

Der ISO/IEC-Standard von 1995 wird heute von allen gängigen C-Compilern unterstützt. Die Darstellung der Sprache C ist damit weitgehend maschinenunabhängig. Die Erweiterungen im Standard von 1999 sind noch nicht bei allen C-Compilern implementiert. Sie werden deshalb im Buch separat dargestellt und mit ANSI C99 bezeichnet.

Das Buch ist in drei Teile gegliedert. Der ***erste Teil*** ist eine vollständige Einführung in die Programmiersprache C. Die Kapitel sind so angeordnet, dass der Leser von elementaren Sprachkonzepten bis hin zur professionellen Software-Entwicklung geführt wird.

Die Reihenfolge der Darstellung orientiert sich am Ziel, von Anfang an sinnvolle Programme schreiben zu können. Die Beispielprogramme benutzen nur ANSI-kompatible Sprachelemente und können mit jedem gängigen Compiler übersetzt werden.

Im zweiten Teil enthält das Buch verschiedene Anwendungen der C-Programmierung. Zunächst werden dynamische Datenstrukturen vorgestellt, mit denen Daten in effizienter Weise verarbeitet werden können.

Die anschließenden Kapitel bieten eine Einführung in die Windows-Programmierung mit C. Die hier erworbenen Kenntnisse im Umgang mit der Windows-API (Application Programmer's Interface) sind eine gute Grundlage für die weitere Programmierung von Windows-Anwendungen, z.B. in C++, C# oder Java.

Schließlich werden Techniken der Hardware-nahen Programmierung für 16-Bit-Systeme vorgestellt, hier beispielhaft für das Betriebssystem DOS. Diese Verfahren sind heute nützlich bei der Programmierung von »Embedded Systems«, »Prozess-Steuerung« oder von PDAs (Personal Digital Assistant).

Im dritten Teil enthält das Buch die Beschreibung aller wichtigen Bibliotheksfunktionen, insbesonders auch die ANSI-Standardbibliothek. Die Funktionen werden systematisch und in alphabetischer Reihenfolge behandelt, wobei jeweils auch ein Beispiel angegeben ist. Die mit ANSI C99 neu eingeführten Funktionen sind ebenfalls berücksichtigt.

In den ersten beiden Teilen des Buches ist jede *Doppelseite* wie folgt gegliedert: Auf der rechten Seite sind die Sprachelemente beschrieben, welche durch C-Programme und Grafiken auf der linken Seite illustriert werden. Die Beispielprogramme sind so ausgewählt, dass sie eine typische Anwendung für das jeweilige Sprachelement zeigen. Darüber hinaus machen Utilities, Filterprogramme und Fallstudien den Leser mit professioneller C-Programmierung vertraut.

Um eine leistungsfähige Programmiersprache zu beherrschen, ist viel eigene Erfahrung durch selbständiges Schreiben von Programmen und Praxis am Computer notwendig. Am Ende jedes Kapitels sind deshalb *Übungen* formuliert, zu denen auf der folgenden Seite *Musterlösungen* angegeben werden. Der Leser kann damit seine erreichten Fähigkeiten überprüfen und das Verständnis von C vertiefen.

Im ***Anhang*** sind nützliche Informationen, wie z.B. die Vorrangtabelle für Operatoren, Präprozessor-Direktiven und die ASCII-Code-Tabelle zusammengestellt. Das Buch soll damit auch den geübten C-Programmierer begleiten, der ein gut strukturiertes und verständliches Nachschlagewerk zur Hand haben möchte.

Alle Programmbeispiele und Lösungen ab Kapitel 6 befinden sich auch auf der CD zum Buch. Damit der Leser seine Programme direkt testen kann, sind auf der beiliegenden CD der Compiler GNU-C/C++ und der Visual C++ Compiler von Microsoft (Book Edition) beigefügt. Hinweise zur Installation der Compiler finden sich in den entsprechenden LiesMich-Dateien auf der CD.

Wir bedanken uns bei allen, die bei der Entstehung des Buches mitgewirkt haben, insbesonders auch bei unseren Kindern, die mit ihren »Bücher schreibenden« Eltern immer sehr rücksichtsvoll sind.

Ihnen, lieber Leser, wünschen wir **viel Spaß mit C!**

Ulla Kirch-Prinz
u.prinz@cs.fhm.edu

Peter Prinz
prinz_peter@t-online.de

Teil 1

C-Sprachbeschreibung

Der erste Teil dieses Buches enthält die Einführung und vollständige Beschreibung der Programmiersprache C gemäß dem neuesten ANSI Standard von 1999 (kurz ANSI C99). Da die Erweiterungen dieses Standards noch nicht von allen Compilern unterstützt werden, sind sie separat dargestellt. Dabei sind neue Datentypen, Makros, Funktionen usw. mit einem (*) gekennzeichnet.

Kapitel 1

Grundlagen

Dieses Kapitel beschreibt die nötigen Schritte zur Erstellung eines lauffähigen C-Programms. Diese Schritte können Sie auf Ihrem System anhand von einführenden Beispielen nachvollziehen. Die Beispiele dienen auch dazu, die grundlegende Struktur von C-Programmen darzustellen.

Entwicklung und Eigenschaften von C

Charakteristische Eigenschaften

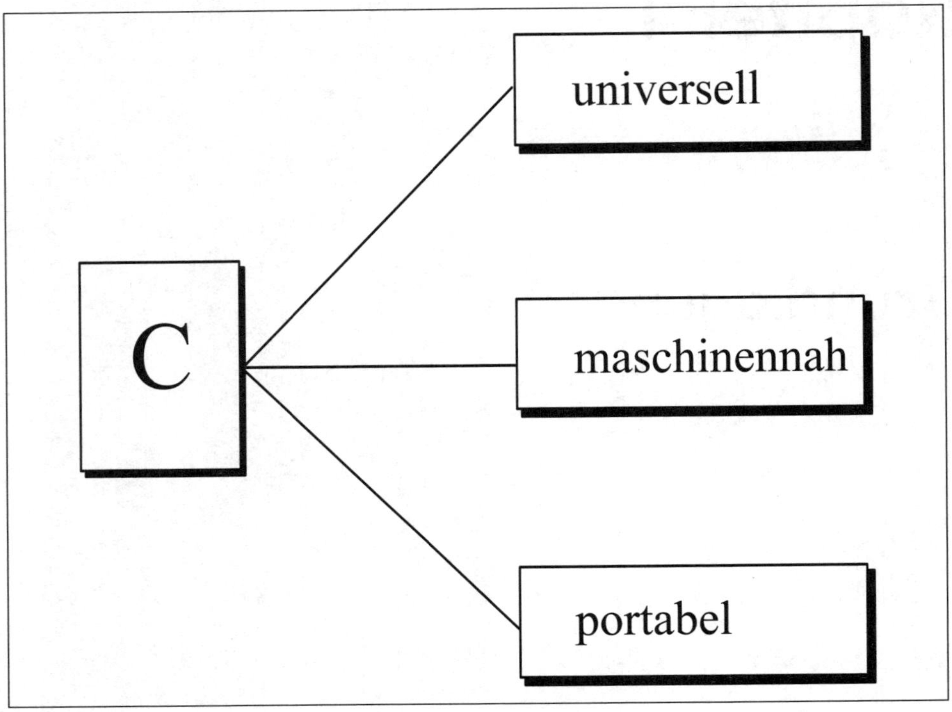

Historisches

Die Programmiersprache C wurde 1972 von Dennis M. Ritchie in den Bell-Laboratorien (Murray Hill, USA) entwickelt, um das Betriebssystem UNIX auf einer PDP-11 zu implementieren. Die typenfreien System-Programmiersprachen B und BCPL (Basic Combined Programming Language) können als Vorgänger von C bezeichnet werden.

C entstand aus dem Wunsch, mit einer höheren Programmiersprache ein nützliches Werkzeug in der Hand zu haben, das die Vorteile einer strukturierten Sprache und zugleich die Möglichkeiten eines Assembler ausnutzen kann.

In der Tat ist C so leistungsfähig, dass es nicht nur für die Systemprogrammierung, sondern als universell verwendbare Hochsprache eingesetzt wird: Datenbanken, Kalkulationsprogramme, Grafik-Applikationen wurden unter anderem in C geschrieben.

C ist an der Architektur der heutigen Rechner orientiert, was sich in elementaren Datenobjekten und Operatoren widerspiegelt. Der eigentliche Kern von C ist relativ klein. Zum Sprachumfang gehören weder Anweisungen für die Ein-/Ausgabe noch Dateizugriffe oder Speicherverwaltungstechniken. Für diese Aufgaben stehen standardisierte Funktionen in einer umfangreichen Bibliothek zur Verfügung.

Vorteile

In der Praxis ergeben sich daraus wesentliche Vorteile:

- C-Compiler sind kompakt, besonders leicht auf neue Systeme zu übertragen, und erzeugen einen *effizienten Maschinencode.*
- Die hardwareabhängigen Bestandteile der Sprache C sind auf ein Minimum reduziert. C ist damit eine in höchstem Maße *portable Sprache.*

Mit einer gewissen Sorgfalt ist es möglich, C-Programme zu schreiben, die unverändert auf verschiedenen Rechnern, vom PC bis zum Supercomputer, laufen. Die Portabilität ist mit ein Grund für den rasanten Siegeszug der Sprache.

C besitzt wenig restriktive Regeln. Die daraus resultierende Flexibilität fordert jedoch auch ihren Preis: Der Programmierer benötigt detaillierte Sprachkenntnisse und größte Disziplin. Der Lohn seiner Mühen sind kompakte und schnelle Programme, die bestechend einfach und elegant formulierbar sind.

Erstellung und Übersetzung eines C-Programms

Übersetzung eines C-Programms

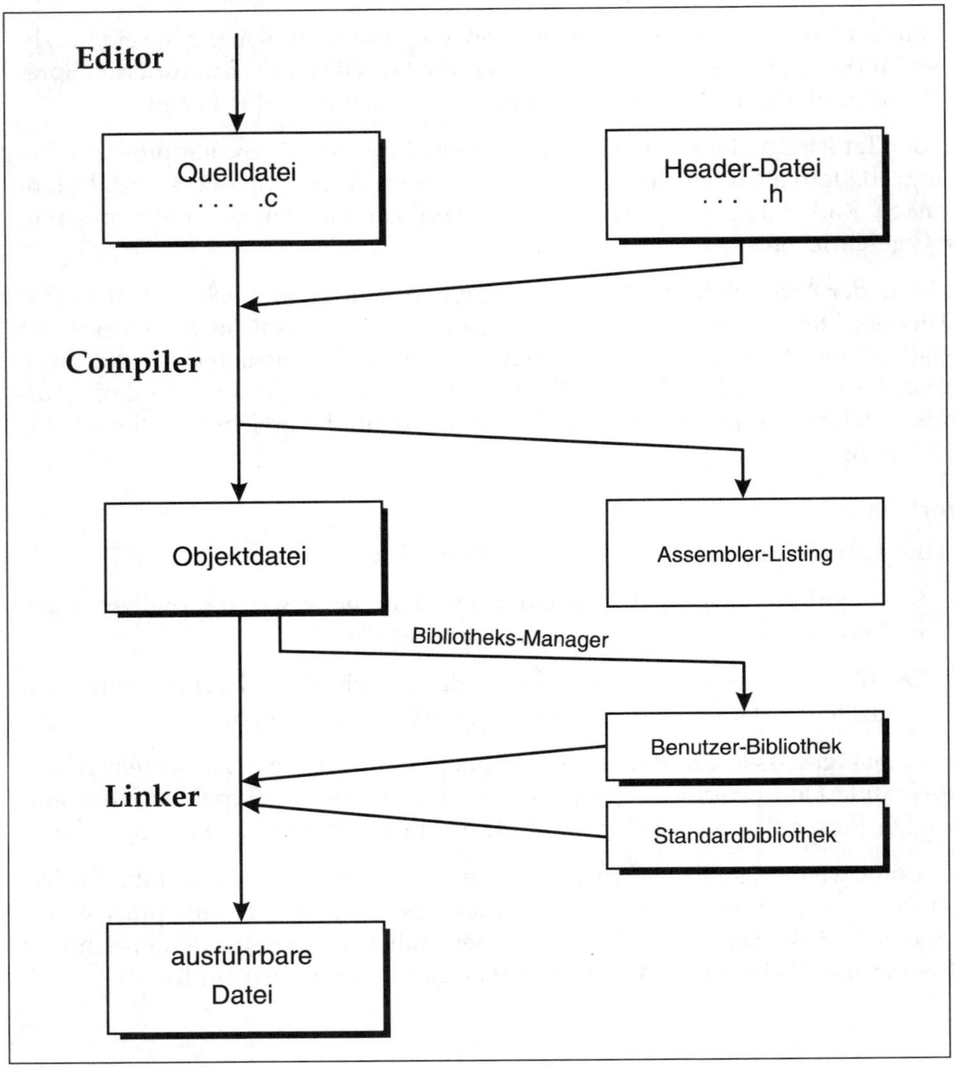

Zur Erstellung und Übersetzung eines C-Programms sind folgende drei Schritte notwendig:

1. Das C-Programm wird mit einem *Texteditor* in eine Datei mit der Endung `.c` eingegeben. Anders gesagt: Der *Quellcode* wird in einer *Quelldatei* abgelegt.

   Bei größeren Projekten ist es üblich, *modular* zu programmieren. Dabei wird der Quellcode auf mehrere Quelldateien verteilt, die getrennt bearbeitet und übersetzt werden können.

2. Die Quelldatei wird dem *Compiler* zur Übersetzung gegeben. Geht alles gut, so erhält man eine *Objektdatei*; die den Maschinencode enthält. Eine Objektdatei wird auch *Modul* genannt.

   Je nach Einstellung des Compilers wird zusätzlich ein *Assembler-Listing* des Programms erstellt.

3. Schließlich bindet der *Linker* die Objektdatei mit anderen Modulen zu einer *ausführbaren Datei*. Die Module bestehen aus Funktionen der Standardbibliothek oder selbst erstellten, schon früher übersetzten Programmteilen.

Bibliotheken und Entwicklungsumgebung

In C heißen Unterprogramme Funktionen. Die *Standardbibliothek* enthält fertige Funktionen, die standardisiert sind und die jeder Compiler zur Verfügung stellt.

Zu jeder Compiler-Software gehört ein *Bibliotheks-Manager*. Das ist ein Dienstprogramm, mit dem verschiedene Module übersichtlich in einer eigenen Bibliothek verwaltet werden können. Möchte man eine Funktion aus einem Modul der Bibliothek in einem C-Programm verwenden, so genügt es, die entsprechende Bibliothek beim Linken anzugeben. Die Standardbibliothek braucht nicht angegeben zu werden, da sie automatisch gesucht wird.

Moderne Compiler bieten eine *integrierte Entwicklungsumgebung* welche die obigen drei Schritte zusammenfasst. Innerhalb einer gemeinsamen Benutzeroberfläche wird das Programm editiert, compiliert, gelinkt und ausgeführt. Außerdem können weitere Tools, wie z.B. ein Debugger, gestartet werden.

Fehlermeldungen und Warnungen

Enthält die Quelldatei auch nur einen *Syntaxfehler*, so zeigt dies der Compiler mit einer *Fehlermeldung* an. Darüber hinaus können weitere Fehlermeldungen ausgegeben werden, die darauf beruhen, dass der Compiler versucht, trotz des Fehlers weiter zu übersetzen. Beginnen Sie also immer mit der Korrektur des ersten Fehlers in einem Programm.

Neben den eigentlichen Fehlermeldungen gibt der Compiler auch *Warnungen* aus. Eine Warnung zeigt keinen Syntaxfehler an, sondern ist lediglich ein Hinweis auf einen möglichen logischen Fehler, wie beispielsweise eine nicht initialisierte Variable.

Struktur von C-Programmen

Ein erstes C-Programm

```
#include <stdio.h>

int main()
{
    printf("Viel Spass mit C!\n");
    return 0;
}
```

Bildschirmausgabe

```
Viel Spass mit C!
```

Die Struktur der Funktion main()

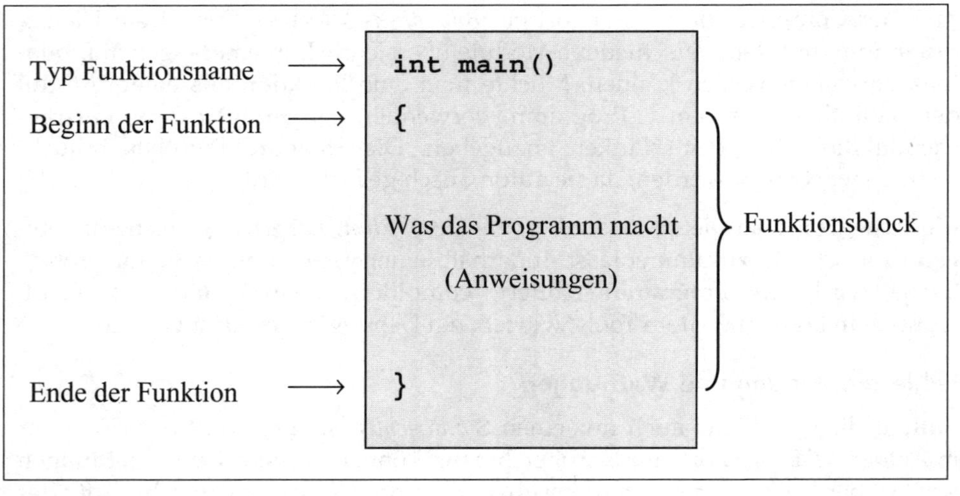

Ein C-Programm besteht aus einzelnen »Bausteinen«, den *Funktionen*, die sich gegenseitig aufrufen. Jede Funktion löst eine bestimmte Aufgabe. Sie ist entweder selbst erstellt oder eine fertige Routine aus der Standardbibliothek. Die Funktion `main()` hat eine besondere Rolle: Sie bildet das Hauptprogramm. Jede andere Funktion entspricht einem Unterprogramm.

Anhand des nebenstehenden kurzen Programmbeispiels lassen sich bereits die wichtigsten Elemente eines C-Programms darstellen. Das Programm enthält nur die Funktion `main()` und gibt eine Meldung auf dem Bildschirm aus.

Präprozessor

Die erste Zeile beginnt mit einem Doppelkreuz # und ist daher für den *Präprozessor* bestimmt. Der Präprozessor ist Teil der ersten Übersetzungsphase, bei der noch kein Objektcode erzeugt wird. Mit der `#include`-Direktive

```
#include <dateiname>
```

kopiert der *Präprozessor* die genannte Datei an diese Stelle in den Quellcode. Dadurch stehen dem Programm alle Informationen zur Verfügung, die in der Datei enthalten sind.

Die Datei `stdio.h` enthält Vereinbarungen für die Ein-/Ausgabe mit Standardfunktionen. Sie ist eine von mehreren so genannten *Header-Dateien,* die standardmäßig zu jeder Compiler-Software gehören. Im Anhang »Funktionen der Standardbibliothek« ist für jede Standardfunktion angegeben, welche Header-Datei zu includieren ist.

Die Funktion main()

Die Programmausführung beginnt mit der ersten Anweisung in der Funktion `main()`, die daher in jedem C-Programm vorhanden sein muss. Nebenstehend ist die Struktur der Funktion dargestellt. Sie unterscheidet sich - abgesehen vom feststehenden Namen - nicht von der Struktur anderer Funktionen.

In unserem Beispiel enthält die `main`-Funktion zwei *Anweisungen*. Mit

```
printf("Viel Spass mit C!\n");
```

wird die Standardfunktion `printf()` aufgerufen, die den angegebenen Text auf dem Bildschirm ausgibt. Neben druckbaren Zeichen wird auch das Steuerzeichen `\n` ausgegeben, was einen Zeilenvorschub auslöst. Die zweite Anweisung

```
return 0;
```

beendet die Funktion `main()` und damit das Programm. Dabei wird der Wert `0` dem aufrufendem Programm als Exit-Code zurückgegeben. Es ist üblich, den Exit-Code `0` zu verwenden, wenn das Programm korrekt abgelaufen ist.

In C endet jede Anweisung mit einem Semikolon. Die kürzeste Anweisung besteht übrigens nur aus einem Semikolon und bewirkt nichts.

Struktur von C-Programmen (Fortsetzung)

Ein Beispielprogramm mit mehreren Funktionen

```
/*   Ein C-Programm mit drei Funktionen:
     main(), draw_line(), message()
  ------------------------------------------------------- */
#include <stdio.h>

void draw_line(void), message(void);        // Prototypen

int main()
{
    printf("Hallo! Das Programm startet in main().\n");
    draw_line();
    message();
    draw_line();
    printf("Jetzt am Ende von main().\n\n");

    return 0;
}


void draw_line()                        // Eine Linie ausgeben
{
    printf("----------------------------------------\n");
}


void message()                         // Eine Meldung ausgeben
{
    printf("In der Funktion message().\n");
}
```

Bildschirmausgabe:

```
Hallo! Das Programm startet in main().
----------------------------------------
In der Funktion message().
----------------------------------------
Jetzt am Ende von main().
```

Das nebenstehende Beispiel zeigt, wie ein C-Programm strukturiert ist, das aus mehreren Funktionen besteht. Die Reihenfolge, in der die Funktionen definiert werden, ist in C nicht vorgeschrieben. Zum Beispiel könnte auch zuerst die Funktion `message()`, dann `draw_line()` und schließlich die `main`-Funktion geschrieben werden.

In C wird üblicherweise die `main`-Funktion zuerst angegeben, da sie den Programmablauf steuert. Es werden also Funktionen aufgerufen, die erst später definiert werden. Dies ist möglich, da der Compiler mit dem *Prototyp* einer Funktion die notwendigen Informationen erhält. Auf Prototypen wird in späteren Kapiteln eingegangen.

Kommentare

Neu in diesem Beispiel sind die *Kommentare*. Jede Zeichenfolge, die durch `/*` `*/` eingeschlossen ist oder mit `//` beginnt, ist ein Kommentar und wird vom Compiler ignoriert.

Beispiele:

```
/* Ich darf mehrere Zeilen lang sein */
// Ich bin ein Einzeilen-Kommmentar
```

Beim Einzeilen-Kommentar ignoriert der Compiler ab den Zeichen `//` alle Zeichen bis zum Zeilenende. Kommentare sollten großzügig zur Dokumentation in einem Programm genutzt werden. Kommentare, die sich über mehrere Zeilen erstrecken, sind auch bei der Fehlersuche nützlich, um ganze Programmteile »auszublenden«. Solche Programmteile dürfen auch Einzeilen-Kommentare enthalten. Mehrzeilen-Kommentare dürfen jedoch nicht geschachtelt werden.

Lay-out der Quelldatei

Der Compiler bearbeitet jede Quelldatei sequenziell und zerlegt den Inhalt in *Token* (kleinste Bestandteile), wie z.B. Funktionsnamen und Operatoren. Token können durch beliebig viele Zwischenraumzeichen getrennt werden, also durch Leer-, Tabulator- oder Newline-Zeichen. Es kommt daher nur auf die Reihenfolge des Quellcodes an, nicht jedoch auf ein bestimmtes Layout, wie etwa die Aufteilung in Zeilen und Spalten. Beispielsweise ist

```
void message
     ( ){ printf    (
  "In der Funktion message()\n"
            )   ;}
```

zwar eine schlecht lesbare, aber korrekte Definition der Funktion `message()`.

Eine Ausnahme bzgl. des Lay-outs bilden die Präprozessor-Direktiven, die stets eine eigene Zeile einnehmen. Dem Doppelkreuz # zu Beginn der Zeile dürfen nur Leer- oder Tabulator-Zeichen vorangehen.

Zur besseren Lesbarkeit ist es von Vorteil, einen einheitlichen Stil der Darstellung beizubehalten. Dabei sollten gemäß der Programmstruktur Einrückungen und Leerzeilen großzügig eingefügt werden.

Übungen

Programm-Listing zur 3. Aufgabe:

```
#include <stdio.h>

void pause(void);                /* Prototyp */

int main()
{
    printf("\nLieber Leser,\ngoennen Sie");
    printf(" sich jetzt eine");
    pause();
    printf("!\n");

    return 0;
}


void pause()
{
    printf(" PAUSE");
}
```

1. Aufgabe:

Erstellen Sie ein C-Programm, das den folgenden Text auf dem Bildschirm ausgibt:

```
Moegen
taeten wir schon wollen,
aber Koennen
haben wir uns nicht getraut!
```

Verwenden Sie das Newline-Zeichen \n an den entsprechenden Stellen.

2. Aufgabe:

Das folgende Programm enthält lauter Fehler:

```
*/ Hier sollte man die Brille nicht vergessen /*
# include <stdio>

int main
{
  printf("Wenn dieser Text);
  printf(" auf Ihrem Bildschirm");
  printf(" erscheint,"\n)
  printf(" koennen Sie sich auf die Schulter klopfen!\n").

  return 0;
)
```

Korrigieren Sie die Fehler und testen Sie die Lauffähigkeit des Programms.

3. Aufgabe:

Was gibt das nebenstehende C-Programm auf dem Bildschirm aus?

Eine Anleitung zur Installation und Verwendung der Compiler auf der CD zum Buch finden Sie in der Liesmich-Datei zum jeweiligen Compiler (im Unterverzeichnis, das auch den Compiler enthält).

Lösungen

zur 1. Aufgabe:

```
/*                         Trauen Sie sich etwas zu!               */

#include <stdio.h>

int main()
{
   printf("Moegen\ntaeten wir schon wollen,\n");
   printf("aber Koennen\nhaben wir uns nicht getraut!\n");

   return 0;
}
```

zur 2. Aufgabe:

Die korrigierten Stellen sind unterstrichen.

```
/* Hier sollte man die Brille nicht vergessen */

# include <stdio.h>
int main()
{
   printf("Wenn dieser Text");
   printf(" auf Ihrem Bildschirm");
   printf(" erscheint,\n");
   printf("koennen Sie sich auf die Schulter klopfen!\n");

   return 0;
}
```

zur 3. Aufgabe:

Die Bildschirmausgabe des Programms beginnt in einer neuen Zeile:

```
Lieber Leser,
```

goennen Sie sich jetzt eine PAUSE!

Kapitel 2

Datentypen, Konstanten und Variablen

In diesem Kapitel werden Sie die grundlegenden Datenobjekte, mit denen ein C-Programm arbeitet, kennen lernen.

Elementare Datentypen

Datentypen für ganze Zahlen

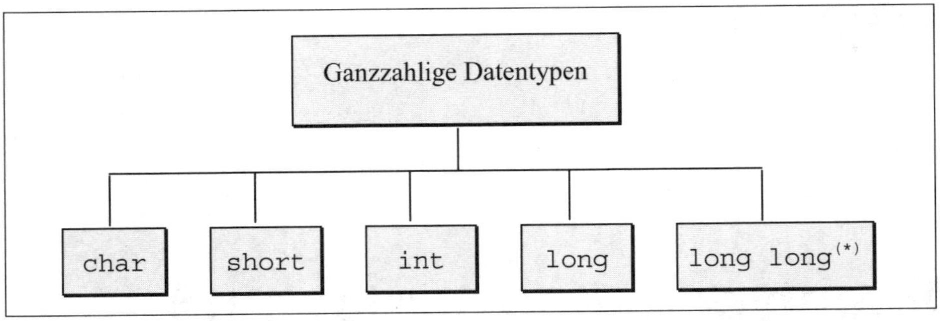

(*) Der Datentyp `long long` wurde mit ANSI C99 neu eingeführt und wird noch nicht von allen C-Compilern unterstützt. Zusätzlich definiert ANSI C99 in der Header-Datei `stdint.h` weitere ganzzahlige Datentypen, die bestimmte Anforderungen an die Größe erfüllen (s. Anhang »Ganzzahlige Typen vorgegebener Breite«).

Speicherplatz und Wertebereich ganzzahliger Datentypen

Typ	Speicher-platz	Wertebereich (dezimal)	
char	1 Byte	-128 bis +127	bzw. 0 bis 255
unsigned char	1 Byte	0	bis 255
signed char	1 Byte	-128	bis 127
int	2 Byte bzw.	-32 768	bis 32 767 bzw.
	4 Byte	-2 147 483 648	bis 2 147 483 647
unsigned int	2 Byte bzw.	0	bis 65 535 bzw.
	4 Byte	0	bis 4 294 967 295
short	2 Byte	-32 768	bis 32 767
unsigned short	2 Byte	0	bis 65 535
long	4 Byte	-2 147 483 648	bis 2 147 483 647
unsigned long	4 Byte	0	bis 4 294 967 295
long long	8 Byte	-9 223 372 036 854 775 808	bis 9 223 372 036 854 775 807
unsigned long long	8 Byte	0	bis 18 446 744 073 709 551 615

Ein Programm benutzt zur Lösung einer Aufgabe verschiedenartige Daten, z.B. Zeichen, Ganzzahlen oder Gleitpunktzahlen. Da diese vom Computer unterschiedlich verarbeitet und in Datenobjekte gespeichert werden, muss der Typ bekannt sein. Ein Datentyp bestimmt:

1. Die Art der internen Darstellung eines Datenobjekts.
2. Die Größe des dazu benötigten Speicherplatzes.

Die *elementaren Datentypen* in C bestehen aus den Typen für Ganzzahlen und Gleitpunktzahlen. Außerdem hat ANSI C99 den Typ `_Bool` zur Darstellung boolescher Wert eingeführt, wobei »wahr« durch `1` und »falsch« durch `0` repräsentiert wird. Falls die Header-Datei `stdbool.h` inkludiert wird, können auch die Bezeichner `true` und `false` verwendet werden, sowie `bool` anstelle von `_Bool`.

Darstellung von Zeichen

C unterscheidet nicht zwischen Zeichen und Ganzzahlen, da Zeichen intern als Ganzzahlen dargestellt werden. Gewöhnlich wird ein Zeichencode verwendet, der den *ASCII-Code* (American Standard Code for Information Interchange) enthält. Dieser definiert die Codes von 128 Zeichen (Codes 0 – 127).

Mit dem Typ `char` (engl. *character*) werden Zeichen bzw. ganze Zahlen in einem Byte (= 8 Bits) gespeichert. Daraus ergibt sich ein Wertebereich von `-128` bis `127` bzw. von `0` bis `255`, je nachdem, ob der Compiler den Typ `char` mit oder ohne Vorzeichen interpretiert. Dies ist in C nicht festgelegt.

Für Zeichencodes, die mehr als ein Byte benötigen, gibt es den Typ `wchar_t` (engl. *wide character type*). Dieser ist in der Header-Datei `stddef.h` als `unsigned short` definiert. Er ist zur Speicherung des fortschrittlichen Unicodes geeignet, der die Codes von ca. 35000 Zeichen aus 24 Sprachen definiert.

Darstellung von Ganzzahlen

Der Typ `int` ("integer") ist optimal an den Rechner angepasst, da seine Länge der eines Maschinenregisters entspricht. Auf 16-Bit-Maschinen ist also `int` gleichwertig mit `short`, auf 32-Bit-Maschinen ist `int` gleichwertig mit `long`.

Den ganzzahligen Datentypen können die Schlüsselworte `signed` oder `unsigned` vorangestellt werden. Die Größe des benötigten Speicherplatzes bleibt dabei erhalten. Nur der Wertebereich ändert sich, da bei `signed`-Werten das höchstwertige Bit das Vorzeichen bestimmt.

Das Schlüsselwort `unsigned` alleine kann als Abkürzung für `unsigned int` verwendet werden. Das Schlüsselwort `signed` ist nur für den Typ `char` von Bedeutung, da die Datentypen `short`, `int`, `long` und `long long` standardmäßig mit Vorzeichen interpretiert werden.

In ANSI C ist die Größe der ganzzahligen Datentypen nicht festgelegt. Es gilt aber folgende Abstufung:

```
char <= short <= int <= long <= long long.
```

Außerdem ist der Typ `short` mindestens 2 Bytes und der Typ `long` mindestens 4 Bytes groß. Die aktuellen Wertebereiche können der Header-Datei `limits.h` entnommen werden.

Gleitpunkt-Typen

Die Datentypen für Gleitpunktzahlen

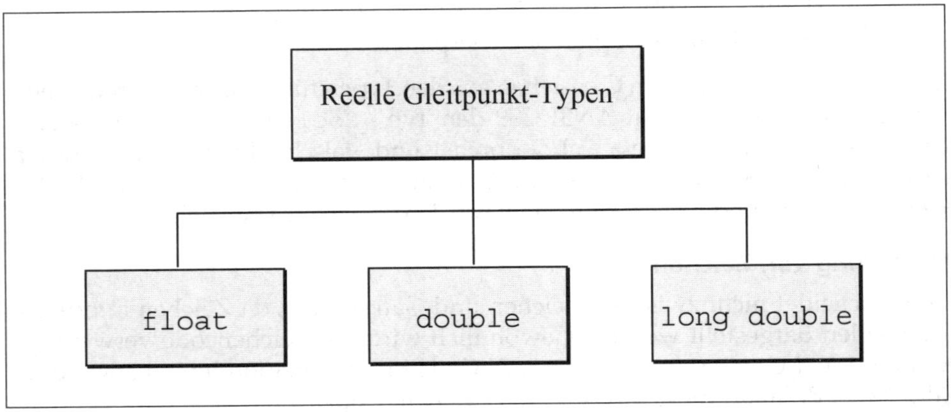

Mit diesen Datentypen werden reelle Zahlen dargestellt. ANSI C99 definiert auch Gleitpunkt-Typen zur Darstellung von komplexen Zahlen. Zur Unterscheidung spricht man deshalb auch von *reellen* bzw. *komplexen* Gleitpunkt-Typen (s. Anhang »Komplexe Gleitpunkt-Typen«).

Speicherplatz und Wertebereich für Gleitpunkt-Typen

Typ	Speicherplatz	Wertebereich (dezimal, ohne Vorzeichen)		Genauigkeit (dezimal)	
float	4Byte	1.2E-38	bis 3.4E+38	6	Stellen
double	8Byte	2.3E-308	bis 1.7E+308	15	Stellen
long double	10Byte	3.4E-4932	bis 1.1E+4932	19	Stellen

Die Speicherbelegung im IEEE-Format am Beispiel des Datentyps float (32 Bit)

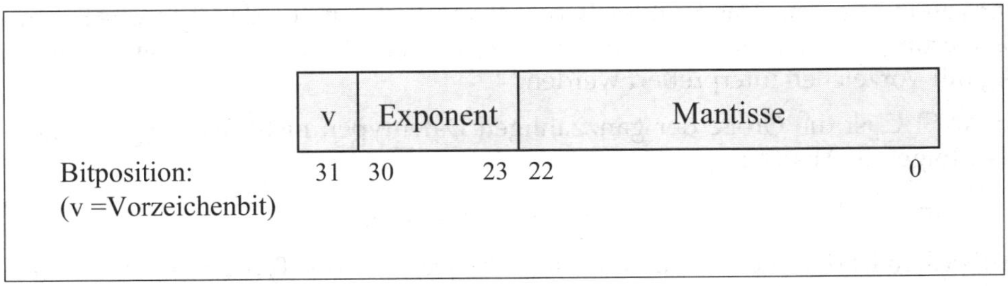

Zum Speichern von Zahlen mit gebrochenem Anteil stehen die drei folgenden *reellen Gleitpunkt-Typen* zur Verfügung:

`float`	für einfache Genauigkeit,
`double`	für doppelte Genauigkeit,
`long double`	für sehr hohe Genauigkeit.

Der Wertebereich und die Genauigkeit für diese Datentypen ergeben sich aus der Größe des Speicherplatzes und der internen Darstellung.

Interne Darstellung von Gleitpunktzahlen

Zur Darstellung der Datentypen `float` und `double` wird üblicherweise das IEEE-Format (IEEE = Institute of Electrical and Electronics Engineers) verwendet. Von dieser Darstellung wird in der nebenstehenden Tabelle ausgegangen.

Die *Genauigkeit* gibt an, wie viele Dezimalziffern einer Zahl gespeichert werden können. Zum Beispiel bedeutet »6 Stellen genau«, dass die 7. Dezimalstelle nicht mehr genau gespeichert werden kann. So sind die Zahlen 12345.6 und 12345.67 nicht notwendig unterscheidbar, ebenso nicht 0.00123456 und 0.001234567.

Unabhängig vom verwendeten Format beruht die Darstellung einer reellen Gleitpunktzahl `x` immer auf einer Zerlegung in ein *Vorzeichen* `v`, eine *Mantisse* `m` und einen *Exponenten* `exp` zur Basis `2`:

$$x = v * m * 2^{exp}$$

In der »normalisierten« Form hat die Mantisse `m` einen Wert, der größer oder gleich `1` und kleiner `2` ist. Nur für `x = 0` hat die Mantisse den Wert `0`.

Beispiel: $-4.5 = -1 * 1.125 * 2^2$

Der reservierte Speicherplatz für die Mantisse bestimmt die Genauigkeit, der für den Exponenten den Wertebereich. Links ist eine solche Zerlegung im IEEE-Format für einen `float`-Wert dargestellt.

Sollten maschinenabhängige Größen dieser Darstellung, wie z.B. die Länge der Mantisse, in einem Programm wichtig sein, so können die entsprechenden Werte der Header-Datei `float.h` entnommen werden.

Der sizeof-Operator

Der benötigte Speicherplatz eines Datenobjektes oder eines Datentyps kann mit dem `sizeof`-Operator ermittelt werden:

```
sizeof(name)
```

gibt die Größe eines Datenobjektes oder eines Datentyps in Anzahl Bytes an. Beispielsweise hat `sizeof(int)` je nach Rechner den Wert 2 oder 4. Dagegen ist `sizeof(float)` stets 4.

Konstanten

Arten von Konstanten

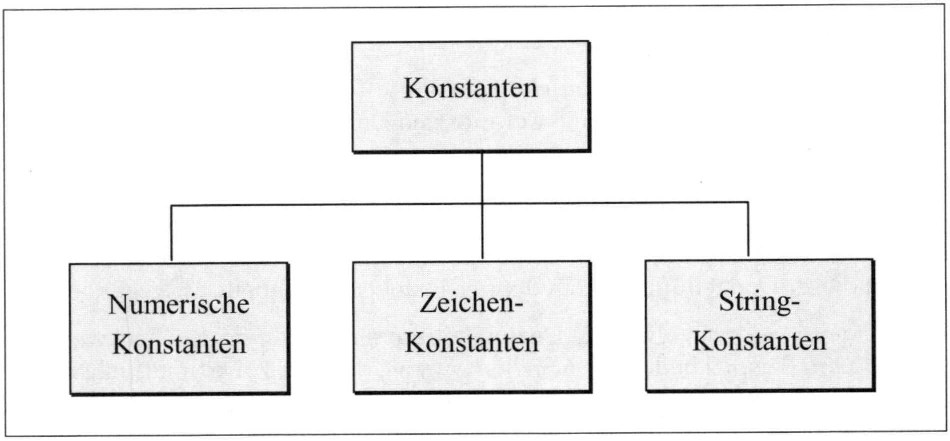

Beispiele für ganzzahlige Konstanten auf einem 16-Bit-System (int != long)

dezimal	oktal	hexadezimal	Datentyp
16	020	0x10	int
255	0377	0Xff	int
32767	077777	ox7FFF	int
32768U	0100000	0x8000	unsigned int
50000U	0141520	0xC350	unsigned int
65535U	0177777	0Xffff	unsigned int
10L	012L	0xAL	long
50000	0141520L	0xC350L	long
100000	0303240	0x186A0	long
27UL	033ul	0x1bUL	unsigned long
100000U	0303240u	0x186a0U	unsigned long
2147483648U	020000000000	0x80000000	unsigned long

☞ Die Konstanten einer Zeile haben denselben Wert.

Eine Konstante ist eine Zahl, ein Zeichen oder eine Zeichenkette. Zeichenketten werden auch Strings genannt. Entsprechend unterscheidet man in C *numerische* Konstanten, *Zeichenkonstanten* und *String-Konstanten*. Jede Konstante hat einen Datentyp, der sich aus ihrem Wert und der Schreibweise ergibt. Dies wird im Folgenden genauer erläutert.

Ganzzahlige numerische Konstanten

Ganzzahlige numerische Konstanten können als gewöhnliche Dezimalzahlen, Oktalzahlen oder Hexadezimalzahlen dargestellt werden:

- Eine *dezimale Konstante* (Basis 10) beginnt mit einer von `0` verschiedenen, dezimalen Ziffer, z.B. `109` oder `987650`.
- Eine *oktale Konstante* (Basis 8) beginnt mit einer führenden `0`, z.B. `077` oder `01234567`.
- Eine *hexadezimale Konstante* (Basis 16) beginnt mit den beiden Zeichen `0x` oder `0X`, z.B. `0x200` oder `0X4b1A`.

Die hexadezimalen Ziffern `A` bis `F` können groß- oder kleingeschrieben werden.

Typ ganzzahliger Konstanten

Ganzzahlige Konstanten sind in der Regel vom Typ `int`. Nur wenn der Wert der Konstanten für den Typ `int` zu groß ist, bekommt sie den nächst »höheren« Datentyp, welcher den Wert repräsentieren kann. Für dezimale Konstanten gilt die Abstufung:

```
int, long, long long(*),
```

für oktale oder hexadezimale Konstanten:

```
int, unsigned int, long, unsigned long,

long long(*), unsigned long long(*)
```

Der Datentyp einer Konstanten kann auch direkt durch Anhängen der Buchstaben `L` oder `l` (für `long`), `LL` oder `ll` (für `long long`(*)) bzw. `U` oder `u` (für `unsigned`) festgelegt werden. So besitzen beispielsweise

`12L`	und	`12l`	den Typ `long`
`12U`	und	`12u`	den Typ `unsigned int`
`12UL`	und	`12ul`	den Typ `unsigned long`
`12LL`	und	`12ll`	den Typ `long long`
`12ULL`	und	`12ull`	den Typ `unsigned long long`

Konstanten (Fortsetzung)

Beispiele für Gleitpunktkonstanten

`5.19`	`12.`	`0.75`	`0.00004`
`0.519E1`	`12.0`	`.75`	`0.4e-4`
`0.0519e+2`	`.12E2`	`7.5e-1`	`.4E-4`
`519E-2`	`12e0`	`75E-2`	`4E-5`

Beispiele für Zeichenkonstanten

Konstante	Zeichen	Wert der Konstanten (ASCII-Code dezimal)
`'A'`	Großbuchstabe `A`	`65`
`'a'`	Kleinbuchstabe `a`	`97`
`' '`	Leerzeichen	`32`
`'.'`	Punkt	`46`
`'0'`	Ziffer `0`	`48`
`'\0'`	String-Endezeichen	`0`

Interne Darstellung einer String-Konstanten

String-Konstante: `"Hallo!"`

Im Speicher abgelegt als Byte-Folge:

`'H'`	`'a'`	`'l'`	`'l'`	`'o'`	`'!'`	`'\0'`

Gleitpunktkonstanten

Gleitpunktkonstanten sind Zahlen mit gebrochenem Anteil. Dieser wird vom ganzzahligen Anteil durch einen Punkt getrennt. Es ist auch die Exponenten-Schreibweise möglich.

Beispiele: `27.1` `1.8E-2`

Hierbei stellt `1.8E-2` den Wert $1.8 * 10^{-2}$ dar. Für `E` darf auch `e` geschrieben werden. Zur Unterscheidung von Gleitpunktkonstanten und ganzzahligen Konstanten ist der Dezimalpunkt oder die Angabe von `E` bzw. `e` immer notwendig.

Jede Gleitpunktkonstante besitzt den Typ `double` und stellt damit eine reelle Zahl dar. Ihr Typ kann auch durch Anhängen von `F` oder `f` als `float` oder durch Anhängen von `L` oder `l` als `long double` festgelegt werden.

Zeichenkonstanten

Eine Zeichenkonstante ist ein Zeichen, das in einfachen Anführungsstrichen eingeschlossen ist.

Beispiel: `'A'`

Zeichenkonstanten haben den Typ `int` (!). Sie können wie ganzzahlige Konstanten benutzt werden: Der numerische Wert ist der Zeichencode, durch den das Zeichen repräsentiert wird. Im ASCII-Code besitzt beispielsweise die Konstante `'A'` den Wert `65`.

String-Konstanten

String-Konstanten, auch *Literale* genannt, haben Sie bereits im Zusammenhang mit der Funktion `printf()` kennen gelernt. Sie bestehen aus einer Folge von Zeichen, die in *doppelten* Anführungszeichen eingeschlossen sind.

Beispiel: `"Heute ist ein schöner Tag!"`

Intern wird die Zeichenfolge ohne Anführungszeichen, aber mit einem String-Endezeichen `\0` gespeichert. `\0` ist ein Byte mit dem numerischen Wert `0` (alle Bits `0`). Ein String benötigt deshalb ein Byte mehr Speicherplatz als die Anzahl der Zeichen, die er enthält. Der *leere* String `""` belegt genau ein Byte.

Das String-Endezeichen `\0` ist von der Ziffer `0` zu unterscheiden, die einen von Null verschiedenen Zeichen-Code besitzt. So besteht der String

Beispiel: `"0"`

aus zwei Bytes: Das erste Byte enthält den Code für das Zeichen `0` (im ASCII-Code 48) und das zweite Byte den Wert `0`.

Das String-Endezeichen `\0` ist ein Beispiel für eine Escape-Sequenz. Diese werden im Folgenden besprochen.

Escape-Sequenzen

Einzelzeichen	Bedeutung	ASCII-Wert (dezimal)
`\a`	alert (BELL)	7
`\b`	backspace (BS)	8
`\t`	horizontal tab (HT)	9
`\n`	line feed (LF)	10
`\v`	vertical tab (VT)	11
`\f`	form feed (FF)	12
`\r`	carriage return (CR)	13
`\"`	"	34
`\'`	'	39
`\?`	?	63
`\\`	\	92
`\0`	Null-Zeichen	0
`\ooo (bis zu 3 Okalziffern)`	ein Bitmuster	ooo (oktal!)
`\xhh (Folge von Hex-Ziffern)`	ein Bitmuster	hh (hexadezimal!)

Beispielprogramm

```
#include <stdio.h>
int main()
{
  printf("\nDies ist\t ein String\n\t\t"
         " mit \"vielen\" Escape-Sequenzen!\n");

   return 0;
}
```

Ausgabe des Programms

```
Dies ist       ein String
               mit "vielen" Escape-Sequenzen!
```

Bildung von Escape-Sequenzen

Grafisch nicht darstellbare Zeichen können als *Escape-Sequenzen* angegeben werden, z.B. `\n` für das Steuerzeichen »Zeilenwechsel« (engl. *line feed*).

Eine Escape-Sequenz beginnt stets mit \ (Backslash) und repräsentiert ein Einzelzeichen. Die standardisierten Escape-Sequenzen, ihre Bedeutung und ihr dezimaler Wert sind nebenstehend aufgelistet.

Die Wirkung der Steuerzeichen ist geräteabhängig. Zum Beispiel ist die Wirkung von `'\t'` abhängig von der Einstellung für die Tabulatorbreite. Diese ist gewöhnlich 8, sie kann aber auch einen anderen Wert haben.

Mit den oktalen oder hexadezimalen Escape-Sequenzen kann ein beliebiges Bitmuster erzeugt werden. So könnte z.B. im ASCII-Code das Zeichen `A` (dezimal `65`) auch durch `\101` oder `\x041` dargestellt werden. Üblicherweise werden Escape-Sequenzen nur für nicht druckbare Zeichen benutzt. Beispielsweise beginnen die Steuerkommandos für den Bildschirmtreiber und den Drucker mit dem Zeichen `ESC` (dezimal `27`), das durch `\33` oder `\x1b` dargestellt wird.

Verwendung von Escape-Sequenzen

Escape-Sequenzen können in Zeichenkonstanten und in String-Konstanten verwendet werden.

Beispiele: `'\t'` `"\tHallo\n\tAnton!\n"`

Die Zeichen `'` und `"` sowie \ verlieren ihre Sonderbedeutung durch einen vorangestellten Backslash, d.h. sie sind durch `\'` , `\"` bzw. `\\` darstellbar.

In Strings sollten bei oktalen Escape-Sequenzen stets drei Ziffern angegeben werden, z.B. `\033` statt `\33`. Dadurch wird vermieden, dass eine eventuell nachfolgende Ziffer zur Escape-Sequenz gerechnet wird.

Das nebenstehende Beispielprogramm demonstriert die Verwendung von Escape-Sequenzen in einem String. Neu ist außerdem, dass der String sich über zwei Zeilen erstreckt. String-Konstanten, die nur durch Zwischenraumzeichen getrennt sind, werden zu *einem* String zusammengezogen.

Eine andere Möglichkeit, einen String in der nächsten Zeile fortzusetzen, besteht darin, als letztes Zeichen \ (Backslash) in der Zeile einzugeben, die Return-Taste zu drücken und in der nächsten Zeile den String weiter zu schreiben.

Beispiel:

```
"Ich bin ein soooo\
langer String"
```

Hierbei ist zu beachten, dass in der zweiten Zeile die führenden Leerzeichen auch zum String gehören. Daher ist i.A. die nebenstehende Methode vorzuziehen, nämlich den String mit `"` zu schließen und wieder mit `"` zu öffnen.

Namen

Schlüsselworte in C

auto	enum	restrict(*)	unsigned
break	extern	return	void
case	float	short	volatile
char	for	signed	while
const	goto	sizeof	_Bool(*)
continue	if	static	_Complex(*)
default	inline(*)	struct	_Imaginary(*)
do	int	switch	
double	long	typedef	
else	register	union	

Die mit `(*)` gekennzeichneten Schlüsselworte sind mit ANSI C99 eingeführt worden und werden noch nicht von allen C-Compilern unterstützt.

Beispiele für Namen

gültig:

```
a,  DM,  dm,  FLOAT,_var,
top_of_window, B12, TextColor,
ein_sehr_langer_name1234567890
```

ungültig:

```
do,  386_cpu,  zähler,
nl-flag,  int,  US$,  écu
```

Bildung von Namen

In einem Programm werden z.B. Variablen und Funktionen über *Namen* angesprochen. Für die Bildung von Namen, auch Bezeichner (engl. *identifier*) genannt, gelten folgende Regeln:

- Ein Name besteht aus einer Folge von Buchstaben, Ziffern oder Unterstrichen (_). Deutsche Umlaute und der Buchstabe ß sind nicht zulässig. Groß- und Kleinbuchstaben werden unterschieden.
- Das erste Zeichen muss ein Buchstabe oder ein Unterstrich sein.
- Ein Name kann beliebig lang sein. Signifikant sind nach ANSI nur die ersten 31 Zeichen.
- Jedes Schlüsselwort in C ist reserviert und darf nicht als Name benutzt werden.

Die C-Schlüsselworte sowie Beispiele für gültige und ungültige Namen sind nebenstehend aufgelistet.

Der Compiler benutzt systemintern Namen, die alle mit einem Unterstrich beginnen. Um Verwechslungen mit diesen Namen zu vermeiden, sollte der Unterstrich nicht als erstes Zeichen verwendet werden.

Der Linker beachtet in der Regel nur die ersten acht Zeichen eines Namens. Außerdem unterscheidet er nicht notwendig zwischen Groß- und Kleinbuchstaben. Aus diesem Grund sollten Namen für globale Objekte, wie z. B. Funktionen, so gewählt werden, dass die ersten acht Zeichen signifikant sind, unabhängig von Groß- und Kleinschreibung.

Konventionen bei der Namensvergabe

In C ist es üblich, für die Namen von Variablen und Funktionen kleine Buchstaben zu benutzen. Mit einigen Variablennamen wird eine bestimmte Verwendung assoziiert.

Beispiele:	`c, ch`	für Zeichen
	`i, j, k, l, m, n`	für ganze Zahlen, besonders Indizes
	`x, y, z`	für Gleitpunktzahlen

Zur besseren Lesbarkeit von Programmen sollten jedoch im Allgemeinen »sprechende« Namen gewählt werden.

Bei Software-Projekten sind gewöhnlich bestimmte Namenskonventionen einzuhalten. Beispielsweise werden für Namen von Variablen bestimmte Präfixe vorgegeben, aus denen der Typ der Variablen hervorgeht.

Variablen

Beispielprogramm

```
#include <stdio.h>

int i;                      //  Globale Variable

int main()
{
    char ch = 'A';          //  Lokale Variablen
    int  j, k = 2;

    j =  k + 4;

    printf("Wert von i:    %d\n", i);
    printf("Wert von j:    %d\n", j);
    printf("Zeichen in ch: %c\n", ch);

    return 0;
}
```

Die Zeichenfolge `%d` bewirkt, dass an dieser Stelle im String der Wert der Variablen `i` bzw. `j` dezimal ausgegeben wird. Mit `%c` wird das Zeichen in `ch` ausgegeben.

Bildschirmausgabe

```
Wert von i:    0

Wert von j:    6

Zeichen in ch: A
```

Definition von Variablen

Bevor eine Variable in einem Programm verwendet werden kann, muss sie definiert werden. Bei der *Definition*, auch *Vereinbarung* genannt, wird der Datentyp der Variablen festgelegt und der entsprechende Speicherplatz reserviert. Mit dem Variablennamen wird dieser Speicherplatz angesprochen.

Eine einfache Definition hat folgende

Syntax: `typ name1 [,name2 ....];`

Dadurch werden die in der Liste `name1 [, name2 ...]` angegebenen Namen als Variablen mit dem Datentyp `typ` vereinbart. In einer Syntaxbeschreibung bedeuten die Klammern `[...]`, dass dieser Teil optional ist, d.h. fehlen kann. In einer Definition können also eine oder mehrere Variable(n) angegeben werden.

Beispiele:

```
char c;
int i, zaehler;
double x, y, size;
```

Lokale und globale Variablen

Variablen dürfen in einem Programm außerhalb oder innerhalb von Funktionen definiert werden. Der Unterschied ist Folgender:

- Eine außerhalb jeder Funktion vereinbarte Variable ist *global*, d.h. in allen Funktionen verwendbar.
- Eine innerhalb einer Funktion definierte Variable ist *lokal*, d.h. nur in derselben Funktion verwendbar.

Lokale Variablen werden normalerweise unmittelbar hinter einer sich öffnenden geschweiften Klammer - etwa am Beginn einer Funktion - definiert. Nach ANSI C99 können sie aber überall da stehen, wo eine Anweisung erlaubt ist. So lassen sich Variablen direkt an der Stelle vereinbaren, an der sie verwendet werden.

Initialisierung von Variablen

Bei der Definition kann eine Variable initialisiert werden, d. h. einen Anfangswert erhalten. Die Initialisierung erfolgt, indem hinter dem Variablennamen ein Gleichheitszeichen (=) und ein Anfangswert angegeben wird.

Beispiele:

```
char c = 'a';
float x = 1.857;
```

Nicht explizit initialisierte **globale** Variablen werden mit `0` vorbelegt. Dagegen haben nicht initialisierte **lokale** Variablen einen undefinierten Anfangswert.

Die Schlüsselworte const und volatile

Beispielprogramm

```
/* Umfang und Flaeche eines Kreises mit Radius 3        */

#include <stdio.h>

const float  pi = 3.141593F;

int main()
{
   float  flaeche, umfang, radius = 3;

   flaeche = pi * radius * radius;
   umfang  = 2 * pi * radius;

   printf("\nKreisberechnung\n\n");

   printf("\nRadius:     %f\n", radius);
   printf("\nUmfang:     %f\n", umfang);
   printf("\nFlaeche:    %f\n", flaeche);

   return 0;
}
```

☞ Die Zeichenfolge `%f` bewirkt, dass an dieser Stelle im String der Wert der float-Variablen `radius` bzw. `umfang` bzw. `flaeche` ausgegeben wird.

Bildschirmausgabe

```
Kreisberechnung

Radius:      3.000000
Umfang:     18.849558
Flaeche:    28.274338
```

Ein Datentyp kann mit den Schlüsselworten `const` und `volatile` modifizert werden.

Konstante Datenobjekte

Das Schlüsselwort `const` bewirkt, dass ein Datenobjekt als konstant definiert wird. Es kennen lernen daher bei der Definition initialisiert werden.

Beispiel: `const double pi = 3.1415927;`

Damit kann der Wert von `pi` durch das Programm nicht mehr verändert werden. Auch versehentlich gesetzte Anweisungen wie

```
pi = pi + 2;          // Unzulaessig!
```

erzeugen eine Fehlermeldung.

»Flüchtige« Datenobjekte

Das Schlüsselwort `volatile` (dt. *flüchtig*) wird für Variablen benutzt, die nicht nur durch das Programm selbst, sondern auch durch Ereignisse von außerhalb veränderbar sind. Solche Ereignisse können etwa durch Interrupts einer Hardware-Uhr hervorgerufen werden.

Beispiel: `volatile unsigned  clock_ticks;`

Der Compiler muss bei diesen Variablen davon ausgehen, dass sich der Wert der Variablen seit dem letzten Zugriff verändert haben kann.

Es ist auch möglich, in einer Variablendefinition die Schlüsselworte `const` und `volatile` zu kombinieren:

Beispiel: `volatile const unsigned  tick_tack;`

Nach dieser Definition kann die Variable `tick_tack` zwar nicht durch das Programm, jedoch durch ein Ereignis von außerhalb verändert werden.

Übungen

Bildschirmausgabe zur 2. Aufgabe:

```
        ICH

                "SAUSE"

                        \HIN\

                UND

        /HER/.
```

Zur 3. Aufgabe:

Definition und Initialisierung von Variablen:

```
int  a = 2.5;                long  count = 0;
int  b = '?';                char  c = '\'';
char z = 500;                unsigned char  ch = '\201';
int  big = 40000;            unsigned int  size = 40000;
double fläche = 1.23E+5;     float value = 12345.06789;
```

1. Aufgabe:

Mit dem `sizeof`-Operator kann die Anzahl Bytes ermittelt werden, die Variablen eines bestimmten Datentyps im Hauptspeicher belegen. Beispielsweise hat `sizeof(short)` den Wert `2`.

Schreiben Sie ein C-Programm, das für die ganzzahligen Datentypen und die reellen Gleitpunkt-Typen die Größe des benötigten Speicherplatzes auf dem Bildschirm ausgibt.

☞ Verwenden Sie für die Ausgabe einer ganzen Zahl die Funktion `printf()` mit dem Formatelement `%d`, wie in einem der vorhergehenden Beispielprogramme.

2. Aufgabe:

Schreiben Sie ein C-Programm, das die nebenstehende Bildschirmausgabe erzeugt.

3. Aufgabe:

Welche der nebenstehenden Variablendefinitionen ist nicht zulässig oder nicht sinnvoll?

4. Aufgabe:

Erstellen Sie ein C-Programm, in dem zwei Variablen für Gleitpunktzahlen vereinbart und mit den Werten

```
123.456    und    76.543
```

initialisiert werden. Die Summe der beiden Zahlen ist auf dem Bildschirm auszugeben.

Lösungen

zur 1. Aufgabe:

```
#include <stdio.h>

int main()
{
  printf("\n\nGroesse der elementaren Datentypen:\n\n");

  printf("\nchar:        %d Bytes\n", sizeof(char) );
  printf("\nshort:       %d Bytes\n", sizeof(short) );
  printf("\nint:         %d Bytes\n", sizeof(int) );
  printf("\nlong:        %d Bytes\n", sizeof(long) );

  printf("\nfloat        %d Bytes\n", sizeof(float) );
  printf("\ndouble       %d Bytes\n", sizeof(double) );
  printf("\nlong double: %d Bytes\n", sizeof(long double));

  return 0;
}
```

zur 2. Aufgabe:

```
/*            Benutzung von Escape-Sequenzen                */

#include <stdio.h>

int main()
{
    printf("\n\n\tICH"
           "\n\n\t\t\"SAUSE\""
           "\n\n\t\t\t\\HIN\\"
           "\n\n\t\tUND"
           "\n\n\t/HER/.\n");

    return 0;
}

// Statt der Tabs \t koennen auch entsprechend viele Blanks
// ausgegeben werden.
```

zur 3. Aufgabe:

Unzulässig oder nicht sinvoll sind:

```
int  a = 2.5;              //  2.5 ist keine Ganzzahl.
char z = 500;              //  Der Wert 500 ist zu gross
                           //  für ein Byte.
int  big = 40000;          //  int-Werte < 2^15 = 32768,
                           //  falls int = short.
float value = 12345.06789; //  Die Genauigkeit von float
                           //  ist kleiner als 7 Stellen.
double fläche = 1.23E+5;   //  Das Zeichen ä ist in Namen
                           //  nicht erlaubt.
```

zur 4. Aufgabe:

```
/*       Definition und Initialisierung von Variablen.      */

#include <stdio.h>

int main()
{
    float  x = 123.456F, y = 76.543F;       // oder double
    float  summe;

    summe = x + y;

    printf("\n %f + %f = %f \n", x, y, summe);

    return 0;
}
```

Kapitel 3

Verwendung von Funktionen

Dieses Kapitel zeigt, wie Standardfunktionen und selbst erstellte Funktionen zu benutzen sind. Es werden Begriffe wie Return-Wert, Deklaration und Prototyp einer Funktion erläutert.

Deklaration und Aufruf von Funktionen

Beispielprogramm

```
/*         Das Programm berechnet Potenzwerte.              */

#include <stdio.h>

double pow();       // Deklaration der Funktion pow()

int main()
{
  double x = 2.5, y;

  y = pow(x, 3.0);
  printf("2.5 hoch 3 ergibt:        %f\n", y);

  printf("2 + (3 hoch 2.5) ergibt: %f\n", 2 + pow(3.0,x));

  return 0;
}
```

☞ Die Zeichenfolge `%f` bewirkt, dass an dieser Stelle im String der Wert von `y` bzw. `2 + pow(3.0, x)` als Gleitpunktzahl ausgegeben wird.

Bildschirmausgabe

```
2.5 hoch 3 ergibt:       15.625000

2 + (3 hoch 2.5) ergibt: 17.588457
```

Eine Funktion besitzt wie eine Variable einen *Datentyp*. Das ist der Typ des Return-Wertes, also des Wertes, den die Funktion zurückgibt.

Deklaration von Funktionen

Dem Compiler muss vor der Verwendung einer Funktion ihr Typ bekannt gemacht werden. Dies geschieht durch eine *Deklaration*:

Syntax: `typ func1() [, func2() ...];`

Damit werden `func1, func2, ...` als Funktionen vom Typ `typ` deklariert.

Beispiele:

```
int    printf();
long   time();
double sin(), pow();
```

Die Funktion `printf()` liefert also einen `int`-Wert, die Funktion `time()` einen `long`-Wert und die Funktionen `sin()` und `pow()` einen `double`-Wert. Zu beachten ist, dass diese Deklarationen noch keine Information über die Anzahl und den Typ der Argumente enthalten.

Die Deklaration einer Funktion kann wie die Vereinbarung einer Variablen außerhalb von Funktionen erfolgen, z.B. vor der Funktion `main()` oder innerhalb einer Funktion vor ihrem ersten Aufruf. Funktionen und Variablen gleichen Typs können auch zusammen deklariert werden.

Beispiel: `double x, y, pow();`

Wird eine Funktion vor ihrem Aufruf nicht deklariert, so nimmt der Compiler an, dass sie vom Typ `int` ist. Funktionen vom Typ `int`, wie z.B. `printf()`, brauchen deshalb nicht deklariert zu werden. Von dieser Standard-Annahme sollte jedoch kein Gebrauch gemacht werden: Wird nämlich die Deklaration einer Funktion vergessen, die nicht vom Typ `int` ist, führt das zu einem fehlerhaften Aufruf der Funktion. Die Compiler quittieren deshalb den Aufruf von Funktionen, die nicht deklariert wurden, mit einem »Warning«.

Funktionsaufruf

Das nebenstehende Beispiel zeigt die Verwendung der Standardfunktion `pow()`. In der Anweisung `y = pow(x, 3.0);` wird zunächst die Funktion `pow()` mit den Argumenten `x` und `3.0` aufgerufen. Dann wird der Return-Wert, hier die Potenz x^3, an `y` zugewiesen.

Ein Funktionsaufruf ist ein Ausdruck, der den Typ der Funktion hat und dessen Wert der Return-Wert ist. Damit kann wie mit einer Variablen gerechnet werden.

Beispiel: `printf("   .....   ", 2 + pow(3.0, x));`

Hier wird zuerst die Zahl 2 zum Return-Wert von `pow(3.0, x)` addiert und dann das Ergebnis als Argument an `printf()` übergeben. Der Return-Wert der Funktion `printf()` ist übrigens die Anzahl der ausgegebenen Zeichen. Dieser Wert wird normalerweise nicht weiter verwendet.

Prototyp von Funktionen

Beispielprogramm

```
/*     Es werden drei Zufallszahlen ausgegeben.         */

# include <stdio.h>

void srand( unsigned int seed);    // Prototypen von
int  rand( void);                  // srand()  und  rand()

int main()
{
   int z1, z2, z3;

   srand(7);        // Initialisierung mit beliebiger Zahl

   z1 = rand();
   z2 = rand();
   z3 = rand();

   printf("\nDrei Zufallszahlen:  %d %d %d\n", z1,z2,z3);

   return 0;
}
```

Beispiel für eine Bildschirmausgabe:

```
Drei Zufallszahlen:  309  26813  12754
```

In C kann einer Funktion als Argument ein beliebiger Ausdruck übergeben werden, insbesondere eine Konstante oder ein arithmetischer Ausdruck. Wichtig ist, dass die Datentypen der Argumente mit denen übereinstimmen, welche die Funktion erwartet. Beispielsweise würde `pow(x, 3)` einen unsinnigen Wert liefern, da hier im zweiten Argument ein `int`-Wert übergeben wird, obwohl die Funktion einen `double`-Wert erwartet.

Prototyp

Der Compiler kann die Korrektheit eines Funktionsaufrufes überprüfen, wenn bei der Deklaration der Funktion zusätzlich die Datentypen der Argumente angegeben werden. Man nennt dies auch den *Prototyp* einer Funktion.

Beispiel: `double pow(double, double);`

Damit erhält der Compiler die Information, dass `pow()` zwei Argumente vom Typ `double` erwartet und einen Return-Wert vom Typ `double` hat. Den Datentypen der Argumente dürfen Namen folgen, die jedoch nur die Bedeutung eines Kommentars haben.

Beispiel: `double pow(double base, double exponent);`

Für den Compiler ist dieser Prototyp gleichbedeutend mit dem im Beispiel davor. Der Programmierer erhält jedoch einen Hinweis auf die Bedeutung der Argumente.

Der Typ void

Es können auch Funktionen geschrieben werden, die eine bestimmte Aktion ausführen, aber keinen Wert an die aufrufende Funktion zurückgeben. Für derartige Funktionen gibt es den Datentyp `void`.

Beispiel: `void srand(unsigned int seed);`

Die Standardfunktion `srand()` initialisiert einen Algorithmus zur Erzeugung von »Zufallszahlen«. Da `srand()` keinen Wert zurückgibt, hat sie den Typ `void`. Die Funktion erhält als Argument einen `unsigned`-Wert, den »Keim« (engl. *seed*) des Zufallsgenerators. Dieser wird als Parameter benutzt, um eine neue Folge von Zufallszahlen zu generieren.

Erwartet eine Funktion *kein* Argument, so wird im Prototyp `void` angegeben.

Beispiel: `int rand(void);`

Die Funktion `rand()` wird ohne Argument aufgerufen und liefert eine Zufallszahl zwischen `0` und `32767`. Durch wiederholten Aufruf der Funktion erhält man eine Folge von Zufallszahlen.

Der Funktions-Prototyp wurde bereits mit dem ersten ANSI-Standard für C eingeführt. Er stellt einen wesentlichen Fortschritt in Richtung Fehlerfreiheit von Programmen dar. Daher ist der Prototyp stets der einfachen Deklaration gemäß dem Kernighan-Ritchie-Standard vorzuziehen. Hier war es nicht möglich, auch die Argumente einer Funktion zu deklarieren.

Prototypen und Header-Dateien

Die durch ANSI standardisierten Header-Dateien

`assert.h`	`limits.h`	`stdint.h(*)`
`complex.h(*)`	`locale.h`	`stdio.h`
`ctype.h`	`math.h`	`stdlib.h`
`fenv.h(*)`	`setjmp.h`	`string.h`
`errno.h`	`signal.h`	`tgmath.h(*)`
`float.h`	`stdarg.h`	`time.h`
`inttypes.h(*)`	`stdbool.h(*)`	`wchar.h(*)`
`iso646.h(*)`	`stddef.h`	`wctype.h(*)`

☞ Die mit (*) gekennzeichneten Header-Dateien wurden mit ANSI C99 eingeführt und werden noch nicht von allen Compilern unterstützt.

Beispiele für weitere Header-Dateien

`conio.h`	`io.h`	`share.h`
`fcntl.h`	`memory.h`	`sys\stat.h`
`graphics.h`	`process.h`	`sys\types.h`

☞ Im Anhang »Funktionen der Standardbibliothek« ist bei jeder Funktion angegeben, welche Header-Datei den Prototyp enthält.

Header-Dateien includieren

Der Prototyp jeder Standardfunktion ist in einer *Header-Datei*, auch Include-Datei genannt, enthalten. Wird die entsprechende Header-Datei mit der `#include`-Direktive in das Programm kopiert, so braucht die Funktion nicht nochmal deklariert werden.

Beispielsweise kann im vorhergehenden Programm statt der Prototypen von `rand()` und `srand()` die folgende Zeile angegeben werden:

```
#include <stdlib.h>
```

Es ist zulässig, eine Funktion mehrfach zu deklarieren, sofern sich die Deklarationen nicht widersprechen.

Header-Dateien sollten generell am Anfang des Programms includiert werden, noch vor jeder Definition oder Vereinbarung. In einer `#include`-Direktive darf nur eine Header-Datei angegeben werden, und zwar in einer eigenen Zeile.

Standard-Header-Dateien

Die durch ANSI standardisierten Header-Dateien sind links zusammengestellt. Darüber hinaus bietet jeder Compiler weitere Header-Dateien für maschinennahe Routinen der Run-Time-Library. Hierzu gehören beispielsweise Grafikfunktionen und Funktionen für den Low-Level-Dateizugriff.

Die mit der Compiler-Software ausgelieferten Header-Dateien sind gewöhnlich in einem eigenen Subdirectory, meist mit dem Namen `Include`, abgelegt. Ist der Name einer Header-Datei innerhalb von `< ... >` angegeben, so wird üblicherweise nur dieses Subdirectory nach der Header-Datei abgesucht.

Includieren selbst erstellter Header-Dateien

Wird im *aktuellen* Directory eine eigene Header-Dateien erstellt, so muss in der `#include`-Direktive der Name der Header-Datei in doppelten Anführungszeichen eingeschlossen werden.

Beispiel: `#include "project.h"`

Der Compiler durchsucht dann zusätzlich das aktuelle Directory.

Übungen

Bildschirmausgabe zur 1. Aufgabe:

```
     ZAHL               WURZEL


   4.000000          2.000000

  12.250000          3.500000

   0.012345          0.111108
```

1. Aufgabe:

Erstellen Sie ein Programm, das die Wurzeln der Zahlen

```
4, 12.25, 0.012345
```

berechnet und wie nebenstehend ausgibt. Verwenden Sie die Funktion `sqrt()`, die im Anhang »Funktionen der Standardbibliothek« beschrieben ist.

2. Aufgabe:

Das folgende Programm enthält mehrere *Fehler*:

```
#include  <stdio.h>,  <stdlib.h>

#void srand( seed);

int main()
{
  printf("\nAus Fehlern wird man klug!\n");

  int  a, b;
  void  rand( int);

  a = srand(12.5);        // Mit beliebiger Zahl initialisieren.
  b = rand(a);            // Eine Zufallszahl erzeugen.

  printf("\nZufallszahl:    %d\n", b);

  return 0;
}
```

Korrigieren Sie die Fehler und testen Sie die Lauffähigkeit des Programms!

Lösungen

zur 1. Aufgabe:

```
#include <stdio.h>
#include <math.h>

main()
{
    double  x1 = 4,  x2 = 12.25,  x3 = 0.012345;

    printf("\n    ZAHL             WURZEL\n");

    printf("\n   %f           %f", x1, sqrt(x1) );
    printf("\n  %f           %f",  x2, sqrt(x2) );
    printf("\n   %f           %f\n", x3, sqrt(x3) );

    return 0;
}
```

zur 2. Aufgabe:

```
#include  <stdio.h>
#include  <stdlib.h>

void srand( unsigned seed);    // Prototyp auch schon
                               // in stdlib.h
int main()
{
    int  b;
    int  rand( void);          // Prototyp auch schon in stdlib.h

    printf("\nAus Fehlern wird man klug!\n");

    srand(12);     // Mit beliebiger Zahl initialisieren.
    b = rand();    // Eine Zufallszahl erzeugen.

    printf("\nZufallszahl:    %d\n", b);
    return 0;
}
```

Kapitel 4

Formatierte Ein- und Ausgabe

In diesem Kapitel werden die grundlegenden Eigenschaften der Standardfunktionen `printf()` und `scanf()` beschrieben. Schwerpunkte sind hierbei die formatierte Ein- und Ausgabe von Zeichen und Zahlen. Weiterführende Möglichkeiten, insbesondere die Ein-/Ausgabe von Strings, werden in Kapitel 9, »Vektoren und Strings«, dargestellt.

Ausgabe von Zeichen und ganzen Zahlen

Typangaben für Zeichen und ganze Zahlen

Typ	Argumenttyp	Darstellung
c	char oder int (<=255)	einzelnes Zeichen
d	int	dezimal
u	unsigned int	dezimal
o	unsigned int	oktal
x	unsigned int	hexadezimal mit a, b, c, d, e, f
X	unsigned int	hexadezimal mit A, B, C, D, E, F

Ist ein Argument vom Typ `long` oder `unsigned long`, so muss den obigen Typangaben der Buchstabe `l` vorangestellt werden, z.B. `ld` oder `lX`. Für Argumente des neuen Typs `long long`(*) werden die Buchstaben `ll` vorangestellt.

Die Wirkung von Formatelementen

Bei der Ausgabe des Formatstrings wird jedes Formatelement durch den Wert des nächsten Argumentes ersetzt.

Beispiel:

```
int a = 5;

printf( "2 * %d  ergibt  %d ", a, 2*a);
```

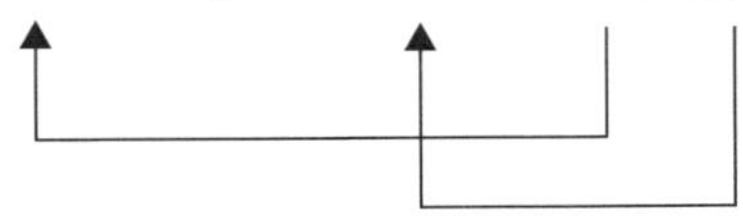

Ausgabe: `2 * 5  ergibt  10`

Mit der Standardfunktion `printf()` können Texte und Zahlen auf dem Bildschirm ausgegeben werden. Dabei stellt `printf()` verschiedene Möglichkeiten der Formatierung zur Verfügung. Beispielsweise können Zahlen auf einfache Weise tabellarisch dargestellt werden.

In den vorhergehenden Kapiteln haben Sie bereits `printf()` in Anweisungen wie

```
printf("Viel Spass mit C!\n");
printf("Wert von i: %d\n", i);
```

kennen gelernt. Im Folgenden werden die wichtigsten Eigenschaften der Funktion `printf()` systematisch beschrieben.

Formatstring

Die Funktion `printf()` erwartet mindestens ein Argument, nämlich den *Formatstring*. Dieser wird auf dem Bildschirm ausgegeben. Der *Formatstring* kann *Formatelemente* enthalten, welche selbst nicht ausgegeben werden, sondern die Ausgabe weiterer Argumente steuern. Für jedes Formatelement muss genau ein Argument angegeben sein.

Ein Formatelement beginnt mit dem Prozentzeichen `%` und endet stets mit einer *Typangabe*.

Beispiele: `%c` , `%d` , `%x`

Die Typangabe muss dem Typ des Argumentes entsprechen. Sie bestimmt, wie das Argument ausgegeben wird.

Erzeugt `printf()` eine unsinnige Ausgabe, so ist der Grund dafür häufig ein falsches Formatelement.

Formatelemente für Zeichen und Ganzzahlen

Die nebenstehende Tabelle enthält die Typangaben, welche für die Ausgabe von Zeichen und ganzen Zahlen verwendet werden können. Das anschließende Beispiel zeigt, wie die Werte der Argumente im Formatstring ausgegeben werden.

Mit dem Formatelement `%c` wird `printf()` angewiesen, den Wert des nächsten Argumentes als Zeichencode zu interpretieren und das entsprechende Zeichen auszugeben.

Beispiel:

```
int c = '*';

printf("Zeichen: %c  ASCII-Code(dezimal): %d",c,c);
```

Ausgabe:

```
Zeichen: *  ASCII-Code(dezimal): 42
```

Konvertierung von ganzen Zahlen

Beispielprogramm

```
/* Eine ganze Zahl wird verschieden konvertiert. */

#include <stdio.h>

int main()
{
    int x = 65;

    printf("x-Wert dezimal:     %d\n", x);
    printf("x-Wert oktal:       %o\n", x);
    printf("x-Wert hexadezimal: %x\n", x);
    printf("x-Wert als Zeichen: %c\n", x);

    return 0;
}
```

Bildschirmausgabe:

```
x-Wert dezimal:     65
x-Wert oktal:       101
x-Wert hexadezimal: 41
x-Wert als Zeichen: A
```

Ausrichtung im Ausgabefeld

Beispiel:

```
int  a = 123;
printf("\n%10d  %-10d!", a, a);
```

Ausgabe:

```
|       123| |123       |
<-  10  ->   <-  10  ->
(rechtsbündig) (linksbündig)
```

Ausgabe von Ganzzahlen

Ganzzahlige Werte können auch oktal oder hexadezimal dargestellt werden.

Beispiel: `printf( "%o  %x  %X", 26, 26, 26);`

Ausgabe: `32  1a  1A`

Die Formatelemente `%o`, `%x`, `%X` und `%u` interpretieren ein Argument immer ohne Vorzeichen. Ist das Argument ein negativer Wert, so wird die positive Zahl ausgegeben, die dem Bitmuster entspricht.

Beispiel: `printf("%d  %u  %o  %X", -1, -1, -1, -1);`

Ausgabe:
```
-1  65535  177777  FFFF                       // 16-Bit
-1  4294967295  37777777777  FFFFFFFF         // 32-Bit
```

Im nebenstehenden Programm wird der Wert einer `int`-Variablen mit `%o` und `%x` ausgegeben. Solange nur Zahlen im Bereich von `0` bis `32767` verwendet werden, macht es keinen Unterschied, ob das Argument vom Typ `int` oder `unsigned int` ist.

Der Buchstabe `l` im Formatelement zeigt der Funktion `printf()` an, dass das zugehörige Argument vom Typ `long` oder `unsigned long` ist.

Beispiel:
```
long  size = 200;
printf("%ld  %lX", size, size);
```

Ausgabe: `200  C8`

Ausgabe in Felder

Eine der wichtigsten Formatierungsmöglichkeiten besteht in der Angabe einer *Feldbreite*. Diese legt die Breite eines Feldes fest, in das der Argumentwert ausgegeben wird. In einem Formatelement ist die Feldbreite als dezimale Ganzzahl hinter dem `%`-Zeichen anzugeben.

Beispiele: `%2c ,  %15d ,  %8lx`

Standardmäßig erfolgt die Ausgabe im Feld *rechtsbündig*. Zur *linksbündigen* Ausgabe wird der Feldbreite ein Minuszeichen vorangestellt. Der verbleibende Platz im Feld wird mit Blanks aufgefüllt.

Ist die auszugebende Zeichenfolge länger als die angegebene Feldbreite, so wird die Zeichenfolge nicht abgeschnitten, sondern das Feld entsprechend vergrößert. Ein Formatelement mit einer zu kleinen Feldbreite hat also dieselbe Wirkung wie das entsprechende Formatelement ohne Feldbreite.

Ausgabe von Gleitpunktzahlen und Strings

Typangaben für Gleitpunktzahlen und Strings

Typ	Argumenttyp	Darstellung (d = Dezimalziffer)
`f`	`float` / `double`	Gleitpunktzahl: `[-]..ddd.dd...`
`e` `E`	`float` / `double`	Exponenten-Schreibweise: `[-]d.dd...e±dd` bzw. `[-]d.dd...E±dd`
`g` `G`	`float` / `double`	wie `e`, `E` oder `f`, je nachdem, was kürzer ist.
`s`	String	Ausgabe bis `'\0'` (falls ohne Genauigkeitsangabe)

Ein Argument vom Typ `long double` wird ausgegeben, indem den Typangaben `f`, `e` oder `g` der Buchstabe `L` vorangestellt wird.

Feldbreite und Genauigkeit

Beispiel:

```
double  temperatur = -117.29354;

printf("%12.3E", temperatur);
```

Ausgabe:

		-	1	.	1	7	3	E	+	0	2

◄——— 12 ———►

Gleitpunktzahlen können mit den nebenstehenden Typangaben ausgegeben werden. Die übliche Gleitpunktdarstellung wird mit `%f` erreicht. Die Formatelemente `%e` oder `%E` bewirken eine Darstellung in exponentieller Form.

Beispiel:

```
double  x = 231.75;
printf("%f  %e  %E", x, x, x);
```

Ausgabe:

```
231.750000   2.317500e+02   2.317500E+02
```

Ohne weitere Angaben werden sechs dezimale Ziffern hinter dem Dezimalpunkt ausgegeben, wobei eventuell gerundet wird.

Genauigkeit und Feldbreite

Durch eine *Genauigkeitsangabe* kann die Anzahl der Ziffern hinter dem Dezimalpunkt festgelegt werden. Ferner ist es auch bei Gleitpunktzahlen möglich, eine *Feldbreite* anzugeben.

Beispiele:

```
float  y = 2.98765;
printf(">%10f<\n", y);      // Feldbreite: 10
printf(">%-10f<\n", y);     // Linksbuendig
printf(">%10.2f<\n", y;     // Genauigkeit: 2
```

Ausgabe:

```
>  2.987650<
>2.987650  <
>      2.99<
```

Im letzten Formatelement `%10.2f` ist 10 die Feldbreite (nicht die Anzahl Stellen vor dem Dezimalpunkt!) und `.2` die Genauigkeit. Diese kann auch ohne Feldbreite festgelegt werden.

Beispiel:

```
float  value = 432.05;
printf(">%.1f<-->%4.0f<", value, value);
```

Ausgabe:

```
>432.1<--> 432<
```

Dieses Beispiel zeigt auch, dass bei der Genauigkeit `0` kein Dezimalpunkt ausgegeben wird.

Ausgabe von Strings

Strings werden mit `%s` ausgegeben. Dabei können zur Formatierung wieder Feldbreite und Genauigkeit verwendet werden. Ist nur die Feldbreite angegeben, so wird der gesamte String rechtsbündig (mit einem Minuszeichen linksbündig) in das Feld positioniert. Die Genauigkeit legt fest, wie viele Zeichen des Strings maximal ausgegeben werden.

Beispiel:

```
printf(">%-10s<-->%10.3s<","Tomate","Tomate");
```

Ausgabe:

```
>Tomate    <-->       Tom<
```

Eingabe von Zeichen und Zahlen mit scanf()

Beispielprogramm

```
#include <stdio.h>                // Prototypen von
                                  // printf() und scanf()
#include <stdlib.h>               // srand() und rand()

int main()
{
   int  tag, monat, jahr;

   printf("\nBitte geben Sie Ihr Geburtsdatum ein.\n");

   printf("\nTag: ");
   scanf("%d", &tag);

   printf("\nMonat: ");
   scanf("%d", &monat);

   printf("\nJahr: ");
   scanf("%d", &jahr);

               // Zufallszahlengenerator initialisieren:
   srand(tag + monat + jahr);

   printf("\nIhre Glueckszahl ist heute: %d\n", rand());

   return 0;
}
```

Die Standardfunktion `scanf()` stellt für das Einlesen von der Tastatur die Möglichkeiten zur Verfügung, wie sie `printf()` für die Bildschirmausgabe bietet.

Das Lesen der Tastatur durch Standardfunktionen ist *zeilenweise gepuffert*. Das hat zur Folge, dass Fehler bei der Eingabe mit der Backspace-Taste noch solange korrigiert werden können, wie die Return-Taste nicht betätigt wurde. Die Eingabe wird auf dem Bildschirm angezeigt.

Wie bei `printf()` ist das erste Argument von `scanf()` ein *Formatstring* , der das Einlesen der Zeichen und ihre Konvertierung steuert, jedoch nicht auf dem Bildschirm erscheint.

Die weiteren Argumente müssen *Adressen* von Variablen sein, in welche die Eingabewerte abgelegt werden. Die Adresse einer Variablen kann mit dem *Adressoperator* `&` bestimmt werden. Beispielsweise ist `&var` die Adresse der Variablen `var`.

Formatelemente

Im Formatstring können Formatelemente mit den von `printf()` her bekannten Typangaben benutzt werden. Dabei gibt es eine Ausnahme: Im Gegensatz zu `printf()` muss die Funktion `scanf()` zwischen `f` für `float` und `lf` für `double` unterscheiden.

Beispiel:
```
int a;    float x;    double y;
scanf("%d %f %lf", &a, &x, &y);
```

Bei Eingabe der Zeile:

```
123  45.67  890
```

wird die Zeichenfolge `123` als dezimale Ganzzahl interpretiert und als `int`-Wert in der Variablen a gespeichert. Danach wird `45.67` als `float`-Wert der Variablen `x` zugewiesen und `890.0` als `double`-Wert der Variablen y.

Eingabefelder

Generell wird für jedes Formatelement das nächste Eingabefeld gelesen, konvertiert und das Ergebnis in der entsprechenden Variablen abgelegt. Dabei werden führende Zwischenraumzeichen (Leer-, Tabulator- oder Newline-Zeichen) überlesen.

Ein Eingabefeld endet mit dem ersten Zwischenraumzeichen bzw. mit dem ersten Zeichen, das nicht mehr verarbeitet werden kann. Dieses Zeichen ist dann das erste Zeichen des nächsten Eingabefeldes. Das kann beispielsweise ein Buchstabe sein, wenn mit `%d` eine Dezimalzahl eingelesen werden soll.

Die einzige Ausnahme bildet hier das Formatelement `%c`. Mit `%c` wird einfach das nächste Zeichen, insbesondere auch ein Zwischenraumzeichen, eingelesen.

Konvertierung von Eingabefeldern

Beispielprogramm

```
// Eine Ganzzahl und eine Gleitpunktzahl einlesen.

#include <stdio.h>

int main()
{
    long nummer;
    double betrag;

    printf("\nBitte die Kontonummer eingeben: ");
    scanf("%8ld", &nummer);      // Feldbreite 8

    fflush(stdin);        // Eingabepuffer loeschen

    printf("\nBitte den Geldbetrag eingeben: ");
    scanf("%lf", &betrag);

/*  Hier folgt das weitere Programm  */

    return 0;
}
```

Hinweise:

Mit den Eingaben `12345678` für die Kontonummer und `365000.75` für den Geldbetrag speichert `scanf()` die Zahl `12345678` in die Variable `nummer` und die Zahl `365000.75` in die Variable `betrag`.

Wird dagegen zuerst `123456789` eingegeben, so liest `scanf()` wegen der angegeben Feldbreite nur die ersten 8 Ziffern. Die Variable `nummer` enthält also wieder die Zahl `12345678`. Anschließend entfernt `fflush()` die Ziffer `9` (und das Zeilenendezeichen `\n`) aus dem Eingabepuffer, sodass `scanf()` beim Einlesen des Geldbetrages auf eine neue Eingabe wartet. Ohne den Aufruf von `fflush()` würde der Wert `9.0` in die Variable `betrag` gespeichert!

Begrenzung von Eingabefeldern

Durch die Angabe einer Feldbreite kann die Länge eines Eingabefeldes begrenzt werden. Führende Zwischenraumzeichen werden nicht mitgezählt.

Beispiel:
```
int i;
scanf("%4d", &i);
```

Bei der Eingabe von `1234567` wird der dezimale Wert `1234` an `i` zugewiesen. Die übrigen Zeichen `567` verbleiben im Eingabepufffer. Sie werden als Erstes gelesen, wenn anschließend `scanf()` erneut aufgerufen wird.

Die Festlegung einer Genauigkeit ist bei `scanf()` nicht möglich. Beim Einlesen von Gleitpunktzahlen werden also alle Ziffern im Eingabefeld verarbeitet.

Fehlersituationen

Was geschieht nun, wenn die Eingabe nicht zum Formatelement passt?

Beispiel:
```
int  i1, i2;
scanf("%d %d", &i1, &i2);
```

Bei Eingabe von `1A5` etwa wird `1` an die Variable `i1` zugewiesen. Mit `A` beginnt das nächste Eingabefeld. Da aber wieder dezimale Ziffern erwartet werden, bleibt die Zeichenfolge ab `A` weiterhin unverarbeitet. Findet, wie in diesem Fall, keine Konvertierung statt, so wird der entsprechenden Variable kein Wert zugewiesen und die Funktion `scanf()` kehrt zurück.

Das Programm kann anhand des **Return-Wertes** feststellen, ob das Einlesen erfolgreich war: `scanf()` liefert die Anzahl der eingelesenen Eingabefelder oder den Wert `EOF` (= end of file). `EOF` ist eine Konstante, die in `stdio.h` als `-1` definiert ist. Sie wird dann zurückgegeben, wenn durch Eingabe von `Ctrl-Z` (unter DOS/WINDOWS) bzw. `Ctrl-D` (unter UNIX) ein Dateiende simuliert wird oder wenn ein Fehler beim Lesen auftrat.

Im vorherigen Beispiel gibt es zwei Formatelemente. Die möglichen Return-Werte sind deshalb `-1` (`EOF`), `0`, `1`, oder `2`. Bei obiger Eingabe von `1A5` ist der Return-Wert `1`, da nur mit dem ersten Formatelement ein Wert eingelesen wurde.

Eingabepuffer löschen

Um sicherzugehen, dass `scanf()` beim Lesen von der Tastatur auf eine **neue Eingabe** wartet, kann der Eingabepuffer mit der Anweisung `fflush(stdin);` gelöscht werden. Dabei bezeichnet `stdin` den Standardeingabekanal, der von den Standardfunktionen für das Lesen von der Tastatur benutzt wird. Das nebenstehende Beispielprogramm zeigt eine Anwendung von `fflush(stdin)`.

Übungen

Bildschirmausgabe zur 3. Aufgabe:

```
Artikelnummer          Stueckzahl             Stueckpreis

..........             ..........             Euro .......
```

Programm-Listing zur 4. Aufgabe:

```
/*      Ein Programm mit hartnaeckigen Fehlern          */

#include <stdlib.h>

int main()
{
   int ch, a;

   scanf("Los geht's mit der Return-Taste: %ch\n",&c);

   printf("\nGeben Sie nun eine dezimale Ganzzahl",
          "zwischen 1 und 200 ein: ");

   scanf("%.3d", a);

   printf("\nIhre Eingabe: %d", &a);

   return 0;
}
```

1. Aufgabe:

Formulieren Sie die entsprechenden Anweisungen:

a) Die Zahl `0.123456` soll in der üblichen Darstellung einer Gleitpunktzahl linksbündig in ein Feld mit der Feldbreite `15` ausgegeben werden.

b) Die Zahl `123.456` soll in exponentieller Schreibweise rechtsbündig in ein Feld mit der Feldbreite `10` gesetzt werden.

c) Die Zahl `23.987654` soll auf zwei Ziffern hinter dem Dezimalpunkt gerundet rechtsbündig in ein Feld mit der Feldbreite `12` ausgegeben werden.

2. Aufgabe:

Erstellen Sie ein C-Programm, das eine dreistellige positive Ganzzahl von der Tastatur einliest und diese als Zeichen, dezimal, oktal und hexadezimal auf dem Bildschirm ausgibt.

Warum wird, Ihrer Meinung nach, bei Eingabe der Zahl `336` das Zeichen `P` ausgegeben?

3. Aufgabe:

Schreiben Sie ein C-Programm, das eine achtstellige Artikelnummer, eine Stückzahl und einen Stückpreis von der Tastatur liest und wie nebenstehend auf dem Bildschirm ausgibt.

4. Aufgabe:

Korrigieren Sie die Fehler im nebenstehenden Programm und testen Sie dessen Lauffähigkeit!

Lösungen

zur 1. Aufgabe:

a) `x = 0.123456;`

```
printf("%-15f", x);
```

b) `x = 123.456;`

```
printf("%10e", x);
```

c) `x = 23.987654;`

```
printf("%12.2f", x);
```

zur 2. Aufgabe:

```
#include <stdio.h>

int main()
{
   unsigned int a;

   printf("Geben Sie eine dreistellige positive "
          "Ganzzahl ein: ");
   scanf("%3u", &a);

   printf("\nZeichen:     %c", a);
   printf("\ndezimal:     %u", a);
   printf("\noktal:       %o", a);
   printf("\nhexadezimal: %x\n", a);

   return 0;
}
```

Bei der Eingabe von `336` wird mit `%c` das Zeichen `P` auf dem Bildschirm ausgegeben, da nur das niederwertige Byte eines int-Wertes als Zeichencode interpretiert wird (`336` = `256` + `80`).

zur 3. Aufgabe:

```
#include <stdio.h>

int main()
{
   long artnr;
   int stzahl;
   float stpreis;

                                                // Eingabe:
   printf("\nBitte Artikelnummer eingeben: ");
   scanf("%8ld", &artnr);

   printf("\nBitte Stueckzahl eingeben: ");
   scanf("%d", &stzahl);

   printf("\nBitte Stueckpreis eingeben: ");
   scanf("%f", &stpreis);

                                                // Ausgabe:
   printf("\n\n\tArtikelnummer\tStueckzahl\tStueckpreis");

   printf("\n\n\t%-13ld\t%-9d", artnr, stzahl);
   printf("\tEuro %-7.2f\n", stpreis);

   return 0;
}
```

Lösungen (Fortsetzung)

Zur 4. Aufgabe:

Die korrigierten Stellen sind unterstrichen:

```
/*      Ein Programm mit hartnaeckigen Fehlern      */

#include <stdio.h>  /* stdio.h ist die Header-Datei */
                    /* fuer Ein-/Ausgabe            */
int main()
{
   int ch, a;

   printf("Los geht's mit der Return-Taste: \n");
   scanf("%c", &ch);

   fflush(stdin);            // Vorsichtshalber den
                             // Eingabepuffer loeschen.

   printf("\nGeben Sie nun eine dezimale Ganzzahl"
          "zwischen 1 und 200 ein: ");
   scanf("%3d", &a);

   printf("\nIhre Eingabe: %d\n", a);

   return 0;
}
```

Kapitel 5

Operatoren

In diesem Kapitel lernen Sie grundlegende Operatoren kennen, wie sie für Rechenoperationen und Programmverzweigungen benötigt werden. Weitere Operatoren, wie z.B. für Bitmanipulationen, werden in späteren Kapiteln behandelt.

Binäre arithmetische Operatoren

Binäre arithmetische Operatoren

Operator	Bedeutung
+	Addition
-	Subtraktion
*	Multiplikation
/	Division
%	Modulodivision

Beispielprogramm

```
#include <stdio.h>

int main()
{
   double x, y;

   printf("\nGeben Sie zwei Zahlen ein: ");
   scanf("%lf %lf", &x, &y);

   printf("\nDer Durchschnitt beider Zahlen ist: ");
   printf("%f\n", (x + y)/2.0);

   return 0;
}
```

Beispiel für einen Programmablauf:

```
Geben Sie zwei Zahlen ein: 4.75  12.3456

Der Durchschnitt beider Zahlen ist: 8.547800
```

Ausdrücke

Ein *Ausdruck* ist eine Kombination von Operatoren und Operanden. Im einfachsten Fall besteht ein Ausdruck nur aus einer Konstanten, einer Variablen oder einem Funktionsaufruf. Ausdrücke können als Operanden von Operatoren zu komplexeren Ausdrücken verknüpft werden.

Man unterscheidet *unäre* und *binäre* Operatoren: Ein unärer Operator besitzt nur **einen** Operanden, ein binärer Operator zwei.

Mit den *arithmetischen Operatoren* werden Berechnungen durchgeführt. Nebenstehend sind die binären arithmetischen Operatoren zusammengestellt. Hierbei ist Folgendes zu beachten:

- Bei der *Division* mit ganzzahligen Operanden ist das Ergebnis wieder ganzzahlig. Beispielsweise ergibt `7/2` die Zahl `3`. Hat mindestens einer der Operanden einen Gleitpunktzahl-Typ, so ist das Ergebnis eine Gleitpunktzahl.

  Beispielsweise liefert die Division `7.0/2` das exakte Ergebnis `3.5`.

- Die *Modulodivision* ist nur auf ganzzahlige Operanden anwendbar. Sie liefert den *Rest* der ganzzahligen Division.

  Beispielsweise ergibt `7%2` die Zahl `1` .

Der *Typ eines Ausdrucks* ist der Typ des Wertes, den der Ausdruck liefert. Dieser ergibt sich aus den Typen der Operanden.

Beispiele:

```
int a = 4;    double x = 7.9;
a * 512                    // Typ:  int
1.0 + pow(x, 2.5)          // Typ:  double
x - 3                      // Typ:  double, da ein
                           // Operand vom Typ double
```

In C hat jeder Ausdruck einen *Typ* und einen *Wert*. Er kann daher wieder als Operand in einem Ausdruck auftreten.

Beispiel: `3 + 7 * 2`

Vorrang

Bei der Auswertung gelten die üblichen *Rechenregeln* (»Punktrechnung vor Strichrechnung«), d.h. die Operatoren `*`, `/`, `%` haben einen höheren Vorrang als `+` und `-` . Im Beispiel wird daher zuerst der Ausdruck `7 * 2` berechnet und dann die Zahl `3` hinzuaddiert.

Soll eine andere Reihenfolge bei der Auswertung gelten, so müssen Klammern gesetzt werden.

Beispiel: `(3 + 7) * 2`

Klammern haben den höchsten Vorrang. Deshalb wird zunächst die Summe `3 + 7` berechnet und dann das Ergebnis mit `2` multipliziert.

Unäre arithmetische Operatoren

Die unären arithmetischen Operatoren

Operator	Bedeutung
+ -	Vorzeichenoperatoren
++	Inkrement-Operator
--	Dekrement-Operator

Vorrang von arithmetischen Operatoren

Priorität	Operator	Zusammenfassung
1.	++ -- + (Vorzeichen) - (Vorzeichen)	von rechts
2.	* / %	von links
3.	+ (Addition) - (Subtraktion)	von links

Beispielprogramm zur Wirkung der Präfix- und Postfix-Notation

```
#include <stdio.h>

int main()
{
    int i = 3, j = 8;

    printf("%d\n", i++);     /* Ausgabe:    3   */
    printf("%d\n", i);       /* Ausgabe:    4   */
    printf("%d\n", j--);     /* Ausgabe:    8   */
    printf("%d\n", --j);     /* Ausgabe:    6   */

    return 0;
}
```

Es gibt vier unäre arithmetische Operatoren, nämlich die Vorzeichenoperatoren `+` und `-`, den Inkrement-Operator `++` und den Dekrement-Operator `--`.

Mit dem *Vorzeichenoperator* `-` erhält man den Wert des Operanden mit umgekehrtem Vorzeichen.

Beispiel:
```
int  x = -3;
printf("%d", -x);              // Ausgabe: 3
```

Der Vorzeichenoperator `+` wird nicht benötig. Er liefert lediglich den Wert seines Operanden. Der *Inkrement-Operator* `++` verändert seinen Operanden, indem er `1` hinzuaddiert. Er kann also nicht auf Konstanten angewendet werden.

Präfix- und Postfix-Notation

Ist `i` eine Variable, so bewirken sowohl `++i` (*Präfix-Notation*) als auch `i++` (*Postfix-Notation*), dass `i` um `1` erhöht wird. Es wird also in jedem Fall `i = i + 1` ausgeführt.

Der Unterschied liegt im Wert des Ausdrucks: `++i` hat bereits den um `1` erhöhten Wert von `i`, der Ausdruck `i++` hat den ursprünglichen Wert von `i`. Dieser Unterschied ist wesentlich, wenn `++i` oder `i++` Teil eines komplexeren Ausdruck ist:

`++i:` `i` wird zunächst inkrementiert und dann der neue Wert von `i` verwendet.

`i++:` Es wird der alte Wert von `i` verwendet und dann wird `i` inkrementiert.

Der *Dekrement-Operator* `--` verändert seinen Operanden, indem er ihn um `1` vermindert. Wie das Beispielprogramm links zeigt, kann auch für `--` die Präfix- oder die Postfix-Notation benutzt werden.

Vorrang von Operatoren

Wie wird nun ein Ausdruck mit mehreren Operatoren berechnet?

Beispiel:
```
float  x = 5.0;
printf("%.1f", x++ - 7.0 / 2);
```

Der *Vorrang* (Priorität) der Operatoren bestimmt die Zuordnung der Operanden zu den Operatoren. Gemäß der nebenstehenden Vorrangtabelle hat `++` den höchsten Vorrang und `/` einen höheren als `-`. Das ergibt im Beispiel folgende Zuordnung: `(x++) - (7.0 / 2)`. Das Ergebnis ist `1.5`, da `x` erst anschließend inkrementiert wird.

Haben zwei Operatoren den *gleichen Vorrang*, so wird gemäß der dritten Spalte der Vorrangtabelle zusammengefasst:

Beispiel: `2 * 5 % 2` ist äquivalent mit `(2 * 5) % 2`

Einfache und zusammengesetzte Zuweisungen

Beispielprogramm

```
/* Demonstration von zusammengesetzten Zuweisungen    */

#include <stdio.h>

int main()
{
   float x, y;

   printf("\nBitte Startwert eingeben: ");
   scanf("%f", &x);

   printf("\nUm wie viel erhoehen Sie? ");
   scanf("%f", &y);
   x += y;

   printf("\nJetzt wird vervielfacht!");
   printf("\nBitte Faktor eingeben: ");
   scanf("%f", &y);
   x *= y;

   printf("\nSchliesslich dividieren wir noch.");
   printf("\nBitte Divisor eingeben: ");
   scanf("%f", &y);
   x /= y;

   printf("\nUnd hier ist Ihre heutige Glueckszahl: ");
   printf("%.0f\n", x);

   return 0;
}
```

Einfache Zuweisungen

Eine *einfache Zuweisung* ordnet einer Variablen mithilfe des Zuweisungsoperators `=` den Wert eines Ausdrucks zu. Hierbei steht die Variable immer links und der zugewiesene Wert rechts vom Zuweisungsoperator.

Beispiele:

```
z = 7.5;
y = z;
x = 2.0 + 4.2 * z;
```

Der Zuweisungsoperator hat einen sehr niedrigen Vorrang. Im letzten Beispiel wird deshalb zuerst die rechte Seite berechnet und das Ergebnis dann der links stehenden Variablen zugeordnet.

Jede Zuweisung ist selbst ein Ausdruck, dessen Wert der zugewiesene Wert ist.

Beispiel: `sin(x = 7.5);`

In dieser Anweisung wird die Zahl `7.5` an `x` zugewiesen und dann der Funktion als Argument übergeben.

Es sind auch *Mehrfachzuweisungen* möglich, die stets von rechts nach links bearbeitet werden.

Beispiel: `i = j = 9;`

Hier erhält zunächst `j` und dann `i` den Wert `9`.

Zusammengesetzte Zuweisungen

Neben dem einfachen Zuweisungsoperator gibt es die *zusammengesetzten Zuweisungsoperatoren*. Sie führen eine arithmetische Operation und eine Zuweisung aus.

Beispiele:

`i += 3;`	ist äquivalent zu	`i = i + 3;`
`i *= j + 2;`	ist äquivalent zu	`i = i * (j + 2);`

Das zweite Beispiel zeigt, dass bei einer zusammengesetzten Zuweisung implizit geklammert wird. Dies ergibt sich aus der Tatsache, dass der Vorrang der zusammengesetzten Zuweisung ebenso niedrig ist wie bei der einfachen Zuweisung.

Mit jedem binären arithmetischen Operator (und wie wir später sehen werden, auch mit den Bit-Operatoren) kann ein zusammengesetzter Zuweisungsoperator gebildet werden. Es gibt also die Operatoren `+=`, `-=`, `*=`, `/=`, `%=`.

Durch eine Zuweisung oder durch die Operatoren `++`, `--` kann eine Variable während der Auswertung eines komplexen Ausdrucks verändert werden. Dies nennt man in C *Seiteneffekt*. Seiteneffekte sollten sparsam eingesetzt werden, da sie leicht zu Fehlern führen und die Lesbarkeit eines Programms beeinträchtigen.

Vergleichsoperatoren

Die Vergleichsoperatoren in C

Operator	Bedeutung
<	kleiner
<=	kleiner gleich
>	größer
>=	größer gleich
==	gleich
!=	ungleich

Vorrangregeln

1. Priorität:	arithmetische Operatoren
2. Priorität:	`<, <=, >, >=`
3. Priorität:	`==, !=`
4. Priorität:	Zuweisungsoperatoren

Beispiele für Vergleiche und deren Ergebnis

Vergleich			Ergebnis	
`4`	`>=`	`5`	`0`	(»falsch«)
`2.7`	`<`	`3.8`	`1`	(»wahr«)
`4 + 2`	`==`	`5`	`0`	(»falsch«)
`2 * 4`	`!=`	`5`	`1`	(»wahr«)

Wert und Typ von Vergleichen

Jeder Vergleich ist in C ein Ausdruck vom Typ `int`, der den Wert `1` oder `0` besitzt. Dabei bedeutet `1` »wahr«, d.h. der Vergleich trifft zu, und `0` bedeutet »falsch«, d.h. der Vergleich trifft nicht zu.

Enthalten die Variablen `laenge` und `umfang` die Zahl `7`, so ist im

Beispiel: `laenge == umfang`

die Gleichheitsrelation »wahr« und der Vergleich hat den Wert `1`. Enthält dagegen `laenge` die Zahl `7` und `umfang` die Zahl `2`, so ist im

Beispiel: `laenge <= umfang`

die angegebene Relation »falsch«, der Wert des Vergleichausdrucks also `0`.

Vorrang von Vergleichsoperatoren

Vergleichsoperatoren haben einen niedrigeren Vorrang als arithmetische Operatoren, jedoch einen höheren als Zuweisungsoperatoren. Deshalb wird im

Beispiel: `flag = index < max - 1;`

zuerst `max - 1` berechnet, dann das Ergebnis mit `index` verglichen und schließlich der resultierende Wert (`0` oder `1`) an `flag` zugewiesen. Aus demselben Grund wird im

Beispiel: `result = length + 1 == limit;`

als erstes `length + 1` berechnet, dann das Ergebnis mit `limit` verglichen und der Wert des Vergleichsausdrucks (`0` oder `1`) an die Variable `result` zugewiesen. Soll eine andere Reihenfolge bei der Bewertung eingehalten werden, so sind Klammern zu setzen.

Beispiel: `(result = length + 1) == limit;`

Hier wird der Wert von `length + 1` in der Variablen `result` abgelegt und dann erst mit `limit` verglichen.

Verwenden Sie nicht den Zuweisungsoperator `=` , wenn Sie zwei Ausdrücke vergleichen wollen. Der Compiler erzeugt keine Fehlermeldung, wenn der linke Ausdruck eine Variable ist. Dies hat schon manchen Anfänger entnervende Stunden bei der Fehlersuche gekostet.

Der Datentyp _Bool

Mit ANSI C99 wurde der Datentyp `_Bool` zur Darstellung boolescher Werte eingeführt. Er repräsentiert genau zwei Werte: `0` (»falsch«) und `1` (»wahr«). Der Typ wird jedoch noch nicht von allen C-Compilern unterstützt.

Wird die Header-Datei `stdbool.h` includiert, so können auch der Typbezeichner `bool` sowie die Konstanten `true` (»wahr«) und `false` (»falsch«) zur besseren Lesbarkeit des Programms eingesetzt werden.

Logische Operatoren

Wahrheitstafel für logische Operatoren

<table>
<tr><th>x</th><th>y</th><th>x && y</th><th>x || y</th></tr>
<tr><td>!= 0</td><td>!= 0</td><td>1</td><td>1</td></tr>
<tr><td>!= 0</td><td>0</td><td>0</td><td>1</td></tr>
<tr><td>0</td><td>!= 0</td><td>0</td><td>1</td></tr>
<tr><td>0</td><td>0</td><td>0</td><td>0</td></tr>
</table>

x	!x
!= 0	0
0	1

Die Operanden `x` und `y` können beliebige Ausdrücke sein.

Beispiele für logische Ausdrücke

<table>
<tr><th>x</th><th>y</th><th>logischer Ausdruck</th><th>Ergebnis</th></tr>
<tr><td>1</td><td>-1</td><td>x <= y || y >= 0</td><td>0 (»falsch«)</td></tr>
<tr><td>0</td><td>0</td><td>x > -5 && y == 0</td><td>1 (»wahr«)</td></tr>
<tr><td>1</td><td>0</td><td>x == 1 && !y</td><td>1 (»wahr«)</td></tr>
<tr><td>0</td><td>1</td><td>!(x + 1) || y - 2 > 0</td><td>0 (»falsch«)</td></tr>
</table>

Boolesche Operatoren

Die logischen Operatoren sind die *booleschen Operatoren* `&&` (UND), `||` (ODER) und `!` (NICHT). Mit ihnen werden zusammengesetzte Bedingungen formuliert. Auf diese Weise können Programmverzweigungen von mehreren Bedingungen abhängig gemacht werden.

Wie ein Vergleichsausdruck liefert ein logischer Ausdruck das Ergebnis »falsch« oder »wahr«, also den Wert `0` oder `1`.

Die Operanden können beliebige Ausdrücke sein. Ein Operand wird als »falsch« interpretiert, wenn sein Wert `0` ist. Jeder von `0` verschiedene Wert gilt als »wahr«.

ODER-Operator

Der ODER-Operator `||` liefert genau dann »wahr«, wenn mindestens ein Operand »wahr« ist. Demnach ist die Bedingung im

Beispiel: `(laenge < 0.2) || (laenge > 9.8)`

»wahr«, wenn `laenge` kleiner als `0.2` oder größer als `9.8` ist.

UND-Operator

Der UND-Operator `&&` liefert genau dann »wahr«, d.h. den Wert `1`, wenn beide Operanden »wahr« sind. So ist der logische Ausdruck

Beispiel: `(index < max) && (scanf("%d", &x) > 0)`

»wahr«, solange `index` kleiner als `max` ist und solange die Funktion `scanf()` eine ganze Zahl erfolgreich einliest. Ist bereits `index < max` nicht erfüllt, so wird auch die Funktion `scanf()` nicht mehr aufgerufen. Bei den logischen Operatoren `&&` und `||` wird nämlich zuerst der linke Operand bewertet. Steht dann das Ergebnis schon fest, so wird der rechte Operand nicht mehr bewertet.

NICHT-Operator

Der NICHT-Operator `!` liefert genau dann »wahr«, wenn sein Operand »falsch« ist. Enthält die Variable `flag` etwa den Wert `1`, so liefert `!flag` den logischen Wert »falsch«.

Der Operator && hat einen höheren Vorrang als `||`. Der Vorrang beider ist jedoch niedriger als der von Vergleichsoperatoren. In den obigen Beispielen dürfen deshalb die Klammern weggelassen werden. Der Operator `!` hat als unärer Operator einen hohen Vorrang. Vergleichen Sie hierzu auch die Vorrangtabelle im Anhang.

Übungen

Programm-Listing zur 4. Aufgabe:

```
#include <stdio.h>

int main()
{
    int erg, a, b, c;
    int y = 5;

    printf("Wert von 7 || (y = 0): %d\n", 7 || (y = 0));
    printf("Wert von y: %d\n", y);

    a = b = c = 0;
    erg = ++a || ++b && ++c;
    printf("\nerg = %d, a = %d, ", erg, a);
    printf("b = %d, c = %d\n", b, c);

    a = b = c = 0;
    erg = ++a && ++b || ++c;
    printf("erg = %d, a = %d, ", erg, a);
    printf("b = %d, c = %d\n", b, c);

    return 0;
}
```

1. Aufgabe:

Welchen Wert haben die folgenden arithmetischen Ausdrücke?

a) `3/4` 0 **b)** `15%4` 3 **c)** `15/2.0` 7,5

d) `3 + 5 % 4` 4 **e)** `3 * 7 % 4` 1

2. Aufgabe:

a) Wie werden die Operanden und Operatoren im folgenden Ausdruck

```
x = - 4 * ++i - 6 % 4;
```

zusammengefasst? Setzen Sie die entsprechenden Klammern.

b) Welcher Wert wird in a) der Variablen `x` zugewiesen, wenn die Variable `i` die Zahl `-2` enthält?

3. Aufgabe:

Die Variable `x` enthält die Zahl `7`. Bestimmen Sie den Wert der folgenden logischen Ausdrücke:

a) `x < 9 && x >= -5`

b) `!x && x >= 3`

c) `x++ == 8 || x == 7`

4. Aufgabe:

Welche Bildschirmausgaben bewirkt das nebenstehende Programm?

2. a) x = (- 4 * (i + 1)) - (6 % 4)
   b) x = (-4) · (- 1) - 2 = 2

3. a) 1
   b) 0
   c) 1

4.)

Lösungen

zur 1. Aufgabe:

a) `0` **b)** `3` **c)** `7.5`

d) `4` **e)** `1`

zur 2. Aufgabe:

a) `x = ( (( -4 ) * ( ++i )) - ( 6 % 4 ) )`

b) Der Variablen x wird die Zahl 2 zugewiesen.

zur 3. Aufgabe:

a) `1` (»wahr«)

b) `0` (»falsch«)

c) `0` (»falsch«)

zur 4. Aufgabe:

```
Wert von 7 || (y = 0):  1
Wert von y:  5

erg = 1, a = 1, b = 0, c = 0
erg = 1, a = 1, b = 1, c = 0
```

Kapitel 6

Kontrollstrukturen

In diesem Kapitel lernen Sie die Anweisungen zur Kontrolle des Programmflusses kennen. Das sind

- Schleifen mit `while`, `do while` und `for`,
- Verzweigungen mit `if else`, `switch` und dem Auswahloperator,
- bedingungsfreie Sprünge mit `goto`, `continue` und `break`.

Die Anweisung while

Struktogramm zu while

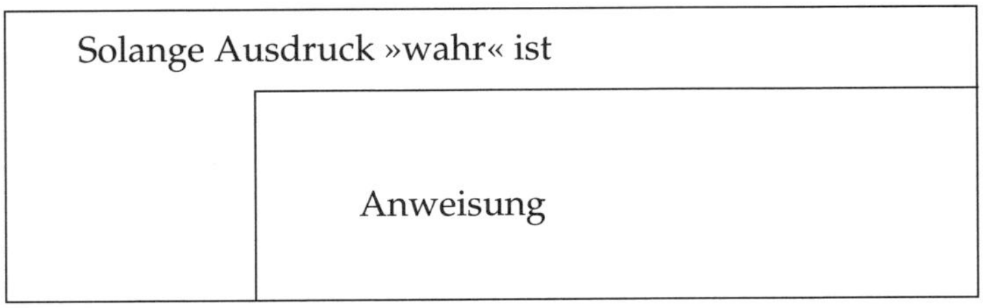

Beispielprogramm

```
// Schnitt.c -> Berechnet den Durchschnitt ganzer Zahlen

#include <stdio.h>

int main()
{
   int  x, anzahl = 0;      float  summe = 0;

   printf("\nBitte geben Sie ganze Zahlen ein\n"
          "(Abbruch mit beliebigem Buchstaben):\n");
   while( scanf("%d", &x) > 0)
   {
      summe += x;    ++anzahl;
   }
   printf("\nDer Durchschnitt der eingegebenen Zahlen"
          " ist:  %.2f\n", summe/anzahl);
   return 0;
}
```

Beispiel für einen Programmablauf

```
Bitte geben Sie ganze Zahlen ein
(Abbruch mit beliebigem Buchstaben):
10 12 15q
Der Durchschnitt der eingegebenen Zahlen ist: 12.33
```

Schleifen

Schleifen werden gebildet, um eine Gruppe von Anweisungen mehrfach auszuführen. C bietet drei Sprachelemente zur Bildung von Schleifen: `while`, `do while` und `for`. Die Anzahl der Schleifendurchläufe wird durch eine Laufbedingung festgelegt. Bei der `while`- und `for`-Anweisung wird die Laufbedingung zu Beginn eines Durchlaufs getestet, bei der `do-while`-Anweisung am Ende eines Durchlaufs.

while-Schleifen

Die Anweisung `while` hat folgende

Syntax:

```
while(Ausdruck)
        Anweisung                // Abhängige Anweisung
```

Zu Beginn der Schleife wird der *Ausdruck* bewertet. Ist dieser »wahr«, d.h. von `0` verschieden, so wird die abhängige Anweisung ausgeführt. Anschließend wird der Ausdruck erneut überprüft.

Ist der Ausdruck »falsch«, d.h. sein Wert `0`, so wird die Programmausführung mit der Anweisung fortgesetzt, die der `while`-Schleife folgt.

Üblicherweise wird die abhängige Anweisung im Quelltext in einer neuen Zeile eingerückt dargestellt, was die Lesbarkeit des Programms verbessert.

Blockbildung

Sollen in einer Schleife mehr als eine Anweisung wiederholt ausgeführt werden, so müssen die Anweisungen zu einem Block zusammengefasst, d.h. in geschweifte Klammern { } eingeschlossen werden.

Syntaktisch ist ein Block äquivalent zu *einer* Anweisung. Es kann also immer dort ein Block verwendet werden, wo in einer Syntaxbeschreibung eine Anweisung gefordert ist.

Zu nebenstehendem Beispielprogramm

Das nebenstehende Programm berechnet den Durchschnitt von Ganzzahlen, die über die Tastatur eingegeben werden. Die Laufbedingung

```
scanf("%d", &x) > 0
```

ist erfüllt, wenn der Anwender eine dezimale Ganzzahl eingibt. In der Schleife wird diese Zahl zum Wert der Variablen `summe` hinzuaddiert und anschließend der Zähler `anzahl` um 1 erhöht. Da dies zwei Anweisungen sind, müssen sie zu einem Block zusammengefasst werden.

Sobald der Anwender einen Buchstaben eingibt, liefert `scanf()` den Return-Wert `0`. Damit wird die Schleife verlassen und die nachfolgende `printf`-Anweisung ausgeführt.

Die Anweisung for

Struktogramm zu for

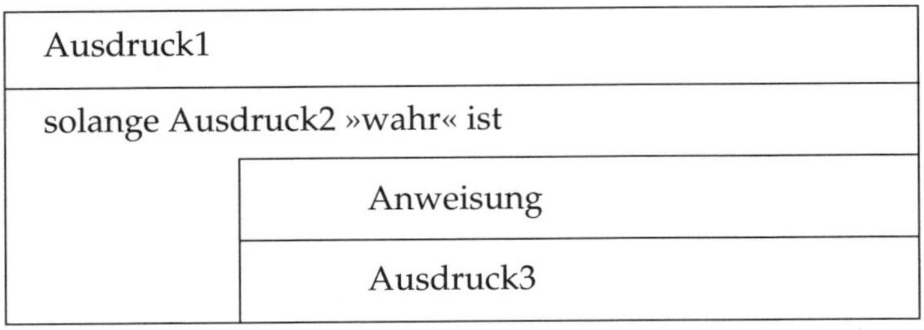

Beispielprogramm

```
/* Umrechnungstabelle: Euro -> US-Dollar           */

#include <stdio.h>

int main()
{
    int euro;
    double kurs = 0.9;    // US-$ für einen Euro

    printf("\tEuro \tDollar\n");

    for( euro = 1; euro <= 5; ++euro)
       printf("\t %d\t %.2f\n", euro, euro*kurs);

    return 0;
}
```

Bildschirmausgabe

```
Euro     Dollar
 1        0.90
 2        1.80
 3        2.70
 4        3.60
 5        4.50
```

Schleifen

Eine typische Schleife benutzt einen Zähler, der einmal initialisiert, in der Laufbedingung überprüft und am Ende eines Durchlaufs reinitialisiert wird.

Beispiel:

```
count = 0;                          // Initialisierung
while( count < 10 )                 // Laufbedingung
{
  printf("\nIm %d. Schleifendurchlauf", count);
  ++count;                          // Reinitialisierung
}
```

Syntax von for-Schleifen

Bei der `for`-Anweisung werden die Elemente zur Kontrolle der Schleife im Schleifenkopf zusammengefasst. Das obige Beispiel lautet mit einer `for`-Schleife:

Beispiel:

```
for( count = 0; count < 10 ; ++count )
  printf("\nIm %d. Schleifendurchlauf", count);
```

Für die Kontrolle der Schleife können beliebige Ausdrücke verwendet werden:

Syntax:

```
for( Ausdruck1; Ausdruck2; Ausdruck3 )
     Anweisung
```

Als Erstes - und nur einmal - wird *`Ausdruck1`* ausgeführt und damit die Initialisierung vorgenommen.

Zu Beginn jedes Schleifendurchlaufs wird die Laufbedingung *`Ausdruck2`* bewertet. Ist diese »falsch«, d.h. ihr Wert `0`, so wird die Schleife beendet. Ist *`Ausdruck2`* »wahr«, d.h. sein Wert von `0` verschieden, so wird die abhängige Anweisung ausgeführt. Anschließend wird die Reinitialisierung *`Ausdruck3`* vorgenommen und *`Ausdruck2`* erneut geprüft.

Initialisierung des Schleifenzählers

Gemäß ANSI C99 kann der Schleifenzähler auch direkt in `Ausdruck1` definiert werden. Er ist dann innerhalb der Schleife verfügbar, allerdings nicht mehr nach dem Verlassen der Schleife.

Beispiel:

```
for( int i = 1;  i <= 5;  printf("%d",i++) )
    ;
```

Wie dieses Beispiel zeigt, kann die abhängige Anweisung auch eine leere Anweisung sein. Das ist immer dann der Fall, wenn alle nötigen Angaben schon im Schleifenkopf enthalten sind. Der besseren Übersicht wegen sollte auch die leere Anweisung in einer eigenen Zeile stehen.

Die Anweisung for (Fortsetzung)

Beispielprogramm

```
// EuroDo.c --> Programm zur Umrechnung von Euro in US-$

#include <stdio.h>

int main()
{
   long  euro, step, lower, upper, maxeuro;
   float kurs;                   // US-$ für einen Euro

   printf("\n\n * * * KURSTABELLE  Euro - US$ * * *\n\n");

   printf("\nBitte den Kurs  Euro - US$  eingeben:   ");
   scanf("%f",&kurs);

   printf("\nBitte Obergrenze der Tabelle eingeben: ");
   scanf("%ld",&maxeuro);

   /*  ---   Ausgabe der Tabelle   ---  */

                                // Spaltenueberschriften:
   printf("\n\n%12s %20s\t\tKurs: %.2f\n\n",
          "Euro", "US-$", kurs);

   // Die aeussere Schleife bestimmt die aktuelle
   // Untergrenze und die Schrittbreite:
   for( lower=step=1; lower <= maxeuro;
                           step *=10, lower = 2*step)
      // Die innere Schleife gibt ein "Paeckchen" aus:
      for( euro=lower, upper=step*10;
           euro <= upper && euro <= maxeuro;  euro+=step)
        printf("%12ld %20.2f\n", euro , euro*kurs);

   return 0;
}
```

Spezielle for-Schleifen

Jeder der drei Ausdrücke in der `for`-Anweisung kann weggelassen werden. Es müssen jedoch stets zwei Semikolons angegeben werden. Der kürzeste Schleifenkopf ist daher

Beispiel: `for( ; ; )`

Er bewirkt eine Endlosschleife, da bei fehlendem `Ausdruck2` die Laufbedingung als »wahr« angenommen wird. Ein weiteres Beispiel ist `for( ; Ausdruck; )` , was äquivalent zu `while(Ausdruck)` ist.

Der Kommaoperator

Mit dem *Kommaoperator* können dort mehrere Ausdrücke angegeben werden, wo syntaktisch nur ein Ausdruck stehen darf. Beispielsweise können im Schleifenkopf einer `for`-Anweisung auch mehrere Variablen initialisiert werden. Der Kommaoperator hat folgende

Syntax: *`Ausdruck1, Ausdruck2 [, Ausdruck3 ...]`*

Die durch Komma getrennten Ausdrücke werden von links nach rechts der Reihe nach ausgeführt.

Beispiel:

```
int  i, x, grenze;
for(i = 0, grenze = 8; i < grenze; i += 2 )
    x = i * i,  printf("%10d", x);
```

Der Kommaoperator trennt die Initialisierungen der Variablen `i` und `grenze`. Anschließend wird er benutzt, um in *einer* Anweisung den Wert von `x` zu berechnen und auszugeben.

Vorrang

Der Kommaoperator hat von allen Operatoren den niedrigsten *Vorrang*, und zwar noch niedriger als die Zuweisungsoperatoren. Daher brauchen im obigen Beispiel keine Klammern gesetzt werden.

Ein Ausdruck, der den Kommaoperator enthält, hat wie jeder Ausdruck in C einen Typ und einen Wert. Dies ist der Typ und Wert des letzten, durch Komma getrennten Ausdrucks.

Beispiel: `x = ( a = 3, b = 5, a * b);`

Hier werden zunächst die Zuweisungen in der Klammer ausgeführt und dann der Wert des Produktes `a * b` an `x` zugewiesen.

Die Anweisung do-while

Struktogramm zu do-while

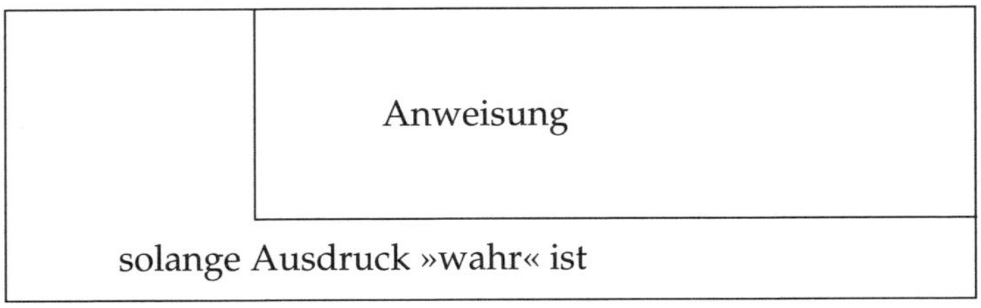

Beispielprogramm

```
// Gibt einen Ton wiederholt aus.

#include <stdio.h>

int main()
{
   int x;
   long i;

   printf("\nWie oft soll ein Ton ausgegeben werden? ");
   scanf("%d", &x);

   do
   {
       for( i = 0 ; i < 10000000L ; ++i)
           ;
       printf("Jetzt kommt der Ton!\007\n");
   }
   while( --x > 0);

   printf("Ende der akustischen Einlage!\n");

   return 0;
}
```

do-while-Schleifen

Im Gegensatz zur `while`- und `for`-Schleife wird bei einer `do-while`-Schleife die Laufbedingung erst am Ende eines Schleifendurchlaufs getestet. Das hat zur Folge, dass die abhängige Anweisung in jedem Fall einmal ausgeführt wird.

Syntax:

```
do
    Anweisung       /* Abhängige Anweisung */
while(Ausdruck);
```

Mit Ausführung von `do-while` wird zunächst die abhängige Anweisung bearbeitet. Dann wird die Laufbedingung *`Ausdruck`* bewertet. Ist das Ergebnis »wahr«, d.h. von `0` verschieden, so beginnt ein neuer Schleifendurchlauf. Andernfalls wird die Schleife beendet.

Zu beachten ist, dass eine `do-while`-Schleife mit einem Semikolon abzuschließen ist.

Schachteln von Schleifen

Schleifen dürfen *geschachtelt* werden, d.h. die abhängige Anweisung in einer Schleife darf wieder eine Schleife enthalten. Nach dem ANSI-Standard ist eine Verschachtelungstiefe von mindestens 15 Schleifen zulässig.

Das nebenstehende Programm gibt eine bestimmte Anzahl von Tönen aus. Die Anzahl gibt der Anwender über die Tastatur ein.

Das Programm enthält zwei ineinander geschachtelte Schleifen. Bei jedem Durchlauf der äußeren `do-while`-Schleife wird zunächst eine kurze Pause erzeugt. Dies geschieht mit der inneren `for`-Schleife, in der die Variable `i` von `0` auf `10 000 000` hochgezählt wird.

Anschließend wird ein Text und ein Ton ausgegeben. Der Ton entsteht durch Ausgabe des Steuerzeichens `BELL` (ASCII-Code `7`).

Die Verwendung der `do-while`-Anweisung bewirkt, dass auch dann ein Ton ausgegeben wird, wenn der Anwender `0` oder eine negative Zahl eingibt.

Verzweigungen mit if-else

Struktogramm zur if-else-Anweisung

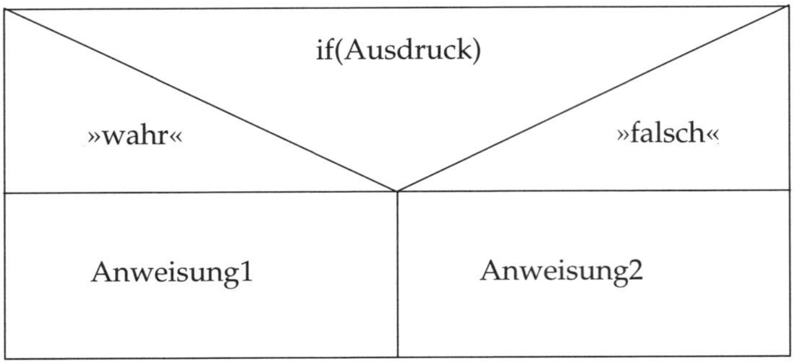

Beispielprogramm

```
// Berechnet den kleineren von zwei float-Werten.

#include <stdio.h>

int main()
{
   float x, y, min;

   printf("Geben Sie zwei verschiedene Zahlen ein:\n");
   scanf("%f %f", &x, &y);

   if(x < y)
       min = x;
   else
       min = y;

   printf("Die kleinere Zahl ist: %f\n", min);

   return 0;
}
```

Beispiel für einen Programmablauf

```
Geben Sie zwei verschiedene Zahlen ein:
9.7  7.9
Die kleinere Zahl ist: 7.900000
```

Die if-else-Anweisung

Mit der Anweisung `if-else` kann eine Auswahl zwischen zwei verschiedenen Anweisungen getroffen werden.

Syntax:

```
if(Ausdruck)
   Anweisung1
[ else
   Anweisung2 ]
```

Bei der Programmausführung wird zunächst der *Ausdruck* bewertet. Ist das Ergebnis »wahr«, d.h. von `0` verschieden, so wird die *Anweisung1* bearbeitet. Andernfalls wird bei vorhandenem else-Zweig die *Anweisung2* ausgeführt. Gibt es keinen `else`-Zweig, so wird direkt die nächste Anweisung im Programm bearbeitet.

Schachteln von if-else-Anweisungen

Mehrere `if-else`-Anweisungen können geschachtelt werden. Hierbei gehört ein `else`-Zweig immer zum letzten `if`, dem noch kein `else` zugeordnet ist.

Beispiel:

```
if(n > 0)
   if(n % 2 == 1)
      printf("Positive und ungerade Zahl");
   else
      printf("Positive und gerade Zahl");
```

Hier gehört der `else`-Zweig zum zweiten `if`, was durch das Einrücken auch optisch sichtbar gemacht ist.

Blockbildung

Um eine andere Zugehörigkeit eines `else`-Zweiges zu erreichen, kann ein Block gebildet werden.

Beispiel:

```
if(n > 0)
{
   if(n % 2 == 1)
      printf("Positive, ungerade Zahl");
}
else
   printf("Zahl negativ oder Null");
```

Der `else`-Zweig gehört hier zur ersten `if`-Anweisung.

else-if-Ketten

Struktogramm zur else-if-Kette

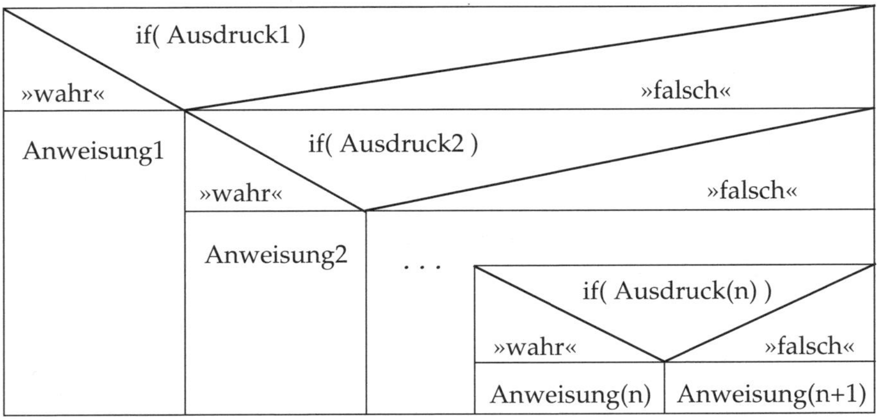

Beispielprogramm

```
#include <stdio.h>        // Bussgeld bei Geschwindigkeits-
                          // ueberschreitung ausgeben.
int main()
{
   float  grenze, geschw, zuviel;

   printf("\nGeschwindigkeitsgrenze: ");
   scanf("%f", &grenze);

   printf("\nGeschwindigkeit:        ");
   scanf("%f", &geschw);

   if((zuviel = geschw - grenze) < 10)
      printf("\nSie haben nochmal Glueck gehabt!\n");
   else if(zuviel < 20)
      printf("\nBussgeld faellig: 40,- EURO\n");
   else if(zuviel < 30)
      printf("\nBussgeld faellig: 100,- EURO\n");
   else
      printf("\nFuehrerscheinentzug!\n");

   return 0;
}
```

Syntax von else-if-Ketten

Mit einer `else-if`-Kette kann die Auswahl einer von mehreren Alternativen programmiert werden. Eine `else-if`-Kette ist nichts anderes als eine Folge ineinander geschachtelter `if-else`-Anweisungen, deren Lay-out üblicherweise diese Form hat:

```
if(Ausdruck1)
     Answeisung1
else if(Ausdruck2)
     Anweisung2
          .
          .
          .
else if(Ausdruck(n))
     Anweisung(n)
[else
     Anweisung(n+1)]
```

Bei Ausführung der `else-if`-Kette werden *Ausdruck1, Ausdruck2*, ... der Reihe nach bewertet. Beim ersten Ausdruck, der »wahr« ist, wird die abhängige Anweisung bearbeitet. Dann ist die gesamte `else-if`-Kette beendet.

Trifft keiner der Ausdrücke *Ausdruck1*, ... , *Ausdruck(n)* zu, so wird der `else`-Zweig der letzten `if`-Anweisung ausgeführt. Fehlt dieser `else`-Zweig, so wird das Programm direkt mit der Anweisung fortgesetzt, die der `else-if`-Kette folgt.

Zum nebenstehenden Beispielprogramm

Das nebenstehende Programm verwendet eine `else-if`-Kette, um die »Konsequenzen« einer Geschwindigkeitsüberschreitung zu bestimmen und auf dem Bildschirm anzuzeigen.

Die Geschwindigkeitsgrenze und die tatsächliche Geschwindigkeit werden von der Tastatur eingelesen. Gibt der Anwender beispielsweise `60` als Geschwindigkeitsgrenze und `97.5` als tatsächliche Geschwindigkeit ein, so treffen die ersten drei Ausdrücke in der `else-if`-Kette nicht zu, sodass der letzte `else`-Zweig ausgeführt wird. Damit wird in einer neuen Zeile die Meldung `Fuehrerscheinentzug!` angezeigt.

Bedingte Bewertung

Struktogramm zur bedingten Bewertung

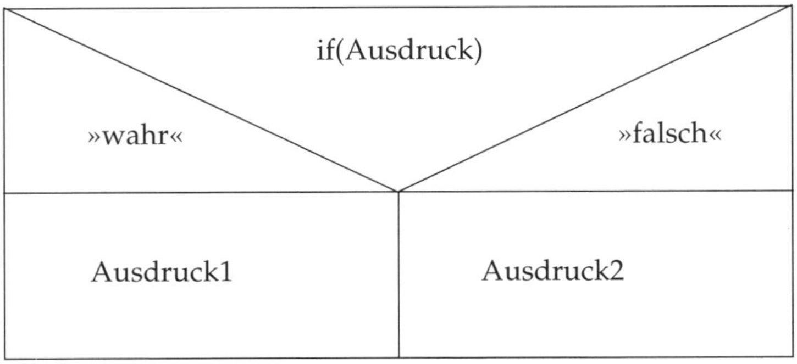

Beispielprogramm

```
// Berechnet den groesseren von zwei float-Werten.

#include <stdio.h>

int main()
{
   float x, y;

   printf("Geben Sie zwei verschiedene Zahlen ein:\n");
   if( scanf("%f %f", &x, &y) != 2)
     printf("Fehlerhafte Eingabe!\n");
   else
     printf("Die groessere Zahl: %.2f\n", x > y ? x : y);

  return 0;
}
```

Beispiel für einen Programmablauf

```
Geben Sie zwei verschiedene Zahlen ein:
37.6
65.3
Die groessere Zahl: 65.30
```

Der Auswahloperator

In einer bedingten Bewertung wird mithilfe des Auswahloperators eine einfache Verzweigung gebildet. Auf diese Weise kann die Auswahl eines von zwei möglichen Ausdrücken kurz formuliert werden. Die bedingte Bewertung ist oft eine prägnante Alternative zur `if-else`-Anweisung.

Syntax: `Ausdruck ? Ausdruck1 : Ausdruck2`

Zunächst wird `Ausdruck` bewertet. Ist das Ergebnis »wahr«, also von `0` verschieden, so wird `Ausdruck1`, andernfalls `Ausdruck2` ausgeführt. Das Ergebnis der bedingten Bewertung ist also der Wert von `Ausdruck1` oder `Ausdruck2`.

Beispiel: `z = (x >= 0) ? x : -x;`

Hier wird der Absolutwert von `x` in die Variable `z` gespeichert. Enthält `x` etwa den positiven Wert `24`, so wird die Zahl `24` an `z` zugewiesen. Ist der Wert von `x` jedoch negativ, z.B. `-1`, so wird die Zahl `1` an `z` zugewiesen.

Da in diesem Beispiel das Ergebnis der bedingten Bewertung an die Variable `z` zugewiesen wird, ist die Anweisung äquivalent zu

```
if( x >= 0 )
    z = x;
else
    z = -x;
```

Vorrang

Der Auswahloperator ist der einzige Operator in C mit drei Operanden. Seine Priorität ist höher als die des Kommaoperators und der Zuweisungsoperatoren, jedoch niedriger als die aller anderen Operatoren. Daher könnten im ersten Beispiel auch die Klammern weggelassen werden.

Zum nebenstehenden Programmbeispiel

Das Ergebnis einer bedingten Bewertung kann auch ohne Zuweisung weiterverwendet werden, wie das nebenstehende Programmbeispiel zeigt. Zunächst werden zwei Zahlen in die Variablen `x` und `y` eingelesen. Sofern dies erfolgreich ist, wird das Ergebnis des Ausdrucks

```
x > y ? x : y
```

direkt als Argument an `printf()` übergeben. Auf dem Bildschirm wird also `x` ausgegeben, wenn `x` größer als `y` ist, andernfalls `y`.

Bei komplexen Ausdrücken sollte jedoch das Ergebnis einer Variablen zugewiesen werden, damit das Programm lesbar bleibt.

Verzweigungen mit switch

Struktogramm zur switch-Anweisung

Das folgende Struktogramm zeigt den Fall einer `switch`-Anweisung, die eine `default`-Marke und zu jeder `case`-Marke eine `break`-Anweisung besitzt.

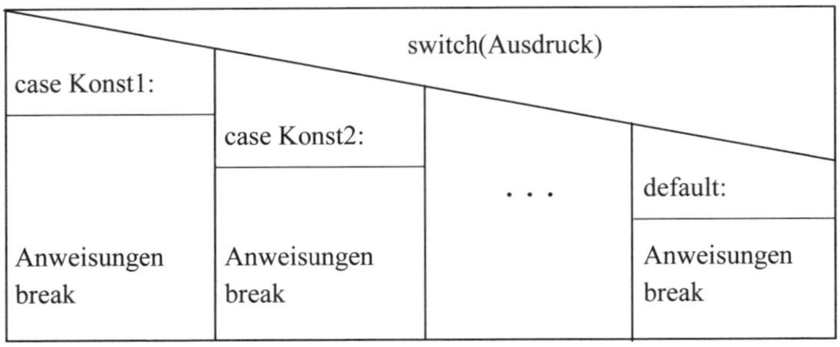

Beispiel einer switch-Anweisung

```
switch( kommando )      // Ein in einem Menue eingegebenes
{                       // Kommando abfragen.
    case 'a':
    case 'A':
                action1();       // Aktion 1 ausfuehren.
                break;
    case 'b':
    case 'B':
                action2();       // Aktion 2 ausfuehren.
                break;
    default:
                printf("\007"); // Ton fuer falsches
}                                // Kommando ausgeben.
```

Syntax der switch-Anweisung

Die `switch`-Anweisung (switch = »Schalter«) bietet wie eine `else-if`-Kette die Möglichkeit, eine von mehreren Alternativen auszuwählen. Der wesentliche Unterschied zwischen einer `switch`-Anweisung und einer `else-if`-Kette besteht darin, dass bei `switch` der Wert *eines* Ausdrucks mit mehreren Konstanten verglichen wird.

```
switch(Ausdruck)
{
    case Konst1:      [Anweisungen]
                      [break;]
    case Konst2:      [Anweisungen]
                      [break;]
            .
            .
            .
    [default:          Anweisungen]
}
```

Zunächst wird der Ausdruck im `switch` bewertet. Er muss einen ganzzahligen Typ haben. Das Ergebnis wird dann mit den Konstanten *Konst1*, *Konst2*,... in den `case`-Marken verglichen. Die Konstanten müssen alle verschieden und ebenfalls ganzzahlig sein (Zeichenkonstanten haben auch einen ganzzahligen Typ, nämlich `int`).

Stimmt der Wert des Ausdrucks mit einer `case`-Konstanten überein, so wird zu dieser `case`-Marke verzweigt. Danach wird das Programm sequenziell fortgesetzt, wobei die `case`-Marken keine Bedeutung mehr haben.

Stimmt der Wert des Ausdrucks mit keiner der `case`-Konstanten überein, so wird zur `default`-Marke verzweigt, sofern diese vorhanden ist. Ohne `default`-Marke findet in diesem Fall keine Aktion statt! Die `default`-Marke muss nicht die letzte Marke im `switch` sein, ihr können auch noch weitere `case`-Marken folgen.

Verlassen der switch-Anweisung

Nach der Verzweigung zur passenden `case`-Marke müssen nicht alle nachfolgenden Anweisungen im `switch` ausgeführt werden. Mit der `break`-Anweisung kann der `switch` unmittelbar verlassen werden! Sie ist immer dann notwendig, wenn die Anweisungen der folgenden `case`-Marke nicht ausgeführt werden sollen.

Die Anweisungen break, continue und goto

Struktogramm zur break-Anweisung in einer while-Schleife

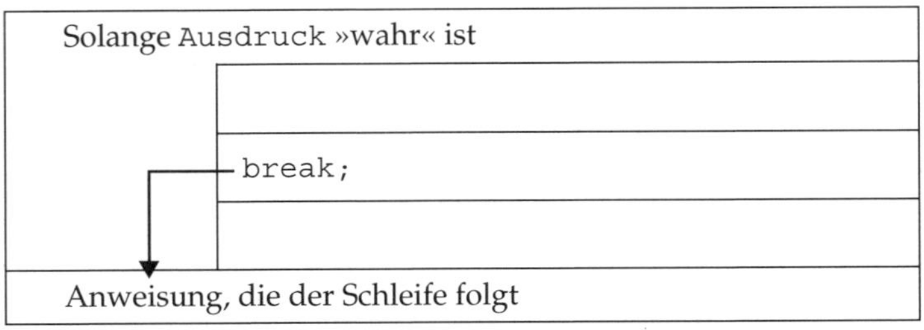

Beispielprogramm zu break

```
/*   ASCII.c  -->  Ausgabe der ASCII-Code-Tabelle.         */
#include  <stdio.h>

int main()
{
   char answer;
   int upper, ac = 32;          // Ab ASCII-Code 32
                                // ohne Steuerzeichen
   while(1)
   {
     printf("\n\n"
            "Zeichen    Dezimal    Hexadezimal\n\n");
     for( upper = ac + 20; ac < upper && ac < 256; ++ac)
        printf("    %c  %10d  %10X\n", ac, ac, ac);
     if( upper >= 256)  break;
     printf("\nWeiter --> <Return>,"
            " Ende --> <q>+<Return> ");
     scanf("%c", &answer);

     if( answer == 'q' || answer == 'Q')  break;
     fflush( stdin);              // Eingabepuffer loeschen
   }
   return 0;
}
```

Die Anweisung break

Die `break`-Anweisung veranlasst, dass ein `switch` oder eine Schleife unmittelbar verlassen wird. Mit `break` wird zur ersten Anweisung hinter dem `switch` bzw. der Schleife verzweigt.

Im nebenstehenden Programm, das jeweils 20 ASCII-Zeichen zusammen mit ihrem ASCII-Code ausgibt, wird die `break`-Anweisung an zwei Stellen benutzt: Mit dem ersten `break` wird die »Endlos-Schleife« `while(1) { ... }` verlassen, sobald die Obergrenze `256` erreicht ist. Andernfalls entscheidet der Anwender, ob das Programm fortgesetzt werden soll. Zur Beendigung der `while`-Schleife und damit des Programms, dient hier die zweite `break`-Anweisung.

Die Anweisung continue

Die Anweisung `continue` kann in Schleifen verwendet werden und bewirkt das Gegenteil von `break`: Es wird unmittelbar die nächste Wiederholung begonnen. In einer `while`- bzw. `do-while`-Schleife verzweigt die Programmausführung zur Laufbedingung, in einer `for`-Schleife zur Reinitialisierung.

Beispiel:

```
for( i = 0; i < 1000 ; ++i )
{
   ....      // Hier alle Zahlen bearbeiten.
   if(i % 2 == 1)
     continue;
   ....      // Jetzt nur noch gerade Zahlen
             // bearbeiten.
}
```

Sprünge mit goto

C bietet auch eine `goto`-Anweisung und Marken als mögliche Sprungziele. Damit kann ein beliebiger Sprung *innerhalb derselben Funktion* programmiert werden. Beispielsweise kann eine tief verschachtelte Schleifenkonstruktion sofort verlassen werden:

Beispiel:

```
for( ... )
   for( ... )
      if(error)  goto errorcheck;
....
errorcheck:          /* Fehlerbehandlung */
```

Eine *Marke* ist ein Name, gefolgt von einem Doppelpunkt. Marken können vor jeder Anweisung stehen.

Jedes Programm kann auch ohne goto-Anweisungen formuliert werden. Wenn trotzdem ein `goto` verwendet wird, sollte nur aus Blöcken herausgesprungen werden, niemals in einen Block hinein.

Übungen

Bildschirmausgabe zur 2. Aufgabe:

```
          *******   DAS KLEINE EINMALEINS   *******

         1     2     3     4     5     6     7     8     9    10
     ---------------------------------------------------------------
  1 |    1     2     3     .     .     .     .     .     .    10
  2 |    2     4     6     .     .     .     .     .     .    20
  3 |    .     .     .                                         .
  4 |    .     .     .                                         .
  5 |    .     .     .                                         .
  6 |
  7 |
  8 |
  9 |
 10 |   10    20    30     .     .     .     .     .     .   100
```

Hinweis zur 4. Aufgabe:

Die Funktion `time()` zur Initialisierung des Zufallszahlengenerators verwenden:

```
#include <time.h>          // Prototyp von time()
#include <stdlib.h>        // Prototypen von srand(), rand()

long sek;                  // Zum Speichern der Sekunden
   . . .

   time( &sek);            // Anzahl Sekunden holen und
   srand( sek);            // zur Initialisierung verwenden
```

1. Aufgabe:

Schreiben Sie das Programm `EuroDo.c` in diesem Kapitel so um, dass beide `for`-Schleifen durch `while`-Schleifen ersetzt werden.

2. Aufgabe:

Schreiben Sie ein C-Programm, welches das »Kleine Einmaleins« in einer Tabelle (wie nebenstehend angegeben) vollständig auf dem Bildschirm ausgibt.

3. Aufgabe:

Schreiben Sie ein C-Programm, das zunächst eine ganze Zahl zwischen 1 und 65535 von der Tastatur liest, um den Zufallszahlengenerator zu initialisieren. Anschließend sollen 20 Zufallszahlen zwischen 1 und 100 auf dem Bildschirm ausgegeben werden.

4. Aufgabe:

Programmieren Sie folgendes Zahlenspiel:

Der Computer »merkt« sich eine Zufallszahl zwischen 1 und 15, die der Spieler (= Benutzer) erraten soll. Der Spieler hat insgesamt drei Versuche. Nach jedem falschen Versuch gibt der Computer an, ob die angegebene Zahl zu klein oder zu groß ist. Ist auch der dritte Versuch erfolglos, wird die gesuchte Zahl ausgegeben.

Der Spieler hat gewonnen, wenn er spätestens im dritten Versuch die Zahl errät. Er soll das Spiel beliebig oft wiederholen können.

☞ Zur Initialisierung des Zufallszahlengenerators verwenden Sie die Systemzeit, wie nebenstehend angegeben. Die Funktion `time()` liefert die Anzahl Sekunden seit dem 1.1.1970, 0:00 Uhr. Durch die Angabe des Prototyps von `srand()` kann der long-Wert `sek` direkt der Funktion `srand()` übergegen werden: der `long`-Wert wird intern in einen `unsigned`-Wert umgewandelt.

Lösungen

zur 1. Aufgabe:

Die `for`-Schleifen im Programm `EuroDo.c` sind äquivalent mit den folgenden `while`-Schleifen:

```
lower = step = 1;
while( lower <= maxeuro )
{
    euro = lower, upper = step*10;
    while( euro <= upper  &&  euro <= maxeuro )
    {
       printf("%12ld %20.2f\n", euro , euro*kurs);
       euro += step;
    }
    step *= 10, lower = 2*step;
}
```

zur 2. Aufgabe:

```
/*   1mal1.c    -->   Das Kleine Einmaleins ausgeben      */

#include <stdio.h>

int main()
{
    int  faktor1, faktor2;

    printf("\n\n            ");
    printf(" *******  DAS KLEINE EINMALEINS  *******");
    printf("\n\n\n");

    /* --- Die 1. und 2. Zeile der Tabelle ausgeben ---*/

    printf("\n          ");                      // 1. Zeile
    for( faktor2 = 1 ; faktor2 <= 10 ; ++faktor2 )
       printf("%5d", faktor2);

    printf("\n          ");                      // 2. Zeile
    printf("--------------------------------------------");
```

```
    /*  --- Die weiteren Zeilen der Tabelle ausgeben ---     */

    for( faktor1 = 1 ; faktor1 <= 10 ; ++faktor1 )
    {
       printf("\n %5d |", faktor1);
       for( faktor2 = 1 ; faktor2 <= 10 ; ++faktor2 )
          printf("%5d", faktor1 * faktor2);
    }
    printf("\n\n\n\n\n");          // Tabelle hoch schieben
    return 0;
}
```

zur 3. Aufgabe:

```
// Zufall.c --> Gibt 20 Zufallszahlen im Bereich 1-100 aus.

#include <stdio.h>
#include <stdlib.h>    // Prototypen von srand() und rand()

int main()
{
   unsigned int  i, seed;

   printf("\nBitte geben Sie eine Zahl zwischen"
          " 1 und 65535 ein:  ");

   scanf("%u", &seed);  // Eine Zahl von der Tastatur lesen
   srand( seed);        // Zufallsgenerator initialisieren

   printf("\n\n        *******   ZUFALLSZAHLEN   *******\n");

   for( i = 1 ; i <= 20 ; ++i)
     printf("\n%20d. Zufallszahl = %3d", i, rand() % 100+ 1);

   printf("\n\n");
   return 0;
}
```

zur 4. Aufgabe:

```
/*  Zahlensp.c  --> Ein Zahlenspiel gegen den Computer   */

#include <stdio.h>
#include <stdlib.h>       // Prototypen von srand(), rand()
#include <time.h>         // Prototyp von time()
```

Lösungen (Fortsetzung)

zur 4. Aufgabe (Fortsetzung):

```
int main()
{
    int  zahl, versuch, gefunden, count, jn = 'j';
    long sek;
    time( &sek);            // Zeit in Sekunden lesen
    srand( sek);            // Zufallsgenerator initialisieren

    printf("\n\n\n");
    printf("      *******    EIN  ZAHLENSPIEL     *******");

    printf("\n\n\nDie Spielregeln: \n");

    while( jn == 'j')
    {
      printf("\nIch merke mir eine Zahl zwischen 1 und 15");
      printf("\nSie haben 3 Versuche die Zahl zu raten!\n");

      zahl = (rand() % 15) + 1;
      gefunden = count = 0;
      while( !gefunden  && count < 3 )
      {
          fflush( stdin);              // Eingabepuffer loeschen
          printf("\n%d. Versuch:    ", ++count);
          scanf("%d", &versuch);
          if( versuch < zahl)          printf("zu klein!\n");
          else if( versuch > zahl)     printf("zu gross!\n");
          else                         gefunden = 1;
      }

      if( !gefunden)
         printf("\nIch habe gewonnen!"
                " Die gesuchte Zahl: %d\n", zahl);
      else
          printf("\nBravo! Sie haben gewonnen!\n");

      printf("Wiederholen --> <j>    Beenden --> <n>\n");
      do
          scanf("%c", &jn);
      while( jn != 'j' &&  jn != 'n');
    }
    return 0;
}
```

Kapitel 7

Symbolische Konstanten und Makros

Sie werden in diesem Kapitel die Definition symbolischer Konstanten und Makros kennen lernen. Es werden ihre Bedeutung und ihre Einsatzmöglichkeiten in C aufgezeigt. Außerdem werden Standardmakros vorgestellt, sowie deren Anwendung anhand einiger nützlicher Filterprogramme demonstriert.

Makros

Beispielprogramm

```
/* SinTab.c  --> Tabelle fuer die Sinus-Funktion.*/

#include <stdio.h>
#include <math.h>

#define  PI        3.1415926536
#define  U_GRENZE  0                  // Untergrenze
#define  O_GRENZE  (2 * PI)           // Obergrenze
#define  SCHRITT   (PI / 8)           // Schrittbreite
#define  TITEL     "\n       " \
       "******  Tabelle fuer die Sinus-Funktion  ******\n"

int main()
{
   double x;

   printf( TITEL);
   printf("\n\n%20s   %20s", "x" , "sin(x)" );
   printf("\n     "
   "-----------------------------------------------\n");

   for(x = U_GRENZE; x < O_GRENZE+SCHRITT/2; x += SCHRITT)
      printf("%23f %20f\n", x, sin(x) );

   printf("\n");
   return 0;
}
```

Bildschirmausgabe

```
       ******  Tabelle fuer die Sinus-Funktion  ******

                 x                            sin(x)
          0.000000                          0.000000
          0.392699                          0.382683
          0.785398                          0.707107
             .                                 .
             .                                 .
             .                                 .
```

Definition von Makros

C bietet einen einfachen Mechanismus, um Konstanten oder Befehlsfolgen einen Namen zu geben, d.h. *Makros* zu definieren. Dies geschieht mit der `#define`-Direktive des Präprozessors:

Syntax: `#define` *`name`* `Ersatztext`

Der Präprozessor ersetzt überall im nachfolgenden Programmtext `name` durch `Ersatztext`. Zum Beispiel wird im nebenstehenden Programm in der ersten Übersetzungsphase überall der Name `PI` durch die Zahl `3.1415926536` ersetzt.

Es gibt eine Ausnahme von dieser allgemeinen Regel: Innerhalb von Zeichenketten findet kein Textersatz statt. Zum Beispiel wird mit `printf("PI");` nur `PI` und nicht der Zahlenwert von `PI` ausgegeben.

Wie jede Präprozessor-Direktive muss auch die `#define`-Direktive in einer eigenen Zeile stehen. Ist der Ersatztext länger als eine Zeile, so wird die Zeile mit dem Backslash \ abgeschlossen und der Ersatztext in der nächsten Zeile fortgesetzt. Ein Beispiel dafür ist das nebenstehende Makro `TITEL`.

Symbolische Konstanten

Häufig werden Makros definiert, um einer Konstanten einen Namen zu geben. Der Ersatztext besteht dann lediglich aus einer Konstanten. Solche Makros weden auch *symbolische Konstante* genannt. Alle Makros im nebenstehenden Programm sind symbolische Konstanten.

Ein bereits definiertes Makro kann in nachfolgenden `#define`-Direktiven verwendet werden. So benutzt das Beispielprogramm die symbolische Konstante `PI` zur Definition weiterer Konstanten.

Für die Bildung von Makro-Namen gelten dieselben Regeln wie für die Namen von Variablen. Üblicherweise werden die Namen symbolischer Konstanten groß geschrieben, um sie im Programm besser von Variablennamen unterscheiden zu können.

Vorteile

Durch die Verwendung symbolischer Konstanten werden C-Programme transparenter und flexibler. Es ergeben sich nämlich zwei wesentliche Vorteile:

1. ***Gute Lesbarkeit:*** Der Name einer symbolischen Konstanten kann so gebildet werden, dass er einen Hinweis auf die Bedeutung der Konstanten enthält.

2. ***Änderungsfreundlichkeit:*** Soll der Wert einer Konstanten überall im Programm geändert werden, so muss bei einer symbolischen Konstanten nur der Wert in der `#define`-Direktive ersetzt werden.

Makros mit Parametern

Beispielprogramm

```
/*  Ball1.c   -->  Simuliert einen springenden Ball          */
#include <stdio.h>

#define  DELAY       10000000L          // Verzoegerung
#define  CLS         printf("\033[2J")  // Bildschirm loeschen
#define  LOCATE(z,s) printf("\033[%d;%dH", z, s)  // Cursor
in
                                // Zeile z, Spalte s positionieren

void main()
{
    int  x = 2,  y = 3,  dx = 1,  geschw = 0;
    long warten;

    CLS;
    LOCATE(1, 25);  printf("****  SPRINGENDER BALL  ****");
    LOCATE(25, 1);
    printf("-------------------------------------"  // Boden
           "------------------------------------");

    while(1)                   // Ball "immer" springen lassen
    {
       LOCATE( y,x);  printf("o");            // Ball anzeigen

       for( warten = 0 ; warten < DELAY ; ++warten)
          ;

       if(x == 1  ||  x == 79)  dx = -dx;    // An einer Wand?

       if(y == 24)                           // Am Boden?
       {
           geschw = -geschw;
           if(geschw == 0)  geschw = -7;     // Neu anstossen
       }

       geschw += 1;                      // Beschleunigung = 1
       LOCATE( y,x); printf(" ");        // Anzeige loeschen
       y += geschw;  x += dx;            // Neue Position
    }
}
```

Definition und Aufruf

Es ist möglich, Makros mit Parametern zu definieren, so dass beim Aufruf Argumente übergeben werden können. Parameter sind Platzhalter, die beim Aufruf des Makros durch die aktuellen Argumente ersetzt werden.

Beispiel: `#define QUADRAT(a) ((a)*(a))`

In diesem Beispiel wird das Makro `QUADRAT` mit einem Parameter `a` definiert. Dem Makro-Namen (hier `QUADRAT`) muss unmittelbar die Klammer folgen. Bei einem *Aufruf*, wie etwa durch die Anweisung

Beispiel: `z = QUADRAT(x+1);`

setzt der Präprozessor den Ersatztext mit den aktuellen Argumenten ein. Dies führt hier zur *Erweiterung*

```
z = ((x+1)*(x+1));
```

Dieses Beispiel zeigt auch, dass in einer Makro-Definition die Parameter sorgfältig geklammert werden müssen. Ohne die Klammern ergäbe der obige Aufruf von `QUADRAT` die Erweiterung `z = x + 1 * x + 1.`

Die äußeren Klammern in der Definition stellen sicher, dass bei Verwendung des Makros in einem komplexeren Ausdruck immer zuerst quadriert und dann mit dem Ergebnis weitergerechnet wird.

Zum nebenstehenden Beispielprogramm

Das nebenstehende Programm benutzt Makros zur Gestaltung der Bildschirmanzeige. Zur Steuerung von peripheren Geräten, wie etwa Drucker oder Bildschirm, gibt es spezielle Zeichenfolgen, die in der Regel mit dem `ESC`-Code (dezimal `27`, oktal `033`) beginnen und daher auch *Escape-Sequenzen* genannt werden. Für die Bildschirmausgabe sind im Anhang »Bildschirmsteuerzeichen« die gängigen Escape-Sequenzen[1] zusammengestellt.

`CLS` ist ein Makro ohne Parameter und benutzt die Escape-Sequenz `\033[2J`, um den Bildschirm zu löschen. `LOCATE` ist ein Beispiel für einen Makro mit zwei Parametern. `LOCATE` positioniert mit der Escape-Sequenz `\033[z;sH` den Cursor auf die Stelle, wo die nächste Ausgabe erfolgen soll. Die Werte `z` für die Zeile und `s` für die Spalte sind dezimal auszugeben. Dabei entspricht `z = 1, s = 1` der linken obere Bildschirmecke.

Der Ball wird im Punkt `x = 2, y =3` »eingeworfen« und am »Boden« und an den »Wänden« reflektiert. Er hat in x-Richtung (horizontal) stets die konstante Geschwindigkeit `dx = 1` bzw. `-1`. In y-Richtung (vertikal) erfährt der Ball eine konstante Beschleunigung `1`, was sich in `geschw +=1` ausdrückt.

---

1. Diese Steuerzeichen werden von allen gängigen UNIX-Terminals verstanden. Für DOS oder DOS-Programme unter Windows muss der Treiber ANSI.SYS geladen sein (Vgl. Anhang, "Bildschirmsteuerzeichen"). Für Windows-Programme finden Sie auf der CD eine Lösung mit Windows-Systemaufrufen.

Arbeiten mit der #define-Direktive

Organisation eines C-Programms

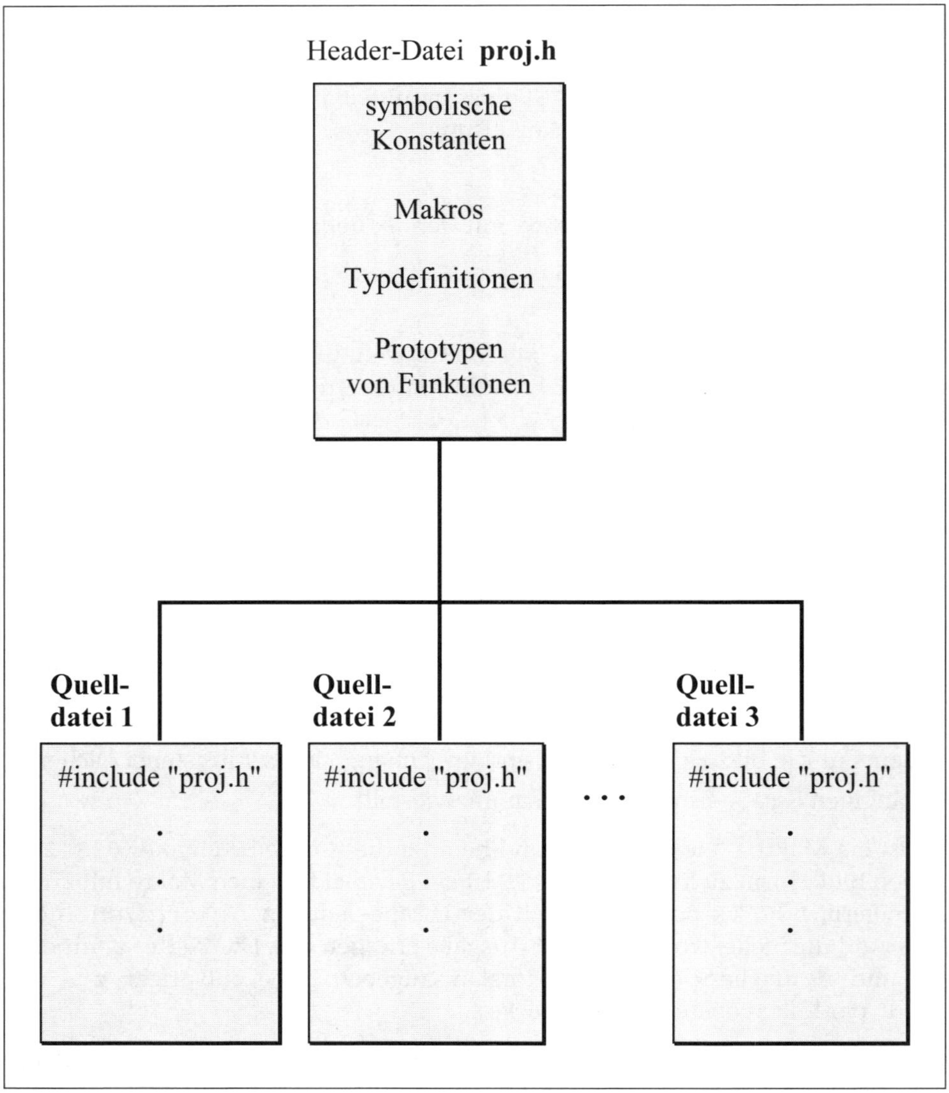

Die `#define`-Direktive darf in einer beliebigen Zeile des Programms stehen, natürlich vor der ersten Verwendung der symbolischen Konstanten bzw. des Makros. Es empfiehlt sich aber, sämtliche Definitionen am Beginn einer Quelldatei vorzunehmen. Auf diese Weise können sie leicht gefunden und verändert werden.

Sollen die gleichen Konstanten und Makros in verschiedenen Quelldateien verwendet werden, so ist es sinnvoll, sie in eine Header-Datei zu schreiben. Diese kann dann von jeder Quelldatei includiert werden. Ein derartiges Vorgehen unterstützt auch wesentlich die Software-Entwicklung bei größeren Projekten. Jeder Mitarbeiter am Projekt benutzt den gleichen Satz von Definitionen und Vereinbarungen. Nebenstehend ist dieses Konzept am Beispiel der Header-Datei `proj.h` grafisch dargestellt.

Vergleich von Makros und Funktionen

Makros mit Parametern können wie Funktionen aufgerufen werden. Hierbei sind jedoch folgende wichtige Unterschiede zu beachten:

- **Makros:** Die Definition eines Makros muss für den *Compiler* sichtbar sein. Mit jedem Aufruf wird die entsprechende Erweiterung *eingefügt* und neu übersetzt. Die ausführbare Datei wird dadurch länger. Dagegen wird die Programmausführung schneller, da keine Verzweigung wie bei Funktionen erfolgt. Dies kann sich z.B. in oft durchlaufenen Schleifen bemerkbar machen.

  Bei Makros sind *Seiteneffekte* möglich, wenn im Ersatztext ein Parameter mehrfach erscheint. Beispielsweise führt der Aufruf QUADRAT(++x) zur Erweiterung `((++x)*(++x))`. Die Variable `x` wird also zweimal inkrementiert und das Produkt entspricht nicht dem Quadrat der inkrementierten Zahl.

- **Funktionen:** Sie können eigenständig übersetzt werden. Der *Linker* bindet sie dann in die ausführbare Datei ein. Mit jedem Aufruf wird zur Funktion *verzweigt*, wodurch sich die Programmausführung gegenüber einem Makro verlangsamt. Die ausführbare Datei ist jedoch kürzer, da sie den Code der Funktion nur *einmal* enthält. Seiteneffekte wie bei Makros sind nicht möglich.

Die Header-Dateien der Compiler-Software, wie z.B. `stdio.h`, enthalten unter anderem standardisierte symbolische Konstanten und Makros. Auf den folgenden Seiten werden einige davon vorgestellt.

Die Standardmakros getchar() und putchar()

Beispielprogramm

```
// Umlaute.c --> Wandelt in einem Text die Umlaute ä,ö,ü
//               in  ae, oe, ue  um, sowie ß in ss.
//               (Ä, Ö, Ü werden nicht berücksichtigt).

#include <stdio.h> // Definitionen der Konstanten EOF
                   // u. der Makros getchar(), putchar()
int main()
{
    int  c;

    while( (c = getchar()) != EOF) // Zeichen einzeln
       switch(c)                   // lesen.
       {
         case 0x84:                        //  0x84 = 'ä'
                   putchar('a');  putchar('e');
                   break;
         case 0x94:                        //  0x94 = 'ö'
                   putchar('o');  putchar('e');
                   break;
         case 0x81:                        //  0x81 = 'ü'
                   putchar('u');  putchar('e');
                   break;
         case 0xE1:                        //  0xE1 = 'ß'
                   putchar('s');  putchar('s');
                   break;
         default:
                   putchar(c); // Jedes andere Zeichen
       }                       // unveraendert ausgeben.
    return 0;
}
```

Compiler können Zeichenkonstanten, wie etwa `'ä'`, mit oder ohne Vorzeichen interpretieren. Um einen davon unabhängigen Quellcode zu haben, wurden bei den `case`-Konstanten direkt die Zeichencodes verwendet.

Für die Ein-/Ausgabe haben Sie die universellen Funktionen `scanf()` und `printf()` kennen gelernt. Sind nur einzelne Zeichen zu behandeln und keine Umwandlungen oder Formatierungen vorzunehmen, so ist es effizienter, das Makro `getchar()` für die Eingabe und das Makro `putchar()` für die Ausgabe zu benutzen. Beide Makros entsprechen dem ANSI-Standard und sind in der Header-Datei `stdio.h` definiert.

Zeichen einlesen mit getchar()

Das Makro `getchar()` liest wie `scanf()` von der Standardeingabe `stdin`, aber bei jedem Aufruf nur *ein* Zeichen. `getchar()` liefert den Zeichen-Code als `int`-Wert. Ist `c` eine Variable vom Typ `int`, so wird mit

Beispiel: `c = getchar();`

der Code des eingelesenen Zeichens in die Variable `c` gespeichert.

Die Standardeingabe ist zeilengepuffert, d.h. `getchar()` wartet, bis eine Zeile mit der Return-Taste abgeschlossen wird. Zuvor kann vom Benutzer noch eine fehlerhafte Eingabe mit der Backspace-Taste korrigiert werden.

Tritt ein Fehler auf oder wird das Dateiende erreicht, so liefert `getchar()` den Wert `EOF` (»end of file«). Das Dateiende wird von der Tastatur durch Eingabe von `Ctrl-Z` (WINDOWS/DOS) bzw. `Ctrl-D` (UNIX) simuliert. Die symbolische Konstante `EOF` ist in der Header-Datei `stdio.h` als `-1` definiert.

Zeichen ausgeben mit putchar()

Das Makro `putchar()` übergibt ein einzelnes Zeichen an die Standardausgabe `stdout`, in der Regel also an den Bildschirm. Enthält die Variable `c` einen Zeichencode, so gibt

Beispiel: `putchar(c);`

das Zeichen auf der aktuellen Cursor-Position aus und versetzt den Cursor. Falls ein Fehler auftritt, liefert `putchar()` den Wert `EOF`.

Zum Beispielprogramm

Im nebenstehenden Programm wird mit

while((c = getchar()) != EOF)

die Standardeingabe Zeichen für Zeichen gelesen, bis `getchar()` den Wert `EOF` zurückgibt. Die Zuweisung `c = getchar()` ist in Klammern zu setzen, da andernfalls das Ergebnis des Vergleichs und nicht das eingelesene Zeichen an `c` zugewiesen würde.

Die eingelesenen Zeichen werden wieder ausgegeben, wobei die Umlaute `ä`, `ö`, `ü` durch `ae`, `oe`, `ue` und der Buchstabe `ß` durch `ss` ersetzt wird.

Umlenken von Standardeingabe und -ausgabe

Beispielprogramm

```
// Zeilen.c  -->  Filter zur Nummerierung von Zeilen

#include <stdio.h>

int main()
{
    int c;
    int neuezeile = 1;        // Flag für Zeilenbeginn
    int nummer = 1;           // Zaehler für Zeilennummern

    while( (c = getchar()) != EOF)
    {
       if(neuezeile == 1)
       {
           printf("%-5d ", nummer++);
           neuezeile = 0;
       }

       putchar(c);

       if(c == '\n')
           neuezeile = 1;
    }

    return 0;
}
```

Filterprogramme

Das vorige Programm `Umlaute.c` liest Zeichen von der Standardeingabe, verarbeitet diese und schreibt sie auf die Standardausgabe. Derartige Programme heißen *Filter*. Das nebenstehende Programm ist ebenfalls ein Filter. Es versieht einen Text mit Zeilennummern. Zu Beginn einer neuen Zeile, d.h. wenn das Flag `neuezeile` gesetzt ist, wird die neue Zeilennummer in den Text eingefügt, der Zeilenzähler erhöht und das Flag `neuezeile` gelöscht. Nach jedem Newline-Zeichen wird das Flag für den nächsten Schleifendurchlauf wieder gesetzt.

Die Nützlichkeit von Filterprogrammen ergibt sich aus der Tatsache, dass unter verschiedenen Betriebssystemen, wie z.B. WINDOWS/DOS und UNIX, die Standardeingabe bzw. -ausgabe *umgelenkt* werden kann. Damit können auf einfache Weise Dateien manipuliert werden.

Die Standardeingabe umlenken

Soll beispielsweise die Textdatei `beispiel.txt` mit Zeilennummern auf dem Bildschirm ausgegeben werden, so kann das Programm `zeilen` mit folgendem Kommando aufgerufen werden:

Beispiel: `zeilen < beispiel.txt`

Dies bewirkt, dass das Programm nicht mehr von der Tastatur, sondern aus der angegebenen Datei liest, d.h. die Standardeingabe wird umgelenkt.

Umlenken der Standardausgabe

Um die Ausgabe eines Programms in eine Datei zu schreiben, kann die Standardausgabe umgelenkt werden. Mit

Beispiel: `zeilen > neutext.txt`

wird ein über die Tastatur eingegebener Text mit Zeilennummern versehen in die Datei `neutext.txt` geschrieben. Die Datei wird *neu* angelegt. Falls im aktuellen Verzeichnis eine Datei mit demselben Namen schon existiert, wird sie überschrieben, d.h. der alte Inhalt geht verloren.

Es ist auch möglich, die Ausgabe des Programms an eine bereits bestehende Datei *anzuhängen*:

Beispiel: `zeilen >> neutext.txt`

Ein- und Ausgabe können auch gleichzeitig umgelenkt werden:

Beispiel: `zeilen < beispiel.txt  > neutext.txt`

Hier wird der Inhalt der Datei `beispiel.txt` mit Zeilennummern in die Datei `neutext.txt` geschrieben.

Ungepufferte Konsolen-Ein-/Ausgabe

Beispielprogramm

```
//  Wuerfel.c  -->  Simuliert einen 6-seitigen Wuerfel.

#include <stdio.h>
#include <conio.h>      // Prototyp: kbhit() und getch()

#define  ESC            27
#define  CLS            printf("\033[2J")
#define  LOCATE(z,s)    printf("\033[%d;%dH", z, s)

int main()
{
    unsigned  c, count = 0;

    CLS;
    LOCATE(1, 25);
    printf("****   WUERFEL   ****");

    LOCATE(3,1);
    printf("Ich wuerfle eine Zahl zwischen 1 und 6\n\n"
           "<Leertaste> = Ergebnis,  "
           "<Esc> = Ende des Programms\n\n"
           "\n\nErgebnisse:\n\n");

    do
    {
        while( !kbhit() )
           ++count;

        if( (c = getch()) == ' ' )
           printf("%5u", count % 6 + 1 );
    }while( c != ESC);

    CLS;
    return 0;
}
```

Anmerkung: Für Unix/Linux gibt es auf der CD zum Buch im Unterverzeichnis `Buch.src\Linux` die Dateien `conio.h` und `conio.c` mit den Funktionen `kbhit()` und `getch()`. Beim Aufruf des Compilers ist dann zusätzlich die Datei `conio.c` anzugeben.

Ein Programm, das mit `getchar()` von der Tastatur liest, wartet, bis eine Zeile vollständig eingegeben ist, d.h. die Eingabe ist »zeilengepuffert«. Außerdem werden die eingegebenen Zeichen am Bildschirm angezeigt (»geechot«).

Viele Anwendungen erfordern es, dass die Tastatur ungepuffert gelesen wird, um jede Tastatureingabe direkt verarbeiten zu können. Auch ist ein Echo auf dem Bildschirm nicht immer erwünscht.

Die Funktionen getch() und getche()

Derartige Möglichkeiten bieten die Funktionen `getch()` und `getche()`. Sie sind zwar nicht im ANSI-Standard enthalten, doch auf fast jedem System verfügbar. Beide Funktionen nutzen direkt die entsprechenden Routinen des Betriebssystems, um ein Zeichen von der Tastatur zu lesen. Sie warten auf einen Tastaturanschlag und kehren dann sofort zurück. Der Return-Wert ist der Zeichencode des eingelesenen Zeichens. Die Endung »e« im Namen von `getche()` steht für »Echo«: Mit `getche()` wird das Zeichen am Bildschirm angezeigt, mit `getch()` dagegen nicht.

Im Unterschied zu `getchar()` werden bestimmte Steuerzeichen unverändert weitergegeben: `13 = '\r'` für `<Return>`, `26` für `<Ctrl-Z>` und `27` für `<ESC>`.

Die Funktion kbhit()

Um zum Lesen der Tastatur das Programm nicht unnötig anzuhalten, kann mit `kbhit()` zuerst geprüft werden, ob eine Taste gedrückt wurde. Die Funktion `kbhit()` liefert einen von `0` verschiedenen Wert, falls ein Zeichen wartet. Dieses kann anschließend mit `getch()` oder `getche()` gelesen werden.

Im nebenstehenden Programm wird mit der Anweisung

```
while( !kbhit() )
    ++count;
```

solange der Zähler `count` inkrementiert, bis eine Taste betätigt wird. Wurde die Leertaste gedrückt, so wird das Ergebnis des »Wurfes« ausgegeben. Mit der Esc-Taste wird das Programm beendet.

Die Funktion putch()

Die Gegenfunktion zu `getch()` bzw. `getche()` ist `putch()`, die wie `putchar()` ein Zeichen auf dem Bildschirm ausgibt, jedoch nicht den Standardkanal `stdout` benutzt.

Zu beachten ist, dass die Umlenkung von Ein- und Ausgabe auch bei den Funktionen `getch()`, `getche()` und `putch()` wirksam ist. Zur Steuerung von Filtern ist es manchmal nötig, eine Funktion zur Verfügung zu haben, die nicht umgelenkt werden kann, die also immer von der Tastatur liest. Eine derartige Funktion wird in Kapitel 25, »Hardware-nahe Programmierung unter DOS«, vorgestellt.

Standardmakros zur Behandlung von Zeichen

Beispielprogramm

```
// ToUpper.c -> Filter zur Umwandlung in Grossbuchstaben
#include <stdio.h>
#include <ctype.h>
int main()
{
   int c;
   while( (c = getchar()) != EOF)      // Zeichen einzeln
   {                                   // lesen
      switch(c)
      {
         case 0x84:  c = 'Ä';            //  0x84 = 'ä'
                     break;
         case 0x94:  c = 'Ö';            //  0x94 = 'ö'
                     break;
         case 0x81:  c = 'Ü';            //  0x81 = 'ü'
                     break;
         case 0xE1:  putchar('S');       //  0xE1 = 'ß'
                     c = 'S';
                     break;
         default:    c = toupper(c);
      }
      putchar(c);        // Umgewandeltes Zeichen ausgeben
   }
   return 0;
}
```

Makros zur Klassifizierung von Zeichen

Makro	Rückgabewert 1 bedeutet
`isalpha(c)`	c ist ein Buchstabe
`islower(c)`	c ist ein Kleinbuchstabe
`isupper(c)`	c ist ein Großbuchstabe
`isdigit(c)`	c ist eine Zahl
`isalnum(c)`	c ist ein Buchstabe oder eine Zahl
`isspace(c)`	c ist ein Zwischenraumzeichen
`isprint(c)`	c ist ein druckbares Zeichen

Abschließend werden verschiedene Makros vorgestellt, die einzelne Zeichen klassifizieren oder umwandeln. Die Makros sind in der Header-Datei `ctype.h` enthalten.

Die Makros toupper() und tolower()

Ist beispielsweise `c` eine Variable vom Typ `char` oder `int`, die einen Kleinbuchstaben enthält, so liefert das Makro

```
toupper(c)
```

den entsprechenden Großbuchstaben. Liegt in `c` kein Kleinbuchstabe vor, so gibt `toupper(c)` das Zeichen unverändert zurück.

Das nebenstehende Beispielprogramm demonstriert die Verwendung von `toupper()`. Das Programm ist ein Filter, der alle Kleinbuchstaben in Großbuchstaben umwandelt. Da `toupper()` nur die Buchstaben des englischen Alphabets berücksichtigt, werden die deutschen Umlaute und der Buchstabe `ß` separat behandelt.

Für die Umwandlung von Großbuchstaben in Kleinbuchstaben steht das entsprechende Makro `tolower()` zur Verfügung.

Makros zur Klassifizierung von Zeichen

Zur Klassifizierung von Zeichen gibt es eine Reihe von Makros, deren Namen mit `is...` beginnen. So prüft beispielsweise das Makro `islower(c)` ob `c` einen Kleinbuchstaben enthält. Trifft dies zu, so liefert `islower(c)` den Wert `1` (»wahr«), andernfalls `0` (»falsch«).

Beispiel:

```
if( islower(c))
    printf("Zeichen %c ist ein Kleinbuchstabe\n",c);
```

Die folgende Anwendung von `islower()` zeigt eine mögliche Definition des Makros `toupper()`:

```
#define toupper(c)  (islower(c) ? ((c) - 'a' + 'A') : (c))
```

Hierbei wird ausgenutzt, dass sich die Codes von Groß- und Kleinbuchstaben durch einen konstanten Wert unterscheiden. Dies ist im ASCII- und EBCDIC-Zeichensatz gegeben.

Zur Übersicht sind nebenstehend die wichtigsten Makros zur Klassifizierung von Zeichen zusammengestellt.

Übungen

Grafik zu 4. Aufgabe:

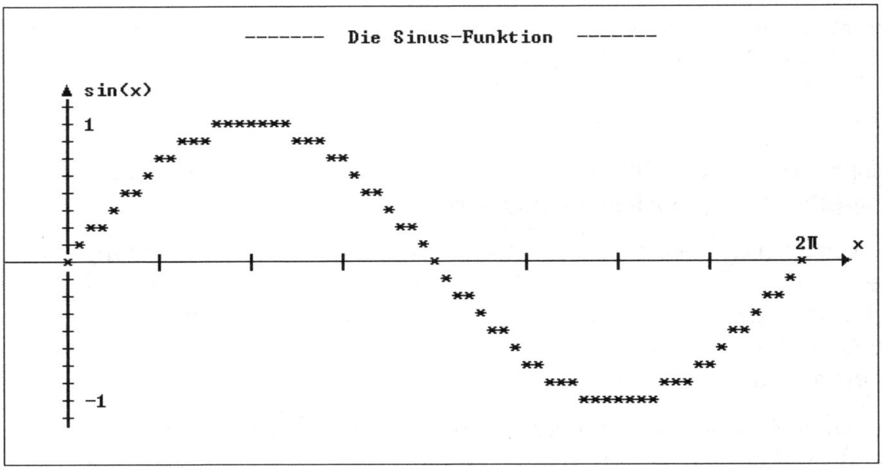

Hinweise zur 3. und 4. Aufgabe:

Zur Steuerung der Bildschirmausgaben (Bildschirm löschen, Cursor versetzen, Farben einstellen) können Sie die ANSI-Bildschirmsteuerzeichen verwenden, die im Anhang dieses Buches aufgelistet sind.

Beispiel: `printf("\033[37;44m");    // weiss auf blau`

Anschließende Ausgaben werden dann mit der Vordergrundfarbe weiss und der Hintergrundfarbe blau dagestellt.

Windows unterstützt die ANSI-Bildschirmsteuerzeichen nur für DOS-Programme, z.B. für Programme, die mit dem dem beiliegenden C GNU-Compiler für DOS übersetzt werden. Alle anderen Programme, etwa die mit dem beiliegenden Compiler Visual C/C++ von Microsoft erstellt werden, können stattdessen die Funktionen aus dem Modul `console.c` verwenden, die in `console.h` deklariert sind. Beide Dateien befinden sich im Verzeichnis `Buch.src\Win32\console` und müssen Ihrem Konsolen-Projekt hinzugefügt werden. Als Beispiel können Sie sich die Version von `Ball1.c` für Windows anschauen (im Verzeichnis `Buch.src\Win32\Kap07`). Die Header-Datei `console.h` enthält auch die Definition von Konstanten für Farben:

Beispiel:

```
setColor( FOREGROUND_WHITE | BACKGROUND_BLUE);
// Anschließende Ausgabe: weiss auf blau
```

Hinweise zur Verwendung von Visual C finden Sie in der LiesMich-Datei im Verzeichnis `VC`.

1. Aufgabe:

Schreiben Sie

a) das Makro `ABS()`, das den Absolutwert einer Zahl liefert

b) das Makro `MAX()`, das die größere von zwei Zahlen bestimmt.

Verwenden Sie in beiden Fällen den Auswahloperator `?:` .

2. Aufgabe:

Tabulatorzeichen wirken sich störend aus, wenn ASCII-Dateien ausgedruckt oder per Datenfernübertragung »verschickt« werden.

Schreiben Sie einen Filter, der alle Tabulatorzeichen in einem Text durch die richtige Anzahl von Blanks ersetzt. Gehen Sie von der Standard-Tabulatorbreite 8 aus. Die Tab-Stopps befinden sich also in den Spalten 0, 8, 16, usw. Statt einem Tabulatorzeichen `'\t'` müssen bis zum nächsten Tab-Stopp Leerzeichen ausgegeben werden, und zwar immer mindestens eins.

3. Aufgabe:

Ergänzen Sie das Programm `Ball1.c` wie folgt:

a) Der Hintergrund wird blau angezeigt (d.h. die Farben »weiss auf blau« einstellen und dann den Bildschirm löschen)

b) Zusätzlich zum Boden wird am rechten und linken Bildschirmrand eine Wand eingezeichnet

c) Der Ball springt so lange, bis irgendeine Taste gedrückt wird

d) Der »Ball« wird hell gelb angezeigt und der Cursors erscheint immer in der linken unteren Ecke

e) Am Ende des Programms wird das noch im Puffer befindliche Zeichen ausgelesen und der Bildschirm wieder mit der normalen Einstellung gelöscht.

4. Aufgabe:

Schreiben Sie ein C-Programm, das die Sinus-Kurve wie in der nebenstehenden Grafik auf dem Bildschirm ausgibt. Es wird die Schrittweite `2*π/64` benutzt.

Hinweise **1.** Die Spitzen des Koordinatensystems können mit den Sonderzeichen `\020` und `\036` ausgegeben werden.

2. Es ist möglich, eine Gleitpunktzahl an eine ganzzahlige Variable zuzuweisen. Dabei wird der gebrochene Anteil der Gleitpunktzahl abgeschnitten. Damit die Zahl richtig gerundet wird, muss vorher `0.5` hinzuaddiert werden.

Um eine Warnung des Compilers zu vermeiden, kann dem `double`-Ausdruck der ganzzahlige Typ in Klammern vorangestellt werden, z.B. `n = (int) (8.0*y + 0.5);`

Lösungen

zur 1. Aufgabe:

a) `#define ABS(x)          ( (x) > 0  ?  (x)  :  -(x) )`

b) `#define MAX(x,y)        ( (x) > (y) ? (x)  :  (y) )`

zur 2. Aufgabe:

```
/* Tab8.c --> Filter, der alle Tabulator-Zeichen durch die *
 *            richtige Anzahl von Blanks ersetzt.          */

#include <stdio.h>
#define  TAB_BR    8

int main()
{
   int  c,  spalte = 0;            // Spaltenzaehler = 0

   while((c = getchar()) != EOF)   // Zeichen einzeln lesen
      switch(c)
      {
        case '\n':  putchar(c);
                    spalte = 0;          // In neuer Zeile
                    break;

        case '\t':  do                   // Blanks ausgeben
                      putchar(' ');
                    while( ++spalte % TAB_BR != 0 );
                    break;

        default:    putchar(c);
                    ++spalte;
      }
   return 0;
}
```

zur 3. Aufgabe:

```
/* Ball2.c    -->   Simuliert einen springenden Ball      */

#include <stdio.h>
#include <conio.h>

#define  DELAY          10000000L
#define  CLS            printf("\033[2J")
#define  LOCATE(z,s)    printf("\033[%d;%dH", z, s)
// weiss auf blau:
#define  WHITE_BLUE     printf("\033[37;44m")
// hell gelb (doppelte Helligkeit) auf blau:
#define  YELLOW_BLUE    printf("\033[1;33;44m")
// Normale Darstellung:
#define  NORMAL         printf("\033[0m")

int main()
{
    int  x, y, dx = 1, geschw = 0;
    long warten;

    WHITE_BLUE;  CLS;
    LOCATE(1, 25);  printf("****  SPRINGENDER BALL  ****");

    for( y = 3 ; y < 25 ;  ++y)                  // Linke Wand
       LOCATE(y,1), putchar('|');
    LOCATE(y,1); putchar('+');

    LOCATE(25, 2);                               // Boden
    printf("-------------------------------------"
           "-------------------------------------");

    LOCATE(25,79);  putchar('+');
     for( y = 24 ; y > 2 ;  --y)                 // Rechte Wand
       LOCATE(y,79),  putchar('|');

    x = 3; y = 3;              // Einwurf in diesem Punkt
    YELLOW_BLUE;               // Ball gelb anzeigen

    while( !kbhit() )          // solange keine Taste gedrückt
    {
        LOCATE( y,x);  putchar('o');         // Ball anzeigen
        LOCATE(25,1);              // Cursor in die lezte Zeile
        fflush(stdout);
        for( warten = 0 ; warten < DELAY ; ++warten)
           ;
```

Lösungen (Fortsetzung)

zur 3. Aufgabe (Fortsetzung):

```
          if(x == 2 || x == 78)  dx =  -dx;    // An einer Wand?
          if(y == 24)                          // Am Boden?
          {
            geschw = -geschw;
            if(geschw == 0)  geschw = -7;      // Neu anstossen
          }
          geschw += 1;                     // Beschleunigung = 1
          LOCATE(y,x); putchar(' ');       // Anzeige loeschen
          y += geschw;  x += dx;           // Neue Position
      }
      getch();                    // Eingegebenes Zeichen auslesen
      NORMAL; CLS;    // Weiss auf Schwarz, Bildschirm loeschen
      return 0;
  }
```

Anmerkung: Auf der CD zum Buch finden Sie die Lösung für Windows im Verzeichnis `Buch.src\Win32\Kap07`, die statt der Bildschirmsteuerzeichen Windows Systemaufrufe verwendet.

Zusätzich enthält die CD im Verzeichnis `Buch.src\DOS\Kap07` auch das DOS-Programm `Ball.c`, das die Aufgabe ohne Bildschirmsteuerzeichen löst, jedoch Funktionen aus Kapitel 25, »Hardware-nahe Programmierung unter DOS« verwendet.

zur 4. Aufgabe:

```
/*  SinCurve.c   -->   Ausgabe der Sinus-Kurve              */

#include <stdio.h>
#include <math.h>

#define  PI        3.1415926536
#define  U_GRENZE  0                     /* Untergrenze     */
#define  O_GRENZE  (2 * PI)              /* Obergrenze      */
#define  ANZ_PKT   64        /* Anzahl Punkte der Kurve     */
#define  SCHRITT   ((O_GRENZE - U_GRENZE) / ANZ_PKT)
#define  zN        15        /* Zeile des Nullpunkts        */
                             /* = Zeile der x-Koordinate.  */
#define  sN        10        /* Spalte des Nullpunkts       */
                             /* = Spalte der y-Koordinate.*/
#define  CLS          printf("\033[2J")
#define  LOCATE(z,s)  printf("\033[%d;%dH", z, s)
```

```
int main()
{
   int  zeile, spalte, anfsp, endsp;

   CLS;
   LOCATE(2,25); printf("------ Die Sinus-Funktion ------");


   /*     ---  Koordinaten-Kreuz zeichnen: ---     */

   LOCATE(zN,1);                                    // x-Achse
   for( spalte = 1 ; spalte <78  ; ++spalte)
     (spalte - sN) % 8  ?  putchar('Ä') : putchar('Å');
   putchar('\020');                                 // Spitze
   LOCATE(zN-1, sN+64);  printf("2ã   x");

   for( zeile = 6 ; zeile < 25 ; ++zeile)           // y-Achse
     LOCATE(zeile, sN),  putchar('Å');
   LOCATE( 5, sN);  printf("\036 sin(x)");          // Spitze

   LOCATE( zN-8, sN+1);  printf(" 1");
   LOCATE( zN+8, sN+1);  printf(" -1");


   /*     ---  Sinus-Funktion ausgeben:  ---       */

   anfsp = sN;    endsp = anfsp + ANZ_PKT;

   for( spalte = anfsp ;  spalte <= endsp  ;  ++spalte)
   {
      double y = sin( (spalte-sN) * SCHRITT);
      zeile = (int)(zN - 8.0*y + 0.5);

      LOCATE( zeile, spalte);  putchar('*');
   }

   LOCATE(25,1);                          // Cursor in letzte Zeile
   return 0;
}
```

Kapitel 8

Datentyp-Umwandlungen

Sie lernen in diesem Kapitel die impliziten Typumwandlungen kennen. Diese werden in C immer durchgeführt, wenn in Ausdrücken verschiedene arithmetische Datentypen vorkommen. Außerdem wird die Cast-Konstruktion vorgestellt, die zur expliziten Typumwandlung dient.

Übliche arithmetische Typumwandlungen

Ganzzahlerweiterung

```
char, unsigned char, short ──────▶ int

                        ┌──▶ int ,          falls int gleich long
unsigned short ─────────┤
                        └──▶ unsigned int,  falls int gleich short
```

Hierarchie der Datentypen

```
                long double
                     ⇧
                   double
                     ⇧
                   float
                     ⇧
          unsigned long long(*)
                     ⇧
                long long(*)
                     ⇧
               unsigned long
                     ⇧
                    long
                     ⇧          ⎫
                unsigned int    ⎬  entfällt, falls int
                     ⇧          ⎪  äquivalent zu long
                    int         ⎭
```

(*) Dieser Typ wurde mit ANSI C99 neu eingeführt und wird noch nicht von allen C-Compilern unterstützt.

Die Typen für Ganzzahlen und Gleitpunktzahlen werden auch als arithmetische Typen (engl. *arithmetic types*) bezeichnet. Dazu gehören auch die Aufzählungstypen und die Typen für komplexe Zahlen, die im Kapitel 16 »Strukturierte Datentypen« bzw. im Anhang besprochen werden.

In C ist es möglich, in einem Ausdruck arithmetische Typen zu mischen. Das bedeutet, dass die Operanden eines Operators verschiedene Datentypen haben können. Der Compiler nimmt dann automatisch eine *implizite Typanpassung* vor.

Generell gilt, dass der »kleinere« Datentyp in den »größeren« umgewandelt wird. Mit diesem gemeinsamen Datentyp wird dann »gerechnet«. Er ist auch der Typ des Ergebnisses. Eine Ausnahme bildet hier die Zuweisung, die noch gesondert behandelt wird.

Ganzzahlerweiterung

In jedem Ausdruck wird zunächst die Ganzzahlerweiterung durchgeführt:

- `char`, `unsigned char` und `short` werden zu `int` konvertiert.
- `unsigned short` wird ebenfalls zu `int` konvertiert, wenn der Datentyp `int` größer als `short` ist, andernfalls zu `unsigned int`.

Diese Typumwandlung wird so vorgenommen, dass die Werte erhalten bleiben. In C wird also immer mit Werten gerechnet, die mindestens den Datentyp `int` besitzen. Ist etwa `c` eine char-Variable, so wird im Ausdruck

Beispiel: `c < 'a'`

der Wert von `c` vor dem Vergleich zu `int` erweitert.

Weitere implizite Typanpassungen

Die *üblichen arithmetischen Typumwandlungen* umfassen neben der Ganzzahl-Erweiterung weitere implizite Typanpassungen. Treten nach der Ganzzahl-Erweiterung noch Operanden verschiedenen Datentyps auf, so erfolgt die Anpassung gemäß nebenstehender Hierarchie: Es ist der Datentyp des Operanden maßgebend, der in dieser Hierarchie am weitesten oben steht.

Die üblichen arithmetischen Typumwandlungen werden bei allen binären Operatoren und dem Auswahloperator `?:` durchgeführt. Davon ausgenommen sind nur der Zuweisungsoperator sowie die logischen Operatoren `&&` und `||`.

Der ANSI-Standard sieht nicht vor, dass `float`-Operanden implizit zu `double` konvertiert werden. Viele Compiler führen diese Umwandlung jedoch durch, da der Typ `double` in der Regel der Hardware besser angepasst ist und die Umwandlung im Kernighan-Ritchie-Standard gefordert war.

Verfahren bei arithmetischer Typanpassung

Interne Darstellung von Ganzzahlen mit Vorzeichen

Binäre Darstellung von `4` als Wert vom Typ `signed char` (8 Bits):

0	0	0	0	0	1	0	0
↑	2^6	.	.	.	.	2^1	2^0

Vorzeichenbit

Um die Zahl `-4` darzustellen, wird das *Zweier-Komplement* gebildet:

Dazu wird zunächst das Einer-Komplement gebildet, d.h. alle Bits invertiert,

1	1	1	1	1	0	1	1

dann wird die Zahl `1` hinzuaddiert.

0	0	0	0	0	0	0	1

Das ergibt das Bitmuster von `-4`:

1	1	1	1	1	1	0	0
↑							

Vorzeichenbit

Anmerkungen:

1. Den Absolutwert einer negativen Zahl erhält man ebenfalls durch Bildung des Zweier-Komplements. So ergibt das Zweier-Komplement von `-4` wieder den Wert `4`.

2. Wird das Bitmuster einer negativen Zahl als `unsigned`-Wert interpretiert, so ändert sich der Wert der Zahl. Dem Bitmuster `1111 1100` der Zahl `-4` beispielsweise entspricht der `unsigned`-Wert

   $$0*2^0 + 0*2^1 + 1*2^2 + 1*2^3 + 1*2^4 + 1*2^5 + 1*2^6 + 1*2^7$$

   also dezimal die Zahl `252`.

Die üblichen arithmetischen Typumwandlungen erhalten den Wert der Zahl, sofern dieser mit dem neuen Typ darstellbar ist. Die Verfahren zur Typumwandlung hängen von den beteiligten Typen ab:

1. **Umwandlung eines unsigned-Typs in einen größeren, ganzzahligen Typ**

   (Beispiele: `unsigned char` in *`int`* oder `unsigned int`)

   Es wird die *Null-Erweiterung* (engl. *zero extend*) ausgeführt. Das bedeutet, dass das Bitmuster der umzuwandelnden Zahl auf die Länge des neuen Typs gebracht wird, indem von links mit Nullen aufgefüllt wird. Der Wert der Zahl bleibt dabei erhalten.

2. **Umwandlung eines signed-Typs in einen größeren, ganzzahligen Typ**

   - Der neue Typ ist ebenfalls `signed`

     (Beispiele: `char` in `int`, `short` in `long`)

     Wie nebenstehend erläutert, werden ganze Zahlen mit Vorzeichen im *Zweier-Komplement* dargestellt. Zur Erhaltung des Wertes wird daher die *Vorzeichen-Erweiterung* (engl. *sign extend*) durchgeführt. Das ursprüngliche Bitmuster wird auf die Länge des neuen Typs gebracht, indem von links mit dem Vorzeichenbit aufgefüllt wird.

   - Der neue Typ ist `unsigned`

     (Beispiele: `char` in `unsigned int`, `long` in `unsigned long`)

     In diesem Fall bleibt der Wert negativer Zahlen nicht erhalten. Hat der neue Typ die gleiche Länge, so bleibt das *Bitmuster erhalten*. Es ändert sich aber die Interpretation des Bitmusters: Das Vorzeichenbit verliert seine Bedeutung (siehe nebenstehendes Beispiel).

     Hat der neue Typ eine größere Länge, so wird zuerst die Vorzeichen-Erweiterung durchgeführt und dann das neue Bitmuster ohne Vorzeichen interpretiert.

3. **Umwandlung eines ganzzahligen Typs in einen Gleitpunkt-Typ**

   (Beispiele: `int` in `double`, `unsigned long` in `float`)

   Es erfolgt die Umrechnung in die exponenzielle Form der Gleitpunktdarstellung, wobei der Wert erhalten bleibt. Bei der Umwandlung von `long` bzw. `unsigned long` in `float` kann es vorkommen, dass gerundet werden muss.

4. **Umwandlung eines Gleitpunkt-Typs in einen größeren Gleitpunkt-Typ**

   (Beispiele: `float` in `double`, `double` in `long double`)

   Bei diesen Umwandlungen bleibt der Wert erhalten.

Implizite Typumwandlungen bei Zuweisungen

1. Beispiel

```
int i = 100;  long l;
l = i + 50;             /* Ergebnis vom Typ int wird    */
                        /* in long umgewandelt.         */
```

2. Beispiel

```
long l = 0x654321;  short s;
s = l;                  /* 0x4321 wird an s zugewiesen. */
```

3. Beispiel

```
int i = -2;  unsigned int  ui = 2;
i = i * ui;
/* Zunächst wird der Wert von i in  unsigned int
   umgewandelt (Erhaltung des Bitmusters) und mit 2
   multipliziert. Im Fall int = short wird also 65534
   mit 2 multipliziert (Überlauf!).
   Das Bitmuster des Ergebnisses wird bei der Zuweisung
   wieder als int-Wert aufgefasst,
   d.h. -4  in  i  abgespeichert.                       */
```

4. Beispiel

```
double d = -2.345;
int i;  unsigned int  ui;
i  = d;                 /*  Zuweisung von -2.           */
ui = d;                 /* -2 nicht in ui darstellbar.  */
```

5. Beispiel

```
double d = 1.23456789012345;
float f;
f = d;                 /* 1.234568 wird an f zugewiesen.*/
```

In einer Zuweisung können ebenfalls arithmetische Datentypen gemischt werden. Der Compiler passt den Typ des Wertes rechts vom Zuweisungsoperator dem Typ der Variablen auf der linken Seite an.

Bei einer zusammengesetzten Zuweisung wird zunächst die Berechnung mit den üblichen arithmetischen Typumwandlungen durchgeführt. Erst anschließend erfolgt eine Typanpassung wie bei der einfachen Zuweisung. Für diese gilt:

Steht der Typ der Variablen in der Datentyphierarchie höher als der Typ des zuzuweisenden Wertes, so muss der Typ des Wertes erweitert werden. Dabei kommen die Regeln für die üblichen arithmetischen Typumwandlungen zur Anwendung (siehe 1. Beispiel).

Im umgekehrten Fall ergibt sich die Notwendigkeit, den Datentyp des zuzuweisenden Wertes zu »verkleinern«. Im Einzelnen werden folgende Verfahren angewendet:

1. **Umwandlung eines ganzzahligen Typs in einen kleineren Typ**

   - Die Umwandlung in einen weniger speicheraufwendigen Typ erfolgt durch Abschneiden des/der höherwertigen Bytes. Das verbleibende Bitmuster wird ohne Vorzeichen interpretiert, falls der neue Typ `unsigned` ist, andernfalls mit Vorzeichen. Der Wert bleibt nur dann erhalten, wenn er mit dem neuen Typ darstellbar ist (siehe 2. Beispiel).
   - Ist ein `unsigned`-Typ in den `signed`-Typ gleicher Größe zu konvertieren, so bleibt das Bitmuster erhalten. Dieses wird dann mit Vorzeichen interpretiert (siehe 3. Beispiel).

2. **Umwandlung eines Gleitpunkt-Typs in einen ganzzahligen Typ**

   Der gebrochene Anteil der Gleitpunktzahl wird abgeschnitten. Ist die so entstehende Ganzzahl zu groß oder zu klein für den neuen Datentyp, so ist das Ergebnis undefiniert. Insbesondere ist nicht festgelegt, wie eine negative Gleitpunktzahl in eine Ganzzahl vom Typ `unsigned` konvertiert wird (siehe 4. Beispiel).

3. **Umwandlung eines Gleitpunkt-Typs in einen kleineren Gleitpunkt-Typ**

   Liegt die Gleitpunktzahl im Wertebereich des neuen Datentyps, so bleibt der Wert erhalten, eventuell mit einer geringeren Genauigkeit. Ist der Wert zu groß für die Darstellung im neuen Typ, so ist das Ergebnis undefiniert (siehe 5. Beispiel).

Weitere Typumwandlungen

Beispielprogramm

```
// Ellipse.c  --> Dieses Programm zeichnet eine Ellipse
// Fuer die Punkte (x,y) einer Ellipse mit Mittelpunkt
// (0,0), der Hauptachse A und der Nebenachse B gilt:
//      x = A*cos(t), y = B*sin(t)  für  0 <= t <= 2*PI

#include <stdio.h>
#include <math.h>       // Prototypen von sin() und cos()

#define  CLS            printf("\033[2J")
#define  LOCATE(z,s)    printf("\033[%d;%dH", z,s)
// Einen Stern an der Stelle (x,y) ausgeben:
#define  DOT(x,y)       LOCATE(y,x), putchar('*')

#define  PI 3.1416
#define  Mx 40              // Der Punkt (Mx, My) ist der
#define  My 12              // Mittelpunkt der Ellipse.
#define  A  25              // Laenge der Hauptachse,
#define  B  20              // Laenge der Nebenachse.

int main()
{
   int x,y;                     // Bildschirmkoordinaten.
   double t, scale = 0.4;       // scale = Verhaeltnis der
                   // Punktabstaende in x- und  y-Richtung.
   CLS;
   for( t = 0.0 ; t < PI/2 ; t += 0.03 )
   {
      x = (int) (A * cos(t) + 0.5);
      y = (int) (scale * B * sin(t) + 0.5);

      DOT( x+Mx, y+My);
      DOT( x+Mx,-y+My);
      DOT(-x+Mx, y+My);
      DOT(-x+Mx,-y+My);
   }
   LOCATE(24,0);
   return 0;
}
```

Implizite Typumwandlung beim Aufruf von Funktionen

Auch die Argumente einer Funktion werden implizit umgewandelt, sofern sie einen arithmetischen Datentyp besitzen. Dabei ist zu unterscheiden, ob der Compiler den Prototyp der Funktion kennt oder nicht.

- Wurde ein Prototyp angegeben, so wird jedes Argument wie bei einer Zuweisung in den Typ des entsprechenden Parameters konvertiert.
- Wurde kein Prototyp angegeben, so wird für jedes Argument die *Ganzzahl-Erweiterung* durchgeführt. Argumente vom Typ `float` werden zu `double` konvertiert.

Es ist guter Programmierstil, bei einer notwendigen Typanpassung diese explizit mit der im Folgenden beschriebenen Cast-Konstruktion durchzuführen.

Die Cast-Konstruktion

Neben den impliziten Typumwandlungen ist es auch möglich, explizit den Typ eines Ausdrucks zu ändern. Dazu dient der *Cast-Operator*.

Syntax: `(`*`typname`*`)Ausdruck`

Ist einem Ausdruck ein Typname in Klammern vorangestellt, so wird der *Wert* des Ausdrucks in den angegebenen Typ konvertiert. Diese Typanpassung wird auch *Cast-Konstruktion* genannt.

Der Cast-Operator ist ein unärer Operator und hat demzufolge eine höhere Priorität als die arithmetischen Operatoren.

Beispiel:
```
int a = 1, b = 4;   double x;
x = (double)a/b;
```

Hier wird der Wert von `a` explizit zu `double` konvertiert. Wegen der üblichen impliziten Typanpassung wird auch `b` zu `double` konvertiert und die Gleitpunkt-Division durchgeführt. An `x` wird also das genaue Ergebnis `0.25` zugewiesen. Ohne den Cast würde die Ganzzahl-Division durchgeführt mit dem Ergebnis `0`.

Übungen

Programm-Listing zur 3. Aufgabe:

```
/*  Convert.c -->  Demonstration von Typumwandlungen   */

#include <stdio.h>

int main()
{
   unsigned char  v_uchar;
   unsigned long  v_ulong;
   int            v_int;
   float          x_float, y_float;

   v_int = -2;
     printf("v_int:          %d  %u  %X\n",
             v_int,v_int,v_int);

   v_uchar = v_int;
   v_ulong = v_int;
     printf("v_uchar:        %u  %X\n", v_uchar,v_uchar);
     printf("v_ulong:        %lX\n", v_ulong);

   x_float = 3.6F;
     printf("x_float:        %f\n", x_float);
     printf("(int)x_float:   %d\n", (int)x_float );

   y_float = x_float / v_int;
     printf("y_float:        %f\n", y_float);
     printf("(int)y_float:   %d\n", (int)y_float );

   return 0;
}
```

1. *Aufgabe:*

Tragen Sie in der folgenden Graphik zu jedem Pfeil das entsprechende Umwandlungsverfahren ein (Null-Erweiterung, Vorzeichen-Erweiterung oder Bitmuster-Erhaltung).

Erweiterung der ganzzahligen Datentypen (im Fall `int = short`):

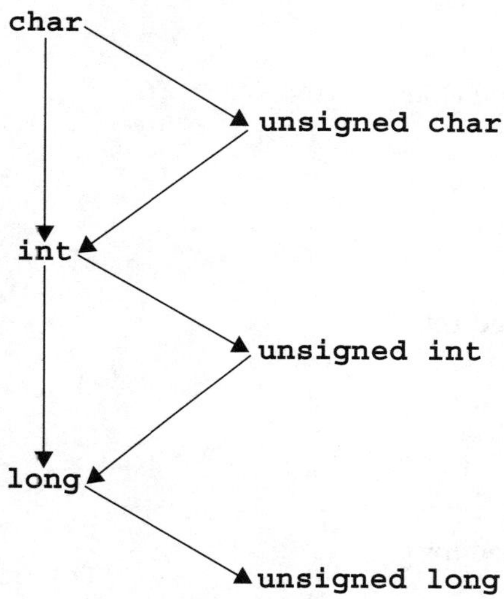

2. *Aufgabe:*

Wie oft wird die folgende Schleife durchlaufen ?

```
int i;
unsigned int grenze = 100;

for (i = -1; i < grenze; ++i)
    . . .
```

3. *Aufgabe:*

Welche Bildschirmausgabe erzeugt ein 16-Bit-Rechner bei der Ausführung des nebenstehenden Programms?

Lösungen

zur 1. Aufgabe:

Erweiterung der ganzzahligen Datentypen (im Fall `int = short`):

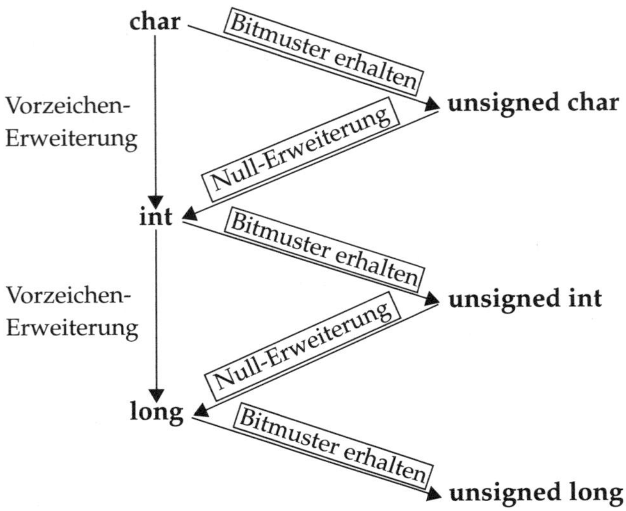

zur 2. Aufgabe:

Die Schleife wird *keinmal* durchlaufen, da im Ausdruck

```
i < grenze
```

der Wert `-1` der Variablen `i` zu unsigned konvertiert wird und damit den höchsten ganzzahligen `unsigned`-Wert repräsentiert.

(Auf einem 16-Bit-Rechner wird also `-1` in `65535` umgewandelt: das Bitmuster von `-1` ist `1111 1111 1111 1111`.)

zur 3. Aufgabe:

Die Bildschirmausgabe des Programms:

```
v_int:          -2   65534   FFFE
v_uchar:        254  FE
v_ulong:        FFFFFFFE
x_float:        3.600000
(int)x_float:   3
y_float:        -1.800000
(int)y_float:   -1
```

Kapitel 9

Vektoren und Strings

Dieses Kapitel beschreibt die Definition und Verwendung von ein- und mehrdimensionalen Vektoren. Außerdem wird die Ein-/Ausgabe von Strings behandelt.

Definition von Vektoren

Der Vektor puffer im Speicher

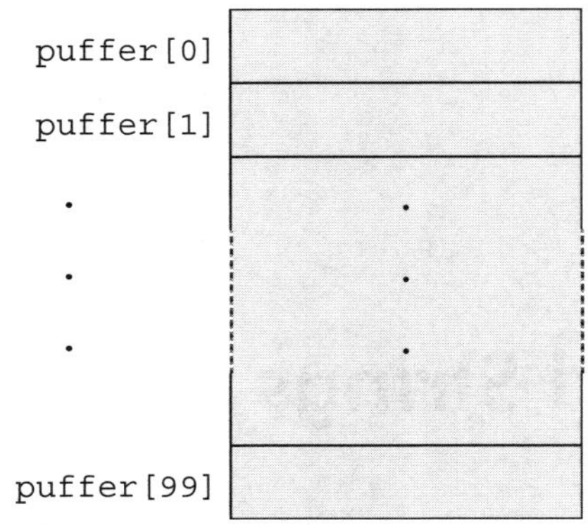

Beispielprogramm

```
/* Dreh.c --> Eine Zeile einlesen                         *
 *            und umgekehrt ausgeben.                     */

#include <stdio.h>
#define  MAXL  100

int main()
{
   int  c, i;  char puffer[MAXL];

   printf("\nBitte geben Sie eine Zeile Text ein:\n\n");

   for( i=0; i < MAXL && (c=getchar()) != '\n'; ++i)
      puffer[i] = c;               // Zeile einlesen.

   putchar('\n');                  // Neue Zeile.

   while( --i >= 0)                // Zeile rueckwaerts
      putchar( puffer[i]);         // ausgeben.

   putchar('\n');                  // Neue Zeile.
   return 0;
}
```

Definition

Ein *Vektor* (engl. *array*) dient zur Speicherung größerer Datenmengen des gleichen Datentyps. Wie jede Variable muss auch ein Vektor definiert werden: Entweder außerhalb von Funktionen oder zu Beginn eines Blocks. Mit der Definition werden der Vektorname, der Typ und die Anzahl der Vektorelemente festgelegt.

Syntax: `typ name[anzahl];`

Hierbei muss `anzahl` eine Konstante sein bzw. ein Ausdruck, der nur Konstanten enthält.

Beispiel: `char puffer[100];`

Hier wird ein Vektor `puffer` mit 100 Elementen vom Typ `char` definiert. `puffer` selbst hat den abgeleiteten Datentyp »Vektor von `char`-Elementen« oder kurz »`char`-Vektor«.

Ein Vektor belegt immer einen *zusammenhängenden* Speicherbereich. Da eine `char`-Variable 1 Byte lang ist, belegt `puffer` 100 Byte.

Index von Vektorelementen

Die einzelnen Vektorelemente können mit einem Index angesprochen werden, der in C stets mit `0` beginnt. Die Elemente des Vektors `puffer` sind also

```
puffer[0], puffer[1], ... , puffer[99].
```

Der Index des letzten Vektorelementes ist stets um `1` niedriger als die Anzahl der Vektorelemente. Als Index kann jeder ganzzahlige Ausdruck verwendet werden. Es gibt *keine Fehlermeldung*, wenn zur Laufzeit des Programms der Index den zulässigen Wertebereich verlässt. Hier ist die besondere Sorgfalt des Programmierers gefordert!

Das nebenstehende Programm benutzt den Vektor `puffer`, um eine Zeile einzulesen und dann in umgekehrter Reihenfolge wieder auszugeben. Die Laufbedingung `i < MAXL` garantiert, dass nicht über das Ende von `puffer` hinaus eingelesen wird.

Vektoren können mit jedem Datentyp gebildet werden.

Beispiel:

```
double zahl[20];            // double-Vektor
int i;                      // Index
for( i = 0 ; i < 20 ; ++i )
    zahl[i] = 1.0 / (double)(i+1);
```

Hier werden die `double`-Elemente des Vektors `zahl` mit den Werten `1/1, 1/2, 1/3, . . ., 1/20` gefüllt.

Initialisierung von Vektoren

Beispielprogramm

```
/* Fibo.c  --> Dieses Programm berechnet die ersten 20        *
 * Fibonacci-Zahlen und die zugehörigen Fibonacci-Quotienten. *
 * -----------------------------------------------------------*
 * Die ersten zwei Fibonacci-Zahlen sind 0 und 1. Jede        *
 * folgende Fibonacci-Zahl ist die Summe der beiden Vorgänger.*
 * Das ergibt die Zahlenfolge: 0, 1, 1, 2, 3, 5, 8, 13, ...   *
 * Die Quotienten der Fibonacci-Zahlen durch ihre Vorgänger,  *
 * also  1/1,  2/1,  3/2 .... , heißen Fibonacci-Quotienten.  *
 * Sie konvergieren gegen den Grenzwert:  (1 + √5) / 2.      */

#include <stdio.h>
#include <math.h>                  // Für den Prototyp von sqrt()
#define  GRENZE   20

long fib[GRENZE+1] = { 0, 1 };
char header[] = "\n\n"
" Index  Fibonacci-Zahl  Fibonacci-Quotient  Abweichung =\n"
"                                            Quotient - Grenzwert"
"\n\n";

int main()
{
   int i;  double q, lim;

   for( i=1 ; i < GRENZE ; ++i)          // Berechnung der
     fib[i+1] = fib[i] + fib[i-1];       // Fibonacci-Zahlen.

   lim = (1.0 + sqrt(5.0)) / 2.0;        // Der Grenzwert.

   printf(header);
   printf("%5d %10ld\n", 0, fib[0]);     // Ausgabe der ersten
   printf("%5d %10ld\n", 1, fib[1]);     // 2 Fibonacci-Zahlen.

   for( i = 2 ; i <= GRENZE ; ++i)       // Die weiteren Zeilen
   {                                     // der Tabelle.
     q = (double)fib[i] / (double)fib[i-1];
    printf("%5d %10ld  %22.14f %13.3E\n", i, fib[i], q, lim-q);
   }
   return 0;
}
```

Vektoren können bei der Definition initialisiert werden. Zur *Initialisierung* wird eine Liste mit den Werten für die einzelnen Vektorelemente angegeben:

Beispiel: `int num[3] = {2, 4, 6};`

Beim Start des Programms hat dann `num[0]` den Wert `2`, `num[1]` den Wert `4` und `num[2]` den Wert `6`.

Wird ein Vektor initialisiert, so braucht die Länge des Vektors nicht angegeben werden.

Beispiel: `int num[] = {2, 4, 6};`

In diesem Fall ist die Länge des Vektors gleich der Anzahl der Initialisierungswerte.

Ist die Länge des Vektors angegeben, jedoch größer als die Anzahl der Initialisierungswerte, so werden die restlichen Vektorelemente mit `0` belegt. Gibt es dagegen mehr Werte, als der Vektor lang ist, so werden die überzähligen Werte ignoriert.

Lokal und global definierte Vektoren

Lokal, d.h. innerhalb einer Funktion definierte Vektoren werden erst zur Laufzeit des Programms erzeugt. Bei der Definition von Vektoren ist daher Folgendes zu beachten:

Vektoren, die bei der Definition initialisiert werden oder einen größeren Speicherbereich belegen (z.B. mehr als 1 KByte), sollten *global*, d.h. außerhalb von Funktionen, definiert werden.

Ohne eine Initialisierung haben die Elemente eines lokalen Vektors zunächst einen undefinierten Wert. Die Zuweisung von Werten erfolgt in der Regel in einer Schleife.

Strings

Ein *String*, auch Zeichenkette genannt, ist eine Zeichenfolge, die mit dem *String-Endezeichen* `'\0'` abschließt. Jeder String wird in einem `char`-Vektor gespeichert. Der `char`-Vektor selbst muss daher mindestens 1 Byte länger als die Zeichenfolge sein.

Die Initialisierung eines `char`-Vektors kann einfach durch die Angabe des Strings erfolgen.

Beispiele:

```
char str1[]     = "Hallo";
char str2[100]  = "Helau";
```

Die erste Definition ist äquivalent mit:

char str1[] = {'H','a','l','l','o','\0'};

Es werden also sechs Bytes reserviert und initialisiert. Der `char`-Vektor `str2` hat die Länge `100`, wobei `"Helau"` nur die ersten sechs Bytes belegt.

Adressen und Vektoren

Beispielprogramm zur Verwendung von Adressen

```
#include <stdio.h>

char text[] = "Die Sonne ist warm!";
int  i=14;

int main()
{                                   //  Lineal:
   printf("\n\n|012345678901234567890123456789|\n\n");

   printf("|%30s|  \n", text);      // Feldbreite 30,
                                    // rechtsbuendig.
   printf("|%s|     \n", text + 4); // Ab dem 5. Zeichen.
   printf("|%-30s| \n", text + i);  // Linksbuendig ab
                                    // dem 15. Zeichen.
   printf("|%20.9s|\n", text);      // Rechtsbuendig,
                                    // 9 Zeichen des
                                    // Strings.
   puts("\nUnd nun ohne Formatierung: ");
   puts( text );

   return 0;
}
```

Bildschirmausgabe

```
|012345678901234567890123456789|

|           Die Sonne ist warm!|
|Sonne ist warm!|
|warm!                         |
|           Die Sonne|

Und nun ohne Formatierung:

Die Sonne ist warm!
```

Vektorname und Adresse des Vektors

In C ist der Name eines Vektors identisch mit der Adresse des ersten Vektorelementes. Nach der Definition

Beispiel: `char ort[] = "Muenchen";`

bezeichnet also der Vektorname `ort` die Adresse, wo das Zeichen `'M'` im Speicher abgelegt ist. Damit ist

`ort` äquivalent zu `&ort[0]`.

Hierbei ist `&` der Adressoperator. In einer Anweisung wie

Beispiel: `printf( ort );`

die den String `"Muenchen"` auf dem Bildschirm ausgibt, erhält die Funktion `printf()` als Argument nur die Anfangsadresse des Strings. Ab dieser Adresse gibt die Funktion `printf()` die Zeichen des Strings so lange aus, bis das String-Endezeichen `'\0'` erreicht wird.

Adress-Arithmetik

Zur Anfangsadresse eines Vektors kann eine positive Ganzzahl addiert werden. Ist beispielsweise `i` eine ganzzahlige Variable, so ist `ort + i` die Adresse des Vektorelements mit dem Index `i`, d.h.

`ort + i` äquivalent zu `&ort[i]`.

Dies gilt für alle Vektortypen, z.B. auch für `int`- oder `float`-Vektoren.

Zum nebenstehenden Programmbeispiel

Das nebenstehende Programm zeigt, wie diese Adress-Arithmetik bei der Ausgabe von Strings eingesetzt werden kann. Zugleich werden die Möglichkeiten der formatierten Ausgabe von Strings mit `printf()` demonstriert, die bereits im Kapitel 4, »Formatierte Ein- und Ausgabe«, beschrieben wurden.

Beispiel: `printf("%20.9s", text );`

Hier ist `20` die Feldbreite. Mit der Genauigkeit `.9` wird festgelegt, dass in diesem Ausgabefeld höchstens `9` Zeichen des Strings ausgegeben werden.

Schließlich ruft das Programm die Funktion `puts()` auf, welche einen String unformatiert auf die Standardausgabe kopiert. Zusätzlich wird als letztes Zeichen ein Newline-Zeichen `'\n'` ausgegeben. Im Gegensatz zu `printf()` steht damit der Cursor am Anfang der nächsten Zeile.

Formatierte Eingabe von Strings

Beispielprogramm

```
/*  Scanf.c  -->  Beispiele zum Einlesen von Strings. */

# include <stdio.h>

char text[501], rest[501], a[2];

int main()
{

  do
  {
    fflush(stdin);                // Eingabepuffer leeren.

    puts("\nBitte Text eingeben!\n"
         "Mit <.> oder <!> und <Return> abschliessen:\n");

    scanf("%500[^!.]", text);
    gets(rest);    // Oder besser: fgets(rest, 500, stdin);

    puts("\nMit scanf() wurde eingelesen:");
    puts(text);

    puts("\nNicht gelesen wurde: ");
    puts(rest);

    printf("\nWeitermachen (j/n)?  ");
                                      // Antwort einlesen:
    while( scanf("%1[JNjn]", a) == 0) // Wiederholen bis
       fflush(stdin);                 // gueltige Eingabe kommt.

  } while( a[0] == 'j' || a[0] == 'J' );

  puts("\nGOOD-BYE");
  return 0;
}
```

Mit der Funktion `scanf()` und dem Formatelement `%s` können Zeichenketten von der Standardeingabe gelesen werden. Als Argument muss ein `char`-Vektor angegeben werden.

Beispiel: `scanf("%s", ort);`

Mit dieser Anweisung liest `scanf()` eine Zeichenkette in den `char`-Vektor `ort`. Da der Name des Vektors schon die Adresse des ersten Vektorelementes ist, ist der Adressoperator `&` hier nicht anzugeben.

Das Einlesen wird mit dem ersten Zwischenraumzeichen (Blank, Tab oder Newline) abgebrochen und das String-Endezeichen `'\0'` angehängt. Mit `%s` wird also nur ein Wort gelesen. Alle weiteren Zeichen bleiben im Eingabepuffer.

Der `char`-Vektor, in dem die Eingabe gespeichert wird, muss groß genug sein, um alle Zeichen einschließlich `'\0'` aufzunehmen. Durch die Angabe einer *Feldbreite* wird festgelegt, wie viele Zeichen maximal eingelesen werden.

Beispiel: `scanf("%25s",ort);     // Maximal 25 Zeichen lesen.`

Suchzeichen

Anstelle der Typangabe `s` kann auch eine Folge so genannter *Suchzeichen* angegeben werden, welche in eckige Klammern einzuschließen sind. Jedes eingelesene Zeichen muss dann mit einem dieser Suchzeichen übereinstimmen, andernfalls bricht `scanf()` das Einlesen ab.

Beispiel: `scanf("%1[JNjn]", antwort);`

Bei diesem Aufruf akzeptiert die Funktion `scanf()` nur eines der Zeichen `J`, `N`, `j` oder `n`. Der `char`-Vektor `antwort` muss mindestens die Länge 2 haben.

Die Angabe mehrerer aufeinander folgender Suchzeichen kann verkürzt werden, indem das erste und letzte Suchzeichen durch einen Bindestrich verbunden werden. Beispielsweise werden mit `%[a-f]` nur die Zeichen `a`, `b`, `c`, `d`, `e` oder `f` eingelesen.

Ist den Suchzeichen ein ^-Zeichen vorangestellt, so wird die gegenteilige Wirkung erzielt: Das Einlesen wird beendet, sobald eines der Suchzeichen eingegeben wird.

Beispiel: `scanf("%[^.]",satz);`

Hier werden so lange Zeichen eingelesen, bis der erste Punkt auftritt. Der eingegebene Punkt bleibt im Eingabepuffer.

Eine einfache Möglichkeit, eine ganze Zeile einzulesen, bietet die Funktion `gets()`. Sie ersetzt hierbei das abschließende Newline-Zeichen `'\n'` durch das String-Endezeichen `'\0'`. Es besteht jedoch nicht die Möglichkeit, die Anzahl der einzulesenden Zeichen zu begrenzen.

Mehrdimensionale Vektoren

Beispielprogramm

```
// Verwenden mehrdimensionaler Vektoren.

#include <stdio.h>

char vertreter[2][20] = { "Lauber, Otto",
                          "Forsch, Heidi" };

       // Jeder Vertreter hat vier verschiedene Artikel
       // im Sortiment, davon wurden verkauft:
int artikel_anzahl[2][4] = { { 20,   5, 30,  17},
                               {150, 120, 90, 110} };

int main()
{
   int i, j;

   for( i = 0; i < 2; ++i)
   {
      printf("\n\nVertreter:  %s", vertreter[i]);
      printf("\nVerkaufte Stueckzahlen:");

      for( j = 0; j < 4; ++j)
         printf("%8d", artikel_anzahl[i][j]);
   }
   printf("\n");

   return 0;
}
```

Bildschirmausgabe

```
Vertreter:  Lauber, Otto
Verkaufte Stueckzahlen:      20       5      30      17


Vertreter:  Forsch, Heidi
Verkaufte Stueckzahlen:     150     120      90     110
```

In C können auch mehrdimensionale Vektoren gebildet werden, und zwar mit beliebig großer Dimension. Nach dem ANSI-Standard sind mindestens 63 Dimensionen möglich. Praktisch ist jedoch die Anzahl der Dimensionen und die Gesamtgröße des Vektors durch den verfügbaren Speicherplatz beschränkt.

Definition von Matrizen

Am häufigsten werden zweidimensionale Vektoren benutzt, die auch *Matrizen* heißen. Mit

Beispiel: `long zahlen[5][10];`

wird eine Matrix mit dem Namen `zahlen` definiert, die 5 *Zeilen* und 10 *Spalten* besitzt. Jedes der 50 (= 5 * 10) Elemente ist vom Typ `long`. Durch die Zuweisung

Beispiel: `zahlen[0][9] = 7;`

erhält das letzte Element in der `0`. Zeile den Wert `7`.

n-dimensionale Vektoren

Ein n-dimensionaler Vektor ist in C nichts anderes als ein eindimensionaler Vektor, dessen Elemente wieder (n-1)-dimensionale Vektoren sind. So ist die Matrix `zahlen` ein Vektor mit 5 Elementen, die selbst eindimensionale long-Vektoren der Länge 10 sind.

Ein mehrdimensionaler Vektor ist also formal nichts Neues. Es gelten dieselben Regeln wie bei eindimensionalen Vektoren, insbesondere auch für die Initialisierung.

Zum nebenstehenden Programmbeispiel

Das nebenstehende Programm demonstriert die Initialisierung und Verwendung zweidimensionaler Vektoren. Die Initialisierungsliste enthält für jede Zeile die Anfangswerte. So ist die erste Zeile von `vertreter` der `char`-Vektor `vertreter[0]` mit dem Inhalt `"Lauber, Otto"`.

Wird ein zweidimensionaler Vektor bei der Definition initialisiert, kann die Angabe der Zeilenzahl entfallen. Dagegen muss die Anzahl der Spalten angegeben werden. Bei einer globalen Definition werden nicht-initialisierte Vektorelemente mit 0 belegt.

Beispiele:
```
int  a[][3]  = { {1}, {7} };
int  a[2][3] = { {1, 0, 0}, {7, 0, 0} };
```

Die beiden Definitionen sind äquivalent. Die erste Spalte wird mit `1` und `7` initialisiert. Die übrigen Elemente erhalten den Wert `0`.

Übungen

Bildschirmausgabe zur 2. Aufgabe:

```
|01234567890123456789|

|Kopfstand|
|           Kopfstand|
|Kopfstand           |
|                Kopf|
|Kopf                |
|               stand|
|stand               |
```

"Momentaufnahme" der Ausgabe zur 3. Aufgabe:

```
* * *  PAUSE  * * *

--- Ende der Pause mit beliebiger Taste ---
```

1. *Aufgabe:*

Schreiben Sie ein C-Programm, das maximal 100 Ganzzahlen von der Tastatur liest, in einen `long`-Vektor speichert und aufsteigend sortiert wieder ausgibt.

Benutzen Sie als Sortierverfahren den »Bubble-Sort«: Der Vektor wird immer wieder durchlaufen, wobei benachbarte Vektorelemente verglichen und gegebenenfalls vertauscht werden. Das Verfahren bricht ab, wenn bei einem Durchlauf kein Tausch mehr stattfindet.

2. *Aufgabe:*

Schreiben Sie ein C-Programm, das den Text »Kopfstand« wie nebenstehend auf dem Bildschirm ausgibt. Nutzen Sie die Formatierungsmöglichkeiten von `printf()`.

3. *Aufgabe:*

Schreiben Sie ein C-Programm, das die nebenstehende Bildschirmausgabe erzeugt. Dabei soll die Meldung

```
"* * *  PAUSE  * * * "
```

in der Mitte des Rahmens nach links »rollen«.

Das »Rollen« können Sie mithilfe des Strings

```
"* * *  PAUSE  * * * * * *  PAUSE  * * * "
```

erzeugen. Es werden immer nur 20 Zeichen des Strings ausgegeben: Zuerst beginnt die Ausgabe beim ersten Zeichen, dann beim zweiten Zeichen usw. Wenn die Mitte des Strings erreicht ist, fängt die Ausgabe wieder beim ersten Zeichen an.

Hinweis zu Rahmen: Es genügt, wenn Sie für die Linien den Bindestrich – bzw. den senkrechten Strich | verwenden und für die Ecken das Pluszeichen +. Schöner wird es aber mit den folgenden Sonderzeichen:

Zeichen:	║	═	╔	╗	╚	╝
Code (dez.)	205	186	201	187	200	188
Code (hex.)	CD	BA	C9	BB	C8	BC

In einem DOS-Editor (wie z.B. EDIT) können diese Zeichen mithilfe der ALT-Taste und dem Nummernblock auch direkt eingegeben werden, z.B. ALT+205 .

Lösungen

zur 1. Aufgabe:

```
/*  Bubble.c --> Ganze Zahlen mit dem Sortier-          */
/*               algorithmus "Bubble-Sort" sortieren.   */

#include <stdio.h>

#define  MAX          100             // Maximale Anzahl
#define  CLS          printf("\033[2J")
#define  LOCATE(z,s)  printf("\033[%d;%dH", z, s)

long zahl[MAX];              // Zum Speichern der Zahlen.

int main()
{
    int  i, anzahl;         // Index und aktuelle Anzahl.
    int  sortiert = 0;      // Merker, ob Zahlen sortiert.
    long hilf;              // Hilfsvariable beim Tauschen.

    CLS;  LOCATE(2,20);
    printf("-------  Ganze Zahlen sortieren  -------");

    printf("\n\nGeben Sie bis zu 100 ganze Zahlen ein:"
           "\n(Abbruch durch ungueltige Eingabe)\n\n");

    /*     ---   Zahlen einlesen:   ---     */

    for(i = 0; i < MAX && scanf("%ld",zahl+i) == 1; ++i)
       ;
    anzahl = i;

    /*     ---  Zahlen sortieren:   ---     */

    while( !sortiert)           // Solange die Zahlen noch
    {                           // nicht sortiert sind.

      sortiert = 1;
      for( i = 1 ; i < anzahl ; ++i)   // Benachbarte Zahlen
         if( zahl[i-1] > zahl[i])      // vergleichen.
         {
           sortiert  = 0;
           hilf      = zahl[i];        // Tauschen
           zahl[i]   = zahl[i-1];
           zahl[i-1] = hilf;
         }
    }
```

```
    /*      ---  Zahlen sortiert ausgeben:  ---       */

       printf("\n\nDie Zahlen sortiert:\n\n");
       for( i = 0 ;  i < anzahl  ;  ++i )
           printf("%10ld", zahl[i] );

       printf("\n\n");
       return 0;
}
```

zur 2. Aufgabe:

```
/*  Kopf.c --> Demonstriert die Formatierungsmoeglich-   */
/*             keiten der Standardfunktion printf().     */

#include  <stdio.h>
char wort[] = "Kopfstand";

int main()
{
   printf(" |01234567890123456789| \n\n");    // Lineal
   printf(" |%s|\n",       wort);
   printf(" |%20s|\n" ,    wort);
   printf(" |%-20s|\n" ,   wort);
   printf(" |%20.4s|\n" ,  wort);
   printf(" |%-20.4s|\n",  wort);
   printf(" |%20s|\n" ,    wort + 4);
   printf(" |%-20s|\n" ,   wort + 4);
   return 0;
}
```

Lösungen (Fortsetzung)

zur 3. Aufgabe:

```
/* Meldung.c  -->  Gibt eine "rollende" Meldung aus.  */
#include <stdio.h>
#include <conio.h>       // Prototyp: kbhit() und getch()
#include <string.h>

#define  CLS           printf("\033[2J")
#define  LOCATE(z,s)   printf("\033[%d;%dH", z,s)
#define  DELAY         10000000L

char meldung[]="* * * PAUSE * * * * * * PAUSE * * *";
char rahmen[] =

"    ╔══════════════════════════════════════════╗    \n"
"    ║                                          ║    \n"
"    ║                                          ║    \n"
"    ║                                          ║    \n"
"    ╚══════════════════════════════════════════╝     ";

int main()
{
   unsigned I = 0;    long count;
   CLS;                              // Rahmen zeichnen:
   LOCATE(10,1);  puts(rahmen);
   LOCATE(25,15);                    // und Hinweis:
   printf("-- Ende der Pause mit beliebiger Taste --");

   while( !kbhit())
   {
     LOCATE(12,25);
     printf("%.20s", meldung + i);          // Meldung
                                            // Verzoegerung:
     for( count = 0 ; count < DELAY ; ++count)
       ;
     if(++i >= strlen(meldung)/2 )
       i = 0;                        // Wieder vom Anfang!
   }
   getch();   CLS;
   return 0;
}
```

Kapitel 10

Funktionen

Dieses Kapitel beschreibt, wie Funktionen selbst zu erstellen sind. Neben den grundlegenden Regeln werden auch Vektoren als Argumente behandelt und das Prinzip der Rekursion dargestellt.

Bedeutung von Funktionen in C

Bestandteile eines C-Programms

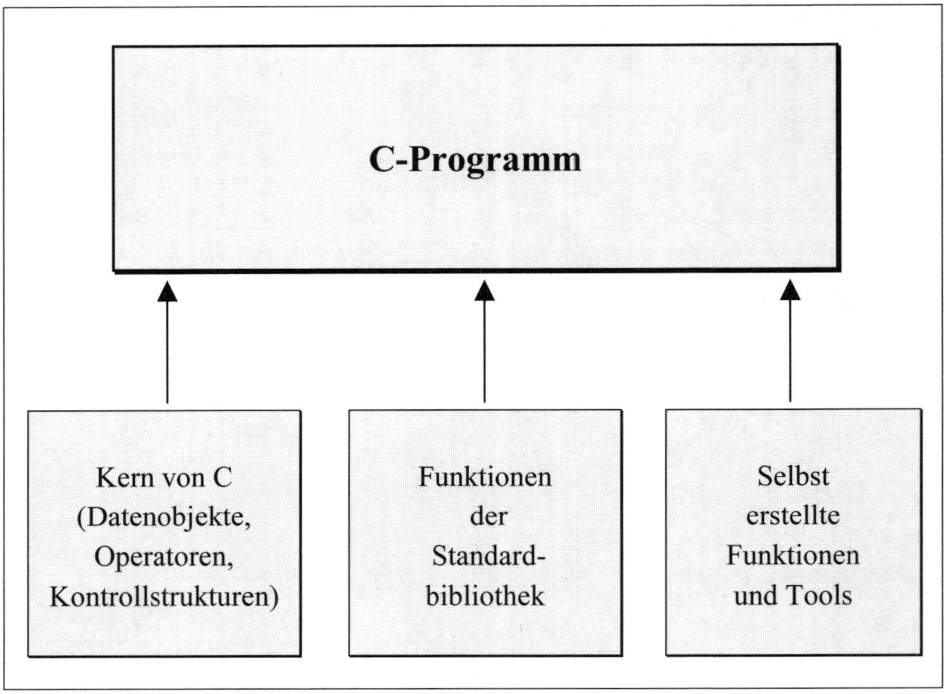

Top-Down-Prinzip

C unterstützt eine effiziente Software-Entwicklung nach dem *Top-Down-Prinzip*: Zur Lösung von größeren Problemstellungen ist es notwendig, diese in kleinere Teilaufgaben zu zerlegen. Jede Teilaufgabe wird von einem Unterprogramm gelöst, d.h. in C von einer Funktion. Jede Funktion kann wieder weitere Funktionen aufrufen. Auf diese Weise wird das gesamte Programm bausteinartig zusammengesetzt.

Nicht jeder »Baustein« muss neu programmiert werden: Viele nützliche Funktionen stehen bereits in der *Standardbibliothek* zur Verfügung. Außerdem können für die verschiedenen Anwendungsgebiete weitere Bibliotheken, so genannte *Tools*, benutzt werden. So enthält die Compiler-Software für PCs oft schon eine Grafik-Bibliothek.

Bestandteile eines C-Programms

Ein C-Programm besteht also aus

- Sprachelementen, die der Kern von C zur Verfügung stellt,
- Funktionen der Standardbibliothek,
- selbst erstellten Funktionen und Funktionen aus Toolboxen.

Jedes Programm enthält die Funktion `main()`, mit der die Programmausführung beginnt. Sie hat die Aufgabe, den Ablauf des Programms zu steuern.

Module

Funktionen, die logisch zusammengehören, werden zu separaten Quelldateien zusammengefasst und können getrennt übersetzt und getestet werden. Die Verwendung bereits getesteter, fehlerfreier Funktionen erleichtert die Entwicklung der Gesamtlösung wesentlich und verbessert ihre Zuverlässigkeit.

Die übersetzten Quelldateien, auch *Module* genannt, werden vom Linker unter Einbeziehung der verwendeten Bibliotheken zu einer ausführbaren Datei gebunden. Wird eine Quelldatei geändert, so müssen gegebenenfalls auch andere Quelldateien neu übersetzt werden. Bei großen Projekten, die aus hundert oder mehr Modulen bestehen können, ist es ratsam, zur Verwaltung der Programmteile die *MAKE*-Utility zu verwenden. Auch integrierte Entwicklungsumgebungen bieten die wesentlichen Möglichkeiten der MAKE-Utility.

Getestete Funktionen können in einer eigenen Bibliothek zusammengefasst werden. Sie stehen dann jedem C-Programm zur Verfügung, wenn die Bibliothek beim Linken angegeben wird. Im Folgenden wird beschrieben, wie neue Funktionen zu erstellen sind.

Erstellen eigener Funktionen

Beispiel für eine Funktion

```
// Definition der Funktion test().

#include <stdio.h>

void test( int, double);                    // Prototyp

int main()
{
   printf("\nJetzt folgt der Aufruf von test().\n");
   test(2, 3.5);                            // Aufruf

   printf("\nUnd jetzt wieder in main().\n");

   return 0;
}

void test( int param1, double param2)       // Definition
{
   printf("\nIn der Funktion test().\n");
   printf("1. Argument: %d \n",  param1);
   printf("2. Argument: %.2f\n", param2);
}
```

Allgemeine Form einer Funktion

```
[typ] name( [deklarationsliste] )    // Funktionskopf.
{                                    // Beginn des
       .                             // Funktionsblocks.
       .
     was die Funktion macht
       .
       .
}                                     // Ende der Funktion.
```

Funktionen können in beliebiger Reihenfolge definiert werden. Die erste Funktion ist jedoch in der Regel `main()`, womit das Verstehen des Programms erleichtert wird.

Definition von Funktionen

Als Beispiel ist nebenstehend die Funktion `test()` definiert. Anschließend sehen Sie die allgemeine Form einer Funktion. Dabei gilt:

typ ist der Typ der Funktion. Fehlt die Typangabe, so wird standardmäßig der Typ `int` angenommen.

name ist der Funktionsname, der wie ein Variablenname gebildet wird. Er sollte auf den Zweck der Funktion hinweisen.

deklarationsliste enthält die Namen der Parameter und deklariert ihren Typ. Die Liste kann auch leer sein, wie z.B. bei der Funktion `main()`.

Parameter sind ganz gewöhnliche lokale Variablen. Sie erhalten jedoch beim Aufruf der Funktion die Werte der aktuellen Argumente.

Mit der sich öffnenden geschweiften Klammer beginnt der *Funktionsblock*, in dem zunächst neue Variablen vereinbart werden können. Anschließend werden die Anweisungen formuliert, die festlegen, was die Funktion macht.

Prototyp-Stil

In der Definition einer Funktion ist der Funktionskopf formal dem Prototyp einer Funktion ähnlich. Der Unterschied ist nur, dass bei einer Definition dem Namen mit der Deklarationsliste *nicht* das Semikolon, sondern der Funktionsblock folgt.

Der Prototyp beschreibt nur die Schnittstellen einer Funktion. Dagegen wird bei der Übersetzung einer Funktionsdefinition Maschinencode erzeugt.

Die hier angegebene Form einer Funktion ist der so genannte »Prototyp-Stil«. Er entspricht dem ANSI-Standard und wird in diesem Buch weiterhin benutzt.

Kernighan-Ritchie-Stil

Die Compiler unterstützen aber auch den traditionellen Kernighan-Ritchie-Stil, der die Angabe der Parameternamen und die Deklaration der Parameter trennt. Die Definition der nebenstehenden Funktion `test()` sieht im Kernighan-Ritchie-Stil wie folgt aus:

```
void test(param1, param2)    /* Liste mit Parameternamen */
int param1;                  /* Parameter deklarieren    */
double param2;
{
   .......                   /* Funktionsblock           */
}
```

Aufruf von Funktionen

Definition und Aufruf der Funktion flaeche()

```
#include <stdio.h>

double flaeche(double, double);  // Prototyp von flaeche()

int main()
{
   double x = 2.5, y = 3.7, fl;

   fl = flaeche(x+1,2*y);        // Aufruf von flaeche()

   printf("Die Flaeche des Rechtecks\n"
          "mit der Breite %6.2f\n"
          "und der Laenge %6.2f\n"
          "betraegt       %6.2f\n",  x+1, 2*y, fl);

   return 0;
}

// ------------------------------------------------------
// Definition der Funktion flaeche()
// Die Funktion liefert die Flaeche eines Rechtecks.
double flaeche(double a,double b)
{
   return (a * b);           // Rueckgabe des Ergebnisses
}
```

Bildschirmausgabe

```
Die Flaeche des Rechtecks
mit der Breite 3.50
und der Laenge 7.40
betraegt      25.90
```

Deklaration und Aufruf

Das nebenstehende Programm zeigt die Definition und den Aufruf der Funktion `flaeche()`. Wie in Kapitel 3, »Verwendung von Funktionen«, bereits erläutert wurde, muss die Funktion vor ihrem Aufruf deklariert werden: Durch die Angabe des Prototyps erhält der Compiler alle notwendigen Informationen, um bei einem Aufruf der Funktion die Anzahl und die Datentypen der Argumente zu überprüfen, sowie den Return-Wert der Funktion richtig zu übernehmen.

Die Angabe des Prototyps einer Funktion kann nur dann entfallen, wenn sie in derselben Quelldatei vor ihrem ersten Aufruf definiert wird. Der Prototyp darf auch dann fehlen, wenn die Funktion vom Typ `int` ist. Von dieser Möglichkeit sollte man aber keinen Gebrauch machen, da der Compiler den korrekten Aufruf der Funktion nicht sicherstellen kann und daher eine Warnung über den fehlenden Prototyp ausgibt.

Beim Aufruf muss der Funktion für jeden Parameter ein Argument vom Typ des Parameters übergeben werden. Die Argumente können beliebige Ausdrücke sein, wie es auch das nebenstehende Beispiel demonstriert. Es wird immer der Wert des Ausdrucks in den entsprechenden Parameter kopiert.

Die Anweisung return

Erreicht die Programmausführung eine *return-Anweisung* oder das Ende des Funktionsblocks, so verzweigt sie in die aufrufende Funktion zurück. Mit der `return`-Anweisung kann ein Wert an die aufrufende Funktion zurückgegeben werden.

Syntax: `return [ausdruck];`

Falls `ausdruck` angegeben ist, wird der Wert des Ausdrucks als Return-Wert übergeben. Stimmt der Typ des Wertes nicht mit dem Typ der Funktion überein, so wird er dem Typ der Funktion angeglichen. Funktionen sollten jedoch immer so geschrieben sein, dass der Typ des `return`-Ausdrucks mit dem der Funktion übereinstimmt.

In der Funktion `flaeche()` wird ausgenutzt, dass die `return`-Anweisung einen beliebigen Ausdruck enthalten darf. Gewöhnlich wird dieser Ausdruck geklammert.

Der Typ void

Fehlt der Ausdruck in der `return`-Anweisung oder die `return`-Anweisung selbst, so ist der Return-Wert der Funktion undefiniert. In diesem Fall muss der Funktionstyp `void` sein. Funktionen vom Typ `void`, wie z.B. die Standardfunktion `srand()`, führen zwar eine Aktion aus, liefern aber keinen Return-Wert. Sie entsprechen den Prozeduren in anderen Programmiersprachen.

Aufruf von Funktionen (Fortsetzung)

Programmablauf beim Funktionsaufruf

```
func1()
{
  long   a, func2(int, double);
  int    x;
  double y;

  ...

  a = func2(x,y);      // Aufruf von func2()
  ...
}
                       // Wertuebergabe:
                       // a = x;   b = y;

          long func2(int a, double b)
          {
              double x;
              long result;
                .      // Hier folgt die
                .      // Berechnung von result.
                .

              return (result);
          }
```

Stack nach dem Aufruf einer Funktion

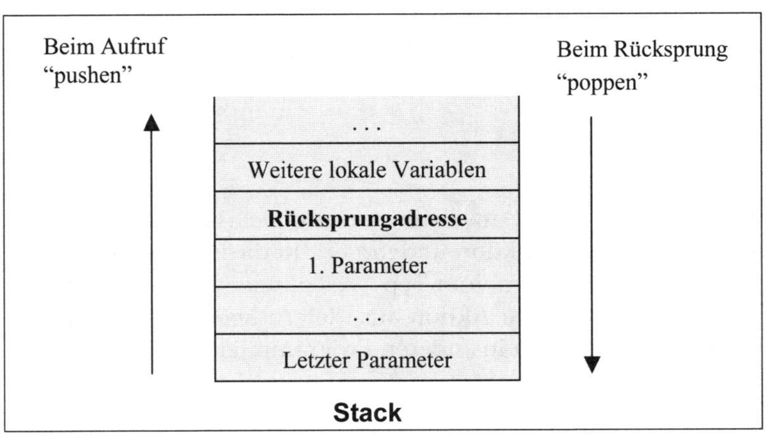

»Call-by-Value« und »Call-by-Reference«

Die Übergabe von Werten beim Aufruf einer Funktion wird auch »Call-by-Value« genannt. Die aufgerufene Funktion kann dabei natürlich nicht den Wert der Argumente in der aufrufenden Funktion verändern, da mit Kopien der Argumente gearbeitet wird.

Soll aber der Wert einer Variablen geändert werden, so muss als Argument die *Adresse* der Variablen übergeben werden: Dieser »Call-by-Reference« ist ebenfalls möglich. Beispiele dafür sind die Funktionen `scanf()`, `time()` und alle Funktionen, die als Argument einen Vektor erwarten. Wir werden später sehen, wie derartige Funktionen zu schreiben sind.

Ein »Call-by-Value« bietet jedoch entscheidende Vorteile:

- Argumente von Funktionen können beliebige Ausdrücke sein, z.B. auch Konstanten;
- innerhalb der Funktion sind die Parameter als schon geeignet initialisierte Variablen verwendbar, zusätzliche indirekte Speicherzugriffe entfallen;
- die aufgerufene Funktion kann keine unbeabsichtigten Veränderungen von Argumenten in der aufrufenden Funktion bewirken.

Lokale Variablen

Die Parameter einer Funktion und die Variablen, die innerhalb einer Funktion vereinbart werden, sind *lokal*, d.h. nur in dieser Funktion gültig und unabhängig von Variablen bzw. Parametern gleichen Namens in anderen Funktionen.

Beispielsweise enthält die nebenstehende Programmstruktur sowohl eine Variable `a` in der Funktion `func1()` als auch in der Funktion `func2()`. Beide Variablen kollidieren nicht miteinander. Sie sprechen verschiedene Speicherplätze an. Dasselbe gilt für die Variablen `x` in `func1()` und in `func2()`.

Stack

Lokale Variablen werden auf dem *Stack* (dt. *Stapel*) angelegt, und zwar zuerst die Parameter der Funktion in umgekehrter Reihenfolge. Der Stack ist ein Speicherbereich, der nach dem LIFO-Prinzip (*last-in-first-out*) verwaltet wird. Ein guter Vergleich ist ein Tellerstapel: Der zuletzt aufgelegte Teller wird als erster wieder heruntergenommen. Das LIFO-Prinzip bewirkt, dass die zuletzt erzeugten lokalen Variablen zuerst wieder vom Stack entfernt werden. Dies ist besonders wichtig bei geschachtelten Funktionsaufrufen.

inline-Funktionen

Aufruf einer Funktion, die nicht inline ist

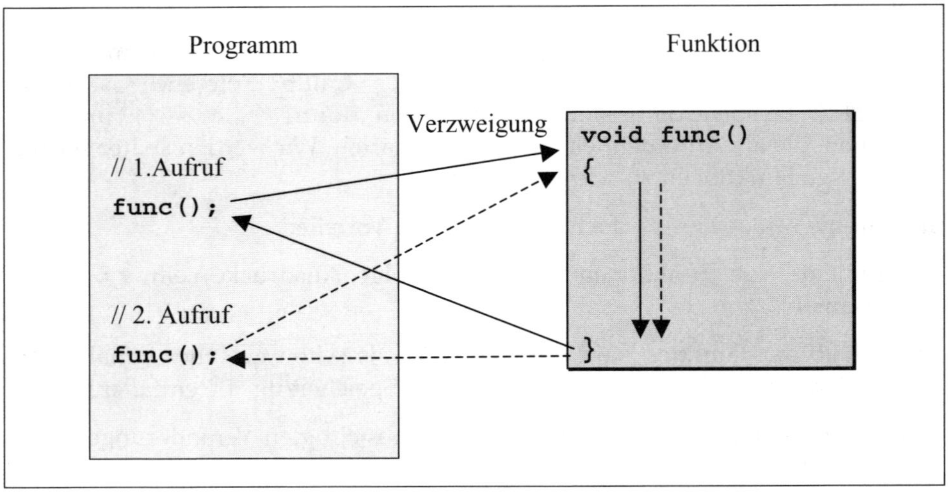

Der Maschinencode der Funktion ist nur einmal in der ausführbaren Datei enthalten.

Aufruf einer inline-Funktion

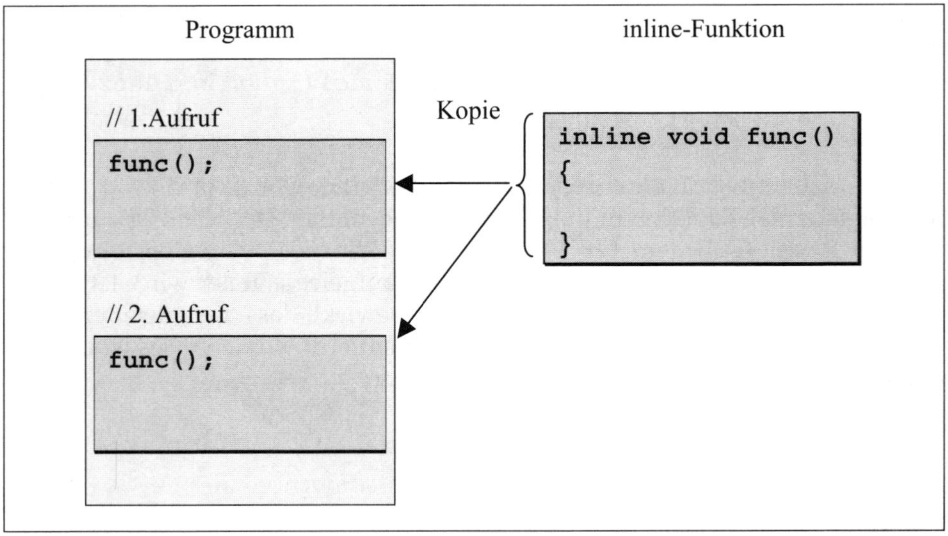

Der Maschinencode der Funktion ist an jeder Stelle in der ausführbaren Datei enthalten, an der diese Funktion aufgerufen wird.

Unterprogrammsprung

Beim Aufruf einer Funktion erfolgt ein *Unterprogrammsprung*. Dieser wird folgendermaßen ausgeführt:

- Die Parameter der Funktion werden auf dem Stack erzeugt und mit den entsprechenden Argumenten initialisiert.
- Die sog. *Rücksprungadresse*, das ist die Stelle des Funktionsaufrufs, wird im Stack gesichert und die Programmausführung verzweigt in die Funktion.
- Nach Ausführung der Funktion verzweigt das Programm mit Hilfe der gesicherten Rücksprungadresse wieder zurück in die aufrufende Funktion. Der im Stack von der Funktion belegte Speicher wird freigegeben.

Der Hin- und Rücksprung beeinträchtigt das Laufzeitverhalten des Programms, wenn eine Funktion nur wenige Anweisungen umfasst und häufig aufgerufen wird. Bei einer »kleinen« Funktion kann nämlich der Zeitaufwand für die Verzweigung größer sein als für die Ausführung der Funktion selbst. Zur Vermeidung dieses Nachteils wurden mit ANSI C99 `inline`-Funktionen eingeführt.

inline Definition

Der Compiler fügt den Code einer `inline`-Funktion direkt an die Stelle ihres Aufrufs ein. Damit findet kein Unterprogrammsprung statt. Die *Definition* einer `inline`-Funktion geschieht mit dem Schlüsselwort `inline`, das dem Funktionskopf vorangestellt wird.

Beispiel:

```
inline int max( int x, int y)
{  return  (x >= y ? x : y );  }
```

Bei jedem Aufruf einer `inline`-Funktion wird der Programmcode länger. Deshalb sollten `inline`-Funktionen nur aus wenigen Anweisungen bestehen. Enthält eine `inline`-Funktion zu viele Anweisungen, so kann der Compiler das Schlüsselwort `inline` ignorieren und eine Warnung ausgeben.

Eine `inline`-Funktion muss in der Quelldatei definiert sein, in der sie später aufgerufen wird. Hierbei genügt es nicht, den Prototyp der Funktion anzugeben. Der Compiler muss auch den Anweisungsblock kennen. Im Gegensatz zu einer »normalen« Funktion ist es deshalb möglich und sinnvoll, eine `inline`-Funktion in einer Header-Datei zu definieren. Damit ist sie dann in mehreren Quelldateien verfügbar.

Unterschied zu Makros

`inline`-Funktionen sind eine Alternative zu Makros mit Parametern. Beim Aufruf eines Makros nimmt der Präprozessor lediglich einen Textersatz vor. Dagegen verhält sich eine `inline`-Funktion wie eine normale Funktion, allerdings ohne den Hin- und Rücksprung. So überprüft der Compiler z.B. den korrekten Aufruf.

Vektoren als Argumente von Funktionen

Beispielprogramm

```
// Reverse.c -->  Das Programm liest ein Wort von der
//                der Tastatur und gibt es verdreht auf
//                dem Bildschirm aus.

#include <stdio.h>
#include <string.h>
#define ANZ 81

void reverse( char str[], char umstr[]);     // Prototyp

int main()
{
   char wort[ANZ], umwort[ANZ];

   printf("\nGeben Sie ein Wort ein:  ");
   scanf("%80s", wort);

   reverse( wort, umwort);
   printf("\nDas \"verdrehte\" Wort:    %s\n", umwort);

   return 0;
}

void reverse(char s1[], char s2[]) // Kopiert den String
{                                  // s1 verdreht in s2
   int i, j;

   for( i = strlen(s1)-1, j=0 ; i >= 0 ; i--, j++)
      s2[j] = s1[i];
   s2[j] = '\0' ;           // String-Endezeichen anfuegen.
}
```

Beispiel für die Bildschirmausgabe

```
Geben Sie ein Wort ein:  ROT
Das "verdrehte" Wort:    TOR
```

Deklarartion von Parametern

Wird beim Aufruf einer Funktion ein Vektorname als Argument übergeben, so erhält die Funktion die Adresse des ersten Vektorelementes. Damit kann die aufgerufene Funktion auf jedes Vektorelement sowohl lesend als auch schreibend zugreifen.

Als Parameter muss eine Variable vom Typ des Vektors vereinbart werden. Dies wird am Beispiel der Standardfunktion `strlen()` demonstriert:

Beispiel:

```
int strlen( char str[])          // Ermittelt die Laenge
{                                // von str (ohne '\0').
    int i;
    for( i = 0; str[i] != '\0'; ++i )
        ;
    return (i);
}
```

Die Parameter-Deklaration `char str[]` bedeutet, dass die Funktion als Argument einen char-Vektor erwartet und `str[0]`, `str[1]`,... die einzelnen Elemente des Vektors sind. Zum Beispiel ist beim Aufruf `strlen("ROT")` die folgende Zuordnung gegeben:

'R'	'O'	'T'	'\0'
str[0]	str[1]	str[2]	str[3]

Mit der Deklaration `char str[]` wird also kein neuer Vektor definiert. Der Aufruf `strlen("ROT")` liefert den Wert 3. Allgemein ist die Länge eines Strings immer gleich dem Index des Elementes, welches das String-Endezeichen enthält.

Im nebenstehenden Programm übernimmt die Funktion `reverse()` die Aufgabe, die Zeichen eines Strings in umgekehrter Reihenfolge in einen neuen String zu kopieren. Zuerst wird das letzte Zeichen von `s1`, das ist das Zeichen mit dem Index `strlen(s1)-1`, nach `s2[0]` kopiert, dann das vorletzte Zeichen nach `s2[1]` u.s.w.

Parameter für mehrdimensionale Vektoren

Bei der Parametervereinbarung für *mehrdimensionale* Vektoren müssen stets alle Dimensionen angegeben werden, ausgenommen der ersten. So enthält die Parametervereinbarung für einen zweidimensionalen Vektor stets die Spaltenzahl.

Beispiel:

```
long func( int num[][10] )
{  . . .  }                        // Funktionsblock
```

Rekursive Funktionen

Beispiel für die Verwendung einer rekursiven Funktion

```
// Rekursiv.c --> Demonstriert das Prinzip der Rekursion
//                anhand einer Funktion, die eine Zeile
//                von stdin liest und umgekehrt wieder
//                ausgibt.
#include <stdio.h>
void getput( void);

int main()
{
   printf("Geben Sie bitte eine Textzeile ein:\n\n");
   getput();
   putchar('\n');
   return 0;
}

void getput()
{
   int c;
   if((c = getchar()) != '\n')
      getput();                        // Erneuter Aufruf
   putchar(c);
}
```

Ablauf des Programms bei Eingabe von ok<Return>

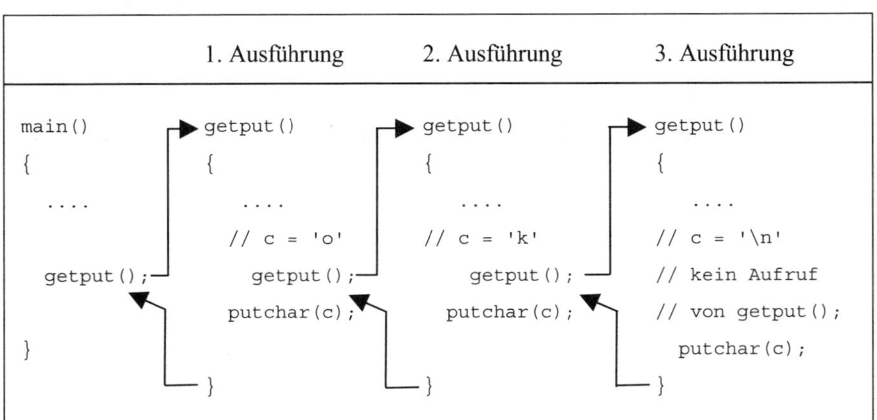

Der Begriff der Rekursion

Das Konzept der lokalen Variablen in C erlaubt die Definition rekursiver Funktionen. Eine Funktion heißt *rekursiv*, wenn sie sich selbst aufruft. Ein Selbstaufruf kann auch indirekt erfolgen, wenn die Funktion zunächst eine andere Funktion bzw. eine Reihe anderer Funktionen aufruft, bevor sie selbst wieder aufgerufen wird. In jedem Fall ist ein Abbruchkriterium notwendig.

Für die Rekursion ist wesentlich, dass lokale Variablen bei jedem Funktionsaufruf neu erzeugt werden und nichts von anderen lokalen Variablen aus anderen Funktionsaufrufen »wissen«. Tatsächlich werden die lokalen Variablen auf dem *Stack* (dt. *Stapel)* gelegt, so dass die zuletzt erzeugten Vriablen zuerst wieder vom Stack entfernt werden.

Zum nebenstehenden Beispielprogramm

Wir wollen das Prinzip der Rekursion anhand des nebenstehenden Programms beschreiben. Das Programm enthält die rekursive Funktion `getput()`, die eine Textzeile von der Tastatur liest und umgekehrt wieder ausgibt.

In `main()` wird die Funktion `getput()` zum ersten Mal aufgerufen. Diese liest ein Zeichen von der Tastatur in die lokale Variable `c`. Falls das Zeichen verschieden von `'\n'` ist, ruft sich die Funktion `getput()` erneut auf. Damit wird ein weiteres Zeichen von der Tastatur in eine neue lokale Variable `c` gelesen.

Die Kette der rekursiven Aufrufe ist beendet, sobald der Anwender die Return-Taste drückt: Das zuletzt eingelesene Zeichen `'\n'` (Zeilenvorschub) wird ausgegeben und die Programmausführung verzweigt zum vorhergehenden Aufruf von `getput()` zurück. Hier wird das vorletzte Zeichen ausgegeben usw. Ist schließlich auch das zuerst eingelesene Zeichen ausgegeben, so erfolgt der Rücksprung in `main()`.

Anwendungen

Die Logik vieler Problemlösungen besitzt eine rekursive Struktur, wie z.B. die Verwaltung von Daten mithilfe von *binären Bäumen* oder bestimmte Sortieralgorithmen, wie der *Quick-Sort*. Die rekursiven Funktionen bieten die Möglichkeit, derartige Logiken knapp und elegant in ein Programm umzusetzen. Dabei ist jedoch dafür zu sorgen, dass der Speicherbereich für den Stack groß genug ist.

Übungen

Bildschirmausgabe zur 2. Aufgabe:

```
  n    Fakultaet von n
-----------------------------
  0                      1
  1                      1
  2                      2
  3                      6
  4                     24
  5                    120
  6                    720
  7                   5040
  .                    ...
  .                  .....
  .               ........
 19    121645100408832000
 20   2432902008176640000
```

1. Aufgabe:

Schreiben Sie die C-Funktion `index()`, die ein bestimmtes Zeichen in einem String sucht und den Index des ersten Auftretens im String bestimmt.

Argumente: Der String und das Zeichen.

Return-Wert: Der Index des Zeichens oder `-1`, falls das Zeichen nicht vorkommt.

Testen Sie die Funktion `index()`. Der String und das zu suchende Zeichen sollen von der `main`-Funktion im Dialog eingelesen werden. Zum Einlesen des Strings können Sie die Funktion `gets()` verwenden.

2. Aufgabe:

Die Fakultät `n!` einer positiven ganzen Zahl `n` ist definiert durch

```
n!  =  1 * 2 * 3 * .... * (n -1) * n.
```

Ferner ist `0!  =  1.`

Schreiben Sie eine C-Funktion, welche die Fakultät einer Zahl berechnet. Die Funktion erhält als Argument eine Zahl vom Typ `unsigned int` und gibt die Fakultät mit dem Typ `long double` zurück.

Schreiben Sie zwei Versionen der Funktion, wobei die Fakultät

a) mithilfe einer Schleife

b) rekursiv

berechnet wird.

Testen Sie die Funktionen, indem Sie die Fakultäten der Zahlen `0` bis `20` wie nebenstehend skizziert auf dem Bildschirm ausgeben.

3. Aufgabe:

Begründen Sie, warum bei der Parametervereinbarung von mehrdimensionalen Vektoren die Spaltenzahl angegeben werden muss.

☞ Beachten Sie den Zusammenhang zwischen ein- und mehrdimensionalen Vektoren, der in Kapitel 9, »Vektoren und Strings«, dargestellt wurde.

Übungen (Fortsetzung)

Häufigkeitstabelle zur 4. Aufgabe:

Alter \ Blutdruck	< 120	120-129	130-139	140-149	>= 160
20 - 29	25	34	26	12	8
30 - 39	19	27	24	11	4
40 - 49	6	15	35	36	18

Listing zur 5. Aufgabe:

```
// SelSort1.c --> Die Funktion sel_sort() sortiert einen
//                Zahlenvektor in aufsteigender
//                Reihenfolge nach dem
//                "Selection-Sort"-Algorithmus.

void sel_sort( double a[], int len )
{
  int  i, j, mini;
  double temp;

  for( i = 0; i < len-1; ++i)   // Jeweils ab Index i das
  {                             // kleinste Element suchen.
     mini = i;                  // mini ist der Index mit
                                // dem bis dahin kleinsten
     for( j = i+1; j < len; ++j)          // Vektorelement.
         if(a[j] < a[mini])
            mini = j;
                          // a[i] und a[mini] vertauschen:
     temp = a[i],   a[i] = a[mini],   a[mini] = temp;
   }
}
```

4. Aufgabe:

Bei der Untersuchung des Zusammenhangs von Alter und Blutdruck bei 300 Frauen ergaben sich die nebenstehenden Häufigkeiten.

Schreiben Sie eine C-Funktion, die zu einer `int`-Matrix mit drei Zeilen und fünf Spalten die Zeilen- und Spaltensummen berechnet. Sowohl die Zeilen- als auch die Spaltensummen sollen in je einen eindimensionalen Zeilen- bzw. Spaltenvektor gespeichert werden.

Argumente: Die Matrix, sowie ein Zeilenvektor und ein Spaltenvektor für die Zeilen- bzw. Spaltensummen.

Return-Wert: Die Summe aller Matrixelemente.

Zum Testen der Funktion lassen Sie die eigentliche Matrix in der nebenstehenden Grafik und die berechneten Summen von der `main`-Funktion ausgeben.

5. Aufgabe:

Schreiben Sie eine rekursive Version der nebenstehenden Funktion `sel_sort()`. Testen Sie die rekursive Funktion mit im Dialog eingelesenen Zahlen oder mit Zufallszahlen.

☞ Beim Sortieren durch Auswahl (»Selection-Sort«) wird zunächst ein Vektor nach dem kleinsten Element durchsucht und dieses mit dem ersten Vektorelement getauscht.

Dieses Prinzip wiederholt sich für jeden Restvektor, der aus den Vektorelementen ab dem Index `i > 0` besteht, solange der Restvektor noch aus mindestens 2 Elementen besteht!

Lösungen

zur 1. Aufgabe:

```
/* Index.c --> Zeichen in einem String suchen.              */

#include <stdio.h>

int index( char str[], int chr);    // Prototyp von index()

int main()                          // Die Funktion index() testen
{
    char c, text[130];
    int pos;

    printf("\nGeben Sie eine Zeile ein "
           "(Abbruch mit Return):\n");
    gets( text );

    printf("\nWelches Zeichen soll gesucht werden? ");
    scanf("%c", &c);

    pos = index( text, c);
    if( pos >= 0 )
       printf("\nZum ersten Mal tritt das Zeichen %c "
              "beim Index %d auf.\n", c, pos);
    else
       printf("\nDas Zeichen %c kommt im String "
              "nicht vor.\n", c);
    return 0;
}

int index( char str[], int chr )    // Im String str das erste
{                                   // Zeichen chr suchen.
    int i;
    for( i = 0; str[i] != '\0'; ++i)
       if( str[i] == chr )
          return i;                 // gefunden

    return -1;                      // nicht gefunden
}
```

zur 2. Aufgabe:

```
/* Fakult.c -->  Berechnung und Ausgabe der Fakultaet      *
 *               für die Zahlen 0 bis 20.                  */

#include <stdio.h>
#include <conio.h>

long double fakult1(unsigned int);  // Prototyp von fakult1()
long double fakult2(unsigned int);  // Prototyp von fakult2()

int main()
{
    unsigned i;

    printf("\n  n                    Fakultaet von n"
           "     (Berechnung in einer Schleife)\n"
           "  ---------------------------------\n");

    for( i = 0; i <= 20; ++i )
        printf("%3u %30.0Lf\n", i, fakult1(i) );


    printf("\nWeiter mit beliebiger Taste.");  getch();

    printf("\n  n                    Fakultaet von n"
           "     (rekursive Berechnung)\n"
           "  ---------------------------------\n");

    for( i = 0; i <= 20; ++i )
        printf("%3u %30.0Lf\n", i, fakult2(i) );

    return 0;
}
```

Lösungen (Fortsetzung)

zur 2. Aufgabe (Fortsetzung):

```
long double fakult1( unsigned n)  // Fakultaet mithilfe einer
{                                 // Schleife berechnen.
   long double wert = n;

   if(n <= 1) return 1.0;              //  0! == 1! == 1

   while( --n > 1 )      //  n! = n * (n-1) * (n-2) * ... * 2
       wert *= n;
   return(wert);
}


long double fakult2( unsigned n)       // Rekursive Version
{
   if(n <= 1) return 1.0;              //  0! == 1! == 1

   return( n * fakult2(n-1));          //  n! = n * (n-1)!
}
```

zur 3. Aufgabe:

Wird beim Aufruf einer Funktion ein Vektor übergeben, so erhält die Funktion nur die Anfangsadresse des Vektors. Um mit dem Vektor richtig arbeiten zu können, muss der Funktion in der Parametervereinbarung der Typ der Vektorelemente bekannt gemacht werden.

In C ist ein n-dimensionaler Vektor ein eindimensionaler Vektor, dessen Elemente (n-1)-dimensionale Vektoren sind. Daher müssen diese (n-1)-dimensionalen Vektoren vollständig deklariert werden. Dazu gehört auch ihre Dimensionierung.

Speziell ist bei einem zweidimensionalen Vektor die Anzahl der Spalten anzugeben.

zur 4. Aufgabe:

```
/* Matrix.c -> Zeilen- und Spaltensummen einer Matrix      *
 *             bilden.                                     */

#include <stdio.h>

// Definition und Initialisierung eines zweidimensionalen
// Vektors:

int matrix[3][5] = { { 25, 34, 26, 12,  8 },
                     { 19, 27, 24, 11,  4 },
                     {  6, 15, 35, 36, 18 } };

int zeilensumme[3];      // Fuer die Summen ueber die Zeilen.
int spaltensumme[5];     // Fuer die Summen ueber die Spalten.

// Prototyp der Funktion matrixsumme():
int matrixsumme( int vektor[][5], int zsum[], int spsum[]);

int main()
{
   int i,j, gesamtsumme;

   printf("\n\nEin Test der Funktion matrixsumme().\n\n");

    /*     ---  Summen berechnen:   ---                    */

   gesamtsumme= matrixsumme(matrix,zeilensumme,spaltensumme);


    /*     ---  Matrix und Summen ausgeben:   ---          */

   printf("\nDie Matrix mit den Zeilen- und "
          "Spaltensummen:\n\n");
```

Lösungen (Fortsetzung)

zur 4. Aufgabe (Fortsetzung):

```
for( i = 0 ; i < 3 ; ++i)              // Matrix und Zeilen-
   {                                      // summen ausgeben.
      for( j = 0 ; j < 5 ; ++j)
        printf("%6d", matrix[i][j]);
      printf(" | %6d\n", zeilensumme[i]);
   }

   printf("-------------------------------------\n");
   for( j = 0 ;  j < 5  ;  ++j )          // Spaltensummen und
      printf("%6d", spaltensumme[j]);     // Gesamtsumme.
   printf(" | %6d\n\n", gesamtsumme);

   return 0;
}  // Ende main


int matrixsumme( int v[][5], int zsum[], int spsum[])
{
   int z, sp;                        // Zeilen- und Spaltenindex.

   for( z = 0 ; z < 3 ; ++z)         // Zeilensummen berechnen.
   {
      zsum[z] = 0;
      for( sp = 0 ; sp < 5 ; ++sp)
        zsum[z] += v[z][sp];
   }
   for(sp = 0 ; sp < 5 ; ++sp)       // Spaltensummen berechnen.
   {
      spsum[sp] = 0;
      for( z = 0 ; z < 3 ; ++z)
        spsum[sp] += v[z][sp];
   }
   return (zsum[0] + zsum[1] + zsum[2]);      // Gesamtsumme.
}
```

zur 5. Aufgabe:

```
/*  SelSort2.c  -->  double-Zahlen rekursiv sortieren    *
 *                   mit dem "Selection-Sort".           */

#include <stdio.h>
#include <stdlib.h>
#include <time.h>

#define  MAX   100                          // Maximale Anzahl

double  zahl[MAX];                 // Zum Speichern der Zahlen
void sel_sort( double v[], int lv);                // Prototyp

int main()
{
    int i;
    long sec;

    printf("\n\n            "
           "----- Es werden %d Zufallszahlen sortiert ----"
           "\n",  MAX);


    /*     ---   Zufallszahlen erzeugen:   ---      */

    time( &sec);
     srand( (unsigned)sec);

                              // Auch negative Gleitpunktzahlen:
    for( i = 0 ; i < MAX ; ++i)
       zahl[i] = (double)(rand()-RAND_MAX/2)/100.0;


    /*     ---  Zahlen sortieren und ausgeben:  --- */

    sel_sort( zahl, MAX);           //  Die Zahlen  sortieren.
```

Lösungen (Fortsetzung)

zur 5. Aufgabe (Fortsetzung):

```
    printf("\n\nDie sortierten Zahlen:\n\n");

    for( i = 0 ;  i < MAX ;  ++i )
       printf("%10.2f", zahl[i] );
    printf("\n\n");

    return 0;
}

/* ------------------------------------------------------ *
 * Funktion: sel_sort()                                   *
 * Zweck:  : Einen double-Vektor rekursiv sortieren.      */
void sel_sort( double a[], int len )
{
   void swapmin( double a[], int len);

   if ( len > 1 )
   {
     swapmin( a, len);         // Das kleinste Element an
                               // die erste Stelle holen.
     sel_sort( a+1, len-1);    // Den Restvektor sortieren.
   }
}

/* Funktion: swapmin()                                    *
 * Zweck:    Hilfsfunktion fuer sel_sort()                *
 *           Das kleinste Element mit a[0] tauschen.      */
void swapmin( double a[], int len)
{
   int i, mini;
   double temp;

   for( mini = 0, i = 1 ; i < len ; ++i)
     if(a[i] < a[mini])               // Den Index mit dem
        mini = i;                     // Minimum suchen.

                             // a[0] und a[mini] vertauschen:
     temp = a[0],  a[0] = a[mini],  a[mini] = temp;
}
```

Kapitel 11

Speicherklassen

Dieses Kapitel beschreibt die Speicherklassen von Variablen und Funktionen. Die Speicherklasse bestimmt insbesondere, in welchen Teilen eines Programms eine Variable bzw. eine Funktion verwendet werden kann.

Lebensdauer und Geltungsbereich von Variablen

Geltungsbereich von Variablen

C-Programm

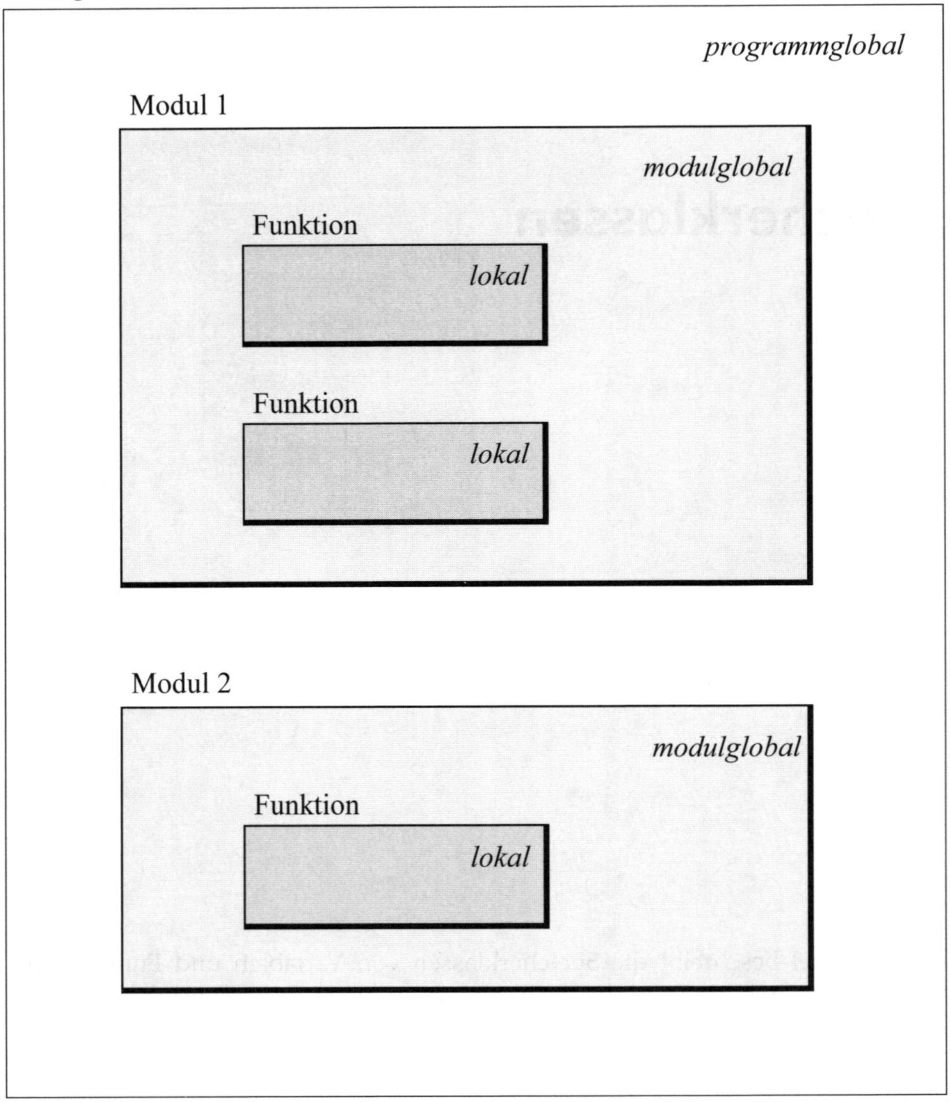

Bei der Vereinbarung einer Variablen wird auch ihre *Speicherklasse* festgelegt. Diese bestimmt den *Geltungsbereich* und die *Lebensdauer* der Variablen.

Geltungsbereich

Die möglichen Geltungsbereiche sind:

lokal: Die Variable kann nur in dem Block verwendet werden, in dem sie definiert ist. Nach Verlassen des Blocks ist die Variable nicht mehr »sichtbar«.

modulglobal: Alle Funktionen *eines Moduls* können mit derselben Variablen arbeiten. Funktionen außerhalb des Moduls haben keinen direkten Zugriff auf die Variable.

programmglobal: Die Variable steht allen Funktionen zur Verfügung. Sie stellt eine gemeinsame Speicherfläche für das gesamte Programm dar.

Lebensdauer

Lokale Variablen werden gewöhnlich mit dem Eintritt in den Block, an dessen Anfang sie vereinbart sind, neu erzeugt. Nach Verlassen des Blocks wird der Speicherplatz wieder freigegeben. Man sagt, die *Lebensdauer* der Variablen ist *lokal*.

Es ist auch möglich, lokale Variablen zu vereinbaren, die während der gesamten Programmausführung vorhanden sind. Sie haben also eine *globale Lebensdauer*. Beim Wiedereintritt in den Block kann mit ihrem alten Wert weitergerechnet werden.

Modul- und programmglobale Variablen sind schon beim Start des Programms vorhanden und bleiben bis zum Programmende bestehen. Ihre Lebensdauer ist also *global*.

Um eine Variable mit dem gewünschten Geltungsbereich und einer bestimmten Lebensdauer zu vereinbaren, stehen vier Speicherklassen zur Verfügung: *extern*, *static*, *auto* und *register*. Diese werden im Folgenden im einzelnen behandelt.

Die Speicherklasse extern

1. Quelldatei

```
/* Cutline1.c --> Ein Filter, der überfluessige        *
 *                Zwischenraumzeichen am Ende          *
 *                von Zeilen entfernt.                 */

#include <stdio.h>
#define  MAX  512+1               // Maximale Zeilenlaenge
extern void cutline( void);       // Prototyp von cutline()
char line[MAX];                   // Definition!

int main()
{                                 // Text zeilenweise lesen:
    while( fgets( line, MAX, stdin) != 0)
    {
       cutline();                     // Zeile kuerzen.
       fputs(line, stdout);           // Zeile ausgeben.
    }
    return 0;
}
```

2. Quelldatei

```
/* Cutline2.c --> cutline() entfernt Zwischenraum-      *
 *                zeichen am Ende der Zeile line.       */

#include <string.h>          // Prototyp von strlen()
extern char line[];          // Deklaration des Vektors line

void cutline()
{
    int  i = strlen(line) - 1;

    if( line[i] != '\n')     // Falls keine vollstaendige
        return;              // Zeile vorliegt.
    while( --i >= 0 )
       if( line[i] != ' ' && line[i] != '\t')
          break;

    line[++i] = '\n';   line[++i] = '\0';
}
```

Definition externer Variablen

Steht eine gewöhnliche Variablendefinition außerhalb jeder Funktion, so gehört die Variable zur Speicherklasse *extern*. Variablen dieser Speicherklasse besitzen einen *programmglobalen Geltungsbereich*: Sie können von allen Funktionen innerhalb eines Programms gelesen und geändert werden. Sie bieten damit die Möglichkeit, Informationen zwischen Funktionen auszutauschen, ohne Argumente zu übergeben. Um dies zu demonstrieren, ist das nebenstehende Programm in zwei verschiedene Quelldateien aufgeteilt.

Extern-Deklaration

Eine externe Variable ist zunächst nur in der Quelldatei verfügbar, in der sie definiert wurde. Soll sie vor ihrer Definition oder in anderen Quelldateien benutzt werden, so ist eine *Deklaration* der Variablen nötig. Andernfalls würde der Compiler melden, dass er diese Variable nicht kennt. Mit der Deklaration wird dem Compiler der Name und der Typ der Variablen bekannt gegeben.

Im Unterschied zur Definition wird bei der Deklaration einer externen Variablen das Schlüsselwort `extern` vorangestellt.

Beispiel: `extern long position;`

Hiermit wird `position` als externe Variable vom Typ `long` deklariert. Da die Variable an anderer Stelle definiert ist, spricht man auch von einer *Referenzdeklaration*. Durch eine Referenzdeklaration kann also eine Variable aus einer anderen Quelldatei *importiert* werden.

Eine externe Variable muss genau einmal im Programm definiert werden. Sie kann aber beliebig oft deklariert werden, und zwar sowohl außerhalb als auch innerhalb von Funktionen.

Bei der Deklaration außerhalb jeder Funktion steht die Variable allen nachfolgenden Funktionen zur Verfügung. Wird sie innerhalb eines Blocks deklariert, so ist sie nur in diesem Block verwendbar. Gewöhnlich erfolgt die Deklaration einer externen Variablen vor der ersten Funktion in einer Quelldatei, z.B. in einer Header-Datei, die am Anfang der Quelldatei includiert wird. Dann kann die externe Variable von allen Funktionen der Datei benutzt werden.

Initialisierung externer Variablen

Externe Variablen werden im Datensegment des Programms unterhalten. Bei ihrer Definition können sie mit konstanten Werten initialisiert werden. Fehlt eine explizite Initialisierung, so erhalten sie den Wert 0.

Wegen ihres Effektes auf das gesamte Programm sind externe Variablen sparsam zu verwenden. Besonders bei größeren Programmen sollte man nur wenige zentrale Variablen als extern definieren.

Die Speicherklasse static

Beispielprogramm

```
// Perm1.c --> Enthaelt die Funktionen permission() und
// zeitdiff() zur Ueberpruefung eines Passwortes.

#include <stdio.h>
#include <string.h>
#include <time.h>
#define FALSE  0
#define TRUE   1

static char geheimwort[21] = "YZARC";        // Passwort
static int  maxanzahl = 3,  maxzeit = 60;
int zeitdiff(void);

int permission()          // Passwort einlesen und pruefen.
{           // Return-Wert = FALSE, falls Passwort falsch.
    char wort[21];                       // Fuer die Eingabe.
    int count = 0, zeit = 0;

    zeitdiff();                           // Die Zeit laeuft.
    while( ++count <= maxanzahl)          // Anzahl Versuche
    {
        printf("\n\nGeben Sie das Passwort ein:  ");
        fflush(stdin);  scanf("%20s",wort);
        zeit += zeitdiff();
        if( zeit >= maxzeit )             // Zeitlimit:
           break;                         // maxzeit Sekunden.
        if( strcmp(wort, geheimwort) == 0)
           return TRUE;                   // Erlaubnis geben.
        printf("\nPasswort ungueltig!\n");
    }
    return FALSE;            // Erlaubnis verweigern.
}

int zeitdiff()               // Liefert die Anzahl Sekunden
{                            // seit dem letzten Aufruf.
    static long  sec = 0;
    long  altsec;
    altsec = sec;                        // Alte Zeit merken.
    time(&sec);                          // Neue Zeit lesen.
    return (int)(sec - altsec);
}
```

Stellt man einer Variablendefinition das Schlüsselwort `static` voran, so gehört die Variable zur Speicherklasse `static`.

Beispiel: `static int anzahl;`

Die *Lebensdauer* einer statischen Variable ist *global*. Statische Variablen werden nämlich nicht auf dem Stack, sondern wie externe Variablen im Datensegment des Programms unterhalten.

Geltungsbereich statischer Variablen

Im Unterschied zu externen Variablen ist jedoch ihr *Geltungsbereich eingeschränkt*. In Abhängigkeit vom Ort der Definition sind zwei Fälle zu unterscheiden:

Definition *außerhalb* jeder Funktion.

1. In diesem Fall ist der Geltungsbereich *modulglobal*, d.h. die Variable kann nur in diesem Modul verwendet werden. Sie kollidiert nicht mit Variablen gleichen Namens aus anderen Quelldateien.

   Im Gegensatz zu externen Variablen wird der Name einer statischen Variablen dem Linker nicht bekannt gegeben. Dadurch ergibt sich ihr »privater« Charakter in einem Modul.

2. Definition *innerhalb* eines Blocks.

   Sie bewirkt, dass die Variable nur in diesem Block sichtbar ist, d.h. ihr Geltungsbereich ist *lokal*. Beim Verlassen des Blocks bleibt die Variable aber erhalten, sodass beim Wiedereintritt in den Block mit ihrem alten Wert weitergerechnet werden kann.

Initialisierung statischer Variablen

Für die Initialisierung statischer Variablen gilt dasselbe wie für externe Variablen. Wenn keine explizite Initialisierung vorgenommen wurde, erhalten sie den Wert `0`.

Static-Variablen werden nur *einmal* initialisiert, nämlich beim Laden des Programms, auch wenn sie in einem Block definiert sind.

Zum nebenstehenden Beispiel

Die nebenstehende Funktion `permission()` prüft ein einzugebendes Passwort. Nach drei erfolglosen Versuchen, spätestens nach sechzig Sekunden, wird die Erlaubnis verweigert. Ein Aufruf könnte beispielsweise so lauten:

Beispiel:
```
if( !permission())
   printf("\nErlaubnis verweigert!!\n"), exit(1);
```

Die Variablen `maxanzahl`, `maxzeit` und `geheimwort` sind modulglobal, wohingegen die Variable `sec` in der Funktion `zeitdiff()` lokal ist. Es ist sinnvoll, diese Quelldatei um eine weitere Funktion zu ergänzen, die es unter anderem erlaubt, das Passwort zu ändern.

Die Speicherklassen auto und register

Version der Standardfunktion strcmp() mit register-Variablen

```
/* strcmp() vergleicht zwei Strings lexikographisch.    *
 *          Return-Wert:     < 0, falls str1 < str2,    *
 *                           = 0, falls str1 == str2,   *
 *                           > 0, falls str1>str2.      */

int strcmp( char str1[], char str2[])
{
     register int i;

     for( i = 0 ;  str1[i] == str2[i] ;  ++i )
        if( str1[i] == '\0')  break;

     return ( str1[i] - str2[i]);
}
```

Version der Standardfunktion strspn() mit register-Variablen

```
/* strspn() bestimmt den Index des ersten Zeichens in   *
 *          str1, das nicht mit einem der Zeichen        *
 *          aus str2 uebereinstimmt.                     */

int strspn( char str1[], char str2[] )
{
   int i;
   register int j, c;

   for( i = 0 ;  (c = str1[i]) != '\0' ;  ++i)
   {
      for(j = 0 ; str2[j] != c && str2[j] != '\0'; ++j)
         ;

      if( str2[j] == '\0')  break;
   }

   return (i);
}
```

Die Speicherklasse auto

Zur Speicherklasse `auto` (»automatic«) gehören alle Variablen, die innerhalb einer Funktion ohne das Schlüsselwort `static` definiert sind. Auch die Parameter einer Funktion sind `auto`-Variablen. Bei der Definition *kann* das Schlüsselwort `auto` angegeben werden.

Beispiel:

```
auto float laenge;          // Gleichbedeutend mit:
                            // float laenge;
```

Der Geltungsbereich und die Lebensdauer einer `auto`-Variablen ist der Block, an dessen Anfang die Variable deklariert ist. Die Variable wird erst zur Laufzeit des Programms auf dem Stack erzeugt. Im Gegensatz zu einer `static`-Variablen ist sie beim Verlassen des Blocks nicht mehr vorhanden.

Die Speicherklasse register

Um die Programmausführung zu beschleunigen, können häufig benutzte lokale Variablen und die Parameter einer Funktion auch in einem *Register* der CPU, statt auf dem Stack, unterhalten werden. Wie im nebenstehenden Beispiel wird dazu in der Variablendeklaration das Schlüsselwort `register` angegeben. So deklarierte Variablen gehören zur Speicherklasse `register`.

Die Deklaration von `register`-Variablen ist jedoch nur sinnvoll für die Datentypen `char`, `short`, `int` und Zeiger. Andere Datentypen sind zu groß für ein Register. Fehlt in der Deklaration die Typangabe, so wird `int` angenommen. Außerdem kann auf `register`-Variablen der Adressoperator `&` nicht angewendet werden.

Die Anzahl der Register, die für `register`-Variablen zur Verfügung stehen, ist Hardware-abhängig: Auf einem PC mit Intel-CPU sind es mindestens zwei. Falls in einem Block zu viele `register`-Variablen vereinbart sind, werden die überzähligen Variablen in der Speicherklasse `auto` unterhalten.

Initialisierung

Die Initialisierung von `auto`- und `register`-Variablen ist gleichbedeutend mit einer Zuweisung. Daher sind zur Initialisierung auch nicht konstante Ausdrücke zulässig. Fehlt die Initialisierung, so haben `auto`- und `register`-Variablen zunächst einen undefinierten Wert.

Variablen mit gleichem Namen

Für verschiedene Variablen sollten im Allgemeinen auch verschiedene Namen benutzt werden. Wird aber innerhalb eines Blocks eine Variable mit einem Namen definiert, der noch für eine andere Variable gültig ist, so wird mit diesem Namen innerhalb des Blocks die neue Variable angesprochen, außerhalb des Blocks wieder die alte.

Speicherklassen von Funktionen

Beispiel für eine Programmstruktur

1. Quelldatei

```
extern int permission(void);          // Deklaration

int main()
{
   // Hier kann die Funktion permission(), aber nicht
   // die Funktion zeitdiff() aufgerufen werden.
    .
    .
    .
}
```

2. Quelldatei

```
static int zeitdiff(void);            // Deklaration

int permission()                      // Programmglobal
{
     // Hier kann zeitdiff() aufgerufen werden.
      .
      .
      .
}

static int zeitdiff()                 // Modulglobal
{
      .
      .
      .
}
```

Für Funktionen gibt es nur zwei Speicherklassen: `extern` und `static`. Lokale Funktionen sind nicht zulässig, d.h. eine Funktion darf nicht innerhalb einer anderen Funktion definiert werden.

Die Speicherklasse einer Funktion bestimmt wie bei Variablen den Geltungsbereich: externe Funktionen sind programmglobal, `static`-Funktionen dagegen modulglobal.

Definition und Deklaration externer Funktionen

Ist bei der Definition einer Funktion das Schlüsselwort `static` nicht angegeben, so gehört die Funktion zur Speicherklasse `extern`. Sie kann überall im Programm verwendet werden.

Soll die Funktion vor ihrer Definition bzw. in einer anderen Quelldatei aufgerufen werden, so muss sie deklariert werden. Dies geschieht am besten durch die Angabe des Prototyps.

Beispiel: `extern int permission( void);`

Wie bisher kann das Wort `extern` auch weggelassen werden, da Funktionen standardmäßig zur Speicherklasse `extern` gehören.

Definition und Deklaration von static-Funktionen

Zur Definition einer `static`-Funktion wird das Schlüsselwort `static` an den Anfang des Funktionskopfes gestellt. Die nebenstehend angegebene Funktion `zeitdiff()` ist ein Beispiel hierfür.

Funktionen in der Speicherklasse `static` haben einen »privaten« Charakter: Ihr Geltungsbereich ist modulglobal, genau wie bei `static`-Variablen, die außerhalb von Funktionen vereinbart sind. Sie können also nur in der Quelldatei aufgerufen werden, in der sie definiert sind.

Wird eine `static`-Funktion vor ihrer Definition aufgerufen, so muss sie zuvor in der Quelldatei deklariert werden.

Beispiel: `static zeitdiff( void);`

Der Name einer `static`-Funktion steht nicht im Konflikt mit Funktionen gleichen Namens in anderen Modulen, insbesondere auch nicht mit den Namen von Standardfunktionen. Beispielsweise kann in einer Quelldatei eine `static`-Funktion mit dem Namen `strcpy()` nach Belieben definiert werden, ohne dass davon die Standardfunktion `strcpy()` berührt wird. Natürlich ist es nicht möglich, in dieser Quelldatei die Standardfunktion `strcpy()` zu benutzen.

Übungen

Programm-Listing zur 1. Aufgabe:

```
/* Wirkung einer static-Variablen testen.              */
#include <stdio.h>
double  x = 0.5,
        fun( void);

int main()
{
    int i;
    for( i = 0; i < 3; i++)
    {
        x += fun();
        printf("     in main(): %5.1f\n", x);
    }
    return 0;
}

double fun()
{
    static double  x = 0;
    printf("in fun(): %5.1f", x++);
    return(x);
}
```

Programm-Listing zur 2. Aufgabe:

```
/*   Geltungsbereich und Blockstruktur testen.          */
#include <stdio.h>
int  var = 0;

int main()
{
    int  var = 1;    printf("%10d", var);
    {
        int var = 2;   printf("%10d", var);
        {
            ++var;     printf("%10d", var);
        }
        printf("%10d", var);
    }
    printf("%10d\n", var);
    return 0;
}
```

1. Aufgabe:

Anhand des nebenstehenden Programm-Listings können Sie Ihr Verständnis von externen und statischen Variablen testen. Was gibt das Programm auf dem Bildschirm aus?

2. Aufgabe:

Im zweiten Programm-Listing auf der nebenstehenden Seite werden gleiche Variablennamen in verschiedenen Blöcken verwendet. Was gibt das Programm auf dem Bildschirm aus?

3. Aufgabe:

a) Als Beispiel für die Verwendung statischer Variablen wurde die Funktion `permission()` vorgestellt, die ein einzugebendes Passwort prüft. Ergänzen Sie die Quelldatei `Perm.c`, welche die Funktion `permission()` enthält, durch die Funktion `change_permission()`. Mithilfe dieser Funktion soll der Benutzer das Passwort ändern können. Speichern Sie die ergänzte Quelldatei unter `Perm2.c` ab.

☞ Sie können die Standardfunktion `strcpy()` zum Kopieren von Strings verwenden.

b) Im Rahmen eines umfangreicheren Programms, das mehrere Anwender benutzen, werden auch Buchungen durchgeführt. Eine Buchung darf jedoch nur *eine* Person vornehmen, und zwar mithilfe eines einzugebenden Passwortes.

Zur Entwicklung des Programms sollen in einem ersten Schritt die Funktionen der Quelldatei `Perm2.c` getestet werden. Schreiben Sie zu dem Zweck eine main-Funktion, welche nur die Menüpunkte

```
B = Buchung durchführen
E = Ende des Programms
```

anbietet. Bei der Auswahl von `B` wird das Passwort abgefragt, das nach korrekter Eingabe geändert werden kann. Die eigentlichen Buchungen sollen nicht programmiert werden.

Lösungen

zur 1. Aufgabe:

Bidschirmausgabe des Programms:

```
in fun():   0.0      in main():   1.5
in fun():   1.0      in main():   3.5
in fun():   2.0      in main():   6.5
```

zur 2. Aufgabe:

Bildschirmausgabe des Programms:

```
1          2          3          3          1
```

zur 3. Aufgabe, Teil a):

```
// Perm2.c --> Die Funktionen permission(), zeitdiff()
//             und change_permission() zur Ueberpruefung
//             und Aenderung eines Passwortes.

#include <stdio.h>
#include <string.h>
#include <time.h>
#include <conio.h>

static char geheimwort[21] = "YZARC";       // Passwort
static int  maxanzahl = 3,  maxzeit = 60;
static int  zeitdiff( void);                // Deklaration

// Hier folgt die Funktion permission(), wie sie im Text
// als Beispiel angegeben wurde.
```

```
// Die Funktion zeitdiff() wurde als static definiert:

static int zeitdiff()           // Liefert die Anzahl Sekunden
{                               // seit dem letzten Aufruf.
    static long  sec = 0;
    long  altsec;

    altsec = sec;                       // Alte Zeit merken.
    time(&sec);                         // Neue Zeit lesen.
    return (int)(sec - altsec);
}


void change_permission()                // Passwort aendern.
{
    char wort[21];

    /*  ---    Neues Passwort einlesen:     ---  */

    printf("\n\nNeues Passwort (2 bis 20 Zeichen):  ");
    fflush(stdin);  scanf("%20s", wort);

    if( strlen( wort) > 1)
    {
       strcpy( geheimwort, wort);
       printf("\nDas neue Passwort: %s\n", geheimwort);
    }
    else
      printf("\nDas Passwort wurde nicht geaendert!\n");

    printf("\n\nWeiter mit beliebiger Taste! ");
    getch();
}
```

zur 3. Aufgabe, Teil b):

```
/* Password.c --> Es werden die Funktionen für die        *
 *                Passworteingabe getestet (Teil von      *
 *                Menüpunkt B).                           *
 * Nach drei erfolglosen Versuchen, spaetestens nach 60   *
 * Sekunden, wird die Erlaubnis verweigert. Bei richtiger *
 * Eingabe des Passwortes, kann das Passwort geaendert    *
 * werden.                                                */

#include <stdio.h>
#include <conio.h>

#define  CLS       printf("\033[2J")

extern int   permission( void);            // Prototypen
extern void  change_permission( void);
extern int   toupper( int);

static char menu[] = "\n\n"           // Das Menue im Test.
"\n\n           B = Buchung durchfuehren"
"\n\n           E = Ende des Programms"
"\n\nIhre Wahl:  ";

int main()
{
   int jn;                          // Fuer die Abfrage.
   int ende = 0;                    // Flag fuer Programmende.
   do
   {
     CLS;
     printf("\n\n"
     "   ---  Passwort in Menueauswahl B testen   ---");
     printf(menu);
```

Lösungen (Fortsetzung)

zur 3. Aufgabe, Teil b) (Fortsetzung):

```
        switch( getch())
        {
          case 'b':  case 'B':           // Buchung durchfuehren.

             CLS;
             if( !permission())
             {
                printf("\nErlaubnis verweigert!!\n");
                printf("\n\nWeiter mit beliebiger Taste! ");
                getch();
             }
             else
             {
                CLS;
                printf("\nHerzlich willkommen . . .\n"
                       "\nWollen Sie das Passwort aendern?");

                while((jn = toupper(getch())) !='J' && jn !='N')
                   ;
                if( jn == 'J')
                   change_permission();

                //    Hier folgt die eigentliche Anwendung.

              }
              break;

           case 'e':  case 'E':          // Ende des Programms.
                CLS;
                printf("\n  GOOD BYE!\n");  ende = 1;
                break;
        }  // Ende switch
      }while( !ende);

      return 0;
   }
```

Kapitel 12

Bit-Manipulationen

Dieses Kapitel beschreibt die Bit-Operatoren und ihre Einsatzmöglichkeiten.

Logische Bit-Operatoren

Wahrheitstafeln für die logischen Bit-Operatoren

UND	Ergebnis
0 & 0	0
0 & 1	0
1 & 0	0
1 & 1	1

ODER	Ergebnis
0 | 0	0
0 | 1	1
1 | 0	1
1 | 1	1

Exklusiv ODER	Ergebnis
0 ^ 0	0
0 ^ 1	1
1 ^ 0	1
1 ^ 1	0

NICHT	Ergebnis
~0	1
~1	0

Beispiele

```
unsigned char a, b, c;
a = 5;
b = 12;
c = a & b;
c = a | b;
c = a ^ b;
c = ~a;
```

Bitmuster:

0	0	0	0	0	1	0	1
0	0	0	0	1	1	0	0
0	0	0	0	0	1	0	0
0	0	0	0	1	1	0	1
0	0	0	0	1	0	0	1
1	1	1	1	1	0	1	0

In der Systemprogrammierung ist es häufig notwendig, einzelne Bits zu lesen oder zu ändern. Beispiele für bitcodierte Informationen sind die Zugriffsrechte einer Datei oder das Statuswort eines I/O-Kanals.

Bit-Operatoren

Zur Manipulation einzelner Bits bietet C insgesamt sechs Bit-Operatoren und unterstützt damit die maschinennahe Programmierung.

Die logischen Bit-Operatoren:

`&` UND

`|` ODER

`^` Exklusiv-ODER

`~` NICHT (Einer-Komplement)

Die Shift-Operatoren:

`<<` Links-Shift

`>>` Rechts-Shift

Die Operanden der Bit-Operatoren müssen einen ganzzahligen Datentyp haben. Nicht zulässig sind z.B. Operatoren vom Typ `float` oder `double`.

Wirkung

Die Wirkung der *logischen* Bit-Operatoren auf die einzelnen Bits ist in der nebenstehenden Wahrheitstafel angegeben: Ist ein Bit gesetzt, also `1`, so wird es als »wahr« interpretiert, sonst als »falsch«. Anschließend ist für jeden dieser Bit-Operatoren ein Beispiel angegeben.

Es werden die üblichen arithmetischen Typanpassungen vorgenommen. Ist etwa ein Operand vom Typ `int` und der andere vom Typ `long`, so wird der `int`-Wert vor der Operation zu `long` erweitert.

Die logischen Bit-Operatoren `&` bzw. `|` sind streng von den logischen Operatoren `&&` und `||` zu unterscheiden. Letztere wirken nicht auf einzelne Bits, sondern benutzen den gesamten Wert ihrer Operanden. So liefert `1 && 2` den Wert `1`, dagegen `1 & 2` den Wert `0`.

Vorrang

Der Vorrang des NICHT-Operators `~` ist als unärer Operator hoch. Wie auch der Vorrangtabelle im Anhang zu entnehmen ist, haben die binären Bit-Operatoren `&`, `^` und `|` einen geringen Vorrang. Er ist jedoch höher als der Vorrang der logischen Operatoren `&&` und `||`.

Shift-Operatoren

Rechts- und Links-Shift

```
unsigned char a, b;

a = 12;

b = a << 3;

b = a >> 2;
```

Bitmuster:

0	0	0	0	1	1	0	0
0	1	1	0	0	0	0	0
0	0	0	0	0	0	1	1

Beispiel für die Verwendung von Shift-Operatoren

```
/*  Getbin.c   --> Enthaelt die Funktion getbin(), die     *
 *                 eine Dualzahl (z.B. " 101") von der     *
 *                 Tastatur einliest und den entspr.       *
 *                 Wert als unsigned int zurückgibt        *
 *                 (z.B. 5).                               */

#include <stdio.h>

unsigned int getbin()                   // Dualzahl einlesen
{
   int c;
   unsigned int wert = 0;

                    // Fuehrende Blanks und Tabs ueberlesen:
   while( (c=getchar()) == ' ' || c == '\t')
       ;

                    // Dualzahl einlesen und umwandeln:
   while( c == '0' || c == '1')
   {
       wert = (wert << 1) | (c - '0');
       c = getchar();
   }

   return (wert);
}
```

Die Shift-Operatoren << und >> verschieben das Bitmuster ihres linken Operanden um eine bestimmte Anzahl von Bit-Positionen. Die Anzahl ist durch den Wert des rechten Operanden festgelegt, wie die nebenstehenden Beispiele zeigen.

Links- und Rechts-Shift

Beim Links-Shift werden immer `0`-Bits nachgeschoben. Die links herausgeschobenen Bits gehen verloren.

Beispiel:
```
short x = 0xFF00;
x = x << 4;                // Ergebnis:  0xF000
```

Beim Rechts-Shift werden von links `0`-Bits nachgeschoben, falls der linke Operand den Typ `unsigned` oder einen nicht-negativen Wert hat. Andernfalls hängt es vom Compiler ab, ob links mit `0`-Bits (*logischer Shift*) oder mit dem Vorzeichen-Bit (*arithmetischer Shift*) aufgefüllt wird. Normalerweise wird der arithmetische Shift durchgeführt.

Beispiel:
```
short x = 0xFF00;
x = x >> 4;                // Ergebnis:  0xFFF0
```

Zu Gunsten eines portablen Quellcodes sollten Rechts-Shifts nur auf nicht-negative Werte angewendet werden.

Implizite Typumwandlungen

Bei den Operanden eines Shift-Operators wird wie üblich zunächst die Ganzzahl-Erweiterung durchgeführt, also z.B. `char` zu `int` erweitert. Der Typ des Ergebnisses einer Shift-Operation ist dann gleich dem Typ des linken Operanden nach der Ganzzahl-Erweiterung.

Das Ergebnis einer Shift-Operation ist undefiniert, wenn der Wert des rechten Operanden negativ ist oder größer als die Länge des linken Operanden in Anzahl Bits.

Arithmetik mit Shift-Operatoren

Die Shift-Operatoren ermöglichen es, auf effiziente Weise Multiplikationen und Divisionen mit Zweierpotenzen durchzuführen. Die Verschiebung des Bitmusters um `n` Stellen nach links (bzw. rechts) entspricht einer Multiplikation (bzw. Division) mit `2n`.

Beispiele:
```
unsigned zahl = 5, ergebnis;
ergebnis = zahl << 3;         //  40 = 5 * 23
ergebnis = zahl >> 1;         //   2 = 5 / 21
```

Verwendung von Bit-Masken

Anwendungsbeispiel für den ODER-Operator

```
#define MASK  0x20

char c = 'A';          // Ein beliebiger Buchstabe im ASII-Code.

c = c | MASK;          // Umwandlung in einen Kleinbuchstaben.
```

Beteiligte Bitmuster:

```
    0 1 0 0 0 0 0 1      'A'  = 0x41
  | 0 0 1 0 0 0 0 0      MASK = 0x20
  ---------------------------------
    0 1 1 0 0 0 0 1      'a'  = 0x61
```

Die Wirkung von Bit-Masken

Für einen ganzzahligen Ausdruck x und eine beliebige Maske `MASK` gilt:

- `x & MASK` löscht alle Bits, die in `MASK` den Wert `0` haben.
- `x | MASK` setzt alle Bits, die in `MASK` den Wert `1` haben.
- `x ^ MASK` invertiert alle Bits, die in `MASK` den Wert `1` haben.

Die übrigen Bits bleiben unverändert.

Die Funktion parity()

```
// Parity.c --> Berechnet die Paritaet eines int-Wertes.

#define  BIT0(a)    (a & 1)      // Das niederwertigste Bit
                                 // (Bit-Nr: 0) von a.
int parity( unsigned int n)      // Liefert 0, falls
{             // die Anzahl der 1-Bits gerade, sonst 1.
   int par = 0;

   for( ; n != 0; n >>= 1)
      par ^= BIT0(n);            // Falls BIT0(n) == 1 :
                                 // Bit 0 in par invertieren.
   return (par);
}
```

Bits löschen

Der UND-Operator `&` wird üblicherweise benutzt, um bestimmte Bits zu löschen. Welche Bits dies sind, wird durch eine so genannte Maske festgelegt.

Beispiel: `c = c & 0x7F;`

In der Maske `0x7F` sind die niederwertigen sieben Bits auf `1` gesetzt, alle höherwertigen dagegen auf `0`. Dadurch werden in `c` alle Bits gelöscht mit Ausnahme der niederwertigen sieben Bits. Diese bleiben unverändert.

Bits setzen oder invertieren

Mit dem ODER-Operator `|` können bestimmte Bits gesetzt werden. Nebenstehend wird dies am Beispiel der Umwandlung eines Buchstabens gezeigt. Im ASCII-Code unterscheidet sich nämlich ein Kleinbuchstabe vom entsprechenden Großbuchstaben nur durch das fünfte Bit.

Schließlich können mit dem Exklusiv-ODER-Operator `^` bestimmte Bits invertiert werden. Bemerkenswert ist, dass man durch zweifache Invertierung mit derselben Maske das ursprüngliche Bitmuster zurückerhält, d.h. `(x ^ MASK) ^ MASK` ergibt wieder den Wert `x`.

Erzeugen von Bit-Masken

Spezielle Masken können mithilfe der Bit-Operatoren selbst erzeugt werden.

Beispiel: `x = x & ~3;     // Das 0. und 1. Bit in x loeschen.`

Die Maske `~3` ist unabhängig von der Wortlänge des Rechners. Sie ist daher der Maske `0xFFFC` vorzuziehen.

Ein weiteres Beispiel sind die Masken, welche genau ein Bit in einem Wort ansprechen. Sie werden durch Links-Shiften der `1` gebildet.

Beispiele:

```
x = x |  (1 << 6);         // Das 6. Bit setzen.
x = x & ~(1 << 6);         // Das 6. Bit loeschen.
```

Es ist natürlich auch möglich, Masken wie `(1 << n)` zu verwenden, wobei `n` eine Variable ist, welche die Bit-Nummer enthält.

Zusammengesetzte Zuweisungen

Die binären Bitoperatoren `&`, `|`, `^`, `<<` und `>>` können in zusammengesetzten Zuweisungen benutzt werden.

Beispiel:

`x >>= 1` ist äquivalent mit `x = x >> 1`
`x ^= 1` ist äquivalent mit `x = x ^ 1`

In der nebenstehenden Funktion `parity()` wird für die Variablen `n` und `var` von diesen Möglichkeiten Gebrauch gemacht.

Übungen

Beispiel einer Bildschirmausgabe zur 1. Aufgabe:

```
        ------  BIT-OPERATOREN  ------

Bitte geben Sie zwei ganze Zahlen ein.

1. Zahl --> 57
2. Zahl --> -3

Das Bitmuster von  57 = x  :  0000 0000 0011 1001
Das Bitmuster von  -3 = y  :  1111 1111 1111 1101
Das Bitmuster von   x & y  :  0000 0000 0011 1001
Das Bitmuster von   x | y  :  1111 1111 1111 1101
Das Bitmuster von   x ^ y  :  1111 1111 1100 0100

Um wie viele Positionen soll x geshiftet werden?
Anzahl --> 4

Das Bitmuster von  x << 4  :  0000 0011 1001 0000
Das Bitmuster von  x >> 4  :  0000 0000 0000 0011

Wiederholen (j/n)?
```

1. Aufgabe:

a) Schreiben Sie die Funktion `putbits()`, die das Bitmuster einer Zahl vom Typ `unsigned int` ab der aktuellen Cursor-Position ausgibt. Unabhängig von der Wortlänge des Rechners sollen nur die unteren 16 Bits ausgegeben werden. Die Funktion erhält als Argument die Zahl und besitzt keinen Return-Wert.

b) Schreiben Sie ein »Lernprogramm«, das die Wirkung der Bit-Operatoren demonstriert. Von der Tastatur sollen zunächst zwei dezimale Ganzzahlen in die Variablen `x` und `y` eingelesen werden. Dann sind mithilfe der Funktion `putbits()` die Bitmuster von `x`, `y`, `x & y`, `x | y`, `x ^ y` und `~x` auszugeben.

   Zur Demonstration der Shift-Operatoren soll anschließend der Wert von `x` um eine bestimmte Anzahl von Bit-Positionen nach rechts und nach links geshiftet werden. Dabei ist die Anzahl der Bit-Positionen über die Tastatur einzugeben. Bei einer unzulässigen Eingabe soll die Zahl `1` verwendet werden.

   Ein beispielhafter Programmablauf ist nebenstehend angegeben.

2. Aufgabe:

a) Schreiben Sie die Funktion `swapbits()`, die in einem int-Wert zwei Bits vertauscht. Als Argumente erhält die Funktion den int-Wert und die Bit-Nummern der zu vertauschenden Bits. Der Return-Wert ist der neue int-Wert. Ist eine der übergebenen Bit-Nummern unzulässig, soll der int-Wert unverändert zurückgegeben werden.

b) Zur »Spionage-Abwehr« bei der Datenfernübertragung sollen Daten verschlüsselt übertragen werden. Der Sender verschlüsselt die zu übertragenden Daten mithilfe eines Filters. Der Empfänger benutzt denselben Filter, um die Daten wieder zu entschlüsseln.

   Schreiben Sie zu dem Zweck einen Filter, der in allen Zeichen, die keine Steuerzeichen sind (ASCII-Code `>= 32`), die Bits mit den Bit-Nummern
   `5` und `6`, `0` und `4`, `1` und `3` vertauscht.

   Testen Sie den Filter, indem Sie zunächst die verschlüsselte Ausgabe des Filters in eine neue Datei umlenken. Anschließend lassen Sie die neue Datei mithilfe des Filters ausgeben. Es müssen sich wieder die unverschlüsselten Daten ergeben.

Lösungen

zur 1. Aufgabe:

```
/* Bits.c  -->  Demonstration der Bitoperatoren.          */

#include <stdio.h>
#include <conio.h>                   // Prototyp von getch()

#define  CLS           printf("\033[2J")
#define  LOCATE(z,s)   printf("\033[%d;%dH", z,s)
#define  INVERS        printf("\033[7m")
#define  NORMAL        printf("\033[0m")

void putbits( unsigned int n);       // Prototyp von putbits()

int main()                   // Lernprogramm zu Bit-Operatoren.
{
   int  x, y, anzahl, jn;

   do
   {
     CLS;
     LOCATE( 2, 25); INVERS;
     printf("------  BIT-OPERATOREN  ------");

     LOCATE( 5, 1);  NORMAL;
     printf("Bitte geben Sie zwei ganze Zahlen ein.\n\n"
            "1. Zahl --> ");
     scanf("%6d", &x); fflush( stdin);

     printf("2. Zahl --> ");
     scanf("%6d", &y); fflush( stdin);


     printf("\nDas Bitmuster von %6d = x  :     ", x);
     INVERS; putbits(x); NORMAL;


     printf("\nDas Bitmuster von %6d = y  :     ", y);
     INVERS; putbits(y); NORMAL;
```

```
        printf("\nDas Bitmuster von        x & y  :    ");
        INVERS; putbits(x&y); NORMAL;

        printf("\nDas Bitmuster von        x | y  :    ");
        INVERS; putbits(x|y); NORMAL;

        printf("\nDas Bitmuster von        x ^ y  :    ");
        INVERS; putbits(x^y); NORMAL;

        printf("\n\n Um wie viele Positionen "
               " soll x geshiftet werden?"
               "  \nAnzahl --> ");
        scanf("%2d", &anzahl);   fflush(stdin);

        if( anzahl < 0  ||  anzahl > 15)
        {
            printf("Falsche Eingabe! Es wird "
                   "um eine Position geshiftet.\n");
            anzahl = 1;
        }
        printf("\nDas Bitmuster von  x << %-2d :   ",
                anzahl);
        INVERS; putbits( x << anzahl); NORMAL;

        printf("\nDas Bitmuster von     x >> %-2d :   ",
                                              anzahl);
        INVERS; putbits( x >> anzahl); NORMAL;

        LOCATE(25, 1);   printf("Wiederholen (j/n)? ");
        while( (jn = getch()| 0x20) != 'j'  &&  jn != 'n')
            ;
    } while( jn == 'j');

    CLS;
    return 0;
}
```

Lösungen (Fortsetzung)

zur 1. Aufgabe (Fortsetzung):

```
void putbits(unsigned int n)      // Bitmuster von n ausgeben
{                                 // (die unteren 16 Bits).
    int i;

    for( i = 15; i >= 0 ; --i)
    {
      putchar( ((n>>i) & 1) + '0');    // i-tes Bit ausgeben

      if( i % 4 == 0  &&  i > 0)       // und nach vier Bits
         putchar(' ');                 // ein Blank.
    }
}
```

zur 2. Aufgabe, Teil a):

```
/* Swapbits.c --> Die Funktion swapbits() vertauscht in   *
 *                einem int-Wert zwei Bits.               *
 *   Argumente:   Der int-Wert und zwei Bit-Nummern.      *
 *   Return-Wert: Der neue int-Wert.                      */

int swapbits(int x,int bitnr1,int bitnr2)  // In x zwei Bits
{                                          // vertauschen.
    int newx, mask1, mask2;
    int msb = 8 * sizeof(int) - 1;    // Hoechste Bit-Nummer

    if(   bitnr1 < 0 || bitnr1 > msb
       || bitnr2 < 0 || bitnr2 > msb)
       return x;                    // Unveraendert zurück,
                                    // falls ungueltige Bit-Nr.
    mask1 = (1 << bitnr1);          // 1 in die Position bitnr1
    mask2 = (1 << bitnr2);          // 1 in die Position bitnr2

    newx = x & ~(mask1 | mask2);       // Beide Bits loeschen.
    if( x & mask1 )  newx |= mask2;    // Bits tauschen.
    if( x & mask2 )  newx |= mask1;

    return( newx);
}
```

zur 2. Aufgabe, Teil b):

```
/* Hide.c --> Filter zur Verschluesselung von Daten.        *
 *            In allen Zeichen, die keine Steuerzeichen     *
 *            sind, werden die Bits in den Positionen       *
 *            5 und 6,  0 und 4,  1 und 3  vertauscht.      *
 *
 *  Beispielaufruf:  HIDE < SECRET.TXT  > CRYPT.TXT         */

#include <stdio.h>
int swapbits( int ch,int bitnr1,int bitnr2);    // Prototyp

int main()                             // Daten verschluesseln.
{
   char c;

   while( (c = getchar()) != EOF)
   {
      if( c >= 32)                 // Falls kein Steuerzeichen,
      {
         c = swapbits(c, 5, 6);             // Bits tauschen.
         c = swapbits(c, 0, 4);
         c = swapbits(c, 1, 3);
      }
      putchar(c);
   }
   return 0;
}
```

Kapitel 13

Zeiger

Dieses Kapitel beschreibt die möglichen Operationen mit Zeigern sowie die Verwendung von Zeigern als Parameter und Rückgabewert von Funktionen. Beispiele demonstrieren, wie mit Zeigern klar und effizient programmiert werden kann.

Definition von Zeigern

Demonstrationsprogramm für Zeiger

```
#include <stdio.h>

int a, *p;           // Definition der Variablen a und p.
int main()           // Werte und Adressen ausgeben.
{
   a = 5;    p = &a;
   printf("\nWert von a: %7d,   ", a);
   printf("  Adresse von a: %7u\n" , &a);
   printf("\nWert von p: %7u,   ", p);
   printf("  Adresse von p: %7u\n", &p);
   return 0;
}
```

Beispiel einer Bildschirmausgabe

```
Wert von a:       5,   Adresse von a: 4339616
Wert von p: 4339616,   Adresse von p: 4339632
```

Die Variablen a und p im Speicher

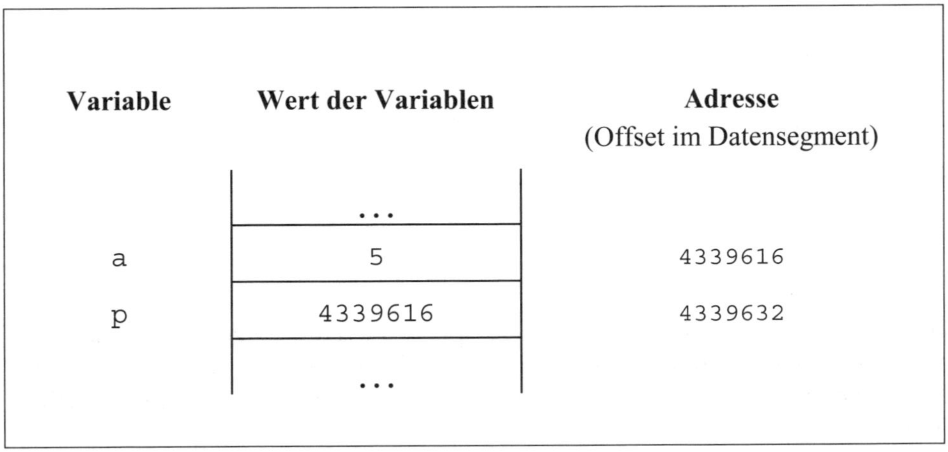

Eine effiziente Programmlogik erfordert in vielen Situationen, dass nicht mit den Daten selbst, sondern nur mit Verweisen auf die Daten gearbeitet wird. Ein Beispiel dafür ist die Übergabe eines Vektors an eine Funktion: Es wird nicht der gesamte Inhalt des Vektors, sondern nur dessen Anfangsadresse übergeben.

Der Begriff des Zeigers

Ein *Zeiger* (engl. *pointer*) ist ein Ausdruck, der die *Adresse* und den *Typ* eines anderen Objekts repräsentiert. So ist der Name eines Vektors ein Zeiger auf das erste Vektorelement. Auch die Anwendung des Adressoperators auf eine Variable liefert einen Zeiger. Ist z.B. `x` eine Variable, so ist `&x` ein Zeiger auf `x`.

Ein Zeiger verweist auf eine Speicherstelle und gibt mit dem Typ gleichzeitig an, wie diese Speicherstelle zu lesen und zu beschreiben ist. Je nach Typ spricht man daher von einem »Zeiger auf `char`«, »Zeiger auf `int`« usw. oder auch kurz vom `char`-*Zeiger*, `int`-*Zeiger* usw.

Konstante Zeiger und Zeigervariablen

Ein Vektorname und Ausdrücke wie `&x` sind *konstante Zeiger*. In C können auch *Zeigervariablen* definiert werden. Das sind Variablen, welche die Adresse eines anderen Objekts speichern können.

Beispiel: `int *p;`

Damit wird eine Variable `p` definiert, die den Typ `int *` (in Worten: »Zeiger auf `int`«) hat. `p` kann somit die Adresse einer `int`-Variablen speichern. In einer Vereinbarung bedeutet das Zeichen `'*'` immer »Zeiger auf«.

Die Typen von Zeigern sind abgeleitete Typen. Die allgemeine Form ist: `grundtyp *` . Dabei darf `grundtyp` wieder ein beliebiger Typ sein. Im obigen Beispiel ist `int` der Grundtyp.

Variablen mit demselben Grundtyp können auch gemeinsam definiert werden.

Beispiel: `int a, *p;`

Zuweisung von Adressen

Nach der Vereinbarung einer Zeigervariablen ist es notwendig, den Zeiger auf eine bestimmte Stelle im Speicher »zeigen« zu lassen. Im nebenstehenden Programm geschieht dies durch die Zuweisung `p = &a;`. Die anschließende Abbildung stellt eine mögliche Speicherbelegung durch die Variablen `a` und `p` graphisch dar.

Der Verweisoperator

Beispiele für die Verwendung des Verweisoperators

```
float a, b, *pa;

 pa  = &a;              // pa auf a zeigen lassen.
*pa  = 12;              // an a den Wert 12 zuweisen.
*pa += 5.5;             // a um 5.5 erhöhen.
  b  = sqrt( *pa);      // Wurzel von a in b ablegen.
```

Die Ebenen von Adressen und Werten

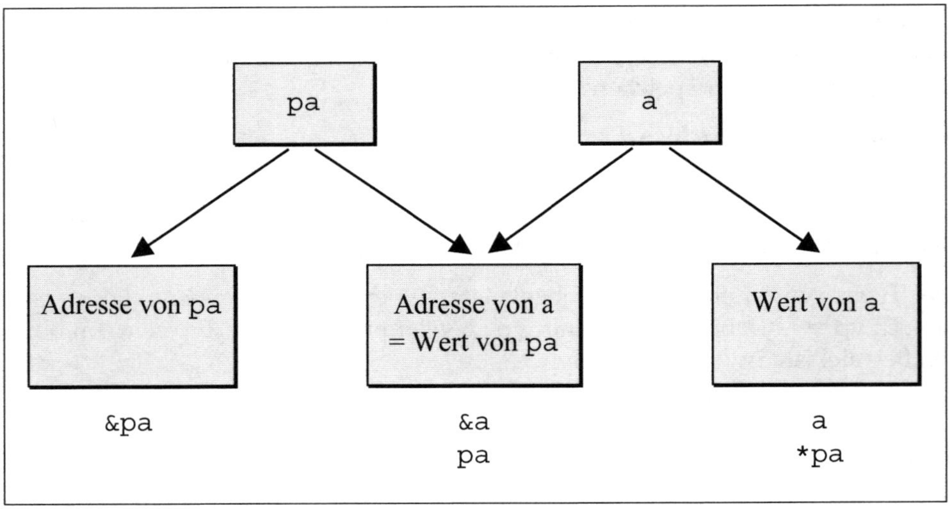

Objekt-Zugriff

Um Daten mithilfe eines Zeigers zu lesen oder zu schreiben, wird der *Verweisoperator* `*` benutzt:

Ist `pointer` ein Zeiger, so ist `*pointer` das Objekt, auf das `pointer` zeigt.

Beispiel:

```
double x, y, *pd;   // Definition von x, y, pd.
pd = &x;            // pd auf x zeigen lassen.
y = *pd;
```

Hier wird der Wert von `x` an `y` zugewiesen, da `pd` auf `x` zeigt. Die Zuweisung `y = x;` würde also dasselbe Ergebnis liefern. Der Ausdruck `*pd` ist wie die Variable `x` selbst zu verwenden. Er darf überall dort stehen, wo auch `x` eingesetzt werden könnte.

Der in der Definition einer Zeigervariablen benutzte Stern `*` imitiert die spätere Verwendung der Zeigervariablen in Ausdrücken. So besagt die Definition

```
double *pd;
```

Folgendes: In Ausdrücken hat `pd` den Typ `double *` (Zeiger auf `double`) und `*pd` hat den Typ `double`.

Der Verweisoperator ist ein unärer Operator, d.h. er hat nur einen Operanden. Dies unterscheidet ihn vom Operator `*` für die Multiplikation, welcher stets zwei Operanden hat.

L-Wert und R-Wert

Ein Ausdruck, der ein Datenobjekt im Speicher des Rechners bezeichnet, wird in C *L-Wert* genannt. Der Begriff L-Wert ist von der Zuweisung abgeleitet: Der linke Operand des Operators `=` muss immer eine Speicherstelle bezeichnen, da sein Wert verändert wird.

Ein Ausdruck, der kein L-Wert ist, wird auch *R-Wert* genannt.

Ein Variablenname ist das einfachste Beispiel für einen L-Wert. Dagegen ist z.B. eine Konstante oder ein Ausdruck wie `x + 1` ein R-Wert. Zu den wenigen Operatoren, die L-Werte liefern, gehört der Verweisoperator: Ist `p` eine Zeigervariable, so sind sowohl `p` als auch `*p` L-Werte. `*p` bezeichnet nämlich eine Speicherstelle, deren Typ der Grundtyp des Zeigers ist.

Unabhängig vom Grundtyp des Zeigers belegt jede Zeigervariable gleich viel Speicherplatz, nämlich so viel wie zur Speicherung einer Adresse benötigt wird. Auf einem PC sind dies gewöhnlich vier Byte.

Zeiger als Parameter von Funktionen

Beispiel

```
void fswap( float * , float *);           /* Prototyp */

int main()
{
   float x = 5.5F;
   float y = 10.7F;
      .
      .     // Hier folgt das eigentliche Programm.
      .
   fswap(&x, &y);        // Werte von x und y tauschen.
      .
      .
      .
}                                              // Beim Aufruf:
                                               // p1 = &x und p2 = &y.

void fswap( float *p1, float *p2)
{
   float temp;

   temp = *p1;           // Hier ist *p1 die Variable x
   *p1 = *p2;            // und *p2 die Variable y.
   *p2 = temp;
}
```

Motivation

Ist bei einem Funktionsaufruf eine Variable als Argument angegeben, so erhält die aufgerufene Funktion nur den Wert der Variablen (»Call-by-Value«). Die Variable selbst kann durch die Funktion nicht geändert werden.

Soll aber ein Wert in die Variable zurückgeschrieben werden, muss als Argument die *Adresse* der Variablen – oder anders gesagt: ein Zeiger auf die Variable – übergeben werden (»Call-by-Reference«). Wir haben von dieser Möglichkeit bereits Gebrauch gemacht, z.B. bei der Funktion `scanf()`.

Die Übergabe von Zeigern an eine Funktion ist auch dann notwendig, wenn *mehrere* Werte der aufrufenden Funktion zurückgegeben und keine globalen Variablen verwendet werden sollen.

Zeiger als Parameter

Wie ist nun der Parameter einer Funktion zu deklarieren, wenn die Funktion im entsprechenden Argument eine Adresse erhält? Die Antwort ist nahe liegend: Der Parameter muss als *Zeigervariable* deklariert werden.

Erwartet beispielsweise die Funktion `func()` als Argument die Adresse eines int-Wertes, so wird mit

Beispiel:

```
long func( int *pi)
{
   /*  Funktionsblock  */
}
```

der Parameter `pi` als int-Zeiger deklariert.

Zum nebenstehenden Beispiel

Im nebenstehenden Programm vertauscht die Funktion `fswap()` die Werte von zwei Variablen `x` und `y` in der aufrufenden Funktion. Sie muss also den Wert ihrer Argumente ändern können. Beim Funktionsaufruf von `fswap()` werden deshalb nicht `x` und `y` als Argumente, sondern die Adressen `&x` bzw. `&y` übergeben.

Die Parameter `p1` und `p2` von `fswap()` sind demzufolge als `float`-Zeiger vereinbart. Durch den Aufruf

```
fswap( &x, &y);
```

werden die Zeiger `p1` und `p2` mit den Adressen von `x` bzw. `y` initialisiert.

Wenn die Funktion mit den Ausdrücken `*p1` und `*p2` arbeitet, greift sie tatsächlich auf die Variablen `x` und `y` in der aufrufenden Funktion zu und vertauscht ihre Werte.

Zeiger und Vektoren

Beispielprogramm

```
#include <stdio.h>

int a[4] = { 0, 10, 20, 30 };

int main()
{
   int i, *pa;

   pa = a;

   printf("\nAdresse und Wert der Vektorelemente:\n\n");
   for( i = 0; i < 4; i++)
     printf("Adresse: %p, Wert: %2d\n",pa + i,*(pa+i));

   return 0;
}
```

Zusammenhang zwischen Zeigern und Vektorelementen

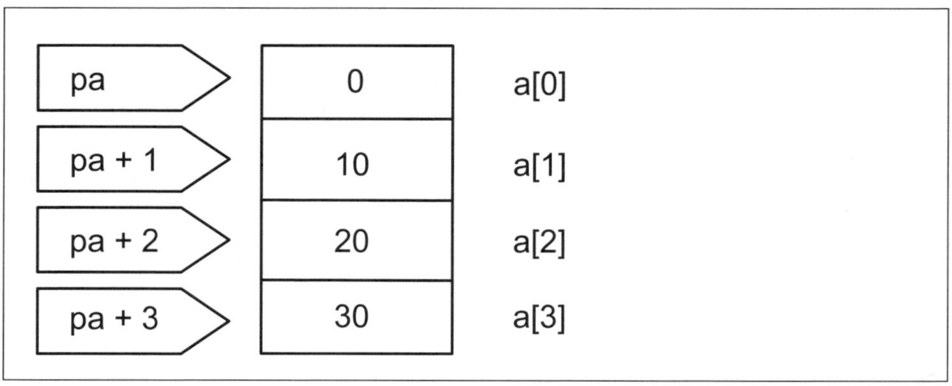

Name und Adresse von Vektoren

In C besteht ein sehr enger Zusammenhang zwischen Zeigern und Vektoren. Wir wollen dies am Beispiel eines int-Vektors im Einzelnen erläutern.

Beispiel: `int a[4] = { 0, 10, 20, 30 };`

Wie bereits bekannt, ist `a` als Name eines Vektors ein konstanter Zeiger auf `a[0]`. Wir können nun eine Zeigervariable `pa` vereinbaren und ihr die Adresse `a` zuweisen:

```
int *pa;
pa = a;     // Gleichbedeutend mit:  pa = &a[0];
```

Dann zeigt `pa`, ebenso wie `a`, auf das Vektorelement `a[0]`.

Iterieren in Vektoren

Es ist möglich, Zeiger und ganzzahlige Werte zu addieren bzw. zu subtrahieren. Dabei wird die Größe des Objekts, auf das ein Zeiger zeigt, automatisch berücksichtigt!

Zeigt `pa` wie im obigen Beispiel auf `a[0]`, so zeigt `pa + 1` auf das nächste Vektorelement `a[1]`, also zwei oder vier Bytes weiter, je nachdem ob `sizeof(int) = 2` oder `sizeof(int) = 4` ist.

Für eine beliebige ganze Zahl `i` gilt: `pa + i` zeigt auf `a[i]`.

Auf diese Weise können auch Speicherstellen außerhalb eines Vektors adressiert werden. So zeigt `pa - 1` auf das Wort im Speicher, das vor `a[0]` liegt. Im Allgemeinen macht dies jedoch keinen Sinn, da nicht bekannt ist, was dort auf welche Weise abgespeichert ist.

Werte und Adressen

Weil `a` ebenfalls ein Zeiger auf `a[0]` ist, zeigen `a + 1, a + 2, ...` auf `a[1], a[2], ....`
Für eine beliebige ganze Zahl `i` sind somit die folgenden Ausdrücke äquivalent:

```
&a[i]  ,   a + i   ,   pa + i   .
```

Auf der Werteebene sind dann

```
a[i]  , *(a + i)  , *(pa + i)  , pa[i]
```

äquivalent. Auf den ersten Blick überraschend ist, dass auch bei Zeigern die Vektorschreibweise `pa[i]` benutzt werden kann. `a[i]` »übersetzt« der Compiler in `*(a+i)`, was so viel bedeutet wie: »Gehe von der Anfangsadresse `a` um `i` Datenobjekte weiter und nehme von dort den Wert!«. Dasselbe gilt auch für `pa[i]`.

Zeigerarithmetik

Beispiele zur Zeigerarithmetik

```
float  v[10], *pv, x;

pv  = v + 3;          //  pv auf v[3] setzen.
pv -= 2;              //  pv auf v[1] zuruecksetzen.
++pv;                 //  pv auf v[2] setzen.
x = *pv++;            //  v[2] an x zuweisen und dann
                      //  pv ein Element weiter setzen.
x += *pv--;           //  x um v[3] erhoehen und dann
                      //  pv wieder auf v[2] setzen.
--pv;                 //  pv auf v[1] zuruecksetzen.
```

Eine Version der Funktion strlen()

```
int strlen( char * str)       // Bestimmt die Laenge
{                             // des Strings str.
   char *p;

   p = str;
   while( *p != '\0')         // String-Endezeichen
        ++p;                  // suchen.

   return( p - str);          // Laenge des Strings.
}
```

In C können arithmetische Operationen und Vergleiche mit Zeigern durchgeführt werden, sofern sie sinnvoll sind. Das bedeutet in erster Linie, dass die verwendeten Zeiger immer auf Elemente eines Vektors zeigen sollten. Die Möglichkeiten der Zeigerarithmetik werden anhand des folgenden Beispiels demonstriert:

Beispiel:
```
int i = 3, anzahl;
float x, v[10], *pv;
pv = v;
```

Wie wir bereits wissen, liefert die Addition `pv + i` einen Zeiger auf das Vektorelement `v[i]`. Der Wert dieses Zeigers kann durch die Zuweisung `pv = pv + i;` in der Variablen `pv` abgespeichert werden. Damit wird der Zeiger `pv` »versetzt«: `pv` zeigt jetzt auf `v[i]`.

Zeiger und die Operatoren ++ und --

Auch die Verwendung der Operatoren `++`, `--` und `+=` bzw. `-=` ist bei Zeigervariablen erlaubt. Nebenstehend sind dazu einige Beispiele angegeben. Zu beachten ist, dass der Verweisoperator `*` und die Operatoren `++` und `--` gleichen Vorrang haben. Deshalb wird von rechts her zusammengefasst:

Beispiel: `*pv++` ist äquivalent mit `*(pv++)`

Der Operator `++` erhöht also den Zeiger und nicht die Variable, auf die der Zeiger verweist. Mit dem Zeiger `v` sind solche Operationen nicht möglich, da `v` eine Konstante ist.

Differenz von Zeigern

Die Addition von zwei Zeigern liefert kein sinnvolles Ergebnis und ist daher auch nicht zulässig. Dagegen ist die *Subtraktion* zweier Zeiger sehr wohl sinnvoll: Das Ergebnis ist ein `int`-Wert, der die Anzahl der Vektorelemente zwischen den Zeigern angibt. Zeigt etwa `pv` auf das Vektorelement `v[3]`, so wird durch

Beispiel: `anzahl = pv - v;`

der Wert `3` an die Variable `anzahl` zugewiesen. Die nebenstehende Version der Funktion `strlen()` ist ein weiteres Beispiel. Sie liefert die Länge eines Strings als Differenz zweier Zeiger.

Zeiger vergleichen

Schließlich sind auch Vergleiche von Zeigern erlaubt, sofern sie den gleichen Typ haben. In der folgenden Schleife werden die in `v` gespeicherten Zahlen in umgekehrter Reihenfolge ausgegeben.

Beispiel:
```
for( pv = v + 9; pv >= v; --pv)
    printf("%10.3f", *pv);
```

Zeigerversion von Funktionen

Indexversion von strcat()

```
/*  Haengt den String s2 an das Ende des Strings s1.    */
void strcat( char s1[], char s2[])
{
   int i = 0, j = 0;

   while( s1[i] != '\0')      // String-Ende von s1 suchen.
        ++i;

   while((s1[i++] = s2[j++]) != '\0')  // s2 an das Ende
         ;                              // von s1 kopieren.
}
```

Zeigerversion von strcat()

```
/*  Haengt den String s2 an das Ende des Strings s1.  */
void strcat( char *s1, char *s2)
{

   while( *s1 != '\0')       // String-Ende von s1 suchen.
        ++s1;

   while( (*s1++ = *s2++) != '\0')   // s2 an das Ende
         ;                            // von s1 kopieren.
}
```

Vektor-Parameter

Eine Funktion, die als Argument die Anfangsadresse eines Vektors erhält, muss als Parameter einen Zeiger bereitstellen, dessen Grundtyp mit dem Typ der Vektorelemente übereinstimmt.

Erwartet beispielsweise eine Funktion als Argument einen String, so wird als Parameter mit `char *str` ein Zeiger auf `char` deklariert. Im Kapitel 10 »Funktionen« wurde in einem solchen Fall der Parameter mit `char str[]` deklariert. Beide Schreibweisen sind erlaubt. In Parameterdeklarationen ist

`typ name[]` äquivalent mit `typ *name` .

In beiden Fällen ist `name` ein Zeiger. Die Schreibweise mit eckigen Klammern ist dann vorzuziehen, wenn `name` eher als Vektor angesehen wird. In diesem Fall verwendet man einen Index wie z.B. `i`, um mit `name[i]` die einzelnen Vektorelemente anzusprechen.

Versionen von strcat()

Die erste Version der nebenstehenden Funktion `strcat()` benutzt einen Index, die zweite dagegen nicht. Beide Versionen führen zum selben Ergebnis: Der String `s2` wird an den String `s1` gehängt.

Die Funktion `strcat()` setzt voraus, dass in dem durch `s1` adressierten char-Vektor noch genügend Platz vorhanden ist, um auch den String `s1` aufzunehmen.

Da die Parameter `s1` und `s2` Zeigervariablen sind, können sie auch versetzt werden. Dadurch ist es möglich, die Vektorelemente ohne Verwendung eines Index direkt anzusprechen. Die nebenstehende zweite »Zeigerversion« von `strcat()` macht von dieser Möglichkeit Gebrauch. Die Schnittstelle der Funktion bleibt unverändert.

Vorteile der Zeigerversion

Die Zeigerversion ist in der Regel der Indexversion vorzuziehen: Sie ist schneller. In einem Ausdruck wie `s1[i]` müssen die Werte der Variablen `s1` und `i` gelesen und ihre Summe gebildet werden, um die Adresse des eigentlichen Datenobjekts zu bekommen. Dagegen ist in der Zeigerversion der Inhalt von `s1` bereits die benötigte Adresse.

Nicht immer ist es wie im nebenstehenden Beispiel möglich, den Index ersatzlos wegfallen zu lassen. Statt des Index muss man häufig einen weiteren Zeiger vereinbaren, um sich z.B. den Anfang eines Vektors zu merken.

Zeiger als Return-Wert von Funktionen

Beispielprogramm

```
/* Suche1.c  -->  Ein Filter, der alle Zeilen mit        *
 *                einem bestimmten Muster ausgibt.       *
 *                Demonstriert den Aufruf und die        *
 *                Definition der Funktion strstr().      */

#include <stdio.h>

// Eigene Version der Standard-Funktion strtr():
static char *strstr( char *str, char *muster);

char line[500], muster[] = "ei";        // Suchmuster

int main()
{
  int linenr = 0;
                        // Solange noch eine Zeile da ist:
  while( fgets( line, 500, stdin) != NULL)
  {
    ++linenr;
    if( strstr( line, muster) != NULL)  // Falls Muster
                                        // gefunden:
      printf("%3d:  %s", linenr, line); // Zeilennr. und
    }                                   // Zeile ausgeben.
   return 0;
}


int strncmp( char *s1, char *s2, int n); // Prototypen
int strlen( char *s);

static char *strstr( char *s1, char *s2)
{                      // Im String s1 den String s2 suchen.
    int len = strlen( s2);

    for( ; *s1 != '\0'; ++s1)
       if( strncmp( s1, s2, len) == 0)   // s2 gefunden?
          return s1;            // Ja: Zeiger auf diese
                                //     Stelle zurückgeben.
    return NULL;                // Nein: NULL zurückgeben.
}
```

Häufig ist es für einen effizienten Umgang mit Daten erforderlich, dass eine Funktion einen Zeiger auf ein Datenobjekt zurückgibt. So liefern die Standardfunktionen `strcat()`, `strcpy()` und `strstr()` jeweils einen Zeiger auf das erste Zeichen eines Strings.

Auch die Standardfunktion `strcat()` besitzt - im Gegensatz zu den Versionen von `strcat()` auf der vorhergehenden Seite - einen Zeiger als Return-Wert. Sie liefert ihr erstes Argument zurück:

Beispiel:

```
char *strcat( char *s1, char *s2)
{
   char *p;
                          // p auf das Ende von
   p = s1 + strlen(s1);   // s1 zeigen lassen.
   strcpy(p, s2);         // s2 in p kopieren.
   return(s1);
}
```

Entsprechend dem Return-Wert ist auch der Typ der Funktion ein Zeiger-Typ. Vor ihrer Verwendung muss die Funktion also mit diesem Typ deklariert werden.

Zum nebenstehenden Beispiel

Als weiteres Beispiel ist nebenstehend die Verwendung der Standardfunktion `strstr()`, sowie eine mögliche Implementierung der Funktion angegeben.

Die Funktion `strstr()` sucht eine bestimmte Zeichenfolge in einem String. Für den Vergleich zweier Strings wird die Standardfunktion `strncmp()` benutzt. Sie liefert den Wert `0`, wenn die ersten `n` Zeichen gleich sind. Zur Vermeidung von Konflikten beim Linken haben wir unsere »private« Version der Funktion `strstr()` als `static` deklariert.

Im Programm wird `strstr()` benutzt, um in einem Text das Zeichenmuster `"ei"` zu suchen und die entsprechenden Zeilen auszugeben. Auf der CD zum Buch befindet sich auch das Programm `Suche.c`, bei dessen Aufruf ein *beliebiges* Suchmuster angegeben werden kann.

Der NULL-Zeiger

Das nebenstehende Beispiel demonstriert auch die Verwendung des `NULL`-Zeigers: In der Header-Datei `stdio.h` ist die Konstante `NULL` als `0` definiert. Ein Zeiger mit dem Wert `NULL` wird auch `NULL`-Zeiger genannt und hat eine besondere Bedeutung:

In C ist festgelegt, dass Daten immer an Speicherplätzen abgelegt werden, deren Adressen von 0 verschieden sind. Hat also ein Zeiger den Wert `0`, so zeigt er auf kein gültiges Datenobjekt. Funktionen, die einen Zeiger liefern, können daher den `NULL`-Zeiger verwenden, um eine erfolglose Aktion anzuzeigen.

Übungen

Listing zur 2. Aufgabe:

```
#include <stdio.h>

int v[] = { 10, 20, 30, 40, 50 };

int main()
{
    int i, *pv;

    putchar('\n');
    for( pv = v; pv <= v + 4; pv++)
       printf("    *pv = %d   ", *pv);

    putchar('\n');
    for( pv = v, i = 1; i <= 4; i++)
       printf("  pv[i] = %d   ", pv[i]);

    putchar('\n');
    for( pv = v, i = 0; pv + i <= &v[4]; pv++, i++)
       printf("*(pv+i) = %d   ", *(pv + i));

    putchar('\n');
    for( pv = v + 4; pv >= v; pv--)
       printf("   v[%d] = %d   ", pv - v, v[pv - v]);

    putchar('\n');
    return 0;
}
```

1. *Aufgabe:*

a) Schreiben Sie eine Funktion `kreis()` vom Typ `void`, die den Umfang und die Fläche eines Kreises berechnet. Die Funktion erhält drei Argumente: den Radius und zwei Zeiger auf `double`-Variablen, in welche die Funktion die Fläche und den Umfang des Kreises zurückschreibt.

> ☞ Für einen Kreis mit Radius R gilt:
> Flaeche `= PI * R * R`
> Umfang `= 2 * PI * R`
> (PI = 3.1415926536).

b) Testen Sie die Funktion `kreis()`, indem Sie in einer Tabelle den Radius, den Umfang und die Fläche für die Radien `0.5`, `1.0`, `1.5`,..., `10.0` ausgeben lassen.

2. *Aufgabe:*

Was gibt das nebenstehende Programm auf dem Bildschirm aus?

3. *Aufgabe:*

Schreiben Sie eine Zeigerversion der Funktion `reverse()`, die in Kapitel 10, »Funktionen«, als Beispiel angegeben ist. Testen Sie die Funktion mit einem geeigneten Hauptprogramm.

4. *Aufgabe:*

Schreiben und testen Sie eine Zeigerversion der Funktion `sel_sort()`, deren Indexversion in der 5. Aufgabe von Kapitel 10, »Funktionen«, angegeben ist. Schreiben Sie auch eine Funktion `dswap()` und verwenden Sie diese zum Vertauschen von zwei Vektorelementen.

Lösungen

zur 1. Aufgabe:

```
/*  Kreis.c   -->  Tabelle mit Flaeche und            *
 *                 Umfang von Kreisen.                */
#include <stdio.h>

#define  PI          3.1415926536
#define  U_GRENZE    0.5              /* Untergrenze   */
#define  O_GRENZE   10.0              /* Obergrenze    */
#define  SCHRITT     0.5              /* Schrittbreite */

void  kreis( double r, double *pf, double *pu);
char line[]="-----------------------------------------";

int main()
{
  double  rad, flaeche, umfang;

  printf("\n\n             "
         "*******  KREISBERECHNUNG  *******\n");
  printf( line);
  printf("\n %10s %20s%20s\n","Radius","Flaeche","Umfang");
  printf( line);

  for(rad=U_GRENZE; rad< O_GRENZE+SCHRITT/2; rad+=SCHRITT)
  {
    kreis( rad, &flaeche, &umfang);
    printf("\n%10.2f   %20f %20f", rad, flaeche,umfang);
  }
  putchar('\n');
  return 0;
}

void  kreis( double r, double *pf, double *pu)
{
    *pf = PI * r * r;                    // Flaeche
    *pu = 2 * PI * r;                    // Umfang
}
```

zur 2. Aufgabe:

Die Bildschirmausgabe des Programms:

```
     *pv = 10        *pv = 20        *pv = 30       *pv = 40      *pv = 50
   pv[i] = 20      pv[i] = 30      pv[i] = 40     pv[i] = 50
 *(pv+i) = 10    *(pv+i) = 30    *(pv+i) = 50
    v[4] = 50       v[3] = 40       v[2] = 30      v[1] = 20     v[0] = 10
```

zur 3. Aufgabe:

```
/* Reversep.c --> Zeigerversion der Funktion reverse(). *
 *                                                      *
 * reverse() kopiert den String s1 umgekehrt nach s2.  */

#include <string.h>

void reverse( register char *s1, register char *s2)
{
     char *anfang = s1;         // Den Anfang von s1 merken.

     s1 += strlen(s1)-1;        // s1 auf das letzte Zeichen.

     while( s1 >= anfang)       // s1 nach s2 kopieren.
         *s2++ = *s1--;

     *s2 = '\0' ;               // String-Endezeichen anfuegen.
}
```

Lösungen (Fortsetzung)

zur 4. Aufgabe:

```
/* SelsortP.c --> Zeigerversion der Funktion sel_sort()   *
 *                die einen Zahlenvektor in auf-           *
 *                steigender Reihenfolge nach dem          *
 *               "Selection-Sort"-Algorithmus sortiert.   */

void dswap( double *, double *);

void sel_sort(double *a, int len )     // Vektor a mit der
{                                      // Laenge len sortieren.
   register double  *b, *minp;
   double *last;

   last = a + len - 1;       // Zeigt auf das letzte Element.

   for( ; a <= last; ++a)    // Jeweils ab der Stelle a das
   {                         // kleinste Element suchen.
      minp = a;              // minp zeigt auf das bis dahin
                             // kleinste Vektorelement.
      for( b = a+1; b <= last; ++b)     // Im Restvektor das
         if( *b < *minp )               // Minimum suchen.
            minp = b;

      dswap( a, minp);       //  *a und *minp vertauschen.
    }
}


void dswap( double *z1, double *z2)  // die double-Zahlen *z1
{                                    // und *z2 tauschen.
     double temp;

     temp = *z1,   *z1 = *z2,   *z2 = temp;
}
```

Kapitel 14

Dynamische Speicherplatzverwaltung

Das vorliegende Kapitel beschreibt, wie zur Laufzeit eines Programms nach Bedarf Speicherplatz reserviert und freigegeben werden kann.

Die dynamische Verwaltung von Speicherplatz ist in vielen C-Programmen von grundlegender Bedeutung. Außer in den hier angegebenen Beispielen wird sie auch in späteren Kapiteln immer wieder eingesetzt, beispielsweise wenn Daten in verketteten Listen oder binären Bäumen unterhalten werden.

Die Funktion malloc()

Die Funktion getline()

```
/* Getline.c --> Die Funktion getline() liest eine Textzeile *
 *                von der Standardeingabe und kopiert sie in  *
 *                einen zuvor reservierten Speicherbereich.   *
 *                Das Zeilenende \n wird durch das Stringende *
 *                 \0 ersetzt.                                *
 * Return-Wert:   Zeiger auf die eingelesene Zeile.           *
 * ---------------------------------------------------------*/
#include  <stdio.h>
#include  <string.h>       // Fuer den Prototyp von strcpy().
#include  <stdlib.h>       // Fuer den Prototyp von malloc().
#define   MAX   512        // Maximale Laenge einer Zeile.

char *getline()
{
    static char buffer[MAX], no_memory = 0;
    char *line, *s, *end;
    int  c;

    if( no_memory) return NULL;    // no_memory == 1 , falls im
                                   // letzten Aufruf kein Platz.
    s   = buffer;
    end = buffer + MAX - 1;
                                // Eine Zeile in buffer einlesen:
    while( s < end && (c = getchar()) != '\n'  &&  c != EOF)
        *s++ = c;
    *s = '\0';

    if( c == EOF  &&  s == buffer)     // Falls sofort EOF,
       line = NULL;                    // NULL zurückgeben.
    else
    {                                  // Platz reservieren:
       line = malloc(s-buffer+1);      // s - buffer =  Anzahl
                                       // eingegebener Zeichen.
       if( line != NULL)
         strcpy( line, buffer);        // Zeile kopieren.
       else
         line = buffer,                // Falls kein neuer
         no_memory = 1;                // Speicher verfügbar.
    }
    return  line;
}
```

In der Vereinbarung eines Vektors muss ein *konstanter* Ausdruck für dessen Länge angegeben werden. Bei der Lösung vieler Aufgaben ist jedoch zur Zeit der Compilierung noch nicht bekannt, wie viel Speicherplatz wirklich benötigt wird. In solchen Fällen ist es notwendig, zur Laufzeit des Programms den entsprechenden Speicherplatz zu reservieren und gegebenenfalls später wieder freizugeben.

Für diese *dynamische Speicherplatzverwaltung* sind Aufrufe des Betriebssystems notwendig. Die Standardbibliothek von C stellt zu dem Zweck verschiedene Funktionen bereit, die wir im Folgenden behandeln wollen.

Speicher dynamisch reservieren

Die Funktion `malloc()`, »memory allocation«, reserviert einen *zusammenhängenden* Speicherbereich und liefert als Return-Wert einen Zeiger auf dessen Anfang.

Prototyp: `void *malloc( unsigned size);`

Die Variable `size` gibt die Größe des benötigten Speicherbereichs in Anzahl Bytes an. Falls nicht genügend Speicherplatz verfügbar ist, gibt `malloc()` den `NULL`-Zeiger zurück.

Neu ist hier der Zeigertyp `void *` . Er wird für *typenlose Zeiger* benutzt, d.h. für Zeiger, die eine Speicherstelle bezeichnen, aber nicht den Typ festlegen. Bei Verwendung eines solchen Zeigers muss der Typ durch eine Cast-Konstruktion explizit angegeben werden.

Die Funktion `malloc()` liefert einen typenlosen Zeiger, da der zugeteilte Speicherbereich in beliebiger Weise benutzt werden kann.

Zum nebenstehenden Beispiel

Die nebenstehende Funktion `getline()` verwendet den mit `malloc()` reservierten Speicherbereich als `char`-Vektor: Sie liest eine Textzeile in einen statischen Puffer und kopiert diese in den neuen Speicherbereich. Wenn alles gut geht, gibt sie einen Zeiger auf dessen Anfang zurück.

Falls kein Speicherplatz mehr vorhanden ist, gibt sie einen Zeiger auf den statischen Puffer zurück, sodass die eingelesene Zeile nicht verloren geht. Außerdem wird der als `static` vereinbarte Schalter `no_memory` gesetzt, damit beim nächsten Aufruf von `getline()` der Puffer nicht überschrieben wird. Ist der Schalter `no_memory` gesetzt oder wird das Dateiende gleich zu Beginn einer Zeile erreicht, liefert `getline()` den `NULL`-Zeiger.

Die Funktionen calloc() und realloc()

Beispielprogramm

```
/* Statist.c --> Demonstriert die Verwendung der              *
 *              Funktionen calloc(), realloc() und free(). *
 * Eine beliebige Anzahl von "Messwerten" wird eingelesen. *
 * Für diese Werte wird dann das arithmetische Mittel,        *
 * die Varianz und die Standardabweichung berechnet.          *
 *----------------------------------------------------------*/
#include <stdio.h>
#include <math.h>              // Prototypen sqrt(), atof()
#include <stdlib.h>            // calloc(), realloc(), free()

#define  SIZE  100             // Anzahl Daten pro Block.

char input[21];                // Fuer die Eingabe.
char header[] = "\n   ------  BERECHNUNG von MITTELWERT, "
                "VARIANZ und STANDARDABWEICHUNG ------\n\n";
int main()
{
   double *zahlen, *zahlen_alt, sum, mittelwert, varianz;
   int i, count = 0, upper = SIZE;

   printf( header);
   printf("\nBitte die Messwerte eingeben "
          "(Abbruch mit <Return> in neuer Zeile):\n\n" );

   zahlen = (double *)calloc( upper, sizeof( double) );

   while( zahlen != NULL)              // Messwerte einlesen.
   {
      while( count < upper)
      {
        fflush( stdin);
        printf("%5d. Zahl --> ", count+1);
        fgets( input, 21,stdin);
        if( input[0] == '\n')
           break;
        zahlen[count++] = atof( input);
      }
      if( count < upper)  break;
                  // Reservierten Speicherplatz vergroessern:
      zahlen_alt = zahlen;   upper += SIZE;
      zahlen = realloc(zahlen_alt, upper * sizeof(double));
   }
```

Die Funktion calloc()

Eine weitere Möglichkeit einen zusammenhängenden Speicherbereich dynamisch zu reservieren, bietet die Funktion `calloc()`, »core allocation«.

Prototyp: `void *calloc( unsigned n, unsigned size);`

Sie reserviert Speicher für `n` Datenobjekte der Größe `size`, also `n * size` Byte und liefert einen typenlosen Zeiger auf den Anfang zurück. Ist der angeforderte Speicherplatz nicht verfügbar, so gibt auch `calloc()` den `NULL`-Zeiger zurück.

Der wesentliche Unterschied zur Funktion `malloc()` besteht darin, dass `calloc()` den zugeteilten Speicher mit `0` initialisiert, d.h. Byte für Byte mit der Binärzahl `0` vorbelegt.

Beispiel:

```
int *a;
a = (int *) calloc( 10, sizeof(int));
```

Mit diesem Aufruf von `calloc()` wird Speicherplatz für 10 »Vektorelemente« vom Typ `int` reserviert und mit `0` vorbelegt. Durch

Beispiel: `a = (int *) malloc( 10 * sizeof(int));`

wird ebenso viel Speicherplatz reserviert, allerdings nicht initialisiert.

Die Funktion realloc()

Mit der Funktion `realloc()` kann die Größe eines zuvor mit `malloc()` oder `calloc()` reservierten Speicherbereiches verändert werden.

Prototyp: `void  *realloc( void *ptr, unsigned size);`

Die Variable `ptr` zeigt auf den zuvor reservierten Speicherbereich, und `size` gibt die neue Größe in Bytes an. Wird der Speicherbereich verkleinert, so bleibt dessen Anfangsadresse unverändert. Bei einer Vergrößerung ist es unter Umständen nötig, den zugeteilten Speicher zu verlagern, da dieser weiterhin zusammenhängend sein muss. Der gesamte alte Datenbereich wird dann kopiert. In jedem Fall ist garantiert, dass die Daten im reservierten Bereich erhalten bleiben.

Als Return-Wert liefert `realloc()` einen Zeiger auf den reservierten Speicherbereich, der sich, wie gesagt, vom übergebenen Zeiger `ptr` unterscheiden kann.

Das nebenstehende Programm liest Zahlen in einen Speicherbereich, der von den Funktionen `calloc()` und `realloc()` unterhalten wird. Dadurch ist man an keine feste Obergrenze für die Anzahl der zu verarbeitenden Daten gebunden. Das Programm wird auf der nächsten Seite fortgesetzt und dort im Detail diskutiert.

Die Funktion free()

Fortsetzung des Programms Statist.c

```
/*          ---   Die Eingabe ist beendet.    ---             */

    if( zahlen == NULL)  // Pruefen, ob die Eingabe wegen zu
    {                    // wenig Platz abgebrochen wurde.
      printf("\nZu wenig Platz im Arbeitsspeicher!\n");
      if( count == 0)
        exit(1);
      else
        zahlen = zahlen_alt,
        printf("Eingabe der Messwerte beendet.\n");
    }

    /*        ---   Berechnungen durchfuehren:   ---          */

    if( count == 0)
      printf("Es wurden keine Werte eingegeben!\n"), exit(0);
    else
      printf("\nEs wurden %d Werte eingegeben.\n\n", count);

    for( sum = i = 0 ;  i < count ;  ++i )      // Mittelwert
      sum += zahlen[i];
    mittelwert = sum / count;

    for( sum = i = 0 ;  i < count ;  ++i )      // Varianz
       sum += (zahlen[i]-mittelwert)*(zahlen[i]-mittelwert);
    varianz = sum / count;

    free( zahlen);                  // Speicher wieder freigeben.

    printf("\n\n  Mittelwert:          %16.5f", mittelwert);
    printf("\n\n  Varianz:             %16.5f", varianz);
    printf("\n\n Standardabweichung: %16.5f\n", sqrt(varianz));

    return 0;
}
```

Speicher freigeben

Bei umfangreichen Programmen, die den verfügbaren Speicherplatz sparsam verwalten müssen, ist es wichtig, nicht mehr benötigte Speicherbereiche freizugeben. Dies geschieht mit der Funktion

Prototyp: `void free( void *ptr);`

Der Zeiger `ptr` adressiert den freizugebenden Speicherblock. Dieser *muss* zuvor von einer der Funktionen `malloc()`, `calloc()` oder `realloc()` reserviert worden sein.

Ohne den Aufruf von `free()` wird ein dynamisch reservierter Bereich erst mit der Beendigung des Programms freigegeben.

Da die Funktion `free()` keinen Return-Wert besitzt, gibt es auch keine Möglichkeit zu überprüfen, ob der Speicherplatz tatsächlich freigegeben wurde. Es ist deshalb unbedingt darauf zu achten, dass das Argument `ptr` einen korrekten Wert hat. Andernfalls kann es bei nachfolgenden Speicherreservierungen zu Fehlern kommen.

Zum nebenstehenden Beispielprogramm

Im Beispielprogramm `Statist.c` wird zunächst mit der Funktion `calloc()` Platz für `100` `double`-Zahlen reserviert. In der inneren `while`-Schleife werden dann bis zur Obergrenze `upper` maximal `100` Zahlen eingelesen. Beim Erreichen der Obergrenze wird `upper` um `100` erhöht und der zugeteilte Speicher mit `realloc()` entsprechend vergrößert.

Das Einlesen der Werte bricht ab, wenn in einer neuen Zeile direkt die Return-Taste gedrückt wird oder wenn nicht genügend Speicherplatz vorhanden ist. Da im letzten Fall `realloc()` den `NULL`-Zeiger liefert, wird der Zeiger `zahlen` in `zahlen_alt` gesichert. So geht der Zeiger auf die eingelesenen Werte nicht verloren.

Vor dem Einlesen jeder Zahl wird der `stdin`-Puffer sicherheitshalber mit `fflush()` gelöscht. Dann wird eine neue Zeile mit `fgets()` in den `char`-Vektor `input` kopiert. Ist das erste Zeichen nicht das Newline-Zeichen, so rechnet `atof()` die eingelesene Zeichenfolge in eine Gleitpunktzahl um. Diese wird auf dem nächsten Platz im reservierten Speicher abgelegt, und der Zähler `count` erhöht.

Nach der Eingabe der Werte können das arithmetische Mittel, die Varianz und die Standardabweichung berechnet werden. Die Varianz ergibt sich aus den Abweichungen der Messwerte vom Mittelwert: Die Quadrate der Abweichungen werden aufsummiert und durch die Anzahl der Messwerte dividiert. Die Standardabweichung ist dann die Wurzel aus der Varianz.

Nach diesen Berechnungen wird der reservierte Speicher nicht mehr benötigt und deshalb wieder freigegeben.

Übungen

Listing zur 1. Aufgabe:

```
/*      ----   Ein Programm mit Fehlern!   ----        */

#define SIZE   20

int *rand20( void)          // Zeiger auf 20 Zufallszahlen
{                           // zurueckgeben.
   int i, *zahl;

   // Für 20 int-Werte Speicherplatz reservieren:
   zahl = malloc( SIZE);

    // 20 Zufallszahlen in Speicherbereich einlesen:

   srand((unsigned)time( NULL));       // Zufallsgenerator
                                       // initialisieren.
   for( i = 1; i <= 20; ++i)
       *zahl++ = rand();

   // Nicht mehr benötigten Speicher freigeben:
   free( zahl);

   return  zahl;    // Zeiger auf die Zahlen zurueckgeben.
}
```

1. Aufgabe:

Korrigieren Sie die Fehler in der nebenstehenden Funktion `rand20()`.

2. Aufgabe:

Schreiben Sie die Funktion `addstr()`, die zwei Strings zusammenfügt, indem sie diese mittels dynamischer Speicherplatzverwaltung in einen neuen String kopiert. Als Argumente erhält die Funktion die beiden Strings.

Return-Wert: Ein Zeiger auf den neuen String bzw. der `NULL`-Zeiger, falls ein Fehler auftritt.

☞ Im Gegensatz zur Standardfunktion `strcat()` erzeugt die Funktion `addstr()` einen neuen String. Der durch das erste Argument adressierte Speicherbereich muss also nicht groß genug sein, um beide Strings aufnehmen zu können.

3. Aufgabe:

Schreiben Sie eine neue Version der Funktion `getline()`, die eine Textzeile direkt in einen dynamisch reservierten Speicherbereich einliest. Anschließend soll dieser Speicherbereich auf die tatsächliche Länge der Textzeile verkürzt werden.

Falls am Zeilenbeginn das Dateiende erreicht wird, ist der reservierte Speicher freizugeben.

Return-Wert: Ein Zeiger auf die eingelesene Zeile bzw. der `NULL`-Zeiger, wenn schon am Zeilenbeginn das Dateiende erreicht ist oder ein Fehler auftritt.

Lösungen

zur 1. Aufgabe:

Eine korrekte Version der Funktion `rand20()`:

```
/* 1. */
#include <stdlib.h>            // Prototypen von malloc(),
                               // srand(),rand().
#include <time.h>              // Prototyp von time().
#define SIZE   20

int *rand20( void)          // Zeiger auf 20 Zufallszahlen
{                           // zurückgeben.
/* 2. */
   int i, *zahl, *zahl_anf;
   // Für 20 int-Werte Speicherplatz reservieren:
/* 2. */
   zahl = zahl_anf = (int *)malloc( SIZE * sizeof(int));

   // 20 Zufallszahlen in Speicherbereich einlesen:
   srand( (unsigned)time( NULL)); // Zufallsgenerator
                                  // initialisieren.
   for( i = 1; i <= 20; ++i)
       *zahl++ = rand();
/* 3. */
   return (zahl_anf);          // Zeiger auf die Zahlen.
}
```

Anmerkungen zu den Fehlern:

zu 1. Funktionen müssen deklariert werden. Das gilt insbesondere für `malloc()`.

zu 2. Der Zeiger `zahl` wird in der Funktion versetzt. Da später noch der Anfang der Zahlenfolge benötigt wird, wird dieser in `zahl_anf` gespeichert.

zu 3. Der reservierte Speicher darf hier nicht freigegeben werden, da sonst ein Zeiger auf einen freigegeben Speicherbereich zurückgegeben würde. Außerdem wurde nicht beachtet, dass der Zeiger `zahl` versetzt wurde. Deshalb ist auch `zahl_anf` und nicht `zahl` der richtige Return-Wert.

zur 2. Aufgabe:

```
/* Addstr.c --> Die Funktion addstr() "addiert" zwei         *
 *              Strings, indem sie diese in einen neuen      *
 *              String kopiert. Der erforderliche Speicher *
 *              wird dynamisch mit malloc() reserviert.      *
 * Return-Wert: Zeiger auf den neuen String bzw. der NULL-  *
 *              Zeiger, falls nicht genügend Speicher        *
 *              vorhanden.                                   */

#include  <stdlib.h>       // Fuer den Prototyp von malloc()
#include  <string.h>       // Fuer den Prototyp von strlen()

char *addstr( char *str1, char *str2)
{
    char *strnew, *s;

    strnew = s = malloc( strlen(str1) + strlen(str2) + 1);

    if( strnew != NULL)
    {
       while( *str1 != '\0' )                 // str1 ohne \0 ,
         *s++ = *str1++;

       while( (*s++ = *str2++) != '\0' )     // str2 mit \0
         ;                                    // kopieren.
    }

    return( strnew);
}
```

Lösungen (Fortsetzung)

zur 3. Aufgabe:

```
/* Getline2.c --> Eine Version der Funktion getline().     *
 *                Sie liest eine Textzeile direkt in einen *
 *                zuvor reservierten Speicherbereich.      *
 *                Das Zeilenende \n wird durch das         *
 *                Stringende \0 ersetzt.                   *
 *  Return-Wert:  Zeiger auf die eingelesene Zeile bzw.    *
 *                der NULL-Zeiger bei Dateiende oder im    *
 *                Fehlerfall.                              */

#include  <stdio.h>
#include  <stdlib.h>     // Deklarationen malloc(), realloc()

#define   MAX  512       // Maximale Laenge einer Zeile.

char *getline(void)
{
   char  *line, *s;   int c;

   if( (line = s = (char*)malloc(MAX)) != NULL )
   {
      while(s < line+MAX-1 && (c=getchar())!='\n' && c!=EOF)
         *s++ = c;
      *s = '\0';

     if( c == EOF && s == line)
        free( line), line = NULL;
     else
        line = realloc(line, s-line+1); // s-line = Anzahl
                                        // eingegebener Zeichen.
   }
   return (line);
}
```

Kapitel 15

Mehr über Zeiger

Dieses Kapitel beschreibt weitergehende Möglichkeiten für die Verwendung von Zeigern. Dazu gehören Vektoren von Zeigern, Argumente aus der Kommandozeile, Funktionen mit einer variablen Anzahl von Argumenten und Zeiger auf Funktionen.

Definition von Zeigervektoren

Beispielfunktion

```
/* Error_ex.c --> Die Funktion error_exit() erhaelt    *
 *                eine Fehlernummer als Argument und   *
 *                beendet das Programm mit einer       *
 *                entsprechenden Fehlermeldung.        */
#include <stdio.h>
#include <stdlib.h>

void error_exit( int error_nr)
{
  static char *error_msg[] = {
             "Ungueltige Fehlernummer.\n" ,
             "Fehler 1: Zu viele Daten.\n" ,
             "Fehler 2: Nicht genuegend Speicher.\n" ,
             "Fehler 3: Keine Daten vorhanden.\n" };

  if( error_nr < 1 || error_nr > 3)  error_nr = 0;

  fputs(error_msg[error_nr], stderr);
  exit(error_nr);
}
```

`stderr` ist der Standardkanal für die Fehlerausgabe und ist gewöhnlich mit dem Bildschirm verbunden. Er wird benutzt, damit bei der Umlenkung der Ausgabe die Fehlermeldungen nicht in einer Datei verschwinden.

Der Vektor error_msg im Speicher

error_msg[0]	➔	"Ungueltige Fehlernummer.\n"
error_msg[1]	➔	"Fehler 1: Zu viele Daten.\n"
error_msg[2]	➔	"Fehler 2: Nicht genuegend Speicher.\n"
error_msg[3]	➔	"Fehler 3: Keine Daten vorhanden.\n"

Motivation

Zeiger bieten oft die einzige Möglichkeit, um mit umfangreichen Daten einfach und effizient umzugehen. So ist es zum Beispiel beim Sortieren von Strings sinnvoll, nicht die Strings selbst im Speicher zu verlagern, sondern Zeiger auf diese Strings zu unterhalten und diese Zeiger in die richtige Reihenfolge zu bringen.

Immer wenn eine große Anzahl von Zeigern benötigt wird, kann ein Vektor benutzt werden, dessen Elemente Zeigervariablen sind. Dazu definiert man einen *Vektor von Zeigern*.

Beispiele:
```
long *zahlenptr[20];
char *strptr[500];
```

`zahlenptr` ist dann ein Vektor, dessen Elemente die `long`-Zeiger `zahlenptr[0]`, `zahlenptr[1]`,..., `zahlenptr[19]` sind. Entsprechend ist `strptr` ein Vektor mit `500` `char`-Zeigern.

Initialisierung

Es ist wieder notwendig, den einzelnen Zeigern die Adressen von Datenobjekten zuzuweisen. In der Definition eines Vektors von `char`-Zeigern werden häufig String-Konstanten zur Initialisierung verwendet. In C ist nämlich eine String-Konstante, wie beispielsweise `"Achtung!"`, ein konstanter Zeiger auf das erste Zeichen im String.

Beispiel:
```
puts("Achtung!");
```

In diesem Beispiel erhält die Funktion `puts()` als Argument einen Zeiger auf den Speicherbereich, wo die Zeichenfolge `"Achtung!"` abgelegt ist. Ein solcher Zeiger kann natürlich auch einer Zeigervariablen zugewiesen werden.

Beispiele:
```
strptr[0] = "Hallo";
strptr[1] = "Guten Tag";
```

Mit `puts( strptr[1]);` würde dann `"Guten Tag"` ausgegeben werden.

Sollen die `char`-Zeiger eines Vektors schon bei der Definition initialisiert werden, können in der Initialisierungsliste String-Konstanten angegeben werden. Im nebenstehenden Beispiel ist `error_msg` ein Vektor mit vier `char`-Zeigern, da in der Initialisierungsliste vier Strings angegeben sind. Beispielsweise zeigt `error_msg[0]` auf den Buchstaben `U` des Strings `"Ungültige Fehlernummer"`.

Die Definition des Vektors `error_msg` erfolgt in der Speicherklasse `static`, so dass die Initialiserung nur einmal erfolgt.

Zeichenketten sortieren

```
/* Sortline.c --> Sortiert Textzeilen lexikografisch.        */

#include  <stdio.h>
#include  <string.h>

#define   MAXLINES  1000    // Die maximale Anzahl von Zeilen,
                            // die sortiert werden koennen.

void error_exit(int error); // Prototypen
char *getline(void);

char *line[MAXLINES];       // Der Vektor mit den Zeigern
                            // auf die Zeilen.
int main()
{
  int  i, j, mini, count = 0;
  char *help;
                                       // Die Zeilen einlesen:
  while(count < MAXLINES && (line[count] = getline())!=NULL)
     ++count;
                                          // Fehlerbehandlung:
  if( count == MAXLINES)  error_exit(1); // Zu viele Zeilen.
  else if( !feof(stdin))  error_exit(2); // Zu wenig Speicher
  else if( count == 0)    error_exit(3); // Keine Zeile da.

  for( i =  0; i < count-1; ++i)         // Zeilen sortieren.
  {
    mini = i;
    for( j = i+1; j < count; ++j)
      if( strcmp( line[j], line[mini]) < 0) // "Kleinste"
         mini = j;                       // Zeile suchen.
                                         // Zeiger tauschen:
     help = line[i],  line[i] = line[mini],  line[mini] = help;
   }
   puts("\nDie sortierten Zeilen:\n");

   for( i = 0; i < count; ++i)
     puts( line[i]);

   return 0;
}
```

Anwendung

Als weitere Anwendung für Vektoren von Zeigern wollen wir ein Programm vorstellen, das Textzeilen aufsteigend sortiert.

Für den eigentlichen Sortiervorgang ist es wesentlich, dass nicht die Textzeilen selbst verlagert, sondern nur die entsprechenden Zeiger in die richtige Reihenfolge gebracht werden. Andernfalls wäre außer dem aufwendigen Kopieren der Zeilen auch noch eine umfangreiche Speicherplatzverwaltung notwendig, da die Länge der Textzeilen variiert.

Als Sortieralgorithmus wird der einfache Selection-Sort verwendet, den Sie bereits zum Sortieren von Zahlen in Kapitel 10, »Funktionen«, kennen gelernt haben.

In der ersten Schleife des nebenstehenden Programms werden bis zu `MAXLINES`, d.h. bis zu 1000 Textzeilen eingelesen. Dazu wird die Funktion `getline()` aus dem vorigen Kapitel benutzt. Sie liefert einen Zeiger auf die eingelesene Zeile, der im nächsten freien Element des Vektors `line` abgelegt wird. Danach zeigt `line[0]` auf die 0-te Zeile, `line[1]` auf die 1-te Zeile u.s.w.

Fehlersituationen

Der Return-Wert von `getline()` ist `NULL`, wenn das Dateiende erreicht oder nicht genügend Speicherplatz vorhanden ist. Um entscheiden zu können, ob das Dateiende erreicht wurde oder ein Fehler vorliegt, wird nach Beendigung der Schleife die Standardfunktion `feof()` für `stdin` aufgerufen. Sie liefert den Wert `0`, wenn das Dateiende noch nicht erreicht wurde.

Außer fehlendem Speicherplatz sind noch weitere Fehler möglich: Es können mehr als `MAXLINES` Zeilen bzw. gar keine Zeile eingegeben worden sein. Tritt tatsächlich ein Fehler auf, wird die zuvor besprochene Funktion `error_exit()` aufgerufen, die das Programm mit einer entsprechenden Fehlermeldung beendet.

Sortieren und Ausgeben

Beim Sortieren werden zwei Zeilen mithilfe der Funktion `strcmp()` verglichen. Als Argumente erhält sie die Zeiger auf die beiden Zeilen. Zum Tauschen dieser Zeiger im Vektor `line` wird die Hilfsvariable `help` gebraucht, die den Typ der Vektorelemente haben muss.

In der letzten Schleife werden dann die Textzeilen in der Reihenfolge ausgegeben, wie ihre Adressen im Vektor `line` aufgeführt sind.

Zeiger auf Zeiger

Die Funktion strsort()

```
/* Strsort.c --> Die Funktion strsort() sortiert Strings *
 *               lexikografisch in aufsteigender Reihen- *
 *               folge.                                  */

#include <string.h>     // Fuer den Prototyp von strcmp().

void strswap( char **p1, char **p2);     // Hilfsfunktion

void strsort( char *strp[], int len)
{
   char **sp, **minp, **last;

   last = strp + len - 1;          // Zeiger auf das letzte
                                   // Vektorelement.
   for( ; strp < last ;  ++strp)
   {
     minp = strp;
     for( sp = strp+1; sp <= last; ++sp) // Den "kleinsten"
       if( strcmp( *sp, *minp) < 0)      // String suchen.
          minp = sp;

     strswap( strp, minp);         // Die Zeiger auf die
                                   // Strings tauschen.
   }
}


void strswap( char **p1, char **p2)    // Zwei char-Zeiger
{                                      // tauschen.
   char *help;

   help = *p1,  *p1 = *p2,  *p2 = help;
}
```

Zeigervariablen sind selbst Datenobjekte. Daher kann auf sie auch über Zeiger zugegriffen werden. Die Notwendigkeit dafür ergibt sich bereits, wenn eine Funktion einen Vektor von Zeigern als Argument erhält. Bevor eine derartige Funktion diskutiert wird, wollen wir einen Vektor von Zeigern nochmal genauer betrachten. Nach der folgenden Definition

Beispiel:
```
char *tag[] = { "MONTAG", "DIENSTAG", "MITTWOCH",
     "DONNERSTAG", "FREITAG", "SAMSTAG", "SONNTAG"};
```

zeigt `tag[i]` auf das erste Zeichen im `i`-ten String, wobei `i` die Werte von `0` bis `6` annehmen darf. So ist

```
*tag[0]         der Buchstabe M aus MONTAG,
*(tag[1]+2)     der Buchstabe E aus DIENSTAG.
```

Der Vektorname `tag` ist ein konstanter Zeiger auf das erste Vektorelement, also ein Zeiger auf einen `char`-Zeiger. Ferner zeigt `tag + i` auf das `i`-te Vektorelement. Damit sind äquivalent:

```
*tag            und tag[0]        (0-ter Zeiger)

*(tag + i)      und tag[i]        (i-ter Zeiger)

**(tag + i)     und *tag[i]       (0-tes Zeichen im i-ten String)

*(*(tag+i)+j)   und *(tag[i]+j)   (j-tes Zeichen im i-ten String)
```

Zum nebenstehenden Beispielprogramm

Im Programm `Sortline.c` auf der vorigen Seite ist es sinnvoll, den Teil als eigenständige Funktion herauszulösen, in welchem die Zeilen sortiert werden. Eine Funktion, die das gewünschte leistet, ist die nebenstehende Funktion `strsort()`. Die beiden Argumente von `strsort()` sind ein Vektor mit den Zeigern auf die Strings und die Länge des Vektors. Zum Beispiel werden durch die Anweisung `strsort(tag, 7);` die Wochentage sortiert.

Da die Funktion `strsort()` als erstes Argument einen Zeiger auf einen `char`-Zeiger erhält, ist auch der erste Parameter `strp` ein Zeiger auf einen `char`-Zeiger. So zeigt `strp` nach dem Aufruf `strsort( tag, 7);` auf den `char`-Zeiger `tag[0]`. Statt der Vereinbarung `char *strp[]` ist auch wieder die äquivalente Form `char **strp` möglich.

Die Definition der Funktion ist als Zeigerversion geschrieben: `sp`, `minp` und `last` sind Zeiger auf Vektorelemente, also ebenfalls Zeiger auf `char`-Zeiger. Der Zeiger `last` wird fest auf das letzte Vektorelement gesetzt. Dagegen zeigt `minp` jeweils auf den bis dahin »kleinsten« String im Restvektor.

Zwei Vektorelemente werden mit der Funktion `strswap()` ausgetauscht. Als Argumente sind der Funktion deshalb zwei Zeiger auf die Vektorelemente zu übergeben.

Argumente aus der Kommandozeile

```
/*  Gruss.c  -->  Demoprogramm fuer Argumente aus der     *
 *                Kommandozeile.                          */

#include <stdio.h>

int main(int argc, char *argv[])  // Gibt einen Gruss aus.
{
    if( argc != 3)
    {  fprintf( stderr, "Benutzung: gruss name1 name2\n");
       return 1;
    }

    printf("Hallo %s!\n", argv[1]);
    printf("Herzliche Gruesse\n\tDeine %s\n", argv[2]);

    return 0;
}
```

Beispiel für einen Programmaufruf

```
gruss Vivian Jeany
```

Bildschirmausgabe:

```
Hallo Vivian!
Herzliche Gruesse
     Deine Jeany
```

Der Vektor argv im Speicher

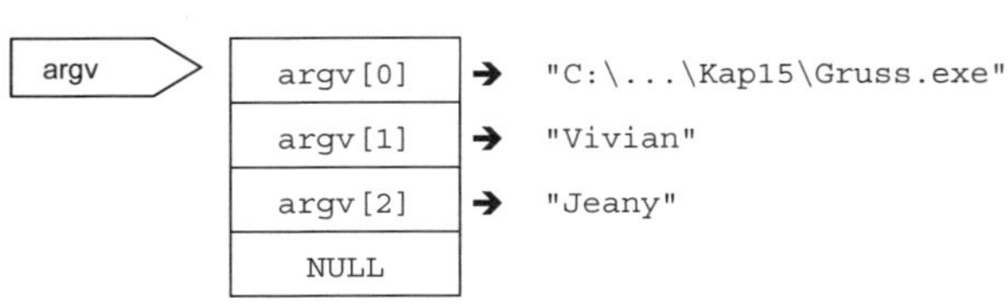

Parameter der main-Funktion

Die Funktion `main()` haben wir bis jetzt stets ohne Parameter verwendet. Es besteht aber die Möglichkeit, beim Start eines Programms außer dem Programmnamen noch weitere Zeichenfolgen in der Kommandozeile anzugeben. Um diese im Programm verarbeiten zu können, muss `main()` mit Parametern definiert werden.

Beispiel:

```
int main(int argc, char **argv)
{  ... /* Funktionsblock */ }
```

In `argc` wird die Anzahl der Argumente übergeben, die einschließlich dem Programmnamen in der Kommandozeile eingegeben wurden. Der Programmname zählt auch als Argument, so dass `argc` immer mindestens den Wert `1` hat.

Die einzelnen Argumente sind durch Zwischenraumzeichen zu trennen. Die Zeichen für die Dateiumlenkung (> bzw. <) und das nachfolgende Wort werden vom Betriebssystem ausgewertet. Soll ein Argument Zwischenraum- oder Umlenkzeichen enthalten, so ist es in doppelte Anführungszeichen zu setzen.

Der Parameter `argv` ist ein Zeiger auf das erste Element eines Vektors von `char`-Zeigern. Die Elemente dieses Vektors zeigen auf die einzelnen Argumente:

`argv[0]`	zeigt auf den Programmnamen, inkl. dem Pfad,
`argv[1]`	zeigt auf das erste eigentliche Argument, also das erste Wort hinter dem Programmnamen,
`argv[2]`	zeigt auf das zweite Argument,
.....	
`argv[argc-1]`	zeigt auf das letzte Argument,
`argv[argc]`	ist der `NULL`-Zeiger.

Üblicherweise werden die Parameternamen `argc` und `argv` benutzt, aber es können auch beliebige andere Namen gewählt werden.

Parameter für Umgebungsvariablen

Unter den Betriebssystemen WINDOWS/DOS und UNIX kann noch ein dritter Parameter für `main()` vereinbart werden. Dieser ist ein Zeiger auf das erste Element eines Vektors, dessen Elemente Zeiger auf die Einträge der Programmumgebung, die sog. Umgebungsvariablen, sind.

Beispiel:

```
main( int argc, char **argv, char **envp )
{
   while( *envp != NULL )   puts( *envp++);
}
```

Dieses Programm gibt seine Umgebung am Bildschirm aus. Die Zeigertabelle für die Umgebung ist stets durch den `NULL`-Zeiger abgeschlossen.

Variable Anzahl von Argumenten

Feste und optionale Argumente auf dem Stack

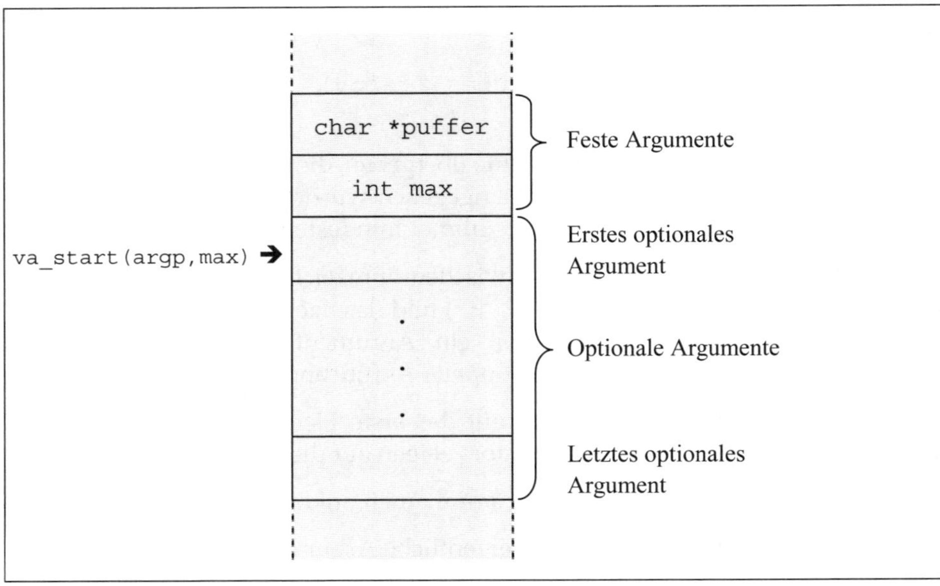

Struktur einer Funktion mit variabler Anzahl von Argumenten

```
#include <stdarg.h>

int fun( char *puffer, int max, ...)
{
   va_list argptr;          // Argument-Zeiger definieren.
   long arg3;
   .....
   va_start( argptr, max);              // Argument-Zeiger
                                        // initialisieren.
   arg3 = va_arg( argptr, long );       // Argumente lesen.
   . . .
   va_end(argptr);     // Argument-Zeiger auf NULL setzen.
   return 0;
}
```

In C besteht die Möglichkeit, Funktionen zu definieren, die eine variable Anzahl von Argumenten zulassen. Ein Beispiel für eine derartige Funktion ist `printf()`. Sie erhält immer mindestens ein Argument, nämlich den Format-String. Mithilfe der Formatelemente im Format-String ermittelt `printf()` dann die Anzahl und den Typ der weiteren Argumente.

Obligatorische und optionale Argumente

Funktionen mit variabler Anzahl von Argumenten erwarten stets eine feste Anzahl *obligatorischer* Argumente und eine variable Anzahl *optionaler* Argumente. Es muss mindestens ein obligatorisches Argument vorhanden sein.

Wie gewöhnlich wird bei der Definition einer solchen Funktion für jedes obligatorische Argument ein entsprechender Parameter deklariert. Für die optionalen Argumente werden in der Parameterliste drei Punkte `...` eingesetzt. So erwartet die nebenstehende Funktion `fun()` zwei oder mehr Argumente. Entsprechend lautet der

Prototyp: `int fun( char *puffer, int max, ...);`

Um die Definition von Funktionen mit variabler Anzahl von Argumenten zu ermöglichen, wird in C das letzte Argument zuerst auf den Stapel gelegt. Nach dem Aufruf der Funktion `fun()` ergibt sich daher ein Stapelaufbau, wie er nebenstehend skizziert ist.

Lesen der optionalen Argumente

Der Zugriff auf die optionalen Argumente erfolgt durch einen Zeiger, den so genannten *Argument-Zeiger*, der hier mit `argptr` bezeichnet wird. Für die Behandlung dieses Zeigers sind in der Header-Datei `stdarg.h` Makros definiert, die dem ANSI-Standard entsprechen und so die Portabilität des Quellcodes sicherstellen.

Für das Lesen der optionalen Argumente sind folgende vier Schritte notwendig:

1. Im Funktionsblock wird neben anderen lokalen Variablen auch der Argument-Zeiger `argptr` mit dem Typ `va_list` vereinbart. Der Datentyp `va_list` ist in der Header-Datei `stdarg.h` als typenloser Zeiger oder als `char`-Zeiger definiert.

2. Mit dem Aufruf des Makros `va_start()` wird dann der Argument-Zeiger `argptr` auf das erste optionale Argument gesetzt. `va_start()` erhält zwei Argumente: den Namen des Argument-Zeigers und den Namen des letzten obligatorischen Parameters.

   Beispiel: `va_start( argptr, max);`

Variable Anzahl von Argumenten (Fortsetzung)

```
/* Input.c --> Die Funktion input() liest Zeichen von der   *
 *             Tastatur ein und haengt '\0' an. Mit         *
 *             Backspace kann die Eingabe geloescht werden. *
 *  Argumente: 1. Zeiger auf den Eingabepuffer.             *
 *             2. Anzahl maximal einzulesender Zeichen.     *
 *             3. Optionale Argumente: Zeichen, mit denen   *
 *                die Eingabe abgebrochen werden kann.      *
 *                Diese Liste muss mit CR = '\r' enden!     *
 * Return-Wert: Das Zeichen, mit dem das Einlesen abbricht. */

#include <stdarg.h>
#include <conio.h>
int input(char *puffer, int max,... )
{
   int c, breakc;        // Aktuelles Zeichen, Abbruchzeichen.
   int nc = 0;           // Anzahl eingelesener Zeichen.
   va_list argp;         // Zeiger auf die weiteren Argumente.

   while(1)
   {
      *puffer = '\0';
      if((c = getch()) == 0) // Zeichen einlesen.
         c = getch() + 256;  // Bei Sondertasten:
                             // Erweiteter Code + 256.
      va_start(argp, max);   // argp initialisieren.
     do           // Mit Zeichen der Abbruchliste vergleichen:
         if(c == (breakc = va_arg(argp,int)) )
            return(breakc);
      while( breakc != '\r');

      va_end( argp);
      if( c == '\b' &&  nc > 0)                 // Backspace?
      {
         --nc,  --puffer;
         putch(c);  putch(' '); putch(c);
      }
      else if( c >= 32  &&  c <= 255  &&  nc < max )
      {                                    // Zeichen --> Puffer
        ++nc, *puffer++ = c; putch(c);     // und ausgeben.
      }
      else if( nc == max)    // Ende des Puffers erreicht?
         putch('\a');        // Ton ausgeben.
   }
}
```

3. Mit dem Aufruf des Makros `va_arg()` wird das optionale Argument, auf das `argptr` zeigt, im Stapel gelesen. Die beiden Argumente von `va_arg()` sind: der Name des Argument-Zeigers und der Typ des optionalen Arguments:

   Beispiel: `arg3 = va_arg( argptr, long);`

   Mit jedem Aufruf des Makros `va_arg()` wird der Argument-Zeiger auf das nächste optionale Argument gesetzt. Das Ergebnis von `va_arg()` hat den im Aufruf angegebenen Typ. Er muss mit dem Typ des entsprechenden optionalen Argumentes identisch sein.

   Eine spezielle Endebedingung für das letzte optionale Argument gibt es nicht. Hier muss ein bestimmter Wert (wie z.B. `NULL`, `-1` oder `CR`) vereinbart werden, oder die aktuelle Anzahl der Argumente geht aus einem der festen Argumente hervor.

4. Nach Auswertung der Argumente sollte der Argument-Zeiger mit dem Makro `va_end()` auf `NULL` gesetzt werden:

   Beispiel: `va_end( argptr);`

Die optionalen Argumente können auch mehrfach gelesen werden. Dazu wird im obigen Ablauf wieder mit dem 2. Schritt begonnen, also zunächst das Makro `va_start()` aufgerufen.

Die nebenstehende Funktion `input()` liest mithilfe der Funktion `getch()` Zeichen von der Tastatur in den durch das erste Argument adressierten Puffer. Das zweite Argument legt die maximale Anzahl einzulesender Zeichen fest. Die weiteren Argumente sind Zeichen, durch welche die Eingabe abgebrochen werden kann. Das letzte Argument *muss* ein Return `('\r')` sein!

Beispiel:
```
#define ESC   27              // ESC-Taste
#define F1    (256 + 59)      // F1-Taste
input( name, 20, ' ', ESC, F1, '\r');
```

Dieser Aufruf von `input()` liest bis zu 20 Zeichen in den Vektor `name`, wobei die Eingabe durch die Leer-, `ESC-`, `F1-` oder Return-Taste abgebrochen werden kann. Der entsprechende Zeichen-Code ist dann der Return-Wert. Nichtdruckbare Zeichen werden bei der Eingabe ignoriert, es sei denn, sie sind bei den optionalen Argumenten aufgeführt.

Sondertasten, wie z.B. die Funktionstasten, liefern beim ersten Aufruf von `getch()` den Wert `0` und beim nachfolgenden Aufruf einen *erweiterten Code.* Für die Funktionstasten sind dies die Werte `59-68`. Um die erweiterten Codes von den gewöhnlichen ASCII-Codes `(0-255)` zu unterscheiden, wird zu den erweiterten Codes `256` hinzuaddiert. Eine Tabelle mit erweiterten Codes befindet sich bei der 1. Aufgabe in Kapitel 25, »Hardware-nahe Programmierung unter DOS«.

Zeiger auf Funktionen

Beispielprogramm

```
/* Funcptr.c --> Demonstriert die Verwendung eines          *
 *              Vektors mit Zeigern auf Funktionen.          */

#include <stdio.h>    // Prototypen von printf(), fprintf().
#include <stdlib.h>   // Prototyp von atoi().
#include <ctype.h>    // Makros toupper() und tolower().

void printerror(char *), print(char *), // Prototypen der
     printup(char *), printlow(char *); // eigenen Funktionen.

void (*functab[])(char *) = { printerror, print,
                              printup, printlow };

char aufruf[] = "Aufruf: funcptr n, wobei n = 1, 2 oder 3\n";

int main(int argc, char **argv)
{
    int n = 0;
    if( argc == 2 )  n = atoi(argv[1]);

    if( n<1 || n>3)
      (*functab[0])( aufruf);
    else
      (*functab[n])("Hello, world\n");
    return 0;
}

void printerror( char *s)  {  fprintf(stderr, s); }

void print( char *s)       {  printf(s); }

void printup( char *s)
{   int c;
    for( ; *s != '\0'; ++s)  c = toupper(*s), putchar(c);
}

void printlow( char *s)
{   int c;
    for( ; *s != '\0'; ++s)  c = tolower(*s), putchar(c);
}
```

In C ist der Name einer Funktion ein konstanter Zeiger auf die Funktion. Er adressiert den Maschinen-Code der Funktion. Dies entspricht der bekannten Situation bei Vektoren: Auch der Name eines Vektors ist ein konstanter Zeiger auf das erste Vektorelement.

Für Zeiger auf Funktionen gibt es verschiedene Anwendungen: Man kann sie in einen Vektor speichern und so eine Sprungtabelle bilden. Die einzelnen Funktionen sind dann über einen Index ansprechbar. Zeiger auf Funktionen können auch als Argumente an andere Funktionen übergeben werden. Dies ist dann sinnvoll, wenn die aufgerufene Funktion von Fall zu Fall mit verschiedenen anderen Funktionen arbeiten soll.

Die Standardfunktion `qsort()` ist hierfür ein Beispiel. Sie sortiert einen Vektor mit dem schnellen *Quick-Sort-Algorithmus*. Je nachdem, welchen Typ die Vektorelemente haben und welches Vergleichskriterium eingesetzt wird, erhält die Funktion `qsort()` als Argument eine andere Vergleichsfunktion. Eine konkrete Anwendung hierzu werden Sie in den Übungen dieses Kapitels kennen lernen.

Um mit Zeigern auf Funktionen arbeiten zu können, ist es notwendig, Variablen dieses Typs zur Verfügung zu haben. Mit

Syntax: *`typ (*funcptr)( Parameterliste );`*

wird eine Variable *`funcptr`* definiert. Sie speichert die Adresse einer Funktion, die den Datentyp *`typ`* und die angegebene Parameterliste besitzt.

Bei dieser Deklaration ist auch das erste Klammernpaar wesentlich. Mit `typ *funcptr(Parameterliste);` würde nämlich *`funcptr`* als Funktion deklariert, die einen Zeiger zurückgibt.

Wir wollen für `typ` den Datentyp `int` annehmen. Dann kann man z.B. `funcptr` auf `printf()` zeigen lassen und `printf()` mithilfe dieses Zeigers aufrufen.

Beispiel:

```
int printf(char *, ...);           // Prototyp
int (*funcptr)(char *, ...);       // Zeiger
funcptr = printf;
(*funcptr)("Ein int-Wert: %d\n", 7);
```

Hier ist also der Aufruf von `(*funcptr)()` äquivalent zum Aufruf von `printf()`. Die Deklaration von `printf()` ist notwendig, damit der Compiler weiß, dass `printf` der Name einer Funktion ist.

Im nebenstehenden Programm ist `functab` ein Vektor mit vier Zeigern auf Funktionen vom Typ `void`, die jeweils einen String als Argument erhalten. Er wird in der Definition mit den angegebenen Funktionen initialisiert. `functab[0]` zeigt also auf `printerror()`, `functab[1]` auf `print()` usw. Bei Ausführung des Programms wird diejenige Funktion aufgerufen, deren Index beim Aufruf angegeben wurde.

Komplexe Deklarationen

1. Beispiel:

```
char  (*  strptr)  [50]
 ⇧     ⇧     ⇧       ⇧
 3.    1.    0.      2.
```

0. *strptr* ist ein
1. Zeiger auf
2. einen Vektor mit `50` Elementen vom Typ
3. `char`.

2. Beispiel:

```
long  *  (*  func  ( ) )  [ ]
 ⇧    ⇧   ⇧    ⇧     ⇧       ⇧
 5.   4.  2.   0.    1.      3.
```

0. *func* ist eine
1. Funktion mit einem Return-Wert vom Typ
2. Zeiger auf
3. einen Vektor mit Elementen vom Typ
4. Zeiger auf
5. `long`.

3. Beispiel:

```
char  *  ( *  ( *  funcptr ) ( ))  [ ]
 ⇧    ⇧    ⇧    ⇧     ⇧         ⇧    ⇧
 6.   5.   3.   1.    0.        2.   4.
```

0. *funcptr* ist ein
1. Zeiger auf
2. eine Funktion mit dem Return-Wert vom Typ
3. Zeiger auf
4. einen Vektor mit Elementen vom Typ
5. Zeiger auf
6. `char`.

Operatoren in Deklarationen

In der Deklaration bzw. Definition einer Funktion oder Variablen werden neben dem Grundtyp und dem Namen dieselben Operatoren benutzt, wie sie auch in Ausdrücken vorkommen. Es handelt sich hierbei um die Operatoren:

Operator	Bedeutung
`[]`	Vektor mit Elementen vom Typ
`()`	Funktion mit Return-Wert vom Typ
`*`	Zeiger auf

Eine *komplexe Deklaration* liegt vor, wenn mehr als einer dieser Operatoren verwendet wird.

Beispiel: `char *strptr[50];`

Hier wird `strptr` als Vektor von Zeigern auf `char` vereinbart. In einer Deklaration sind alle Kombinationen der drei Operatoren erlaubt, allerdings mit folgenden Ausnahmen:

- Die Elemente eines Vektors können keine Funktionen sein.
- Eine Funktion kann keine Funktion und keinen Vektor zurückgeben (wohl aber Zeiger darauf).

Operatoren haben in einer Deklaration die gleiche Priorität wie in Ausdrücken. Es können auch Klammern gesetzt werden, um eine andere Priorität zu bestimmen.

Regeln

Bei der Interpretation einer komplexen Deklaration kann man nach folgenden Regeln vorgehen:

0. Man beginnt stets beim Bezeichner, der deklariert wird.

Dann sind folgende Schritte zu wiederholen, bis alle Operatoren aufgelöst sind:

1. Steht *rechts* das Klammernpaar `()` oder `[]`, so wird dieses interpretiert.
2. Steht rechts nichts oder die Klammer `)`, wird *links* der Stern, falls vorhanden, interpretiert.

Zuletzt wird der Grundtyp angewendet.

Dieses Vorgehen demonstrieren die nebenstehenden Beispiele. Beim Prototyp von Funktionen sind die obigen Regeln sowohl für die Funktion selbst als auch für jeden Parameter anwendbar.

Das Schlüsselwort restrict

Exklusiver Speicherzugriff

```
// Die Funktion floatcpy() kopiert n float-Werte
// von src nach dest.

void floatcpy(  float* restrict dest,         // Ziel
                const float* restrict src,    // Quelle
                int n)                        // Anzahl
{
   while( n-- > 0 )
      *dest++ = *src++;
}
```

Lesender Speicherzugriff

```
// Die Funktion vsum() bildet elementweise die Summe
// der zwei float-Vektoren src1 und src2 der Länge n
// und kopiert das Ergebnis in den Vektor dest.
// Return-Wert: Gesamtsumme, d.h.
//              Summe über alle Elemente von src1 und src2.

double vsum( float* restrict dest,          // Ziel
             const float* restrict src1,    // 1. Quelle
             const float* restrict src2,    // 2. Quelle
             int n)                         // Anzahl
{
   double result = 0;

   for(int i=0; i < n; i++)
   {
      dest[i] = src1[i] + src2[i];
      result += dest[i];
   }
   return result;
}
```

☞ Das Schlüsselwort `restrict` wird noch nicht von allen C-Compilern unterstützt.

Mit ANSI C99 wurde das Schlüsselwort `restrict` eingeführt. Es ist ein Typ-Qualifizierer, der nur auf Zeiger angewendet werden kann.

Beispiel: `char* restrict ptr;`

Für einen `restrict`-Zeiger `ptr` und ein Datenobjekt, auf das er verweist, muss folgende Bedingung erfüllt sein: Sofern das Objekt nicht nur gelesen wird, erfolgt jeder Zugriff auf das Objekt direkt oder indirekt nur über den Zeiger `ptr`. Man sagt auch, dass der Zugriff auf das Objekt »auf dem Zeiger `ptr` basiert«.

Ein typisches Beispiel für diese Beziehung zwischen Zeiger und Objekt ist bei der dynamischen Reservierung von Speicherplatz gegeben.

Beispiel:

```
char* restrict buf;
. . .
buf = (char*)malloc(BUFFER_SIZE);
```

Der Programmierer muss sicherstellen, dass der Zugriff auf ein Objekt über einen `restrict`-Zeiger ausschließlich mithilfe dieses Zeigers erfolgt. So ist es z.B. nicht zulässig, dass im selben Block, in dem ein Objekt über einen `restrict`-Zeiger manipuliert wird, noch ein zweiter Zeiger auf dasselbe Objekt zugreift.

Die Verwendung des Typ-Qualifizierers `restrict` ermöglicht dem Compiler weitergehende Optimierungen und wird vor allem in Parameter-Deklarationen von Funktionen eingesetzt.

restrict-Zeiger als Parameter

Eine typische Anwendung demonstriert die nebenstehende Funktion `floatcpy()`, die `n` `float`-Elemente aus einem Speicherbereich in einen anderen Speicherbereich kopiert. Die Deklaration der Parameter `dest` und `src` als `restrict` fordert für jeden Aufruf der Funktion, dass sich Quell- und Zielbereich nicht überlappen dürfen. Das muss der Aufrufer der Funktion sicherstellen! Für einen Vektor `v` mit 20 `float`-Elementen ist ist folgender Aufruf zulässig:

Beispiel: `floatcpy(v+10, v, 10);`

Hier werden 10 Elemente aus der unteren Hälfte des Vektors `v` in dessen obere Hälfte kopiert. Dagegen ist der folgende Aufruf unzulässig:

Beispiel: `floatcpy(v+1, v, 19);                    // Fehler`

Innerhalb der Schleife würden dann durch `src` Vektorelemente gelesen, die bereits zuvor durch `dest` überschrieben wurden.

Dagegen ist der mehrfache Zugriff auf ein Datenobjekt zulässig, wenn es nur gelesen wird. Sind z.B. `v` und `w` zwei `float`-Vektoren der Länge 10, so kann `v` der nebenstehenden Funktion `vsum()` zweimal als Argument übergeben werden.

Beispiel: `double erg = vsum(w, v, v, 20);       // Okay`

Übungen

Listing zur 1. Aufgabe:

```
#include <stdio.h>
char *farbe[] = { "WEISS", "PINK", "BLAU", "GRUEN"};

int main()
{
    printf("%c    ", *farbe[1]);
    printf("%s    ", *farbe);
    printf("%c    ", *(farbe[3] + 2) );
    printf("%s    ", farbe[2]+1);
    printf("%c    ", *( *(farbe + 1) + 3) );

    return 0;
}
```

Listing zur 5. Aufgabe:

```
/*  Puzzle.c  -->  Puzzle mit Zeigern auf Funktionen.  */
#include <stdio.h>

// Den Typ T_FUNC als Abkuerzung definieren fuer
// "int-Funktion mit einem char-Zeiger als Parameter"
typedef  int T_FUNC(char *);

T_FUNC test;                    // Also:  int test(char *);
T_FUNC *fun( T_FUNC *f, char *s);

int main()
{
    T_FUNC *fp;
    fp = fun( test, "Hallo!\n");
    (*fp)("Ein Test.\n");
    return 0;
}
T_FUNC *fun( T_FUNC *f, char *s)
{
   (*f)(s);
   return f;
}
int test( char *str)  {  return printf("%s", str);  }
```

1. Aufgabe:

Was gibt das nebenstehende Programm auf dem Bildschirm aus?

2. Aufgabe:

Schreiben Sie den Filter `seiten`, der bestimmte Seiten eines Textes ausgibt. Die Nummern der ersten und letzten auszugebenden Seite sind in der Kommandozeile anzugeben. Beispielsweise sollen mit dem Aufruf

```
seiten  2 7  < Memo.txt
```

die Seiten `2` bis `7` der Textdatei `Memo.txt` auf dem Bildschirm angezeigt werden. Gehen Sie davon aus, dass zwei Seiten im Text durch das Zeichen `'\f'` (Seitenvorschub, engl. *form feed*) getrennt sind.

3. Aufgabe:

Schreiben Sie einen Filter, der überall in einem Text eine bestimmte Zeichenfolge durch eine andere ersetzt. Beide Zeichenfolgen sind in der Kommandozeile anzugeben.

4. Aufgabe:

Schreiben Sie ein C-Programm, das die Geschwindigkeit des Quick-Sort- und des Selection-Sort-Algorithmus vergleicht.

Lassen Sie zu dem Zweck zwei identische Folgen von Zufallszahlen des Typs `int` sortieren, deren Anzahl im Dialog eingelesen wird. Der dafür benötigte Speicherplatz ist dynamisch zu reservieren. Für jeden Sortiervorgang ist die gemessene Zeit in Sekunden auf dem Bildschirm auszugeben.

☞ Für das Sortieren von `int`-Werten mit dem Selection-Sort ist die Funktion `sel_sort()` aus der 4. Aufgabe in Kapitel 13, »Zeiger«, entsprechend umzuformulieren.

5. Aufgabe:

Beschreiben Sie den Ablauf des nebenstehenden Programms und geben Sie die Bildschirmausgabe an.

6. Aufgabe:

Schreiben Sie die Funktion `max()`, die das Maximum von positiven Ganzzahlen berechnet und zurückgibt. Als Argumente erwartet die Funktion eine *variable Anzahl* von `unsigned int`-Werten. Das letzte Argument muss die Zahl `0` sein.

Lösungen

zur 1. Aufgabe:

Die Bildschirmausgabe: `P WEISS U LAU K`

zur 2. Aufgabe:

```
/* seiten.c -> Ein Filter, der bestimmte Seiten eines       *
 *             Textes ausgibt. Die Nummer der ersten und    *
 *             letzten Seite muessen in der Kommandozeile   *
 *             angegeben werden.                            *
 *             Beispiel:     seiten  3 12 < Text.dat        */

#include <stdio.h>
#include <stdlib.h>

char usage[] = "Benutzung:  seiten Startseite Endseite\n";

int main(int argc, char **argv)
{
    int  npage = 1, page_start, page_end;
    int  c;

    if(argc != 3)
       fprintf(stderr, usage), exit(1);

    page_start = atoi(argv[1]);
    page_end   = atoi(argv[2]);

    if( page_start <= 0 || page_end < page_start)
       fprintf(stderr, usage), exit(2);
```

```
    /* ---  Alle Seiten bis zur Startseite ueberlesen:  --- */
     while( npage < page_start  &&  (c=getchar()) != EOF)
        if(c == '\f')
           ++npage;

 /*  ---  Dann alle Seiten bis zur Endseite ausgeben:  ---  */

     while( npage <= page_end  &&  (c=getchar()) != EOF)
     {
         putchar(c);
         if(c == '\f')
            ++npage;
     }
     return 0;
 }
```

zur 3. Aufgabe:

```
/* replace.c --> Ein Filter, der in einem Text eine        *
 *               Zeichenfolge durch eine andere ersetzt.   *
 * Die Zeichenfolgen sind in der Kommandozeile anzugeben.  *
 * Zum Beispiel kopiert der Aufruf                         *
 *    replace  Hans "Hans Otto" < brief  > briefneu        *
 * die Datei brief nach briefneu und ersetzt dabei Hans    *
 * durch  Hans Otto.                                       */

#include <stdio.h>
#include <stdlib.h>

void replace_all( char *old, char *new);        // Prototyp

char usage[] = "Benutzung:  replace Suchtext Ersatztext\n";

int main(int argc, char **argv)
{
    if( argc != 3)                          // Suchmuster und
       fputs( usage, stderr), exit(1);     // Ersatztext da?

    replace_all( argv[1], argv[2]);

    return 0;
}
```

Lösungen (Fortsetzung)

zur 3. Aufgabe (Fortsetzung):

```
/*   ---   Definition der Funktion replace_all()   ---    */

#include <string.h>
#define   MAXLEN   500

char line[MAXLEN];
void putstr( char *str, int max);

void replace_all(char *old, char *new)
{                     // stdin nach stdout kopieren und dabei
                      // überall old durch new ersetzen.
  int lenold = strlen(old);
  char *pattern,          // Zeiger auf das gefundene Muster.
       *outpos;           // Position in der Ausgabe-Zeile

  while( fgets(line,MAXLEN,stdin) != NULL) // So lange noch
  {                                        // Zeilen da sind.
    outpos = line;
    do
    {
      pattern = strstr( outpos, old);    // Muster suchen.

      if( pattern != NULL)
      {                                  // Muster gefunden.
        putstr(outpos, pattern-outpos);  // Bis zum Muster
        fputs(new, stdout);              // und Ersatztext
                                         // ausgeben.
        outpos = pattern + lenold;
      }
    }while( pattern != NULL);

    fputs( outpos, stdout);             // Rest der Zeile.
  }
}

void putstr( char *str, int max)  // String ausgeben, aber
{                                 // hoechstens max Zeichen.
    char *s;
    for( s = str;  s < str+max  &&  *s != '\0';  ++s)
       putchar( *s);
}
```

zur 4. Aufgabe:

```
/* Sortcmp.c --> Die Performance der Sortieralgorithmen    *
 *                  Quick-Sort  und  Selection-Sort        *
 *               werden verglichen.                        *
 *               Dazu werden zwei identische Vektoren mit  *
 *               Zufallszahlen dynamisch erzeugt.          *
 *               Die gemessenen Zeiten fuer das Sortieren  *
 *               werden ausgegeben.                        */

#include  <stdio.h>
#include  <conio.h>
#include  <stdlib.h>              // Prototyp von qsort()
#include  <time.h>

void selsort(int *v, int lenv);
int  intcmp(const void *, const void *);      // Fuer qsort()

int main()
{
   unsigned int  i, size;
   int  *zahlen1, *zahlen2;
   long zeit1, zeit2;

   printf("\n     Die Performance der Sortieralgorithmen"
          "\n        Quick-Sort  und  Selection-Sort"
          "\n     werden verglichen.\n\n"
          "\nWie viele Zahlen sollen sortiert werden?   ");
   scanf("%u",&size);
   zahlen1 = (int *)malloc( size * sizeof(int));
   zahlen2 = (int *)malloc( size * sizeof(int));

   if( zahlen1 == NULL || zahlen2 == NULL)
      fprintf( stderr, "\nZu wenig Speicherplatz!\n"),
      exit(1);

   printf("\nEs werden %u Zufallszahlen erzeugt.\n", size);

   srand( (unsigned)time(NULL));      // Initialisierung des
                                      // Zufallsgenerators.
```

Lösungen (Fortsetzung)

zur 4. Aufgabe (Fortsetzung):

```
    for(i = 0 ; i < size ; ++i)
       zahlen1[i] = zahlen2[i] = rand(); // Die Zufallszahlen.

    printf("\nDas Sortieren beginnt! Bitte warten.\n");

    time(&zeit1);                          // Zeitmessung fuer
    qsort(zahlen1, size, sizeof(int), intcmp);  // Quick-Sort.
    time(&zeit2);

    printf("\nDie Zeit für den Quick-Sort: "
                     "%ld Sekunden.\n",  zeit2 - zeit1);

    printf("\nIch sortiere wieder. Bitte warten!\n");

    time(&zeit1);                          // Zeitmessung fuer
    selsort(zahlen2, size);                // Selection-Sort.
    time(&zeit2);

    printf("\nDie Zeit fuer den Selection-Sort: "
                     "%ld Sekunden.\n",  zeit2 - zeit1);

    printf("\nSortierte Zahlen ausgeben? (j/n)\n\n");
    if( (getch() | 0x20) == 'j')
      for( i = 0 ; i < size ; ++i)
        printf("%8d", zahlen1[i]);

    return 0;
}


/* intcmp() vergleicht zwei nicht negative int-Werte       *
 * Sie wird von qsort() mit zwei int-Zeigern aufgerufen.   */

intcmp( const void *a, const void *b)
{
    return (*(int *)a - *(int *)b);
}
```

```
/*  selsort()   sortiert einen int-Vektor mit dem           *
 *              "Selection-Sort"-Algorithmus.               */

void selsort( int *a, int len)  // Vektor a der Laenge len
{                               // aufsteigend sortieren.
    register int *b, *minp;
    int *last, help;

    last = a + len - 1;       // Zeigt auf das letzte Element.

    for( ; a <= last; ++a)    // Jeweils ab der Stelle a das
    {                         // kleinste Element suchen.
        minp = a;             // minp zeigt auf das bis dahin
                              // kleinste Vektorelement.
        for( b = a+1; b <= last; ++b)    // Im Restvektor das
            if( *b < *minp )             //  Minimum suchen.
                minp = b;

        help = *a, *a = *minp, *minp = help;    // Tauschen.
    }
}
```

zur 5.Aufgabe:

Gemäß ihrem Prototyp erhält die Funktion `fun()` zwei Argumente:

1. Einen T_FUNC-Zeiger (also einen Zeiger auf eine Funktion, die als Parameter eine `char`-Zeiger besitzt und einen `int`-Wert zurückgibt)
2. Einen `char`-Zeiger.

Als Return-Wert liefert `fun()` wieder einen Zeiger vom Typ T_FUNC .

Das Programm ruft als erstes die Funktion `fun()` auf und übergibt ihr einen Zeiger auf die Funktion `test()` sowie den String `"Hallo\n!"`. `fun()` verwendet die Funktion `test()`, um den String `"Hallo\n!"` auf dem Bildschirm auszugeben. Der Return-Wert von `fun()` ist ihr erstes Argument, hier also ein Zeiger auf die Funktion `test()`.

Das Hauptprogramm verwendet diesen Zeiger, um die Funktion `test()` nochmals aufzurufen. Diese gibt ihr Argument, `"Ein Test.\n"`, auf dem Bildschirm aus.

Bildschirmausgabe:

```
Hallo!

Ein Test.
```

Lösungen (Fortsetzung)

zur 6. Aufgabe:

```
/*  Max.c   --> Die Funktion max() bestimmt das Maximum von *
 *              positiven Ganzzahlen.                       *
 *              Die Anzahl der Argumente ist variabel. Das  *
 *              letzte Argument muss 0 sein!                */

#include <stdarg.h>

unsigned int max( unsigned int first, ... )
{
    unsigned int maxarg, arg;
    va_list argptr;  // Zeiger auf die optionalen Argumente.

    if( first == 0) return 0;

    va_start( argptr, first);

    maxarg = first;
    while( (arg = va_arg(argptr, unsigned int)) != 0)
       if( arg > maxarg)  maxarg = arg;

    va_end(argptr);

    return maxarg;
}
```

Kapitel 16

Strukturierte Datentypen

Dieses Kapitel beschreibt die Definition und Verwendung von Datensätzen, die in C Strukturen genannt werden. Darüber hinaus werden auch die anderen strukturierten Datentypen behandelt, nämlich Unions, Bit-Felder und Aufzählungstypen. Schließlich wird das Schlüsselwort `typedef` vorgestellt, mit dem Namen für Datentypen selbst definiert werden können.

Definition von Strukturen

Definition der Struktur adresse

```
struct adresse
{
    char            strasse[30];
    char            ort[30];
    unsigned long   tel;
};

struct adresse  a, b;
```

Eine mögliche Speicherbelegung

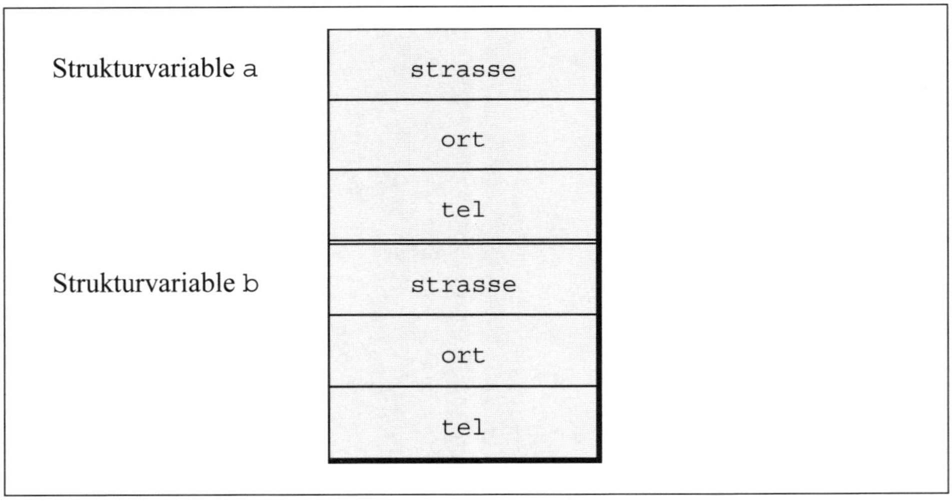

Datensätze

Ein *Datensatz* (engl. *record*) fasst verschiedene Daten, die logisch zusammengehören, zu einer Einheit zusammen. Beispiele dafür sind die Personaldaten eines Mitarbeiters oder Daten eines Artikels im Lager eines Versandhauses. Jeder Datensatz unterteilt sich in mehrere *Datenfelder*, welche die einzelnen Informationen (Name, Telefonnummer usw.) enthalten. Umfangreiches Datenmaterial kann so übersichtlich organisiert und gehandhabt werden. Datensätze werden normalerweise in Dateien gespeichert, wobei jeder Datensatz den gleichen Aufbau hat.

Der Aufbau eines Datensatzes und die Bezeichnung der Datenfelder wird in C durch die Definition einer *Struktur* festgelegt. Jedem Datenfeld entspricht eine *Komponente* der Struktur. Die Komponenten können einen beliebigen Datentyp haben, auch den Typ einer bereits definierten Struktur.

Die *Definition* einer Struktur beginnt mit dem reservierten Wort `struct`. Unmittelbar dahinter kann ein *Strukturname* angegeben werden. In geschweifte Klammern eingeschlossen folgt die Definition der Strukturkomponenten: Für jede Komponente wird der Name und ihr Datentyp festgelegt.

Im nebenstehenden Beispiel ist eine Struktur mit dem Namen `adresse` definiert. Sie besitzt die drei Komponenten `strasse`, `ort` und `tel`.

Definition von Strukturvariablen

Bei der Definition einer Struktur wird ein Datentyp festgelegt, aber noch kein Speicherplatz reserviert. Dies geschieht erst bei der Definition von *Strukturvariablen*.

Beispiel:
```
struct adresse a,b;
```

Hierdurch werden `a` und `b` als Variablen vom Typ `struct adresse` definiert.

Eine Strukturvariable kann auch gleich bei der Definition der Struktur vereinbart werden. In dem Fall ist es nicht erforderlich, der Struktur einen Namen zu geben. Jedoch kann später auf den Strukturtyp auch kein Bezug mehr genommen werden.

Beispiel:
```
struct
{
   char artikel_bez[50];
   int  stueck_zahl;
}
artikel1, artikel2;
```

Jede Strukturvariable belegt so viel Speicherplatz, wie zur Speicherung aller Komponenten notwendig ist. Der tatsächlich benötigte Speicherplatz sollte immer mit dem `sizeof`-Operator ermittelt werden, da der Compiler aus Optimierungsgründen Lücken zwischen den einzelnen Komponenten lassen kann.

Beispiel:
```
sizeof( struct adresse)
```

Initialisieren von Strukturvariablen

Definition und Initialisierung der Strukturvariablen chef

```
/*   Definition des Strukturtyps struct personal   */

//  Definition von struct adresse wie gehabt.

struct personal
{
    unsigned long   nummer;       // Personalnummer
    char            name[50];     // Name
    struct adresse  adr;          // Adresse
    double          income;       // Gehalt
};


/*   Definition und Initialisierung einer          */
/*   Strukturvariablen vom Typ struct personal.    */

struct personal  chef  =
{
     1234567,
     "Spenzer, Max",
     {
          "Flowerweg 12",
          "81234 Muenchen",
          2606799
     },
     260679.90
};
```

Eine Strukturvariable kann bei der Definition initialisiert werden. Dies geschieht durch eine *Initialisierungsliste*, die für jede Komponente einen Anfangswert enthält.

Im nebenstehenden Beispiel wird die Struktur `personal` definiert, die auch eine Komponente vom Typ `struct adresse` besitzt (aus dem Beispiel auf der vorhergehenden Seite). Die Initialisierungsliste für die Strukturvariable `chef` enthält deshalb außer den Werten für Personalnummer, Name und Gehalt eine weitere Liste mit den Adressinformationen.

Sind in der Initialisierungsliste einer Strukturvariablen weniger Anfangswerte angegeben als Komponenten in der Struktur definiert sind, so werden die restlichen Komponenten mit `0` initialisiert. Dies gilt auch, wenn die Strukturvariable in der Speicherklasse `auto` definiert ist.

Zugriff auf Komponenten

Die Komponenten einer Struktur werden mit dem Punktoperator `.` ausgewählt: Der linke Operand ist eine Strukturvariable, der rechte eine Komponente dieser Struktur.

Beispiel: `chef.income`

Die Variable `chef.income` ist vom Typ `double` und speichert das Gehalt des Chefs. In der Variablen `chef.adr` steht die Adresse des Chefs. Sie besitzt den Typ `struct adresse`. Die Komponenten dieser Struktur werden wieder mit dem Punktoperator ausgewählt: So wird die Komponente `strasse` durch `chef.adr.strasse` angesprochen. Speziell ist `chef.adr.strasse[0]` das erste Zeichen im String `"Flowerweg 12"`.

Zuweisungen

Ist keine Initialisierungsliste angegeben, so können die einzelnen Komponenten durch Zuweisungen mit Anfangswerten versehen werden.

Beispiele:

```
strcpy(chef.adr.strasse, "Flowerweg 12");
chef.adr.tel = 2606799;
```

Es ist auch möglich, eine Strukturvariable als Ganzes an eine andere Strukturvariable desselben Typs zuzuweisen. Ist `director` noch eine Variable vom Typ `struct personal`, werden durch

Beispiel: `director = chef;`

die Inhalte sämtlicher Komponenten von `chef` in die entsprechenden Komponenten von `director` kopiert. Alternativ kann auch die Funktion `memcpy()` verwendet werden.

Beispiel: `memcpy( &director, &chef, sizeof(struct personal));`

Zeiger auf Strukturen

Die Funktion get_newadr()

```
// Neue Adresse eines Mitarbeiters einlesen.

void get_newadr( struct personal *p)
{
   //  ---  Personalnummer und Name anzeigen  ---

   printf("Personalnummer: %lu\n", p->nummer);
   printf("Name:           %s\n\n", p->name);

   //  ---  Neue Adresse einlesen  ---

   printf("Bitte neue Adresse eingeben:\n\n");

   printf("Strasse (max. 29 Zeichen):  ");
   fgets( p->adr.strasse, 30, stdin);

   printf("Wohnort (max. 29 Zeichen):  ");
   fgets( p->adr.ort, 30, stdin);

   printf("Telefon:  ");
   scanf("%ld", &(p->adr.tel) );
}
```

Strukturvariablen als Argumente

Strukturvariablen können als Argumente an eine Funktion übergeben werden. In diesem Fall erhält die Funktion eine Kopie der Struktur auf dem Stack (»Call-by-Value«).

In der Regel ist es effizienter, einen Zeiger auf die Strukturvariable zu übergeben (»Call-by-Reference«). Dann entfällt das Kopieren der Struktur, und die Funktion kann den Inhalt der Komponenten ändern.

Zeiger auf Strukturen

Ist `personal` die bereits definierte Struktur, so werden mit

Beispiel:
```
struct personal chef, *person;
person = &chef;
```

die Strukturvariable `chef` und die Zeigervariable `person` vereinbart. Nach der Zuweisung `person = &chef;` zeigt `person` auf die Variable `chef`. Damit ist `*person` die Strukturvariable `chef` selbst und

Beispiel:
```
(*person).income
```

die Gehaltskomponente. Die Klammern sind hier notwendig, da der Punktoperator einen höheren Vorrang als der Operator `*` hat.

Ein Struktur-Zeiger kann auch mit dem Pfeiloperator `->` auf die einzelnen Komponenten einer Struktur zugreifen. (Der Operator `->` besteht aus dem Minus- und dem Größer-Zeichen.) So ist

Beispiel:
```
person->income
```

ebenfalls die Gehaltskomponente der Struktur, also gleichbedeutend mit dem Ausdruck `(*person).income`.

Zur nebenstehenden Funktion

Die nebenstehende Funktion `get_newadr()` liest die neue Adresse eines Mitarbeiters ein. Als Argument erhält die Funktion einen Zeiger auf die entsprechende `personal`-Struktur.

Beispiel:
```
get_newadr( &chef);            // Ein Aufruf.
```

Der Parameter `p` wird daher als Zeiger auf die Struktur `personal` definiert. Mithilfe von `p` werden zunächst die Personalnummer und der Name ausgegeben. Anschließend wird die neue Adresse in die Strukturvariable `p->adr` gespeichert. Das Einlesen der Telefonnummer in die Komponente `p->adr.tel` geschieht mit der Funktion `scanf()`. Die Adresse der Komponente ist `&(p->adr.tel)`, wobei aufgrund der Vorrangregeln die Klammern auch weggelassen werden könnten.

Vektoren von Strukturen

Der Vektor katalog mit Elementen vom Typ struct buch

```
struct buch
{
    long  buchnr;
    char  autor[30];
    char  titel[50];
    short jahr;
    char  verlag[20];
};

struct buch katalog[200];
```

Die Funktion zeige()

```
// Die Bücher bestimmter Autoren anzeigen:
int zeige( struct buch *kat, int len, char *id)
{
   int len_id, anzahl= 0;
   len_id = strlen( id);

   for(  ; len > 0 ;  --len, kat++)
     if( strncmp( kat->autor, id, len_id) == 0)
     {
        printf("\n\n"
               "Buchnummer:        %ld\n", kat->buchnr);
        printf("Autor:             %s\n",  kat->autor);
        printf("Titel:             %s\n",  kat->titel);
        printf("Erscheinungsjahr: %hd\n",  kat->jahr);
        printf("Verlag:            %s\n",  kat->verlag);

        ++anzahl;
     }

   return anzahl;
}
```

Strukturen können auch die Elemente von Vektoren sein. So wird nebenstehend zunächst die Struktur `buch` definiert und anschließend der Vektor `katalog` mit 200 Elementen vom Typ `struct buch` vereinbart. Die einzelnen »Katalog-Einträge« sind dann

```
katalog[0],  katalog[1], ...,  katalog[199].
```

Der gesamte Vektor belegt im Speicher 200 * `sizeof(struct buch)` Bytes, das sind etwa 21 KB.

Zugriff auf Komponenten

Die Komponenten der einzelnen Strukturen im Vektor können wieder mit dem Punktoperator angesprochen werden.

Beispiel: `katalog[50].titel     // Titel von katalog[50]`

Dies ist äquivalent zu

Beispiel: `(katalog + 50)->titel`

Der Vektorname `katalog` ist nämlich ein Zeiger auf das erste Vektorelement, also `(katalog + 50)` ein Zeiger auf `katalog[50]`.

Die nebenstehende Funktion `zeige()` gibt die Katalog-Einträge aller Autoren aus, deren Namen mit einer Zeichenfolge beginnen, die als drittes Argument übergeben wird.

Beispiel: `zeige( katalog, 200, "M");      // Ein Aufruf.`

Dieser Aufruf gibt die Einträge aller Autoren auf dem Bildschirm aus, deren Namen mit dem Buchstaben `M` beginnen. Der Return-Wert gibt an, wie viele Einträge gefunden wurden.

Initialisierung

Ein Vektor von Strukturen kann wie gewöhnlich bei der Definition initialisiert werden. Da der Vektor aus Strukturen besteht, ist jedes Element der Initialisierungsliste wiederum eine Liste mit den Anfangswerten der Strukturkomponenten.

Beispiel:

```
struct buch katalog[200] =
{
 {1234567,"LUSTIG","KLEINE FLUCHTEN",1999,"HIP"},
 {7654321,"MUTIG", "BELLA MARTHA", 2002, "POWER"}
};
```

Unions

Definition der Union zahl

```
union zahl  {
                long   n;
                double x;
            };

union zahl nx[10];    // Ein Vektor mit Elementen
                      // vom Typ union zahl.
```

Der Vektor nx im Speicher

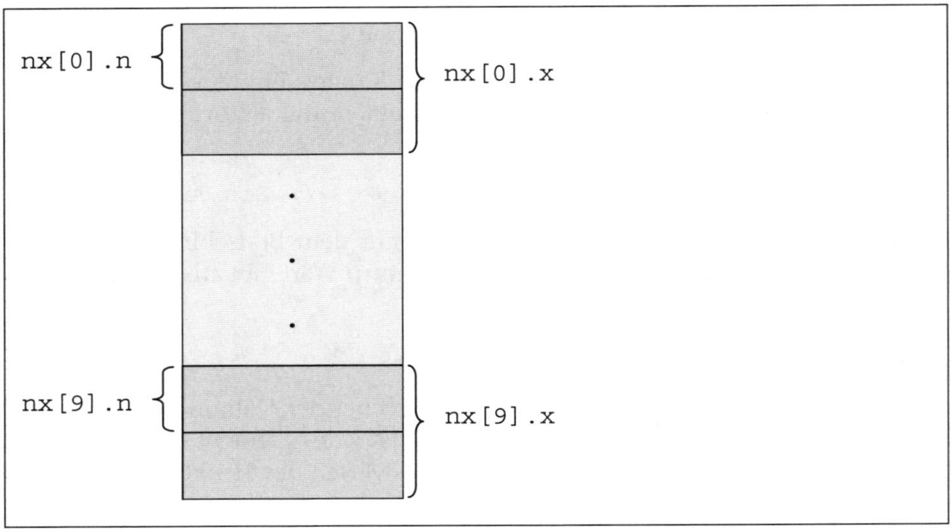

Durch die Definition einer *Union*, auch *Variante* genannt, ist es möglich, im Laufe des Programms Daten verschiedenen Typs auf demselben Speicherplatz abzulegen. Natürlich kann eine Union nicht gleichzeitig verschiedene Daten auf demselben Platz speichern.

Definition von Unions

Syntaktisch unterscheidet sich die Definition einer Union von der einer Struktur nur durch das reservierte Wort `union`, das anstelle von `struct` angegeben wird. Als Beispiel ist nebenstehend die Union `zahl` definiert, sowie ein Vektor `nx` mit 10 Elementen vom Typ `union zahl`. Jedes Vektorelement kann also `long`- oder `double`-Werte speichern.

Die Komponenten einer Union haben im Speicher dieselbe Anfangsadresse. Somit ist die Größe des Speichers, der durch eine Union belegt wird, durch die längste Komponente bestimmt. Dies ist der wesentliche Unterschied zu einer Struktur, deren Komponenten stets hintereinander im Speicher abgelegt werden.

Zugriff auf Komponenten

Der Zugriff auf die Komponenten einer Union erfolgt ebenfalls wie bei Strukturen.

Beispiele:

```
nx[5].n = 77;         // äquivalent zu:
                      // (nx + 5)->n = 77;
nx[0].x = 2.23;       // äquivalent zu:
                      // nx->x  = 2.23;
sqrt( nx->x );        // Wurzel berechnen.
```

Auch eine Union-Variable kann bei der Definition initialisiert werden. Dabei enthält die Initialisierungsliste für die Union nur *einen* Anfangswert, welcher den Typ der ersten Komponente haben muss.

Beispiel:

```
union word_byte
{
           unsigned short   w;
           unsigned char    b[2];
};
union word_byte  wb = { 256 };
```

Hier wird `wb.w` mit `256` initialisiert. Eine Variable vom Typ `union word_byte` belegt zwei Bytes im Speicher. Ihr Wert kann Wort- oder Byte-weise verarbeitet werden. So bewirkt die Anweisung

Beispiel:

```
printf("Low-Byte = %d, High-Byte = %d",
        wb.b[0], wb.b[1] );
```

wegen `256 = 0x100` die Ausgaben:

```
Low-Byte = 0, High-Byte = 1
```

Bit-Felder

Bespielprogramm

```
// Checkprn.c  --> Druckerstatus ueberpruefen (nur fuer DOS).
#include <stdio.h>
#include <conio.h>
#define  LPT1_PORT  0x378  // Portadresse: erste parallele
                          // Schnittstelle. (0x3BC bei PCs mit
                          // Adapter für Monochrom-Bildschirm).
struct prn_status { unsigned        : 3;// Nicht verwendet.
                    unsigned error  : 1;// 0= Druckerfehler.
                    unsigned select : 1;// 1= Drucker online.
                    unsigned paper  : 1;// 1= Kein Papier.
                    unsigned ack    : 1;// Quittungssignal.
                    unsigned busy   : 1;// 1= Drucker bereit
                  }LPT1_status;

void get_status( char *status_ptr);        // Prototyp

int main( )
{
  do
  {
   get_status( (char *)&LPT1_status);
   printf("\nStatusbyte(HEX):   %02X\n",
                              *(unsigned char *)&LPT1_status);
   if( LPT1_status.busy  &&  LPT1_status.select )
   {  printf("\nDrucker bereit!\n");
      break;
   }
   else if( !LPT1_status.select )
      printf("\nDrucker nicht online!\n");
   else if( LPT1_status.paper )
      printf("\nKein Papier im Drucker!\n");
   else
      printf("\nDrucker nicht bereit!\n");
   printf("\nBitte Fehler am Drucker beseitigen.\n"
         "Esc -> Abbruch. Andere Taste -> Status prüfen.\n");
  }
  while( getch() != 27);
  return 0;
}

void get_status( char *status_ptr)
{ *status_ptr = inp( LPT1_PORT+1) & 0xF8;// Status-Port lesen
}
```

Wenn Informationen auf eng begrenztem Speicherplatz untergebracht sind, ist es notwendig, mit einzelnen Bits eines Rechnerwortes zu arbeiten. Beispiele hierfür sind Statusinformationen der Peripheriegeräte oder Zugriffsrechte einer Datei.

In C besteht die Möglichkeit, ein Rechnerwort in *Bit-Felder* aufzuteilen und den Bit-Feldern Variablennamen zu geben. Gegenüber der Manipulation einzelner Bits mithilfe von Masken und Bit-Operatoren haben Bit-Felder den Vorzug, übersichtlicher und damit weniger fehleranfällig zu sein.

Definition von Bit-Feldern

Bit-Felder werden als Komponenten einer Struktur definiert. Jedes Bit-Feld besitzt den *Typ* `unsigned int` oder `signed int`, optional einen *Namen* und eine bestimmte *Breite*. Die Breite ist die Anzahl der Bits und wird durch einen Doppelpunkt vom Namen getrennt.

Beispiel:

```
struct {                unsigned bit0_4  :  5;
                        unsigned         : 10;
                        unsigned bit15   :  1;
wort;
```

Die Variable `wort.bit0_4` spricht die unteren fünf Bits an und kann Werte im Bereich von 0 bis 31 speichern. Die zweite Komponente hat keinen Namen und dient dazu, eine Lücke von 10 Bits zu erzeugen. Die Variable `wort.bit15` enthält den Wert in der Bitposition 15.

Bit-Felder, die keinen Namen haben, können nicht direkt angesprochen werden. Durch sie werden nachfolgende Bit-Felder auf bestimmte Bitpositionen ausgerichtet.

Die Breite eines Bit-Feldes darf die eines Rechnerwortes nicht überschreiten. Die Breite `0` hat eine besondere Bedeutung: Das nachfolgende Bit-Feld wird auf die nächste Wortgrenze ausgerichtet. Dies geschieht auch dann, wenn ein Bit-Feld nicht mehr in ein Rechnerwort passt.

Das nebenstehende Programm überprüft den Status des Druckers LPT1 unter DOS. Der Aufbau der Struktur `prn_status` entspricht der Bedeutung der einzelnen Bits im Status-Byte des Druckers. Der aktuelle Status wird mit der Bibliotheksfunktion `inp()` gelesen.

Im Zusammenhang mit Bit-Feldern sind einige Besonderheiten zu beachten:

- Auf Bit-Felder kann der Adressoperator nicht angewendet werden. Ferner können keine Vektoren von Bit-Feldern gebildet werden. Diese Einschränkungen gelten jedoch nicht für die Struktur, die die Bitfelder enthält.
- Die Anordnung der Bit-Felder ist maschinenabhängig. Entsprechend der Rechnerarchitektur können sie auch in umgekehrter Richtung als hier beschrieben abgelegt werden.

Aufzählungstypen

```
/*  Ampel.c  -->  Simulation der Phasen einer Ampel.   */

#include <stdio.h>
#include <time.h>

enum farben { rot, gelb, gruen };
// Sekunden:
enum { rot_zeit=23, gelb_zeit=3, gruen_zeit=20 };

void warte( int sekunden), schalte( int farbnr);

void main()
{
    enum farben  phase = rot;
    while(1)
    {
       schalte( phase);
       switch( phase)
       {
         case rot:   warte( rot_zeit);   phase = gelb;
                     break;
         case gelb:  warte( gelb_zeit);  phase = gruen;
                     break;
         case gruen: warte( gruen_zeit); phase = rot;
                     break;
         default:    phase = rot;
                     break;
       }
    }
}
void warte( int sek)
{
    long start = time(NULL);
    while( time(NULL) < start + sek)
      ;
}
void schalte( int farbnr)
{
    static char *kontroll_str[] =
                          { "ROT", "GELB", "GRUEN\n"};
    printf("\n\t %s", kontroll_str[farbnr] );
}
```

Ein *Aufzählungstyp* ist ein Datentyp, der mit dem Schlüsselwort `enum` definiert wird und dessen Wertebereich nur bestimmte ganze Zahlen umfasst. Die möglichen Werte und deren Namen werden durch eine Aufzählung festgelegt.

Beispiel: `enum bool { false, true };`

Hier wird der Aufzählungstyp `enum bool` definiert. Die in der Aufzählungsliste angegebenen Namen bezeichnen Konstanten vom Typ `int`. Ihr Wert ergibt sich automatisch aus ihrer Reihenfolge in der Liste: Die erste Konstante hat den Wert `0`, jede weitere Konstante hat einen um 1 höheren Wert als der Vorgänger. Im obigen Beispiel hat also `false` den Wert `0` und `true` den Wert `1`. Durch

Beispiel: `enum bool flag;`

wird die Variable `flag` mit dem Datentyp `enum bool` vereinbart. `flag` kann also nur die Werte `false` oder `true` (`0` oder `1`) annehmen.

Werte explizit zuweisen

Die Werte der Konstanten in der Aufzählungsliste können durch explizite Wertzuweisungen beeinflusst werden.

Beispiel:

```
enum grundfarbe
{ blau = 1, gruen = 2, rot = 4 } farbe;
```

Die angegebenen Werte dürfen beliebige `int`-Konstanten sein, also auch negativ. Außerdem können verschiedene Konstanten denselben Wert erhalten. Der Name muss jedoch eindeutig sein und verschieden von Variablennamen mit derselben Sichtbarkeit.

Beispiel: `enum schalter { aus, off = 0, ein, on = 1 };`

Hier erhalten die Konstanten `aus` und `off` den Wert `0`, die Konstanten `ein` und `on` den Wert `1`.

Der Name eines Aufzählungstyps muss bei der Definition nicht angegeben werden. Dann ist der Aufzählungstyp später nicht mehr verwendbar, nur die bei der Definition festgelegten `int`-Konstanten. Dies stellt eine Alternative zur `#define`-Direktive dar.

Variablen, die einen Aufzählungstyp besitzen, werden in Ausdrücken wie `int`-Variablen behandelt. Sie können also in Vergleichen, arithmetischen Ausdrükken und als Indizes benutzt werden.

Zum nebenstehenden Beispiel

Im nebenstehenden Programm, das die Phasen einer Ampel simuliert, werden zwei Aufzählungstypen definiert. Der Zweite dient nur zur Definition der Konstanten `rot_zeit`, `gelb_zeit` und `gruen_zeit`. Das Umschalten der Ampel wird durch die Ausgabe des entsprechenden Farb-Strings simuliert. Sie können stattdessen auch den gesamten Bildschirm rot, gelb und grün leuchten lassen.

Definition von Typnamen mit typedef

Definition von Namen für strukturierte Datentypen

1. Beispiel:

```
struct adresse {
    char          strasse[30];
    char          ort[30];
    unsigned long tel;
};

// Die Typen ADRESSE und ADRESSPTR definieren:
typedef struct adresse  ADRESSE, *ADRESSPTR;

ADRESSE adr_tab[100];        // Vektor mit 100 Strukturen
                             // vom Typ ADRESSE.

ADRESSPTR adr_ptr = adr_tab;    // Zeiger auf das erste
                                // Element im Vektor.
```

2. Beispiel:

```
// Definition des Typs COMPLEX:
typedef struct { double re, im; } COMPLEX;

COMPLEX z1, z2, *zp;            // Zwei Variablen dieses
                                // Typs und ein Zeiger.
```

3. Beispiel:

```
// Definition der Aufzählung WERKTAG:
typedef enum { Mo, Di, Mi, Do, Fr } WERKTAG;

WERKTAG  tag = Fr;            // Variable dieses Typs mit
                              // Initialisierung.
```

Neue Typnamen

Mit dem Schlüsselwort `typedef` können neue Typnamen festgelegt werden. Durch

Beispiel: `typedef unsigned long ULONG;`

wird der Typname `ULONG` definiert, der im Folgenden als Abkürzung für den Datentyp `unsigned long` verwendet werden kann. Mit der Vereinbarung

Beispiel: `ULONG zahlen[100];`

wird dann ein Vektor `zahlen` mit 100 Elementen vom Typ `unsigned long` definiert. Die Großschreibung für Typnamen ist üblich, aber nicht zwingend.

Beispiele:

```
typedef int *IntPtr;
typedef enum { false, true } bool;
```

Hier bezeichnen `IntPtr` den Datentyp »Zeiger auf `int`« und `bool` den angegebenen Aufzählungstyp.

☞ ANSI C99 definiert den Typnamen `bool` für `_Bool`, sowie die Konstanten `true` und `false` in der Header-Datei `stdbool.h`.

Details

In einer `typedef`-Definition nimmt der neue Typname immer die Position eines Variablennamens ein. Ohne das führende Wort `typedef` würde also eine neue Variable und kein neuer Typname vereinbart.

Typdefinitionen reservieren *keinen Speicherplatz*, und es wird auch *kein neuer Datentyp* konstruiert. Es wird lediglich ein neuer Name für einen bereits existierenden Datentyp eingeführt.

Beispiel: `typedef char *(*t_pFunc)(int);`

Der Typname `t_pFunc` ist dann eine Abkürzung für den Typ »Zeiger auf eine Funktion mit einem Parameter vom Typ `int`, die einen Zeiger auf `char` liefert«. Die Deklaration

Beispiel: `t_pFunc search;            // Zeiger-Variable`

ist dann gleichbedeutend mit `char *(*search)(int);` .

Vorteile

Für die Verwendung von `typedef` spricht, dass die Lesbarkeit eines Programms verbessert wird, wenn komplexe Datentypen einen Namen erhalten. Ein weiterer Vorzug ist, dass maschinenabhängige Datentypen isoliert werden können: Bei der Portierung eines Programms auf einen anderen Rechner braucht der maschinenabhängige Datentyp nur einmal in der `typedef`-Definition geändert werden.

Übungen

Graphik zur 1. Aufgabe:

Nachrichtenformat:

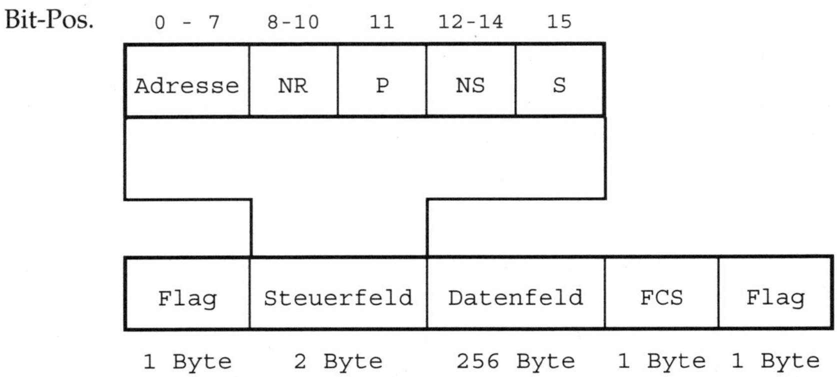

Menüauswahl zur 2. Aufgabe:

```
                * * *  BUECHER-VERZEICHNIS  * * *


                 1  =  Katalogeintraege anzeigen.

                 2  =  Katalogeintraege hinzufuegen.

                 3  =  Katalogeintraege sortieren.

                Esc =  Programm beenden.


   Ihre Wahl:
```

1. Aufgabe:

Bei der Datenkommunikation werden die zu übertragenden Informationen in so genannte *Nachrichtenrahmen* gepackt. Nebenstehend ist ein häufig benutztes Format (aus der HDLC-Prozedur, »High Level Data Link Control«) angegeben.

Die Bedeutung der Felder:

Flag ist das Blockbegrenzungszeichen.

Steuerfeld enthält die Steuerinformationen für den Datenaustausch.

Datenfeld enthält die eigentlichen Informationen.

FCS (= Frame Check Sequence) enthält das Blockprüfzeichen.

Definieren Sie eine Struktur für dieses Nachrichtenformat. Hierbei soll das Steuerfeld wie nebenstehend in Bit-Felder unterteilt werden.

2. Aufgabe:

Schreiben Sie ein C-Programm, das einen Bücherkatalog verwaltet. Verwenden Sie hierzu den Katalog für maximal 200 Bücher, der in diesem Kapitel bereits definiert wurde. Der Katalog soll in der Vereinbarung schon mit zwei oder drei Einträgen initialisiert werden.

Es sind die im nebenstehenden Menü angegebenen Punkte zu programmieren.

- Bei der Ausführung des ersten Menüpunktes soll der Anwender den Anfang eines Autorennamens angegeben können. Wird nur die Return-Taste gedrückt, sollen alle Katalogeinträge angezeigt werden. Verwenden Sie die bereits erstellte Funktion `zeige()`.
- Beim Einlesen eines neuen Katalogeintrages soll der Anwender jederzeit die Eingabe mit der Esc-Taste abbrechen können. Verwenden Sie dazu die Funktion `input()` aus dem 15. Kapitel.
- Im dritten Menüpunkt soll der Katalog nach den Namen der Autoren alphabetisch sortiert werden. Benutzen Sie dazu die Funktion `qsort()`.

☞ Die Daten gehen nach Beendigung des Programm verloren. Im nächsten Kapitel erfahren Sie, wie die Daten in einer Datei gespeichert werden können. Mit wenig zusätzlichem Aufwand ist es dann möglich, das Programm entsprechend zu ergänzen.

Lösungen

zur 1. Aufgabe:

```
typedef struct
{
        char    flag1;                      // Blockbegrenzung
        struct {
                  unsigned adr : 8;         // Adressfeld
                  unsigned NR  : 3;         // Empfangsfolgenr.
                  unsigned P   : 1;         // Poll-/Final-Bit
                  unsigned NS  : 3;         // Sendefolgenr.
                  unsigned S   : 1;         // 1 = I-Frame
                } control;
        char    data[256];                  // Datenfeld
        char    FCS;                        // Blockpruefzeichen
        char    flag2;                      // Blockbegrenzung
} FRAME;
```

zur 2. Aufgabe:

```
/* Katalog.h --> Header-Datei zum Programm Katalog.c    */

#include <stdio.h>
#include <conio.h>
#include <stdlib.h>

#define  CLS          printf("\033[2J");
#define  LOCATE(z,s)  printf("\033[%d;%dH", z,s);

#define  HEADER  CLS; LOCATE(1,20); \
                 printf("* * *  BUECHER-VERZEICHNIS  * * *");

#define  WEITER  LOCATE(25,20); \
         printf("---  Weiter mit beliebiger Taste  --- ");\
         fflush(stdout); getch();
```

```
#define  CR        13
#define  ESC       27

#define  KAT_SIZE  200              // Anzahl Katalogeintraege
#define  SHOW      '1'              // Menue-Konstanten
#define  ADD       '2'
#define  SORT      '3'

struct buch { long  buchnr;              // Struktur eines
              char  autor[30];           // Katalogeintrags.
              char  titel[50];
              short jahr;
              char  verlag[20];
            };

typedef struct buch BUCH;

extern int  menue(void);                  // Prototypen
extern void show(void);
extern int  add(void);
extern void sort(void);
extern int input(char *puffer, int max, ...);

extern BUCH katalog[];                    // Globale Daten
extern int  kat_len;
//  Ende der Datei katalog.h

/* Katalog.c --> Demonstriert eine einfache Verwaltung     *
 *               eines Buecherverzeichnisses.              */
#include "Katalog.h"

BUCH katalog[KAT_SIZE] =
{
  {1234567L, "LUSTIG", "LACH-STORY",     1999, "TROCKEN"},
  {7654321L, "MUTIG", "Der grosse Coup", 2003, "POWER"  },
  {2435676L, "LANG, EVA", "Streching",   2001, "SPORT"  }
};

int  kat_len = 3;
```

Lösungen (Fortsetzung)

zur 2. Aufgabe (Fortsetzung):

```
int main()
{
   int choice;

   while( (choice = menue()) != ESC)
   {
     switch( choice)
     {
       case SHOW:    show();                     // Anzeigen
                     break;
       case ADD:     if( add()) ++kat_len;       // Hinzufuegen
                     break;
       case SORT:    sort();                     // Sortieren
                     break;
     }
   }

   CLS;
   return 0;
}

int menue( void)
{
   static char auswahl[] =
   "            1  =  Katalogeintraege anzeigen.\n\n"
   "            2  =  Katalogeintraege hinzufuegen.\n\n"
   "            3  =  Katalogeintraege sortieren.\n\n"
   "          Esc  =  Programm beenden.\n\n"
   "Ihre Wahl:  ";

   HEADER;
   LOCATE(6,1);   printf(auswahl);

 return getch();
}
```

```
/*  K_util.c  -->  Die weiteren in Katalog.c             *
 *                 aufgerufenen Funktionen.              */

#include <string.h>
#include <ctype.h>
#include "Katalog.h"

void strtoup( char *);

static char msg[] = "Fuer welche Autoren sind die "
                    "Katalogeintraege anzuzeigen?\n\n"
                    "Den Anfang des Namens eingeben "
                    "(nur <Return> = Alle) --> ";

void show( void)               // Katalogeintraege anzeigen.
{
   int  zeige( BUCH *kat, int len, char *name);
   char name[30];
   int count;

   HEADER;
   LOCATE(8,1);  printf(msg);

   if( input( name, 29, ESC, CR) == ESC)
     return;

   strtoup(name);   // Grossbuchstaben, ohne führende Blanks.

   count = zeige( katalog, kat_len, name);

   if(count == 0)
     printf("\n\n"
            "Es wurde kein passender Eintrag gefunden.\n");
   else
     printf("\n\nEs wurden %d Eintraege gefunden.\n", count);

   WEITER;
}
```

Lösungen (Fortsetzung)

zur 2. Aufgabe (Fortsetzung):

```
int add(void)      // Neues Buch in den Katalog aufnehmen.
{
   char buf[50];
   static char prompt[] =  "      BUCHNUMMER -->\n\n"
                           "      AUTOR      -->\n\n"
                           "      TITEL      -->\n\n"
                           "      JAHR       -->\n\n"
                           "      VERLAG     -->";

   HEADER;
   LOCATE(6,1);

   if( kat_len == KAT_SIZE)
   {
       printf("Katalog bereits voll.\n");
       WEITER;
       return 0;
   }

   printf("Bitte die Angaben fuer das neue Buch machen.\n"
          "(Esc = Vorzeitiger Abbruch.)");

   LOCATE(12,1);   printf(prompt);

   LOCATE(12,22);
   if( input( buf, 8, ESC, CR) == ESC)
      return 0;
   (katalog+kat_len)->buchnr = atol(buf);

   LOCATE(14,22);
   if( input( buf, 29, ESC, CR) == ESC)
      return 0;
   strtoup( buf);                      // Grossbuchstaben
   strcpy( (katalog+kat_len)->autor, buf);
```

```
    LOCATE(16,22);
    if( input( buf, 49, ESC, CR) == ESC)
       return 0;
    strcpy( (katalog+kat_len)->titel, buf);

    LOCATE(18,22);
    if( input( buf, 4, ESC, CR) == ESC)
       return 0;
    (katalog+kat_len)->jahr = atoi(buf);

    LOCATE(20,22);
    if( input( buf, 19, ESC, CR) == ESC)
       return 0;
    strtoup( buf);                          // Grossbuchstaben
    strcpy( (katalog+kat_len)->verlag, buf);

    return 1;
}


void sort(void)       // Katalog nach Autorennamen sortieren.
{
    int buch_cmp(const void *, const void *);  // Fuer qsort()

    HEADER;
    LOCATE(10,1); printf("Ich sortiere ... ");

    qsort( katalog, kat_len, sizeof(BUCH), buch_cmp);

    printf("\n\nDer Katalog ist nach Autorennamen sortiert.");
    WEITER;
}

int  buch_cmp(const void* bp1, const void* bp2)
{
    return strcmp(((BUCH *)bp1)->autor,((BUCH *)bp2)->autor);
}
```

Lösungen (Fortsetzung)

zur 2. Aufgabe (Fortsetzung):

```
 // Die Bücher bestimmter Autoren anzeigen:
int zeige( BUCH *kat, int len, char *id)
{
  int len_id, count = 0;

  len_id = strlen(id);

  HEADER;
  LOCATE(4,1);

  for(  ; len > 0 ; --len, kat++)
    if( strncmp( kat->autor, id, len_id) == 0)
    {
      printf("\n\tBuchnummer:        %ld\n", kat->buchnr);
      printf(  "\tAutor:             %s\n",  kat->autor);
      printf(  "\tTitel:             %s\n",  kat->titel);
      printf(  "\tErscheinungsjahr: %hd\n", kat->jahr);
      printf(  "\tVerlag:            %s\n",  kat->verlag);

     ++count;
    }
  return( count);
}


void strtoup( char *str)      // In Grossbuchstaben umwandeln
{                             // und fuehrende Zwischenraum-
   char *s = str;             // zeichen entfernen.

   while( *s != '\0'  && (*s == ' ' || *s == '\t') )
        ++s;            // Keine fuehrenden Blanks oder Tabs.

   while( (*str = toupper(*s))!= '\0')
        ++str, ++s;
}
```

Kapitel 17

High-Level-Dateizugriff

Dieses Kapitel beschreibt den High-Level-Dateizugriff, d.h. den Dateizugriff mithilfe von standardisierten Bibliotheksfunktionen. Diese bieten eine einfache und portable Schnittstelle für den Umgang mit Dateien, insbesondere auch für den wahlfreien Dateizugriff.

File-Pointer

Die Struktur vom Typ FILE und der Dateipuffer

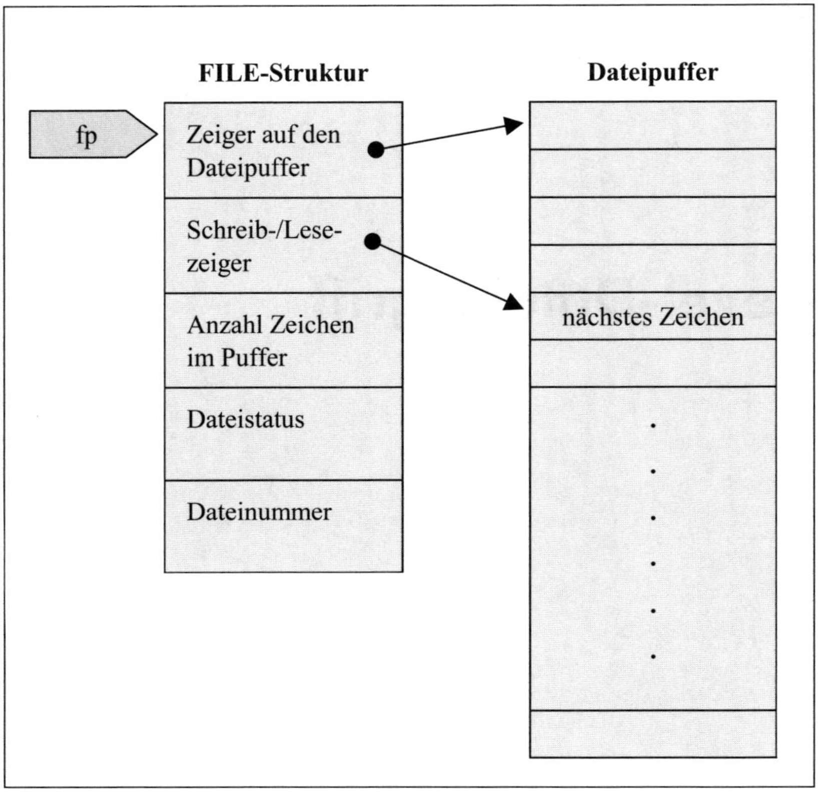

High-Level-Dateizugriff

Die Standardbibliothek von C stellt Funktionen für den High-Level-Dateizugriff zur Verfügung, die Ein-/Ausgaben einheitlich als Datenstrom (engl. *stream*) behandeln. Diese Funktionen verwenden einen programminternen Pufferbereich, den *Dateipuffer*, für den Datentransfer zwischen Hauptspeicher und externem Speichermedium. Der Programmierer braucht sich dabei nicht um die Verwaltung von Dateipuffern zu kümmern. Für die Programmierung von Aufgaben im Zusammenhang mit Dateien bietet dies einigen Komfort.

Darüber hinaus sind High-Level-Routinen standardisiert und unabhängig von den jeweiligen System-spezifischen Routinen für den Dateizugriff. Im Gegensatz zu den Low-Level-Routinen, die im nächsten Kapitel vorgestellt werden, ermöglicht die Verwendung von High-Level-Routinen die Formulierung portabler C-Programme.

Dateien

Eine Datei wird von einem C-Programm normalerweise wie ein langer `char`-Vektor behandelt, d.h. die Datei ist *byte-orientiert*. Die Strukturierung von Dateien ist Aufgabe des Programmierers. Das hat den Vorteil maximaler Flexibilität.

Jedes Zeichen in einer Datei hat eine bestimmte Position: Das erste Zeichen hat die Position `0`, das zweite die Position `1` usw. Die *aktuelle Position* in der Datei ist die Position des Zeichens, welches als nächstes gelesen oder geschrieben wird.

ANSI C99 bietet zusätzlich die Möglichkeit, Dateien mit Zeichen eines erweiterten Zeichensatzes, z.B. des Unicodes, einheitlich zu behandeln. Dabei werden Zeichen vom Typ `wchar_t` als Multibyte-Zeichen gespeichert. Diese sog. *wide-orientierten* Dateien werden jedoch noch nicht von allen Compilern unterstützt.

Die Struktur FILE

Der Zugriff auf eine Datei erfolgt mit Hilfe eines Zeigers, dem so genannten *File-Pointer*. Der File-Pointer zeigt auf eine Struktur vom Typ `FILE`, die beim Öffnen der Datei angelegt wird und die Informationen über die Datei speichert. Hierzu gehören

- die Anfangsadresse des Dateipuffers,
- der Schreib-/Lesezeiger, der die Position des nächsten Zeichens im Dateipuffer angibt,
- die Anzahl der verbleibenden Zeichen im Dateipuffer,
- ein Flag mit dem Dateistatus, insbesondere mit den Zugriffsrechten für die Datei, sowie
- eine interne Dateinummer.

Der Typ `FILE` ist in der Header-Datei `stdio.h` definiert.

Öffnen von Dateien

Programmstruktur

```
#include <stdio.h>      // Fuer den Prototyp von fopen().

main(void)
{
  FILE *fp;             // Definition eines File-Pointers.
       .
       .
                        // Datei zum Lesen oeffnen:
  fp = fopen("test.dat","r");

  if(fp == NULL)
     //    Fehlermeldung ausgeben.
  else
     //    Datei bearbeiten.
       .
       .
       .
}
```

Standard-Streams

File-Pointer	Datei
stdin	Standardeingabe
stdout	Standardausgabe
stderr	Standardfehlerausgabe

Die Funktion fopen()

Bevor eine Datei bearbeitet werden kann, muss sie mit der Funktion `fopen()` erzeugt bzw. zum Schreiben und/oder Lesen geöffnet werden.

Prototyp: `FILE *fopen(char *name, char *modus);`

Das erste Argument von `fopen()` ist der Dateiname, der eine Pfadangabe enthalten kann. Das zweite Argument legt die *Zugriffsart* fest. Mögliche Zugriffsarten sind:

Modus	Bedeutung
`"r"`	Eine bereits existierende Datei zum Lesen öffnen.
`"w"`	Eine neue Datei zum Schreiben öffnen. Existiert die Datei bereits, so geht ihr Inhalt verloren.
`"a"`	Eine bestehende Datei zum Schreiben ab Dateiende öffnen. Existiert die Datei noch nicht, so wird sie neu erzeugt.
`"r+"`	Eine bestehende Datei zum Schreiben und Lesen öffnen (engl. *open for update*).
`"w+"`	Eine neue Datei zum Schreiben und Lesen öffnen. Existiert die Datei bereits, so geht ihr Inhalt verloren.
`"a+"`	Eine bestehende Datei zum Lesen und Schreiben ab Dateiende öffnen. Existiert die Datei noch nicht, so wird sie neu erzeugt.

Der Return-Wert von `fopen()` ist ein Zeiger auf die FILE-Struktur (d.h. ein »File-Pointer«), die von der Funktion für die entsprechende Datei eingerichtet wurde. Der `NULL`-Zeiger wird zurückgegeben, falls ein Fehler auftrat, wie z.B. ein ungültiger Dateiname.

Standard-Gerätedateien

Geräte, z.B. die Tastatur, werden wie gewöhnliche Dateien angesprochen. Beim Start eines Programms sind schon drei Gerätedateien mit den nebenstehenden File-Pointern geöffnet. Die *Standardfehlerausgabe* gibt Fehlermeldungen, die beim Umlenken der Standardausgabe in einer Datei verschwinden würden, auf dem Bildschirm aus.

Zusätzlich zu den drei Standard-Streams stehen auf einigen Systemen noch die File-Pointer `stdprn` und `stdaux` zur Verfügung: `stdprn` ist dann für die Ausgabe auf den Standard-Drucker geöffnet und über `stdaux` können Daten mit einem Peripheriegerät an der ersten seriellen Schnittstelle ausgetauscht werden.

Schreiben und Lesen von Dateien

Beispielprogramm

```
/*  w_file.c --> Kopiert die Standardeingabe an das       *
 *               Ende der angegebenen Datei.              *
 *               Falls die Datei noch nicht existiert,    *
 *               wird sie neu erzeugt.                    *
 *               Aufruf:  w_file  dateiname               */

#include <stdio.h>

int main(int argc, char **argv)
{
  FILE *fp;
  int  c;

  if( argc != 2 )
    printf("Benutzung:  w_file  dateiname\n");

  else if( (fp = fopen(argv[1], "a")) == NULL )
    printf("Fehler beim Oeffnen der Datei %s\n", argv[1]);

  else
  {
    printf("\n\nDie Eingabe von der Tastatur wird an "
           "die Datei %s angehaengt!", argv[1]);
    printf("\n<Backspace> = Letztes Zeichen loeschen "
           "<Ctrl-Z> <Return> = Eingabe beenden.\n");

    printf("Bitte Text eingeben:\n\n");

    while( (c = getchar()) != EOF)    // Standardeingabe
         putc(c, fp);                 // in die Datei
  }                                   // kopieren.

  return 0;
}
```

Funktionen zum Schreiben und Lesen

Die Standardbibliothek von C bietet verschiedene Funktionen für den schreibenden und lesenden Dateizugriff. Damit können Informationen zeichenweise, stringweise, blockweise oder formatiert in bzw. aus einer Datei übertragen werden. Im Überblick handelt es sich um folgende Funktionen:

Schreiben	Lesen	Daten
`putc()`, `fputc()`	`getc()`, `fgetc()`	Zeichen
`fputs()`	`fgets()`	String
`fprintf()`	`fscanf()`	Formatierte Daten
`fwrite()`	`fread()`	Block

Jede Schreib-/Leseoperation bezieht sich auf die aktuelle Position in der Datei. Mit jedem Zeichen, das gelesen oder geschrieben wird, erhöht sich die aktuelle Position automatisch um 1.

Die Prototypen der Routinen für den Dateizugriff sind in der Header-Datei `stdio.h` definiert. Eine genaue Beschreibung befindet sich im Anhang »Funktionen der Standardbibliothek«. Wir stellen hier die wesentlichen Eigenschaften dieser Funktionen dar und geben Beispiele für ihre Verwendung.

Schreiben und Lesen einzelner Zeichen

Die Funktion `fputc()` kopiert ein einzelnes Zeichen `c` in die mit dem File-Pointer `fp` verbundene Datei.

Prototyp: `int fputc(int c, File *fp);`

Zum Lesen eines Zeichens aus einer Datei kann die Funktion `fgetc()` verwendet werden.

Prototyp: `int fgetc(FILE *fp);`

Beide Funktionen geben das übertragene Zeichen als Return-Wert zurück. Im Fehlerfall oder bei Erreichen des Dateiendes ist der Return-Wert `EOF`.

Die Funktionen sind wirkungsgleich mit den Makros `putc()` bzw. `getc()`, die dieselben Parameter und den gleichen Return-Wert besitzen.

Schreiben und Lesen von Dateien (Fortsetzung)

Beispielprogramm

```
/* r_file.c --> Liest eine Textdatei und gibt jeweils   *
 *              22  Zeilen an die Standardausgabe aus.  *
 *              Aufruf:  r_file  dateiname              */

#include <stdio.h>
#include <conio.h>
                                    // Bildschirm loeschen:
#define  CLS  fprintf(stderr,"\033[2J")

char weiter[]="\n\n\t\t  "
              "----  Weiter mit beliebiger Taste  ----";

int main( int argc, char **argv)
{
  FILE *fp;   int count;   char zeile[81];

  if( argc != 2 )
    fprintf(stderr,"Benutzung:  r_file  dateiname\n");
  else if( (fp = fopen(argv[1], "r")) == NULL )
    fprintf(stderr, "Fehler beim Oeffnen von %s\n",
            argv[1]);
  else
  {
    count = 0;  CLS;
    while( fgets(zeile,81,fp) != NULL)  // Datei auf die
    {                                   // Standardausgabe
       fputs(zeile, stdout);            // kopieren.
       if( ++count == 22)
       {
          fprintf(stderr, weiter),  getch();
          count = 0; CLS;
       }
    }
    if( !feof(fp))
       fprintf(stderr,"Fehler beim Lesen\n");
  }
  return 0;
}
```

Schreiben und Lesen von Strings

Ein String kann mithilfe der Funktion `fputs()` in eine Datei geschrieben werden. Das String-Endezeichen `'\0'` wird dabei nicht in die Datei kopiert.

Prototyp: `int fputs(char *string, FILE *fp);`

Ein Fehler wird durch den Return-Wert `EOF` angezeigt.

Zum Einlesen einer Zeile in einen String steht die Funktion `fgets()` zur Verfügung.

Prototyp: `char *fgets(char *string, int n, FILE *fp);`

Diese Funktion liest maximal `n-1` Zeichen in den Speicherbereich, auf dessen Anfang `string` zeigt. Das Einlesen wird vorher abgebrochen, wenn das Zeilenwechselzeichen `'\n'` gelesen und abgespeichert wurde. Als letztes Zeichen wird stets das String-Endezeichen `'\0'` angehängt.

Die Funktion liefert als Return-Wert den Zeiger `string`. Im Fehlerfall oder beim Versuch, ab Dateiende zu lesen, wird der `NULL`-Zeiger zurückgegeben.

Wie im nebenstehenden Programm kann mit dem Makro `feof()` festgestellt werden, ob das Dateiende erreicht wurde oder ein Fehler vorliegt.

Formatiertes Schreiben und Lesen

Die Funktionen `fprintf()` und `fscanf()` eignen sich dazu, um Felder fester Länge zu übertragen und gegebenenfalls zu konvertieren. Sie sind wie die uns schon bekannten Funktionen `printf()` bzw. `scanf()` zu verwenden mit dem Unterschied, dass zusätzlich als erstes Argument der File-Pointer der Datei angegeben werden muss.

Prototypen:

```
int fprintf(FILE *fp, char *formatstring ,...);
int fscanf(FILE *fp, char *formatstring ,...);
```

Tritt in einem Programm ein Fehler auf, wird die Funktion `fprintf()` auch gerne benutzt, um mit dem File-Pointer `stderr` eine Meldung zur Standardfehlerausgabe (i.A. der Bildschirm) zu schicken.

Schreiben und Lesen von Dateien (Fortsetzung)

Die Benutzung der Funktionen fwrite() und fread()

```
#include <stdio.h>            // Enthaelt die Prototypen
                              // von fwrite() und fread().


typedef struct {  char autor[30];
                  char titel[100];
                  char verlag[30];
                  long nummer;      }  BUCH;

BUCH  katalog[100];         // Ein Katalog mit 100 Buechern.
      .
      .
      .
```

Eine Datei sei mit dem FILE-Pointer `fp` zum Lesen und Schreiben geöffnet worden.

Die Daten des Kataloges in die Datei schreiben:

```
fwrite( katalog, sizeof(BUCH), 100, fp);
```

Die 100 Datensätze des Kataloges wieder aus der Datei lesen:

```
rewind(fp);      // Setzt die aktuelle Byte-Position
                 // wieder zurueck auf den Anfang der Datei.
fread( katalog, sizeof(BUCH), 100, fp);
```

Blockweises Schreiben

Mit der Funktion `fwrite()` können *n* Datenobjekte der Größe *size* aus einem Puffer in die mit *fp* verbundene Datei geschrieben werden. Die Anfangsadresse des Puffers enthält der Zeiger `buf`.

Prototyp: `int fwrite(void *buf, int size, int n, FILE *fp);`

Die Datenobjekte können wie im nebenstehenden Beispiel Strukturen sein, die in einem Vektor abgelegt sind. Sollen etwa die ersten 100 Strukturen in eine Datei geschrieben werden, so ist `n = 100` und *size* die Länge der Struktur, die mit dem `sizeof`-Operator bestimmt wird.

Der Return-Wert von `fwrite()` ist die Anzahl der Datenobjekte, die tatsächlich in die Datei geschrieben wurden. Ist der Return-Wert kleiner als die übergebene Anzahl `n`, trat ein Schreibfehler auf.

Blockweises Lesen

Die Gegenfunktion zu `fwrite()` ist `fread()`, die bis zu *n* Datenobjekte der Größe *size* aus einer Datei liest.

Prototyp: `int fread(void *buffer, int size, int n, File *fp);`

Der Return-Wert von `fread()` ist die Anzahl der tatsächlich in den Speicherbereich eingelesenen Datenobjekte. Diese Anzahl kann kleiner sein als die angeforderte Anzahl `n`, wenn das Dateiende erreicht wird oder wenn ein Fehler auftrat. Insbesonders wird der Wert `0` zurückgegeben, wenn die Funktion das Lesen direkt am Dateiende beginnt. Ob das Dateiende erreicht wurde, kann wieder mit dem Makro `feof()` ermittelt werden.

E-/A-Routinen im Vergleich

Abschließend wollen wir auf die Gemeinsamkeiten und Unterschiede der E-/A-Routinen für Dateien und die Konsole eingehen. Äquivalent sind:

a) `putchar(c)` und `putc(c, stdout)`,
   `getchar()` und `getc(stdin)`.

b) `printf(formatstring,...)` und
   `fprintf(stdout,formatstring,...)`,

   `scanf(formatstring,...)` und
   `fscanf(stdin,formatstring,...)`.

Dagegen unterscheiden sich die Funktionen `puts(string)` und `fputs(string,stdout)`, sowie `gets(string)` und `fgets(string,n, stdin)` durch die unterschiedliche Behandlung des Newline-Zeichens. Außerdem kann bei `gets()` nicht die maximale Anzahl der einzulesenden Zeichen angegeben werden.

Schließen von Dateien

Beispielprogramm

```
/*  fcopy.c  -->   Kopiert Dateien.                         */

#include <stdio.h>
#include <stdlib.h>

char use[] = "Benutzung:  fcopy  [ Quelle  [ Ziel] ]\n";

int main(int argc, char **argv)
{
   int  c;
   FILE *infp, *outfp;

   switch( argc )
   {
      case 1:   infp = stdin;  outfp = stdout;
                break;
      case 2:   infp = fopen( argv[1], "r");
                outfp = stdout;
                break;
      case 3:   if((infp  = fopen( argv[1],"r")) != NULL)
                    outfp = fopen( argv[2],"w");
                break;
      default:  fprintf(stderr, use );
                exit(1);              // Falscher AUfruf.
   }

   if( infp == NULL)
      fprintf( stderr,"Fehler beim Oeffnen von %s\n",
               argv[1]),
      exit(2);             // Quell-Datei nicht geoeffnet.

   if( outfp == NULL)
      fprintf(stderr, "Fehler beim Oeffnen von %s\n",
              argv[2]),
      exit(3);             // Ziel-Datei nicht geoeffnet.

   while( (c = getc(infp)) != EOF)          // Kopieren
      putc(c, outfp);

   return 0;
}
```

Nachdem die Bearbeitung einer Datei beendet wurde, sollte die Datei aus folgenden Gründen geschlossen werden:

- Es gehen keine Daten verloren, wenn aus irgendeinem Grund das Programm nicht regulär endet.
- Die Anzahl der Dateien, die gleichzeitig geöffnet sein dürfen, ist begrenzt.

Ein regulär ablaufendes Programm schließt am Ende alle Dateien automatisch.

Die Funktionen fclose() und fcloseall()

Die Funktion `fclose()` schließt die mit dem File-Pointer *`fp`* verbundene Datei. Hierbei werden noch im Dateipuffer stehende Daten in die Datei kopiert. Anschließend wird der Speicherbereich des Dateipuffers freigegeben.

Prototyp: `int fclose(FILE *fp);`

Nach erfolgreichem Schließen der Datei gibt die Funktion einen von `EOF` verschiedenen Wert zurück. Im Fehlerfall - etwa bei ungültigem File-Pointer - ist `EOF` der Return-Wert.

Die Funktion `fcloseall()` schließt *alle* in einem Programm geöffneten Dateien, außer die mit den File-Pointern `stdin`, `stdout` und `stderr` verbundenen Standarddateien.

Die Funktion exit()

Beim Aufruf der Funktion `exit()` werden ebenfalls alle Dateien geschlossen. Eigentlicher Zweck dieser Funktion ist es, ein Programm »geordnet« abzubrechen und dem aufrufenden Prozess einen »Exit-Code« zu übergeben.

Prototyp: `void exit(int status);`

Bei fehlerfreiem Ablauf des Programms wird üblicherweise für `status` der Exit-Code `0` benutzt, sonst ein Wert ungleich `0`, je nach Art des Fehlers. In der Funktion `main()` ist die Anweisung `return status;` wirkungsgleich mit dem Aufruf von `exit(status);` Der aufrufende Prozess, der den Exit-Code zur Auswertung erhält, ist in vielen Fällen der Kommando-Interpreter, also z.B. `CMD.EXE` unter Windows oder die Shell `sh` unter UNIX.

Zum nebenstehenden Programm

Das Beispielprogramm `fcopy.c` kopiert zwei Dateien. Sind beide in der Kommandozeile angegeben, wird die erste Datei in die zweite kopiert. Ist nur eine Datei angegeben, so wird diese auf `stdout` kopiert. Falls keine Datei angegeben ist, kopiert das Programm `stdin` auf `stdout`. Wird das Programm mit mehr als zwei Dateinamen aufgerufen oder kann eine Datei nicht geöffnet werden, endet das Programm mit einer entsprechenden Fehlermeldung.

Datei-E/A unter UNIX und DOS/Windows

Textdateien unter UNIX und Windows / DOS

Betriebssystem	Zeilenende	Dateiende
UNIX	`LF`	Gemäß Längenangabe
Windows / DOS	`CR + LF`	Das erste `^Z` in der Datei oder gemäß Längenangabe, falls kein `^Z` vorhanden ist.

`CR` = Carriage Return

`LF` = Line Feed

Textdateien in der Windows/DOS-Umgebung unterscheiden sich von denen der UNIX-Umgebung in zwei wichtigen Punkten:

1. Das *Dateiende* wird in UNIX allein über die Dateilänge und nicht durch ein Dateiende-Kennzeichen in der Datei bestimmt. DOS und Windows kennen zwar auch die Länge einer Datei und somit das physikalische Ende. Üblicherweise wird aber in einer Textdatei das Dateiende durch das Steuerzeichen Control-Z (ASCII-Code 26) markiert.
2. Ein *Zeilenwechsel* wird in UNIX allein durch das Steuerzeichen `'\n'` (LF) gekennzeichnet. Unter DOS und Windows markieren dagegen zwei Zeichen das Zeilenende: `'\r'` (CR) und `'\n'` (LF).

Textmodus

Aus Portabilitätsgründen werden Dateien unter Windows und DOS standardmäßig im *Textmodus* geöffnet. Dies bewirkt:

1. Control-Z wird als Dateiende interpretiert.
2. Beim Schreiben in eine Datei wird ein einzelnes `LF` in eine `CR+LF`-Kombination umgewandelt. Beim Lesen wird eine `CR+LF`-Kombination in ein `LF` übersetzt.

Damit sind die E-/A-Routinen an das Betriebssystem angepasst und der Quellcode eines Programms kann unverändert auf verschiedene Systeme übertragen werden.

Binärmodus

Aus der LF <-> CR+LF-Übersetzung ergeben sich im Dateipuffer andere Zeichenpositionen als in der Datei selbst. Dies führt beim wahlfreien Dateizugriff, der im Folgenden noch beschrieben wird, zu Schwierigkeiten. In diesem Fall muss eine Textdatei im *Binärmodus*, d.h. wie eine binäre Datei geöffnet werden: Die CR+LF-Übersetzung findet nicht statt und Control-Z ist ein reguläres Zeichen, d.h. es wird nicht als Dateiende interpretiert. Dies muss jetzt vom Programm selbst gemacht werden.

In der Regel wird eine Datei im Binärmodus mithilfe der Funktion `fopen()` geöffnet, indem der Buchstabe `b` einfach an den String mit dem Zugriffsmodus gehängt wird. Beispielsweise wird mit `"r+b"` eine Datei zum Lesen und Schreiben im Binärmodus geöffnet. Manche Compiler bieten auch gesonderte Funktionen, wie etwa `fopenb()`.

Wahlfreier Dateizugriff

Die drei Bezugspunkte in einer Datei

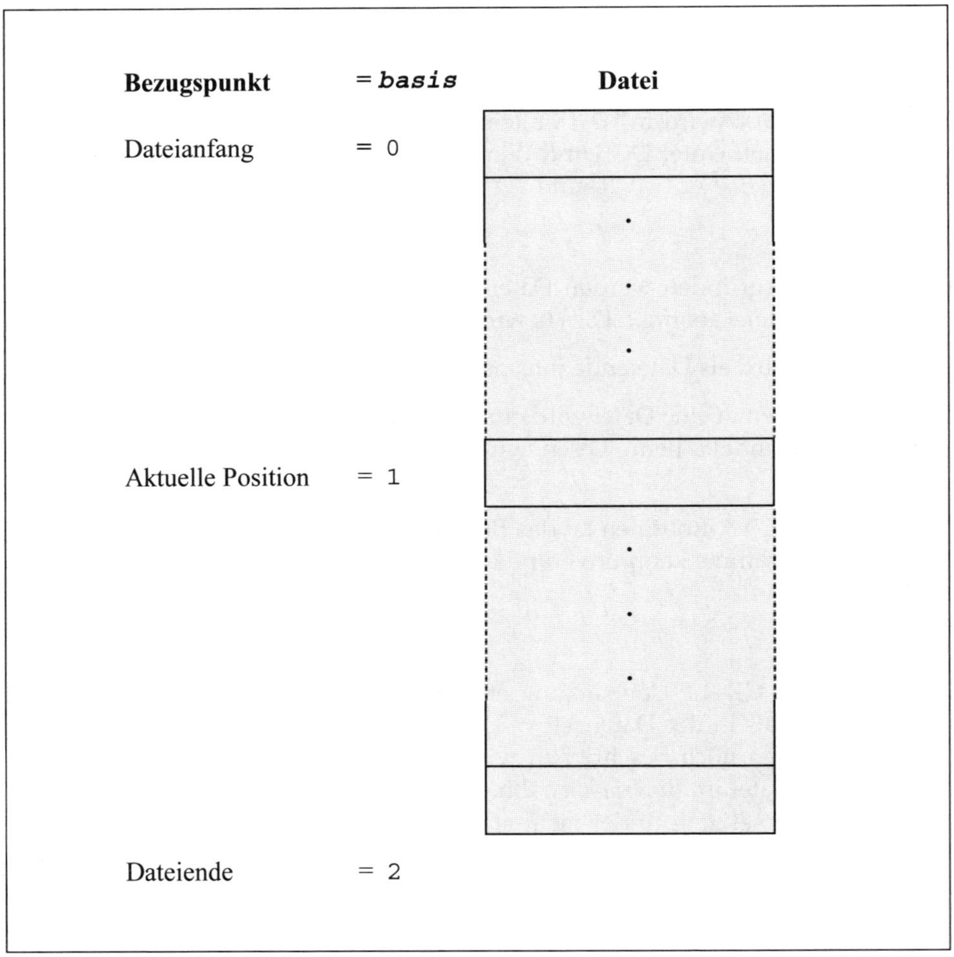

Bisher ist nur der *sequenzielle Zugriff* auf eine Datei möglich: Soll eine bestimmte Information aus einer Datei geholt werden, so muss der Dateiinhalt vom Anfang der Datei der Reihe nach gelesen werden.

Wahlfrei Positionieren

Der *wahlfreie Dateizugriff* bietet die Möglichkeit, die gewünschten Informationen direkt an einer bestimmten Position in der Datei zu lesen bzw. zu verändern. Dazu ist es nötig, die aktuelle Position in der Datei, auch *Seek-Zeiger* genannt, explizit zu verändern. Der Seek-Zeiger, der intern vom Betriebssystem verwaltet wird, ist kein Zeiger im Sinne von C, sondern eine Byte-Position in der Datei.

Beim wahlfreien Zugriff wird der Seek-Zeiger auf das erste zu verarbeitende Zeichen gesetzt. Dann werden die bisher behandelten Schreib-/Leseroutinen benutzt. So kann die Zugriffszeit auf bestimmte Informationen in der Datei wesentlich beschleunigt werden.

Die Funktion fseek()

Die Funktion, mit der eine beliebige Position in der Datei eingenommen werden kann, heißt `fseek()`.

Prototyp: `int fseek(FILE *fp, long offset, int basis);`

Die Positionierung des Seek-Zeigers in der Datei geschieht durch Angabe der Differenz `offset` relativ zu einem von drei möglichen Bezugspunkten. Der Bezugspunkt wird durch den Wert des Arguments `basis` festgelegt:

basis	**Bezugspunkt**	**Wirkung**
0	Dateianfang	Die neue Byte-Position ist der Wert von `offset`.
1	Aktuelle Position	Die aktuelle Position wird um `offset` Byte versetzt.
2	Dateiende	Die neue Byte-Position ist: Dateilänge + `offset`.

Für die Basis-Werte `0`, `1`, `2` sind in der Header-Datei `stdio.h` die Konstanten `SEEK_SET`, `SEEK_CUR` und `SEEK_END` definiert.

Wenn kein Fehler auftritt, gibt die Funktion `fseek()` den Wert `0` zurück, andernfalls den Wert `-1`.

Wahlfreier Dateizugriff (Fortsetzung)

Beispielprogramm

```
/* t_fseek.c --> Gibt die Zeilen im letzten 512-Byte-   *
 *               Block einer Textdatei aus, sowie die   *
 *               Anzahl der Zeichen in der Datei        *
 *               (ohne ^Z).                             *
 *               Aufruf:  t_fseek  dateiname            */

#include  <stdio.h>
#define   Ctrl_Z   26

int main( int argc, char **argv)
{
  int  c, flag = 0;   long filesize;   FILE *fp;

  if( argc != 2 )
    fprintf(stderr,"Benutzung:  t_fseek  dateiname\n");

  else if( (fp = fopen(argv[1], "rb")) == NULL )
    fprintf(stderr,"Fehler beim Oeffnen von %s\n",
            argv[1]);
  else
  {
    fseek(fp, 0L, 2);       // An das Ende der Datei gehen
                            // und dann 512 Byte zurück.
    if(ftell(fp) > 512L)    fseek(fp, -512L, 2);
    else                    { rewind(fp); flag = 1; }

    while( (c = getc(fp)) != EOF  &&  c != Ctrl_Z)
       if(flag)             // Ausgabe erst mit Beginn
          putchar(c);       // einer neuen Zeile.
       else if(c == '\n')
          flag = 1;

    filesize = ftell(fp);
    if( c == Ctrl_Z )  --filesize;  // Dateilaenge ohne ^Z

    printf("\nAnzahl der Zeichen in der Datei: %ld",
            filesize);
    return 0;
  }
  return 1;
}
```

Einschränkungen für fseek()

Beim Aufruf von `fseek()` kann der Wert von *`offset`* auch negativ sein. Es ist jedoch nicht zulässig, den Seek-Zeiger vor den Dateianfang zu positionieren. Eine Positionierung hinter das Dateiende mit anschließender Schreiboperation erzeugt eine Lücke in der Datei mit undefiniertem Inhalt.

Die Anwendung von `fseek()` auf Gerätedateien ist in der Regel nicht sinnvoll. Unter den Betriebsystem DOS und Windows sollte `fseek()` nur auf Dateien angewendet werden, die im Binärmodus geöffnet wurden. Im Textmodus verhindern die Umwandlungen LF <> CR/LF ein einwandfreies Arbeiten der Funktion.

Häufig benutzte Anweisungen sind

```
fseek(fp, 0L, 0);     und     fseek(fp,0L,2);
```

Sie bewirken, dass die aktuelle Position auf den Dateianfang bzw. auf das Dateiende gesetzt wird. Zu beachten ist, dass hier im zweiten Argument `0L` steht, da der Typ `long` erwartet wird.

Die Funktion rewind()

Das Zurücksetzen des Seek-Zeigers auf den Dateianfang kann auch durch einen Aufruf der Funktion `rewind()` erreicht werden.

Prototyp: `int rewind(FILE *fp);`

Der Aufruf `rewind(fp)` ist wirkungsgleich mit `fseek(fp, 0L,0)`.

Aktuelle Dateiposition abfragen

Die Funktion `ftell()` liefert die aktuelle Position in der Datei.

Prototyp: `long ftell(FILE *fp);`

Ist ein falscher FILE-Pointer angegeben, so gibt die Funktion den Wert `-1` zurück.

Zum nebenstehenden Beispiel

Das nebenstehende Beispielprogramm gibt alle Zeilen innerhalb der letzten 512 Byte einer Text-Datei aus. Die Variable `flag` dient dazu, die Ausgabe mit einer vollständigen Zeile zu beginnen. Das Flag wird daher erst gesetzt, wenn die Ausgabe am Anfang der Datei beginnt oder das erste Newline-Zeichen gelesen wurde. Abschließend wird noch die Anzahl aller Zeichen bis zum ersten `^Z` (= Control-Z) angezeigt. Sie stimmt mit der Dateilänge überein, wenn die Datei kein `^Z` enthält.

Übung

Maske zur nebenstehenden Aufgabe

(Die äußere Umrandung stellt den Bildschirm dar.)

Datei:	Dateilänge: ... Zeilen	Erste Zeile: ...
	.	
	.	
	.	
	(Textzeilen aus der Datei)	
	.	
	.	
	.	
(Dialogbereich)		
<Return>=naechste Seite	<Space>=neue Zeilennummer	<ESC>=Ende

Aufgabe:

Schreiben Sie ein C-Programm, das

1. eine in der Kommandozeile oder im Dialog angegebene Textdatei zum Lesen im Binärmodus öffnet. Kann die Datei nicht geöffnet werden, so soll das Programm mit einer entsprechenden Fehlermeldung enden.
2. in einen Vektor mit 1000 `long`-Elementen die Anfangspositionen der Zeilen speichert. Ist die Datei leer oder enthält sie mehr als 1000 Zeilen, soll das Programm mit einer entsprechenden Fehlermeldung enden.
3. die ersten 20 Zeilen aus der Datei zusammen mit der nebenstehenden Maske ausgibt. Die in der Fußzeile der Maske angegebenen Kommandos sollen so lange eingelesen und ausgeführt werden, bis die ESC-Taste gedrückt wird.

☞ Zum Löschen des Bildschirms und Positionieren des Cursors können die im Kapitel 7 eingeführten Makros `CLS` und `LOCATE()` verwendet werden. Eine Windows-Anwendung kann alternativ die Funktionen `cls()` und `setCursor()` aus der Datei `console.c` verwenden, die in der Header-Datei `console.h` deklariert sind (Kopieren Sie sich die Dateien aus dem Verzeichnis `Buch.src\Win32\Console` der beiliegenden CD). Mit jeder Bildschirmseite ist auch die Maske neu auszugeben.

Lösungen

```
/* view.c --> Gibt jeweils  20  Zeilen einer Textdatei    *
 *           am Bildschirm aus.                             *
 *           Aufruf:  view  [dateiname]                     */

#include <stdio.h>
#include <conio.h>
#include <string.h>
#define  ESC   27

extern void v_exit(int nr);                      // Prototypen
extern int getlinenr( void), init_linep( void),
           display( int start_line);

FILE *fp;   char datei[21];  int nlines;         // Globale
                                                 // Variablen
void main(int argc, char **argv)
{
    int lnr = 0;
    switch( argc )
    {
       case  2:  strcpy(datei, argv[1]);
                 break;
       case  1:  fprintf(stderr,"Dateiname:  ");
                 scanf("%20s",datei);
                  break;
       default:  v_exit(1);
    }
    if( (fp = fopen(datei, "rb")) == NULL )  v_exit(2);
    if( (nlines = init_linep()) <= 0 )
       v_exit(nlines+4);              // nlines = 0  oder -1.

    display(lnr);                     // Erste Seite anzeigen.
    while(1)
       switch( getch())               // Kommando einlesen
       {                              // und ausführen.
          case  ESC:  v_exit(0);
          case '\r':  if(lnr < nlines+18)  lnr += 18;
                      display(lnr);  break;
          case  ' ':  lnr = getlinenr() - 1;
                      display(lnr);  break;
          default  :  putc('\a',stderr);          // Ton
       }
    v_exit(0);
}
```

```
/* v_util.c -->  Die von view verwendeten Funktionen.      */

#include <stdio.h>
#include <stdlib.h>

#define  ESC   27
#define  CLS           fprintf(stderr,"\033[2J")
#define  LOCATE(r,c)   fprintf(stderr,"\033[%u;%uH",r,c);

extern FILE *fp;      extern char datei[21];
extern int nlines;
static long linep[1000];  // Fuer die Zeilenpositionen.

void v_exit(int nr)         // Beendigung mit (Fehler-)Meldung.
{
    static char *exit_msg[] = {  "\t\t\t GOOD BYE",
                 "Benutzung:  view  [dateiname]",
                 "Falscher Dateiname (Fehler beim Oeffnen)",
                 "Datei zu lang",  "Datei ist leer",  ""  };

    if( nr < 0  ||  nr > 4)  nr = 5;
    CLS;  fputs(exit_msg[nr], stderr);
    exit(nr);
}

int getlinenr(void)      // Einlesen einer neuen Zeilennummer.
{
    int lnr = 0;   char input[10];
    while( lnr <= 0 || lnr > nlines)
    {  fflush( stdin);
       LOCATE(24,0); printf("Zeilennummer:           ");
       LOCATE(24,15); lnr = atoi( fgets(input,10,stdin));
    }
    return( lnr );
}

int init_linep(void)     // Initialisierung von line_p[]
{                        // Return-Wert: Anzahl Zeilen oder -1
    int i = 0;  char line[81];
    do
      linep[i] = ftell(fp);
    while( fgets(line, 81, fp) != NULL  &&  ++i < 1000);

    return( feof(fp) ? i : -1);       //  -1 = zu viele Zeilen
}                                     //   0 = leere Datei
```

Lösungen (Fortsetzung)

```
static char status[] =
"Datei: %-20s  Dateilaenge: %u Zeilen   Erste Zeile: %-5u\n";

static char border[] =
"---------------------------------------";


static char commands[] =
"<Return>=naechste Seite    <Space>=neue Zeilennummer
" "<Esc>=Ende";

int display( int linenr) // Ausgabe einer Bildschirmseite
{
   int count = 0;  char line[81];

   if(linenr >= nlines)  return 0;

   CLS; printf(status, datei, nlines, linenr+1);
   printf(border);

   fseek(fp, linep[linenr], 0);
   while( count++ < 20  &&  fgets(line, 81, fp) != NULL)
     fputs(line, stdout);

   LOCATE(23,0);  printf(border);
   LOCATE(25,0);  printf(commands);  LOCATE(24,0);
   fflush(stdout);
   return 1;
}
```

Ergänzende Hinweise zur Weiterentwicklung des Programms:

- Der Einfachheit halber wurde die Maximalzahl der Zeilen in der Datei auf 1000 begrenzt. Durch dynamische Reservierung von Speicherplatz kann diese Einschränkung aufgehoben werden.
- Das Programm zählt ein Tabulatorzeichen `'\t'` als ein Zeichen. Es sollte aber die für ein `'\t'` ausgegebene Anzahl von Blanks zählen.
- Sinnvoll ist die Hinzunahme von weiteren Möglichkeiten, wie z.B. das Scrollen des Textfensters, die wahlweise hexadezimale Darstellung (= Hex-Dump) sowie die Benutzung von Farbe.

Der letzte Punkt kann für DOS-Programme mithilfe der Videofunktionen aus dem 25. Kapitel, »Hardware-nahe Programmierung unter DOS«, realisiert werden. Für Unix-Programme ist der Einsatz der Curses-Bibliothek sinnvoll. Die Besprechung dieser umfangreichen Bibliothek würde hier aber zu weit führen.

Kapitel 18

Low-Level-Dateizugriff

Dieses Kapitel beschreibt den Low-Level-Dateizugriff, d.h. den Dateizugriff mithilfe von Funktionen, die auf direkten Aufrufen des jeweiligen Betriebssystems beruhen. Dies bietet eine größere Flexibilität, aber auch mehr Programmieraufwand und eine stärkere Systemabhängigkeit.

Erzeugen von Dateien

Bit-Codierung der Zugriffsrechte (UNIX)

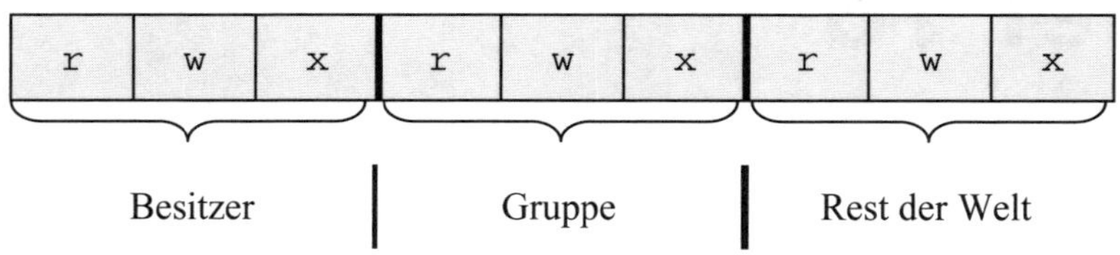

`r` = Lesen (engl. *read*)

`w` = Schreiben (engl. *write*)

`x` = Ausführen (engl. *execute*)

Bit = `1` bedeutet: Zugriffsrecht erteilt.

Datei erzeugen

```
#include <io.h>     // Prototypen der Low-Level-Routinen.

int main()
{
  int fd;

  fd = creat("test.dat",0755);    // Besitzer: alle Rechte.
                                  // Alle anderen: kein Schreibrecht.
  if( fd == -1 )
       /*  Fehlermeldung     */
  else
       /* Datei bearbeiten. */
     .
     .
     .
}
```

Bei Microsofts Visual C++ ist den Namen von Low-Level-Funktionen ein Unterstrich vorangestellt, z.B. `_creat()`. Aus Gründen der Kompatibilität zu Unix stehen aber auch die Namen ohne Unterstrich zur Verfügung.

Low-Level-Funktionen

Die Low-Level-Funktionen für den Dateizugriff sind direkte Aufrufe von Routinen, die das jeweilige Betriebssystem zur Dateiverarbeitung bietet. Sie werden auch *elementare Ein-/Ausgabefunktionen* genannt. Die High-Level-Funktionen der Standardbibliothek sind mithilfe dieser Systemaufrufe implementiert.

Bei den Low-Level-Funktionen muss der Programmierer die Organisation von Dateipuffern selbst vornehmen. Ein weiterer Nachteil ist, dass die Funktionen nicht standardisiert und damit abhängig vom Betriebssystem sind. Die formalen Schnittstellen sind jedoch an UNIX orientiert. Ein Vorteil dagegen ist, dass der Programmierer die Möglichkeiten des Betriebssystems besser ausnutzen kann und einen direkteren Einfluss auf das Ablaufgeschehen hat. So können z.B. die Dateizugriffe beschleunigt werden.

File-Handle

Bei den elementaren Ein-/Ausgabe-Routinen werden Dateien über *File-Handle* angesprochen. Ein File-Handle ist eine positive, kleine Ganzzahl, die beim Erzeugen oder Öffnen der Datei als Return-Wert geliefert wird. Auch zu jedem File-Pointer gehört ein intern verwalteter File-Handle. Dieser kann mit der Funktion `fileno()` bestimmt werden. Den File-Pointern `stdin, stdout, stderr` entsprechen die File-Handle `0, 1, 2`.

Die Funktion `creat()` erzeugt eine neue Datei und öffnet sie zum Schreiben. Eine bereits existierende Datei mit Schreibrecht wird auf die Länge `0` gekürzt. Der alte Dateiinhalt geht also verloren!

Prototyp: `int creat(char *name, int permission);`

Das Argument `name` ist der Dateiname, der eine Pfadangabe enthalten kann. Der `int`-Wert *`permission`* legt die *Zugriffsrechte* auf die neue Datei für spätere Öffnungen fest. Der Wert für *`permission`* wird ignoriert, wenn die Datei bereits existiert. In diesem Fall bleiben die alten Zugriffsrechte erhalten.

Die Zugriffsrechte sind nebenstehend beschrieben. Sie werden in der Regel als dreistellige Oktalzahl angegeben oder durch symbolische Konstanten, die in der Header-Datei `sys\stat.h` definiert sind. Die Auswertung von *`permission`* hängt von den Möglichkeiten des Betriebssystems ab. Unter DOS/WINDOWS ist nur das w-Bit des Besitzers von Bedeutung.

`creat()` liefert als Return-Wert ein File-Handle, im Fehlerfall den Wert `-1`. Mögliche Fehlerursachen sind:

- Ungültige Pfadangabe.
- Die Datei existiert bereits und darf nicht überschrieben werden.
- Es sind schon zu viele Dateien geöffnet.

Die Fehlerbehandlung wird später in diesem Kapitel beschrieben.

Öffnen und Schließen von Dateien

Beispielprogramm

```
/* Lcopy1.c  --> Kopiert Dateien mit Low-Level-Routinen:    *
 *               Sind zwei Dateien in der Kommandozeile     *
 *               angegeben, wird die erste auf die zweite   *
 *               kopiert. Ist nur eine Datei angegeben, so  *
 *               wird diese auf die Standardausgabe kopiert */

#include <fcntl.h>  // Definition von O_RDONLY, O_WRONLY, ...
#include <io.h>     // Prototypen der Low-Level-Funktionen.
#include <conio.h>
#include <string.h>
#include <stdlib.h>
#define  STDOUT    1 // File-Handle: Standardausgabe.
#define  STDERR    2 // File-Handle: Standardfehlerausgabe.
#define  BUF_SIZE  1024
static char buffer[BUF_SIZE];                      // Der Puffer

static char usage[]  = "Benutzung: Lcopy1  Quelle   [Ziel]\n";
static char eo[60]   = "Fehler beim Oeffnen von   ";
static char msg[120] = "\nDie Datei   ";
static char a[]      = "  existiert schon!\n"
             "Soll die Datei ueberschrieben werden? (j/n)\n";

int main(int argc, char **argv)
{
  int  c,  nread;              // Anzahl gelesener Zeichen.
  int  inf, outf;              // Die File-Handles.

  switch( argc )
  {
   case 2: inf = open( argv[1], O_RDONLY); //Zum Lesen oeffnen
           outf = STDOUT;
           break;

   case 3:                  // Von Datei zu Datei im Binaermodus.
           if((inf=open(argv[1],O_RDONLY | O_BINARY))== -1)
             break;
                          // Zweite Datei zum Schreiben oeffnen:
             outf = open( argv[2], O_WRONLY | O_BINARY);
             break;

    default: write(STDERR, usage, strlen(usage));
             exit(1);
   } // Fortsetzung folgt.
```

Mit der Funktion `open()` kann eine Datei zum Lesen und/oder Schreiben geöffnet werden. Existiert die zu öffnende Datei noch nicht, gibt es auch die Möglichkeit, sie mit `open()` zu erzeugen.

Prototyp:
```
int open(char *name, int modus, ...
                             /* int permission */);
```

Das Argument `name` ist der Dateiname, der auch eine Pfadangabe enthalten kann. Das Argument `modus` bestimmt die *Zugriffsart*. Das dritte Argument *`permission`* ist optional und wird nur dann angegeben, wenn eine neue Datei erzeugt werden soll.

Öffnungsmodus

Die Bit-Codierung für die Zugriffsart ist bei den verschiedenen Compilern unterschiedlich. Daher sollten für *`modus`* symbolische Konstanten benutzt werden, die in der Header-Datei `fcntl.h` mit einheitlichen Namen definiert sind. Eine der folgenden drei Konstanten muss immer angegeben werden:

modus	Bedeutung
O_RDONLY	Datei nur zum Lesen öffnen
O_WRONLY	Datei nur zum Schreiben öffnen
O_RDWR	Datei zum Lesen und Schreiben öffnen

Mit diesen symbolischen Konstanten können weitere Konstanten durch den bitweisen ODER-Operator `|` verknüpft werden. Dazu gehören die Konstanten

```
O_APPEND, O_CREAT, O_TRUNC, O_BINARY, O_TEXT
```

Sie werden bei der Funktion `open()` im Referenzteil »Funktionen der Standardbibliothek« beschrieben. Als Beispiel besprechen wir hier die Konstante `O_CREAT`:

Soll `open()` im Fall, dass die angegebene Datei nicht existiert, eine Datei neu erzeugen, muss bei *`modus`* zusätzlich `O_CREAT` angegeben werden. Durch das dritte Argument *`permission`* werden dann die Zugriffsrechte für zukünftige Dateiöffnungen festgelegt, wie dies bei `creat()` beschrieben wurde.

Beispiel:
```
open( "test.dat", O_WRONLY | O_CREAT, 0644)
```

Hier wird die Datei `test.dat` zum Schreiben geöffnet. Falls die Datei nicht existiert, wird sie erzeugt und hat die Zugriffsrechte `0644`.

`O_CREAT` hat keine Wirkung, wenn die Datei bereits existiert, d.h. im Unterschied zu `creat()` bleibt der Dateiinhalt erhalten.

Die Funktion `open()` liefert als Return-Wert ein File-Handle und im Fehlerfall den Wert `-1`.

Schreiben und Lesen von Dateien

Fortsetzung von Lcopy1.c

```
/*            ---   Fortsetzung von Lcopy1.c   ---          */

  if( inf == -1 )                      // Quelldatei geoeffnet?
  {
    strncat(eo, argv[1], 30);
    write(STDERR, eo, strlen(eo));
    exit(2);
  }
  if( outf > 2 )                   // Zieldatei geoeffnet?
  {                                // Zieldatei existiert schon!
    close(outf);
    strncat(msg, argv[2], 30);
    strcat(msg, a);
    write(STDERR, msg, strlen(msg));       // Ueberschreiben?

    while( (c = getch() | 0x20) != 'j'  &&  c != 'n')
        ;                                 // Antwort einlesen.
    if( c == 'n')
       write(STDERR,"\nEs wurde nicht kopiert.", 24),
       exit(0);
  }
  if( outf != STDOUT)
    outf = open(argv[2],           // Zieldatei
                     O_WRONLY      // zum Schreiben
                   | O_BINARY      // im Binaermodus oeffnen
                   | O_TRUNC       // und auf Laenge 0 kürzen
                   | O_CREAT, 0644);// bzw. mit Zugriffsrechten
                                   // 0644 neu erzeugen.

   if( outf == -1 )                // Zieldatei geoeffnet?
   {  strncat(eo, argv[2], 30); // Nein -> Fehlermeldung.
      write(STDERR, eo, strlen(eo));
      exit(3);
 }
                                              // Kopieren!
  while( (nread = read(inf, buffer, BUF_SIZE)) > 0)
    if( write(outf, buffer, nread) != nread)
      write(STDERR,"\nDatentraeger voll!!", 20), exit(4);

   write(STDERR,"\nKopieren beendet! \n", 20);
   return 0;
}
```

Als elementare Ein-/Ausgaberoutinen stehen die Funktionen `write()` und `read()` zur Verfügung. Die Informationen werden byteweise übertragen, wobei die Anzahl der zu kopierenden Byte und die Anfangsadresse eines Puffers im Hauptspeicher anzugeben sind.

Wie bei den High-Level-Routinen bezieht sich jede Schreib-/Leseoperation auf die aktuelle Position in der Datei.

Schreiben mit write()

Die Funktion `write()` schreibt *n* Byte aus dem durch *buffer* adressierten Puffer in die Datei, die mit dem File-Handle *fd* geöffnet wurde.

Prototyp: `int write(int fd, void *buffer, unsigned int n);`

Die Funktion gibt die Anzahl der Byte zurück, die tatsächlich in die Datei geschrieben wurden. Ist diese Zahl nicht negativ, aber kleiner als `n`, so ist der Datenträger voll.

Der Return-Wert `-1` zeigt einen Fehler an. Mögliche Fehlerursachen sind:

- Ungültiges File-Handle.
- Zugriff nicht gestattet.

Der zweite Fehler tritt z.B. beim Versuch auf, in eine Datei zu schreiben, die nur zum Lesen geöffnet wurde.

Die genaue Fehlerursache kann über den Wert der externen Variablen `errno` ermittelt werden. Auf die Fehlerbehandlung bei Low-Level-Routinen wird noch am Schluss dieses Kapitels eingegangen.

Lesen mit read()

Die Funktion `read()` liest höchstens `n` Byte aus der mit dem File-Handle `fd` verbundenen Datei in einen Puffer, auf den *buffer* zeigt.

Prototyp: `int read(int fd, void *buffer, unsigned int n);`

Der Return-Wert ist die Anzahl der tatsächlich gelesenen Byte. Diese Zahl ist kleiner als `n`, wenn vorzeitig das Dateiende erreicht wird. Insbesondere wird beim Versuch, ab Dateiende zu lesen, der Wert `0` zurückgegeben.

Der Return-Wert `-1` zeigt wieder einen Fehler an, wobei die möglichen Fehlerursachen denen bei `write()` entsprechen.

In einer Textdatei unter DOS und Windows markieren zwei Zeichen das Ende einer Zeile: `'\r'` (CR) und `'\n'` (LF). Daher wird im Textmodus beim Schreiben mit `write()` jedes LF in eine CR+LF- Kombination umgewandelt. Umgekehrt wird beim Lesen mit `read()` eine CR+LF-Kombination in ein einzelnes LF umgesetzt. Dabei zählt eine CR+LF-Kombination immer nur als ein Zeichen.

Wahlfreier Dateizugriff

Beispielprogramm (Auszug)

```
/* Lager.h --> Definition des Datensatzes ARTICLE.      */

typedef  struct {
                 long  nr;             // Artikelnummer
                 char  name[32];       // Artikelname
                 long  count;          // Anzahl
                 char  info[40];       // Weitere Infos
                }
                ARTICLE;

extern int list_record( int fh, unsigned n);  // Prototyp


/* LG_List.c --> Enthaelt die Funktion list_record().  */

#include  <stdio.h>
#include  <io.h>
#include  "Lager.h"   // Definiton von ARTICLE.

/* Funktion: list_record()                              *
 * Zweck:    Liest einen Datensatz vom Typ ARTICLE aus  *
 *           der Datei und zeigt ihn am Bildschirm an.  *
 * Argumente:   File-Handle und Nummer des Datensatzes.*
 * Return-Wert:  0 = Datensatz ausgegeben.              *
 *              -1 = Fehler.                            */

int list_record( int fh, unsigned n)  // n = Datensatznr.
{                             // Die Felder nr, name, count
   ARTICLE  a;                // werden auf stdout ausgegeben.

   if(lseek(fh, (long)n * sizeof(a), 0) < 0)  return -1;

   if(read(fh, &a, sizeof(a)) < sizeof(a) )   return -1;

   printf("\n%08ld   %-32.32s %10ld",
                              a.nr, a.name, a.count);
   return 0;
}
```

Den High-Level-Routinen `fseek()` und `ftell()`, die den wahlfreien Dateizugriff unterstützen, entsprechen beim Low-Level-Zugriff die Funktionen `lseek()` und `tell()`.

Seek-Zeiger positionieren

Die Funktion `lseek()` verschiebt den Seek-Zeiger der mit dem File-Handle *fd* geöffneten Datei vom Bezugspunkt *basis* um *offset* Byte.

Prototyp: `long lseek(int fd, long offset, int basis);`

Der Wert von `basis` ist `0`, `1` oder `2`, je nachdem, ob der Bezugspunkt der Dateianfang, die aktuelle Position oder das Dateiende sein soll. Die nächste Schreib- oder Leseoperation findet dann an der neuen aktuellen Position statt.

Der Return-Wert der Funktion ist die neue aktuelle Position in der Datei. Im Fehlerfall liefert die Funktion den Wert `-1`, etwa bei falschem Basiswert oder beim Versuch, den Seek-Zeiger vor den Dateianfang zu positionieren.

Das nebenstehende Beispiel zeigt eine Anwendung von `lseek()`.

Aktuelle Position abfragen

Mit der Funktion `tell()` kann die aktuelle Position in einer Datei bestimmt werden.

Prototyp: `long tell(int fd);`

Der Return-Wert ist die aktuelle Position in der Datei. Bei einem ungültigen File-Handle wird der Wert `-1` zurückgegeben.

Dateien schließen

Am Ende eines regulär ablaufenden Programms werden alle Dateien automatisch geschlossen. Eine nicht mehr benötigte Datei sollte jedoch schon vorher geschlossen werden. Dadurch wird vermieden, dass Inhalte von Dateipuffern verloren gehen oder zu viele Dateien gleichzeitig geöffnet sind. Die Funktion `close()` mit dem

Prototyp: `int close(int fd);`

schließt eine Datei, die mit `open()` oder `creat()` geöffnet wurde. Bei einem falschen File-Handle liefert die Funktion den Return-Wert `-1`, andernfalls den Wert `0`.

Fehlerbehandlung

Fehlernummern der Fehlervariablen errno

Fehlername	Meldung	Grund
E2BIG	Argument list too long	Kommandozeile zu lang (i.A. höchstens 128 Byte).
EACCES	Permission denied	Der gewählte Zugriff auf die Datei ist nicht zulässig.
EBADF	Bad file number	File-Handle ist ungültig oder der Zugriffsmodus entspricht nicht dem Öffnungsmodus.
EDOM	Input to function out of range	Das Argument liegt nicht im Definitionsbereich der mathematischen Funktion.
EILSEQ	Illegal sequence	Eine Byte-Folge stellt kein gültiges Multibyte-Zeichen dar.
EINVAL	Invalid argument	Falscher Argumentwert, z.B. bei Positionierung des Seek-Zeigers vor den Dateianfang.
EMFILE	Too many open files	Maximale Anzahl von geöffneten Dateien bereits erreicht.
ENOENT	No such file or directory	Die angegebene Datei existiert nicht, bzw. die Pfadangaben sind falsch.
ENOMEM	Not enough memory	Nicht genug Platz im Hauptspeicher verfügbar.
ERANGE	Output of function out of range	Ergebnis außerhalb des darstellbaren Zahlenbereichs.
EXDEV	Cross device link	Fehler beim Versuch, eine Datei durch Umbenennen auf ein anderes Laufwerk zu verschieben.

Fehlernummern

Tritt beim Ausführen einer Low-Level-Routine ein Fehler auf, so zeigt dies der Return-Wert `-1` an. Darüber hinaus wird der externen `int`-Variablen `errno` eine *Fehlernummer* zugewiesen. Der genaue Grund für die Fehlersituation kann somit durch Auswerten der Fehlervariablen `errno` ermittelt werden.

Für jede Fehlernummer ist in der Header-Datei `errno.h` eine symbolische Konstante definiert. Die wichtigsten Konstanten und ihre Bedeutung sind in der nebenstehenden Tabelle zusammengestellt.

Auch einige Standardfunktionen setzten die Fehlervariable `errno`. In einem solchen Fall ist dies in der Beschreibung der Funktion in Teil 3 angegeben. Der Standard fordert aber lediglich die Definition der Konstanten `EDOM`, `EILSEQ` und `ERANGE`.

Die Fehlernummer wird als Index in der extern definierten Adresstabelle `sys_errlist` benutzt, um die entsprechende Systemfehlermeldung aufzufinden. Die Länge dieser Tabelle ist in der externen Variable `sys_nerr` abgelegt.

Systemfehlermeldungen ausgeben

Die Funktion `strerror()` liefert zu einer Fehlernummer zwischen `0` und `sys_nerr - 1` die entsprechende Systemfehlermeldung.

Prototyp: `char *strerror(int errnum);`

Unmittelbar nach einem fehlerhaften Systemaufruf kann die Funktion `perror()` benutzt werden, um die Systemfehlermeldung auszugeben, welche dem aktuellen Wert von `errno` entspricht.

Prototyp: `void perror(char *string);`

Die Funktion gibt den angebenen String, einen Doppelpunkt sowie die Systemfehlermeldung mit abschließendem Zeilenvorschub aus. Typischerweise ist *`string`* ein Dateiname.

Beispiel:

```
int fd;
static char  datei[] = "test.dat";
if( (fd = open( datei, O_RDONLY)) == -1)
    perror( datei );
```

Enthält das aktuelle Directory nicht die Datei `test.dat`, so wird `errno` auf `ENOENT` gesetzt und Folgendes ausgegeben:

```
test.dat: No such file or directory
```

Übungen

Beispielhafte Bildschirmausgaben zur 3. Aufgabe:

Quelldatei und Zieldatei sind identisch:

Aufruf:

```
Lcopy2  test.dat  test.dat
```

Meldung:

```
Eine Datei kann nicht auf sich selbst kopiert werden!
```

Zieldatei test.dat exstiert bereits:

Aufruf:

```
Lcopy2  abx.dat  test.dat
```

Meldung:

```
Bitte waehlen Sie:

                U = Ueberschreiben der Datei
                A = Anhaengen an die Datei
                B = Beenden des Programms
```

1. Aufgabe:

Erstellen Sie ein C-Programm, das neue Datensätze ans Ende einer Lagerdatei mit Datensätzen vom Typ `ARTICLE` anfügt. Diese sollen im Dialog von der Tastatur eingelesen werden.

Anschließend ist die Gesamtzahl der Datensätze in der Datei auf dem Bildschirm anzuzeigen. Der Benutzer soll dann entscheiden, ob alle Datensätze aufgelistet werden.

☞ Verwenden Sie die Header-Datei `Lager.h`, in der die Struktur `ARTICLE` definiert ist sowie die Funktion `list_ record()` zur Ausgabe der Datensätze. Beide wurden zur Demonstration der Funktion `lseek()` im Abschnitt über wahlfreien Dateizugriff angegeben.

2. Aufgabe:

Erstellen Sie ein C-Programm, das alle Fehlermeldungen Ihres Systems zusammen mit den Fehlernummern auf dem Bildschirm ausgibt.

3. Aufgabe:

Das Programm `Lcopy.c` kann in verschiedener Hinsicht noch erweitert werden:

i) Damit eine Datei nicht in sich selbst kopiert wird, muss überprüft werden, ob in der Kommandozeile zwei identische Dateinamen angegeben wurden. Ist dies der Fall, so wird die Programmausführung mit der nebenstehenden Fehlermeldung abgebrochen.

ii) Gibt eine Low-Level-Routine den Wert `-1` zurück, soll die entsprechende Systemfehlermeldung ausgegeben werden.

iii) Wird in der Kommandozeile eine bereits existierende Zieldatei angegeben, so soll der Anwender die nebenstehend angegebene Auswahlmöglichkeit haben.

☞ Beim Überschreiben der Datei muss die Dateilänge zunächst auf `0` gekürzt werden. Beim Anhängen ist davon auszugehen, dass eine Textdatei vorliegt.
Sofern Sie nicht auf einem Unix-System arbeiten, ist darauf zu achten, dass das erste Control-Z-Zeichen das Dateiende markiert.

Lösungen

zur 1. Aufgabe:

```
/* Lager.c --> Haengt Datensaetze vom Typ ARTICLE an die *
 *             Datei LAGER.DAT an und gibt ihren Inhalt  *
 *             mit der Funktion list_record()aus.        */

#include  <stdio.h>
#include  <conio.h>
#include  <string.h>
#include  <stdlib.h>
#include  <io.h>
#include  <fcntl.h>  // Defintionen der Konstanten O_RDONLY.
#include  "Lager.h"  // Definition des Datensatzes ARTICLE.

int toupper(int);
int fh = -1;                                 // File-Handle
static char datei[] = "LAGER.DAT";           // Lagerbestaende

int main()
{
    ARTICLE a;
    char input[128];
    int  jn, n;
    long nrecord;
    int  modus = O_WRONLY | O_BINARY | O_APPEND | O_CREAT;

    fh = open(datei, modus, 0644);
    if( fh == -1)
       perror( datei), exit(1);

    printf("\n\t\t    ----  LAGERDATEI  ----\n\n");
    printf("Bitte neue Bestaende eingeben "
           "und mit Ctrl-Z abschließen:\n");

    while(1)       // Die Felder eines Datensatzes einlesen.
    {
       printf("\n\nArtikel-Nummer:   ");
       if( gets(input) == NULL)  break;
       a.nr = atol(input);
```

```
        printf("\nArtikel-Name:      ");
        if( gets(input) == NULL)  break;
        strncpy(a.name, input, 32);

        printf("\nAusfuehrung:       ");
        if( gets(input) == NULL)  break;
        strncpy(a.info, input, 40);

        printf("\nArtikel-Anzahl:    ");
        if( gets(input) == NULL)  break;
        a.count = atol(input);

        if( write( fh, &a, sizeof(a) ) < sizeof(a) )
           perror( datei), exit(2);

    } // Ende while(1)

    nrecord = lseek(fh, 0L, 2) / sizeof(a);
    printf("\n\nAnzahl der Datensaetze in %s: ", datei);
    printf(" %ld\n\n", nrecord);
    close(fh);

    printf("\nLagerdatei ausgeben? (j/n)");

    while( (jn = toupper( getch())) != 'J'  &&  jn != 'N')
        ;

    if( jn == 'J' && nrecord > 0)
    {
        fh = open( datei, O_RDONLY | O_BINARY);
        if( fh == -1)
           perror( datei), exit(1);

        printf("\n\nDie Bestaende: \n");
        printf( "\n%-8s   %-32s %10s\n",
                " NUMMER", "BEZEICHNUNG", "      ANZAHL");
        for( n = 0 ; list_record(fh,n) != -1 ; ++n )
           ;
    }

    printf("\n\nBYE-BYE\n");

    return 0;
}
```

Lösungen (Fortsetzung)

zur 2. Aufgabe:

1. Alternative

```
#include <string.h>
#include <stdio.h>

extern int  sys_nerr;

int main()
{
    int i;

    for( i = 0 ;  i < sys_nerr ; ++i )
       printf("\n%2d :    %s", i, strerror(i) );

    putchar('\n');
    return 0;
}
```

2. Alternative

```
#include <string.h>
#include <stdio.h>

extern int  sys_nerr;
extern char *sys_errlist[];

int main()
{
    int i;

    for( i = 0 ;  i < sys_nerr ; ++i )
       printf("\n%2d :    %s", i, sys_errlist[i] );
    putchar('\n');
    return 0;
}
```

zur 3. Aufgabe:

```
/*  Lcopy2.c  --> Kopiert Dateien mit Low-Level-Routinen.  *
 *                                                        *
 *               Aufruf:  Lcopy2  Quelle  [Ziel]          *
 *                                                        *
 *  Ist nur eine Datei in der Kommandozeile angegeben, so *
 *  wird diese auf die Standardausgabe kopiert. Sind zwei *
 *  Dateien angegeben, wird die erste auf die zweite      *
 *  kopiert. Sollte die zweite Datei schon exitieren,     *
 *  kann der Anwender waehlen, ob ueberschrieben,         *
 *  angehaengt oder das Programm beendet werden soll.     */

#include <stdio.h>             // Prototyp von perror()
#include <conio.h>             // Prototyp getch()
#include <stdlib.h>            // Prototyp von exit()
#include <string.h>
#include <fcntl.h>   // Definition von O_RDONLY, O_WRONLY,..
#include <io.h>      // Prototypen der Low-Level-Funktionen.

#define  STDOUT  1   // File-Handle der Standardausgabe
#define  STDERR  2   // File-Handle der Standardfehlerausgabe

#define  Ctrl_Z    26
#define  BUF_SIZE  1024        // Laenge von zwei Sektoren.
static char buffer[BUF_SIZE];  //  Der Puffer

static char usage[]  =
                   "\nBenutzung:  Lcopy2  Quelle  [Ziel]\n";

static char equal[]  =
"\nEine Datei kann nicht auf sich selbst kopiert werden!\n";

static char msg[120] = "\nDie Datei  ";
static char a[]      = "  existiert schon!\n\n"
      "Bitte waehlen Sie:\n\n"
      "                 U = Ueberschreiben der Datei\n"
      "                 A = Anhaengen an die Datei\n"
      "                 B = Beenden des Programms\n\n\n";

int newposition( int fh);      // Prototyp
```

Lösungen (Fortsetzung)

zur 3. Aufgabe (Fortsetzung):

```
int main(int argc, char **argv)
{
   int  nread;                    // Anzahl gelesener Zeichen.
   int  inf, outf;                // Die File-Handles .

switch( argc )
   {

     case 2:
       inf = open( argv[1], O_RDONLY);  // Zum Lesen oeffnen.
       outf = STDOUT;
       break;

     case 3:
       if( strcmp(argv[1], argv[2]) == 0)
          write(STDERR, equal, strlen(equal)),
          exit(1);

           // Von Datei zu Datei im Binaermodus kopieren:
       if((inf = open( argv[1], O_RDONLY | O_BINARY)) == -1)
          break;
          // Zieldatei zum Lesen und Schreiben oeffnen und
          // falls noetig, mit Zugriffsrechten 0644 erzeugen:
       outf = open( argv[2],
                    O_RDWR | O_BINARY | O_CREAT, 0644);
       break;

     default:
       write(STDERR, usage, strlen(usage));
       exit(1);
   }

   if( inf == -1 )                // Quelldatei eroeffnet?
      perror(argv[1]), exit(2);

   if( outf == -1 )               // Zieldatei eroeffnet?
      perror(argv[2]), exit(3);
```

```
    if( outf > 2  &&  lseek(outf, 0L, 2) > 0 )
    {                                    // Zieldatei existiert schon.
       strncat(msg, argv[2], 30);
       strcat(msg, a);
       write(STDERR, msg, strlen(msg));  // Meldung ausgeben.

       switch( newposition(outf) )       // Antwort auswerten.
       {
         case -1:                       // Programm beenden
            write(STDERR,"\nEs wurde nicht kopiert.\n", 25);
            exit(0);

         case 0:                // Zieldatei ueberschreiben.
            close(outf);        // Schliessen.

            // Zum Schreiben oeffnen und auf Laenge 0 kuerzen:
            outf = open( argv[2],
                         O_WRONLY | O_BINARY | O_TRUNC);

         default:   ;           // An Zieldatei anhaengen.
       }
    }
                                                    // Kopieren:
    while( (nread = read(inf, buffer, BUF_SIZE)) > 0)
       if( write(outf, buffer, nread) != nread)
       {
           write(STDERR, "Datentraeger voll!!\n", 20);
           exit(4);
       }

    if( outf != STDOUT)
       write(STDERR, "\nDas Kopieren ist beendet.\n", 27);

    return 0;
}
```

Lösungen (Fortsetzung)

zur 3. Aufgabe (Fortsetzung):

```
int newposition(int fh)  // Kommando einlesen und
                         // entsprechende Position einnehmen.
{
   int nread;
   long pos;
   register char *cp = buffer;

   while(1)        // Alle Eingaben ausser B, U, A ignorieren.
     switch( getch())
     {

       case 'B': case 'b':   return -1;  // Beenden

       case 'U': case 'u':   return 0;   // Ueberschreiben

       case 'A': case 'a':               // Anhaengen
         lseek(fh, 0L, 2);
         pos = tell(fh);                 // Am Ende der Datei

         pos < BUF_SIZE ? (pos = 0): (pos -= BUF_SIZE);
         lseek(fh, pos, 0);         // BUF_SIZE  Byte zurueck
                                    // ^Z suchen:
         nread = read(fh, buffer, BUF_SIZE);

         while( *cp != Ctrl_Z && cp < buffer + nread)
            ++cp;

         lseek(fh, pos + (cp-buffer), 0);

         return 2;
     }
}
```

Teil 2

Anwendungen

Die folgenden Kapitel machen Sie mit verschiedenen Anwendungen der Programmierung in C vertraut. Dazu gehören

- dynamische Datenstrukturen, die Informationen effizient verwalten,
- Windows-Programmierung mit C,
- Hardware-nahe Programmierung unter DOS.

Kapitel 19

Verkettete Listen

Dieses Kapitel zeigt anhand einer Fallstudie, wie in C mit verketteten Listen gearbeitet wird. In der Fallstudie wird ein Programm zur Verwaltung von Konten entwickelt.

Einfach verkettete Listen

Eine einfach verkettete Liste:

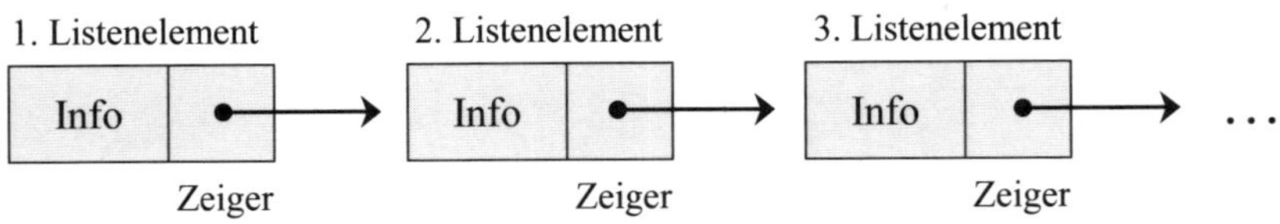

Listenelement einfügen:

vorher:

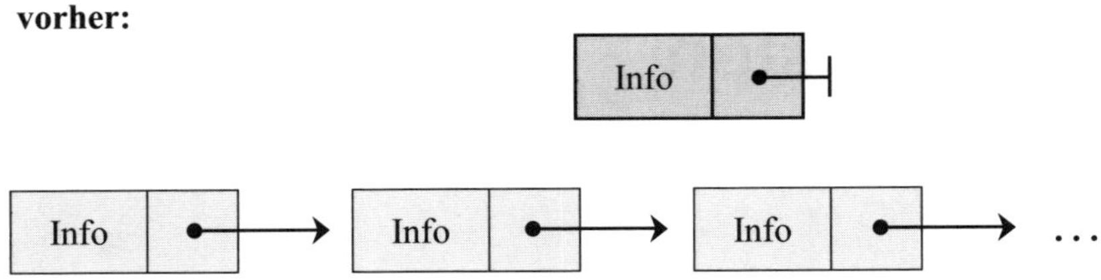

nachher:

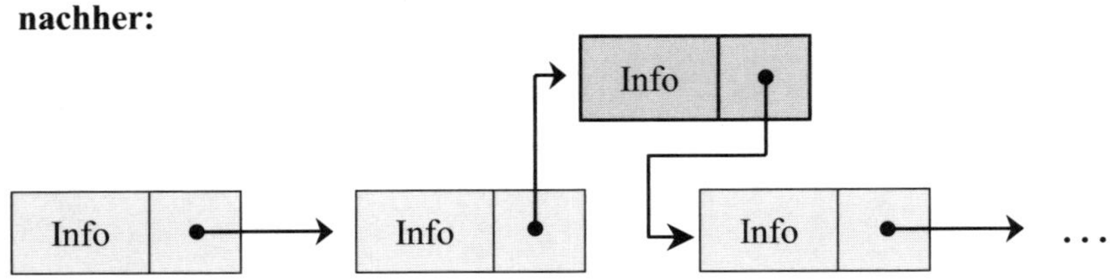

Listenelement löschen:

vorher:

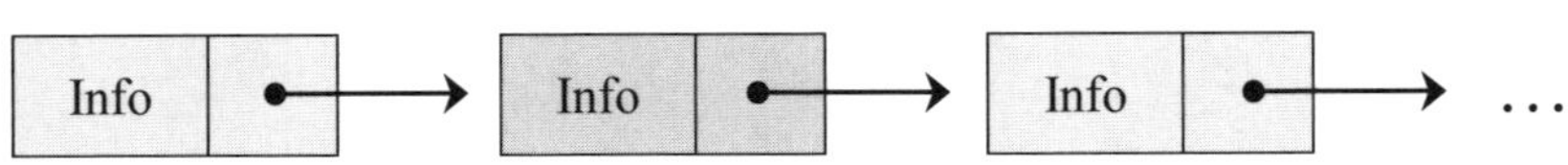

nachher:

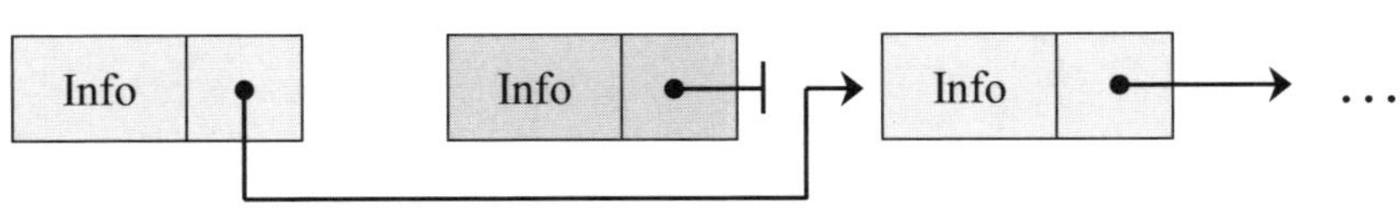

Statische und dynamische Datenstrukturen

In der Programmentwicklung spielt sowohl die Wahl effektiver Algorithmen als auch die Festlegung passender Datenstrukturen eine wichtige Rolle. Eine *Datenstruktur* legt fest, wie Daten zu Einheiten zusammengefasst und abgespeichert werden; etwa als Vektoren, Strukturen oder Dateien.

Die Wahl einer Datenstruktur ist bestimmend dafür, wie viel Speicherplatz verbraucht wird, wie schnell der Zugriff auf einzelne Daten ist und wie komplex oder einfach die Programmlogik gestaltet werden kann.

Im Unterschied zu den *statischen* Datenstrukturen, deren Größe zu Beginn der Programmausführung bekannt ist, kann eine *dynamische* Datenstruktur ihre Größe während der Programmausführung ändern. Ein Beispiel für eine dynamische Datenstruktur ist eine Datei. Einzelne Sätze können während der Programmausführung eingefügt oder gelöscht werden, wodurch sich die Größe der Datei dynamisch ändert.

Einfach verkettete Listen

Ein weiteres Beispiel ist eine *einfach verkettete Liste*, die durch folgende Eigenschaften charakterisierbar ist:

- Jedes Listenelement besitzt denselben Datentyp.
- Jedes Listenelement besitzt, abgesehen vom ersten und letzten Listenelement, genau einen Vorgänger und einen Nachfolger.
- Jedes Listenelement besitzt einen Zeiger auf seinen Nachfolger.

Ein Listenelement besteht aus einem Informationsteil und einem Zeiger auf das nachfolgende Listenelement. Der Speicherbereich, in dem die Listenelemente untergebracht werden, braucht nicht zusammenhängend sein.

Vorteile

Der wesentliche Vorteil von verketteten Listen ist, dass sich das Einfügen und Löschen von Listenelementen auf das Versetzen von Zeigern beschränkt, wie die nebenstehende Graphik zeigt.

Wird dagegen bei einem Vektor ein Element eingefügt oder gelöscht, so muss eine ganze Gruppe von Vektorelementen verschoben werden, um Platz zu schaffen bzw. um ein Loch zu schließen. Beim Einfügen muss gegebenenfalls sogar ein neuer zusammenhängender Speicherbereich reserviert werden, in den der Vektor kopiert wird. Beim Einfügen und Löschen von Sätzen einer Datei muss ebenfalls die gesamte Datei umkopiert werden.

Implementierung einer verketteten Liste

Eine Liste zur Verwaltung von Konten

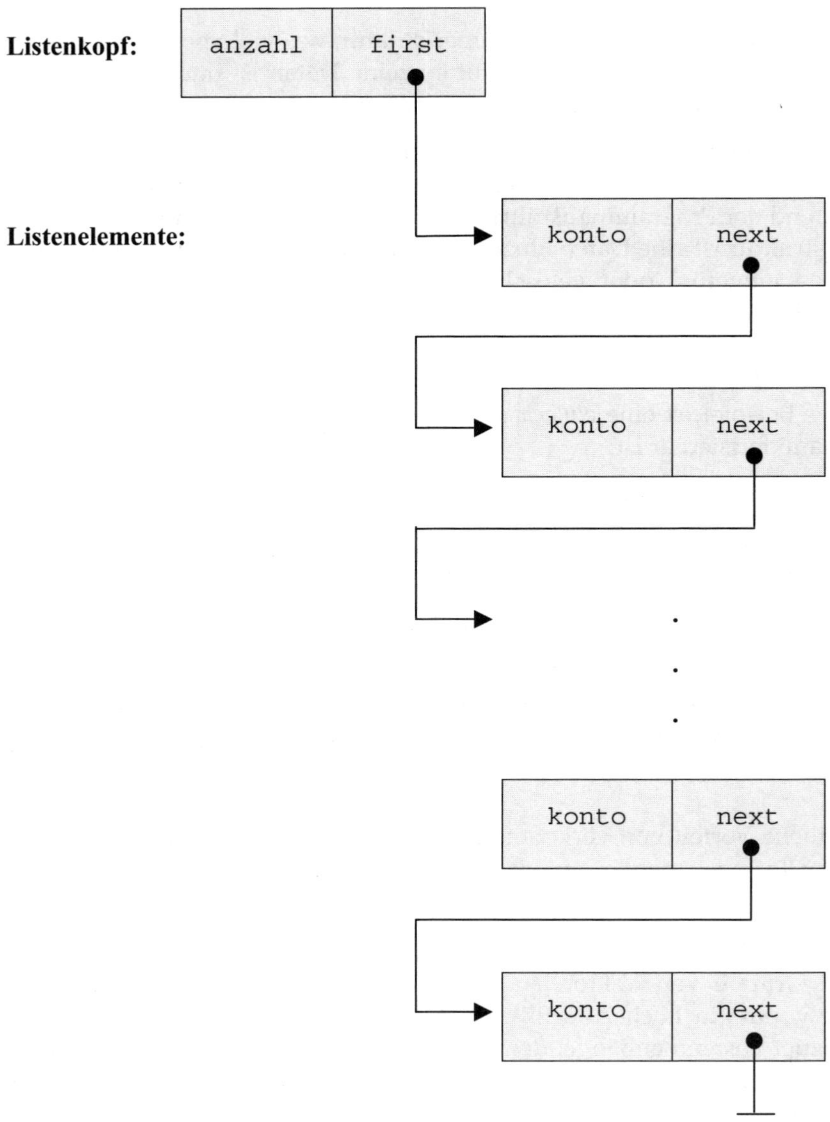

Eine verkettete Liste wird mit Hilfe einer rekursiven Struktur implementiert. Unter einer *rekursiven Struktur* versteht man eine Struktur, die einen Zeiger auf eine Struktur vom selben Typ enthält. Damit besitzt die Struktur *nicht* sich selbst als Komponente, was unmöglich wäre.

Implementierung von Listenelementen

Wir betrachten eine verkettete Liste, deren Elemente im Informationsteil eine Kontonummer, den Namen des Kontoinhabers sowie den Kontostand enthalten. Der Informationsteil wird wie folgt zu einer Struktur `daten` zusammengefasst:

```
struct daten          {
                        unsigned long  nr;
                        char     inhaber[24];
                        double   stand;
                      };
```

Ein Listenelement besteht dann aus einer Variablen `konto` vom Typ der Struktur `daten` und einem Zeiger `next` auf das nächste Listenelement:

```
struct element        {
                        struct daten    konto;
                        struct element *next;
                      };
```

Üblicherweise wird der Zeiger `next` des letzten Listenelements auf NULL gesetzt.

Listenkopf

Zur Identifizierung des ersten Listenelements bildet man einen so genannten *Listenkopf*, der wie folgt als Struktur definiert werden kann:

```
struct listenkopf {
                        unsigned int    anzahl;
                        struct element  *first;
                      };
```

Der Listenkopf besteht hier aus einem Zähler für die Anzahl der Listenelemente und einem Zeiger auf das erste Listenelement. Ist die verkettete Liste noch leer, so wird dieser Zeiger `first` auf `NULL` gesetzt.

Fallstudie: Verwaltung von Konten

Pseudo-Code des Programms

```
Gespeicherte Konten aus der Datei einlesen.


Falls die Datei noch nicht existiert:
    Im Dialog neue Konten einlesen.


Wiederhole:
   Menü anzeigen:  - Neue Konten eröffnen
                   - Kontobewegungen erfassen
                   - Konten löschen
                   - Alle Konten anzeigen
                   - Programm beenden
   Gewähltes Kommando ausführen.
solange (Kommando != Programmende)


Konten auf Festplatte schreiben.
```

Datei und Operationen

Wir wollen ein einfaches Programm zur Verwaltung von Konten erstellen. Eine Datei soll die Kontonummern, die Namen der Kontoinhaber sowie die aktuellen Kontostände enthalten, und zwar nach Kontonummern sortiert. Außerdem soll Folgendes möglich sein:

- Neue Konten eröffnen,
- Kontobewegungen erfassen,
- Konten löschen,
- sämtliche Konten auf dem Bildschirm anzeigen,
- Konten sortiert in die Datei schreiben.

Zur Lösung der Aufgabenstellung ist die Verwendung einer einfach verketteten Liste geeignet, sofern die Anzahl der Konten nicht zu groß wird:

Die Daten werden aus der Datei bzw. von der Tastatur in die verkettete Liste eingelesen, wo sie einfach und effektiv verändert, ergänzt oder gelöscht werden können. Die Daten der verketteten Liste werden schließlich in die Datei kopiert. Mögliche Fehlersituationen sollen durch eine Fehlerbehandlungsroutine abgefangen werden.

Vorgehensweise

Zur Entwicklung der Programmlogik ist es sinnvoll, dem Top-Down-Prinzip zu folgen, d.h. zunächst den groben Ablauf festzulegen und später die Details zu lösen. Das Ergebnis ist der nebenstehende Pseudo-Code.

Zu jeder Teilaufgabe erstellen wir eine Funktion. Die Aufgabenstellung

- Neue Konten eröffnen,

beinhaltet auch das Einlesen der Daten für die neuen Konten.

In der folgenden Tabelle sind die Namen der Funktionen und das, was die Funktionen leisten, zusammengestellt:

Funktion	**Leistung**
`read_file()`	Dateiinhalte in die Liste einlesen.
`menu()`	Auswahlmenü.
`make_account()`	Neue Konten eröffnen.
`change_account()`	Konten ändern oder löschen.
`display_account()`	Konten auf dem Bildschirm anzeigen.
`write_file()`	Liste in die Datei schreiben.

Die Funktion main()

```
/* Giro.c  --> Ein Programm zur Verwaltung von Konten   *
 *             mithilfe einer verketteten Liste.        */

#include "Giro.h"

int main()
{
   int  rw, cmd;              // Return-Wert, Kommando

   if( (rw = read_file()) == -1)
       rw = make_account();   // Keine Daten gespeichert.
   check(rw);

   do
   {
      switch( cmd = menu())           // Menue-Aufruf
      {
        case '1':                 // Neues Konto eroeffnen.
                   rw = make_account();
                   break;
        case '2':                     // Konto loeschen.
        case '3':                     // Kontobewegung
                   rw = change_account(cmd);
                   break;
        case '4':                     // Konten anzeigen.
                   rw = display_account();
                   break;
        case ESC:                     // Programmende
                   cls(); rw = 0;
                   break;
      }
      check(rw);

   } while(cmd != ESC);

   check( write_file() );           // Daten abspeichern.

   return 0;
}
```

Die Funktion `main()` steuert den gesamten Programmablauf entsprechend dem zuvor formulierten Pseudo-Code. Zur Erledigung jeder Teilaufgabe werden die bereits genannten Funktionen aufgerufen.

Hinzugekommen ist die Fehlerbehandlungs-Routine `check()`, die den Return-Wert einer aufgerufenen Funktion prüft. Im Fehlerfall wird das Programm mit einer entsprechenden Meldung beendet.

Bei der Programmierung der in `main()` aufgerufenen Funktionen wird, wieder dem Top-Down-Prinzip folgend, die Lösung von Details weiteren Funktionen überlassen. Insbesondere sind dies die Funktionen zur Manipulierung der verketteten Liste. Zur besseren Übersicht sind die Funktionen im folgenden Funktionsbaum angegeben:

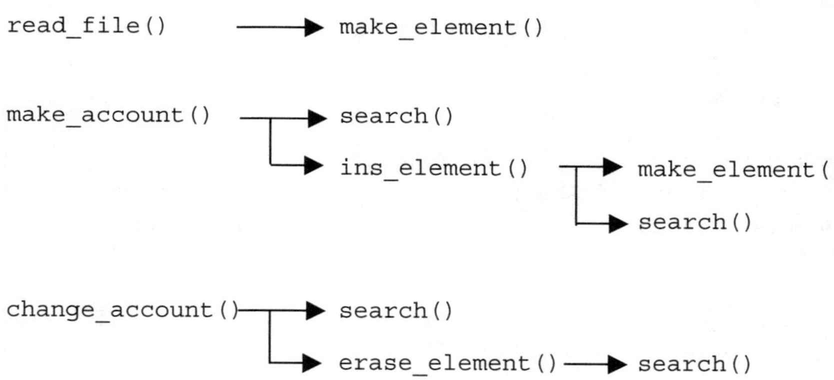

Diese Funktionen leisten folgendes:

Funktion	**Leistung**
`make_element()`	Speicherplatz für neues Listenelement reservieren.
`ins_element()`	Neues Listenelement einsortieren.
`erase_element()`	Listenelement löschen.
`search()`	Zu Kontonummer Listenelement suchen.

Außerdem werden für die Bildschirmausgabe und die Tastatureingabe unter DOS die im Kapitel 25 erstellten Funktionen `cls()`, `set_cur()`, `scroll_up()`, sowie `input()` und `balken()` verwendet. Die Definitionen dieser Funktionen befinden sich in den Quelldateien `Video.c`, `Getcb.c` und `Putcb.c`. Die Prototypen sind in der Datei `Bio.h` enthalten.

Auf der CD zum Buch gibt es auch eine Version für Windows, welche die Benutzerschnittstelle mit den Funktonen aus der Datei `Console.c` realisiert, sowie eine Version für Unix/Linux, die mit ANSI-Seuerzeichen und einer eigenen Version der Funktion `getch()` arbeitet.

Die Module des Programms

```
/* Giro.h --> Definitionen der im Programm Giro           *
 *            benutzten Konstanten und Strukturtypen,      *
 *            sowie die Prototypen von Funktionen.         */

#include <stdio.h>
#include <stdlib.h>      // Fuer  exit(), malloc(), atol()
#include "Bio.h"         // Fuer  cls(), set_cur(), ...

#define CR     13
#define ESC    27
#define MAXL   24     // Maximale Feldlaenge fuer den Namen.

typedef struct
{
    unsigned long  nr;       // Kontonr., bis zu 8 Stellen.
    char      inhaber[MAXL];              // Name, Vorname,
    double    stand;                      // Kontostand.
} DATEN;

struct element
{   DATEN  konto;
    struct element *next;          // Zeiger auf Nachfolger.
};
typedef struct element ELEMENT;

typedef struct
{     unsigned  anzahl;            // Anzahl Listenelemente,
      ELEMENT   *first;            // Zeiger auf das Erste.
}LISTENKOPF;

/*    --- Globale Variablen  ---    */
extern LISTENKOPF kopf;

/*    ---      Prototypen      ---    */
extern void check(int error);
extern int  make_account(void),  display_account(void),
            change_account(int cmd),  menu(void),
            read_file(void),  write_file(void),
            ins_element(DATEN *),
            erase_element(unsigned long kontonr);
extern ELEMENT *make_element(void),
               *search(unsigned long kontonr);
```

Modularisierung

Zur Programmentwicklung gehört auch die Aufteilung des Quellcodes in handliche Module und die Festlegung der globalen Variablen. In einem Modul werden die Funktionen zusammengefasst, die aus logischen Gründen eine Einheit bilden. So kann das gesamte Programm aus selbständigen »Bausteinen« zusammengesetzt werden, die getrennt bearbeitet und übersetzt werden können.

Für das gesamte Projekt wird wie üblich eine Header-Datei erstellt. Hier ist es `Giro.h`. Die Header-Datei enthält alle für das Projekt benötigten

- symbolischen Konstanten und Makro-Definitionen,
- Typvereinbarungen,
- Funktionsdeklarationen.

Allen anderen Modulen steht der Inhalt der Header-Datei über die `#include`-Direktive zur Verfügung. Dadurch wird das Programm änderungsfreundlicher und übersichtlicher.

Das Programm `GIRO` besteht aus insgesamt sechs Modulen:

Modul	**Inhalt**
`Giro.h`	Header-Datei
`Giro.c`	`main()`
`G_Fileio.c`	`read_file()`, `write_file()`
`G_Screen.c`	`menu()`, `display_account()`, `change_account()`, `make_account()`
`G_Liste.c`	`make_element()`, `ins_element()`, `erase_element()`, `search()`
`G_Error.c`	`check()`

Außerdem werden die schon zuvor erwähnten Module `Video.c`, `Getcb.c` und `Putcb.c` verwendet. Die Unterschiede zu den Versionen für Windows und Unix betreffen nur das Modul `G_Screen.c`.

In der Header-Datei `Giro.h`, die nebenstehend aufgelistet ist, sind die Elemente der verketteten Liste und der Listenkopf definiert. Als Beispiele haben Sie diese bereits kennen gelernt. Zur Abkürzung erhält die Datenstruktur in einer `typedef`-Deklaration den Namen `DATEN`, ein Listenelement den Namen `ELEMENT` und der Listenkopf den Namen `LISTENKOPF`.

Der Listenkopf `kopf` wird im Modul `G_Liste.c` als globale Variable definiert. Durch die Deklaration in `Giro.h` steht die Variable in jedem anderen Modul zur Verfügung.

Der Modul G_Fileio.c

```
/*  G_Fileio.c  -->  Funktionen zur Datei Ein-/Ausgabe. */

#include  "Giro.h"

static char  datei[] = "GIRO.DAT";  // Datei zum Speichern
                                    // der Konten.
int read_file(void)
{
    int      error = 0;
    FILE    *fp;
    ELEMENT *neu, *last = NULL;
    DATEN    buffer;

    if( (fp = fopen(datei, "rb"))  == NULL)   return -1;

    while( fread(&buffer, sizeof(DATEN), 1, fp) == 1 )
    {
       if( (neu = make_element()) == NULL)
       {
          error = 1; break;        // Nicht genug Speicher
       }
       neu->konto = buffer;        // Daten in das neue
       neu->next  = NULL;          // Element kopieren.

       // Neues Element an das Ende der Liste anhaengen:
       if(kopf.first == NULL)      // Liste noch leer?
          kopf.first = neu;        // Ja.
       else                        // Nein, letztes Element
          last->next = neu;        // bekommt Nachfolger.

       last = neu;
       ++kopf.anzahl;
    }
    if( !error  &&  !feof(fp) )
         error = 3;                // Lesefehler

    fclose(fp);
    return error;
}
```

```
int write_file(void)
{
    int      error = 0;
    FILE     *fp;
    ELEMENT *p;
                                          // Falls Liste leer:
    if( (p = kopf.first) == NULL)   return 0;

    if( (fp = fopen(datei, "wb")) == NULL)    return 2;
                                          // Fehler beim Oeffnen.
    while( p != NULL)
    {
       if( fwrite(&p->konto, sizeof(DATEN), 1, fp) < 1 )
       {
          error = 4; break;          // Schreibfehler
       }
       p = p->next;
    }
    fclose(fp);
    return  error;
}
```

Konten einlesen und in die Datei schreiben

Die Funktion `read_file()` liest mit `fread()` jeweils einen Datensatz aus der Datei `giro.dat` in den Puffer `buffer`. Mit der Funktion `make_element()` wird ein neues Listenelement erzeugt, in den der Datensatz dann kopiert wird. Schließlich wird das neue Listenelement an das Ende der verketteten Liste gehängt:

Im ersten Schleifendurchlauf, wenn die Liste noch leer ist, wird der Zeiger `first` des Listenkopfs auf das neue Element gesetzt. Andernfalls wird der Zeiger `next` des Vorgängers auf das neue Element gesetzt. Der `ELEMENT`-Zeiger `last` dient dazu, die Adresse des Vorgängers zu speichern.

Die Funktion `write_file()` schreibt die Daten der sortierten Liste nacheinander in die Datei.

Die weiteren Module

Auf den folgenden Seiten ist der Quellcode der weiteren Module wiedergegeben. Es empfiehlt sich, die einzelnen Funktionen sorgfältig durchzulesen. Zum besseren Verständnis ist der Quellcode ausführlich kommentiert.

Der Modul G_Screen.c

```
/* G_Screen.c --> Die Funktionen mit Bildschirmausgaben.*/

#include "Giro.h"
#include <conio.h>
int tolower(int);

// String-Definitionen:

// Ueberschrift:
static char pgmname[] = "--------  GIRO  --------";

// Fuer das Menue:
static char auswahl[] = "\
            1:   Neue Konten eroeffnen\n\n\
            2:   Konten loeschen\n\n\
            3:   Kontostand aendern\n\n\
            4:   Konten anzeigen\n\n\
          Esc:   Programm beenden\n\n\n\n\
Ihre Wahl:         ";

// Fuer die Eingabe:
static char prompt[] = "\
      Kontonummer   . . . :\n\n\
      Kontoinhaber . . . :\n\n\
      Kontostand . . . . :";

static char tasten[] = "\
<Esc> = Eingabe abbrechen    <Backspace> = Korrigieren \
<Return> = Uebernehmen";

// Fuer die Ausgabe:
static char headline[] = "\
       Kontonummer      Kontoinhaber       Kontostand\n\
       ----------------------------------------------";

static char weiter[] = "\
    ---------  Weiter mit beliebiger Taste   ---------";
```

Der Modul `G_Screen.c` enthält die Funktionen, die Bildschirmausgaben erzeugen. Auszugebende Texte werden zu Beginn des Moduls in der Speicherklasse `static` definiert. Zum leichteren Verständnis der Funktionen `menu()` und `make_account()` sind hier ihre Bildschirmausgaben wiedergegeben:

Bildschirmausgabe der Funktion menu()

```
                    ------------ GIRO ------------


                 1:        Neue Konten eroeffnen
                 2:        Konten loeschen
                 3:        Kontostand aendern
                 4:        Konten anzeigen
                 Esc:      Programm beenden


        Ihre Wahl:
```

Bildschirmausgabe der Funktion make_account()

```
                    ------------ GIRO ------------


  Bitte die neuen Daten eintragen:


              Kontonummer   ...:
              Kontoinhaber  ...:
              Kontostand   ....:





<Esc>=Eingabe abbrechen   <Backspace>=Korrigieren   <Return>=Uebernahme
```

Der Modul G_Screen.c (Fortsetzung)

```
int menu(void)   // Menue anzeigen und Kommando einlesen.
{
    int c;

    cls();
    set_cur(0,20);  puts(pgmname);
    set_cur(6,0);   printf("%s",auswahl);

    while((c = getch()) != ESC  && (c < '1' || c > '4'))
      putch('\a');                               // Ton
    return  c;
}

int display_account(void)         // Alle Konten anzeigen
{
    int  zeile = 1;
    ELEMENT *p = kopf.first;

    cls();
    set_cur(0,20); puts(pgmname);
    set_cur(2,0);  puts(headline);

    set_cur(5,0);
    while( p != NULL)            // Liste durchlaufen und
    {                            // Konten anzeigen.
      printf("%6d.     %10ld        ", zeile, p->konto.nr);
      printf("%-22s %12.2f\n", p->konto.inhaber,
                               p->konto.stand);
      p = p->next;
      if(  p == NULL  ||  ++zeile % 16 == 1)
      {              // Am Ende der Liste oder Seite voll.
         set_cur(24,0);  printf("%s", weiter);
         if( getch() == ESC)
           return 0;
         set_cur(5,0);  scroll_up(0,5,24);
      }
    }
    return 0;
}
```

```
int make_account(void)           // Neues Konto einrichten.
{
   char  puffer[15];        // Fuer die Eingabe der Zahlen
   DATEN neukonto;     ELEMENT *p;        // Fuer's Suchen

   while(1)
   {
     cls();  set_cur(0,20);  puts(pgmname);

     set_cur(6,0);  puts("Bitte neue Daten eintragen:");
     set_cur(10,0); puts(prompt);
     set_cur(24,0); printf("%s", tasten);
                                 // Kontonummer einlesen:
     balken(10,30,8,' ',0x70);   // Feld invers (0x70)
     if( input( puffer, 8, ESC, CR) == ESC)
         return 0;
     neukonto.nr = atol(puffer);

     p = search(neukonto.nr);    // Kontonummer suchen.

     if( p != NULL  &&  p->konto.nr == neukonto.nr)
     {                    // Kontonummer schon vorhanden.*/
        set_cur(20,25);
        puts("Diese Kontonummer existiert schon!");
        set_cur(24,0);  printf("%s", weiter);  getch();
        continue;
     }
                                 // Kontoinhaber einlesen:
     balken(12,30, MAXL-1,' ',0x70);
     if(input(neukonto.inhaber, MAXL-1, ESC, CR) == ESC)
        return 0;
                                 // Kontostand einlesen:
      balken(14,30,14,' ',0x70);
      if( input( puffer, 14, ESC, CR) == ESC)
         return 0;
      neukonto.stand = atof(puffer);

      if(ins_element(&neukonto) != 0)  // Daten in die
         return 1;                     // Liste einfuegen.
   }
}
/* Hier wuerde normalerweise die Funktion
change_account()stehen. Sie wird dem Leser als Uebung
gestellt.Eine Loesung finden Sie am Ende des Kapitels.     */
```

Der Modul G_Liste.c

```
/* G_Liste.c  --> Funktionen zur Manipulation der Liste.*/

#include "Giro.h"

LISTENKOPF kopf = {0, NULL}; // Globale Definition und
                             // Initialisierung von kopf.

ELEMENT *make_element(void)  // Listenelement generieren.
{
    return (ELEMENT *)malloc( sizeof(ELEMENT) );
}


int ins_element( DATEN *neudaten)    // Element einfuegen.
{
    ELEMENT  *neu, *vorp;

    if((neu = make_element()) == NULL)
       return 1;              // Nicht genug Speicherplatz.

    neu->konto = *neudaten;      // Daten in das neue
                                 // Listenelement kopieren.

    vorp = search(neu->konto.nr);    // Element einordnen.
           // search() liefert Zeiger auf den Vorgaenger.

    if(vorp == NULL) // Falls es keinen Vorgaenger gibt:
    {                // Neues Element am Anfang einfuegen.
       neu->next  = kopf.first;
       kopf.first = neu;
    }
    else
    {             // Nach dem Vorgaenger "vorp" einfuegen.
       neu->next  = vorp->next;
       vorp->next = neu;
    }
    ++kopf.anzahl;
    return 0;
}
```

```
int erase_element( unsigned long kontonr)
// Listenelement mit angegebener Kontonummer loeschen.
{
    ELEMENT *erasep, *vorp;

    vorp = search( kontonr - 1); // Vorgaenger suchen!
                                 // Erstes Listenelement?
    erasep = (vorp == NULL) ? kopf.first : vorp->next;

    if(erasep->konto.nr != kontonr)
       return 0;                 // Kontonr gibt es nicht!

    if(vorp == NULL)
       kopf.first = erasep->next;     // Zeiger versetzen.
    else
       vorp->next = erasep->next;

    --kopf.anzahl;
    free(erasep);              // Speicherplatz freigeben.

    return 0;
}

/* search() liefert einen Zeiger auf das letzte          *
 *          Listenelement, dessen Kontonummer kleiner    *
 *          oder gleich der angegebenen Kontonummer ist.*
 *          Der NULL-Zeiger wird zurueckgegeben, falls   *
 *          die Kontonr. kleiner als alle existierenden *
 *          Kontonummern ist.                            */

ELEMENT  *search( unsigned long kontonr)
{
    ELEMENT *sp, *retp;      // Suchzeiger, Returnzeiger

    retp = NULL;
    sp   = kopf.first;
    while( sp != NULL  &&  sp->konto.nr <= kontonr )
    {
         retp = sp;
         sp   = sp->next;
    }
    return (retp);
}
```

Der Modul G_Error.c

```
/* G_Error.c --> Im Fehlerfall wird das Programm mit    *
 *               einer entspr. Fehlermeldung beendet.   */

#include  "Giro.h"

static char *errormsg[] =
{   "",
    "\nNicht genug Speicherplatz",
    "\nFehler beim Oeffnen",
    "\nFehler beim Lesen",
    "\nFehler beim Schreiben"
};


void check(int error)
{
    switch(error)
    {
       case  0:                    // Kein Fehler.
                return ;

       case  1: write_file();      // Nicht genug Platz
                                   // im Hauptspeicher.
       case  2:
       case  3:
       case  4:
                cls();
                fputs(errormsg[error], stderr);
                exit(error);
    }
}
```

Ergänzungen und Optimierungen

Damit ist das Programm, bis auf die Funktion `change_account()` in der folgenden Übung, vollständig. Es wurde mit Absicht nicht zu weit ausgedehnt. Deshalb sollen abschließend einige Ergänzungsvorschläge und Verbesserungsmöglichkeiten angesprochen werden.

- Die Fehlerbehandlung kann detaillierter erfolgen und um weitere Fehlercodes ergänzt werden. Beispielsweise könnte die Funktion `erase_element()` einen Fehlercode zurückgeben, wenn die zu löschende Kontonummer nicht existiert.
- Die Kontodaten könnten mehr Information enthalten, z. B. alle Kontobewegungen des laufenden Jahres mit Datum. Um die Länge dieser Informationen flexibel zu handhaben, bietet es sich an, in jedem Listenelement nicht die Daten selbst, sondern einen *Zeiger* auf die Daten zu unterhalten. Ein Listenelement würde dann aus zwei Zeigern bestehen: einem Zeiger auf die Informationen und einem Zeiger auf das nachfolgende Listenelement.
- Es sollte auch möglich sein, im Dialog Namen einzulesen und die entsprechenden Kontodaten anzuzeigen, zu ändern oder zu löschen.
- Eine sinnvolle Ergänzung wäre es, die Konten nicht nur nach Kontonummern sortiert zu unterhalten, sondern auch nach den Namen der Kontoinhaber.

  In dem Fall ist die Verwendung einer *zweifach verketteten Liste* zweckmäßig. Jedes Listenelement enthält dann neben den Kontodaten und dem Zeiger auf das Listenelement mit der nächsthöheren Kontonummer einen weiteren Zeiger. Dieser Zeiger zeigt auf das Listenelement mit dem alphabetisch nachfolgenden Namen.

Der Phantasie und dem Programmiereifer des Lesers steht hier ein breites Anwendungsfeld offen.

Übung

Beispielhafte Bildschirmausgaben:

Konto löschen:

```
                  ------------  GIRO  ------------



         Kontonummer. . . :    263781
         Kontoinhaber. . . :   Papinski, Alex
         Kontostand . . . . :  378.78


Soll das Konto gelöscht werden (j/n)?


<Esc>=Eingabe abbrechen  <Backspace>=Korrigieren   <Return>=Uebernahme
```

Kontostand ändern:

```
                  ------------  GIRO  ------------



         Kontonummer. . . :    384472
         Kontoinhaber. . . :   Bruck, Lydia
         Kontostand . . . . :  2967.50
         Kontobewegung :       - 578.90




<Esc>=Eingabe abbrechen  <Backspace>=Korrigieren   <Return>=Uebernahme
```

Aufgabe:

Erstellen Sie die Funktion `change_account()`, welche die beiden folgenden Menüpunkte behandelt:

- Konten löschen,
- Kontostand ändern.

Als Argument wird der Funktion die Menüauswahl `'2'` oder `'3'` übergeben.

Return-Wert:Wird die Funktion `erase_element()` aufgerufen, so wird deren Return-Wert zurückgegeben, sonst `0`.

Die Funktion `change_account()` soll Folgendes leisten:

- Im Dialog wird eine Kontonummer eingelesen. Ist die eingegebene Kontonummer nicht vorhanden, so wird dies durch eine Meldung angezeigt und eine neue Kontonummer eingelesen.
- Die Daten des Kontos werden auf dem Bildschirm ausgegeben.
- Ist das Argument `'2'`, so wird aus Sicherheitsgründen nochmal gefragt, ob das Konto gelöscht werden soll. Falls nein, wird im Dialog eine neue Kontonummer eingelesen.
- Ist das Argument `'3'`, so werden in einer Schleife die Kontobewegungen eingelesen und der aktuelle Kontostand angezeigt.
- Die Funktion kann jederzeit durch Eingabe von ESC verlassen werden.

Nebenstehend ist beispielhaft je eine Bildschirmausgabe für das Löschen eines Kontos und das Ändern eines Kontostandes wiedergegeben.

Lösungen

Die Funktion change_account():

```
/*   ---   Fortsetzung von GIRO (Modul G_Screen.c). ---   */

int change_account(int cmd)              // Konto veraendern
{                                        // oder loeschen.

    int            c;
    char           puffer[15];           // Fuer die Eingabe.
    unsigned long  kontonr;              // Kontonummer.
    ELEMENT        *p;                   // Fuer's Suchen.

    if(cmd < '2' || cmd > '3')  return 0;

    while(1)
    {
       cls();
       set_cur(0,20);  puts(pgmname);
       set_cur(24,0);  printf("%s", tasten);

       set_cur(8,0);
       puts("Bitte die Nummer eines Kontos eingeben:");

       balken(8,42,8,' ',0x70);       // Kontonummer einlesen.
       if( input( puffer, 8, ESC, CR) == ESC)
          return 0;
       kontonr = atol(puffer);

       p = search(kontonr);            // Kontonummer suchen.
       if( p == NULL  ||  p->konto.nr != kontonr)
       {
          set_cur(12,0);
          puts("Diese Kontonummer existiert nicht!");
          set_cur(24,0);  printf("%s", weiter);  getch();
          continue;
       }
```

Lösungen (Fortsetzung)

```
        balken(8,0, 80, ' ', 7);         // Zeile 8 loeschen.
                                         // Kontodaten anzeigen:
        set_cur(8,0);   puts(prompt);
        set_cur(8,30);  printf("%ld", p->konto.nr);
        set_cur(10,30); printf("%s",  p->konto.inhaber);
        set_cur(12,30); printf("%.2f",p->konto.stand);

        switch(cmd)
        {
     case '2':                            // Konto loeschen.
            set_cur(18,0);
            printf("Soll das Konto geloescht werden (j/n)? ");

            while((c = tolower(getch())) != 'j'  && c != 'n')
                 if( c == ESC ) return 0;

            if(c == 'n')  continue;

            return  erase_element(kontonr);

         case '3':                            // Konto aendern.
            set_cur(14,6);  printf("Kontobewegung  . . :");
            while(1)
            {                           // Kontobewegungen einlesen.
                balken(14,30,10,' ',0x70);
                if( input( puffer, 10, ESC, CR) == ESC)
                   return 0;

                p->konto.stand += atof(puffer);

                set_cur(12,30);
                printf("%-12.2f",p->konto.stand);
            }
         }

         return 0;
       }  /* Ende while */
   }
```

Kapitel 20

Binäre Bäume

In diesem Kapitel wird zunächst der prinzipielle Aufbau eines binären Baumes beschrieben. Anschließend wird ein binärer Suchbaum implementiert, in dem die Zeilen eines Textes sortiert unterhalten werden.

Der Begriff des binären Baumes

Ein binärer Baum

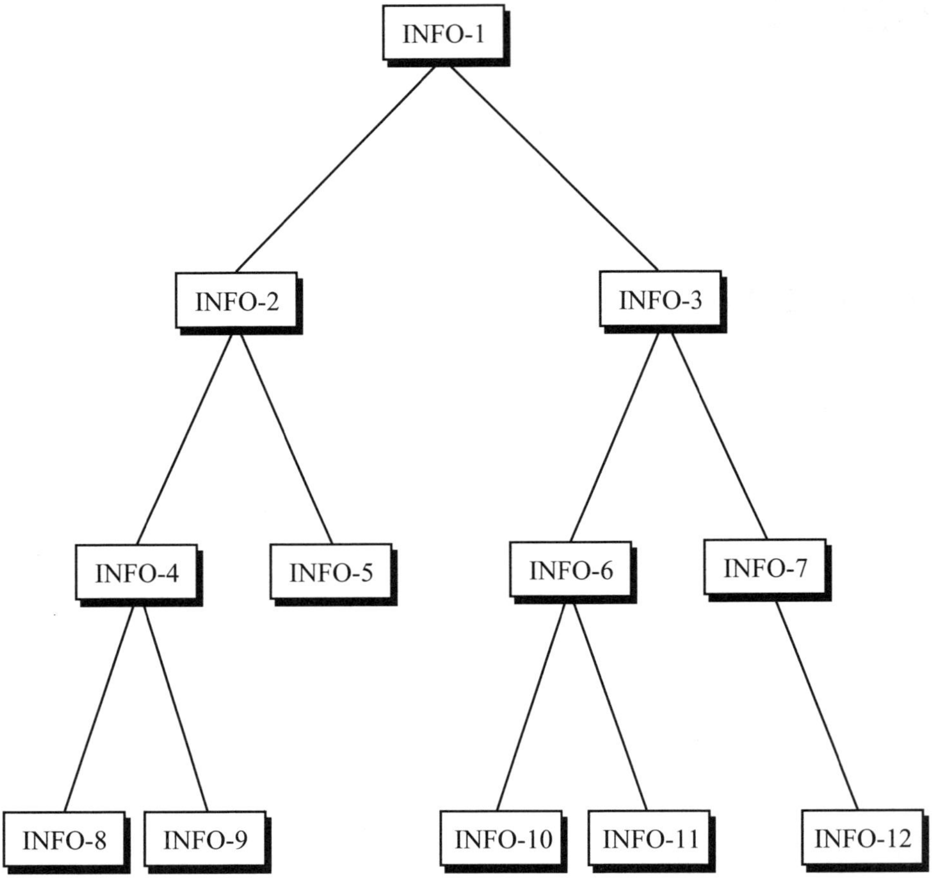

Zugriff auf Informationen

Wenn ein Programm häufig auf umfangreiches Datenmaterial zugreift, hat die Verwendung von verketteten Listen folgenden Nachteil: Soll eine bestimmte Information in einer verketteten Liste gefunden werden, so muss die Liste sequentiell durchsucht werden. Im schlimmsten Fall bedeutet das, dass jedes Listenelement mit der gesuchten Information zu vergleichen ist.

Einen wesentlich schnelleren Zugriff auf einzelne Informationen ermöglicht ein *binärer Baum*, der auch zu den dynamischen Datenstrukturen gehört. Im Gegensatz zu einer verketteten Liste ist ein binärer Baum jedoch nicht linear angeordnet. Er vereinigt die Vorteile dynamischer Datenstrukturen mit denen von sortierten Vektoren, auf die das binäre Suchverfahren angewendet werden kann.

Grundbegriffe

Ein binärer Baum besteht aus einer Menge von *Knoten* (engl. *node*), die die zu speichernden Informationen enthalten und wie folgt angeordnet sind

- Jeder Knoten besitzt höchstens *zwei* direkte Nachfolger.
- Es gibt genau einen Knoten, die so genannte *Wurzel* (engl. *root*), welcher keinen Vorgänger besitzt.
- Jeder Knoten, der von der Wurzel verschieden ist, hat die Wurzel als Vorgänger.

Ausgehend von einem Knoten im Baum gelangt man über die direkten Nachfolger, falls sie existieren, zu allen *Nachfolgerknoten* des ursprünglichen Knotens. In der nebenstehenden Graphik ist zum Beispiel der Knoten `INFO-10` ein Nachfolgerknoten des Knotens `INFO-6`.

Die Gesamtheit aller Nachfolgerknoten eines Knotens bildet zusammen mit diesem Knoten einen so genannten *Teilbaum*. Zum Beispiel bilden die Knoten `INFO-3`, `INFO-6`, `INFO-7`, `INFO-10`, `INFO-11` und `INFO-12` einen Teilbaum des nebenstehenden binären Baumes.

Unter dem *rechten* (bzw. *linken*) *Teilbaum* eines Knotens versteht man den durch den rechten (bzw. linken) direkten Nachfolger des Knotens bestimmten Teilbaum. Beispielsweise besteht der linke Teilbaum des Knotens `INFO-3` aus den Knoten `INFO-6`, `INFO-10` und `INFO-11`.

Ein Knoten, der keine Nachfolger besitzt, heißt *Blatt*. Die Blätter des nebenstehenden Baumes sind also der Knoten `INFO-5` und die Knoten ab `INFO-8`.

Mit diesen Grundbegriffen sind wir jetzt in der Lage, die Programmierung von binären Bäumen darzulegen.

Implementierung von binären Bäumen

Beispielprogramm

```
/*  Sort1.c --> Textzeilen von der Standardeingabe    *
 *              einlesen und sortiert ausgeben.        *
 *                                                      *
 *  Verwendete Module:  Getline.c (aus Kapitel 14).   */

# include <stdio.h>
# include <stdlib.h>
# include <string.h>

typedef struct knoten {
                        char   *str;
                        struct knoten *left;
                        struct knoten *right;
                      } KNOTEN;

// Prototypen der benutzten Funktionen:
char   *getline(void);
KNOTEN *insert( KNOTEN *pk, char *str);
void    print_tree(KNOTEN *pk);


int main()
{
    KNOTEN *root = NULL, *p;
    char   *line;

         // Zeilen einlesen und in den Baum einfuegen:
    while( (line = getline()) != NULL
           &&  (p = insert(root, line)) != NULL)
        if(root == NULL)
           root = p;

    print_tree(root);  // Die Zeilen sortiert ausgeben.

    return 0;
}
```

Darstellung von Knoten

Ein binärer Baum kann als verkettete Folge von Knoten implementiert werden. Ein Knoten enthält hierbei die eigentlichen Informationen und außerdem zwei Zeiger: Einen Zeiger auf den linken Nachfolger und einen Zeiger auf den rechten Nachfolger des Knotens.

Zur Illustration wollen wir ein Programm erstellen, das

- Textzeilen von der Standardeingabe liest,
- diese in einen binären Baum einsortiert und
- lexikographisch sortiert ausgibt.

Ein Knoten des binären Baumes wird durch die nebenstehende Struktur `KNOTEN` definiert. Der Informationsteil des Knotens besteht aus einem Zeiger auf eine Textzeile. Die Strukturkomponenten `left` bzw. `right` sind Zeiger auf den linken bzw. rechten Nachfolger des Knotens.

Die Aufgaben der verschiedenen Funktionen

Jede Textzeile wird mit der bereits in Kapitel 14 erstellten Funktion `getline()` eingelesen. Die Funktion `getline()` reserviert den notwendigen Speicherplatz dynamisch und liefert einen Zeiger auf die eingelesene Zeile zurück.

Die Aufgabe, den binären Baum durch das Einsortieren der Textzeilen zu generieren, übernimmt die Funktion `insert()`. Sie erzeugt für jede Zeile einen neuen Knoten und liefert einen Zeiger auf diesen Knoten.

In der `while`-Schleife der Funktion `main()` werden die einzelnen Textzeilen mit `getline()` eingelesen und mit `insert()` in den Baum eingefügt.

Die Schleife bricht ab, falls eine der Funktionen den `NULL`-Zeiger zurückgibt, d.h. falls alle Zeilen eingelesen wurden oder nicht genug Platz im Arbeitsspeicher vorhanden ist. Im ersten Schleifendurchlauf, wenn der Baum noch leer ist, wird an `root` die Adresse des ersten Knotens zugewiesen.

Die Funktion `print_tree()` gibt den Inhalt des Baumes am Bildschirm aus. Sie benutzt die von der Funktion `insert()` erzeugte Anordnung der Knoten, um die Textzeilen sortiert auszugeben. Beide Funktionen werden weiter unten noch im Detail beschrieben.

Generieren eines Suchbaumes

Beispielprogramm (Fortsetzung)

```
/*              ---  Fortsetzung von Sort1.c  ---              */

KNOTEN *insert( KNOTEN *pk, char *s)    // s in den Teil-
{                                       // baum pk einfuegen.
   KNOTEN *pnew;

   if(pk == NULL)               // Ist der Teilbaum noch leer,
   {                            // wird der neue Knoten erzeugt.
      if( (pnew = (KNOTEN *)malloc(sizeof(KNOTEN)) ) != NULL)
         pnew->str  = s,
         pnew->left = pnew->right = NULL;
   }
   else if( strcmp(s, pk->str) < 0 )
   {                                 // s in den linken
      pnew = insert(pk->left, s);    // Teilbaum einfuegen.
      if(pk->left == NULL)           // Ist dieser noch leer,
         pk->left = pnew;            // wird der neue Knoten
   }                                 // hier angehaengt.
   else
   {                                 // s in den rechten
      pnew = insert(pk->right, s);// Teilbaum einfuegen.
      if(pk->right == NULL)
          pk->right = pnew;
  }

   return pnew;                // Zeiger auf den neuen Knoten.
}
```

Die Informationen werden nach folgender Regel im binären Baum abgespeichert:

- Die erste Information wird in der Wurzel des Baumes abgelegt.
- Jede weitere Information wird mit der Information in der Wurzel verglichen. Ist sie »kleiner«, so wird sie mit der Information des linken, andernfalls mit der des rechten Nachfolgers verglichen. Die Vergleiche und die entsprechenden Verzweigungen werden so lange wiederholt, bis es keinen betreffenden Nachfolger mehr gibt.
- Dann wird ein neuer Knoten als Nachfolger erzeugt und die Information im neuen Knoten abgelegt. Der neue Knoten ist ein Blatt.

Das Ergebnis ist ein Baum, in dem der linke Teilbaum eines Knotens nur Informationen enthält, die »kleiner« als die Information im Knoten sind, und in dem der rechte Teilbaum nur Informationen enthält, die »größer« sind. Ein binärer Baum, der diese Anordnung der Informationen in den Knoten besitzt, heißt auch *binärer Suchbaum*.

Rekursives Einfügen

Da die Regel zum Einsortieren rekursiv ist - jeder Teilbaum wird auf gleiche Weise behandelt -, ist auch die nebenstehende Funktion `insert()` rekursiv.

Die Funktion `insert(KNOTEN *pk, char *s)` fügt den neuen String `s` in den Teilbaum ein, auf dessen Wurzel der Zeiger *`pk`* zeigt.

Es sind die beiden folgenden Fälle zu unterscheiden:

1. Ist *`pk`* der `NULL`-Zeiger, so ist die Stelle gefunden, an der ein neuer Knoten im Baum mit der Information *`s`* erzeugt werden muss. Die Zeiger auf die Nachfolger werden auf `NULL` gesetzt, d.h. der neue Knoten ist ein Blatt.

   Der aufrufenden Funktion wird ein Zeiger auf den neuen Knoten zurückgegeben, sodass der neue Knoten an seinen Vorgänger angehängt werden kann. Gibt es nicht genug Hauptspeicher, so wird der `NULL`-Zeiger zurückgegeben.

2. Ist *`pk`* nicht der `NULL`-Zeiger und somit ein Zeiger auf die Wurzel eines Teilbaumes, so wird der String s mit dem String der Wurzel verglichen und entsprechend in den linken oder rechten Teilbaum verzweigt. Dies geschieht durch einen erneuten Aufruf von `insert()` mit einem Zeiger auf den linken bzw. rechten Nachfolger.

   Wird an `insert()` der `NULL`-Zeiger übergeben, d.h. der entsprechende Teilbaum ist leer, so muss nach Rückkehr der Funktion noch das neue Blatt an den aktuellen Knoten angehängt werden. In jedem Fall wird der Return-Wert von `insert()` weitergereicht, sodass in `main()` kontrolliert werden kann, ob der neue Knoten erzeugt wurde.

Sortierte Ausgabe eines Baumes

Beispielprogramm (Fortsetzung)

```
/*          ---  Fortsetzung von Sort1.c ---          */

// Den Baum mit Wurzel *pk rekursiv ausgeben:

void print_tree(KNOTEN *pk)
{
    if(pk == NULL)  return;
                                // Ausgabe:
    print_tree(pk->left);       // des linken Teilbaumes,
    puts(pk->str);              // der Wurzel,
    print_tree(pk->right);      // des rechten Teilbaumes.
}
```

Reihenfolge der Ausgabe (Beispiel):

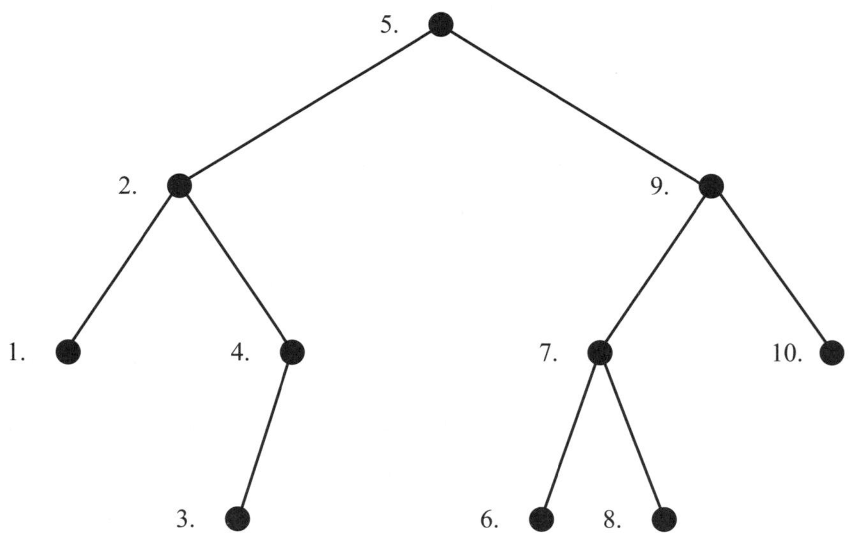

Ausgabe gemäß der LNR-Ordnung

Die im Suchbaum abgespeicherten Informationen können mit einem besonders eleganten, rekursiven Algorithmus sortiert ausgegeben werden, dem so genannte Tree-Sort-Algorithmus. Der Algorithmus besticht durch seine Kürze und Einfachheit, wovon Sie sich mit einem Blick auf die nebenstehende Funktion `print_tree()` überzeugen können.

Bei näherem Hinsehen werden Sie jedoch feststellen, dass die innere Logik der Funktion einiges Kopfzerbrechen bereitet. Was die Funktion macht, wollen wir deshalb näher erläutern:

Vergegenwärtigen wir uns zunächst, dass die Informationen im linken Teilbaum eines Knotens »kleiner« und im rechten Teilbaum »größer« als die Information im Knoten sind. Das bedeutet für *jeden* Knoten, dass die Informationen im zugehörigen Teilbaum in folgender Reihenfolge auszugeben sind:

L (left): zuerst der linke Teilbaum des Knotens,

N (node): dann der Knoten selbst,

R (right): zuletzt der rechte Teilbaum des Knotens.

Diese Reihenfolge heißt auch *LNR-Ordnung*.

Die Funktion print_tree()

Die Funktion `print_tree(KNOTEN *pk)` gibt nun den Teilbaum aus, auf dessen Wurzel *pk* zeigt. Ist *pk* der Nullzeiger, so ist nichts zu tun. Andernfalls erfolgt die Ausgabe wie oben beschrieben, wobei zur Ausgabe des rechten und linken Teilbaumes wieder `print_tree()` aufgerufen wird.

Das ergibt folgenden Ablauf:

Von der Wurzel ausgehend wird immer den Zeigern `left` gefolgt, bis der `NULL`-Zeiger erreicht wird. Hier kehrt der letzte Aufruf von `print_tree()` unmittelbar zurück zum vorletzten Aufruf, wo mit `puts(pk->str)` die Information des ersten Knotens, der keinen linken Nachfolger besitzt, ausgegeben wird.

Anschließend wird mit `print_tree(pk->right)` der rechte Teilbaum dieses Knotens ausgegeben. Ist dies erledigt, so erfolgt die Ausgabe der Information des Vorgängerknotens usw.

Auf diese Weise wird der gesamte Baum »durchforstet«, und die Textzeilen werden lexikographisch sortiert ausgegeben.

Die Reihenfolge der Ausgabe ist in der nebenstehenden Beispiel-Graphik nochmal verdeutlicht. Der Knoten, der zuerst ausgegeben wird, hat die Nummer 1, der nächste die Nummer 2 und so fort.

Übungen

Listing zur 2. Aufgabe:

```
/*  Sort2.c -->  Textzeilen von der Standardeingabe    *
 *               einlesen und sortiert ausgeben.        *
 *                                                      *
 *  Verwendete Module:  Getline.c (aus Kapitel 14)      */


#include  <stdio.h>
#include  <stdlib.h>       // Für Prototyp von malloc()
#include  <string.h>

typedef struct knoten { char   *str;
                        struct knoten *left;
                        struct knoten *right; } KNOTEN;

// Prototypen der benutzten Funktionen:

KNOTEN *insert( KNOTEN **ppk, char *str);
void    print_tree(KNOTEN *pk);
char   *getline(void);


int main()
{
    KNOTEN *root = NULL;
    char   *line;

        // Zeilen einlesen und in den Baum einfügen:
    while( (line = getline()) != NULL
           && insert(&root, line) != NULL )
        ;

    print_tree(root);  // Die Zeilen sortiert ausgeben.

    return 0;
}
```

1. Aufgabe:

Zum Durchsuchen von geordneten binären Bäumen gibt es verschiedene Durchlaufprinzipien:

a) *Inorder-Schema* (LNR-Ordnung und RNL-Ordnung)

Zuerst wird der linke (bzw. rechte) Teilbaum des Knotens, dann der Knoten selbst und schließlich der rechte (bzw. linke) Teilbaum durchsucht. Die LNR-Ordnung haben Sie bereits kennen gelernt. Sie ist das gebräuchlichste Durchlaufprinzip.

b) *Präorder-Schema* (NLR-Ordnung und NRL-Ordnung)

Zuerst wird der Knoten, dann der linke (bzw. rechte) Teilbaum und danach der rechte (bzw. linke) Teilbaum des Knotens durchsucht.

c) *Postorder-Schema* (LRN-Ordnung und RLN-Ordnung)

Zuerst wird linke (bzw. rechte) Teilbaum des Knotens, dann der rechte (bzw. linke) Teilbaum und schließlich der Knoten durchsucht.

Wie werden die Knoten des binären Baumes, der zu Beginn dieses Kapitels abgebildet wurde, durchlaufen und zwar nach der:

a) LNR-Ordnung, **b)** NLR-Ordnung, **c)** LRN-Ordnung?

2. Aufgabe:

Die Funktion `insert()` im Programm `SORT1` erhält beim Aufruf einen Zeiger auf die Wurzel eines Teilbaumes, in den die neue Information einsortiert werden soll. Ist dies der `NULL`-Zeiger, wird ein neuer Knoten erzeugt und ein Zeiger darauf zurückgegeben. Nach dem Verlassen der Funktion muss dieser neue Knoten noch an den Baum »angehängt« werden. Dies geschieht mit

```
if( übergebener Zeiger == NULL )
    Knoten anhängen
```

Damit das Anhängen des neuen Knotens direkt in der Funktion `insert()` erfolgen kann, muss die Funktion die *Adresse* des Zeigers und nicht nur seinen Wert kennen.

Erstellen Sie eine neue Version der Funktion `insert()`, die einen neuen Knoten direkt in den Baum einfügt. Im ersten Argument erhält die Funktion die Adresse eines Zeigers auf die Wurzel eines Teilbaumes. Nebenstehend ist die entsprechend abgeänderte `main`-Funktion abgebildet.

Lösungen

zur 1. Aufgabe:

Die Reihenfolge der INFO-Nummern:

a) 8, 4, 9, 2, 5, 1, 10, 6, 11, 3, 7, 12

b) 1, 2, 4, 8, 9, 5, 3, 6, 10, 11, 7, 12

c) 8, 9, 4, 5, 2, 10, 11, 6, 12, 7, 3, 1

zur 2. Aufgabe:

Die neue Version von `insert()`:

```
KNOTEN *insert(KNOTEN **ppk, char *s) // s in den Teilbaum
{                                     // *ppk einfuegen.
    KNOTEN  *pnew;

    if(*ppk == NULL)
    {                               // Neues Blatt erzeugen.
        if( pnew = (KNOTEN *) malloc(sizeof(KNOTEN)) )
           pnew->str = s,
           pnew->left = pnew->right = NULL;

        *ppk = pnew;                // Neues Blatt anhaengen!
    }
    else if( strcmp(s, (*ppk)->str) < 0 )
        pnew = insert( &((*ppk)->left), s);    // s links
    else                                       // bzw.
        pnew = insert( &((*ppk)->right), s);   // s rechts
                                               // einfuegen.
    return pnew;
}
```

Kapitel 21

Grundlagen der Windows-Programmierung

Dieses Kapitel beschreibt, wie Windows-Anwendungen in C programmiert werden können. Anhand eines einfachen Beispiels wird die Struktur eines Windows-Programms dargestellt. Dazu gehören

- die Grundlagen der ereignisgesteuerten Programmierung,
- das Erzeugen und Anzeigen von Fenstern,
- das Definieren von Fensterprozeduren.

System- und Benutzer-Schnittstellen

Fenster eines Windows-Programms

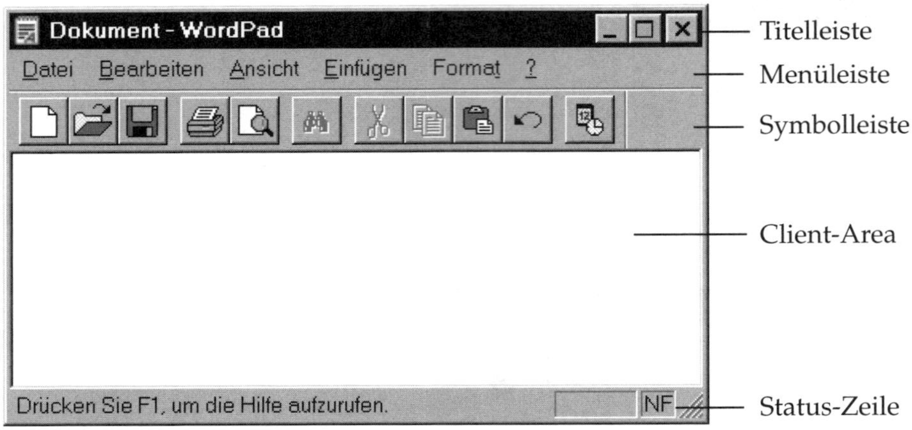

Architektur

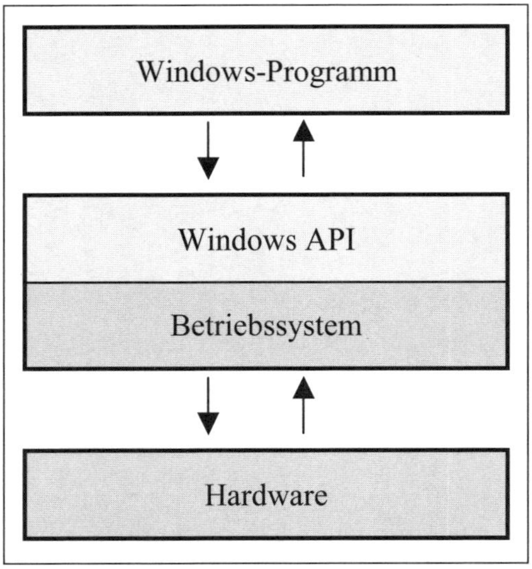

Graphische Benutzeroberflächen

Ein typisches Windows-Programm, auch *Anwendung* (engl. *application*) genannt, besitzt eine graphische Benutzeroberfläche (engl. *Graphical User Interface*, kurz: GUI). Die graphische Darstellung ermöglicht eine optimale Ausnutzung der Bildschirmoberfläche, um Informationen in Form von Texten oder Bildern anzuzeigen.

Windows-Anwendungen benutzen sog. *Fenster*, deren einheitliche Gestaltung dem Anwender das gleiche »Look-and-Feel« vermitteln. Alle graphischen Elemente befinden sich innerhalb eines Hauptfensters mit einer *Titelleiste*. Über *Menüs* oder durch das Anklicken von *Symbolen* (engl. *icons*) lassen sich die verschiedenen Programmfunktionen auslösen. So können z.B. Dateien geöffnet werden oder in einem Dialogfenster zusätzliche Daten eingegeben werden.

Was passiert nun, wenn der Anwender eine Aktion in einem Fenster ausführt, beispielsweise mit der Maus auf ein Symbol klickt? Das Betriebssystem registriert das Drücken der Maustaste und schickt die *Meldung* (engl. *message*) »rechte Maustaste gedrückt« an das Windows-Programm, das dieses Fenster erzeugt hat. Das Programm führt daraufhin die Aktion aus, die der Programmierer für diese Meldung festgelegt hat. Windows-Programme reagieren also auf Meldungen »von außen«. Die Entwicklung derartiger Programme heißt deshalb auch *ereignisgesteuerte Programmierung*.

Windows unterstützt den Programmierer weit gehend bei der Erstellung graphischer Benutzeroberflächen: Eine *geräteunabhängige Graphik-Schnittstelle* (engl. *Graphical Device Interface*, kurz: GDI) ermöglicht das Entwickeln von Programmen, die auf sehr unterschiedlicher Hardware lauffähig sind. Der Programmierer muss sich also beispielsweise nicht um die konkrete Auflösung eines Bildschirms oder eines Druckers kümmern.

Windows API

Ein Windows-Programm kommuniziert mit dem Betriebssystem über eine Programmierschnittstelle, die so genannte *Windows API* (engl. *Application Programming Interface*). Das ist eine Sammlung von über tausend C-Funktionen, mit denen Windows einer Anwendung seine Dienste zur Verfügung stellt. Diese Funktionen können z.B. Fenster erzeugen und anzeigen, Symbole laden oder Dateien bearbeiten. Auch das GDI ist Teil der Windows API. Jede Entwicklungsumgebung stellt in der Online-Hilfe eine Beschreibung dieser Funktionen bereit.

Die Funktionen sind in Bibliotheken, den sog. *Dynamic Link Libraries* (kurz: DLLs) zusammengefasst und können von mehreren Windows-Anwendungen gleichzeitig genutzt werden. Erst wenn eine Anwendung in den Hauptspeicher geladen wird, werden die Bezüge zu den jeweils verwendeten Funktionen der DLLs hergestellt. Dieser Prozess wird auch *dynamisches Linken* genannt.

Namenskonventionen

Eine Auswahl einfacher Datentypen

Typ	Bedeutung	Typ	Bedeutung
BOOL	int Typ für die Werte TRUE (== 1) oder FALSE (== 0)	HANDLE HINSTANCE HWND HPEN ...	void * Typ für eindeutige Zahl zur Identifizierung von Objekten, z.B. Fenster, Stifte etc.
INT	int	BYTE	unsigned char
UINT	unsigned int	WORD	unsigned short »Wort«
LONG LRESULT	long	DWORD	unsigned long «Doppel-Wort«
ULONG	unsigned long	WPARAM	unsigned int «Wort-Parameter«
LPSTR	char * Zeiger auf Null-terminierten String.	LPARAM	long «long-Parameter«

Beispiele für Präfixe von symbolischen Konstanten

Präfix	Bedeutung	Präfix	Bedeutung
WM_	Window Message	IDI_	ID-Nummer eines Icons
WS_	Window Style	IDC_	ID-Nummer eines Cursors
MB_	Message Box Style	IDR_	Ressourcen-ID

Häufige Präfixe von Variablennamen

Präfix	Variablentyp	Präfix	Variablentyp
c	char	**b** oder **f**	BOOL
i	int	**by**	BYTE
l	long	**w**	WORD
p oder **lp**	Pointer	**dw**	DWORD
h	Handle	**sz**	Null-terminierter String

Handles

Windows spricht Objekte, wie z.B. ein Programm, ein Fenster oder ein Icon, mithilfe von sog. *Handles* an. Ein Handle ist eine Zahl, womit das Betriebssystem ein Windows-Objekt eindeutig identifizieren kann. Wenn mehrere Kopien von einem Windows-Objekt existieren, beispielsweise wenn ein Programm mehrfach gestartet wurde, besitzt jede sog. *Instanz* des Windows-Objekts ein eigenes unterschiedliches Handle.

Vordefinierte Namen

In den verschiedenen Windows-Header-Dateien sind zahlreiche Namen für Datentypen und symbolische Konstanten definiert. Dabei werden einheitliche Regeln bei der Namensbildung berücksichtigt.

Bezeichner für *Datentypen* werden groß geschrieben und enthalten keinen Unterstrich. So ist beispielsweise der neue Typname `WORD` eine Abkürzung für `unsigned short` und der Typ `LRESULT` steht für den Return-Typ `long`.

Beispiel:

```
WORD wAnzahl = 0;
```

Symbolische Konstanten werden groß geschrieben und enthalten im Präfix einen Hinweis auf ihre Bedeutung. Das Präfix wird durch einen Unterstrich vom Rest des Namens getrennt. Zum Beispiel bezeichnen die symbolischen Konstanten `WM_RBUTTONDOWN` und `WM_LBUTTONUP` die Windows-Meldung (engl. *windows message*) »rechte Maustaste gedrückt« bzw. »linke Maustaste losgelassen«.

Beispiel:

```
switch( message)
{
  case WM_LBUTTONUP:     // Linke Maustaste
   . . .
```

Nebenstehend sind einige weitere Beispiele für Namen von Datentypen und symbolischen Konstanten zusammengestellt.

Ungarische Notation

Die Namen von Variablen beginnen stets mit einem Präfix aus Kleinbuchstaben. Das Präfix liefert einen Hinweis auf den Typ der Variablen. Beispielsweise bedeutet das Präfix `sz` in einem Variablennamen »string terminated by zero«.

Diese Konvention für die Bildung von Variablennamen wird - in Erinnerung an den ungarischen Microsoft-Programmierer C. Simonyi - *ungarische Notation* genannt.

Beispiele:

```
char szTitle[100] = "Hallo Windows";
HICON hCursor = LoadCursor(NULL, IDC_ARROW);
```

Ein erstes Windows-Programm

Die Funktion WinMain()

```
/*  Basis1.c    -->   Eine minimale Windows-Anwendung    *
 * -----------------------------------------------------*/
#include <windows.h>                 // Windows-Header-Datei
//  Globale Variablen:
HINSTANCE hInst    = 0;              // Programm-Handle
char szAppName[]   = "Basis";        // Name der Anwendung.
char szTitle[100] = "Hallo Windows";    // Fenstertitel
//  Prototypen eigener Funktionen:
BOOL InitApplication();
BOOL InitInstance(int);
LRESULT CALLBACK WndProc(HWND, UINT, WPARAM, LPARAM);

//  Der Programm-Einstiegspunkt:
int WINAPI WinMain( HINSTANCE hInstance,
                    HINSTANCE hPrevInstance,
                    LPSTR     lpCmdLine,
                    int       nCmdShow)
{
   MSG msg;                  // Platz fuer eine Message.
   hInst = hInstance;        // Handle der Instanz an eine
                             // globale Variable zuweisen.
   if(!InitApplication())       // Fenster registrieren.
     return FALSE;
   if(!InitInstance(nCmdShow)) // Hauptfenster erzeugen.
     return FALSE;
   while(GetMessage(&msg,NULL,0,0)) // Meldungsschleife
   {
      TranslateMessage(&msg);
      DispatchMessage(&msg);
   }
   return (msg.wParam);
}                  // Fortsetzung auf den naechsten Seiten.
```

Wer dieses Beispielprogramm selbst eingeben und ausprobieren will, muss ein leeres Projekt für eine *Win32-Anwendung* anlegen und eine neue leere Quelldatei `Basis1.c` hinzufügen. Für Visual C++:

1. DATEI→NEU→PROJEKTE→WIN32-ANWENDUNG und Projektname eingeben.
2. DATEI→NEU→DATEIEN→C++QUELLCODEDATEI und Dateiname `Basis1.c` eingeben.

Die WinMain-Funktion

Der Einstiegspunkt für ein Windows-Programm ist die `WinMain`-Funktion. Sie entspricht der `main`-Funktion in einem normalen C-Programm und muss in jedem Windows-Programm genau einmal enthalten sein. Zu den wesentlichen Aufgaben der `WinMain`-Funktion gehören:

- das Festlegen einer Fensterklasse und einer Fensterprozedur,
- das Anlegen und Anzeigen eines Hauptfensters und
- das Bereitstellen einer Meldungsschleife (engl. *message loop*).

Im nebenstehenden Beispielprogramm kann dieser Ablauf nachvollzogen werden: Die selbstdefinierte Funktion `InitApplication()` übernimmt die Aufgabe, die Fensterklasse und Fensterprozedur festzulegen. Das Anlegen und Anzeigen des Hauptfensters erledigt die Funktion `InitInstance()`. Schließlich wird eine `while`-Schleife für den Message-Loop gebildet. Diese Teile des Programms werden auf den folgenden Seiten noch im Detail erläutert.

Parameter von WinMain()

Doch zunächst zur `WinMain`-Funktion. Sie besitzt vier Parameter:

- `hInstance` ist das Handle der aktuellen Instanz des Programms. Eine Programm-Instanz wird beim Laden des Programms erzeugt und `hInstance` ist eine eindeutige Zahl für diese Instanz.
- `hPrevInstance` war früher das Handle der vorherigen Instanz desselben Programms, wenn das Programm mehrfach gestartet wurde. In 32-Bit-Programmen, also seit WIN95, ist dieses Handle immer `0`.
- `lpCmdLine` ist ein Zeiger auf einen String mit Argumenten aus der Kommandozeile.
- `nCmdShow` ist eine Ganzzahl, die angibt, wie das Fenster beim ersten Anzeigen aussehen soll. Hierfür sind verschiedene symbolische Konstanten definiert. Beispielsweise bedeutet `SW_SHOWNORMAL` die Anzeige des Fensters in Normalgröße und `SW_SHOWMAXIMIZED` die Anzeige in maximaler Größe. Der Wert `nCmdShow` kann später an die Funktion `ShowWindow()` weitergegeben werden.

Die `WinMain`-Funktion liefert - wie die gewöhnliche `main`-Funktion auch - eine Ganzzahl zurück. Das ist der Exit-Code des Programms.

Das Makro `WINAPI` im Funktionskopf bestimmt die *Aufrufkonvention*. Diese legt fest, in welcher Reihenfolge Argumente an eine Funktion übergeben werden und wie diese wieder vom Stack entfernt werden. Windows verwendet hier nicht die übliche C-Aufrufkonvention.

Fensterklasse registrieren

Die Funktion InitApplication()

```
/* Fortsetzung des Programms Basis1.c                    *
 * ----------------------------------------------------*/
BOOL InitApplication()
{
  WNDCLASSEX  wc;                      // Fensterklasse

  // Die Eigenschaften der Fensterklasse festlegen:
  wc.cbSize = sizeof(WNDCLASSEX);      // Anzahl Bytes
                                       // dieser Struktur.
  wc.style = CS_HREDRAW | CS_VREDRAW; // Fensterstile
  wc.lpfnWndProc = (WNDPROC)WndProc;   // Fensterprozedur
  wc.cbClsExtra = 0;       // Hier kann zusaetzlicher
                           // Speicher reserviert werden,
  wc.cbWndExtra = 0;       // den das Programm fuer
                           // eigene Zwecke nutzt.
  wc.hInstance  = hInst;   // Handle dieser Instanz.
                           // Standard-Icon:
  wc.hIcon      = LoadIcon( NULL, IDI_APPLICATION);
                           // Standard-Cursor Pfeil:
  wc.hCursor    = LoadCursor( NULL, IDC_ARROW);
                           // Hintergrund der Client-Area:
  wc.hbrBackground= (HBRUSH)GetStockObject(WHITE_BRUSH);
  wc.lpszMenuName = NULL; // Menue-Name (hier keins).
                           // Name dieser Fensterklasse:
  wc.lpszClassName= szAppName;
                           // Standard-Icon (klein):
  wc.hIconSm      = LoadIcon( NULL, IDI_APPLICATION);

  // Die Fensterklasse registrieren
  // und das Ergebnis zurückgeben:
  return RegisterClassEx(&wc);
}
```

Bezeichner mit der Endung `EX` für »extended« bedeuten, dass hier eine Erweiterung einer früheren Definition vorgenommen wurde. So ist wie z.B. `WNDCLASSEX` eine Erweiterung der Struktur `WNDCLASS`, um auch das kleine Icon, das mit Windows 95 eingeführt wurde, separat festlegen zu können.

Eine *Fensterklasse* beschreibt die allgemeinen Eigenschaften eines Fensters. Hierzu gehört z.B. die Auswahl des Icons und des Cursorsymbols. Wichtig ist auch die Zuordnung einer Fensterprozedur, die Meldungen für das Fenster verarbeitet.

Mit der Fensterklasse wird noch kein konkretes Fenster angelegt. Die Fensterklasse ist lediglich eine »Schablone«, auf deren Basis später gleichartige Fenster erzeugt werden können. Daher ist es notwendig, eine Fensterklasse dem Betriebssystem bekannt zu gegeben, d.h. die Fensterklasse zu *registrieren*.

Die Funktion InitApplication()

Die nebenstehende Funktion `InitApplication()` definiert und registriert eine Fensterklasse. Auf der Implementierungsebene wird eine Fensterklasse durch die Struktur `WNDCLASSEX` dargestellt. Daher wird zunächst eine Variable vom Typ `WNDCLASSEX` angelegt und mit Werten gefüllt. Diese sind im nebenstehenden Quellcode kommentiert. Dazu noch einige ergänzende Anmerkungen:

- `style` bestimmt den *Klassenstil* (engl. *class style*), der als Ganzzahl dargestellt wird. Für verschiedene Klassenstile sind Bezeichner definiert, die durch die bitweise ODER-Verknüpfung kombiniert werden können. Beispielsweise bedeutet `CS_HREDRAW | CS_VREDRAW`, dass ein Fenster neu gezeichnet wird, wenn sich seine Breite oder Höhe ändert.
- `hIcon` und `hIconSm` sind Handles eines großen bzw. kleinen Symbols (engl. *icon*). Zum Beispiel wird das kleine Icon von Windows in der Titel- und Task-Leiste angezeigt. Ein Icon wird mit der Funktion `LoadIcon()` geladen. Das erste Argument ist das Handle der Anwendung, aus der das Icon geladen wird. Zum Laden eines Standard-Icons von Windows genügt hier der `NULL`-Zeiger. Das zweite Argument ist der Name des Icons. Für Standard-Icons gibt man eine Konstante an, z.B. `IDI_APPLICATION` (Fenstersymbol) oder `IDI_WINLOGO` (Windows-Logo).
- `hCursor` ist ein Handle für den *Cursor*, der angezeigt wird, sobald die Maus über die Client-Area des Fensters bewegt wird. Ein Cursor wird mit der Funktion `LoadCursor()` geladen, wobei die Parameter dieselbe Bedeutung haben wie bei `LoadIcon()`. Auch hier stehen Standard-Cursor zur Verfügung, z.B. `IDC_ARROW` für einen Pfeil oder `IDC_WAIT` für eine »Sanduhr«.
- `hbrBackground` bestimmt das Füllmuster für den Hintergrund der Client-Area. Zu dem Zweck lädt die Funktion `GetStockObject()` einen vordefinierten *Pinsel* (engl. *brush*). Die Konstante `WHITE_BRUSH` legt einen weißen Hintergrund fest.

Durch den Aufruf der Funktion `RegisterClassEx()` wird die Fensterklasse vom Betriebssystem registriert. Erst danach können Fenster erzeugt werden.

Das Hauptfenster erzeugen und anzeigen

Die Funktion InitInstance()

```
/* Fortsetzung des Programms Basis1.c                    *
 * ----------------------------------------------------*/
BOOL InitInstance(int nCmdShow)
{
   HWND hWnd;
   hWnd = CreateWindow(
            szAppName,       // Name der Fensterklasse.
            szTitle,         // Titel des Fensters.
            WS_OVERLAPPEDWINDOW, // Fensterstil
                                 // Lage des Fensters:
            CW_USEDEFAULT,       // x-Koordinate
            0,                   // y-Koordinate
            CW_USEDEFAULT,       // Fensterbreite
            0,                   // Fensterhoehe
            NULL,      // Handle: Elternfenster.
            NULL,      // Handle: Menue.
            hInst,     // Handle des Programms.
            NULL);     // Zeiger auf zusätzliche Daten.
   if( !hWnd)
      return (FALSE);
   ShowWindow(hWnd, nCmdShow);      // Fenster anzeigen.
   UpdateWindow(hWnd);              // WM_PAINT-Meldung
   return (TRUE);
}
```

Das Hauptfenster des ersten Windows-Programms

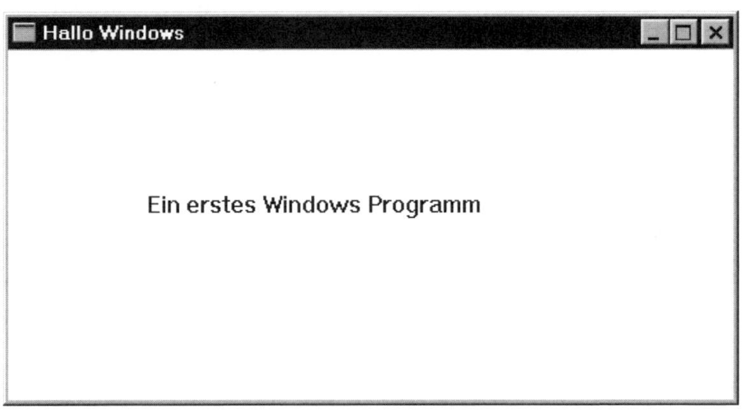

Spezielle Merkmale von Fenstern

Neben den in der Fensterklasse definierten allgemeinen Eigenschaften eines Fensters gibt es zusätzliche spezielle Merkmale, die zum Anlegen eines Fensters erforderlich sind. Dazu gehören beispielsweise die *Positionierung* des Fensters auf dem Bildschirm und der *Fensterstil*. Dieser bestimmt u.a. das Aussehen des Fensterrands und der Titelleiste.

Die Position des Hauptfensters wird durch die `x`- und `y`-Koordinate der linken oberen Fensterecke festgelegt. Koordinaten werden stets als Bildschirmkoordinaten angegeben. Wenn zusätzliche Fenster, sog. *Child Windows*, geöffnet werden, so wird ihre Position relativ zur Client-Area des vorherigen Fenster, dem sog. *Parent Window*, bestimmt.

Die Funktionen im Einzelnen

Wie jedes Windows-Objekt wird auch ein Fenster vom Betriebssystem über ein Handle identifiziert. Die nebenstehende Funktion `InitInstance()` vereinbart deshalb zunächst ein Handle vom Typ `HWND`. Mit dem Aufruf der Funktion `CreateWindow()` wird dann ein Fenster im Hauptspeicher angelegt und ein Handle auf dieses Fenster zurückgeliefert. Die speziellen Merkmale des Fensters erhält die Funktion `CreateWindow()` als Argumente. Nebenstehend sind die verschiedenen Argumente mit Kommentaren versehen. Im Einzelnen wird mit

- `WS_OVERLAPPEDWINDOW` der Stil für ein überlappendes Fenster mit dickem Rand, einer Titel- und Menüleiste festgelegt. In der Titelleiste sind rechts die Icons zum Minimieren, Maximieren und Schließen des Fensters.
- `CW_USEDEFAULT` ist die Standardeinstellung für die x-Koordinate der linken oberen Fensterecke bzw. der Standardwert für die Fenstergröße: Das Fenster erscheint in Normalgröße auf dem Bildschirm oben links. Mit der Angabe von `CW_USEDEFAULT` werden die Werte für die y-Koordinate und die Fensterhöhe ignoriert. Diese sind deshalb auf `0` gesetzt.

Da das zu erstellende Hauptfenster kein Elternfenster besitzt, ist das entsprechende Handle auf das Elternfenster `0` (hier: `NULL`). Anschließend kann ein Handle für ein Menü angegeben werden, das verschieden ist von dem in der Fensterklasse definierten Menü. Falls das Argument `NULL` ist, wird das in der Fensterklasse definierte Menü verwendet.

Nachdem das Fenster angelegt ist, wird es mit einem Aufruf der Funktion `ShowWindow()` angezeigt. Die Funktion erhält als Argumente lediglich das Handle des Fensters und die Darstellungsart `nCmdShow`. Die anschließend aufgerufene Funktion `UpdateWindow()` veranlasst, dass die Client-Area aufgebaut wird. Die Funktion schickt zu dem Zweck die Meldung `WM_PAINT` an die Fensterprozedur. Wie das Senden von Meldungen an die Fensterprozedur im Einzelnen abläuft, wird im Folgenden beschrieben.

Die Meldungsschleife

System-Queue und Message-Queues

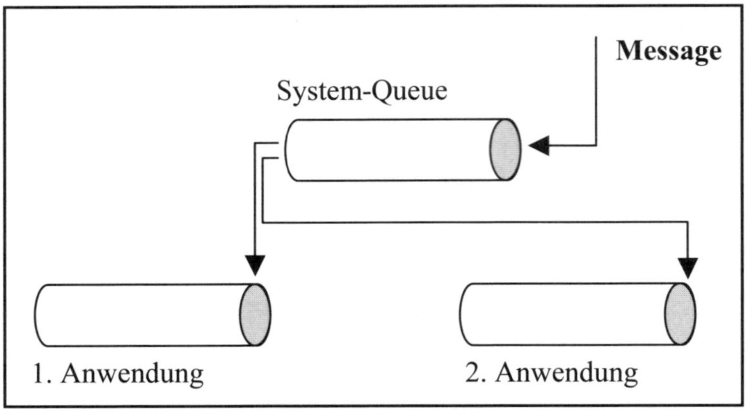

In der WinMain-Funktion

```
int WINAPI WinMain(HINSTANCE hInstance,
                   HINSTANCE hPrevInstance,
                   LPSTR     lpCmdLine,  int nCmdShow)
{
  MSG msg;
  // . . .         Und dann die Meldungsschleife:
  while(GetMessage(&msg, NULL, 0, 0))
  {
     TranslateMessage(&msg);
     DispatchMessage(&msg);
  }
  return (msg.wParam);
}
```

Die Komponenten der Struktur MSG

`HWND hwnd;`	Handle des Fenster, an das die Meldung geschickt wird.
`UINT message;`	Meldungsart, z.B. `WM_CLOSE`.
`WPARAM lParam;`	Daten zur speziellen Meldung, z.B. Status von Tasten.
`LPARAM wParam;`	Weitere Daten zur Meldung, z.B. Maus-Koordinaten.
`DWORD time`	Zeitstempel der Meldung.
`POINT pt;`	Bildschirm-Koordinaten der Maus.

Nachdem das Hauptfensters erzeugt und angezeigt ist, wartet das Programm auf Maus- und Tastatureingaben durch den Anwender. Jedes dieser Ereignisse wird vom Betriebssystem als Meldung zunächst in einen internen Puffer, die sog. *System-Queue* (engl. *raw input queue*) gestellt. Eine Queue (dt. *Warteschlange*) ist ein Speicherbereich, in dem Daten nach dem FIFO-Prinzip (engl. *first in, first out*) verwaltet werden: Das zuerst eingefügte Datenelement wird stets als erstes wieder entfernt.

Meldungen abfragen

Windows wertet die Ereignisse in der System-Queue aus und sendet die Meldungen an das jeweilige Programm. Jede Anwendung besitzt nun einen eigenen Puffer, die sog. *Message-Queue*, in der die Meldungen abgelegt werden. In der Meldungsschleife überprüft das Programm nun, ob die eigene Message-Queue Meldungen enthält. Dies geschieht durch den Aufruf

Beispiel: `GetMessage( &msg, NULL, 0, 0);`

Als erstes Argument wird die Adresse der zuvor vereinbarten Variablen `msg` vom Typ der Struktur `MSG` übergeben. In diese Variable wird die nächste Meldung aus der Message-Queue geschrieben. Die Komponenten der Struktur `MSG` sind nebenstehend angegeben. Neu ist in dem Zusammenhang die Zahl `message` vom Typ `UINT` (`unsigned int`), welche die Art der Meldung angibt. Zur besseren Lesbarkeit sind dafür symbolische Konstanten definiert, wie z.B. `WM_PAINT`, oder `WM_DESTROY`. Die Parameter `wparam` und `lparam` sind ebenfalls ganzzahlig und speichern zusätzliche Informationen, die von der konkreten Meldung abhängen.

Die Funktion `GetMessage()` liefert `0` zurück, wenn die Meldung `WM_QUIT` aus der Message-Queue geholt wurde. Dadurch wird zunächst die Meldungsschleife und anschließend das Programm verlassen. Die Komponente `wParam` der Meldung `WM_QUIT` enthält den Exit-Code des Programms und wird daher bei der `return`-Anweisung angegeben.

Bei jeder anderen Meldung liefert `GetMessage()` einen von `0` verschiedenen Wert, woraufhin die Anweisungen innerhalb der Schleife ausgeführt werden. Zuerst wandelt die Funktion `TranslateMessage()` Tasten-Codes in Zeichen-Codes um. Anschließend wird die Meldung durch `DispatchMessage()` zur Verarbeitung an die entsprechende Fensterprozedur geschickt.

Welche Fensterprozedur ist nun für die Meldung zuständig? Die Anwort: In der Meldung `msg` ist auch das Handle des Fensters gespeichert, das die Meldung erhalten soll. Die Fensterklasse dieses Fensters enthält wiederum die Adresse der Fensterprozedur. Damit ist klar, zu welcher Fensterprozedur eine Meldung geschickt werden muss.

Fensterprozedur definieren

Die Funktion WndProc()

```
/* Fortsetzung des Programms Basis1.c                    *
 * ---------------------------------------------------*/
LRESULT CALLBACK WndProc(HWND hWnd, UINT message,
                         WPARAM wParam, LPARAM lParam)
{
  PAINTSTRUCT ps;
  HDC  hdc;
  char szText[] = "Ein erstes Windows-Programm";
  switch( message)
  {
    case WM_PAINT:
      hdc = BeginPaint(hWnd, &ps);
    // Hier Ausgaben in der Client-Area, z.B. ein Text:
      TextOut(hdc, 100,100, szText, strlen(szText) );
      EndPaint( hWnd, &ps);
      break;
    case WM_DESTROY:
      PostQuitMessage(0);
      break;
    default:
      return DefWindowProc(hWnd,message,wParam,lParam);
  }
  return 0;
}
```

Einige Meldungen und ihre Bedeutung

Meldung	**Bedeutung**	**wParam**	**lParam**
WM_CREATE	Fenster erzeugt	ohne Wert	Create-Daten
WM_PAINT	Client-Area zeichnen	Gerätekontext	ohne Wert
WM_SIZE	Fenstergröße geändert	Darstellungsart	Breite, Höhe
WM_MOUSEMOVE	Maus bewegt	Tasten-Codes	Mausposition
WM_RBUTTONDOWN	Re. Maustaste gedrückt	Tasten-Codes	Mausposition
WM_LBUTTONUP	Li. Maustaste losgel.	Tasten-Codes	Mausposition
WM_CLOSE	Fenster vorm Schließen	ohne Wert	ohne Wert

Das Senden einer Meldung an ein Fenster bedeutet, dass die zugehörige Fensterprozedur aufgerufen wird. In der Fensterprozedur legt der Entwickler fest, wie das Programm auf die übergebene Meldung reagiert. Um unser erstes Beispiel zu vervollständigen, muss also noch eine Fensterprozedur bereitgestellt werden. Dann kann das Programm übersetzt und ausgeführt werden.

Aufbau einer Fensterprozedur

Der Name einer Fensterprozedur ist beliebig, üblicherweise `WndProc()` oder ähnlich. Das Makro `CALLBACK` im Kopf der Fensterprozedur legt die Aufrufkonvention fest und hat die gleiche Bedeutung wie das Makro `WINAPI` bei der `WinMain`-Funktion. Als Argumente erhält die Fensterprozedur die ersten vier Komponenten der Struktur-Variablen `msg`. Anhand der Meldungsart werden die Meldungen ausgefiltert, die behandelt werden sollen. Dies geschieht normalerweise in einer `switch`-Anweisung.

Für jede Meldung, die selbst bearbeitet wird, liefert die Fensterprozedur den Wert `0` zurück. Alle anderen Meldungen *müssen* einer standardmäßigen Behandlung durch Windows zugeführt werden, und zwar durch den Aufruf der Funktion `DefWindowProc()`. Der Return-Wert von `DefWindowProc()` wird in diesem Fall an den Aufrufer weitergegeben.

Zur nebenstehenden Fensterprozedur

Nebenstehend ist eine Minimalversion der Fensterprozedur definiert, welche nur die Meldungen `WM_PAINT` und `WM_DESTROY` selbst bearbeitet.

Die Meldung `WM_PAINT` wird ausgelöst, wenn die Client-Area, oder Teile davon, neu gezeichnet werden müssen. Die Behandlung von `WM_PAINT` beginnt mit dem Aufruf der Funktion `BeginPaint()`, welche die Client-Area löscht. Dabei wird der Hintergrund mit dem in der Fensterklasse definierten Füllmuster zeichnet. `BeginPaint()` liefert ein Handle auf den *Gerätekontext* zurück. Dieser beschreibt das Ausgabegerät - hier speziell die Client-Area - und speichert z.B. Standardeinstellungen für Farben und die verwendete Schriftart.

Nach diesen vorbereitenden Maßnahmen können die Ausgaben erfolgen. Nebenstehend wird die Funktion `TextOut()` aufgerufen, die den String `szText` beginnend bei den Koordinaten (100, 100) anzeigt. Die Bearbeitung von `WM_PAINT` *muss* mit dem Aufruf von `EndPaint()` abschließen. Diese Funktion gibt das Handle auf den Gerätekontext wieder frei und quittiert den erfolgreichen Aufbau der Client-Area.

Die Meldung `WM_DESTROY` signalisiert, dass das Fenster geschlossen wurde. Hier wird lediglich die Funktion `PostQuitMessage()` aufgerufen, welche die Meldung `WM_QUIT` in die Message-Queue des Programms stellt und dadurch das Programm beendet. Der übergebene Wert `0` wird im Parameter `wParam` der Meldung übergeben und legt den Exit-Code des Programms fest.

Fensterbereiche neu zeichnen

Ein ungültiges Rechteck

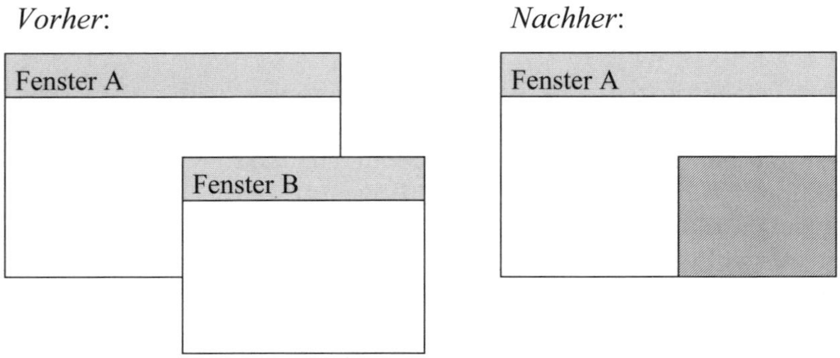

☞ Wenn das Fenster B geschlossen wird, markiert die schraffierte Fläche den ungültigen Bereich im Fenster A. Dieser Bereich muss neu gezeichnet werden.

Die Komponenten der Struktur PAINTSTRUCT

Komponente	Bedeutung
`HDC hdc;`	Handle auf den Gerätekontext.
`BOOL ferase;`	Ist `TRUE`, falls der Hintergrund im ungültigen Rechteck zu löschen ist, andernfalls `FALSE`.
`RECT rcPaint;`	Ein Rechteck, das alle ungültigen Bereiche der Client-Area umfasst. Angegeben sind die Koordinaten der linken oberen und rechten unteren Ecke.
`BOOL fRestore;`	Nur für systeminterne Zwecke.
`BOOL fIncUpdate;`	
`BYTE rgbReserved[32];`	

Fenster können verschoben, vergrößert und verkleinert werden. Sie können durch andere Fenster, beispielsweise durch eine Dialog-Box, ganz oder teilweise verdeckt werden. Das Betriebssystem schickt jedesmal, wenn Teile eines Fensters neu gezeichnet werden müssen, eine `WM_PAINT`-Meldung an das entsprechende Programm.

Da Windows keinen Unterschied zwischen Text- und Graphikausgaben macht - auch Text ist Graphik - spricht man generell vom Zeichnen oder Neuzeichnen eines Fensters. Der äußere Rahmen und die verschiedenen Leisten eines Fensters werden von Windows automatisch restauriert. Das Neuzeichnen der Client-Area übernimmt die Fensterprozedur in der Behandlung der `WM_PAINT`-Meldung.

Ungültige Bereiche

Da oft nur ein Ausschnitt der Client-Area verdeckt war und restauriert werden muss, wird aus Gründen der besseren Laufzeit auch *nur* dieser ungültige Bereich neu gezeichnet. Jeder neu zu zeichnende Teil wird intern dem sog. Update-Bereich (engl. *update region*) zugeschlagen, in dem alle ungültigen Bereiche enthalten sind. Windows begrenzt alle Ausgaben auf den Update-Bereich. Dabei werden beispielsweise Linien oder Texte, die über Ränder hinaus gehen, abgeschnitten. Das Begrenzen einer Zeichnung auf einen vorgegebenen Bereich wird auch *Clipping* genannt.

Gibt es einen ungültigen Bereich und ist die Message-Queue der Anwendung leer, so stellt Windows eine `WM_PAINT`-Meldung in die Message-Queue. Bei der Behandlung der `WM_PAINT`-Meldung schreibt die Funktion `BeginPaint()` Informationen in die übergebene Struktur-Variable `ps` vom Typ `PAINTSTRUCT`. Nebenstehend sind die Komponenten dieser Struktur zusammengestellt. Die Anwendung kann diese Informationen zur Optimierung benutzen: Da mit dem Rechteck `rcPaint` die Abmessungen des Update-Bereichs bekannt sind, brauchen nur die Berechnungen durchgeführt werden, die zum Zeichnen im Update-Bereich notwendig sind. Für weniger aufwendige Zeichnungen, kann der Programmierer den Update-Bereich ignorieren.

Die Ausgabe aktualisieren

Immer wenn sich die zugrunde liegenden Daten ändern, muss der Programmierer dafür sorgen, dass auch die entsprechende Ausgabe auf dem Bildschirm aktualisiert wird. Dies kann er dadurch erreichen, dass er selbst einen Bereich als ungültig erklärt und so eine `WM_PAINT`-Meldung auslöst.

Beispiel: `InvalidateRect( hWnd, &rc, TRUE);`

Durch diesen Aufruf wird das Rechteck `rc` als ungültiger Bereich markiert. Ist statt `&rc` der `NULL`-Zeiger angegeben, wird die ganze Client-Area als ungültig definiert. Das dritte Argument legt fest, ob der Hintergrund neu gezeichnet werden soll (`TRUE`) oder nicht (`FALSE`).

Übungen

Beispiel für eine Ausgabe des Programms:

Tipps zur Verwendung der Online-Hilfe

Diese Beschreibung bezieht sich auf die Online-Hilfe von Microsoft MSDN (Microsoft Developer Network). Für andere Entwicklungsumgebungen ist das Vorgehen ähnlich.

Kontext-Hilfe (F1-Taste)

Wenn Sie zu einem bestimmten Begriff, z.B. dem Namen einer Funktion, Hilfe wünschen, setzen Sie im Quelltext den Cursor auf den Namen der Funktion und drücken Sie die F1-Taste. In einem eigenen Fenster werden gefundene Themen aufgelistet. Wählen Sie stets den Eintrag für das *Windows User Interface: Plattform SDK* (und nicht den Eintrag für die Microsoft Foundation Class Library).

Navigieren in der Online-Hilfe

Sie können auch direkt in der Online-Hilfe unter »Index« einen Begriff eingeben. Dies entspricht dem Drücken der F1-Taste.

Wenn Sie sich einen allgemeinen Überblick zu einem Thema verschaffen wollen, klicken Sie in der Online-Hilfe im Menü »Ansicht« den Eintrag »Thema im Inhalt suchen« an. Dann erscheint links im Fenster das Thema im Inhaltsverzeichnis. Hier kann dann ein übergeordnetes Thema ausgewählt werden. Mit den Schaltern »Nächstes» und »Vorheriges« in der Symbolleiste ist es möglich, durch den Text zu blättern.

Unter »Willkommen bei der MSDN Library« (1. Eintrag im Inhalt) gibt es weitere nützliche Informationen zur Online-Hilfe.

1. *Aufgabe:*

Das erste Windows-Programm soll so verändert werden, dass ein neuer Text in der Titelleiste, ein anderes Standard-Icon oben links in der Titelleiste, ein neuer Standard-Cursor angezeigt und verschiedene Fensterstile ausprobiert werden. Gleichzeitig soll der Umgang mit der Online-Hilfe ihres Compilers geübt werden.

Sobald Sie eine Teilaufgabe gelöst haben, starten Sie das Programm zum Testen erneut.

a) Legen Sie ein neues leeres Projekt für eine Win32-Anwendung an (z.B. `aufgabe1`). Kopieren Sie im Explorer die Datei `Basis1.c` in das neue Unterverzeichnis des Projekts und benennen Sie die Datei um (z.B. `Aufgabe1.c`). In Ihrer Entwicklungsumgebung fügen Sie diese Datei zum Projekt hinzu (VC++: Projekt → Dem Projekt hinzufügen → Dateien). Mit einem Doppelklick auf `Aufgabe1.c` wird die Datei angezeigt.

b) Ändern Sie den Namen »Basis 1« in der Titelleiste des Hauptfensters in »1. Aufgabe«. Ändern Sie außerdem den Text, der in der Client-Area ausgegeben wird, in »Mein erstes Windows-Programm«.

c) Laden Sie jetzt ein anderes Standard-Icon. Setzen Sie zu dem Zweck den Cursor auf den Namen der Funktion `LoadIcon()` und drücken Sie die F1-Taste. In der Beschreibung der Funktion wählen Sie ein Standard-Icon aus und ändern die beiden Aufrufe von `LoadIcon()` entsprechend.

d) Laden Sie einen Standard-Cursor Ihrer Wahl. Suchen Sie sich die passende Konstante in der Online-Hilfe bei der Beschreibung der Funktion `LoadCursor()`. Gehen Sie wie in c) vor.

e) Wählen Sie mithilfe der Funktion `GetStockObject()` »grau« als Hintergrundfarbe aus.

f) Experimentieren Sie mit verschiedenen Fensterstilen. Schauen Sie sich hierfür in der Online-Hilfe die Funktion `CreateWindow()` an. Versuchen Sie ein Fenster mit Titelleiste und System-Menü zu erzeugen, das keine Minimize- und Maximize-Box hat.

   Wenn beim Experimentieren das Icon zum Schließen des Fensters in der Titelleiste nicht mehr angezeigt wird, können Sie die Anwendung auch mit Alt+F4 schließen.

g) Ändern Sie jetzt die Position und Größe des Fensters beim ersten Anzeigen. Die linke obere Ecke soll beim Punkt mit den Koordinaten (50, 100) liegen. Das Fenster soll 500 Pixel breit und 250 Pixel hoch sein.

Übungen (Fortsetzung)

Die vordefinierte Struktur TEXTMETRIC

```
typedef struct
{
  LONG tmHeight;          // Zeichenhoehe
  LONG tmAscent;          // Hoehe oberhalb der Basislinie.
  LONG tmDescent;         // Hoehe unterhalb der Basislinie.
  LONG tmInternalLeading;   // Hoehe des Umlaute-Bereichs.
  LONG tmExternalLeading;   // Zeilenabstand
  LONG tmAveCharWidth;      // Mittlere Zeichenbreite.
  LONG tmMaxCharWidth;      // Maximale Zeichenbreite.
  . . . .                   // usw.
} TEXTMETRIC;
```

Die Einheit dieser Werte ist standardmäßig »Anzahl Pixel«.

Die Basislinie

(Basislinie)

Ausgabe des Programms

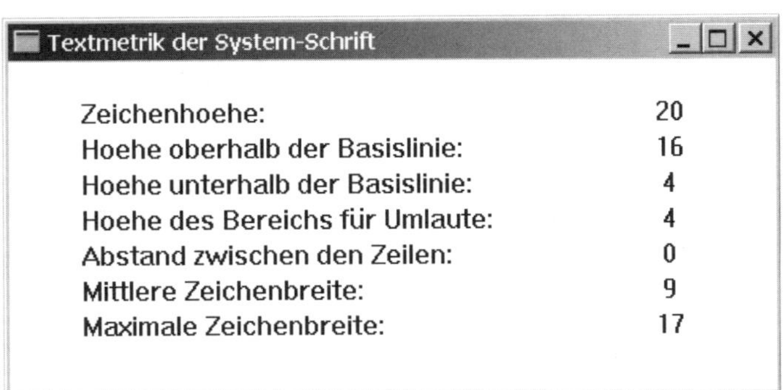

2. *Aufgabe:*

Es soll ein Windows-Programm erstellt werden, das einen mehrzeiligen Text tabellarisch ausgibt. »Text ist Graphik«: Es gibt also keine vorgegebenen Zeilen und Spalten. Vielmehr wird die Position von Texten auch in Pixeln angegeben. Damit die Ausgabe unabhängig von der eingestellten Bildschirmauflösung und der verwendeten Schriftart ist, müssen die aktuellen Abmessungen der Zeichen bekannt sein. Diese Informationen liefert die Funktion `GetTextMetrics()`.

- Legen Sie ein neues leeres Projekt für eine Win32-Anwendung an (z.B. `textmetrik`) und fügen Sie dem Projekt eine Kopie der Datei `Basis1.c` hinzu (die Sie zuvor z.B. in `Textmetrik.c` umbenennen: vgl. erster Schritt von Aufgabe 1).
- Die Behandlung der Meldung `WM_PAINT` ist hier umfangreicher. Daher ist es sinnvoll, die Meldung in einer eigenen Funktion `onPaint()` zu behandeln. Die Funktion erhält als Argument das Fensterhandle und gibt nichts zurück.

  Vereinbaren Sie in der Funktion `onPaint()` u.a.

  - eine Variable vom Typ der nebenstehenden Struktur `TEXTMETRIC`,
  - zwei Variablen, in denen Sie die mittlere Zeichenbreite und die Zeilenhöhe speichern, d.h. die Werte der Strukturkomponenten `tmAveCharWidth` und `(tmHeight + tmExternalLeading)`.

  Die Zeilenhöhe kann nach Belieben um einige Pixel vergrößert werden.
- Durch den Aufruf der API-Funktion `GetTextMetrics()` wird eine Struktur vom Typ `TEXTMETRIC` mit Werten gefüllt. Schauen Sie sich die Beschreibung von `GetTextMetrics()` in der Online-Hilfe an und codieren Sie dann den entsprechenden Aufruf.
- Geben Sie anschließend die Textzeilen mit den Maßen für die Textmetrik in einer Schleife aus. Dabei sind die Werte für die mittlere Zeichenbreite und die Zeilenhöhe zu berücksichtigen. Die Ausgabe des Textes soll jeweils ab der fünften Zeichenposition in einer Zeile beginnen.

  Den aktuellen Wert der entsprechenden Strukturkomponente können Sie in einem `switch` abfragen und (beispielsweise) ab der 40. Zeichenposition ausgeben. Dabei ist Folgendes zu beachten:

  Ein Zahlenwert muss vor der Ausgabe mit der Funktion `TextOut()` in einen String umgewandelt werden. Verwenden Sie dazu die Funktion `sprintf()`. Diese ist äquivalent zu `printf()` mit dem Unterschied, dass die Zeichen statt auf den Bildschirm in einen String kopiert werden. Der Zielstring ist als erstes Argument anzugeben:

  Beispiel:

  ```
  char buf[100];     long limit =123;
  sprintf( buf, "Der Grenzwert ist %ld", limit);
  ```

Lösungen

zur 1. Aufgabe:

```
/* Aufgabe1.c --> Variation des Programms Basis1.c.          *
 * Neue Texte in der Titelleiste und im Client-Bereich,       *
 * anderes Standard-Icon, anderer Standard-Cursor,            *
 * anderer Hintergrund, verschiedene Fensterstile,            *
 * festgelegte Anfangsgröße des Fensters.                     */

// Windows Header Datei:
#include <windows.h>

// Global Variables:
HINSTANCE hInst   = 0;                   // Instanz-Handle
char szAppName[]  = "Basis-Variation"; // Name der Applikation.
char szTitle[100] = "1. Aufgabe";      // Titel des Fensters.

// Prototypen eigener Funktionen:
BOOL InitApplication();
BOOL InitInstance(int);
LRESULT CALLBACK WndProc(HWND, UINT, WPARAM, LPARAM);

///////////////////////////////////////////////////////////////
//  Funktion: WinMain(HANDLE, HANDLE, LPSTR, int)
//  Zweck:    Entry point dieser Applikation.
//            WinMain() initialisiert die Applikation und
//            enthält die Meldungs-Schleife.
//            (Unverändert, wie in Basis1.c)

int WINAPI WinMain(HINSTANCE hInstance,     // Handle der
Instanz.
                   HINSTANCE hPrevInstance,
                   LPSTR     lpCmdLine,      // Kommandozeile
                   int       nCmdShow)       // Art der Anzeige.
{
   MSG msg;                         // Zum Speichern einer Meldung.
   hInst = hInstance;               // An globale Variable zuweisen.
   if(!InitApplication())           // Fenster registrieren.
     return (FALSE);
   if(!InitInstance(nCmdShow)) // Das Hauptfenster erzeugen.
      return (FALSE);
```

```
    // Meldungen auslesen und weiterleiten, so lange keine
    // WM_QUIT Meldung kommt.
    while(GetMessage(&msg,NULL,0,0))
    {
        TranslateMessage(&msg); // Übersetzt virtual key codes.
        DispatchMessage(&msg);  // Meldung an das Fenster
    }                           // weitergeben.
    return (msg.wParam);           Den Wert von PostQuitMessage
}                               // zurückgeben.

/////////////////////////////////////////////////////////////////
//  Funktion: InitApplication()
//  Zweck:    Initialisert die Daten des Fensters und
//            registriert diese Fensterklasse.
//            Diese Funktion füllt eine Datenstruktur vom Typ
//            WNDCLASSE und ruft RegisterClass() auf
//            (anderes Icon, anderer Cursor).

BOOL InitApplication()
{
    WNDCLASSEX  wc;

    // Die Struktur wc mit Werten füllen:
    wc.cbSize        = sizeof(WNDCLASSEX);
    wc.style         = CS_HREDRAW | CS_VREDRAW;// Fensterstile
    wc.lpfnWndProc = (WNDPROC)WndProc;          // Fensterprozedur

    wc.cbClsExtra    = 0;
    wc.cbWndExtra    = 0;

    wc.hInstance     = hInst;              // Handle dieser Instanz.
    wc.hIcon         = LoadIcon( NULL, IDI_QUESTION);    // Icon
    wc.hCursor       = LoadCursor( NULL, IDC_WAIT);      // Cursor

                               // Hintergrund der Client-Area:
    wc.hbrBackground   = (HBRUSH)GetStockObject(LTGRAY_BRUSH);
    wc.lpszMenuName    = NULL;      // Menue-Name (hier keins).
    wc.lpszClassName  = szAppName; // Name dieser Fensterklasse.
    wc.hIconSm         = LoadIcon(NULL, IDI_QUESTION);

    // Die Fensterklasse registrieren und
    // "erfolgreich" oder "Fehler" zurückgeben:
    return RegisterClassEx(&wc);
}
```

Lösungen (Fortsetzung)

zur 1. Aufgabe (Fortsetzung):

```
////////////////////////////////////////////////////////////////
//   Funktion: InitInstance(int)
//   Zweck:    Das Hauptfenster erzeugen und anzeigen.
//             (Neuer Titel, feste Anfangsgröße)
BOOL InitInstance(int nCmdShow)
{
  HWND hWnd;
  hWnd = CreateWindow( szAppName,       // Name der Fensterklasse.
                       szTitle,         // Titel des Fensters.
                       WS_CAPTION | WS_SYSMENU,// Fensterstile
                       // Lage des Fensters:
                       50,                        // x-Koordinate
                       100,                       // y-Koordinate
                       450,                       // Fensterbreite
                       250,                       // Fensterhoehe
                       NULL,            // Handle: Elternfenster.
                       NULL,            // Handle: Menue.
                       hInst,           // Handle des Programms.
                       NULL);           // Zeiger auf zusätzliche
                                        // Daten für WM_CREATE.
   if (!hWnd)
      return (FALSE);
   ShowWindow(hWnd, nCmdShow); // Fenster anzeigen.
   UpdateWindow(hWnd);         // Eine WM_PAINT-Meldung senden.
   return (TRUE);
}
```

```
//////////////////////////////////////////////////////////////
//  Funktion:  WndProc(HWND, unsigned, WORD, LONG)
//  Zweck:     Meldungen verarbeiten
//             (neuer Text im Client-Area).

LRESULT CALLBACK WndProc( HWND hWnd, UINT message,
                          WPARAM wParam, LPARAM lParam)
{
   PAINTSTRUCT ps;
   HDC  hdc;
   char szText[] = "Mein erstes Windows-Programm";

   switch (message)
   {
      case WM_PAINT:
         hdc = BeginPaint( hWnd, &ps);
         TextOut( hdc, 100,100, szText, strlen(szText) );
         EndPaint( hWnd, &ps);
         break;
      case WM_DESTROY:
         PostQuitMessage(0);
         break;
      default:
         return DefWindowProc(hWnd, message, wParam, lParam);
   }
   return 0;
}
```

zur 2. Aufgabe:

```
/* Textmetrik.c --> Illustiert die Textausgabe unter          *
 *                  Berücksichtigung der Textmetrik.          *

#include <stdio.h>
#include <windows.h>

// Globale Variablen:
HINSTANCE hInst  = 0;                // Instanz-Handle
char szAppName[] = "Textmetrik";     // Name der Applikation.
                                     // Titel des Fensters:
char szTitle[100] = "Textmetrik der System-Schrift";
// Prototypen eigener Funktionen:
BOOL InitApplication();
BOOL InitInstance(int);
LRESULT CALLBACK WndProc(HWND, UINT, WPARAM, LPARAM);
```

Lösungen (Fortsetzung)

zur 2. Aufgabe (Fortsetzung):

```
///////////////////////////////////////////////////////////////
//  Die Funktionen
//    WinMain(),  InitApplication(),  InitInstance()
//  werden unverändert aus Basis1.c übernommen.


///////////////////////////////////////////////////////////////
//  Funktion:  WndProc(HWND, unsigned, WORD, LONG)
//  Zweck:     Meldungen verarbeiten.

// Deklaration der Message-Handler.
void onPaint(HWND);

LRESULT CALLBACK WndProc( HWND hWnd, UINT message,
                          WPARAM wParam, LPARAM lParam)
{
   switch (message)
   {
      case WM_PAINT:
         onPaint(hWnd);
         break;
      case WM_DESTROY:
         PostQuitMessage(0);
         break;
      default:
         return DefWindowProc(hWnd, message, wParam, lParam);
   }
   return 0;
}

///////////////////////////////////////////////////////////////
/
//  Funktion:  onPaint(HWND)
//  Zweck:     Message-Handler für WM_PAINT.

void onPaint( HWND hWnd)
{
   PAINTSTRUCT ps;
   HDC  hdc;
   TEXTMETRIC  ptm;
   char szZahl[10];   // Hilfsstring für die Ziffern einer Zahl.

   int i = 0;                 // Index
   int nXStart1, nXStart2,    // Spaltenpostionen und
       nYStart;               // Zeilenposition für TextOut().
```

```
    int nAveCharWidth,          // Mittlere Zeichenbreite,
        nLineHeight;            // Zeilenhöhe.
    char* strMetrik[] = {  "Zeichenhoehe: ",
                           "Hoehe oberhalb der Basislinie:",
                           "Hoehe unterhalb der Basislinie:",
                           "Hoehe des Bereichs fuer Umlaute:",
                           "Abstand zwischen den Zeilen:",
                           "Mittlere Zeichenbreite:",
                           "Maximale Zeichenbreite:"
                         };

    hdc = BeginPaint( hWnd, &ps);

    GetTextMetrics(hdc, &tm);
    nLineHeight    = (int)(tm.tmHeight + tm.tmExternalLeading)+2;
    nAveCharWidth  = (int)tm.tmAveCharWidth;

    nXStart1 = 5*nAveCharWidth;                 // Spaltenposition
                                                // für den Text.
    nXStart2 = nXStart1 + 40*nAveCharWidth;     // Spaltenposition
                                                // für den Wert.
    nYStart  = 1*nLineHeight;                   // Eine Leerzeile.

    for( i=0; i < 7; i++)
    {
        TextOut( hdc, nXStart1, nYStart,
                 strMetrik[i], strlen(strMetrik[i]) );
        switch(i)
        {
           case 0: sprintf(szZahl, "%3ld", tm.tmHeight);
                   break;
           case 1: sprintf(szZahl, "%3ld", tm.tmAscent);
                   break;
           case 2: sprintf(szZahl, "%3ld", tm.tmDescent);
                   break;
           case 3: sprintf(szZahl, "%3ld", tm.tmInternalLeading);
                   break;
           case 4: sprintf(szZahl, "%3ld", tm.tmExternalLeading);
                   break;
           case 5: sprintf(szZahl, "%3ld", tm.tmAveCharWidth);
                   break;
           case 6: sprintf(szZahl, "%3ld", tm.tmMaxCharWidth);
                   break;
        };

        TextOut(hdc, nXStart2, nYStart, szZahl, strlen(szZahl) );
        nYStart += nLineHeight;
    }
    EndPaint( hWnd, &ps);
}
```

Kapitel 22

Die Graphikschnittstelle

Dieses Kapitel beschreibt, wie in einer Windows-Anwendung graphische Ausgaben programmiert werden können. Im Einzelnen werden vorgestellt

- die von Windows verwendeten Koordinaten,
- das Setzen von Farben, Strichdicken und Füllmustern durch Definition eigener GDI-Objekte,
- Positionieren von Textausgaben,
- vektorielle Graphiken.

GDI-Funktionen

Elementare Funktionen zum Zeichnen

Der erste Parameter *hdc* der folgenden Funktionen ist stets das Handle auf den Gerätekontext. Alle Koordinaten sind logische Koordinaten. Als Return-Wert liefern die Funktionen im Fehlerfall den Wert `FALSE`, sonst `TRUE`.

Linien zeichnen

Die Linien werden mit dem aktuellen Stift gezeichnet.

```
BOOL MoveToEx( HDC hdc, int x, int y, POINT *pPoint);
```

Diese Funktion zeichnet nichts, sondern ändert nur die aktuelle (unsichtbare) Position. Sofern *pPoint* nicht der `NULL`-Zeiger ist, wird die alte aktuelle Position in der `POINT`-Struktur gespeichert, auf die `pPoint` zeigt.

```
BOOL LineTo( HDC hdc, int xEnd, int yEnd);
```

Die Funktion `LineTo()` zeichnet eine Linie von der aktuellen Position bis zum Endpunkt (*xEnd, yEnd*), aber ohne den Endpunkt. Die neue aktuelle Position ist dann der Endpunkt.

```
BOOL Polyline(HDC hdc, const POINT *pPts, int cPts);
```

Die Funktion `Polyline()` zeichnet eine Folge von Linien, indem sie die Punkte im Vektor `pPts` verbindet. *cPts* ist die Anzahl der Punkte im Vektor.

Gefüllte Flächen zeichnen

Die Linien werden mit dem aktuellen Stift gezeichnet und die Fläche mit dem aktuellen Pinsel gefüllt.

```
BOOL Rectangle(HDC hdc, int x1,int y1,int x2,int y2);
```

Diese Funktion zeichnet ein Rechteck mit der linken oberen Ecke (*x1,y1*) und der rechten unteren Ecke (*x2,y2*).

```
BOOL Ellipse( HDC hdc, int x1,int y1,int x2,int y2);
```

Diese Funktion zeichnet eine Ellipse. Die übergebenen Koordinaten sind die linke obere und rechte untere Ecke des Rechtecks, das die Ellipse umgibt.

```
BOOL Polygon( HDC hdc, const POINT *pPts, int cPts);
```

Die Funktion `Polygon()` zeichnet ein Vieleck. Die Punkte im Vektor *pPts* bilden die Ecken und *cPts* ist die Anzahl der Punkte im Vektor.

Funktionen der Graphikschnittstelle

Die geräteunabhängige Graphikschnittstelle (engl. *graphics device interface*, kurz: GDI) stellt mehrere hundert Funktionen für die Graphikausgabe zur Verfügung. Dazu gehören Funktionen für folgende Aufgaben:

- Ein Handle auf den *Gerätekontext* holen und freigeben, oder die Attribute des Gerätekontext ermitteln und setzen.
- *Text* formatiert ausgeben. Windows unterscheidet nicht zwischen Text- und Graphikmodus. Jedes Zeichen ist eine Graphik.
- *Vektorielle Graphiken* ausgeben, z.B. zum Zeichnen von Geraden, Rechtecken und Kurven, zum Abfragen und Setzen graphischer Attribute, wie z.B. Strichdicke oder Füllmuster.
- *Bitmaps* handhaben. Bitmaps sind Bitfelder, die eine Graphik pixelweise darstellen. Sie werden allgemein für Rastergraphiken, wie z.B. Fotos oder Icons, eingesetzt.
- Mit *GDI-Objekten* arbeiten, z.B. mit einem Stift (engl. *pen*), Pinsel (engl. *brush*) oder einer Schriftart (engl. *font*).

Handle für den Gerätekontext

Zum Zeichnen auf ein Ausgabegerät, wie z.B. auf einen Bildschirm oder einen Drucker, wird immer ein Handle zu einem Gerätekontext (engl. *device context*) für das entsprechende Gerät benötigt.

Der Gerätekontext stellt die eigentliche Verbindung zum Ausgabegerät dar und speichert die »Attribute«, welche die Wirkung der Ausgabefunktionen bestimmen. Zu den Attributen gehören z.B. das verwendete Koordinatensystem oder die Schriftart für die Textausgabe. Alle Attribute besitzen Standardwerte, sodass die Ausgabefunktionen ohne weitere Festlegungen sofort aufgerufen werden können.

Es gibt zwei Möglichkeiten, um ein Handle auf den Gerätekontext zum Zeichenbereich eines Fensters zu erhalten: Bei der Bearbeitung der `WM_PAINT`-Meldung muss man das Handle durch den Aufruf von `BeginPaint()` ermitteln und gibt es mit `EndPaint()` wieder frei.

Es ist auch möglich, außerhalb der Behandlung von `WM_PAINT` zu zeichnen. In diesem Fall erhält man das notwendige Handle durch die Funktion `GetDC()`.

Beispiel: `HDC hdc = GetDC( hwnd);`

Es steht dann die Client-Area des Fensters mit dem Handle `hwnd` für die Ausgaben zur Verfügung. Im Anschluss an die Ausgaben muss auch dieses Handle wieder freigegeben werden, und zwar durch den Aufruf

Beispiel: `ReleaseDC(hwnd, hdc);`

GDI-Koordinaten

GDI-Gerätekoordinaten (1 Koordinateneinheit ~ 1 Pixel)

Komponenten der Struktur RECT

Komponente	Bedeutung
`LONG left;`	x-Koordinate der linken oberen Ecke
`LONG top;`	y-Koordinate der linken oberen Ecke
`LONG right;`	x-Koordinate der rechten unteren Ecke
`LONG bottom;`	y-Koordinate der rechten unteren Ecke

Beispiel:

```
RECT rc;
GetClientRect( hWnd, &rc);   // Größe der Client-Area.
```

Dann enthalten die Komponenten von `rc` die folgenden Werte:

`rc.left` und `rc.top` : `0` (Linke obere Ecke).

`rc.right` : Höchste x-Koordinate = Fensterbreite – 1 (Anzahl Pixel)

`rc.bottom` : Höchste y-Koordinate = Fensterhöhe – 1 (Anzahl Pixel)

Logische Koordinatensysteme

Ein wichtiges Ziel der GDI-Programmierung ist die Unabhängigkeit von der jeweiligen Hardware, insbesondere von der konkreten Auflösung des jeweiligen Bildschirms oder Druckers. Damit der Programmierer sich um diese technischen Details nicht kümmern muss, benutzt Windows sog. *logische Koordinaten*. Die logischen Koordinaten eines Bildpunktes werden intern stets in die physikalischen Koordinaten des Ausgabegeräts umgerechnet.

Das logische Koordinatensystem, das bei Ausgaben in der Client-Area maßgeblich ist, gehört zu den Attributen des Gerätekontextes. Standardmäßig wird ein Koordinatensystem verwendet, bei dem der Koordinatenursprung in der linken oberen Ecke der Client-Area liegt. Die x-Koordinaten werden in horizontaler Richtung inkrementiert und y-Koordinaten in vertikaler Richtung inkrementiert. Die Koordinateneinheit in x- und y-Richtung entspricht der Breite und Höhe eines Pixels. Die Orientierung der Koordinatenachsen und die Koordinateneinheit entsprechen in dem Fall den physikalischen Gerätekoordinaten. Man spricht deshalb auch von *GDI-Gerätekoordinaten.*

Windows stellt neben diesem Standard-Koordinatensystem noch weitere GDI-Koordinatensysteme zur Verfügung, bei denen Koordinateneinheiten in Millimeter oder Inch gemessen werden oder auch frei wählbar sind. Dabei ist die y-Achse gewöhnlich nach oben gerichtet. Mehr dazu später in diesem Kapitel.

Maximale x- und y-Koordinate

Da ein Fenster jederzeit vergrößert oder verkleinert werden kann, sind die maximale x- und y-Koordinate der Client-Area variabel. Die aktuellen Werte können durch einen Aufruf der GDI-Funktion `GetClientRect()` ermittelt werden.

Beispiel: `GetClientRect( hWnd, &rc);`

Das erste Argument ist das Handle des Fensters. Die Funktion schreibt die Koordinaten der linken oberen Ecke und der rechten unteren Ecke in die Variable `rc` vom Typ `RECT` zurück. Der Typ `RECT` stellt ein Rechteck dar, dessen Seiten parallel zur x- bzw. y-Achse verlaufen und das durch die linke obere und rechte untere Ecke eindeutig bestimmt ist. Die Komponenten dieser Struktur sind nebenstehend angegeben.

Zu beachten ist, dass `GetClientRect()` stets die GDI-Gerätekoordinaten der Eckpunkte in der Client-Area angibt, auch wenn ein anderes GDI-Koordinatensystem festgelegt wurde. Die linke obere Ecke ist in GDI-Gerätekoordinaten stets (0,0). Wenn man die Pixel horizontal und vertikal bei 0 beginnend durchnummeriert, ist die rechte untere Ecke durch die höchsten Pixelnummern in x- und y-Richtung festgelegt.

Eine erste Graphik

In der Fensterprozedur

```
// Ausschnitt aus der Datei simpleGraphics.c
// -----------------------------------------------------------
case WM_PAINT:
{
  PAINTSTRUCT ps;   RECT rc;   HDC hdc;
  int xm, ym;                  // Mittelpunkt des Fensters.

  hdc = BeginPaint(hWnd, &ps);
  GetClientRect(hWnd, &rc);    // Groesse der Client-Area.

  // Diagonalen zeichnen.
  MoveToEx( hdc,0,0,NULL);  LineTo( hdc, rc.right,rc.bottom);
  MoveToEx( hdc,0,rc.bottom,NULL);  LineTo( hdc, rc.right,0);

  // Ein zentriertes Rechteck.
  xm = rc.right/2;
  ym = rc.bottom/2;
  Rectangle( hdc, xm/2, ym/2, xm*3/2, ym*3/2);

  // Eine Ellipse mit denselben Koordinaten
  Ellipse( hdc, xm/2, ym/2, xm*3/2, ym*3/2);

  // und ein Polygon.
  {  POINT rombus[4] =         // Punkte eines Polygons.
     { {xm, ym/2}, {xm/2, ym}, {xm, ym*3/2}, {xm*3/2, ym} };
     Polygon( hdc, rombus, 4);
  }

  EndPaint (hWnd, &ps);
  break;
}
```

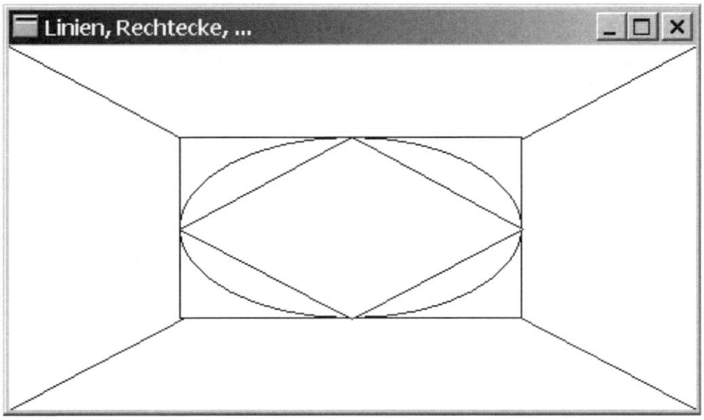

Die Ausgabe

Wir sind jetzt in der Lage, einfache graphische Figuren - wie z.B. Linien, Rechtecke und Ellipsen – so zu zeichnen, dass sie sich automatisch der Größe des Fensters anpassen. In der hier verwendeten Standardeinstellung werden Linien mit der Farbe schwarz und der Breite »ein Pixel« gezeichnet. Flächen werden mit der Farbe weiß gefüllt.

Linien

Ein Attribut des Gerätekontextes ist die aktuelle Position, die anfänglich der Punkt (0,0) ist. Die aktuelle Position kann mit der Funktion `MoveToEx()` verändert werden. Die Funktion `LineTo()` zeichnet eine Linie von der aktuellen Position hin zu dem Endpunkt, dessen Koordinaten übergeben werden. Der Endpunkt ist dann die neue aktuelle Position. Die Anweisungen

Beispiel:

```
MoveToEx(hdc,100,100,NULL);
LineTo(hdc,200,200);  LineTo(hdc,0,200);
LineTo(hdc,100,100);
```

zeichnen ein Dreieck, wobei `hdc` ein Handle auf den Gerätekontext ist.

Die Funktion `Polyline()` verbindet die Punkte, die in einem Vektor mit Elementen vom Typ `POINT` gespeichert sind. Schreibt man also die Eckpunkte des obigen Dreiecks in einen Vektor `dreieck` der Länge 4, wobei der erste Punkt auch als letzter Punkt anzugeben ist, so erhält man mit

Beispiel:

```
Polyline(hdc, dreieck, 4);
```

das gleiche Dreieck. `Polyline()` verändert nicht die aktuelle Position.

Rechtecke, Ellipsen, Polygone

Die Funktion `Rectangle()` zeichnet ein Rechteck mit horizontalen und vertikalen Seiten. Neben dem Handle auf den Gerätekontext erwartet sie als Argumente die Koordinate der linken oberen Ecke sowie der rechten unteren Ecke. Das Rechteck

Beispiel:

```
Rectangle(hdc, 100, 100, 200, 200);
```

ist also durch die Eckpunkte `(100,100)` und `(200,200)` festgelegt. Die Fläche wird mit dem aktuellen Füllmuster gefüllt, sodass eine eventuell vorhandene Graphik »unter« dem Rechteck gelöscht wird.

Die Lage einer Ellipse ist durch das umgebende Rechteck bestimmt. Die Funktion `Ellipse()`, die eine Ellipse zeichnet, erwartet daher dieselben Argumente wie die Funktion `Rectangle()`. In der nebenstehenden Graphik ist das angezeigte Rechteck das umgebende Rechteck der Ellipse.

Das nebenstehende Programm zeigt auch, wie ein Polygon (Vieleck) angezeigt werden kann. Die Eckpunkte werden der Funktion `Polygon()` in einem Vektor übergeben, dessen Elemente vom Typ `POINT` sind.

Farbdarstellung

Darstellung einer RGB-Farbe vom Typ COLOREF

		rot	grün	blau
	0 . . . 0	0 - 255	0 – 255	0 - 255
Bitposition	31 24	23 16	15 8	7 0

Mischen von Farben im RGB-System

Farbe	Rotanteil	Grünanteil	Blauanteil
weiß	255	255	255
hellgrau	200	200	200
schwarz	0	0	0
rot	255	0	0
grün	0	255	0
blau	0	0	255
magenta (= violett)	255	0	255
cyan (= türkis)	0	255	255
gelb	255	255	0

Die Zusammensetzung einer Farbe vom Typ `COLORREF` aus Farbanteilen erfolgt mit dem Makro `RGB()`.

```
BYTE rot = 125, gruen = 125, blau = 125;
COLORREF color = RGB( rot, gruen, blau);  // grau
```

Umgekehrt kann aus einer Farbe der Rot- Grün- oder Blauanteil mit den Makros `GetRValue()`,`GetGValue()` oder `GetBValue()` extrahiert werden:

```
rot = GetRValue(color);             // Rotanteil
```

RGB-Farbsystem

Zur Darstellung von Farben verwendet Windows das RGB-Farbsystem (R = rot, G = grün, B = blau). Dieses Farbsystem ist an den physikalischen Eigenschaften von Farbbildschirmen (engl. *Cathode Ray Tubes*) orientiert, deren Oberfläche mit Dreiergruppen von roten, grünen und blauen Phosphorpunkten beschichtet ist. Durch individuelles Ansteuern der einzelnen Farbpunkte werden Farben durch Mischen der Rot-, Grün- und Blauanteile erzeugt.

Zur internen Darstellung einer Farbe speichert Windows einen ganzzahligen Wert vom Typ `COLORREF`, der 4 Byte lang ist. In den unteren 3 Byte dieser Zahl werden der Rot-, Grün- und Blauanteil der Farbe in je einem Byte codiert. Jeder einzelne Farbanteil ist also eine Zahl zwischen 0 und 255. Eine Farbe ist deshalb durch ein Trippel

```
(r, g, b)    mit  0 <= r, g, b <= 255
```

eindeutig bestimmt. Umso mehr sich ein Trippel dem Wert `(255,255,255)` nähert, um so heller erscheint die Farbe. Für die Umrechnung von Farbanteilen in eine Zahl vom Typ `COLORREF` steht das Makro `RGB()` zur Verfügung:

Beispiel: `COLORREF color = RGB(255, 255, 0); // gelb`

Textfarben setzen

Die Variable `color` kann dann beispielsweise verwendet werden, um die Vordergrundfarbe für anschließende Textausgaben festzulegen:

Beispiel: `SetTextColor( hdc, color);`

Das Argument `hdc` ist das Handle des Gerätekontextes. Ebenso kann eine neue Hintergrundfarbe gesetzt werden:

Beispiel: `SetBKColor( hdc, bkColor);`

Dann werden die Freiräume zwischen den Textzeichen mit der neuen Hintergrundfarbe gefüllt. Das gilt auch für die Zwischenräume bei nicht durchgezogenen Linien und Füllmustern.

Will man den vorhandenen Hintergrund durchscheinen lassen, also die Zwischenräume nicht füllen, so kann dies wie folgt erreicht werden:

Beispiel: `SetBkMode( hdc, TRANSPARENT);`

Es ist auch möglich, statt `TRANSPARENT` die Konstante `OPAQUE` anzugeben. Dann werden die Zwischenräume wieder gefüllt (=Standardeinstellung).

Mit den Funktionen `GetTextColor()` und `GetBkColor()` werden die aktuelle Vorder- und Hintergrundfarbe abgefragt. Beide Funktionen erwarten das Handle des Gerätekontextes als Argument und liefern die Farbe vom Typ `COLORREF` als Return-Wert zurück.

Ausgabe von Text

Beispiel einer Fensterprozedur

```
LRESULT CALLBACK WndProc(HWND hWnd, UINT message,
                         WPARAM wParam, LPARAM lParam)
{
  switch (message)
  {
    case WM_PAINT:
    {
      PAINTSTRUCT ps;     RECT  rc;;
      HDC hdc = BeginPaint(hWnd, &ps);
     GetClientRect(hWnd, &rc);    // Groesse der Client-Area.
      SetTextColor(hdc, RGB(255,255,0));
      SetBkColor(hdc, RGB(0,0,100));
      DrawText(hdc,"Klicken Sie in dieses Fenster!", -1, &rc,
               DT_SINGLELINE | DT_CENTER | DT_VCENTER) ;
      EndPaint (hWnd, &ps);
      break;
    }
    case WM_LBUTTONDOWN:
    {
      int x = LOWORD(lParam);   // (x,y) = Mausposition
      int y = HIWORD(lParam);
      char szText[80] = "";
      sprintf( szText, "Linke Maustaste gedrückt!\n"
                       "   x = %d    y = %d", x, y);
      MessageBox( hWnd, szText, szAppName,
                           MB_OK | MB_ICONASTERISK);
      break;
    }
    // Weitere Meldungen.
  }
  return 0;
}
```

Die Ausgabe

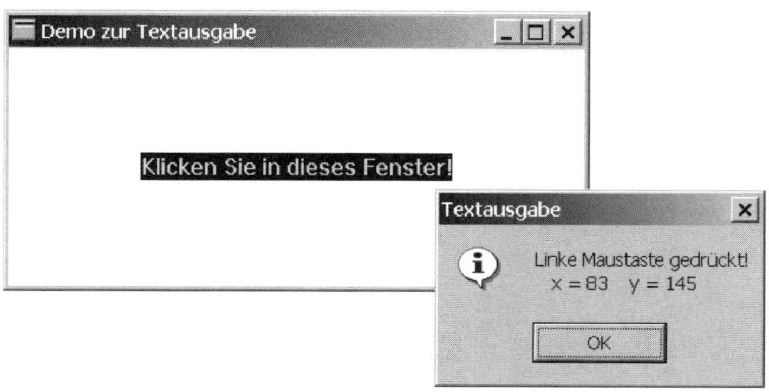

Die zwei wichtigsten GDI-Funktionen zur Textausgabe sind `TextOut()` und `DrawText()`. Beide Funktionen verwenden die Farben und die Schriftart des Gerätekontextes. Der Text, seine Länge und die Position werden beim Aufruf angegeben.

`TextOut()` positioniert die Ausgabe relativ zu einem Referenzpunkt, der standardmäßig die linke obere Ecke des Textes festlegt. Die Ausrichtung relativ zu diesem Punkt kann mit der Funktion `SetTextAlign()` geändert werden.

Beispiel:
```
SetTextAlign(hdc, TA_CENTER);
TextOut(hdc, 100,20, "Ein Text", 8);
```

Hier wird der Text zentriert unterhalb des Punktes `(100,20)` angezeigt.

Die Funktion `DrawText()` positioniert dagegen den Text in ein vorgegebenes Rechteck. Dabei gibt es weit reichende Formatierungsmöglichkeiten, z.B. kann der Text zentriert, rechts- oder linksbündig ausgerichtet werden.

Das nebenstehende Beispiel zeigt einen Aufruf von `DrawText()`. Im dritten Argument wird die Länge des Textes oder `-1` übergeben. Dabei bedeutet `-1`, dass der Text bis zum Stringende `'\0'` ausgegeben wird. Die beiden letzten Argumente enthalten die Adresse des Rechtecks und die Flags zur Ausrichtung. Mehrere Flags – hier `DT_SINGLELINE` (Ausgabe in einer Zeile), `DT_CENTER` (horizontal zentriert), `DT_VCENTER` (vertikal zentriert) – werden durch die bitweise ODER-Verknüpfung | kombiniert. Somit wird der Text `"Klicken Sie . . ."` in der Mitte des Fensters angezeigt.

Meldungsfenster

Erstmals wird hier auch die Meldung `WM_LBUTTONDOWN` behandelt. Windows übergibt die Position der Maus im Parameter `lParam`. Im Low-Word steht die x-Koordinate und im High-Word die y-Koordinate. Die Makros `LOWORD` und `HIWORD` erlauben den bequemen Zugriff auf die Koordinaten. Für die Ausgabe müssen diese Zahlen zuerst in einen String konvertiert werden: Die Funktion `sprintf()` kopiert den Text `"Linke Maustaste gedrückt!\n"` und die Koordinaten in den String `szText`. Dieser wird dann in einem Meldungsfenster angezeigt. Sie können sich so die Koordinaten eines beliebigen Punktes in der Client-Area anzeigen lassen.

Ein Meldungsfenster (engl. *message box*) ist ein kleines Dialogfenster mit einer Titelleiste, einem Text und einer, zwei oder drei Schaltflächen (engl. *push buttons*), womit einfache Benutzerabfragen gemacht werden können.

Das Öffnen einer Message-Box erledigt die GDI-Funktion `MessageBox()`. Ihr werden das Handle des eigenen Fensters, der anzuzeigende Text und die Überschrift übergeben. Die Flags im letzten Argument legen fest, welche Schaltflächen, z.B. `MB_OK` für OK oder `MB_YESNO` für Ja/Nein, und welches Icon angezeigt werden. Der Return-Wert zeigt an, welche Schaltfläche vom Benutzer ausgewählt wurde.

Stifte und Pinsel (1)

In der Fensterprozedur

```
case WM_PAINT:
{
  PAINTSTRUCT ps;    RECT rc;    HPEN hPen0, hPen1, hPen2;
  int i, average;

  HDC hdc = BeginPaint (hWnd, &ps);
  GetClientRect(hWnd, &rc);
                                      // Linienstärke = 2 Einheiten:
  hPen1 = CreatePen(PS_SOLID, 2 ,RGB(0,0,255));
                                  // Linienstärke = 1 Pixel:
  hPen2 = CreatePen(PS_DASH, 0, RGB(255,0,0));
  hPen0 = SelectObject( hdc, hPen1); // 1. Stift auswählen.
  Polyline( hdc, vPnt, ARR_SIZE);     // Die Kurve.

  SelectObject( hdc, hPen2);          // Jetzt der 2. Stift.
  SetBkColor( hdc, RGB(0,255,0));     // Für Zwischenräume.
  MoveToEx( hdc, vPnt[0].x, vPnt[0].y, NULL);
  for( i=2; i<ARR_SIZE; ++i)        // Gleitender Durchschnitt
  {                                 // mit 3 Werten.
    average = (vPnt[i-2].y + vPnt[i-1].y + vPnt[i].y) / 3;
    LineTo( hdc, vPnt[i].x, average);
  }

  SelectObject( hdc, hPen0);        // Wieder Standard-Stift.
  DeleteObject(hPen1);              // Nicht mehr verwendete
  DeleteObject(hPen2);              // Stifte löschen.
  EndPaint (hWnd, &ps);
  break;
}
```

Beispiel-Ausgabe des Programms

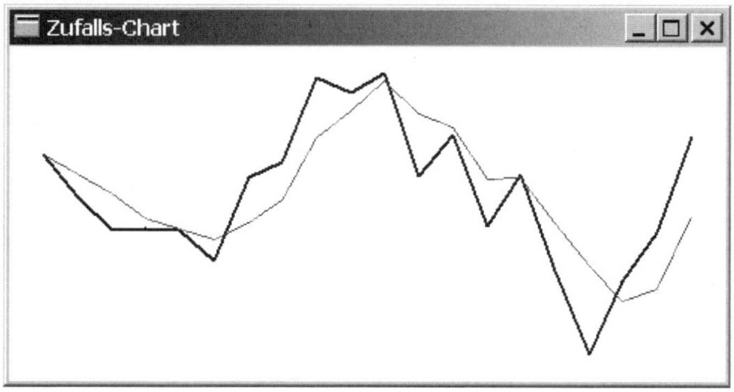

Zum Zeichnen von Linien verwendet Windows einen *Stift* (engl. *pen*) im entsprechenden Gerätekontext. Standardmäßig werden mit diesem Stift schwarze Linien durchgezogen, die ein Pixel breit sind. Die Flächen geometrischer Figuren, wie z.B. Ellipsen und Rechtecke, werden stets durch einen *Pinsel* (engl. *brush*) mit einem Füllmuster versehen. Standardmäßig wird hier mit einem rein weißen Hintergrund gearbeitet.

Erzeugen von GDI-Objekten

Will der Programmier diese Standardeinstellung ändern, so muss er ein eigenes *GDI-Objekt* erzeugen. GDI-Objekte gehören nicht unmittelbar zum Gerätekontext, sondern müssen dem Gerätekontext explizit zugeordnet werden. Das Vorgehen beim Erzeugen eines eigenen GDI-Objekts ist immer gleich:

1. Anlegen des GDI-Objekts mit den gewünschten Eigenschaften.
2. GDI-Objekt in den Gerätekontext stellen (»selektieren«).
3. Freigeben des GDI-Objekts, sobald es nicht mehr verwendet wird.

GDI-Objekte werden von Windows über Handles angesprochen. GDI-Funktionen zum Anlegen eines GDI-Objekts liefern deshalb stets ein Handle für das Objekt zurück. Um beispielsweise einen eigenen Zeichenstift anzulegen, kann die Funktion `CreatePen()` aufgerufen werden.

Beispiel: `HPEN hPen= CreatePen(PS_DOT, 1,RGB(0,0,255));`

Dabei ist `HPEN` der Typ des Handles für einen Stift. Mit dem ersten Argument wird die Linienart festgelegt, z.B. `PS_DOT` für punktiert, `PS_DASHDOT` für strichpunktiert und `PS_SOLID` für durchgezogen. Das zweite Argument gibt die Strichdicke an: 0 bedeutet ein Pixel breit, 1 eine Koordinateneinheit breit, 2 zwei Koordinateneinheiten breit usw. Das dritte Argument legt die Farbe in der bereits bekannten Weise fest.

Anschließend muss der neue Zeichenstift durch einen Aufruf von `SelectObject()` in den Gerätekontext gestellt werden:

Beispiel: `HDC oldPen = SelectObject( hdc, hPen);`

Der Return-Wert ist das Handle des »alten« Stiftes. Dieser sollte später wieder selektiert werden, damit der eigene Stift freigegeben werden kann:

Beispiel: `DeleteObject(hPen);`

Nebenstehend werden zunächst zwei Stifte erzeugt: Mit dem ersten Stift wird die eigentliche Kurve als durchgezogene blaue Linie gezeichnet. Der zweite Stift wird benutzt, um den gleitenden Durchschnitt in roter Farbe strichliert darzustellen. Die Fensterkoordinaten der Kurve liegen im Vektor `vPnt[]` vor. Der Vektor enthält zufällige Punkte, die beim Erzeugen des Fensters und bei jedem linken Mausklick neu berechnet werden.

Stifte und Pinsel (2)

Die Fensterprozedur

```
LRESULT CALLBACK WndProc(HWND hWnd, UINT message,
                         WPARAM wParam, LPARAM lParam)
{
  static POINT pntStart, pntEnd;
  static BOOL  fRect = FALSE;

  switch (message)
  {
   case WM_LBUTTONDOWN:
     pntStart.x = LOWORD(lParam);
     pntStart.y = HIWORD(lParam);
     break;
   case WM_LBUTTONUP:
     pntEnd.x = LOWORD(lParam); pntEnd.y=HIWORD(lParam);
     fRect = TRUE;
     InvalidateRect(hWnd, NULL, TRUE);
     break;
   case WM_PAINT:
   {
     PAINTSTRUCT ps;   HDC   hdc;   RECT  rc;
     hdc = BeginPaint (hWnd, &ps);
     GetClientRect(hWnd, &rc);
     SetTextColor(hdc, RGB(0,100,255));
     DrawText(hdc, "Linke Maustaste drücken und ziehen",
       -1, &rc, DT_SINGLELINE | DT_CENTER | DT_VCENTER);
     if( fRect)
     {
       HBRUSH hBr, hOldBr;
       hBr=CreateHatchBrush( HS_DIAGCROSS,RGB(255,0,0));
       hOldBr = SelectObject(hdc, hBr);
       Rectangle(hdc, pntStart.x, pntStart.y, pntEnd.x,
                 pntEnd.y);
       SelectObject(hdc, hOldBr);
       DeleteObject(hBr);
     }
     EndPaint( hWnd, &ps);   break;
   }
// Danach WM_DESTROY und alle übrigen Meldung behandeln.
  } // Ende switch
  return (0);
}
```

Zum Anlegen eines eigenen *Pinsels* können die Funktionen `CreateSolidBrush()` oder `CreateHatchBrush()` aufgerufen werden. Das einzige Argument von `CreateSolidBrush()` ist die Farbe des Pinsels. Bei der Funktion `CreateHatchBrush()` ist die Farbe das zweite Argument. Das erste Argument legt das Füllmuster fest, z.B. `HS_DIAGCROSS` für ein diagonales Gitter oder `HS_HORIZONTAL` für eine horizontale Schraffierung. Beide Funktionen geben das Handle (Typ `HBRUSH`) des neuen Pinsels zurück.

Im nebenstehenden Beispiel wird ein Pinsel für ein diagonales Gitter in roter Farbe erzeugt. Sobald die linke Maustaste an einer bestimmten Position in der Client-Area gedrückt und an einer anderen Position wieder losgelassen wird, erscheint dort ein Rechteck mit dem zuvor festgelegten Füllmuster. Anschließend wird der ursprüngliche Pinsel wieder selektiert, sodass der eigene Pinsel mit `DeleteObject()` wieder entfernt werden kann.

Speicherverwaltung für GDI-Objekte

Der Speicherplatz für selbst erzeugte GDI-Objekte wird dynamisch reserviert. Er sollte deshalb durch einen Aufruf von `DeleteObject()` freigegeben werden, sobald das GDI-Objekt nicht mehr im Gerätekontext verwendet wird. Allerdings ist hierbei Folgendes zu beachten:

- Solange ein GDI-Objekt im Gerätekontext selektiert ist, darf die Funktion `DeleteObject()` nicht aufgerufen werden!

Andernfalls kann das Programm abstürzen.

Vordefinierte GDI-Objekte

Windows verwendet zahlreiche vordefinierte GDI-Objekte (engl. *stock objects*). Diese werden automatisch beim Programmstart angelegt und existieren bis zum Ende des Programms. Sie brauchen deshalb nicht extra erzeugt bzw. freigegeben werden. Dazu gehören u.a.

- Standard-Stifte, wofür Konstanten definiert sind, wie `BLACK_PEN` (Linie schwarz), `WHITE_PEN` (Linie weiß) oder `NULL_PEN` (keine Linie).
- Standard-Pinsel, die über Konstanten, wie `BLACK_BRUSH` (schwarzer Hintergrund), `GRAY_BRUSH` (grauer Hintergrund) oder `HOLLOW_BRUSH` (durchsichtiger Hintergrund) angesprochen werden.

Die Funktion `GetStockObject()` liefert zu jeder dieser Konstanten ein Handle vom Typ `HGDIOBJ` für das entsprechende GDI-Objekt.

Beispiel: `HGDIOBJ hBr = GetStockObject(GRAY_BRUSH);`

Nach dem Selektieren dieses Standard-Pinsels wird für das Füllen von Flächen die Farbe grau verwendet.

Koordinaten neu festlegen

Modus MM_LOWMETRIC (1 Koordinateneinheit ~ 0,1 mm)

Nach dem Aufruf von SetViewportOrgEx(...)

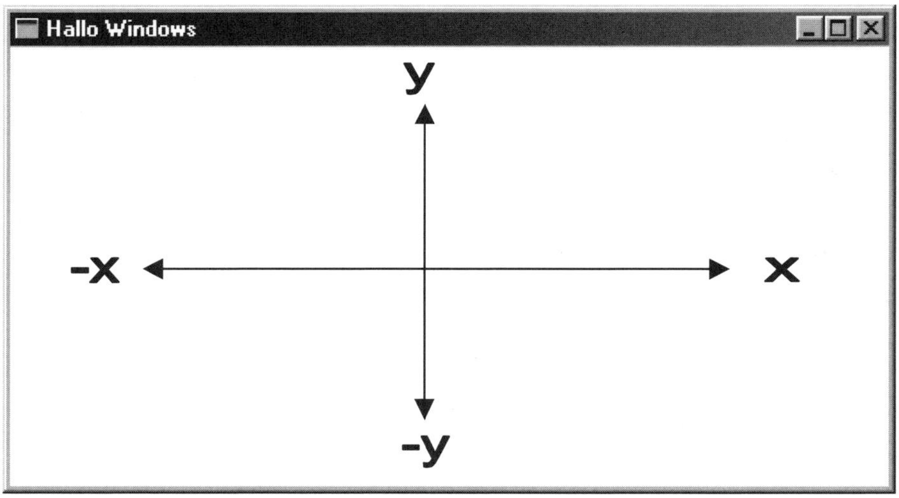

☞ Mit der Funktion `LPtoDP()` erhält man zu den logischen Koordinaten von Punkten die entsprechenden Gerätekoordinaten. Die umgekehrte Berechnung führt die Funktion `DPtoLP()` aus.

Modus eines GDI-Koordinatensystems

Ein Gerätekontext besitzt einen *Abbildungs-Modus* (engl. *mapping mode*), der die Länge der Koordinateneinheiten und die Orientierung der y-Achse festlegt. Zusammen mit dem Koordinatenursprung bestimmt daher der Abbildungs-Modus, wie logische Koordinaten in Gerätekoordinaten umgerechnet werden.

Für jeden möglichen Modus sind symbolische Konstanten definiert, z.B. `MM_TEXT` für das Standard-Koordinatensystem. Mit der GDI-Funktion `SetMapMode()` wird ein neuer Abbildungs-Modus festgelegt.

Beispiel:

```
SetMapMode(hdc, MM_LOMETRIC);
```

Im Modus `MM_LOMETRIC` ist die y-Achse nach oben orientiert und eine Koordinateneinheit ist in x- und y-Richtung 0,1 mm lang. Der Koordinaten-ursprung befindet sich wieder in der linken oberen Ecke der Client-Area.

Will man jetzt einen Text 10 Millimeter vom linken Rand und 20 Millimeter vom oberen Rand entfernt ausgeben, so bewirkt dies die Anweisung:

Beispiel:

```
TextOut(hdc, 100, -200, text, strlen(text));
```

Der Modus `MM_HIMETRIC` unterscheidet sich von `MM_LOMETRIC` nur durch die Länge der Koordinateneinheit, die 0,01 mm beträgt. Bei den Modi `MM_LOENGLISH` und `MM_HIENGLISH` ist eine Koordinateneinheit 0,01 Inch bzw. 0,001 Inch lang. Dieses Maß ist für die Druckerausgabe wichtig, da die Auflösung von Druckern in Inch gemessen wird.

Koordinatenursprung neu festlegen

Für die Darstellung von Graphiken ist es hilfreich, wenn die Lage des Koordinatenursprungs verändert werden kann. Hierfür steht die GDI-Funktion `SetViewportOrgEx()` zur Verfügung. Neben dem Handle auf den Gerätekontext erwartet die Funktion die GDI-Gerätekoordinaten des Punktes in der Client-Area, der zum Ursprung des neuen Koordinatensystems gemacht werden soll.

Beispiel:

```
GetClientRect(hWnd, &rc);      // Gerätekoordinaten
SetViewportOrgEx(hdc,rc.right/2,rc.bottom/2,NULL);
```

Hier wird der Mittelpunkt der Client-Area zum Nullpunkt des neuen GDI-Koordinatensystems. Als letztes Argument kann die Adresse einer Variablen vom Typ `POINT` oder der `NULL`-Zeiger übergeben werden. In der entsprechenden Variablen wird der der »alte« Koordinatenursprung gesichert.

Die Funktion `SetViewportOrg()` führt lediglich eine Parallelverschiebung des aktuellen Koordinatensystems durch, wobei der »alte« auf den »neuen« Koordinatenursprung abgebildet wird. Die Größe von Koordinateneinheiten und die Orientierung der y-Achse bleiben dabei erhalten.

Vektorielle Graphiken

Die WM_PAINT Meldung

```
case WM_PAINT:
 {
   PAINTSTRUCT ps;   RECT  rc;   POINT pnt;
   int i, j;
   HDC hdc = BeginPaint (hWnd, &ps);

   GetClientRect(hWnd, &rc);
   SetMapMode(hdc, MM_LOMETRIC);
   SetViewportOrgEx(hdc, rc.right/2, rc.bottom/2, NULL);

                               // 1. Ecke des Polygons:
   pnt.x = 500;                // 5 cm vom Nullpunkt.
   pnt.y = 0;

   for( i=0; i < 25; ++i)            // 25 Sechsecke.
   {
      MoveToEx( hdc, pnt.x, pnt.y, NULL);
      for( j = 0; j < 6; ++j)        // Sechseck zeichnen.
      {
        rotate( &pnt, 60, 1);        // Nächste Ecke.
        LineTo( hdc, pnt.x, pnt.y); // Seite zeichnen.
      }
      rotate( &pnt, 5, 0.96);        // 1. Ecke des
   }                                 // nächsten Sechsecks.
   EndPaint( hWnd, &ps);
   break;
 }
```

Die Ausgabe des Programms

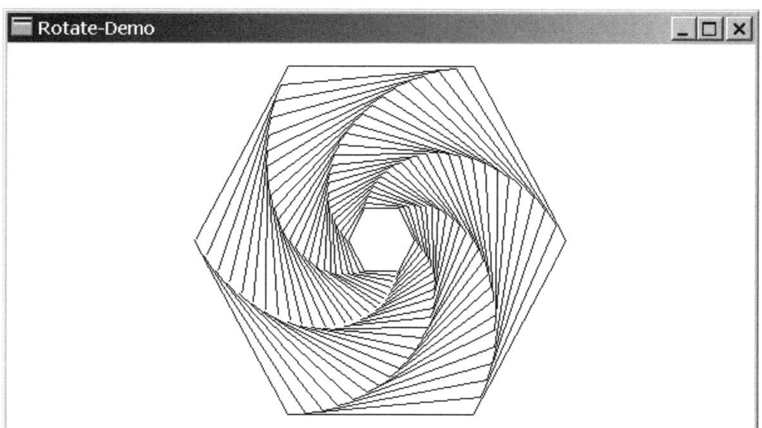

Primitiven

Vektorielle Graphiken sind Bilder, die mithilfe von Graphik-Primitiven erstellt werden. Graphik-Primitiven können

- *Bildelemente* darstellen, wie z.B. Punkte, Geraden oder Ellipsen.
- *graphische Attribute* setzen, wie z.B. die Strichdicke und Strichart (durchgezogen, punktiert oder gestrichelt), das Füllmuster und die Auswahl der Farbe für den Vordergrund und Hintergrund.
- Bildelemente *transformieren*, etwa durch Rotation, Parallelverschiebung oder Projektion.

Windows unterstützt das Erstellen von zweidimensionalen vektoriellen Graphiken durch zahlreiche Funktionen zum Zeichnen von geometrischen Figuren. Diese verwenden stets logische Koordinaten. Mit der Auswahl von Stiften können die Strichdicke, -art und -farbe gesetzt werden. Pinsel füllen Flächen mit einem farbigen Füllmuster.

Zum nebenstehenden Programmausschnitt

Im nebenstehenden Quelltext wird eine vektorielle Graphik erstellt. Ein Sechseck wird in der Mitte der Client-Area gezeichnet und 25 mal um den Winkel 5° in sich selbst gedreht und dabei jedesmal etwas verkleinert. Die Ecken des äußersten Sechsecks liegen auf einem Kreis mit dem Radius 5 cm.

Zunächst wird der Zeichenstift mit der GDI-Funktion `MoveToEx()` zur ersten Ecke (x, y) des äußersten Sechsecks bewegt, die im Bild ganz rechts liegt. In der Schleife berechnet die selbst definierte Funktion `rotate()` die nächste Ecke des Sechsecks aus der vorigen Ecke durch eine Drehung mit dem Winkel 60° um den Mittelpunkt (0,0). Das Ergebnis wird in die Variable `pnt` vom Typ `POINT` zurückgeschrieben. Zu diesem Punkt wird dann mit der GDI-Funktion `LineTo()` eine Gerade gezeichnet, also eine weitere Seite des Sechsecks.

Für das nächste Sechseck wird die erste Ecke neu berechnet: Dazu führt die Funktion `rotate()` jetzt eine Drehstreckung mit dem Winkel `w` = 5° und dem Streckungsfaktor `st` = `0.96` aus.

Die Funktion `rotate()`, die hier nicht abgedruckt ist, verwendet für die Drehstreckung folgende Formel:

```
x_neu = st*(x*cos(wb) - y*sin(wb)) // st = Streckung

y_neu = st*(x*sin(wb) + y*cos(wb))
```

Da die Standardfunktionen `sin()` und `cos()` einen Winkel im Bogenmaß erwarten, rechnet `rotate()` den übergebenen Winkel `w` zunächst in das Bogenmaß `wb` um:

```
wb = π * ( w / 180)                    wobei  π = 3.1415926536
```

Koordinaten frei skalieren

Koordinateneinheiten im Viewport und Window

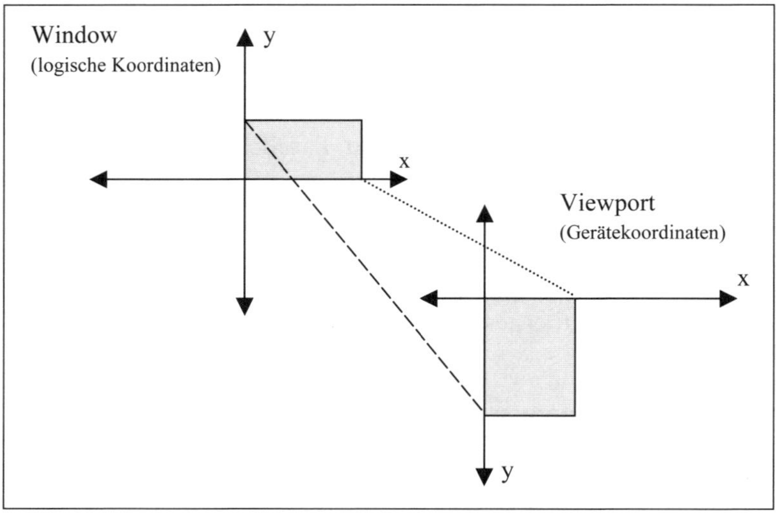

Die Funktion setWorld()

```
void setWorld(HWND hWnd, HDC hdc,
              long xMin, long xMax, long yMin, long yMax)
{
   RECT rc;
   long breite = xMax - xMin,
        hoehe  = yMax - yMin;

   GetClientRect(hWnd, &rc);

   SetMapMode(hdc, MM_ANISOTROPIC);

   SetWindowExtEx(hdc, breite, hoehe, NULL);
   SetViewportExtEx(hdc, rc.right, -rc.bottom, NULL);

   // Window-Ursprung = linke obere Ecke (wie im Viewport):
   SetWindowOrgEx(hdc, xMin, yMax, NULL);

// Alternative: Viewport-Ursprung in die "Mitte" verschieben:
// SetViewportOrgEx(hdc, rc.right*(-xMin)/breite,
//                       rc.bottom*(yMax)/hoehe, NULL);
}
```

Mit den bisher vorgestellten Abbildungs-Modi ist die Länge einer logischen Koordinateneinheit fest eingestellt, z.B. 0,01 mm im Modus `MM_HIMETRIC`. Es ist aber auch möglich, die Koordinatenachsen frei zu skalieren, d.h. die Größe der Koordinateneinheiten selbst vorzugeben.

Der Modus MM_ANISOTROPIC

Für die freie Skalierung der Koordinaten gibt es den Modus `MM_ANISOTROPIC`. Nach dem entsprechenden Aufruf von `SetMapMode()` muss nun selbst festgelegt werden, wie logische Koordinaten auf Gerätekoordinaten abzubilden sind. Dazu wird zunächst mit der GDI-Funktion `SetWindowExtEx()` die Breite und Höhe eines Fensters (»Window Extent«) in Bereich der logischen Koordinaten ausgewählt. Anschließend wird diesem Fenster mit der GDI-Funktion `SetViewportExtEx()` ein entsprechendes Rechteck (»Viewport«) im Bereich der Gerätekoordinaten zugeordnet.

Beispiel:

```
SetWindowExtEx(hdc, 10, 24, NULL);
SetViewportExtEx(hdc, 40, 80, NULL);
```

Hier wird dem Window der Größe 10 × 24 der Viewport mit der Grösse 40 × 80 zugeordnet. Damit entsprechen 10 Koordinateneinheit in x-Richtung 40 Pixel und 24 Koordinateneinheiten in y-Richtung 80 Pixel. Wird statt der positiven Zahl 80 eine negative Zahl an `SetViewportExtEx()` übergeben, so dreht sich die Orientierung der y-Achse um (Spiegelung an der x-Achse).

Bei der Umrechnung von logischen Koordinaten in Gerätekoordinaten wird der Ursprung im »Window« auf den Ursprung im »Viewport« abgebildet. Beide können verschoben werden, nämlich mit der Funktion `SetWindowOrgEx()` bzw. mit der schon bekannten Funktion `SetViewportOrgEx()`.

Die nebenstehende Funktion `setWorld()` legt ein Koordinatensystem so fest, dass der angegebene »Welt-Ausschnitt« [xMin, xMax] × [yMin, yMax] auf die Client-Area der Anwendung abgebildet wird. Die y-Ache ist nach oben orientiert.

Beispiel:

```
setWorld( hWnd, hdc, -200, 200, -100, 100);
```

Nach diesem Aufruf liegen die x-Koordinaten der angezeigten Punkte im Bereich [-200, 200] und die y-Koordinaten im Bereich [-100, 100]. Der Koordinatenursprung befindet sich genau in der Mitte der Client-Area.

Der Modus MM_ISOTROPIC

Bei der freien Skalierung von Koordinaten werden Kreise oder Quadrate i.A. zu Ellipsen bzw. Rechtecken gestaucht. Im Modus `MM_ISOTROPIC` nimmt Windows automatisch eine Korrektur in y-Richtung vor, sodass z.B. ein Kreis auch als Kreis auf dem Bildschirm erscheint. Für die Skalierung ist die x-Richtung maßgebend. Bei der y-Richtung ist nur das Vorzeichen wichtig, das die Orientierung der y-Achse festlegt.

Übungen

Beispiel-Ausgabe zur 1. Aufgabe:

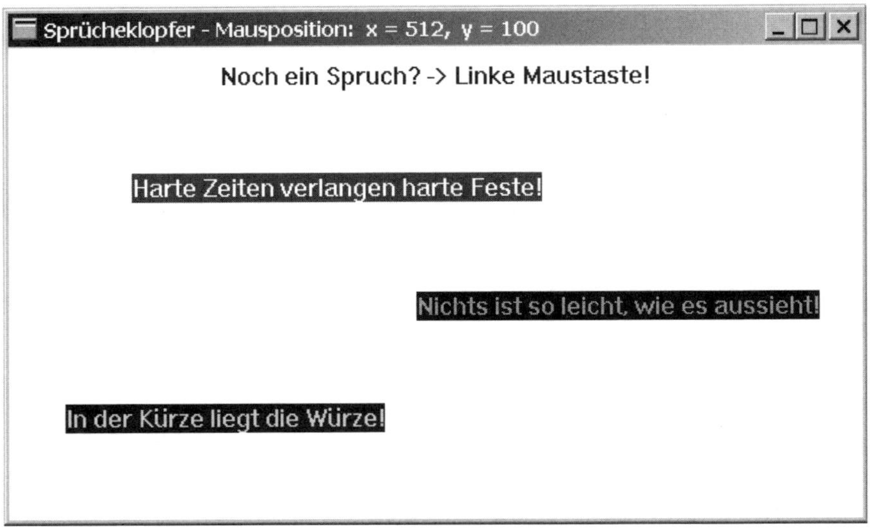

Beispiel-Ausgabe zur 2. Aufgabe:

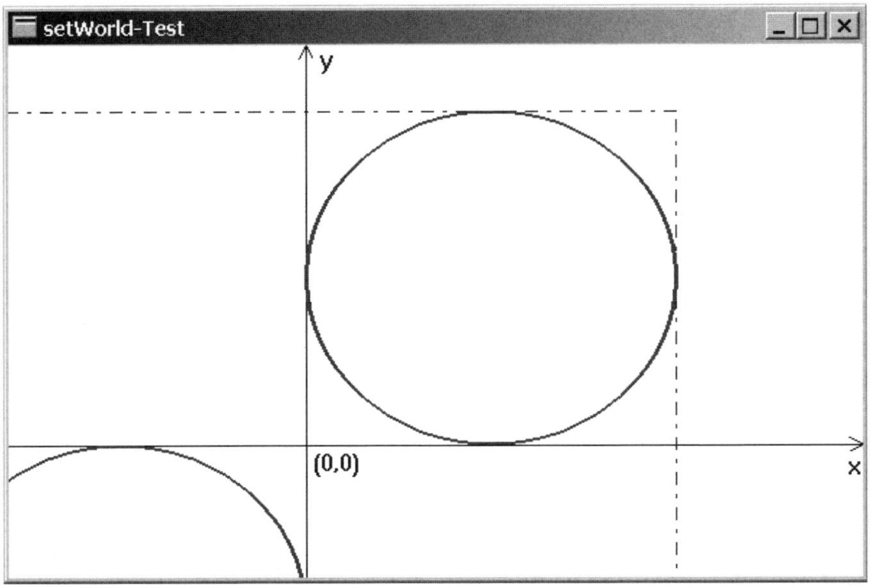

1. Aufgabe:

Beim Drücken der linken Maustaste soll ab dieser Position ein zufällig ausgewählter »Spruch« ausgegeben werden. Die Vordergrund- und Hintergrund-Farben der Texte sollen unterschiedlich sein. Zusätzlich sind die Koordinaten der aktuellen Maus-Position in der Titelleiste anzuzeigen.

- Legen Sie ein neues leeres Projekt für eine Win32-Anwendung an (z.B. `sprueche`) und fügen Sie dem Projekt die Kopie eines bereits erstellten Windows-Programms hinzu (s. erster Schritt der Aufgaben in Kapitel 21).
- Die aktuelle Maus-Position wird bei der Meldung `WM_MOUSEMOVE` wie bei anderen Maus-Meldungen im Parameter `lParam` übergeben. Zum Anzeigen einer neuen Titelleiste wird die Funktion `SetWindowText()` aufgerufen: Das erste Argument ist das Fenster-Handle, das zweite der anzuzeigende String.
- Definieren Sie eine Struktur `Spruch` für die Informationen über einen Spruch: x-,y-Position, Vordergrund-/Hintergrund-Farbe und den Text. Definieren Sie dann einen Vektor (global oder static) mit Elementen vom Typ `Spruch`, den Sie geeignet initialisieren. Die Positionen werden mit einem ungültigen Wert (z.B. –1) initialisiert: Erst wenn ein Spruch angezeigt werden soll, erhält er eine gültige Position.
- In der Behandlung der `WM_PAINT`-Meldung werden die Sprüche mit einer gültigen Position in den festgelegten Farben angezeigt.
- Beim Drücken der linken Maustaste wird zufällig ein Spruch aus der Tabelle ausgewählt und die aktuelle Maus-Position darin gespeichert. Anschließend muss das Fenster neu angezeigt werden.

  Wird der ausgewählte Spruch bereits angezeigt, soll der nächste noch nicht angezeigte Spruch genommen werden. Steht kein Spruch mehr zur Verfügung, ist ein entsprechender Hinweis in einer Message-Box auszugeben.

2. Aufgabe:

Experimentieren Sie mit der Funktion `setWorld()` aus diesem Kapitel. Legen Sie einen »Welt-Ausschnitt« Ihrer Wahl fest und zeichnen Sie die Koordinatenachsen durch den Ursprung, sowie einige weitere Figuren. Ändern Sie den »Welt-Ausschnitt« und verfolgen Sie, was passiert.

Übungen (Fortsetzung)

Projektion des Raumes auf eine Ebene

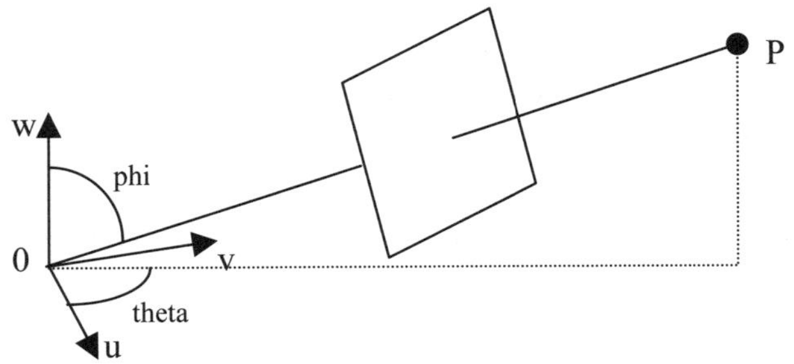

P ist das Projektionszentrum (»Auge des Betrachters«). Die Gerade durch 0 und P steht senkrecht auf der Projektionsebene.

Funktion zur Berechnung der Projektion

```
const double r = 50.0, theta = 0.1, phi = 1.0, D = 10000.0;

void projection(double u, double v, double w, POINT *pnt)
{
   static int bFirst = TRUE;
   static double sinT = 0.0, sinP = 0.0,
                 cosT = 0.0, cosP = 0.0;
   double xp, yp, zp;

   if( bFirst)          // sin und cos nur einmal berechnen.
   {  sinT = sin(theta);   sinP = sin(phi);
      cosT = cos(theta);   cosP = cos(phi);
      bFirst = FALSE;
   }
   // Koordinaten von (u,v,w) im Koordinatensystem, dessen
   // Ursprung in P liegt und dessen z-Achse durch 0 geht.
    xp = -u * sinT + v * cosT;
    yp = -u * cosT*cosP - v * sinT*cosP + w * sinP;
    zp = -u * cosT*sinP - v * sinT*sinP - w * cosP + r;

    // Projektion auf die Ebene:
    pnt->x = (LONG)(D * xp/zp);                // Ergebnis
    pnt->y = (LONG)(D * yp/zp);
}
```

Hinweise:

Der Punkt P ist durch die Polarkoordinaten `(r,theta,phi)` festgelegt:

- `r` ist der Abstand von P zum Nullpunkt 0.
- `theta` ist der Winkel zwischen der u-Achse und der Projektion der Geraden 0P auf die (u,v)-Ebene.
- `phi` ist der Winkel zwischen der Geraden 0P und der w-Achse.
- `D` ist der Abstand von P zur Projektionsfläche.

3. Aufgabe:

Es soll eine dreidimensionale Fläche der Form `w = F(u,v)` mit

```
F(u,v) = cos(0.1 * (u*u + v*v))
```

auf dem Bildschirm dargestellt werden (vgl. Abbildung auf der nächsten Seite).

- Definieren Sie in einer eigenen Quelldatei `Flaeche1.c` die obige Funktion `F()` mit zwei Parametern vom Typ `double` und einem Return-Wert vom Typ `double`.
- Übernehmen Sie in Ihre Quelldatei `Flaeche1.c` die Funktion `setWorld()` aus diesem Kapitel sowie die nebenstehend angegebene Funktion `projection()`. Beide Funktionen finden Sie in der Datei `Flaeche0.c` im Verzeichnis `Kap22\Aufgabe3` der CD zum Buch.

  Die Funktion `projection()` projiziert einen Punkt im Raum mit den Koordinaten `(u,v,w)` auf einen Punkt in einer Ebene. Der berechnete Bildpunkt wird in eine Strukturvariable vom Typ `POINT` zurückgeschrieben. Der vierte Parameter ist ein Zeiger auf diese Variable.

  - Erstellen Sie dann eine Funktion `drawSurface()` zum Zeichnen der dreidimensionalen Fläche als Liniengraphik. Die Funktion besitzt zwei Parameter: Das Handle des Fensters und das Handle des Device-Kontexts.

  Für die Zuordnung eines Ausschnitts der Ebene zu der Client-Area der Anwendung rufen Sie zunächst die Funktion `setWorld()` auf. Da die logischen Weltkoordinaten der Ebene ganzzahlig sind, sind sowohl für den Abstand D der Ebene vom Punkt P als auch für die Weltkoordinaten genügend große Werte zu wählen, um sichtbare Rundungsfehler zu vermeiden.

  Der Flächenausschnitt wird durch die Koordinatengrenzen `u_max` und `v_max` vom Typ `double` festgelegt. Diese werden in `Flaeche1.c` als Modul-Variablen, d.h. `static` definiert und z.B. mit `12.0` initialisiert. Die Fläche wird für `u` zwischen `-u_max` und `u_max` und für `v` zwischen `-v_max` und `v_max` mit einer Schrittweite von z.B. 0.2 gezeichnet. Bei einem festen Wert von `u` entsteht dabei eine Kurve (= Linie auf der Fläche), die aus kurzen Linienstücken zusammengesetzt ist.

  In jedem Schritt wird der Punkt `(u,v,F(u,v))` durch einen Aufruf von `projection()` auf die Weltkoordinaten-Ebene projiziert und die Linie bis zu diesem Punkt verlängert.

Testen Sie das Programm. Variieren Sie die Werte von `r`, `theta` und oder `phi` der Funktion `projection()`. Sie verändern so die Sicht auf die dreidimensionale Fläche. Variieren Sie auch den Abstand D der Ebene und passen Sie dabei auch die Weltkoordinaten im Aufruf der Funktion `setWorld()` an.

Übungen (Fortsetzung)

Der »Hidden Line«-Algorithmus

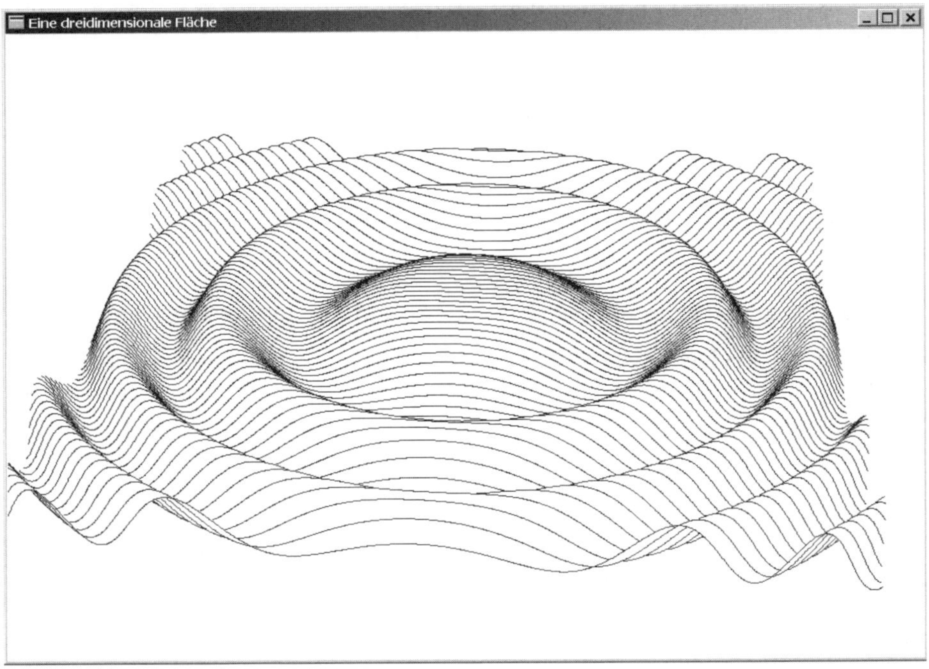

Der »Hidden Line«-Algorithmus

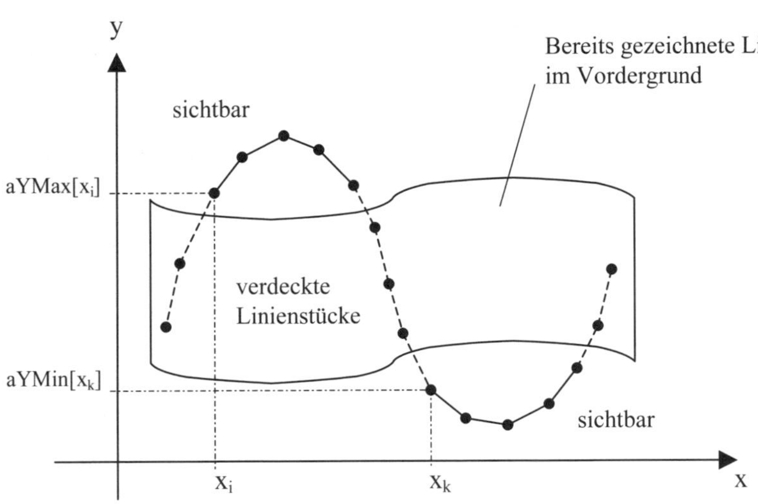

4. Aufgabe:

Die in der 3. Aufgabe erstellte Graphik stimmt nicht ganz mit dem nebenstehenden Bild überein. Sie hat nämlich den Nachteil, dass Linien auf der Fläche, die eigentlich verdeckt sein müssten, gezeichnet werden. Dieser Nachteil soll jetzt behoben werden. Da die Fläche aus einzelnen Kurvenstücken aufgebaut und jedes Kurvenstück durch kurze Linien zusammengesetzt ist, können wir den sog. *Hidden Line-Algorithmus* verwenden.

Bei diesem Algorithmus wird die Fläche im Raum von vorne nach hinten aufgebaut. Um zu entscheiden, ob ein Linienstück zum nächsten Punkt zu zeichnen ist oder nicht, merken wir uns für jedes x den bis dahin kleinsten und größten y-Wert an dieser Stelle. Ist der y-Wert des neuen Punktes zwischen diesen beiden Extremwerten, so wird die Linie von der bereits gezeichneten Fläche verdeckt. Das Linienstück ist deshalb nicht zu zeichnen.

Andernfalls ist der neue Punkt sichtbar und das neue Linienstück wird gezeichnet, sofern auch der Anfangspunkt schon sichtbar war. Außerdem ist das neue Minimum bzw. Maximum zu speichern, und zwar auch für die Zwischenpunkte, also für alle x zwischen dem alten und dem neuen x-Wert.

- Ergänzen Sie die Funktion `drawSurface()` aus der vorhergehenden Aufgabe um die Implementierung des Hidden-Line-Algorithmus.

  Definieren Sie dynamisch zwei Vektoren `aYMin[]` und `aYMax[]`, die für jedes x das aktuelle Minimum bzw. Maximum der y-Werte speichern. Die Elemente sind also vom Typ `long` und die Anzahl ist gleich der Breite des »Weltfensters«, das mit `setWorld()` festgelegt wird. Initialisieren Sie jedes Element von `aYMin[]` mit der größten und jedes Element von `aYMax[]` mit der kleinsten möglichen y-Koordinate. Vergessen Sie nicht, den Speicherplatz für die Vektoren auch wieder freizugeben.

  Definieren Sie außerdem Variablen, in denen Sie sich die Position des letzten Punktes und, ob dieser Punkt sichtbar war, merken.

***Hinweise*:**

- Die Linien im Vordergrund müssen zuerst gezeichnet werden, d.h. Start mit `u = u_max`. Außerdem muss jetzt die Schrittweite für v kleiner gewählt werden, z.B. 0.02.
- Falls das Linienstück zum aktuellen Punkt nicht gezeichnet wird, muss der »Cursor« trotzdem zu diesem Punkt bewegt werden.
- Der kleinsten x-Koordinate `xMin` im Weltfenster entspricht der Index `0` in den Vektoren. Der Index zu einem x-Wert ist daher `x-xMin`. Punkte außerhalb des Weltfensters sind nicht sichtbar.

Testen Sie das veränderte Programm.

Lösungen

zur 1. Aufgabe:

```
// sprueche.c
// Zweck: Illustiert farbige Textausgabe, die Behandlung einer
//        Mausmeldung und die Aktualisierung der Titelzeile.
//
// Header Dateien
#include <time.h>                       // time()
#include <stdio.h>                      // sprintf()
#include <windows.h>

// Globale Variablen:
HINSTANCE hInst  = 0;                   // Instanz-Handle.
char szAppName[] = "Sprueche";          // Name der Applikation.
char szTitle[]   = "Sprücheklopfer";    // Titel des Fensters.

///////////////////////////////////////////////////////////////
//  Die Funktionen
//     WinMain() und  InitApplication()
//  werden unverändert aus Basis1.c übernommen.
//     InitInstance()
//  enthält zusätzlich die Zeile
//     srand( time(NULL));     // Zufallsgenerator initialisieren.

/// Daten ////////////////////////////////////////////////////

//  Struktur eines Spruchs:
struct Spruch
{
   int  x, y;               // Position (<0 : ungültige Position)
   COLORREF fgColor, bkColor;     // Vorder- / Hintergrundfarbe
   char * text;                   // Der Text
};

//  Tabelle mit den Sprüchen:
struct Spruch spruchTab[] =
{
   { -1, -1, RGB(255,0,0),  RGB(0,255,255),
     "Was schief gehen kann, geht schief!" },    // Murphy's Law
   { -1, -1, RGB(0,255,0),  RGB(255,0,255),
     "Zu allem fähig, aber zu nichts zu gebrauchen!" },
   { -1, -1, RGB(0,0,255),  RGB(255,255,0),
     "Kleinvieh macht auch Mist!" },
   { -1, -1, RGB(255,255,255), RGB(255,0,0),
     "Harte Zeiten verlangen harte Feste!" },

   { -1, -1, RGB(255,0,255), RGB(0,255,0),
     "Alles dauert länger, als man denkt!" },    // Murphy's Law
```

```
    { -1, -1, RGB(255,255,0), RGB(0,0,255),
      "In der Kürze liegt die Würze!" },
    { -1, -1, RGB(0,255,255), RGB(0,0,0),
      "Nichts ist so leicht, wie es aussieht!" }  // Murphy's Law
};
int nMaxAnz = sizeof(spruchTab)/sizeof(struct Spruch),
    nAnz = 0;

/////////////////////////////////////////////////////////////////
//  Funktion:  WndProc(HWND, unsigned, WORD, LONG)
//  Zweck:     Meldungen verarbeiten.
//
LRESULT CALLBACK WndProc( HWND hWnd, UINT message, WPARAM wPa-
ram, LPARAM lParam)
{
   switch (message)
   {
     case WM_PAINT:
     {
       PAINTSTRUCT ps;
       HDC  hdc;
       RECT rc;
       int  i;
       char szPrompt1[] = "Noch ein Spruch? -> Linke Maustaste!",
            szPrompt2[] = "Ende der Sprucheinlage",
            *szP = nAnz < nMaxAnz ? szPrompt1 : szPrompt2;

       hdc = BeginPaint(hWnd, &ps);

       GetClientRect(hWnd, &rc);        // Grösse der Client-Area.
       SetTextAlign(hdc, TA_CENTER);
       TextOut(hdc, rc.right/2, 10, szP , strlen(szP));

       SetTextAlign(hdc, TA_LEFT);
       for( i = 0;  i < nMaxAnz;  ++i)        // Sprüche anzeigen.
          if( spruchTab[i].x >= 0)
          {
             SetTextColor(hdc, spruchTab[i].fgColor);
             SetBkColor(hdc, spruchTab[i].bkColor);
             TextOut(hdc, spruchTab[i].x, spruchTab[i].y,
                  spruchTab[i].text, strlen(spruchTab[i].text));
          }

       EndPaint (hWnd, &ps);
       break;
     }
```

Lösungen (Fortsetzung)

zur 1. Aufgabe (Fortsetzung):

```
    case WM_LBUTTONDOWN:
    {
      if( nAnz < nMaxAnz)
      {
         int i, n = rand() % nMaxAnz;
         // Falls Spruch Nr. n schon angezeigt: Den nächsten
         // Freien auswählen.
         for( i=n;  spruchTab[i].x >= 0;  i = (i+1) % nMaxAnz)
            ;

         spruchTab[i].x = LOWORD(lParam);      // (x,y) =
         spruchTab[i].y = HIWORD(lParam);      // Mausposition
         ++nAnz;

         InvalidateRect( hWnd, NULL, TRUE);
      }
      else
         MessageBox( hWnd, "Keine weiteren Sprüche!" ,
                     szAppName, MB_OK | MB_ICONASTERISK);

      break;
    }

    case WM_MOUSEMOVE:
    {
      int x = LOWORD(lParam);           // (x,y) = Mausposition
      int y = HIWORD(lParam);
      char szText[100] = "";
      sprintf( szText, "%s - Mausposition:  x = %d,  y = %d",
                       szTitle, x, y);
      SetWindowText( hWnd, szText);
      break;
    }

    case WM_DESTROY:
      PostQuitMessage(0);
      break;

    default:
      return DefWindowProc(hWnd, message, wParam, lParam);
  }
  return 0;
}
```

zur 2. Aufgabe:

```
// setWorld_test.c
// Zweck:  Demo zur Verwendung der Funktion setWorld().

// Header Dateien
#include <windows.h>

// Globale Variablen:
HINSTANCE hInst  = 0;                    // Instanz-Handle.
char szAppName[] = "setWorld-Test";      // Name der Applikation.
char szTitle[]   = "setWorld-Test";      // Titel des Fensters.

///////////////////////////////////////////////////////////////
//  Die Funktionen
//     WinMain(),  InitApplication(),  InitInstance()
//  werden unverändert aus Basis1.c übernommen.

///////////////////////////////////////////////////////////////
//  Funktion:  WndProc(HWND, unsigned, WORD, LONG)
//  Zweck:     Meldungen verarbeiten.

void setWorld(HWND hWnd, HDC hdc, long xMin, long xMax,
                               long yMin, long yMax);

LRESULT CALLBACK WndProc( HWND hWnd, UINT message,
                          WPARAM wParam, LPARAM lParam)
{
   switch (message)
   {
     case WM_PAINT:
     {
        long xMin = -80, xMax = 150, yMin = -40, yMax = 120;
        PAINTSTRUCT ps;
        HDC    hdc;
        HPEN   hPen1, hPen2, hOldPen;
        HGDIOBJ hBr = GetStockObject(HOLLOW_BRUSH);

        hdc = BeginPaint (hWnd, &ps);
        setWorld(hWnd, hdc, xMin, xMax, yMin, yMax);

        MoveToEx(hdc, xMin, 0, NULL);           // x-Achse
        LineTo(hdc, xMax, 0);
        MoveToEx(hdc, xMax-4, 2, NULL);         // Spitze
        LineTo(hdc, xMax, 0);
        LineTo(hdc, xMax-4, -2);
        TextOut( hdc, xMax-4, -2, "x", 1);
```

Lösungen (Fortsetzung)

zur 2. Aufgabe (Fortsetzung):

```
        MoveToEx(hdc, 0, yMin, NULL);              // y-Achse
        LineTo(hdc, 0, yMax);
        MoveToEx(hdc, -2, yMax-4, NULL);           // Spitze
        LineTo(hdc, 0, yMax);
        LineTo(hdc, 2, yMax-4);
        TextOut( hdc, 4, yMax, "y", 1);
        TextOut( hdc, 2, -1, "(0,0)", 5);

        hPen1 = CreatePen(PS_DASHDOT, 0 ,RGB(0,0,255));
        hOldPen = SelectObject( hdc, hPen1);
        SelectObject( hdc, hBr);

        Rectangle( hdc, -100, -100, 100, 100);     // Zentriertes
                                                   // Rechteck.
        hPen2 = CreatePen(PS_SOLID, 1 ,RGB(255,0,0));
        SelectObject( hdc, hPen2);
        Ellipse( hdc, 0, 0, 100, 100);       // Ellipsen im 1.
        Ellipse( hdc, -100, -100, 0, 0);     // und 3. Quadranten.

        SelectObject( hdc, hOldPen);
        DeleteObject(hPen1);
        DeleteObject(hPen2);

        EndPaint (hWnd, &ps);
        break;
      }

    case WM_DESTROY:
        PostQuitMessage(0);
        break;

    default:
        return DefWindowProc(hWnd, message, wParam, lParam);
  }
  return 0;
}
```

```
//////////////////////////////////////////////////////////////
// Funktion:  setWorld()
// Zweck:     Welt-Ausschnitt festlegen, der in der Client-Area
//             angezeigt werden soll.
// Argumente: Handle des Fensters, Handle des Gerätekontextes,
//             Bereich der x-Koordinaten [xMin, xMax]
//             Bereich der y-Koordinaten [yMin, yMax]
//

void setWorld(HWND hWnd, HDC hdc, long xMin, long xMax,
                                   long yMin, long yMax)
{
   RECT rc;
   long breite = xMax - xMin,
        hoehe  = yMax - yMin;

   GetClientRect(hWnd, &rc);

   SetMapMode(hdc, MM_ANISOTROPIC);
   SetWindowExtEx(hdc, breite, hoehe, NULL);
   SetViewportExtEx(hdc, rc.right, -rc.bottom, NULL);

   // Ursprung = linke obere Ecke (wie im Viewport):
   SetWindowOrgEx(hdc, xMin, yMax, NULL);
}
```

Lösung zur 3. Aufgabe:

```
// Flaeche.h:  Header-Datei zu Flaeche.c
// Deklaration der Funktionen zur Darstellung einer 3_D Fläche
// der Form w = F(u,v).

#include <windows.h>
#include <math.h>

// Die Funktion für die Fläche:
double F(double u, double v);

// Weltkoordinaten setzen:
void setWorld(HWND hWnd, HDC hdc, long xMin, long xMax,
                                  long yMin, long yMax);

// Die Projektion:
void projection( double u, double v, double w, POINT *pnt);

// Projektion der Fläche zeichnen:
void drawSurface( HWND, HDC);
```

Lösungen (Fortsetzung)

zur 3. Aufgabe (Fortsetzung):

```
//----------------------------------------------------------------
// Flaechel.c -> Enthält die Funktionen zur Darstellung einer
//                3-dimensionalen Fläche.

#include "Flaeche.h"

//////////////////////////////////////////////////////////////////
//   Funktion F(), deren 3_D Graph angezeigt wird.
//
double F(double u, double v)
{
  return cos(0.1 * (u*u + v*v));
}
// Fläche über dem Rechteck [-u_max,u_max] x [-v_max,v_max] :
static const double u_max = 12.0,
                    v_max = 12.0;

//////////////////////////////////////////////////////////////////
//   Funktion:   setWorld()
//   Zweck:      Welt-Ausschnitt (Ebene) festlegen, der in der
//               Client-Area angezeigt werden soll.

// Wie in diesem Kapitel oder in der vorhergehenden Lösung.


//////////////////////////////////////////////////////////////////
//   Funktion:   projection()
//   Zweck:  Projektion eines 3D-Punktes (u,v,w) auf eine Ebene.
//           Der Projektionspunkt P ist durch die Polarkoordinaten
//           P = (r,theta,phi) festgelegt (Abstand r).
//           Die Ebene ist senkrecht zur Geraden 0P im Abstand D.
//
//   Argumente: Der zu projizierende Punkt (u,v,w) und
//              ein Zeiger auf POINT für das Ergebnis.

// Projektionspunkt = "Auge des Betrachters":
static const double r = 50.0, theta = 0.1, phi = 1.0;

// Abstand D der Ebene:
static const double D = 10000.0; // Großer Abstand = großes Bild.
// Ein großes Bild ist notwendig, da die Projektionsebene (die
// gezeichnet wird) mit ganzzahligen Koordinaten arbeitet.

void projection( double u, double v, double w, POINT *pnt)
{    /*  Wie in der Aufgabenstellung angegeben.  */ }
```

```
//////////////////////////////////////////////////////////////////////
//  Funktion: drawSurface()
//  Zweck:Anzeigen einer 3D-Fläche.
//        Die Fläche w = F(u,v) wird mit Hilfe der Funktionen
//        projection() und setWorld() angezeigt (Liniengraphik).

void drawSurface( HWND hWnd, HDC hdc)
{
   double u, v;
   POINT pnt;

   // Die Projektionsfläche, die angezeigt werden soll:
   setWorld(hWnd, hdc, -3000, 3000, -3000, 2000);

   u = -u_max;
   while( u <= u_max )
   {
       v = -v_max;
       projection(u, v, F(u,v),  &pnt);
       MoveToEx(hdc, pnt.x , pnt.y, NULL);

       do
       {   v += 0.2;
           projection(u, v, F(u,v), &pnt);
           LineTo(hdc, pnt.x , pnt.y);
       }while( v <= v_max );

       u += 0.2;
   }
}

//----------------------------------------------------------------------
// Flaeche_test.c (3. + 4. Aufgabe aus Kapitel 22)
// Module: Flaeche_test.c und Flaeche1.c (oder Flaeche2.c)
//
// Zweck: Ruft die Funktion drawSurface() auf, um eine
//        dreidimensionale Fläche der Form   z = F(x,y)
//        anzuzeigen.

// Header Dateien
#include <windows.h>
#include "Flaeche.h"                       // Für die Flaeche.

// Globale Variablen:
HINSTANCE hInst  = 0;                      // Instanz-Handle.
char szAppName[] = "Flaeche1";             // Name der Applikation.
char szTitle[]   = "Eine dreidimensionale Fläche";  // Titel
```

Lösungen (Fortsetzung)

zur 3. Aufgabe (Fortsetzung):

```
//////////////////////////////////////////////////////////////
// Die Funktionen WinMain(), InitApplication(), InitInstance()
// werden unverändert übernommen.


//////////////////////////////////////////////////////////////
// Funktion:  WndProc(HWND, unsigned, WORD, LONG)
// Zweck:     Meldungen verarbeiten.

LRESULT CALLBACK WndProc( HWND hWnd, UINT message,
                          WPARAM wParam, LPARAM lParam)
{
   switch (message)
   {
     case WM_PAINT:
     {
        PAINTSTRUCT ps;
        HDC    hdc;
        HPEN   hPen, hOldPen;

        hdc = BeginPaint (hWnd, &ps);
        // 1 Pixel breite blaue Linien:
        hPen = CreatePen(PS_SOLID, 0, RGB(0,0,255));
        hOldPen = SelectObject( hdc, hPen);

        drawSurface( hWnd, hdc);           // Fläche zeichnen.

        SelectObject( hdc, hOldPen);
        DeleteObject(hPen);
        EndPaint (hWnd, &ps);
        break;
     }

      case WM_DESTROY:
         PostQuitMessage(0);
         break;

      default:
         return DefWindowProc(hWnd, message, wParam, lParam);
   }
   return 0;
}
```

zur 4. Aufgabe:

```
// Alles wie in der Lösung zur 3. Aufgabe, bis auf die Funktion
// drawSurface() in der Datei Flaeche2.c.

/////////////////////////////////////////////////////////////
//  Funktion:  drawSurface()
//  Zweck: Anzeigen einer 3D-Fläche.
//         Die Fläche w = F(u,v) wird mithilfe der Funktionen
//         projection() und setWorld() angezeigt (Liniengraphik).
//         Verdeckte Linien werden nicht gezeichnet.
//
void drawSurface( HWND hWnd, HDC hdc)
{
   double u, v;
   POINT pnt, pntOld;                 // Punkte in der Ebene
   BOOL  bVisible = TRUE;
   int i;

   // Grenzen der Weltkoordinaten:
   static int xMin = -3000,  xMax = 3000,
              yMin = -3000,  yMax = 2000;

   // Vektoren für Hidden-Line-Algorithmus
   long *aYMin = malloc( (xMax-xMin)*sizeof(long)),
        *aYMax = malloc( (xMax-xMin)*sizeof(long));

   for( i=0; i < xMax-xMin; ++i)       // Initialsierung
   {
       aYMin[i] =  yMax;      // Grösster y-Wert
       aYMax[i] =  yMin;      // Kleinster y-Wert
   }

   // Die Projektionsfläche, die angezeigt werden soll:
   setWorld(hWnd, hdc, xMin, xMax, yMin, yMax);

   u = u_max;           // Zuerst die Punkte nahe dem Betrachter,
                        // also "von vorne nach hinten".
   while( u >= -u_max)
   {
      v = v_max;                // "Von rechts nach links".
      projection(u, v, F(u,v),  &pnt);
      pntOld = pnt;
      MoveToEx(hdc, pnt.x, pnt.y, NULL);
      bVisible = TRUE;

      do
      {
         v -= 0.02;
```

Lösungen (Fortsetzung)

zur 4. Aufgabe (Fortsetzung):

```
          projection(u, v, F(u,v), &pnt);

          if( pnt.x < xMin || pnt.x >= xMax )     // Punkt nicht
          {                                        // im Fenster.
             bVisible = FALSE;
             continue;                       // Nächster Punkt.
          }

          i = pnt.x - xMin;                  // Index im Vektor.

          if( pnt.y > aYMin[i] && pnt.y < aYMax[i])    // Verdeckt
          {
             MoveToEx(hdc, pnt.x, pnt.y, NULL);
             bVisible = FALSE;
          }
          else                                          // Sichtbar
          {
             int j, d = (int)(pntOld.x - pnt.x);
             for( j=i; j < i+d && j < (xMax-xMin); ++j)
             {
                if( pnt.y <= aYMin[j])       // Unterhalb sichtbar.
                   aYMin[j] = pnt.y;
                if( pnt.y >= aYMax[j])
                   aYMax[j] = pnt.y;         // Oberhalb sichtbar.
             }

             if(bVisible)                    // Zeichnen, falls
                LineTo(hdc, pnt.x, pnt.y);   // auch vorhergehender
                                             // Punkt sichtbar.
             else
                MoveToEx(hdc, pnt.x, pnt.y, NULL);

             bVisible = TRUE;
          }
          pntOld = pnt;

       }while( v >= -v_max );

       u -= 0.2;
    }
    free(aYMax);
    free(aYMin);
}
```

Kapitel 23

Menüs

Dieses Kapitel beschreibt, wie in einer Windows-Anwendung Menüs gestaltet und Meldungen aus Menüs behandelt werden. Sie erfahren auch, wie

- Menüs mit Hilfe von Ressourcen-Skripts,
- zur Laufzeit eines Programms oder
- als lokale Popup-Menüs

erzeugt werden können.

Ressourcen

Editieren und Compilieren von Ressourcen

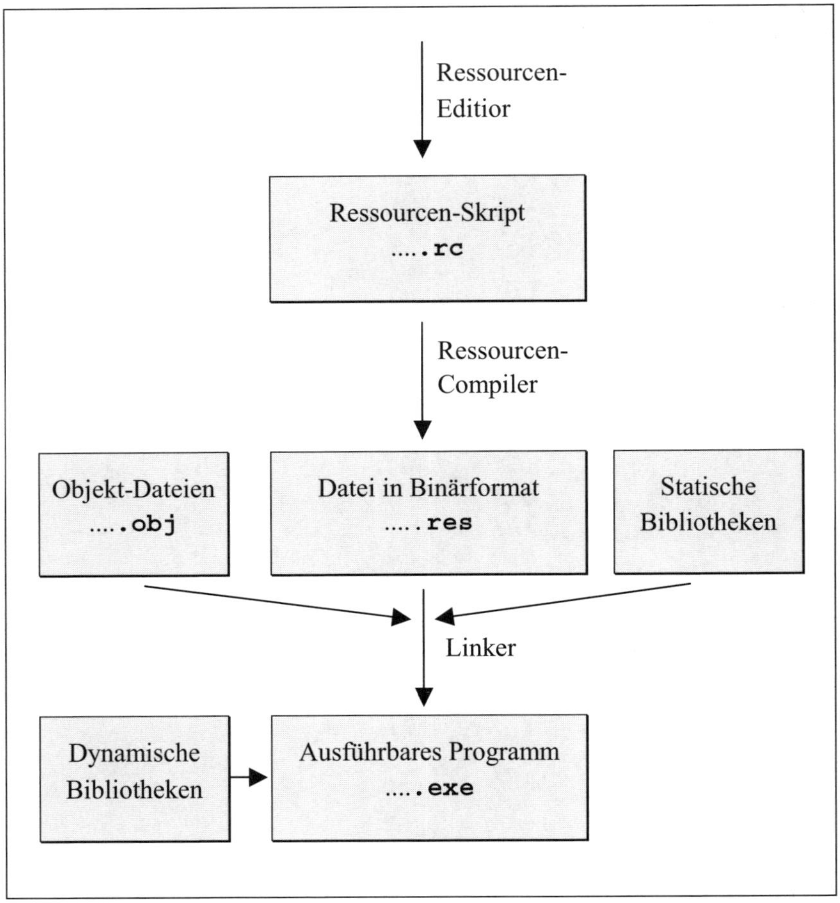

Auszug aus einer Header-Datei mit Ressourcen-IDs

```
#define IDI_MYAPPLICATION        102
#define IDR_MYMENU               101

#define IDM_NEW                  40001
#define IDM_OPEN                 40002
#define IDM_SAVE                 40003
#define IDM_EXIT                 40004
// usw.
```

Eine wesentliche Aufgabe bei der Entwicklung graphischer Benutzeroberflächen ist die individuelle Gestaltung von Menüs, Dialog-Boxen, Bitmaps, Icons oder Cursorsymbolen. Windows verwaltet diese Daten für die Benutzeroberfläche selbstständig als sog *Ressourcen*, und zwar unabhängig von den sonstigen Daten Ihres Programms. Eine Ressource wird mit einer entsprechenden Funktion, z.B. `LoadIcon()` für ein Icon, in den Hauptspeicher geladen und besitzt wie jedes Windows-Objekt ein Handle.

Ressourcen-Skripts

Es gibt einige vordefinierte Ressourcen, wie z.B. Standard-Icons und -Cursor. Doch ist es i.A. notwendig, zusätzlich eigene Ressourcen zu definieren.

Ressourcen werden mit einer speziellen Skriptsprache in einer Textdatei definiert und als sog. *Ressourcen-Skript* mit der Kennung `.rc` gespeichert. Dieses wird durch den *Ressourcen-Compiler* in ein binäres Format übersetzt und in einer Datei mit der Kennung `.res` gespeichert. Der Linker bindet schließlich die compilierten Ressourcen in das ausführbare Programm ein.

Der Ressourcen-Compiler ist wie der C/C++ Compiler oder der Linker ein eigenständiges Programm. Innerhalb einer integrierten Entwicklungsumgebung muss der Ressourcen-Compiler aber nicht extra aufgerufen werden, sondern es genügt das Ressourcen-Skript in das Projekt aufzunehmen, in dem auch die übrigen Quelldateien der Anwendung aufgeführt sind.

Ressourcen-ID

Im Ressourcen-Skript erhält jede Ressource einen Namen: Das ist ein String oder eine ganzzahlige Nummer, die sog. *Ressourcen-ID*. Dieser Name wird beim Laden einer Ressource verwendet. Auch die verschiedenen Bestandteile einer Ressource, die der Anwender anklicken oder durch ein Tastenkürzel (engl. *hot key*) auswählen kann, erhalten eigene Ressourcen-IDs.

Die Ressourcen-IDs werden sowohl im Ressourcen-Skript als auch im Quelltext des Programms benötigt. Daher ist es sinnvoll, für Ressourcen-IDs symbolische Konstanten mit aussagekräftigen Namen zu definieren und in eine eigene Header-Datei, z.B. "`resource.h`" zu stellen. Üblich sind IDs mit den folgenden Präfixen (Auswahl):

IDR_	Allgemeines Präfix für Ressourcen. Es wird hauptsächlich für Menüs und Tastenkürzel verwendet.
IDM_	Menüpunkt
IDD_	Dialog-Schablone
IDC_	Cursor oder Kontrollelement in einem Dialog.
IDI_	Icon

Nebenstehend sind einige Beispiele angegeben.

Aufbau von Menüs

Beispiel für ein Menü

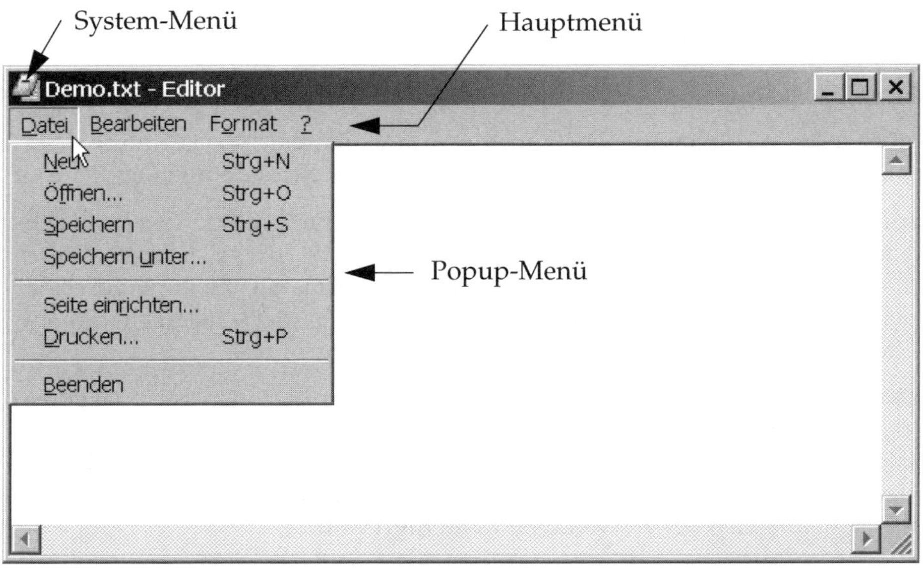

Definition eines Menüs im Ressourcen-Skript

```
#include "resource.h"
MySpecial MENU
BEGIN
   POPUP "&Datei"
   BEGIN
     MENUITEM "&Neu   \tStrg+N",        IDM_NEW
     MENUITEM "Ö&ffnen   \tStrg+O",     IDM_OPEN
     MENUITEM "&Speichern \tStrg+S",    IDM_SAVE
     MENUITEM "Speichern &unter ...",   IDM_SAVE_AS
     MENUITEM SEPARATOR
     // Hier weitere MENUITEM-Anweisungen.
     // ...
     MENUITEM "&Beenden",               IDM_EXIT
   END

   POPUP "&Bearbeiten"
   BEGIN
     // Hier weitere MENUITEM-Anweisungen.
   END
     // Hier weitere POPUP-Anweisungen.
END
```

Arten von Menüs

Menüs sind neben Dialog-Boxen die wichtigsten Bausteine graphischer Benutzeroberflächen. Im Hauptfenster eines Programms erscheint die Menüleiste, auch *Hauptmenü* genannt, normalerweise direkt unterhalb der Titelleiste. Wählt der Anwender einen Menüeintrag, so klappt ein Untermenü auf, das auch *Popup-Menü* heißt. In einem Popup-Menü stehen verschiedene Menüeinträge untereinander, die durch Trennlinien in Gruppen zusammengefasst sein können.

Ein spezielles Popup-Menü ist das *System-Menü*. Es klappt auf, wenn der Anwender das Icon in der linken Ecke der Titelleiste eines Programms anklickt. Das System-Menü enthält normalerweise Einträge, mit denen das Hauptfenster z.B. maximiert, minimiert oder geschlossen wird.

Jeder Menüeintrag besteht aus einem Text und/oder Icon, das die auszuführende Aktion beschreibt. In einer zusätzlichen Spalte eines Menüeintrags können Tastenkürzel stehen, die es erlauben, den Menüeintrag statt mit der Maus durch eine Tastenkombination anzuwählen.

Menü-Schablonen

Die Definition einer *Menü-Schablone* in einem Ressourcen-Skript ist die einfachste Art, ein Menü zu erzeugen. Im nebenstehenden Beispiel ist `MySpecial` der Name des Menüs, mit dem es im Programm angesprochen wird. Der Menüname darf auch eine Zahl, nämlich die Ressourcen-ID des Menüs sein. Im anschließenden `BEGIN - END` –Block wird das Menü selbst festgelegt. Statt `BEGIN` und `END` können auch wie in C geschweifte Klammern benutzt werden.

Der Text eines Menüpunktes muss stets in Hochkommas `" ... "` eingeschlossen werden. Das Ampersand-Zeichen `&` im Text bewirkt, dass das nachfolgende Zeichen unterstrichen wird. Mit der Tastenkombination Alt+Zeichen kann dann der entsprechende Menüpunkt direkt ausgewählt werden. So bewirkt Alt+D die Auswahl von »DATEI«.

Die POPUP-Anweisung beschreibt ein Popup-Menü. Nebenstehend klappt bei der Auswahl des Menüs »DATEI« ein Popup-Menü mit den Einträgen »NEU«, »ÖFFNEN«, »SPEICHERN« usw. auf.

Ein Menüeintrag, bei dem sich *kein* Popup-Menü öffnet, wird durch die `MENUITEM`-Anweisung beschrieben. Außer dem Text des Menüpunktes ist auch immer eine Ressourcen-ID anzugeben: Diese wird mit der Meldung an die Anwendung weitergegeben, wenn der Anwender diesen Menüpunkt auswählt.

Die Anweisung `MENUITEM SEPARATOR` in einem Popup-Menü erzeugt eine horizontale Trennlinie. Menüeinträge können so übersichtlich gruppiert werden.

Eigenschaften von Menüpunkten

Syntax der POPUP- und MENUITEM-Anweisung

```
POPUP "text" [, Optionen]
BEGIN
   // Weitere POPUP- oder MENUITEM-Anweisungen.
END

MENUITEM "text", ID, [, Optionen]
```

Optionen für Menüeinträge

Option	Bedeutung
GRAYED	Menüeintrag gesperrt, Darstellung blaß-grau.
INACTIVE	Menüeintrag gesperrt, Darstellung normal.
MENUBREAK	Dieser und folgende Einträge in weiterer Zeile (bei Hauptmenü) bzw. Spalte (bei Popup-Menü)
MENUARBREAK	Dieser und folgende Einträge in weiterer Spalte mit vertikaler Trennlinie (nur für Popup-Menü definiert)
CHECKED	Menüeintrag wird mit Häkchen markiert (nur für Popup-Menü definiert).
HELP	Dieser und folgende Einträge rechtsbündig (nur für Hauptmenü definiert).

Einen Menüpunkt im Ressourcen-Editor bearbeiten

Darstellung von Menüs

Mit Optionen kann das Lay-out eines Menüs und die Darstellung einzelner Menüeinträge gestaltet werden. Im Ressourcen-Skript können die Optionen an die Anweisungen POPUP und MENUITEM angehängt werden.

Beispiel: `MENUITEM "&Speichern", IDM_SAVE, GRAYED`

Hiermit wird der Menüpunkt »SPEICHERN« grau dargestellt und gleichzeitig auf »inaktiv«gesetzt. Dadurch wird der Menüpunkt gesperrt (engl. *disabled*), d.h. er kann weder durch Anklicken mit der Maus noch durch eine entsprechende Tastenkombination ausgewählt werden.

Gewöhnlich wird bei der Auswahl eines Menüpunktes die entsprechende Aktion ausgeführt, d.h. Windows sendet die Meldung `WM_COMMAND` zusammen mit der ID des Menüpunktes an die Fensterprozedur, wo der Programmierer die Reaktion darauf festlegt. Bei einem gesperrten Menüpunkt wird keine `WM_COMMAND`-Meldung an die Fensterprozedur geschickt.

Nebenstehend sind die möglichen Optionen für Menüeinträge aufgeführt. Mehrere Optionen können durch bitweises ODER | verknüpft werden. Die Option `CHECKED`, die ein Menüpunkt mit einem Häkchen markiert, ist sinnvoll, wenn durch diesen Menüpunkt etwas an- oder ausgeschaltet wird, wie z.B. die Anzeige von Symbolleisten.

Die im Ressourcen-Skript angegebenen Optionen `GRAYED`, `INACTIVE` oder `CHECKED` legen nur den Anfangszustand fest. Natürlich ist es möglich und notwendig, das Menü dynamisch dem Status des Programms anzupassen, wie wir noch sehen werden.

Ressourcen-Editor

Ressourcen-Skripts können mit einem beliebigen Text-Editor auch »von Hand« erstellt werden. Das ist etwas umständlich und auch nicht mehr üblich.

Gewöhnlich verwendet man einen Ressourcen-Editor, der in der Entwicklungsumgebung aufgerufen wird. Bei MS Visual C++ beispielsweise wird im Menü »EINFÜGEN« das Untermenü »RESSOURCEN« angeklickt. Der Ressourcen-Editor ermöglicht es, die einzelnen Bestandteile einer Ressource einfach mit der Maus auszuwählen und visuell zu gestalten. Das ist besonders zur Erzeugung von Dialog-Schablonen sehr hilfreich. Dabei wird das zugehörige Ressourcen-Skript automatisch erstellt. Wenn Sie sich das Skript anschauen wollen, öffnen Sie die Datei mit der Kennung `.rc` als Textdatei.

Das nebenstehende Beispiel zeigt das Eigenschafts-Fenster zur Bearbeitung eines Menüpunktes. Mit dem Kontrollkästchen »AKTIVIERT« kann die Option `CHECKED` hinzugefügt werden. Die Bezeichnung »AKTIVIERT« ist vielleicht nicht ganz glücklich, da sie nichts mit der Option »INAKTIV« zu tun hat.

Menüs im Programm einbinden

1. Menü in der Fensterklasse festlegen

```
WNDCLASSEX  wc;
// Struktur mit Werten für das Hauptfenster füllen:
// . . .
   wc.lpszMenuName = MAKEINTRESOURCE(IDR_MENU1);
// . . .
```

2. Menü unabhängig von der Fensterklasse laden

```
// In der Fensterklasse kann ein anderes oder kein
// Menü festgelegt worden sein.
HWND hWnd;
HMENU hMenu;
// ...
hMenu  = LoadMenu(hInst, MAKEINTRESOURCE(IDR_MENU2));
hWnd   = CreateWindow(szClass,szTitle,WS_OVERLAPPEDWINDOW,
                     CW_USEDEFAULT, 0, CW_USEDEFAULT, 0,
                     NULL, hMenu, hInst, NULL);
// ...
```

3. Einem Fenster ein neues Menü zuordnen

```
HWND hWnd;
HMENU hMenu;
// ...
hWnd   = CreateWindow( ... );    // Ein vorhandenes Fenster.
// ...
// Ein neues Menu laden oder wie hier
// dynamisch erzeugen:
hMenu = CreateMenu();             // Neues leeres Menü.
// Hier Einträge im Hauptmenü einfügen
// und ggfs. Popup-Menüs erzeugen
SetMenu(hWnd, hMenu);             // Neues Menü zuordnen
DrawMenuBar(hWnd);                // und anzeigen.
// ...
```

Mit der Erstellung eines Ressourcen-Skripts wird der »Bauplan« für ein oder mehrere Windows-Objekt(e) festgelegt. Es wird jedoch noch kein Windows-Objekt erzeugt. So ist eine Menü-Schablone lediglich der Bauplan für ein entsprechendes Menü.

Damit im Programm ein Menü zur Verfügung steht, sind zwei Schritte notwendig: Erzeugen des Menüs im Speicher und Anbindung an ein Fenster.

Menüs erzeugen

Gewöhnlich wird ein Menü aus einer Ressource geladen und dadurch im Speicher erzeugt. Dazu dient die Funktion `LoadMenu()`.

Beispiel: `hMenu = LoadMenu( hInst, "MySpecial");`

Dabei ist `hInst` das Handle der Programm-Instance und `MySpecial` der Name der Menü-Ressource. Die Funktion `LoadMenu()` gibt ein Handle auf das neu erzeugte Menü zurück. Ist im Ressourcen-Skript der Name des Menüs kein String sondern eine Ressourcen-ID, so wird mit dem Makro `MAKEINTRESOURCE` aus der ID ein passender String erzeugt.

Beispiel: `MAKEINTRESOURCE(IDR_MENU1);    // ID als String`

Es ist auch möglich, ein Menü *dynamisch* zu erzeugen, wobei keine Menü-Schablone im Ressourcen-Skript benötigt wird. Mit dem Aufruf von `CreateMenu()` wird zunächst ein leeres Menü angelegt. Dann werden die einzelnen Menüpunkte mit `AppendMenu()`, `InsertMenu()` oder `InsertMenuItem()` eingefügt. Dabei kann auch ein Untermenü eingefügt werden, das zuvor auf dieselbe Weise dynamisch erstellt wurde.

Anbindung an ein Fenster

Es gibt drei Möglichkeiten, dem Hauptfenster einer Anwendung ein Menü zuzuordnen. Nebenstehend ist jeweils ein Beispiel dafür angegeben.

1. Gewöhnlich wird bereits ein »Standard-Menü« für das Fenster in der Fensterklasse festgelegt. Dadurch wird automatisch die Menü-Ressource beim Anlegen des Fensters geladen.

2. Es ist aber auch möglich, ein neues Fenster mit einem anderen Menü auszustatten. Dazu übergibt man an `CreateWindow()` das Handle des Menüs, das zuvor geladen bzw. dynamisch erzeugt wurde. Das in der Fensterklasse angegebene Menü wird dann nicht geladen.

3. Gelegentlich ist es notwendig, das Menü eines bestehenden Fensters komplett auszutauschen. Dies ermöglicht die Funktion `SetMenu()`, die einem Fenster ein neues Menü zuordnet. Anschließend sollte mit `DrawMenuBar()` die Menüleiste neu gezeichnet werden.

Oft genügt aber auch die Modifikation des bestehenden Menüs. Dazu kommen wir noch später in diesem Kapitel.

Meldungen aus Menüs verarbeiten

In der Fensterprozedur

```
LRESULT CALLBACK WndProc(HWND hWnd, UINT message,
                          WPARAM wParam, LPARAM lParam)
{
  // . . .
  switch(message)
  {
    // . . .
    case WM_COMMAND:          // Ein Kommando bearbeiten.
      switch( LOWORD(wParam))
      {
        case IDM_NEW:
          // Ein neues Objekt (z.B. Text) bearbeiten.
          // . . .
          InvalidateRect(hWnd, NULL, TRUE);
          break;

        case IDM_OPEN:          // Datei öffnen.
          // usw.

        case IDM_EXIT:          // Programm beenden.
          DestroyWindow(hWnd);
          break;
      }
      break;

    // und weitere Meldungen:
    case WM_PAINT:
    // . . .

    case WM_DESTROY:
      PostQuitMessage(0);
      DestroyMenu(hMenu); // Falls das Menü hMenu nicht
      break;              // dem Fenster zugeordnet ist.

    default:
      return DefWindowProc(hWnd,message,wParam,lParam);
  }
  return (0);
}
```

Arten von Meldungen

Aus einem Menü können folgende Meldungen an die Fensterprozedur des jeweiligen Programms gesendet werden:

- WM_COMMAND, wenn der Benutzer einen Eintrag in einem Menü auswählt, das nicht das System-Menü ist. Diese Meldung ist immer zu behandeln.
- WM_SYSCOMMAND, wenn der Benutzer einen Eintrag im System-Menü auswählt.
- WM_MENUSELECT, wenn der Benutzer die Maus über einen Menüeintrag bewegt, ohne ihn anzuklicken, oder mit den Pfeiltasten durch das Menü wandert. Diese Meldung kann z.B. dazu verwendet werden, um in einer Statuszeile zusätzliche Infos zum ausgewählten Menüeintrag anzuzeigen.
- WM_MENUCHAR, wenn der Benutzer eine nicht existierende Tastenkombination zur Auswahl eines Menüs angibt.
- WM_INITMENU, wenn der Benutzer auf das Menü zugreift.
- WM_INITMENUPOPUP, bevor Windows ein Popup-Menü anzeigt. Diese Meldung wird vom Programm behandelt, wenn Menüeinträge vor der Anzeige aktualisiert werden müssen.

Die wichtigste Meldung ist WM_COMMAND. Die anderen Meldungen werden häufig nur an DefWindowProc() weitergeleitet. Bei einer WM_COMMAND- oder WM_SYSCOMMAND-Meldung wird die ID des ausgewählten Menüpunktes im Low-Word des Parameters wParam übergeben. Der Wert der Menü-ID kann dann in einer weiteren switch-Anweisung abgefragt werden.

Nebenstehend ist die Struktur für eine Behandlung der WM_COMMAND Meldung skizziert. Ist beispielsweise der Menüpunkt »Beenden« ausgewählt worden, verzweigt die Programmausführung zur case-Marke IDM_EXIT. Hier wird das Programm durch den Aufruf von DestroyWindow() beendet. Diese Funktion entfernt das angegebene Fenster vom Bildschirm und sendet eine WM_DESTROY-Meldung an die Fensterprozedur. Dann zerstört sie das Fenster und alle damit verbundenen Windows-Objekte, insbesondere das Menü des Fensters.

Menüs zerstören

Jedes erzeugte Menü muss auch wieder zerstört werden, wobei der Speicherplatz wieder freigegeben wird. Dies geschieht wie bereits erwähnt automatisch, wenn das Menü mit einem Fenster verbunden ist und das Fenster zerstört wird. Arbeitet ein Programm aber mit mehreren Menüs, so muss jedes Menü, das keinem Fenster mehr zugeordnet ist, spätestens am Ende des Programms explizit mit einen Aufruf von DestroyMenu() zerstört werden. Wie das nebenstehende Beispiel zeigt, wird dabei das Handle des Menüs als Argument übergeben.

Menüeinträge ändern

Position von Menüeinträgen

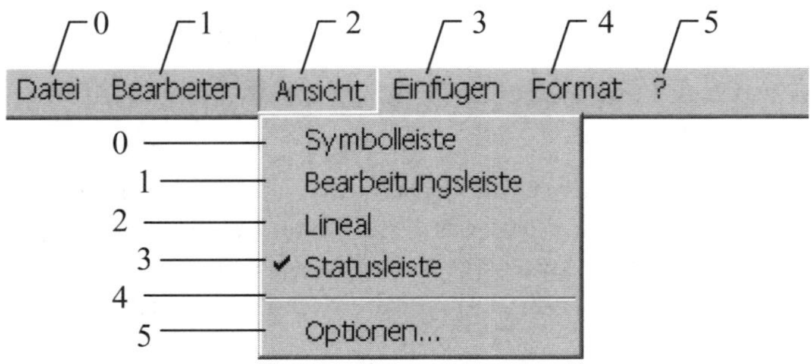

In der Fensterprozedur

```
  static HMENU hMenu, hMenuEdit;
  static BOOL fObjSelected = FALSE; // TRUE, falls etwas markiert.
   // . . .
    case WM_CREATE:
      hMenu     = GetMenu(hWnd);         // Handle Menüleiste.
      hMenuEdit= GetSubMenu(hMenu,1);// 2.Eintrag: "Bearbeiten".
      break;

    case WM_INITMENUPOPUP:  // Initialisierung eines Popup-Menüs.
      if( (HMENU)wParam == hMenuEdit)  // Handle des Popup-Menüs.
      {
        UINT uEnable = fObjSelected ? MF_ENABLED : MF_GRAYED;
        EnableMenuItem( hMenuEdit, IDM_CUT,  uEnable);
        EnableMenuItem( hMenuEdit, IDM_COPY, uEnable);
      }
      break;

    case WM_COMMAND:                     // Menü-Kommando:
      switch (LOWORD(wParam))
      {
        case IDM_STATUSBAR:              // Aus dem Menü "Ansicht".
        {
          UINT uMFlags = GetMenuState(hMenu,       // Menü-Flags.
                                IDM_STATUSBAR, MF_BYCOMMAND);
          BOOL bStatusbar = (uMFlags & MF_CHECKED) == 0;
          // Häkchen setzen, falls bStatusbar TRUE ist:
          CheckMenuItem(hMenu, IDM_STATUSBAR,
                        bStatusbar ? MF_CHECKED : MF_UNCHECKED);
          // Statuszeile aus- oder einblenden:
          showStatusbar( bStatusbar);         // Eigene Funktion.
          break;
      // . . .
```

Menü-Handles bestimmen

Jedes Menü ist hierarchisch aus dem Hauptmenü und den Untermenüs aufgebaut. Sowohl das Hauptmenü als auch die Untermenüs besitzen eigene Handles.

Will man das Menü eines Fensters modifizieren, so benötigt man das Handle des Untermenüs, das den Menüpunkt enthält. Die Funktion `GetMenu()` liefert zunächst das Handle für das Hauptmenü (= Menüleiste) des Fensters.

Beispiel: `hMenu = GetMenu(hWnd);    // Handle Menüleiste`

Die Einträge in einem Menü sind bei `0` beginnend durchnummeriert. Jeder Eintrag ist daher durch das Handle des Menüs und seine Position in diesem Menü eindeutig bestimmt. Auf diese Weise übergibt man auch der Funktion `GetSubMenu()` einen Menüeintrag. Falls der Menüeintrag ein weiteres Popup-Menü öffnet, liefert `GetSubMenu()` das Handle des Untermenüs.

Beispiel: `hPopup = GetSubMenu(hMenu,2);`

Hier ist `hPopup` das Handle des Popup-Menüs, das im 3. Eintrag der Menüleiste »eingehängt« ist. Der Return-Wert von `GetSubMenu()` ist `NULL`, wenn der angegebene Menüpunkt kein Untermenü öffnet.

Änderungen durchführen

Zum Setzen oder Entfernen von Häkchen in Popup-Menüs gibt es die Funktion `CheckMenuItem()`. Ihr werden das Menü-Handle, die ID des Menüeintrags und das Menü-Flag `MF_CHECKED` zum Setzen bzw. `MF_UNCHECKED` zum Entfernen des Häkchens übergeben.

Beispiel:
```
CheckMenuItem( hPopup, IDM_STATUSBAR,
MF_CHECKED);
```

Häufig sind Menüeinträge zu sperren bzw. wieder zu aktivieren. Diesem Zweck dient die Funktion `EnableMenuItem()`. Als drittes Argument erhält sie eines der Menü-Flags `MF_ENABLED` zum Aktivieren, `MF_DISABLED` zum Sperren bzw. `MF_GRAYED` zum Sperren und blassgrauer Darstellung.

Beispiel: `EnableMenuItem( hPopup, IDM_COPY, MF_GRAYED);`

Beide Funktionen erlauben auch die Angabe der Positionsnummer anstelle der ID des Menüeintrags. In diesem Fall wird das dritte Argument durch den Bitoperator | mit der Konstanten `MF_BYPOSITION` verknüpft.

Die Funktion `GetMenuState()` liefert die Menü-Flags eines Menüeintrags. Den Status eines bestimmten Flags erhält man daraus durch bitweise UND-Verknüpfung mit der entsprechenden `MF`-Konstanten.

Im nebenstehenden Listing ist das Flag `fObjSelected` gesetzt, wenn ein Objekt markiert ist. Entsprechend diesem Flag werden im Popup-Menü »BEARBEITEN« die Einträge »AUSSCHNEIDEN« und »KOPIEREN« gesperrt oder aktiviert. Außerdem wird im Popup-Menü »ANSICHT« der Eintrag »STATUSLEISTE« mit einem Häkchen versehen, wenn die Statuszeile eingeblendet ist.

Tastenkürzel definieren

Beispiel für eine Accelerator-Tabelle

```
#include <windows.h>
IDR_ACCELERATORS1 ACCELERATORS
{
   "S",    IDM_SAVE,      VIRTKEY, CONTROL     // Strg+S
// "^S",   IDM_SAVE                            // ebenso
   79,     IDM_OPEN,      VIRTKEY, CONTROL     // Strg+O
   "a",    IDM_SELECTALL, ASCII, ALT           // Alt+a
   VK_F1,  IDM_HELP,      VIRTKEY              // F1
}
```

Die WinMain-Funktion

```
int WINAPI WinMain(HINSTANCE hInstance,
                   HINSTANCE hPrevInstance,
                   LPSTR     lpCmdLine, int  nCmdShow)
{
   MSG msg;
   HACCEL hAccel;
   hInst = hInstance;          // An globale Variable zuweisen.
   if(!InitApplication())      // Fenster registrieren.
      return (FALSE);
   if(!InitInstance(nCmdShow))// Das Hauptfenster erzeugen.
      return (FALSE);
   // Accelerators-Tabelle laden:
   hAccel = LoadAccelerators( hInst,
                              MAKEINTRESOURCE(IDR_ACCELERATOR1));

   // Meldungen auslesen und weiterleiten, solange keine
   while(GetMessage(&msg,NULL,0,0)) // WM_QUIT-Meldung kommt.
   {
     if(!TranslateAccelerator( hWnd, hAccel, &msg))
     {
       TranslateMessage(&msg);// Übersetzt virtual key codes.
       DispatchMessage(&msg); // Meldung an das Fenster
     }                        // weitergeben.
   }
   return (msg.wParam);       // Wert von PostQuitMessage.
}
```

Zur Auswahl eines Menüpunktes wird die Maus auf den Menüeintrag bewegt und dieser angeklickt. Bei häufig benutzten Einträgen ist es schneller, wenn statt dieses Umwegs mit der Maus direkt eine Taste oder Tastenkombination gedrückt werden kann. Auch wenn mehrere Fenster geöffnet sind, sollte so ein Menüpunkt im übergeordneten Fenster per Tastatur aktiviert werden können.

Die Accelerators-Tabelle

Dies läßt sich durch die Definition eigener Tastenkürzel (engl. *accelerators*) erreichen, die in einer Tabelle, der sog. *Accelerators-Tabelle* hinterlegt sind. In dieser Tabelle wird jedem Tastenkürzel eine ID zugeordnet, die gewöhnlich mit der ID eines Menüpunktes übereinstimmt. Bei Betätigung eines Tastenkürzels sendet Windows dann dieselbe Meldungsfolge wie bei der Auswahl des ensprechenden Menüpunktes.

Die Accelerators-Tabelle ist normalerweise eine eigene Ressource, die mit einem Ressourcen-Editor erstellt wird. Die nebenstehende Accelerators-Tabelle hat die Ressourcen-ID `IDR_ACCELERATORS1` und besitzt vier Einträge.

Jeder Eintrag beginnt mit der Festlegung der Taste, entweder als String (z.B. `"S"`) oder als Code (z.B. `79` für den Buchstaben `O`). Für Sondertasten sind in `windows.h` symbolische Konstanten definiert (z.B. `VK_F1` für die Taste F1). In der zweiten Spalte steht die ID, die dem Tastenkürzel zugeordnet ist (z.B. `IDM_SAVE`).

Ein Tastenkürzel hat entweder den Typ `ASCII` (für ASCII-Code) oder `VIRTKEY` (für virtuelle Taste). Gewöhnlich wird mit virtuellen Tasten-Codes gearbeitet, da dann nicht zwischen Klein- und Großbuchstaben unterschieden wird.

Schließlich können noch die Schlüsselworte `SHIFT`, `CONTROL` oder `ALT` angegeben werden. Dies bewirkt, dass die Taste in Kombination mit der Taste »Shift«, »Strg« oder »Alt« gedrückt werden muss. Für die häufig benutzte Kombination »Strg+Zeichen« kann dem Zeichen in der ersten Spalte auch ein Care (^) vorangestellt werden (z.B. `"^S"`).

Meldungen für Tastenkürzel weiterleiten

Wie das nebenstehende Beispiel zeigt, wird eine Accelerator-Tabelle mit der Funktion `LoadAccelerators()` vor der Meldungsschleife geladen.

Die Meldungsschleife muss jetzt um einen Aufruf der Funktion `TranslateAccelerator()` ergänzt werden. Die Funktion prüft, ob die aktuelle Meldung `msg` ein Tastenkürzel ist, dem ein Eintrag in der Accelerators-Tabelle entspricht. Ist dies der Fall, leitet die Funktion direkt eine `WM_COMMAND`-Meldung an die Fensterprozedur weiter.

Findet die Funktion `TranslateAccelerator()` keinen passenden Eintrag in der Tabelle, gibt sie den Wert `0` zurück. Nur in diesem Fall werden die Funktionen `TranslateMessage()` und `DispatchMessage()` ausgeführt.

Shortcut-Menüs

Beispiel für ein Shortcut-Menü

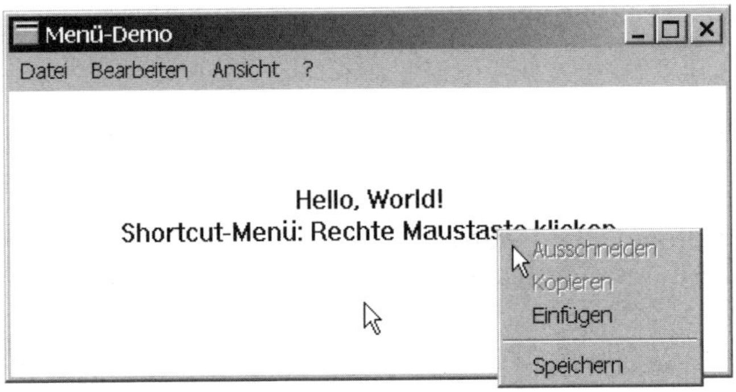

In der Fensterprozedur

```
// . . .
   static HMENU hShortcutMenu;
   POINT pnt;

   switch(message)
   {
     case WM_CREATE:
        hShortcutMenu = LoadMenu( hInst,
                        MAKEINTRESOURCE(IDR_SHORTCUT_MENU));
        hShortcutMenu = GetSubMenu(hShortcutMenu, 0);
        break;

     case WM_RBUTTONDOWN:
       pnt.x = LOWORD( lParam);    pnt.y = HIWORD(lParam);
       ClientToScreen(hWnd, &pnt);
       TrackPopupMenu( hShortcutMenu, TPM_TOPALIGN,
                       pnt.x, pnt.y, 0, hWnd, NULL);
       break;

     case WM_COMMAND:                 // Kommandos ausführen
     // Wie gehabt.
     // Und weitere Meldungen . . .

     case WM_DESTROY:
       DestroyMenu(hShortcutMenu);
       PostQuitMessage(0);
       break;

     default:
       return DefWindowProc(hWnd, message, wParam, lParam);
   }
// . . .
```

Ein Popup-Menü muss nicht notwendig im Hauptmenü unterhalb der Titelleiste »eingehängt« sein. Ein Popup-Menü kann an jeder beliebigen Stelle auf dem Bildschirm aufgeklappt werden. Man spricht dann auch von *Shortcut-Menü*.

Üblicherweise wird ein Shortcut-Menü mit der rechten Maustaste aktiviert. An der aktuellen Mausposition klappt dann ein Menü auf, das z.B. häufig benutzte Befehle enthält. Typischerweise werden in verschiedenen Teilfenstern der Client-Area unterschiedliche Shortcut-Menüs aktiviert. Man spricht deshalb auch von *Kontext-Menüs*.

Die zentrale Funktion für das Arbeiten mit Shortcut-Menüs ist `TrackPopupMenu()`. Diese Funktion zeigt das übergebene Popup-Menü an und verarbeitet die Benutzereingabe. Das anzuzeigende Popup-Menü kann entweder aus einer Ressource geladen oder zur Laufzeit dynamisch erzeugt werden. Die Verwendung dieser Funktion demonstriert das folgende Beispiel.

Zum nebenstehenden Beispiel

Die `WM_CREATE`-Meldung ist die erste Meldung, die an die Fensterprozedur geschickt wird, und zwar beim Ausführen von `CreateWindow()`. Sie ist deshalb geeignet, erforderliche Initialisierungen vorzunehmen. Nebenstehend wird zunächst das Shortcut-Menü geladen und dann das Handle des Popup-Menüs bestimmt. Das Shortcut-Menü im Ressourcen-Skript verwendet dieselben Menü-IDs wie das Hauptmenü:

```
IDR_SHORTCUT_MENU  MENU  DISCARDABLE
BEGIN
    POPUP " "
    BEGIN
        MENUITEM "Ausschneiden",        IDM_CUT
        MENUITEM "Kopieren",            IDM_COPY
        // . . .
    END
END
```

Damit hat die Verwendung des Shorcut-Menüs dieselbe Wirkung wie der entsprechende Menüpunkt im Hauptmenü.

Sobald der Anwender die rechte Maustaste drückt, werden die Client-Koordinaten des Mauszeigers in der Strukturvariablen `pnt` gesichert und mit der Funktion `ClientToScreen()` in Bildschirm-Koordinaten umgerechnet. Die Funktion `TrackPopupMenu()` verwendet diese Koordinaten, um das Popup-Menü beim entsprechenden Punkt aufzuklappen.

Als erstes Argument erwartet `TrackPopupMenu()` das Handle des Popup-Menüs. Das zweite Argument ist eine Kombination von Flags, die insbesondere die Ausrichtung des Menüs relativ zum übergebenen Bildschirm-Punkt festlegen. Die weiteren Argumente sind die Koordinaten des Punktes, `0` (reserviert), das Handle des Fensters sowie `NULL` (wird ignoriert).

Menüs dynamisch erzeugen

Ein neues Poupup-Menü in die Menüleiste aufnehmen

```
HMENU InsertMenuFormat(HWND hWnd)   // In der Menüleiste das
{                                   // Menü "Format" einfügen.
   HMENU hMenu, hPopup, hPopupFont;

   // Untermenü "Schrift" erstellen:
   if( (hPopupFont = CreatePopupMenu()) == NULL) // Neues Menü.
       return NULL;
   // Menü-Einträge anfügen:
   AppendMenu( hPopupFont, MF_STRING, IDM_COURIER,
                                      "&Courier New");
   AppendMenu( hPopupFont, MF_STRING, IDM_TIMESROMAN,
                                      "&Times New Roman");

   // Popup-Menü "Format" mit Untermenü "Schrift" erstellen:
   if( (hPopup = CreatePopupMenu()) == NULL)     // Neues Menü.
       return NULL;
   // Menü-Einträge anfügen:
   AppendMenu( hPopup, MF_STRING, IDM_BREAK, "&Absatz ...");
   AppendMenu( hPopup, MF_STRING, IDM_TAB,"&Tabulatoren...");
   AppendMenu( hPopup, MF_SEPARATOR, 0, NULL);
   AppendMenu( hPopup, MF_POPUP, (UINT)hPopupFont,"&Schrift");

   // Neues Popup-Menü in der Menüleiste (Hauptmenü) einfügen:
   hMenu = GetMenu(hWnd);
   if( !InsertMenu( hMenu, 3, MF_BYPOSITION | MF_POPUP,
                    (UINT)hPopup, "&Format"))
       return NULL;

   DrawMenuBar(hWnd);             // Menü neu anzeigen.
   return hPopup;
}
```

Von AppendMenu() verwendete Flags

Flag (2. Argument)	Bedeutung	3. / 4. Argument
MF_STRING	String-Eintrag	Command-ID / String
MF_BITMAP	Bitmap-Eintrag	Command-ID / Handle Bitmap
MF_POPUP	Popup-Menü	Handle Popup-Menü / String
MF_SEPARATOR	Horizontale Trennlinie	0 / NULL

☞ Das Flag im 2. Argument kann mit den Flags zur Darstellung wie MF_CHECKED oder MF_GRAYED bitweise kombiniert werden.

Ressourcen-Skripts sind nicht die einzige Möglichkeit, um Menüs zu erstellen. Menüs können auch zur Laufzeit des Programms, also dynamisch erzeugt werden. Häufig werden Shortcut-Menüs dynamisch erzeugt. Aber auch ein schon vorhandenes Menü kann dynamisch verändert werden. Dies gilt auch für Menüs, die auf der Basis eines Ressourcen-Skripts erstellt wurden.

Menüs zur Laufzeit erzeugen

Soll ein Menü dynamisch erzeugt werden, sind folgende Schritte notwendig:

1. Zunächst wird ein leeres Menü mit der Funktion `CreateMenu()` oder ein leeres Popup-Menü mit der Funktion `CreatePopupMenu()` angelegt.
2. In das neue Menü werden die verschiedenen Menüeinträge eingefügt. Hierfür können die Funktionen `AppendMenu()` zum Anhängen eines Eintrags und `InsertMenu()` oder `InsertMenuItem()` zum Einfügen eines Eintrags an einer vorgegebenen Stelle verwendet werden.
3. Schließlich sind noch die verwendeten Command-IDs zu definieren (z.B. in `resource.h`) und die Behandlung der entsprechenden `WM_COMMAND`-Meldungen zu codieren.

Ein Popup-Menü wird häufig in ein anderes Menü eingefügt und so dynamisch eine Menü-Hierarchie aufgebaut. Dabei sind für jedes Popup-Menü die obigen drei Schritte zu wiederholen.

Außerdem ist es möglich, ein Popup-Menü als Shortcut-Menü der Funktion `TrackPopupMenu()` zu übergeben oder mit der Funktion `SetMenu()` einem Fenster ein neues Hauptmenü zuzuordnen.

Menüeinträge einfügen und löschen

Mit der Funktion `AppendMenu()` wird ein neuer Eintrag angehängt. Das erste Argument ist das Handle des zu erweiternden Menüs. Das Flag im zweiten Argument bestimmt die Art des neuen Eintrags.

Die nebenstehende Beispiel-Funktion fügt ein neues Popup-Menü »FORMAT« in das Hauptmenü ein. Dazu wird zunächst das Untermenü »SCHRIFT« mit zwei Einträgen erzeugt und dann das Menü »FORMAT«, welches das Untermenü »SCHRIFT« als vierten Eintrag besitzt. Das fertige Menü wird schließlich mit der Funktion `InsertMenu()` an der 3. Position (= 4. Eintrag) im Hauptmenü eingefügt. Im Unterschied zur Funktion `AppendMenu()` erhält `InsertMenu()` zusätzlich im 2. Argument die Position des neuen Eintrags.

Menüeinträge können zur Laufzeit des Programms auch entfernt werden:

Beispiel: `RemoveMenu(hPopup, IDM_FRAME, MF_BYCOMMAND);`

Hier wird der Eintrag mit der Ressourcen-ID `IDM_FRAME` im Menü mit dem Handle `hPopup` entfernt. Ist der Menüeintrag ein Popup-Menü und soll mit dem Eintrag auch das zugehöriges Popup-Menü gelöscht werden, so muss die Funktion `DeleteMenu()` aufgerufen werden:

Beispiel: `DeleteMenu(hMenu, 3, MF_BYPOSITION);`

Übungen

Das Programm »Zufalls-Chart« mit Menü

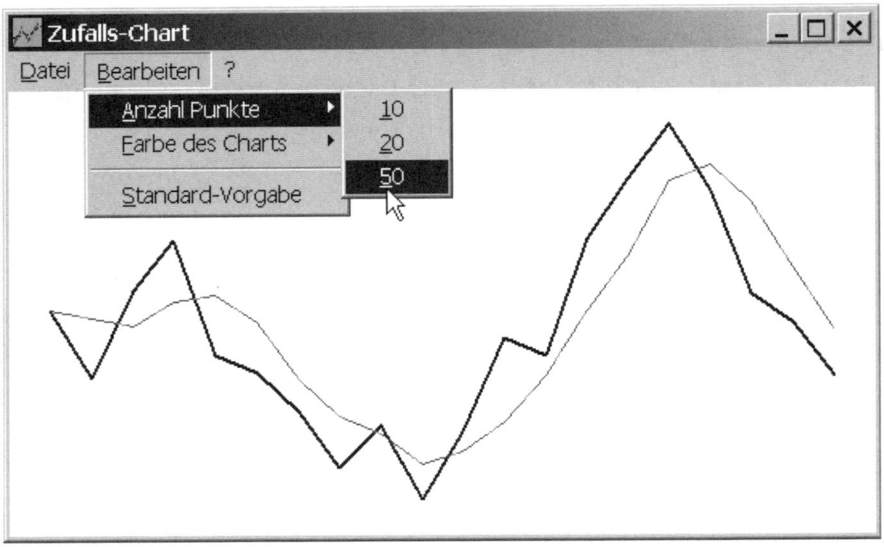

Die Message-Box zum Menü-Punkt Info

1. *Aufgabe:*

Das Beispiel-Programm »Zufalls-Chart« mit der Quelldatei `randomChart.c` aus Kapitel 22 soll mit einem eigenen Icon und einem Menü versehen werden. Mithilfe des Menüs können dann die Anzahl der Punkte und die Linienfarben geändert werden.

- Legen Sie ein neues leeres Projekt für eine Win32-Anwendung an (z.B. `randomChartMenu`). Kopieren Sie dann die Datei `randomChart.c` aus dem Verzeichniss `Kap22\Beispiele` in das neue Unterverzeichnis des Projekts. Jetzt können Sie die Datei auch umbenennen (z.B. `randomChart-Menu.c`). In Ihrer Entwicklungsumgebung fügen Sie diese Datei zum Projekt hinzu (VC++: PROJEKT → DEM PROJEKT HINZUFÜGEN → DATEIEN). Übersetzen Sie das Programm und führen Sie es aus.

- Fügen Sie nun dem Programm ein eigenes Icon mit der Standardgröße 32x32 hinzu, das Sie zunächst im Ressourcen-Editor erstellen (VC++: EINFÜGEN → RESSOURCE... und Icon auswählen). Wenn Sie mit Ihrer künstlerischen Leistung zufrieden sind, speichern Sie das Ressourcen-Skript (z.B. unter dem Namen `randomChart.rc`). Das Icon selbst wird dabei in einer Datei mit der Endung `.ico` gespeichert und die verwendete Ressourcen-ID (z.B. `IDI_ICON1`) gewöhnlich in der Datei `resource.h`.

  Nehmen Sie nun das Ressourcen-Skript in Ihr Projekt auf (Datei ....`rc` dem Projekt hinzufügen) und includieren Sie die Header-Datei `resource.h`. Jetzt können Sie in der Funktion `InitApplication()` das eigene Icon laden. Dabei ist beim Aufruf von `LoadIcon()` der Name des Icons mit `MAKEINTRESOURCE(IDI_ICON1)` anzugeben. Das neue Handle wird den Feldern `hIcon` und `hIconSm` der Fensterklasse zugewiesen.

- Im nächsten Schritt erhält das Programm das nebenstehende Menü. Das Popup-Menü »DATEI« enthält nur die Einträge »NEU« und »BEENDEN«. Bei der Auswahl von »NEU« soll ein neuer zufälliger Chart gezeichnet werden (statt durch das Klicken mit der linken Maustaste).

  Im Menü »BEARBEITEN« stellen die Popup-Menüs »ANZAHL PUNKTE« und »FARBE DES CHARTS« einige Werte zur Auswahl. Im Programm-Code sind dafür entsprechende statische Variablen zu definieren und bei den Berechnungen bzw. der Anzeige zu verwenden. Mit der Auswahl von »STANDARDVORGABE« kann der Anwender die Default-Werte wieder einstellen.

  Das Menü enthält den Eintrag »INFO«, der eine Message-Box mit einer Info über das Programm anzeigt.

  Erstellen Sie zuerst im Ressourcen-Editor das neue Menü und ordnen Sie es dem Fenster in der Fensterklasse zu. Behandeln Sie dann schrittweise die `WM_COMMAND` in der Fensterprozedur. Wählen Sie beim Testen die Menü-Einträge auch per ALT+Buchstaben-Taste aus.

Übungen (Fortsetzung)

Das erweiterte Programm mit Shortcut-Menü

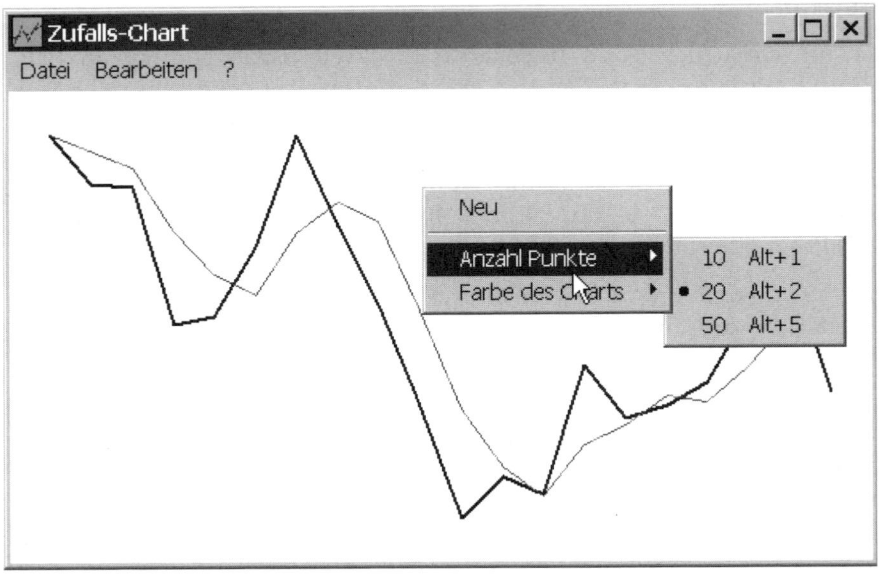

Die Menüfunktion CheckMenuRadioItem()

Diese Funktion markiert genau einen von mehreren Menüeinträgen mit einem Punkt. Sie besitzt folgenden **Prototyp**:

```
BOOL CheckMenuRadioItem(
   HMENU hmenu,          // Handle des Menüs.
   UINT  idFirst,        // ID oder Position des ersten Menüeintrages.
   UINT  idLast,         // ID oder Position des ersten Menüeintrages.
   UINT  idCheck,        // ID oder Position des zu markierenden Eintrags.
   UINT  uFlags );       // MF_BYCOMMAND oder MF_BYPOSITION
```

Die Parameter *idFirst* und *idLast* legen den Bereich der Menüeinträge fest. Wenn Menü-IDs verwendet werden, müssen die Werte der IDs lückenlos zwischen *idFirst* und *idLast* liegen. Stellen Sie dies sicher, indem Sie die Header-Datei `resource.h` öffnen und ggf. die Werte der Menü-IDs ändern.

Return-Wert: `FALSE`, wenn ein Fehler aufgetreten ist, sonst `TRUE`.

Beispiel:

```
CheckMenuRadioItem(hPopup, IDM_BLACK, IDM_BLUE
                   idCurColor, MF_BYCOMMAND);
```

2. *Aufgabe:*

Das in der 1. Aufgabe erstellte Programm »Zufalls-Chart« soll so ergänzt werden, dass

- Schnelltasten zur Verfügung stehen,
- die aktuell ausgewählten Menüeinträge für Anzahl Punkte und Farbe des Charts mit einem Punkt markiert sind,
- beim Klicken mit der rechten Maustaste ein Shortcut-Menü angezeigt wird, das dynamisch erzeugt wird.

Wenn Sie für diese Aufgabe ein neues Projekt anlegen wollen, erzeugen Sie zuerst ein leeres Projekt für eine WIN32-Anwendung und kopieren dann im Explorer die `.c`-, `.rc`- und `.h`-Dateien in das neue Unterverzeichnis. Fügen Sie schließlich diese Dateien (evtl. nach Umbenennung) dem Projekt hinzu.

- Der Menüpunkt »NEU« und die Menüpunkte zur Festlegung der Anzahl Punkte und der Farbe des Charts sollen auch mit Tastenkombinationen ausgewählt werden können: »NEU« mit Strg+N, 10 Punkte-Chart mit Alt+1, 20 Punkte-Chart mit Alt+2 usw. Fügen Sie im Ressourcen-Editor eine neue Accelerators-Tabelle ein und definieren Sie die Tastenkombinationen. Ergänzen Sie auch die entsprechenden Menüeinträge, damit die Tastenkombinationen angezeigt werden.

  Laden Sie im Programm die Accelerators-Tabelle und rufen in der Meldungsschleife die Funktion `TranslateAccelerator()` auf. (Die Variable für das Fenster-Handle sollte global definiert sein). Starten Sie das Programm erneut und testen Sie alle Tastenkürzel.

- Ergänzen Sie die Fensterprozedur um die Behandlung der Meldung `WM_INITMENUPOPUP`, sodass in den Menüs für die Anzahl Punkte und die Farbe des Charts die aktuelle Auswahl markiert wird. Rufen Sie hierzu die nebenstehend beschriebene Funktion `CheckMenuRadioItem()` auf, die genau einen von mehreren Menüeinträgen mit einem Punkt markiert. Sowohl für die Anzahl Punkte als auch für die Farbe benötigen Sie die ID des aktuell ausgewählten Menüeintrages. Merken Sie sich diese IDs bei der Behandlung der `WM_COMMAND`-Meldung in zwei statischen Variablen.

- Das nebenstehende Shortcut-Menü soll beim Klick mit der rechten Maustaste dynamisch erzeugt und mit der Funktion `TrackPopupMenu()` zentral unterhalb des Maus-Cursors angezeigt werden (vgl. Online-Hilfe). Anschließend ist das Shortcut-Menü wieder zu zerstören.

  Die Popup-Menüs »ANZAHL PUNKTE« und »FARBE DES CHARTS« können Sie aus dem Menü »BEARBEITEN« des Hauptmenüs mit `GetSubMenu()` übernehmen. Vor dem Zerstören des Shortcut-Menüs müssen diese aber wieder mit der Funktion `RemoveMenu()` aus dem Shortcut-Menü entfernt werden.

Übungen (Fortsetzung)

Das Programm MenuDemo mit Statusleiste

Die Bibliothek für Standard-Steuerelemente einbinden

Zur Programmierung von Standardfenstern wie der Statusleiste bietet Windows eine gute Unterstützung in Form einer Bibliothek für *Standard-Steuerelemente* (engl. *Common Control Library*). Diese Bibliothek befindet sich in der Datei `COMCTL32.DLL` und die zugehörigen Deklarationen in der Header-Datei `CommCtrl.h`. Zusätzlich zur `#include`-Direktive #include <CommCtrl.h> muss die Bibliothek mit der Funktionen `InitCommonControls()` zu Beginn des Programms geladen und initialisiert werden: `InitCommonControls();` Der Linker benötigt die Link-Bibliothek `COMCTL32.LIB`. Fügen Sie daher diese `LIB`-Datei der Liste »Objekt-/Bibliothek-Module« hinzu (VC++: PROJEKT → EINSTELLUNGEN... → LINKER, KATEGORIE »ALLGEMEIN«).

Die Funktion CreateStatusWindow()

Diese Funktion erzeugt ein Statusfenster und liefert das Handle des Fensters.

```
HWND CreateStatusWindow(
   LONG style,          // Fensterstil (mindestens WS_CHILD).
   LPCTSTR lpszText,    // String, der angezeigt wird.
   HWND hwndParent,     // Handle des übergeordneten Fensters.
   UINT wID);           // ID des Steuerelementes (zur
                        // Unterscheidung von Steuerelementen).
```

Beispiel-Aufruf:

```
LONG style = WS_CHILD | WS_VISIBLE | SBARS_SIZEGRIP;
hStatusBar = CreateStatusWindow(style,"Bereit",hWnd,1);
```

3. Aufgabe:

Windows-Programme besitzen häufig eine *Statusleiste* (engl. *status bar*) am unteren Rand des Fensters, um verschiedene Informationen über den Zustand des Programms anzuzeigen. Wenn der Benutzer die Maus über einen Menüeintrag bewegt, werden zusätzliche Infos zum ausgewählten Menüeintrag angezeigt. Diese Funktionalität soll nun in das Beispielprogramm `MenuDemo2` (im Ordner `Kap23\MenuDemo`) zu diesem Kapitel integriert werden.

Es sind noch folgende Aufgaben zu erledigen:

- Eine Statusleiste erzeugen und anzeigen
- Bei der Auswahl von Menüpunkten zusätzliche Infos anzeigen
- Die Statusleiste gemäß dem Menüpunkt »STATUSLEISTE« ein- bzw. ausblenden

Zur Programmierung der Statusleiste wird die Windows-Bibliothek für *Standard-Steuerelemente* (engl. *Common Control Library*) verwendet.

- Erzeugen Sie zuerst ein leeres Projekt für eine WIN32-Anwendung und kopieren Sie die `.c`-, `.rc`- und `.h`-Dateien des Programms `MenuDemo2` in das neue Unterverzeichnis. Fügen Sie schließlich diese Dateien (evtl. nach Umbenennung) dem Projekt hinzu.

  Binden Sie die Bibliothek für Standardsteuerelemente in Ihr Programm ein. Ein guter Platz für den Aufruf der Funktion `InitCommonControls()` ist die Funktion `InitInstance()`. Beachten Sie die nebenstehenden Hinweise. Übersetzen Sie nun das Programm und führen Sie es aus.

- Jetzt können Sie mit der Funktion `CreateStatusWindow()` eine Statusleiste erzeugen und anzeigen. Das erfolgt am besten in der Behandlung der `WM_CREATE`-Meldung, wobei das Handle des neuen Fensters in einer statischen Variablen gespeichert wird. Der Fensterstil im ersten Argument muss `WS_CHILD` enthalten, da die Statusleiste ein untergeordnetes Fenster ist. Außerdem sollten die Stile `WS_VISIBLE` und `SBARS_SIZEGRIP` angegeben werden, damit die Statusleiste angezeigt wird und rechts unten einen Größeneinstellungs-Griff (engl. *sizing grip*) enthält.

  Wenn Sie nun das Programm ausführen und die Größe des Fensters ändern, werden Sie feststellen, dass sich die Größe der Statusleiste nicht dem Hauptfenster anpasst. Um dies zu erreichen, genügt es eine `WM_SIZE` Meldung an die Statusleiste zu senden, wenn das Hauptfenster eine solche Meldung erhält:

  ```
  SendMessage( hStatusBar, WM_SIZE, 0, 0);
  ```

Übungen (Fortsetzung)

Die String-Tabelle im Ressourcen-Skript

```
//////////////////////////////////////////////////////////////
// String Table
STRINGTABLE DISCARDABLE
BEGIN
    IDM_NEW         "Neues Dokument erstellen"
    IDM_OPEN        "Öffnet ein Dokument"
    IDM_SAVE        "Speichert das Dokument"
    IDM_SAVE_AS     "Speichert das Dokument unter neuem Namen"
    IDM_EXIT        "Beendet das Programm"
    IDM_INSERT      "Fügt den Inhalt der Zwischenablage ein"
    // . . .
    IDM_STATUSBAR   "Blendet die Statusleiste ein oder aus"
END
```

Ein Menüpunkt im Ressourcen-Editor

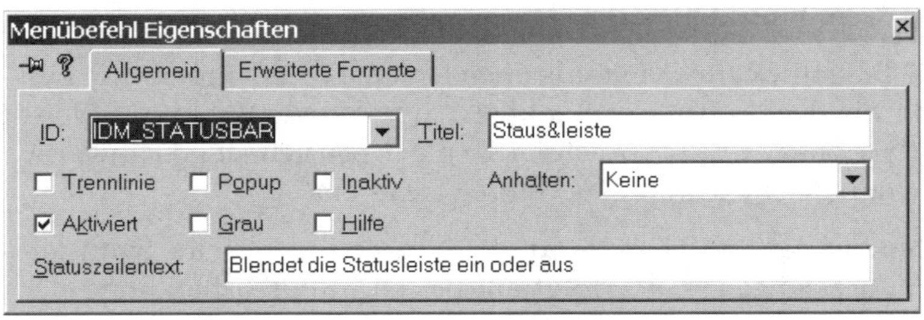

Die Funktion MenuHelp()

Diese Funktion zeigt im Statusfenster Hilfe zum ausgewählten Menüeintrag an.

```
void MenuHelp(
    UINT uMsg,           // WM_MENUSELECT
    WPARAM wParam,       // wParam der Meldung WM_MENUSELECT.
    LPARAM lParam,       // lParam der Meldung WM_MENUSELECT.
    HMENU hMenu,         // NULL oder Handle eines Popup-Menüs.
    HINSTANCE hInst,     // Handle des Moduls mit der String-Ressource.
    HWND hwndStatus,     // Handle der Statusleiste.
    LPUINT lpwIDs        // Adresse einer Variablen, mit einem
);                       // Basiswert für die String-IDs.
```

Wenn ein Hilfetext zu einem Popup-Menü angezeigt werden soll, muss `hMenu` das Handle des übergeordneten Menüs sein. Außerdem ist als letztes Argument die Adresse eines Paares (`Menü-Handle, String-ID`) anzugeben. Dieses enthält das Handle aus dem 4. Argument und einen Basiswert für String-IDs: Die Funktion `MenuHelp()` addiert zu diesem Basiswert die Position des Popup-Menüs und lädt den entsprechenden String

3. *Aufgabe (Fortsetzung):*

Die beiden letzten Argumente von SendMessage() sind die Werte für die Felder wParam und lParam der Meldung. Bei einer WM_SIZE-Meldung werden diese von der Fensterprozedur der Statusleiste ignoriert und sind daher hier 0.

Die WM_SIZE-Meldung muss nur gesendet werden, wenn die Statusleiste auch sichtbar ist. Ob ein Fenster sichtbar ist, können Sie mit der Funktion IsWindowVisible() feststellen (s. Online-Hilfe).

- Zur Anzeige von Hinweisen zu den Menüpunkten müssen Sie zunächst mal den Text in einer String-Tabelle eingeben. Eine String-Tabelle ist eine Ressource, die jeden String zusammen mit einer ID speichert. Zur Laufzeit des Programms kann dann jeder String mit der Funktion LoadString() unter Angabe der ID geladen werden.

  Der String mit dem Hinweistext zu einem Menüpunkt hat dieselbe ID wie der Menüpunkt (vgl. nebenstehendes Beispiel). In Visual C++ können Sie den Hinweistext direkt bei der Definition des Menüs im Feld »Statuszeilentext« eingeben. Für Menüeinträge von dynamisch erzeugten Menüs bearbeiten Sie direkt die Stringtabelle und fügen für jede Kommando-ID ein String hinzu.

  Sollen Hinweistexte auch für Menüeinträge ohne eine ID, also für Untermenüs, angezeigt werden, so müssen Sie dafür in der String-Tabelle Einträge mit neuen IDs definieren und den nebenstehenden Hinweis für den Aufruf der Funktion MenuHelp() beachten. Darauf wird hier verzichtet.

- Die Hinweistexte werden mit der Funktion MenuHelp() angezeigt, wenn eine WM_MENUSELECT-Meldung eintrifft. Das erste Argument der Funktion MenuHelp() muss WM_MENUSELECT sein. Die nächsten Argumente sind die Daten zur Meldung (also wParam, lParam), NULL, das Handle der Instanz und das Handle der Statusleiste. Das letzte Argument wird zur Berechnung der String-IDs verwendet. Es ist die Adresse einer Variablen mit einem Basiswert, zu dem die Funktion MenuHelp() den Wert der ID aus der Meldung hinzuaddiert. Da hier die Menü- und String-IDs identisch sind, kann eine UINT-Variable mit dem Wert 0 verwendet werden.

- Für das Ein- und Ausblenden der Statusleiste rufen Sie die Funktion ShowWindow() mit dem Wert SW_SHOW bzw. SW_HIDE auf. Im ersten Argument übergeben Sie das Handle der Statuszeile. Überprüfen Sie, ob dieses Handle nicht NULL ist, d.h. die Statuszeile zu Beginn des Programms erfolgreich erstellt werden konnte.

Lösungen

zur 1. und 2. Aufgabe:

Das Programm `randomChartMenu2` besteht aus den Quelldateien

`randomChartMenu2.c` , `resource.h` , `randomChart.rc`

und dem Icon `icon1.ico`. Hier und im Folgenden werden nur die C-Quelldateien gezeigt. Die übrigen Quelldateien werden vom Ressourcen-Editor erzeugt und können auf der CD zum Buch angeschaut werden.

```
////////////////////////////////////////////////////////////////
// randomChartMenu2.c
// Zweck: Das Programm "Zufalls-Chart" aus Kapitel 22
//        erhält ein eigenes Icon und ein Menü (1. Augabe).
//        Im zweiten Schritt wird das Menü des Programms
//        verbessert (2. Aufgabe). Neu sind:
//        Schnelltasten, markierte Menüeinträge und
//        ein dynamisch erzeugtes Shortcut-Menü.
////////////////////////////////////////////////////////////////
#include <windows.h>
#include <time.h>
#include "resource.h"                   // Ressourcen-IDs

// Globale Variablen:
HINSTANCE hInst   = 0;                  // Handle der Instanz.
HWND      hWnd    = 0;                  // Handle des Fensters.
char szAppName[]  = "RandomChart";      // Name der Applikation.
char szTitle[100] = "Zufalls-Chart ";   // Titel des Fensters.

// Prototypen eigener Funktionen:
BOOL InitApplication();
BOOL InitInstance(int);
LRESULT CALLBACK WndProc(HWND, UINT, WPARAM, LPARAM);

//////////////////////////////////////////////////////////////////
//  Funktion: WinMain(HANDLE, HANDLE, LPSTR, int)
//  Zweck:    Einstiegspunkt dieser Applikation.
//            Neu: Accelerators-Tabelle wird geladen.
//
int WINAPI WinMain(HINSTANCE hInstance, HINSTANCE hPrevInstance,
                   LPSTR lpCmdLine, int nCmdShow)
{
    MSG msg;              // Zum Speichern einer Meldung.
    HACCEL hAccel;        // Handle der Tabelle für Tastenkürzel.

    hInst = hInstance;            // An globale Variable zuweisen.
    if(!InitApplication())        // Fenster registrieren.
      return (FALSE);

    if(!InitInstance(nCmdShow))   // Das Hauptfenster erzeugen.
       return (FALSE);
```

```
    hAccel = LoadAccelerators( hInst,
                              MAKEINTRESOURCE(IDR_ACCELERATOR));
    // Meldungen auslesen und weiterleiten, solange keine
    // WM_QUIT-Meldung kommt.
    while(GetMessage(&msg,NULL,0,0))
    {
       if(!TranslateAccelerator( hWnd, hAccel, &msg))
       { TranslateMessage(&msg); // Übersetzt virtual key codes.
         DispatchMessage(&msg);  // Meldung an das Fenster
       }                         // weitergeben.
    }
    return (msg.wParam);         // Den Wert von PostQuitMessage
}                                // zurückgeben.

/////////////////////////////////////////////////////////////////
//  Funktion: InitApplication()
//  Zweck:    Initialisiert die Daten des Fensters und regi-
striert
//            die Fensterklasse.
//
BOOL InitApplication()
{
    WNDCLASSEX  wc;
    HICON hIcon =                       // Eigenes Icon laden.
         LoadIcon( hInst, MAKEINTRESOURCE(IDI_MYAPPLICATION));

    // Die Struktur wc mit Werten für das Hauptfenster.
    // ... wie gehabt, bis auf das Menü und die Icons:
    wc.lpszMenuName = MAKEINTRESOURCE(IDR_MENU1);  // Menue-Name
    wc.hIcon        = hIcon;     // Eigenes Icon.
    wc.hIconSm      = hIcon;     // Eigenes Icon (verkleinert).

    return RegisterClassEx(&wc); // Fensterklasse registrieren.
}

////////////////////////////////////////////////////////////////
//   Funktion: InitInstance(int)
//   Zweck:    Zufallsgenerator initialisieren sowie das
//             Hauptfenster erzeugen und anzeigen.
//

BOOL InitInstance(int nCmdShow)
{
   srand( (unsigned int)time(NULL));        // Zufallsgenerator
                                            // initialisieren.

   hWnd = CreateWindow( szAppName, szTitle, WS_OVERLAPPEDWINDOW,
                        CW_USEDEFAULT, 0, CW_USEDEFAULT, 0,
                        NULL, NULL, hInst, NULL);
   if (!hWnd)
      return (FALSE);
   ShowWindow(hWnd, nCmdShow);  // Fenster anzeigen.
   UpdateWindow(hWnd);          // Eine WM_PAINT-Meldung senden.
   return (TRUE);
}
```

Lösungen (Fortsetzung)

zur 1. und 2. Aufgabe (Fortsetzung):

```
/// Daten ///////////////////////////////////////////////////////
//
//  Punkte der Kurve.
#define ARR_SIZE 50
static long vKurve[ARR_SIZE];  // y-Werte der zufälligen Kurve.

//  Bildschirm-Punkte
static POINT vPnt[ARR_SIZE];   // Fensterkoordinaten der Kurve.
static int nWidth  = 0,        // Breite der Client-Area.
           nHeight = 0;        // Höhe der Client-Area.

static int  nCurNumber = 20;
static UINT idCurNumber = IDM_CHART_20;
static COLORREF colorChart = RGB(0,0,255);
static UINT idCurColor = IDM_CHART_BLUE;

////////////////////////////////////////////////////////////////
//  Funktion:  newChart()
//  Zweck:     Neue zufällige Kurve erzeugen.
//
#define INC (rand()%200 -100)  // Zufälliger Zuwachs.

void newChart()                // Neue zufällige y-Werte
{                              // und yMin, yMax aktualisieren.


  int i;
   vKurve[0] = 0;
   for( i=1; i < nCurNumber; ++i)
       vKurve[i] = vKurve[i-1] + INC;
}

////////////////////////////////////////////////////////////////
//  Funktion: screenPoints()
//  Zweck:    Punkte der Kurve in Fensterkoordinaten umrechnen.
//            Ergebnis wird im Vektor vPnt[] gespeichert.
//
void screenPoints()
{
   int i, yMin = 0, yMax = 0;      // Kleinster/größter y-Wert.

   for( i=1; i < nCurNumber; ++i)  // yMin u. yMax bestimmen.
   {
       if(vKurve[i] < yMin)    yMin = vKurve[i];
       if(vKurve[i] > yMax)    yMax = vKurve[i];
   }

   // Bildschirm-Punkte berechnen:
   yMax += nHeight/10;         // Etwas Abstand von den Rändern.
   yMin -= nHeight/10;
   for( i=0; i < nCurNumber; ++i)
   {
      vPnt[i].x = nWidth*(i+1)/(nCurNumber+1);
      vPnt[i].y = nHeight*(yMax-vKurve[i]) / (yMax-yMin);
   }
}
```

```
/////////////////////////////////////////////////////////////////
//  Funktion:  WndProc(HWND, unsigned, WORD, LONG)
//  Zweck:     Meldungen verarbeiten.
//
LRESULT CALLBACK WndProc(HWND hWnd, UINT message,
                         WPARAM wParam, LPARAM lParam)
{
   static HMENU hMenu,                     // Handle Hauptmenü.
                hMenuEdit,                 // Menü "Bearbeiten"
                hShortcutMenu = NULL;      // Shortcut-Menü

   switch (message)
   {
      case WM_CREATE:                     // Fenster wird erzeugt.
        hMenu    = GetMenu(hWnd);           // Handle Menüleiste
        hMenuEdit = GetSubMenu(hMenu,1);    // 2.Eintrag:
                                            // "Bearbeiten"
        newChart();                        // Erster Chart
        break;

      case WM_SIZE:                 // Größe des Fensters verändert.
        nWidth  = LOWORD(lParam),     // Breite der Client-Area.
        nHeight = HIWORD(lParam);     // Höhe der Client-Area.
        screenPoints();          // Graph an Fenstergröße anpassen.
        break;

      case WM_RBUTTONDOWN:
      {                                  // Shortcut-Menü anzeigen.
        POINT pnt;
        pnt.x = LOWORD( lParam);
        pnt.y = HIWORD( lParam);
        ClientToScreen( hWnd, &pnt);          // Bildschirmpunkt

        // Shortcut-Menü:
        hShortcutMenu = CreatePopupMenu();   // Neues Popup-Menü
        if( hShortcutMenu != NULL)           // Menü-Einträge
        {                                    // anfügen.
          HMENU hPopup = NULL;
         AppendMenu( hShortcutMenu, MF_STRING, IDM_NEW, "Neu");
          AppendMenu( hShortcutMenu, MF_SEPARATOR, 0, NULL);

          hPopup = GetSubMenu(hMenuEdit,0);  // Menü
                                             // "Anzahl Punkte"
          AppendMenu( hShortcutMenu, MF_POPUP,
                      (UINT)hPopup, "Anzahl Punkte");
          hPopup = GetSubMenu(hMenuEdit, 1);   // Menü
                                               // "Chart-Farbe"
          AppendMenu( hShortcutMenu, MF_POPUP,
                      (UINT)hPopup, "Farbe des Charts");

          TrackPopupMenu( hShortcutMenu, TPM_CENTERALIGN,
                          pnt.x, pnt.y, 0, hWnd, NULL);
```

Lösungen (Fortsetzung)

zur 1. und 2. Aufgabe (Fortsetzung):

```
          // Popup-Menüs aus dem Hauptmenü nicht zerstören:
          RemoveMenu(hShortcutMenu, 3, MF_BYPOSITION);
          RemoveMenu(hShortcutMenu, 2, MF_BYPOSITION);
          // Shortcut zerstören:
          DestroyMenu( hShortcutMenu);
        }
        break;
    }

    case WM_INITMENUPOPUP:      // Initialisierung eines
    {                           // Popup-Menüs vor dem Anzeigen.
      HMENU hPopup = (HMENU)wParam; // Handle des Popup-Menüs.

       if( hPopup == hMenuEdit || hPopup == hShortcutMenu)
       {
       CheckMenuRadioItem( hPopup, IDM_CHART_10, IDM_CHART_50,
                              idCurNumber, MF_BYCOMMAND);
         CheckMenuRadioItem( hPopup, IDM_CHART_BLACK,
                    IDM_CHART_BLUE, idCurColor, MF_BYCOMMAND);
        }
        break;
    }

    case WM_COMMAND:                              // Menü-Auswahl:
       switch (LOWORD(wParam))
       {
          // ---  Menü "Datei"  ---
          case IDM_NEW:
            newChart();
            screenPoints();
            InvalidateRect(hWnd, NULL, TRUE);
            break;

          case IDM_EXIT:
            DestroyWindow(hWnd);
            break;

          // ---  Menü "Bearbeiten"  ---
          case IDM_CHART_10:                       // Anzahl Punkte
            idCurNumber = IDM_CHART_10;
            nCurNumber = 10;
            screenPoints();
            InvalidateRect(hWnd, NULL, TRUE);
            break;

          case IDM_CHART_20:
          { int nOldNumber = nCurNumber;
            idCurNumber = IDM_CHART_20;
            nCurNumber = 20;
            if( nOldNumber < 20)
                newChart();
            screenPoints();
            InvalidateRect(hWnd, NULL, TRUE);
            break;
          }
```

```
    case IDM_CHART_50:
      if( nCurNumber == 50)
          break;
      idCurNumber = IDM_CHART_50;
      nCurNumber = 50;
      newChart();  screenPoints();
      InvalidateRect(hWnd, NULL, TRUE);
      break;

   case IDM_CHART_BLACK:                  // Chart-Farbe
     idCurColor = IDM_CHART_BLACK;
     colorChart = 0;
     InvalidateRect(hWnd, NULL, TRUE);
     break;
   case IDM_CHART_RED:
     idCurColor = IDM_CHART_RED;
     colorChart = RGB(255,0,0);
     InvalidateRect(hWnd, NULL, TRUE);
     break;
   case IDM_CHART_GREEN:
     idCurColor = IDM_CHART_GREEN;
     colorChart = RGB(110,255,100);
     InvalidateRect(hWnd, NULL, TRUE);
     break;
   case IDM_CHART_BLUE:
     idCurColor = IDM_CHART_BLUE;
     colorChart = RGB(0,0,255);
     InvalidateRect(hWnd, NULL, TRUE);
     break;

   case IDM_RESET:              // Standard-Einstellungen
     idCurNumber = IDM_CHART_20;
     idCurColor  = IDM_CHART_BLUE;

     colorChart  = RGB(0,0,255);
     if( nCurNumber != 20)
     {
       nCurNumber = 20;
       newChart();
       screenPoints();
     }
     InvalidateRect(hWnd, NULL, TRUE);
     break;

   // ---  Menü "?"  ---
   case IDM_INFO:
   MessageBox( NULL,"Programm zur Erzeugzng zufälliger "
                    "Charts\n Buch: C für PCs (2002)",
              szTitle, MB_OK | MB_ICONINFORMATION );

     break;
 }
 break;
```

Lösungen (Fortsetzung)

zur 1. und 2. Aufgabe (Fortsetzung):

```
    case WM_PAINT:
    {
       PAINTSTRUCT ps;   RECT  rc;   HPEN  hPen0, hPen1, hPen2;
       int i, average;

       HDC hdc = BeginPaint (hWnd, &ps);
       GetClientRect(hWnd, &rc);
       // Linienstärken: hPen1 = 2 Einheiten,  hPen2 = 1 Pixel
       hPen1 = CreatePen(PS_SOLID, 2, colorChart);
       hPen2 = CreatePen(PS_DASH, 0, RGB(255,0,0));

       hPen0 = SelectObject( hdc, hPen1); // Die Kurve zeichnen.
       Polyline( hdc, vPnt, nCurNumber);

       SelectObject( hdc, hPen2);     // Gleitender Durchschnitt.
       SetBkColor( hdc, RGB(0,255,0));
       MoveToEx( hdc, vPnt[0].x, vPnt[0].y, NULL);

       for( i=2; i < nCurNumber; ++i) // Gleitender Durchschnitt
       {                              // mit 3 Werten.
          average = (vPnt[i-2].y + vPnt[i-1].y + vPnt[i].y) / 3;
          LineTo( hdc, vPnt[i].x, average);
       }

       SelectObject( hdc, hPen0);      // Wieder Standard-Stift.
       DeleteObject(hPen1);            // Nicht mehr verwendete
       DeleteObject(hPen2);            // Stifte löschen.
       EndPaint (hWnd, &ps);
       break;
    }

    case WM_DESTROY:
       PostQuitMessage(0);
       break;

    default:
       return (DefWindowProc(hWnd, message, wParam, lParam));
  }
  return (0);
}
```

zur 3. Aufgabe:

```
//////////////////////////////////////////////////////////////////
// MenuDemo3.c
// Zweck: Erweitert das Programm MenuDemo2.c aus diesem Kapitel:
//        Es besitzt eine Statusleiste mit Info-Text zum
//        aktuell angewählten Menüpunkt.
//        Die Statusleiste kann ein- und ausgeblendet werden.
//////////////////////////////////////////////////////////////////

// Header Datei:
#include <windows.h>
#include <CommCtrl.h>                       // Für Statusleiste
#include "resource.h"

// Globale Variablen:
HINSTANCE hInst = 0;                        // Handle der Instanz.
HWND      hWnd  = 0;                        // Handle des Fensters.

char szAppName[]  = "MenuDemo3";            // Name der Applikation.
char szTitle[100] = "Menü-Demo3";           // Titel des Fensters.

// Prototypen eigener Funktionen:
BOOL InitApplication();
BOOL InitInstance(int);
LRESULT CALLBACK WndProc(HWND, UINT, WPARAM, LPARAM);

HMENU InsertMenuFormat(HWND);    // Erweitert das Hauptmenü.
BOOL  DeleteMenuFormat(HWND);    // Löscht das Popup-Menü "For-
mat".

//////////////////////////////////////////////////////////////////
//  Die Funktionen WinMain()und InitApplication() sind gegenüber
//  der Lösung zur vorhergehenden Aufgabe unverändert (ohne
//  allerdings ein eigenes Icon zu laden).
//


//////////////////////////////////////////////////////////////////
//   Funktion: InitInstance(int)
//   Zweck:    Das Hauptfenster erzeugen und anzeigen.
//             Bibliothek für Standard-Steuerelemente laden.

BOOL InitInstance(int nCmdShow)
{
   hWnd = CreateWindow( szAppName, szTitle, WS_OVERLAPPEDWINDOW,
                        CW_USEDEFAULT, 0, CW_USEDEFAULT, 0,
                        NULL, NULL, hInst, NULL);
   if (!hWnd)
      return (FALSE);
   InitCommonControls();         // Comctl32.dll initialisieren.

   ShowWindow(hWnd, nCmdShow);   // Fenster anzeigen.
   UpdateWindow(hWnd);           // Eine WM_PAINT-Meldung senden.
   return (TRUE);
}
```

Lösungen (Fortsetzung)

zur 3. Aufgabe (Fortsetzung):

```
//////////////////////////////////////////////////////////////////
// Funktion:  WndProc(HWND, unsigned, WORD, LONG)
// Zweck:     Meldungen verarbeiten.
//
LRESULT CALLBACK WndProc( HWND hWnd, UINT message,
                          WPARAM wParam, LPARAM lParam)
{
   static BOOL  fObjSelected = FALSE;   // Flag: "Text markiert"
   static COLORREF colorText = RGB(0,0,255);     // blau
   static HMENU hMenu,                           // Menü-Handles
                hShortcutMenu,
                hMenuFormat = NULL;
   static HFONT hFont1, hFont2, hCurFont = NULL; // Schriftarten.
   static HWND  hStatusBar = NULL;              // Handle der
                                                // Statusleiste.
   switch (message)
   {
     case WM_CREATE:
       hMenu = GetMenu(hWnd);                // Handle Menüleiste.
       // Shortcut-Menü laden:
       hShortcutMenu = LoadMenu( hInst,
                           MAKEINTRESOURCE(IDR_SHORTCUT_MENU));
       hShortcutMenu = GetSubMenu(hShortcutMenu, 0);
        {                       // Schriftarten "Courier New" und
         LOGFONT lf = {0};      // "Times New Roman" erzeugen.
         strcpy( lf.lfFaceName, "Courier New");
         hFont1 = CreateFontIndirect(&lf);

         strcpy( lf.lfFaceName, "Times New Roman");
         hFont2 = CreateFontIndirect(&lf);

         hCurFont = hFont1;
       }

       // Statusleiste erzeugen.
       hStatusBar = CreateStatusWindow(
                         WS_CHILD | WS_VISIBLE | SBARS_SIZEGRIP,
                         "Bereit", hWnd, 1);
       break;

     case WM_SIZE:
       // Größe der Statusleiste anpassen.
       if( IsWindowVisible(hStatusBar))
          SendMessage( hStatusBar, WM_SIZE, 0, 0);
       break;

     case WM_LBUTTONDOWN:
       if( fObjSelected == TRUE)
       {
          fObjSelected = FALSE;              // Markierung löschen.
          EnableMenuItem( hMenu, IDM_SELECTALL, MF_ENABLED);
```

```
        if( hMenuFormat != NULL)    // Menü "Format" entfernen.
        {
            DeleteMenuFormat(hWnd);
            hMenuFormat = NULL;
        }
        InvalidateRect(hWnd, NULL, TRUE);
    }
    break;

case WM_RBUTTONDOWN:
{                                       // Shortcut-Menü anzeigen.
    POINT pnt;
    pnt.x = LOWORD( lParam);
    pnt.y = HIWORD( lParam);
    ClientToScreen( hWnd, &pnt);
    TrackPopupMenu( hShortcutMenu, TPM_TOPALIGN,
                    pnt.x, pnt.y, 0, hWnd, NULL);
    break;
}

case WM_MENUSELECT:                     // Menüeintrag aktiviert
    // Hilfetext anzeigen
    if( IsWindowVisible(hStatusBar))
    {
        static UINT uBaseID = 0;
        MenuHelp( WM_MENUSELECT, wParam, lParam, NULL,
                  hInst, hStatusBar, &uBaseID);
    }
    break;

case WM_INITMENUPOPUP:                  // Initialisierung eines
{                                       // Popup-Menüs.
    HMENU hPopup = (HMENU)wParam,   // Handle des Popup-Menüs.
          hMenuEdit = GetSubMenu(hMenu, 1);   // 2. Eintrag:
                                              // "Bearbeiten"
    if( hPopup == hMenuEdit || hPopup == hShortcutMenu)
    {
        UINT uEnable = fObjSelected ? MF_ENABLED : MF_GRAYED;
        EnableMenuItem( hPopup, IDM_CUT,  uEnable);
        EnableMenuItem( hPopup, IDM_COPY, uEnable);
        EnableMenuItem( hPopup, IDM_DELETE, uEnable);
    }
    // Aktuelle Schrift markieren:
    if( hMenuFormat != NULL && hPopup == hMenuFormat)
      if( hCurFont == hFont1)
      {
        CheckMenuItem(hMenuFormat, IDM_COURIER, MF_CHECKED);
        CheckMenuItem(hMenuFormat,IDM_TIMESROMAN,MF_UNCHECKED);
      }
      else
      { CheckMenuItem(hMenuFormat,IDM_COURIER, MF_UNCHECKED);
        CheckMenuItem(hMenuFormat,IDM_TIMESROMAN, MF_CHECKED);
      }
    break;
}
```

Lösungen (Fortsetzung)

zur 3. Aufgabe (Fortsetzung):

```
case WM_COMMAND:                          // Menü-Auswahl:
  switch (LOWORD(wParam))
  {
     // Menü "Datei":
     case IDM_NEW:
       fObjSelected = FALSE;
       InvalidateRect(hWnd, NULL, TRUE);
       break;
     case IDM_OPEN:
       MessageBox( NULL, "Datei öffnen", szAppName,
                   MB_OK | MB_ICONINFORMATION );
       break;
     case IDM_SAVE:
       MessageBox( NULL, "Datei speichern", szAppName,
                   MB_OK | MB_ICONINFORMATION );
       break;
     case IDM_SAVE_AS:
       MessageBox( NULL, "Datei speichern unter ...",
                  szAppName, MB_OK | MB_ICONINFORMATION );
       break;

     case IDM_EXIT:
       DestroyWindow(hWnd);
       break;

     // Menü "Bearbeiten":
     case IDM_CUT:
     case IDM_COPY:
     case IDM_INSERT:
     case IDM_DELETE:
       MessageBox( NULL, "Bearbeiten", szAppName,
                   MB_OK | MB_ICONINFORMATION );
       break;

     case IDM_SELECTALL:
       fObjSelected = TRUE;
      if(hMenuFormat == NULL)      // Menü "Format" einfügen.
          hMenuFormat = InsertMenuFormat(hWnd);
       EnableMenuItem( hMenu, IDM_SELECTALL, MF_GRAYED);
       InvalidateRect(hWnd, NULL, TRUE);
       break;

     // Menü "Ansicht":
     case IDM_STATUSBAR:
     {
        UINT uMFlags = GetMenuState( hMenu, IDM_STATUSBAR,
                                     MF_BYCOMMAND);
        BOOL bStatusBar = (uMFlags & MF_CHECKED) == 0;
             // bStatusBar ist TRUE, falls nicht markiert.
```

```
        CheckMenuItem(hMenu, IDM_STATUSBAR,
                  bStatusBar ? MF_CHECKED : MF_UNCHECKED);
        // Statuszeile aus- oder einblenden:
        if( hStatusBar != NULL)
            ShowWindow( hStatusBar,
                        bStatusBar ? SW_SHOW : SW_HIDE);
        break;
    }

    // Textfarbe:
    case IDM_BLACK:
      colorText = 0;
      InvalidateRect(hWnd, NULL, TRUE);
      break;
    case IDM_RED:
      colorText = RGB(255,0,0);
      InvalidateRect(hWnd, NULL, TRUE);
      break;
    case IDM_GREEN:
      colorText = RGB(0,255,0);
      InvalidateRect(hWnd, NULL, TRUE);
      break;
    case IDM_BLUE:
      colorText = RGB(0,0,255);
      InvalidateRect(hWnd, NULL, TRUE);
      break;
    // Menü "Format":
    case IDM_BREAK:
      MessageBox( NULL, "Format Absatz", szAppName,
                  MB_OK | MB_ICONINFORMATION );
      break;

    case IDM_TAB:
      MessageBox( NULL, "Format Tabulatoren", szAppName,
                  MB_OK | MB_ICONINFORMATION );
      break;

    case IDM_COURIER:            // Schrift Courier New
      hCurFont = hFont1;
      InvalidateRect(hWnd, NULL, TRUE);
      break;

    case IDM_TIMESROMAN:         // Schrift Times New Roman
      hCurFont = hFont2;
      InvalidateRect(hWnd, NULL, TRUE);
      break;

    // Menü "?":
    case IDM_INFO:
      MessageBox( NULL, "Demo-Programm für Menüs:\n"
                        "Buch: \"C für PCs\"",
                 szAppName, MB_OK | MB_ICONINFORMATION );
      break;
  }
  break;
```

Lösungen (Fortsetzung)

zur 3. Aufgabe (Fortsetzung):

```
        case WM_PAINT:
        {
          PAINTSTRUCT ps;   HDC   hdc;    RECT  rc;
          HFONT hOldFont = NULL;

          hdc = BeginPaint (hWnd, &ps);
          if( hCurFont != NULL)
              hOldFont = SelectObject( hdc, hCurFont);

          SetTextColor(hdc, colorText);
          if( fObjSelected)
          {  SetTextColor(hdc, colorText^0xFFFFFF);
             SetBkColor(hdc, 0);
          }

          GetClientRect(hWnd, &rc);
          rc.top   = rc.bottom/3;
          DrawText( hdc, "Hello, World!\n"
                        "Shortcut-Menü: Rechte Maustaste klicken",
                        -1, &rc, DT_CENTER) ;
          if( hOldFont != NULL)
             SelectObject( hdc, hOldFont);
          EndPaint (hWnd, &ps);
          break;
        }

        case WM_DESTROY:
          DestroyMenu(hShortcutMenu);
          PostQuitMessage(0);
          break;

        default:
          return DefWindowProc(hWnd, message, wParam, lParam);
      }
      return 0;
   }

   HMENU InsertMenuFormat(HWND hWnd)  // Im Hauptmenü das Popup-
   Menü
   {                                  // "Format einfügen.
      // Wie in diesem Kapitel "Menüs dynamisch erzeugen".
   }

   BOOL DeleteMenuFormat(HWND hWnd)   // Löscht das Popup-Menü
   {                                  // "Format".
      HMENU hMenu = GetMenu(hWnd);
      if( !DeleteMenu( hMenu, 3, MF_BYPOSITION))
         return FALSE;
      return DrawMenuBar(hWnd);
   }
```

Kapitel 24

Dialoge

In diesem Kapitel lernen Sie verschiedene Möglichkeiten kennen, wie Dialoge zwischen dem Benutzer und einer Windows-Anwendung programmiert werden.

Modale Dialog-Boxen

Dialog-Box mit verschiedenen Steuerelementen

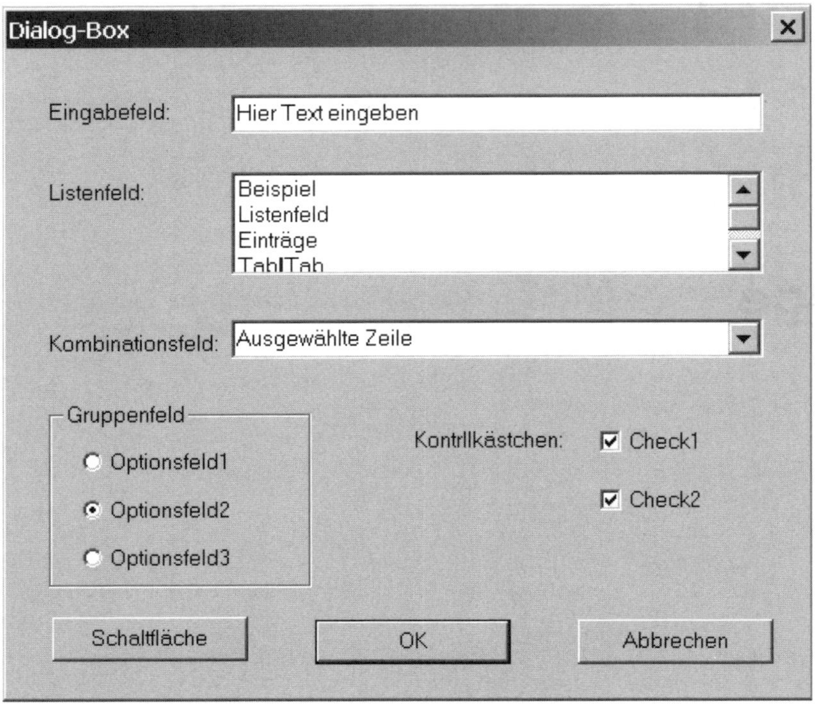

Hinzufügen einer Dialog-Box

Um eine Dialog-Box in ein Programm hinzuzufügen, sind immer folgende drei Schritte notwendig:

1. Definition einer Dialog-Vorlage im Ressourcen-Skript. Hier werden die Eigenschaften der Dialog-Box selbst, sowie Anordnung und Eigenschaften der darin enthaltenen Steuerelemente festgelegt.

2. Definition einer Dialogprozedur für das Dialogfenster. Diese übernimmt die Initialisierung und die Kommunikation mit den Steuerelementen.

3. Erzeugung der Dialog-Box und Übernahme der Daten nach dem Schließen.

Modale und nicht modale Dialog-Boxen

Dialog-Boxen unterstützen die Kommunikation einer Windows-Anwendung mit dem Benutzer. Eine Dialog-Box ist ein spezielles Popup-Fenster, das beispielsweise aus einem Menü heraus geöffnet werden kann.

Im Folgenden wird die Programmierung *modaler* Dialog-Boxen beschrieben. Eine Dialog-Box heißt modal, wenn während eines Dialogs alle anderen Fenster der Anwendung blockiert sind. In diesem Fall muss der Benutzer die Dialog-Box zuerst schließen, bevor er ein anderes Fenster aktivieren kann. Ein Beispiel dafür ist die schon verwendete Message-Box.

Bei *nicht modalen* Dialog-Boxen ist ein Wechsel in ein anderes Fenster auch möglich, während die Dialog-Box geöffnet ist. Ein typisches Beispiel ist der Dialog »SUCHEN«, der häufig als nicht modale Dialog-Box implementiert ist.

Steuerelemente

Jede Dialog-Box enthält Steuerelemente. Das sind fertige Fenster wie z.B.

- statische Textfelder, die zur Beschriftung anderer Steuerelemente dienen,
- Eingabefelder (engl. *edit box*), in die der Anwender Text eingeben kann,
- Listenfelder, die in einem rechteckigen Bereich Auswahlmöglichkeiten in Zeilen und Spalten gruppiert anbieten,
- Kombinationsfelder (engl. *combo box*), die in einem Popup-Fenster einzeilige Texte anzeigen und zur Auswahl anbieten. Der Anwender kann durch Anklicken einer bestimmten Zeile seine Wahl treffen,
- Schaltflächen (engl. *push button*) zur Bestätigung von Aktionen (z.B. »Abbrechen«), Kontrollkästchen (engl. *check button*), mit denen eine Eigenschaft ein- oder ausgeschaltet wird, und Optionsfelder (engl. *radio button*), die sich gegenseitig ausschließende Optionen anbieten,
- Gruppenfelder (engl. *group box*), mit denen zusammengehörige Felder eingerahmt und so gruppiert werden können.

Nebenstehend ist eine Dialog-Box mit häufig verwendeten Steuerelementen zusammengestellt. Die Bedeutung steht als Text direkt neben jedem Steuerelement. Normalerweise steht hier natürlich ein Hinweis auf das, was auszuwählen oder einzugeben ist.

Das Aussehen einer Dialog-Box wird durch eine Dialog-Vorlage im Ressourcen-Skript festgelegt. Diese Dialog-Vorlage sowie jedes der darin enthaltenen Steuerelemente besitzt eine Ressourcen-ID, anhand der das Programm die Dialog-Box und das jeweilige Steuerelement identifiziert. Die Ressourcen-IDs von Steuerelementen beginnen üblicherweise mit `IDC_` (`C` = Control).

Steuerelemente wie statische Texte oder Gruppenfelder, auf die im Programm kein Zugriff notwendig ist, haben als Ressourcen-ID die vordefinierte Konstante `IDC_STATIC`. Diese ist in der Header-Datei `windows.h` als `-1` definiert.

Dialog-Ressourcen

Der Dialog »Info« im Ressourcen-Editor

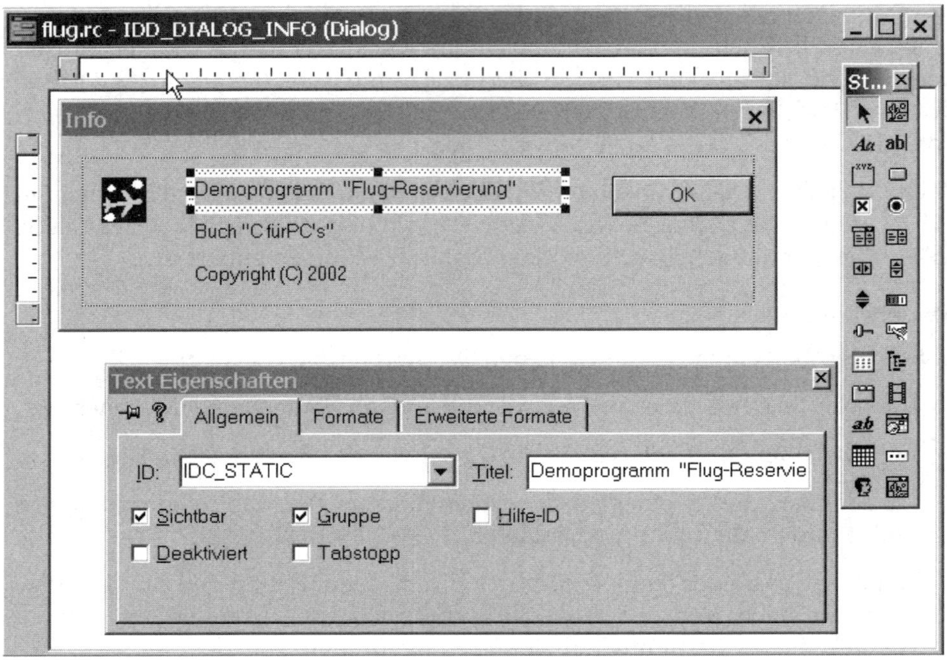

Die Dialog-Vorlage im Ressourcen-Skript

```
// Datei: flug.rc
#include "resource.h"
// . . .
// Dialog-Vorlage zum obigen Dialog "Info":
IDD_INFO DIALOG 100, 100, 250, 70
STYLE DS_MODALFRAME | WS_POPUP | WS_CAPTION | WS_SYSMENU
CAPTION "Info"
FONT 8, "MS Sans Serif"
BEGIN
   DEFPUSHBUTTON  "OK", IDOK, 190,14,50,14, WS_TABSTOP
   ICON           IDI_ICON1,IDC_STATIC,14,14,16,16
   LTEXT          "Demoprogramm  ""Flug-Reservierung""",
                  IDC_STATIC, 47,14,130,10
   LTEXT          "Buch ""C fürPCs""",
                  IDC_STATIC, 47,29,120,10
   LTEXT          "Copyright (C) 2002",
                  IDC_STATIC, 47,44,120,10
END
```

Erstellen von Ressourcen-Skripts

Zum Erstellen einer Dialog-Box wird zunächst eine Dialog-Ressource angelegt. Dies geschieht normalerweise mit dem Ressourcen-Editor, mit dem auch Dialoge bearbeitet werden. Der Editor ermöglicht es, die benötigten Steuerelemente aus einer Werkzeugleiste in die Dialog-Box einzufügen und ihre Größe und andere Eigenschaften anzupassen. Außerdem kann über ein Lay-out-Menü die gemeinsame Ausrichtung mehrerer Steuerelemente und die Tabulator-Reihenfolge festgelegt werden (also die Reihenfolge, in der mit der Tabulator-Taste von einem Steuerelement zum nächsten gesprungen wird). Das zugehörige Ressourcen-Skript wird dabei automatisch erstellt.

Es lohnt sich wieder, ein solches Ressourcen-Skript genauer anzuschauen. Nebenstehend ist die Dialog-Vorlage zum darüber dargestellten Dialog »INFO« angegeben. Sie beginnt mit der Ressourcen-ID, hier `IDD_INFO`. An Stelle der Ressourcen-ID kann auch ein Name verwendet werden, z.B. `InfoDialog`. Die Dialog-Vorlage besitzt auch einen `BEGIN END` Block, der die Beschreibung der Steuerelemente mit ihrer ID enthält.

Koordinaten

Hinter dem Schlüsselwort `DIALOG` legen vier Zahlen die Position und die Größe der Dialog-Box fest. Die ersten beiden Zahlen `100` und `100` sind die x- und y-Koordinate der linken oberen Ecke der Box relativ zur Client-Area des Besitzer-Fensters Die folgenden beiden Zahlen `250` und `70` geben die Breite und Höhe der Box an. Entsprechend ist die Position und die Grösse für jedes Steuerelement festgelegt. Dabei bezieht sich die Position jedoch auf die Client-Area der Dialog-Box.

Dialog-Boxen verwenden eigene Koordinateneinheiten, die von der Grösse eines Zeichens der verwendeten Schriftart abhängen: In x-Richtung entspricht eine Einheit 1/4 der durchschnittlichen Zeichenbreite und in y-Richtung 1/8 der durchschnittlichen Zeichenhöhe. Dadurch wird erreicht, dass eine Dialog-Box unabhängig von der Auflösung des Bildschirms immer gleich angezeigt wird.

Die Ressourcen-Anweisungen STYLE, CAPTION und FONT

Die Anweisung `STYLE` legt das Aussehen der Dialog-Box fest. Es können die allgemeinen Fensterstile mit dem Präfix `WS_` und spezielle Stile für Dialog-Boxen mit dem Präfix `DS_` angegeben werden. Beispielsweise erzeugt `DS_MODALFRAME` den üblichen Rahmen für eine modale Dialog-Box, die mit einer Titelleiste (`WS_CAPTION`) kombiniert werden kann. Die Fensterstile `WS_POPUP` und `WS_SYSMENU` bewirken, dass ein Popup-Fenster mit dem kleinen Standard-Icon zum Schließen des Fensters angezeigt wird.

Die `CAPTION`-Anweisung enthält den Text für die Titelleiste. Mit der `FONT`-Anweisung wird die Schriftgröße und die Schriftart festgelegt, welche die Steuerelemente der Dialog-Box verwenden.

Eine Dialog-Box anzeigen und beenden

In der Fensterprozedur des Hauptfensters

```
// Die Dialog-Box "Info" anzeigen.
  switch (message)
  {
   case WM_COMMAND:
     switch( LOWORD(wParam))
     {
       case IDM_INFO:      // Aufruf von DialogBox()
          DialogBox( hInst,MAKEINTRESOURCE(IDD_INFO),
                     hWnd, (DLGPROC)DlgProcInfo);
          break;
       // ...
     }
     // ... Weitere Meldungen.
  }
```

Die Dialogprozedur für den »Info«-Dialog

```
// Definition der Dialogprozedur DlgProcInfo().

BOOL CALLBACK DlgProcInfo( HWND hDlg, UINT message,
                           WPARAM wParam, LPARAM lParam)
{
   switch( message)
   {
      case WM_INITDIALOG:      // Hier Initialisierungen
         return TRUE;          // vornehmen.

      case WM_COMMAND:                  // Meldung eines
         switch(LOWORD(wParam))         // Steuerelements.
         {
           case IDOK:
           case IDCANCEL:
              EndDialog( hDlg, IDOK);
              return TRUE;
         }
         break;
   }
   return FALSE;
}
```

Die Funktion DialogBox()

Die Dialog-Box »INFO« soll auf dem Bildschirm erscheinen, wenn der Anwender im Menü »?« den Eintrag »INFO« auswählt. Im nebenstehenden Beispiel wird daher beim Eintreffen der Meldung `IDM_INFO` in der Fensterprozedur eine Dialog-Box erzeugt und angezeigt. Dies geschieht durch den Aufruf der API-Funktion `DialogBox()`, die vier Argumente erwartet:

- den Handle der Programm-Instanz,
- den Namen der Dialog-Box, der hier aus der Ressourcen-ID gebildet wird
- den Handle des Fensters, das die Dialog-Box besitzt,
- den Namen der Dialogprozedur, der in den vordefinierten Typ `DLGPROC` gecastet werden muss.

Die Funktion kehrt zurück, wenn der Anwender die Dialog-Box schließt. Als Return-Wert liefert sie einen `int`-Wert, den der Programmierer in der Dialogprozedur festlegt. Gewöhnlich ist es einer der Werte `IDOK` oder `IDCANCEL`, je nachdem, welchen Schalter der Anwender zur Beendigung der Dialog-Box gewählt hat. Im Fall `IDOK` sind dann die eingegebenen Daten zu übernehmen, andernfalls nicht. Im nebenstehenden Beispiel wird der Return-Wert von `DialogBox()` nicht abgefragt, da beim Info-Dialog der Return-Wert keine Rolle spielt.

Definition der Dialogprozedur

Die Dialogprozedur, die als viertes Argument an die Funktion `DialogBox()` übergeben wird, ist eine selbst zu definierende Funktion. Sie verarbeitet Meldungen an die Dialog-Box. Der Prototyp ist daher bis auf den Return-Typ identisch mit dem einer Fensterprozedur (vgl. nebenstehendes Beispiel). Als Return-Wert gibt sie `TRUE` zurück, wenn sie eine Meldung behandelt, sonst `FALSE`.

Die Dialogprozedur ist selbst keine Fensterprozedur, sondern wird aus der internen Fensterprozedur der Dialog-Box heraus aufgerufen. Sie hat folgende Aufgaben:

- Initialisierungen für die Dialog-Box ausführen,
- Kommunikation mit den Steuerelementen der Dialog-Box, d.h. Meldungen von Steuerelementen behandeln, bzw. an Steuerelemente senden.

Die Initialisierungen, z.B. das Einfügen von Text in eine List-Box, werden beim Eintreffen der Meldung `WM_INITDIALOG` vorgenommen. Diese Meldung erhält die Dialogprozedur kurz bevor die Dialog-Box angezeigt wird.

Schließt der Anwender die Dialog-Box, so muss als Reaktion auf die entsprechende `WM_COMMAND`-Meldung die API-Funktion `EndDialog()` aufgerufen werden. Die Programmausführung springt dann zurück in die Funktion `DialogBox()`, die das zweite an `EndDialog()` übergebene Argument als Return-Wert liefert (im Beispiel `IDOK`).

Beispiel-Dialog »Flug buchen«

Dialog-Box zur Eingabe der Buchungsdaten

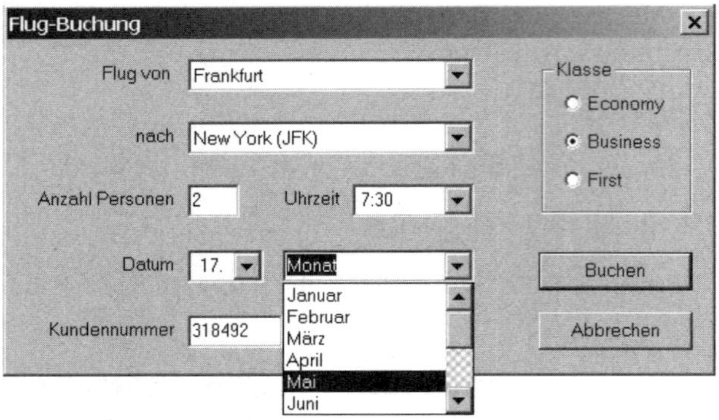

Die Struktur-Definitionen für die Daten

```
// Header-Datei flug.h
// ----------------------------------------------------------
#include <windows.h>
#include "resource.h"
// ...
// --- Typdefinitionen ---
enum Category { ECONOMY, BUSINESS, FIRST};  // Flug-Klasse.

typedef struct Flight
{   ULONG  nID;                     // Flugnummer.
    char   *szDepart, *szDest;      // Start-/Ziel-Flughafen.
    char   szTime[8];               // Startzeit (Format ss:mm).
    short  nCapacity;               // Anzahl Sitzplätze.
} FLIGHT;

typedef struct BookingData
{   time_t BookingTime;             // Zeitstempel der Buchung.
    ULONG  nCustomerID;             // ID des Kunden.
    ULONG  nID;                     // Gebuchter Flug.
    short  nDay, nMonth, nYear;     // Datum des Flugs.
    enum   Category cat;            // Klasse: Economy, ...
    short  nSeats;                  // Anzahl gebuchter Sitzpl.
} BOOKINGDATA;

// --- Deklaration der globalen Daten ---
extern FLIGHT      arrFlights[];      // Vekor mit Flügen
extern BOOKINGDATA arrBookingData[];  // Queue mit Buchungen
extern int indIn, indOut;             // Indizes für Anfang
                                      // und Ende der Queue.
// --- Funktions-Prototypen ---
// ...
```

Zur nebenstehenden Dialog-Box

Die Kommunikation mit den Steuerelementen wird anhand eines Beispielprogramms zur Flug-Reservierung gezeigt. Zur Eingabe einer Buchung dient die nebenstehende Dialog-Box.

Die meisten Angaben kann der Anwender mithilfe von Kombinationsfeldern auswählen. Beim Erstellen der Dialog-Box sind die Größen der Drop-Down-Listen festzulegen. Dazu klicken Sie im Dialog-Editor auf das kleine Dreiecksymbol und ziehen das Popup-Fenster am unteren Rand auf die gewünschte Größe.

Alle Steuerelemente, die der Anwender zur Eingabe benutzen kann, sollten auch mit der Tabulator-Taste erreichbar sein. Dazu muss jedes dieser Steuerelemente den Fensterstil `WS_TABSTOP` haben. Im Dialog-Editor klicken Sie dazu das entsprechende Kontrollkästchen an (»EIGENSCHAFTEN«/ »ALLGEMEIN«).

Die drei Optionsfelder sind »optisch« durch das Gruppenfeld zusammengefasst. Damit sie auch logisch eine Gruppe bilden und der Anwender mit den Pfeiltasten eine Option auswählen kann, bekommt das erste Optionsfeld den Fensterstil `WS_GROUP` (Kontrollkästchen »GRUPPE« anklicken). Die Gruppe endet mit dem Beginn einer neuen Gruppe. Dazu erhält das nachfolgende Steuerelement (in der Tabulator-Reihenfolge), das nicht mehr zur Gruppe gehört, ebenfalls den Fensterstil `WS_GROUP`.

Darstellung der Flug- und Buchungsdaten

Zur Vereinfachung wird angenommen, dass an jedem Tag der gleiche Flugplan gilt. Es genügt daher, für jeden Flug den Start- und Ziel-Flughafen, die Abflugzeit und die Anzahl der Plätze zu speichern. Entsprechend ist nebenstehend die Struktur `Flight` definiert, die außerdem noch eine Flugnummer `nID` enthält. Die möglichen Flüge sind im global definierten Vektor `arrFlights[]` gespeichert.

Die Daten einer Buchung werden in einer Struktur vom Typ `BookingData` festgehalten. Dazu gehören der gebuchte Flug (in Form der Flug-ID), das Datum des Flugs, die Anzahl Sitzplätze und die Klasse. Diese Daten, zusätzlich eine Kundennummer und das Buchungsdatum sind in der Struktur `BookingData` zusammengefasst. Die Daten aller Buchungen sind wiederum in einem Vektor gespeichert, nämlich dem Vektor `arrBookingData[]`. Dessen Länge ist durch die Konstante `NOB` definiert.

Der Vektor `arrBookingData[]` wird als Ringpuffer benutzt, d.h. wenn das Ende des Vektors erreicht ist, werden weitere Buchungen am Anfang des Vektors gespeichert, sofern die hier gespeicherten Buchungen veraltet sind oder storniert wurden.

Die Deklarationen des Programms sind in der Header-Datei `flug.h` enthalten. Die Definitionen der Vektoren stehen zusammen mit der Dialogprozedur in der Datei `flugDlg.c`.

Meldungen an die Steuerelemente

Meldungen an Buttons (Auswahl)

Konstante	Bedeutung
BM_SETCHECK	Markierung setzen oder löschen[1].
BM_GETCHECK	Markierung abfragen[1].
BM_SETSTATE	Status »gedrückt« oder »normal« darstellen [2].
BM_GETSTATE	Status abfragen [2].

[1]Kontrollkästchen oder Optionsfeld [2]Schaltfläche

Meldungen an Kombinationsfelder (Auswahl)

Konstante	Bedeutung
CB_ADDSTRING	Eintrag in die Liste einfügen..
CB_SETCURSEL	Eintrag auswählen.
CB_GETCURSEL	Nummer des ausgewählten Eintrags abfragen.
CB_DELETESTRING	Eintrag in der Liste löschen.
CB_RESETCONTENT	Alle Einträge der Liste löschen.

Initialisierungen in der Dialogprozedur

```
// Datei: flugDlg.c
// ----------------------------------------------------------
#include "flug.h"
// ... Deklarationen von Hilfsfunktionen, Variablen.

BOOL CALLBACK DlgProcBooking( HWND hDlg, UINT message,
                              WPARAM wParam, LPARAM lParam)
{
  HWND hControl;   int i;
  static FLIGHT **arrPtrHits = NULL;   // Tabelle mit Zeigern
                                       // auf passende Flüge.
  switch(message)
  {
    case WM_INITDIALOG:      // Initialisierung der Dialog-Box.
      // Das erste Optionsfeld markieren:
      hControl = GetDlgItem(hDlg, IDC_RADIO_ECO); // Handle
      // Markierung setzen:
      SendMessage(hControl, BM_SETCHECK, BST_CHECKED, 0);

      // Kombinationsfeld "Flug von" initialisieren:
      hControl = GetDlgItem(hDlg, IDC_COMBO_FROM);// Handle
      for(i=0; arrAirports[i] != NULL; ++i)       // Einträge
          SendMessage(hControl, CB_ADDSTRING,     // einfügen.
                      0, (LPARAM)arrAirports[i]);
      SendMessage(hControl, CB_SETCURSEL, 0, 0);  // Eintrag 0
                                                  // auswählen.
  // ... Fortsetzung folgt.
```

Initialisierungen

Wenn der Anwender den Menüpunkt »FLUG BUCHEN« auswählt, wird in der Fensterprozedur des Hauptfensters die folgende Anweisung ausgeführt:

```
if( DialogBox(hInst, MAKEINTRESOURCE(IDD_DIALOG_BOOKING),
              hWnd, (DLGPROC)DlgProcBooking) == IDOK)
{   InvalidateRect( hWnd, NULL, TRUE); }
```

Dadurch wird die Dialog-Box mit der Dialogprozedur `DlgProcBooking()` aktiv und nach ihrer Beendigung wird das Hauptfenster mit den aktuellen Buchungsdaten neu gezeichnet.

Noch bevor die Dialog-Box auf dem Bildschirm erscheint, erhält die Dialogprozedur die Meldung `WM_INITDIALOG`, um die Initialisierung der Steuerelemente vorzunehmen. Dies geschieht dadurch, dass entsprechende Meldungen an die Steuerelemente gesendet werden. In unserem Beispiel müssen die Optionsfelder, die Listen der Kombinationsfelder und der Text in den Eingabefeldern initialisiert werden.

Meldungen an Steuerelemente senden

An ein Steuerelement können die allgemeinen Fenstermeldungen mit dem Präfix `WM_` gesendet werden, z.B. `WM_SETTEXT`. Darüber hinaus sind für jede Art von Steuerelementen spezielle Meldungen definiert, von denen einige nebenstehend aufgelistet sind.

Zum Senden einer Meldung wird i.A. die Funktion `SendMessage()` aufgerufen. Sie erhält als Argumente das Fenster-Handle des Empfängers, die Meldung und zwei weitere Argumente vom Typ `WPARAM` und `LPARAM`. Ihre Bedeutung hängt stets von der Art der Meldung ab. Welche Argumente übergeben werden müssen, findet man in der Online-Hilfe in der Beschreibung der jeweiligen Meldung, z.B. unter `BM_SETCHECK`.

Beispiel: `SendMessage( hCtrl, BM_SETCHECK, BST_CHECKED, 0);`

Die Meldung `BM_SETCHECK` veranlasst, dass in einem Kontrollkästchen oder Optionsfeld die Markierung gesetzt bzw. gelöscht wird. Zum Setzen muss das dritte Argument `BST_CHECKED` (= 1) sein, zum Löschen `BST_UNCHECKED` (= `0`). Das vierte Argument ist bei dieser Meldung immer `0`.

Die Funktion `SendMessage()` kehrt erst zurück, wenn die Behandlung der Meldung abgeschlossen ist. Sie liefert einen Wert vom Typ `long` zurück, der von der gesendeten Meldung abhängt. Im obigen Beispiel ist dies stets `0`.

Um einem Steuerelement mit `SendMessage()` eine Meldung schicken zu können, benötigt man das Handle des Steuerelements. Das liefert die Funktion `GetDlgItem()`, die mit dem Handle der Dialog-Box und der Ressourcen-ID des Steuerelements aufgerufen wird.

Beispiel: `hCtrl = GetDlgItem( hDlg, IDC_RADIO_ECO);`

Meldungen an die Steuerelemente (2)

Initialisierungen in der Dialogprozedur (Fortsetzung)

```
  // Kombinationsfeld "Flug nach" initialisieren:
      hControl = GetDlgItem(hDlg, IDC_COMBO_TO); // Handle
      for(i=0; arrAirports[i] != NULL; ++i)      // Einträge
          SendMessage(hControl, CB_ADDSTRING,    // einfügen.
                      0, (LPARAM)arrAirports[i]);
      SendMessage(hControl, CB_SETCURSEL, 1, 0); // Eintrag 1
                                                 // auswählen.
      // Abflugzeiten anzeigen:
      arrPtrHits =          // Tabelle mit passenden Flügen.
      searchFlights( arrAirports[0], arrAirports[1]);
      if( arrPtrHits[0] != NULL)     // Falls nicht leer,
      {                              // Abflugzeiten anzeigen:
        hControl = GetDlgItem(hDlg, IDC_COMBO_TIME);
        for( i=0; arrPtrHits[i] != NULL; ++i)    // Einträge
          SendMessage(hControl, CB_ADDSTRING, 0, // einfügen.
                    (LPARAM)(arrPtrHits[i]->szTime) );
        SendMessage(hControl, CB_SETCURSEL,0,0); // Eintrag 0
      }                                          // auswählen.

      // Editfelds "Anzahl Personen" initialisieren:
      SetDlgItemText( hDlg, IDC_EDIT_NUMBER, "1");
      SendDlgItemMessage(hDlg, IDC_EDIT_NUMBER,  // Maximal
                         EM_SETLIMITTEXT, 3, 0); // 3-stellig.

      // Das Kombinationsfeld "Tag" initialisieren:
      hControl = GetDlgItem(hDlg, IDC_COMBO_DAY);  // Handle
      for( i=1; i<= 31; ++i)                 // Tage einfügen.
      {  char buf[8];
         sprintf( buf, "%4d.", i);          // String "1.", ...
         SendMessage(hControl, CB_ADDSTRING, 0, (LPARAM)buf);
      }
      // Text im Edit-Feld setzen:
      SetWindowText(hControl,"Tag");

      // Das Kombinationsfeld "Monat" initialisieren:
     hControl = GetDlgItem(hDlg, IDC_COMBO_MONTH);  // Handle
      for( i=0; i< 12; ++i)                 // Monate einfügen.
         SendMessage(hControl, CB_ADDSTRING, 0,
                     (LPARAM)arrMonth[i]);
     SetWindowText(hControl,"Monat");     // Text im Edit-Feld.

      // Editfeld "Kundennummer":
      SetDlgItemText( hDlg, IDC_EDIT_CUSTOMER, "eingeben");
      SendDlgItemMessage(hDlg, IDC_EDIT_CUSTOMER, // Maximal
                        EM_SETLIMITTEXT, 8, 0);   // 8-stellig.

      return TRUE;    // Eingabefokus auf das erste
                      // Steuerelement der Dialog-Box setzen.
      // Ende WM_INITDIALOG
```

Weitere API-Funktionen zum Senden von Meldungen

Häufig wird das Handle eines Steuerelements nur zum Senden einer einzigen Meldung benötigt. In diesem Fall ist es kürzer und übersichtlicher, die Funktion `SendDlgItemMessage()` aufzurufen, welche die Aufrufe der Funktionen `GetDlgItem()` und `SendMessage()` zusammenfasst. Die drei letzten Parameter der Funktion und der Return-Wert stimmen mit denen von `SendMessage()` überein.

Beispiel:

```
SendDlgItemMessage(hDlg, IDC_RADIO_ECO,
                   BM_SETCHECK, BST_CHECKED, 0);
```

Hier wird das Optionsfeld mit der Ressourcen-ID `IDC_RADIO_ECO` markiert.

Für einige Meldungen gibt es spezielle Funktionen: So sendet die Funktion `SetDlgItemText()` eine `WM_SETTEXT`-Meldung an das Steuerelement, dessen ID im zweiten Argument angegeben wird.

Beispiel:

```
SetDlgItemText(hDlg, IDC_EDIT_NUMBER, "1");
```

Diese Anweisung setzt den String `"1"` in das Edit-Feld zu »ANZAHL PERSONEN«. Entsprechend wird mit `GetDlgItemText()` der Text eines Steuerelements gelesen. Ist der Text eine Zahl, kann der Text auch gleich in einen `int`-Wert umgewandelt werden. Die entsprechenden Funktionen lauten `SetDlgItemInt()` und `GetDlgItemInt()`.

Hat man bereits das Handle des Fensters, kann der Fenstertext auch mit der Funktion `SetWindowText()` gesetzt und mit `GetWindowText()` gelesen werden. Bei einem Fenster mit Titelleiste ist das der Text des Titels. Im Fall eines Kombinationsfeldes ist es der Text im Editfeld.

Beispiel:

```
SetWindowText(hControl,"Monat");
```

Zur nebenstehenden Dialogprozedur

Die Namen der Flughäfen, die im Vektor `arrAirports[]` stehen, werden in die Drop-Down-Liste der beiden Kombinationsfelder »FLUG VON« und »NACH« eingefügt. Dazu werden in einer Schleife `CB_ADDSTRING`-Meldungen an das Kombinationsfeld geschickt. Bei dieser Meldung enthält das vierte Argument die einzufügende Zeichenkette. Anschließend wird mit der Meldung `CB_SETCURSEL` ein Eintrag ausgewählt und dadurch im zugehörigen Editfeld angezeigt. Ebenso werden auch die anderen Kombinationsfelder initialisiert.

Die eigene Funktion `searchFlights()` sucht zu zwei Flughäfen die möglichen Flüge und liefert eine Tabelle mit Zeigern auf die gefundenen Flüge. Diese Tabelle `arrPtrHits[]` ist mit dem `NULL`-Zeiger abgeschlossen. Die zugehörigen Abflugzeiten werden im Kombinationsfelder »UHRZEIT« angezeigt.

Die Anzahl der Zeichen, die der Anwender in eines der beiden Editfelder eingeben kann, ist auf 3 bzw. 8 Zeichen begrenzt. Das wird durch Senden einer `EM_SETLIMITTEXT`-Meldung erreicht.

Benachrichtigungen

Einige Konstanten für Benachrichtigungscodes

Konstante	Bedeutung
BN_CLICKED	Button wurde angeklickt.
BN_DBLCLK	Button wurde doppelt angeklickt.
EN_SETFOCUS	Eingabefeld bekommt den Eingabefokus.
EN_KILLFOCUS	Eingabefeld verliert den Eingabefokus.
EN_CHANGE	Der Text im Eingabefeld wurde geändert.
EN_MAXTEXT	Eingabefeld: Eingegeber Text zu lang.
CBN_SETFOCUS	Kombinationsfeld bekommt den Eingabefokus.
CBN_KILLFOCUS	Kombinationsfeld verliert den Eingabefokus.
CBN_DROPDOWN	Kombinationsfeld: Drop-Down Liste wird geöffnet.
CBN_CLOSEUP	Drop-Down Liste wurde geschlossen.
CBN_SELCHANGE	Die aktuelle Auswahl in der Liste wurde geändert.
CBN_EDITCHANGE	Der Text im Eingabefeld des Kombinationsfelds wurde geändert.

Auf Benachrichtigungen reagieren

```
// Beispiel einer Dialogprozedur (Auszug).
-------------------------------------------------------------
case WM_COMMAND:                         // Eine Benachrichtigung.
{
  switch( LOWORD(wParam))                // ID des Steuerelements.
  {
    case IDC_EDIT1:                         // Dieses Eingabefeld
      if(HIWORD(wParam) == EN_KILLFOCUS) // verliert den Fokus.
      {  char text[128];
         GetWindowText( (HWND)lParam, text, 128);  // Eingabe
         // z.B. Eingabe im Vektor text überprüfen.
      }
      return TRUE;
    // . . . Weitere Benachrichtigungen verarbeiten.
    case IDOK:                          // Schaltfläche "OK"
      // . . .                          // Daten übernehmen und
      EndDialog(hDlg, IDOK);            // Dialog beenden.
      return TRUE;
    case IDCANCEL:                      // Schaltfläche "Abrechen".
      EndDialog(hDlg, IDCANCEL);        // Dialog beenden (Daten
      return TRUE;                      // verwerfen).
  }
} // Ende WM_COMMAND-Behandlung
```

Eingabefokus

Das Fenster, das über den Fokus verfügt, empfängt die Eingaben des Benutzers. So gibt es innerhalb einer Dialog-Box immer genau ein Steuerelement, das aktuell den Eingabefokus besitzt.

Wenn die Behandlung von `WM_INITDIALOG` abgeschlossen ist und die Dialogprozedur den Wert `TRUE` liefert, setzt Windows den Eingabefokus auf das erste Steuerelement in der Dialog-Box, das den Stil `WS_TABSTOP` besitzt. Die Dialogprozedur kann auch selbst den Fokus auf eines der Steuerelemente setzen. Dazu ruft sie die Funktion `SetFocus()` auf, die als Argument das Handle des Steuerelements erhält. In diesem Fall, und nur in diesem Fall, wird die Initialisierung mit dem Return-Wert `FALSE` beendet.

Der Anwender verändert den Eingabefokus, indem er mit der Tabulatortaste zum nächsten Steuerelement springt oder mit der Maus ein anderes Steuerelement anklickt. Das Programm erhält dann eine entsprechende Benachrichtigung von den betroffenen Steuerelementen.

Benachrichtigungen von Steuerelementen

Steuerelemente senden Benachrichtigungen (engl. *notification messages*) an das übergeordnete Fenster (engl. *parent window*). In unserem Fall ist das übergeordnete Fenster die Dialog-Box. Die hier verwendeten vordefinierten Steuerelemente senden eine Benachrichtigung als `WM_COMMAND`-Meldung, die einen *Benachrichtigungscode* enthält. Wenn der Anwender beispielsweise eine Schaltfläche anklickt, erhält die Dialogprozedur die Meldung `WM_COMMAND` mit dem Benachrichtigungscode `BN_CLICKED` (`BN` steht für Button Notification). Außerdem werden die ID und das Handle des Steuerelements übergeben. Im Einzelnen enthalten die Meldungs-Parameter

- im höherwertigem Wort von `wParam` den Benachrichtigungscode,
- im niederwertigem Wort von `wParam` die ID des Steuerelements,
- in `lParam` das Handle des Steuerelements.

Bei der Behandlung der `WM_COMMAND`-Meldung stellt man zunächst anhand der ID fest, von welchem Steuerelement die Meldung kommt. Gemäß dem Benachrichtigungscode wird dann eine passende Aktion ausgeführt.

Das nebenstehende Beispiel zeigt die Behandlung einer Benachrichtigung von einem Eingabefeld, wenn dieses den Fokus verliert. Als Reaktion auf diese Benachrichtigung wird die Eingabe des Anwenders gelesen und kann dann z.B. auf Richtigkeit überprüft werde.

Schaltflächen senden nur die Benachrichtigungscodes `BN_CLICKED` und `BN_DBLCLK`, sofern nicht der Fensterstil `BS_NOTIFY` bei der Definition angegeben wurde (Eigenschaften/Formate: Kästchen »BENACHRICHTIGUNG«). Daher kann in der Regel bei Schaltflächen, wie z.B. »OK« oder »ABBRECHEN«, der Benachrichtigungscode ignoriert werden.

Benachrichtigungen behandeln

In der Dialogprozedur zum Dialog »Flug buchen«

```
// Fortsetzung der Dialogprozedur DlgProcBooking().
// -----------------------------------------------------
case WM_COMMAND:  // Benachrichtigung von einem Steuerelement.
{
  WORD wID          = LOWORD(wParam);  // ID des Steuerelements.
  WORD wNotifyCode = HIWORD(wParam);  // Notification-Code.
  HWND hWndCtl      = (HWND) lParam;   // Handle des Steuerel.

  switch( wID)                // Welches Steuerelement?
  {
    case IDC_EDIT_CUSTOMER: // Wenn ein Eingabefeld den Fokus
    case IDC_EDIT_NUMBER:   // erhält, wird der angezeigte
                            // Text markiert.
      if( (int)wNotifyCode == EN_SETFOCUS)
      {                     // Gesamten Text markieren:
        PostMessage( hWndCtl, EM_SETSEL, 0,-1);
      }
      return TRUE;

    case IDC_COMBO_FROM:  // Bei Änderung des Start- oder
    case IDC_COMBO_TO:    // Ziel-Flughafens wird die Liste
                          // der passenden Flüge aktualisiert.
      if( (int)wNotifyCode == CBN_SELCHANGE)
      { // Indizes der ausgewählten Flughäfen holen:
        int i = SendDlgItemMessage(hDlg, IDC_COMBO_FROM,
                                   CB_GETCURSEL, 0, 0);
        int j = SendDlgItemMessage(hDlg, IDC_COMBO_TO,
                                   CB_GETCURSEL, 0, 0);
        // Liste der passenden Flüge aktualisieren:
        arrPtrHits =
        searchFlights( arrAirports[i], arrAirports[j]);

        // Die Abflugzeiten neu anzeigen:
       hControl = GetDlgItem(hDlg, IDC_COMBO_TIME); // Handle
        // Alle Einträge im Kombinationsfeld "Zeit" löschen
        SendMessage(hControl, CB_RESETCONTENT , 0, 0);
        // und neue Listeneintraege einfügen:
        if( arrPtrHits[0] != NULL)  // Falls Liste nicht leer.
        {
          for( i=0; arrPtrHits[i] != NULL; ++i)
            SendMessage(hControl, CB_ADDSTRING, 0,
                     (LPARAM)(arrPtrHits[i]->szTime) );
          // Aktuell ausgewählter Eintrag: 0
          SendMessage(hControl, CB_SETCURSEL, 0, 0);
        }
      }
      return TRUE;

    // . . . Weitere Benachrichtigungen verarbeiten.
```

Benachrichtigungen im Beispiel-Dialog

Beim Eintreffen einer `WM_COMMAND`-Meldung, werden zunächst der Benachrichtigungscode, sowie die ID und das Handle des Steuerelements in die Variablen `wNotifyCode`, `wID` und `hWndCtl` kopiert. Dann wird in einer `switch`-Anweisung anhand der ID festgestellt, welches Steuerelement die Meldung gesendet hat.

Text im Eingabefeld markieren

Stammt die Meldung von einem der beiden Eingabefelder und erhält dieses gerade den Fokus, soll der vorhandene Text im Eingabefeld markiert werden. Der Anwender kann dann direkt diesen Text durch seine Eingabe überschreiben. Dazu wird mit `PostMessage()` eine `EM_SETSEL`-Meldung an das betreffende Eingabefeld gesendet. Die beiden letzten Argumente sind die Start- und End-Position des zu markierenden Textes. Das ist der gesamte Text, wenn hier die Werte `0` und `-1` angegeben werden.

Im Gegensatz zu `SendMessage()` wartet `PostMessage()` nicht auf die Beendigung der Meldungs-Behandlung, sondern stellt die Meldung nur in die Message-Queue und kehrt dann sofort zurück.

Abflugzeiten aktualisieren

Wählt der Anwender einen anderen Start- oder Ziel-Flughafen, erhält die Dialogprozedur eine Benachrichtigung mit dem Code `CBN_SELCHANGE`. In diesem Fall muss die Liste der passenden Flüge aktualisiert werden und die entsprechenden Abflugzeiten neu angezeigt werden.

Die Einträge in der Drop-Down-Liste sind stets bei `0` beginnend durchnummeriert. Die Nummer des ausgewählten Eintrags erhält man, indem man dem Kombinationsfeld die Meldung `CB_GETCURSEL` schickt. Dabei sind die beiden Meldungs-Parameter immer `0`.

Damit die Nummer in der Liste mit dem Index im Vektor `arrAirports[]` übereinstimmt, ist es wichtig, dass die Kombinationsfelder »FLUG VON« und »NACH« nicht den Fensterstil `CBS_SORT` haben (im Dialog-Editor: Eigenschaften/Formate: Kontrollkästchen »SORTIEREN«). Andernfalls müssen auch die Flughäfen im Vektor `arrAirports[]` in sortierter Reihenfolge stehen.

Wie bei der Initialisierung liefert die eigene Funktion `searchFlights()` die Liste der passenden Flüge. Aber bevor die entsprechenden Abflugzeiten im Kombinationsfeld »UHRZEIT« angezeigt werden können, müssen jetzt noch die alten Einträge gelöscht werden. Dazu wird an das Kombinationsfeld die Meldung `CB_RESETCONTENT` geschickt, wobei die beiden Meldungs-Parameter auch hier immer `0` sind. Wenn es nicht mindestens einen passenden Flug gibt, bleibt das Kombinationsfeld leer.

Daten übernehmen

Benachrichtigungen in der Dialogprozedur verarbeiten

```
// Fortsetzung der Dialogprozedur DlgProcBooking().
// --------------------------------------------------------------
// Schaltflächen "Buchen" (IDOK) und "Abrechen" (IDCANCEL).

    case IDOK:          // Daten übernehmen und Dialog beenden,
                        // falls gültige Daten vorliegen.
      // Kundennummer holen:
      i = GetDlgItemInt( hDlg, IDC_EDIT_CUSTOMER, NULL, FALSE);
      if( i < 100)      // Gültige Kundennummer?
      {                 // Nein
        MessageBox(hDlg, "Ungültige Kundennummer\nMindestens "
                   "dreistellig!", szAppName, MB_ICONERROR);
        return TRUE;
      }
      else              // Ja
        arrBookingData[indIn].nCustomerID = (ULONG)i;

      // Zeit (und damit den Flug) holen:
      // Index des ausgewählten Eintrags:
      i = SendDlgItemMessage(hDlg, IDC_COMBO_TIME,
                             CB_GETCURSEL, 0, 0);
      if( i == CB_ERR )
      { MessageBox(hDlg, "Kein passender Flug verfügbar!",
                   szAppName, MB_ICONERROR);
        return TRUE;
      }
      else              // arrPtrHits[] : Liste passender Flüge.
        arrBookingData[indIn].nID = arrPtrHits[i]->nID;

      // Datum holen:
      {
        time_t sec = time(NULL);   // Aktuelle Zeit (Sekunden)
        struct tm *pNow  = localtime(&sec),  // Aktuelle Zeit
                  tmDate = {0};             // Datum der Buchung.
        BOOL ok  = FALSE;  int mday = 0;    // Hilfsvariablen

        arrBookingData[indIn].BookingTime = sec; // Zeitstempel
        tmDate.tm_mday = mday =                  // Tag im Monat
           (int)GetDlgItemInt(hDlg, IDC_COMBO_DAY, NULL,FALSE);

        tmDate.tm_mon =                          // Monat (Index)
              (int)SendDlgItemMessage( hDlg, IDC_COMBO_MONTH,
                                       CB_GETCURSEL,0,0);
        if( tmDate.tm_mday != 0  &&  tmDate.tm_mon != CB_ERR)
        { ok = TRUE;       // Tag und Monat wurden ausgewählt.
          tmDate.tm_year = pNow->tm_year;
          if( tmDate.tm_mon < pNow->tm_mon ||
              (tmDate.tm_mon == pNow->tm_mon
               && tmDate.tm_mday < pNow->tm_mday) )
            tmDate.tm_year += 1;
        }
```

Daten übernehmen

Die Dialogprozedur »sammelt« die Eingaben des Benutzers, sobald dieser die Schaltfläche »BUCHEN« drückt. Diese Schaltfläche besitzt die Ressourcen-ID `IDOK`, auch wenn sie hier nicht die Beschriftung »OK« trägt. Es werden nun der Status der Steuerelemente abgefragt und die entsprechenden Werte gespeichert. Schließlich wird der Dialog beendet, sofern gültige Daten vorliegen.

Kundennummer

Im Beispiel »FLUG BUCHEN« wird zunächst die ganzzahlige Kundennummer mit der Funktion `GetDlgItemInt()` gelesen. Das letzte Argument `FALSE` bewirkt, dass die Zahl ohne Vorzeichen interpretiert wird, d.h. die Konvertierung erfolgt wie bei `scanf()` mit dem Formatelement `%u`. Dann wird geprüft, ob die Kundennummer mindestens dreistellig ist. Ist dies nicht der Fall, wird die Übernahme der Daten mit einer Fehlermeldung beendet und der Dialog fortgesetzt.

Eine gültige Kundennummer und die weiteren Daten dieser Buchung werden im nächsten freien Element des Ringpuffers `arrBookingData[]` gespeichert. Dieses Element hat den Index `inInd`.

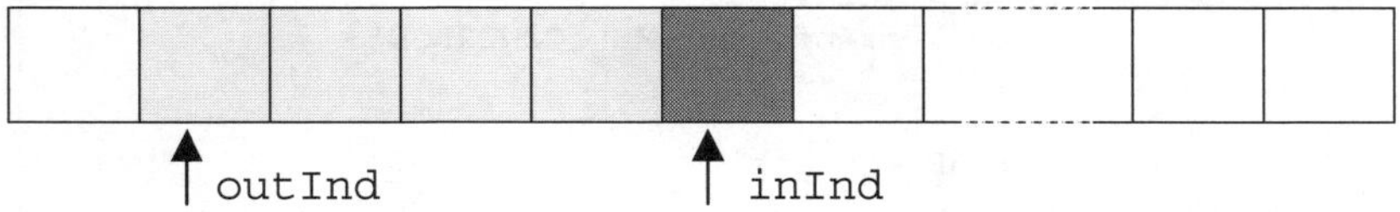

Flughäfen und Abflugzeit

Als Nächstes wird die Flugnummer des ausgewählten Flugs ermittelt. Der Vektor `arrPtrHits[]` enthält bereits die Zeiger auf die passenden Flüge zum gewünschten Start-/Zielflughafen. Durch die Auswahl einer Abflugzeit ist dann der Flug festgelegt (bis auf das Datum des Flugs). Die Nummer des Listeneintrags mit der ausgewählten Zeit liefert wieder die Meldung `CB_GETCURSEL`. Falls es keinen passenden Flug gibt, ist die Liste der Abflugzeiten leer und die Meldung `CB_GETCURSEL` liefert den Wert `CB_ERR`. Andernfalls ist `arrPtrHits[i]->nID` die gesuchte Flugnummer.

Datum des Flugs

Zunächst wird mit den Standard-Funktionen `time()` und `localtime()` die aktuelle Zeit ermittelt. Dies ist aus zwei Gründen notwendig:

1. Der Zeitpunkt der Buchung ist Teil der Buchungsdaten.
2. Der Anwender wählt aus den Drop-Down-Listen nur den Tag und den Monat des Abflugs. Das Jahr ist entweder das aktuelle Jahr oder schon das kommende, wenn der ausgewählte Termin im laufenden Jahr vorüber ist. Daher muss der Termin mit dem aktuellen Datum verglichen werden.

Daten übernehmen (2)

Benachrichtigungen in der Dialogprozedur verarbeiten

```
// Fortsetzung der Dialogprozedur DlgProcBooking().
// ----------------------------------------------------------
       if( !ok || mktime( &tmDate) == (time_t)-1
               || tmDate.tm_mday != mday)
       { MessageBox(hDlg, "Ungültiges Datum", szAppName,
                    MB_ICONERROR);
         return TRUE;
       }
       arrBookingData[indIn].nDay   = tmDate.tm_mday; //1 - 31
       arrBookingData[indIn].nMonth = tmDate.tm_mon+1;//1 - 12
       arrBookingData[indIn].nYear  = tmDate.tm_year+1900;
     }                                               // z.B. 2003

     // Anzahl Sitzplätze mit freien Plätzen vergleichen:
     { int nSeats = GetDlgItemInt( hDlg, IDC_EDIT_NUMBER,
                                   NULL, FALSE),
           nFreeSeats = getFreeSeats( &arrBookingData[indIn]);
       if( nSeats < 1)
       {  MessageBox(hDlg, "Ungültige \"Anzahl Personen\" ",
                           szAppName, MB_ICONERROR);
          return TRUE;
       }
       else if( nSeats > nFreeSeats)
       { char msg[128];
         sprintf( msg,"Anzahl freier Plätze: %d", nFreeSeats);
         MessageBox(hDlg, msg, szAppName, MB_ICONERROR);
         return TRUE;
       }
       else
         arrBookingData[indIn].nSeats = (short)nSeats;
     }

     // Gebuchte Klasse holen:
     if(IsDlgButtonChecked(hDlg,IDC_RADIO_ECO) == BST_CHECKED)
        arrBookingData[indIn].cat = ECONOMY;
     else if(IsDlgButtonChecked( hDlg, IDC_RADIO_BUS)
                                            == BST_CHECKED )
        arrBookingData[indIn].cat = BUSINESS;
     else
        arrBookingData[indIn].cat = FIRST;

     // Buchung übernehmen:
     indIn = (indIn+1) % NOB;    // Index eine Position weiter.
     EndDialog(hDlg, IDOK);
     return TRUE;

    case IDCANCEL:          // Dialog beenden (Daten verwerfen).
      EndDialog(hDlg, IDCANCEL);
      return TRUE;
    } // Ende switch(wID)
   } // Ende WM_COMMAND-Behandlung
  } // Ende switch(message)
  return FALSE;
} // Ende Dialogprozedur
```

Die Funktion `time()` liefert die aktuelle Zeit in Form von Sekunden. Diese Zahl wird direkt als Zeitstempel der Buchung gespeichert. Die Funktion `localtime()` wandelt die Anzahl Sekunden in Werte für Jahr, Monat, Tag, Stunden und usw. um. Sie liefert einen Zeiger auf eine Struktur vom Typ `tm` mit `int`-Komponenten, die das Ergebnis enthalten. Z.B steht in der Komponente `tm_mday` der Tag im Monat (1-31) und in `tm_mon` die Nummer des Monats (0-12). Die Struktur `tm` ist im Anhang bei der Funktion `mktime()` beschrieben.

Der vom Anwender ausgewählte Tag kann als ganze Zahl direkt mit der Funktion `GetDlgItemInt()` abgeholt werden. Den Index des ausgewählten Monats liefert dagegen wiederum die Meldung `CB_GETCURSEL`. Um das Jahr zu bestimmen, werden die beiden Werte mit dem aktuellen Tag und Monat verglichen.

Das Datum des Abflugs wird auch in die Struktur `tmDate` geschrieben, wobei alle anderen Komponenten mit `0` initialisiert sind. Auf diese Weise kann das Datum mithilfe der Funktion `mktime()` leicht auf Gültigkeit überprüft werden. Die Funktion `mktime()` wandelt die Werte der Komponenten so um, dass sie ihren gewöhnlichen Wertebereich haben. Beispielsweise wird aus dem ungültigen Datum 31. April der 1.Mai. Die Funktion gibt die Zeit in Form von Sekunden zurück oder `-1`, falls ein Fehler auftritt.

Wenn ein gültiges Datum vorliegt, d.h. die Funktion `mktime()` hat nicht `-1` zurückgegeben und nicht den Tag im Monat geändert, werden schließlich die Buchungsdaten übernommen.

Buchung abschließen

Zuletzt sind die gewünschte Flug-Klasse und die Anzahl der Sitzplätze zu ermitteln. Welches der Optionsfelder markiert ist, kann wie nebenstehend mit der Funktion `IsDlgButtonChecked()` abgefragt werden. Diese Funktion sendet eine `BM_GETCHECK`-Meldung an das angegebene Steuerelement und liefert `BST_CHECKED`, wenn dieses markiert ist.

Die Anzahl der zu reservierenden Sitzplätze wird mit der Anzahl noch freier Plätze verglichen, welche die eigene Funktion `getFreeSeats()` berechnet. Sie erhält als Argument einen Zeiger auf die aktuellen Buchungsdaten und summiert alle gebuchten Sitzpläze für den gleichen Flug mit demselben Datum. Die Differenz zur Kapazität des Fluges ergibt die Anzahl der freien Plätze.

Wenn noch genügend Plätze frei sind, ist die Buchung vollständig. Sie wird ins Buchungssystem übernommen, indem der Index `inInd` inkrementiert wird. Der Aufruf von `EndDialog()` beendet den Dialog, wobei `IDOK` für den Return-Wert von `DialogBox()` übergeben wird. Dies informiert den Aufrufer, dass neue Daten vorliegen und angezeigt werden können.

Standard-Dialog-Boxen

Standard-Dialog-Box zur Schriftauswahl

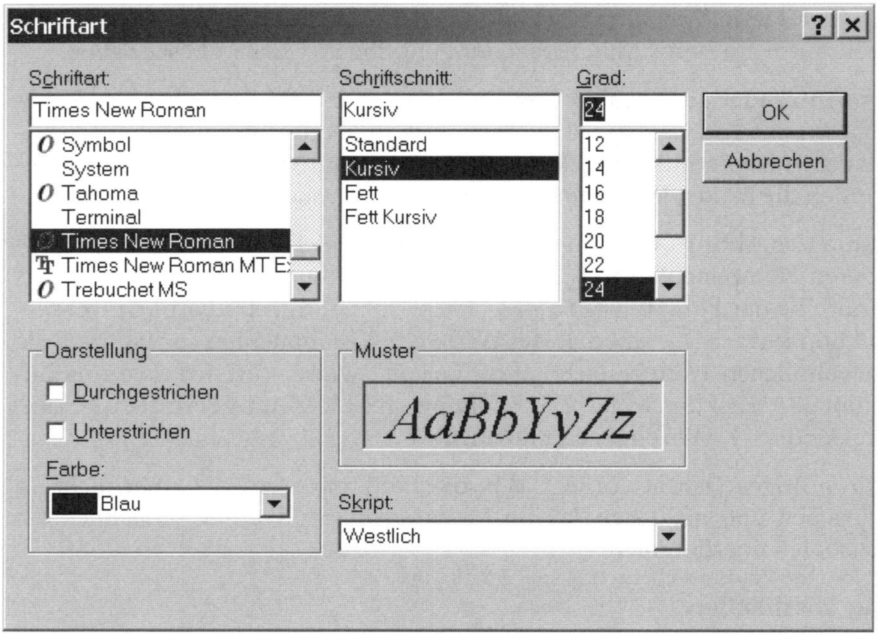

Strukturen und Funktionen für Standard-Dialog-Boxen

Standard-Dialog	Struktur	Funktion
Farbauswahl	`CHOOSECOLOR`	`ChooseColor()`
Schriftauswahl	`CHOOSEFONT`	`ChooseFont()`
Datei öffnen	`OPENFILENAME`	`GetOpenFileName()`
Datei speichern	`OPENFILENAME`	`GetSaveFileName()`
Drucken	`PRINTDLG`	`PrintDlg()`
Seite einrichten	`PAGESETUPDLG`	`PageSetupDlg()`
Text suchen	`FINDREPLACE`	`FindText()`
Text ersetzen	`FINDREPLACE`	`ReplaceText()`

Die Dialog-Funktionen `FindText()` und `ReplaceText()` liefern das Handle der nicht modalen Dialog-Box. Alle anderen Funktionen erzeugen eine modale Dialog-Box und haben den Return-Typ `BOOL`. Sie liefern `TRUE` zurück, wenn der Anwender den Dialog mit OK beendet.

Aufgaben von Standard-Dialog-Boxen

Windows stellt eine Reihe von *Standard-Dialog-Boxen* (engl. *common dialog boxes*) für allgemeine Aufgaben zur Verfügung. Dazu gehören Dialog-Boxen

- zur Auswahl einer Farbe,
- zum Setzen der Schriftart und Schriftfarbe,
- zum Öffnen oder Speichern von Dateien,
- zum Suchen und Ersetzen von Text,
- zum Drucken oder Einrichten einer Seite.

Alle Standard-Dialog-Boxen (mit Ausnahme der Dialog-Boxen zum Suchen und Ersetzen) sind modal. Der Anwender muss also zuerst die Dialog-Box schliessen, bevor er in ein anderes Fenster des Programms wechseln kann.

Standard-Dialog-Boxen bieten dem Anwender ein einheitliches »Look-and-Feel«, womit keine neue Einarbeitung oder Umgewöhnung verbunden ist. Für den Programmierer haben Standard-Dialog-Boxen den Vorteil, dass sie mit wenig Aufwand einen komplexen »Software-Baustein« in ihr Programm integrieren können.

Programmierung von Standard-Dialog-Boxen

Zu jeder Standard-Dialog-Box gibt es eine Struktur, die mit Anfangswerten versehen wird, und eine Funktion, die auf der Basis der vorgegebenen Struktur die Dialog-Box erzeugt. Die Programmierung einer Standard-Dialog-Box erfolgt deshalb in drei Schritten

- Initialisieren der entsprechenden Struktur. Dabei kann mithilfe von Flags auch das Aussehen der Dialog-Box beeinflusst werden, z.B. können bestimmte Steuerelemente weggelassen werden.
- Aufruf der Funktion, welche die Dialog-Box erzeugt und die Auswahl des Anwenders »einsammelt«.
- Auswertung der Auswahl im Programm: Wenn der Anwender OK anklickt, liefert die Dialog-Funktion einen Wert ungleich `0` und das Ergebnis kann der Dialog-Struktur entnommen werden. Andernfalls liefert die Funktion den Wert `0`.

Nebenstehend sind die verschiedenen Strukturen und Funktionen für Standard-Dialog-Boxen zusammengestellt. Für ihre Verwendung muss die Header-Datei `commdlg.h` includiert werden.

Für spezielle Anwendungen können Standard-Dialog-Boxen weiter gehend angepasst werden. Beispielsweise können Steuerelemente »umfunktioniert« werden: Dabei übernimmt eine sog. Hook-Prozedur das Ausfiltern von Meldungen an die Dialogprozedur. Darüber hinaus können auch neue Steuerelemente hinzugefügt werden, indem auf der Basis der Standard-Vorlage eine eigene Dialog-Vorlage definiert wird.

Standard-Dialog-Boxen (2)

Standard-Dialog-Box zur Schriftauswahl verwenden

```
// font.c --> Schriftauswahl mit "ChooseFont".
//-------------------------------------------------------------
#include <windows.h>
#include <commdlg.h>    // Für Standard-Dialagbox ChooseFont.

static LOGFONT lfCurFont;           // Daten der Schriftart.
static HFONT   hCurFont = NULL;     // Handle der akt. Schrift.
static DWORD   rgbTextColor = 0;    // Textfarbe

static void initFont()              // Schrift initialisieren.
{   // "Arial" als Standard-Schrift des Programms:
   strcpy( lfCurFont.lfFaceName, "Arial");
   hCurFont = CreateFontIndirect( &lfCurFont);
};

// Schrift in Dialog-Box auswählen und erzeugen.
// Argument:    Fenster-Handle des Aufrufers.
// Return-Wert: Handel der neuen Schrift oder NULL.
// Aufrufer muss die Schrift wieder entfernen.
HFONT selectNewFont(HWND hWnd)
{
   CHOOSEFONT cf = {0};             // Die Daten für ChooseFont().
                                    // Alles mit 0 initialisieren.
   cf.lStructSize = sizeof(cf);     // Anzahl Byte der Struktur.
   cf.hwndOwner   = hWnd;
   cf.Flags =                       // Was ChooseFont() machen soll:
     CF_INITTOLOGFONTSTRUCT         // LOGFONT-Struktur verwenden,
     | CF_SCREENFONTS       // nur die Bildschirm-Fonts anzeigen,
     | CF_EFFECTS;           // weitere Attribute auswählen.
   cf.lpLogFont = &lfCurFont;              // Die Daten des Fonts.
   cf.rgbColors = rgbTextColor;            // Aktuelle Textfarbe.

   if( !ChooseFont(&cf))                   // Dialog anzeigen.
      return NULL;
   else                                    // Schrift erzeugen.
   {  HFONT hNewFont = CreateFontIndirect( &lfCurFont);
      if( hNewFont != NULL)
         hCurFont = hNewFont;
      rgbTextColor = cf.rgbColors;         // Textfarbe merken.
      return hNewFont;
   }
}

HFONT getCurFont()               // Handle der aktuellen Schrift.
{  if(hCurFont == NULL) initFont();   return hCurFont; }

DWORD  getCurTextColor()                   // Aktuelle Textfarbe.
{  return rgbTextColor; }

void deleteFont(HFONT hFont)           // Schrift hFont zerstören.
{  DeleteObject(hFont); }
```

Die Verwendung von Standard-Dialog-Boxen wollen wir am Beispiel der Dialog-Box zur Auswahl der Schrift demonstrieren.

Erzeugen einer Schrift

Für die Ausgabe von Text wird immer die aktuell im Gerätekontext selektierte Schrift benutzt. Das ist die System-Schrift, solange nicht eine andere Schrift selektiert wurde. Wie bei Stiften und Pinseln gibt es auch bei Schriften einige vordefinierte Objekte. Das Handle auf ein vordefiniertes Objekt erhält man mit dem Aufruf der Funktion `GetStockObject()`.

Im allgemeinen muss aber eine neue Schrift mit der Funktion `CreateFontIndirect()` erzeugt werden. Als Argument bekommt diese Funktion einen Zeiger auf eine Struktur vom Typ `LOGFONT`, welche die Beschreibung der Schrift enthält. Dazu gehören z.B. die Größe der Schrift, der Zeichensatz und weitere Eigenschaften wie »fett«, »kursiv«, »unterstrichen« oder »durchgestrichen«. Im einfachsten Fall genügt es, den Namen einer Schrift in die Komponente `lfFaceName` zu schreiben und alle anderen Komponenten mit `0` zu initialisieren. Für diese Komponenten werden dann Standard-Werte angenommen. Davon macht die nebenstehende Funktion `initFont()` Gebrauch, welche die Schrift »Arial« erzeugt. `CreateFontIndirect()` liefert als Return-Wert das Handle der neuen Schrift.

Aufruf von ChooseFont()

Die Aufgabe des Standard-Dialogs »ChooseFont« ist es, dem Anwender die Auswahl einer Schriftart zu ermöglichen und das Ergebnis in eine Struktur vom Typ `LOGFONT` abzulegen. Auf der Basis dieser Struktur erzeugt dann das Programm mithilfe der Funktion `CreateFontIndirect()` eine Schrift, die bei der Ausgabe in den Gerätekontext selektiert werden kann.

Im nebenstehenden Modul übernimmt die Funktion `selectNewFont()` die Auswahl und Erzeugung der Schrift. Für den Auswahl-Dialog ist zuerst die Strukturvariable `cf` vom Typ `CHOOSEFONT` zu initialisieren. Wichtig sind hier die Flags, die die Arbeitsweise der Dialog-Box beeinflussen: Das Flag CF_INITTOLOGFONTSTRUCT bestimmt, dass zur Initialisierung der Steuerelemente der Inhalt der Variablen `lfCurFont` verwendet wird, deren Adresse in die Komponente `lpLogFont` geschrieben wird. `CF_EFFECTS` bewirkt, dass auch die Steuerelemente zum Unterstreichen und Durchstreichen der Schrift sowie für die Textfarbe angezeigt werden.

Mit dem Aufruf von `ChooseFont()` wird dann die Standard-Dialog-Box angezeigt und, sofern der Benutzer OK anklickt, die ausgewählte Schrift in der Variablen `lfCurFont` zurückgeschrieben. Die gewählte Textfarbe steht in der Komponente `rgbColors`. Wenn der Benutzer den Dialog abbricht, gibt die Funktion `selectNewFont()` den Wert `NULL` zurück, andernfalls das Handle der neuen mit `CreateFontIndirect()` erzeugten Schrift.

Übungen

Demo-Programm mit Menüpunkt »Neuer Text ...«

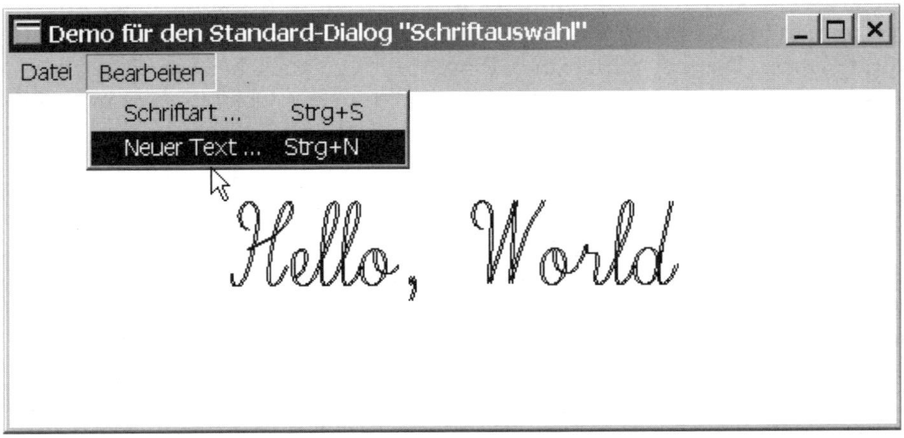

Dialog »Neuer Text«

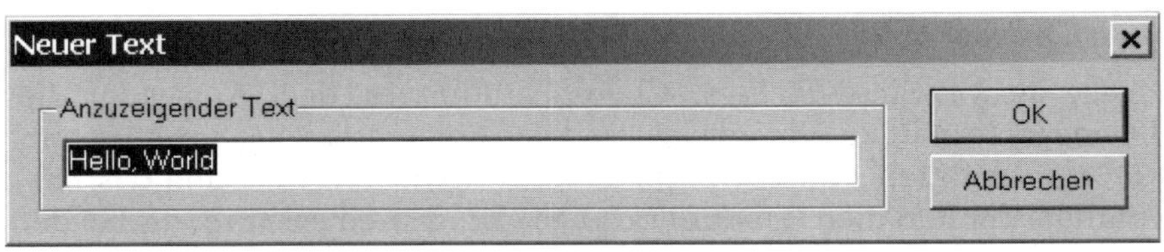

Header-Datei »textDlg.h«

```
// textDlg.h : Header-Datei zu textDlg.c
// ----------------------------------------------------
#include <windows.h>

// Dialog-Prozedur:
BOOL CALLBACK DlgProcText( HWND, UINT, WPARAM, LPARAM);

// Dialog-Text lesen:
const char* getDlgText();

// Dialog-Text setzen:
void setDlgText(const char* text);
```

1. Aufgabe

Das Programm `StdDlgSchrift`, das die Verwendung des Standard-Dialogs zur Schriftauswahl demonstriert, soll nun so erweitert werden, dass in einem Dialog ein neuer Text eingegeben werden kann.

- Kopieren Sie zunächst die Dateien des Programms `StdDlgSchrift` von der CD zum Buch in ein neues Verzeichnis auf Ihrer Festplatte. Übersetzen Sie das Programm und führen Sie es aus.

☞ Nach dem Kopieren muss evtl. noch der Schreibschutz entfernt werden. (Im Datei-Explorer die kopierten Dateien markieren und mit der rechten Maustaste anklicken. Im Kontext-Menü »Eigenschaften« auswählen).

- Ändern Sie das Menü des Programms wie nebenstehend abgebildet und fügen Sie auch die Tastenkombination Strg+N in der Accelerators-Tabelle hinzu. Der Menüpunkt »NEUER TEXT ...« dient zur Aktivierung des Dialogs »NEUER TEXT«
- Erstellen Sie im Ressourcen-Editor die Dialog-Vorlage für den neuen Dialog »NEUER TEXT«.
- Definieren Sie die Dialog-Prozedur in einer eigenen Quelldatei `textDlg.c`. Diese Quelldatei enthält auch eine Variable (`char`-Vektor) für den Text im Eingabefeld sowie die zwei Funktionen `getDlgText()` und `setDlgText()` für den Zugriff auf den Dialog-Text. Die Deklarationen dieser Funktionen werden dem Aufrufer in der Header-Datei `textDlg.h` zur Verfügung gestellt.

  Bei der Initialisierung der Dialog-Box soll im Eingabefeld der aktuell angezeigte Text stehen.
- Includieren Sie nun die Header-Datei `textDlg.h` im Hauptmodul und starten Sie den Dialog »NEUER TEXT«, wenn der entsprechende Menüpunkt ausgewählt wurde. Zum Übertragen der Daten rufen Sie die Funktionen `getDlgText()` und `setDlgText()` auf.

Übungen (Fortsetzung)

Die Dialog-Box »Flug-Buchung stornieren«

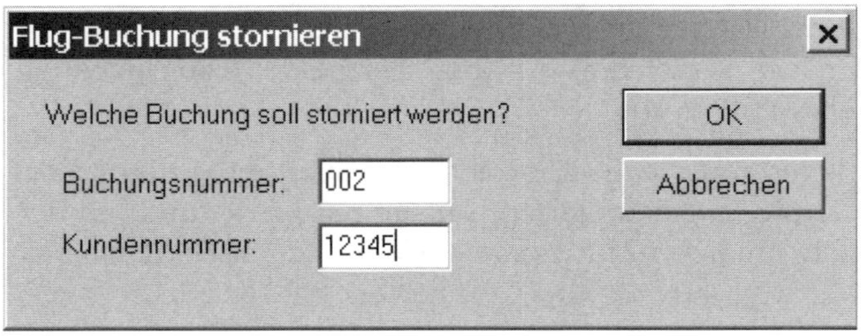

Fehlermeldung nach ungültiger Eingabe

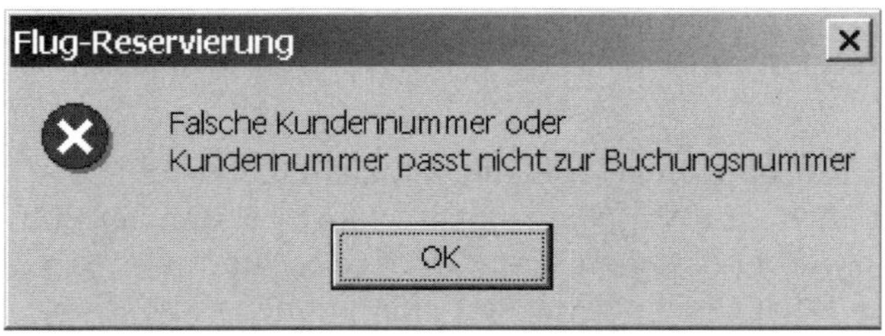

Bestätigung des Benutzers abholen

2. *Aufgabe*

Das Programm »Flug-Reservierung« aus diesem Kapitel besitzt zwar einen Dialog zum Buchen eines Fluges, aber noch keinen zum Stornieren. Dieser Dialog soll nun dem Programm hinzugefügt werden.

- Kopieren Sie zunächst die Dateien des Programms aus dem Verzeichnis `DlgFlug` (unter `Buch.src\Kap24\DlgDemos`) von der CD zum Buch in ein neues Verzeichnis auf Ihrer Festplatte. Übersetzen Sie das Programm und führen Sie es aus.

☞ Nach dem Kopieren muss evtl. noch der Schreibschutz entfernt werden (vgl. 1. Aufgabe).

- Bei Auswahl des Menü-Punkts »FLUG STORNIEREN ...« soll nun die nebenstehende Dialog-Box »FLUG-BUCHUNG STORNIEREN« angezeigt werden.

  Zur Sicherheit muss der Benutzer zusätzlich zur Buchungsnummer auch die Kundennummer angeben. Die Eingaben sind gültig, wenn es die Buchungsnummer gibt und die Kundennummer zur Buchung passt. Bei einer ungültigen Eingabe wird eine entsprechende Meldung angezeigt und dann der Dialog fortgesetzt.

  Im Fall einer gültigen Eingabe werden die wesentlichen Daten der zu löschenden Buchung in einer Message-Box angezeigt und erst nach Bestätigung durch den Benutzer »gelöscht«. Eine Buchung wird als gelöscht markiert, indem die Buchungszeit (`long`-Variable) auf `0` gesetzt wird. Zusätzlich ist noch die Anzahl der Buchungen zu dekrementieren und das Flag `bDirty` auf `TRUE` zu setzen, wodurch die Buchungsdaten als »geändert« markiert werden.

  Die Dialog-Prozedur kann in die schon vorhandene Datei `flugDlg.c` eingefügt werden, die Deklaration in `flug.h`. Es sind keine besonderen Initialisierungen der Steuerelemente notwendig.

☞ Eine Message-Box enthält die Schaltflächen »JA« und »NEIN«, wenn das Flag `MB_YESNO` angegeben wird. Der Return-Wert ist dann `IDYES` oder `IDNO`.

- Abschließend sollen stornierte Buchungen am Anfang und Ende der Queue aus der Queue entfernt werden: Die Lese-Position `indOut` wird dazu auf die erste nicht stornierte Buchung vorgerückt, und die Schreib-Position `indIn` auf die erste freie Position nach der letzten nicht stornierten Buchung zurückgesetzt.

Erweitern und Testen Sie das Programm schrittweise.

Lösungen

zur 1. Aufgabe:

Das Demo-Programm `StdDlgSchrift` zu diesem Kapitel besteht aus den Quelldateien

`font_test.c` , `font_test.rc`, `resource.h` , `font.c`, `font.h`.

Dazu kommen noch die Dateien `textDlg.c` und `textDlg.h` mit dem Dialog »NEUER TEXT«.

```
/////////////////////////////////////////////////////////////////
// font_test.c
// Zweck: Test der Module font.c und font.h (Auswahl einer
//        Schriftart mit dem Standard-Dialog ChooseFont),
//        und der Module textDlg.c und textDlg.h (Dialog-Box
//        zur Eingabe eines Textes).
/////////////////////////////////////////////////////////////////
#include <stdio.h>
#include <windows.h>
#include "resource.h"
#include "font.h"
#include "textDlg.h"

// Globale Variablen:
HINSTANCE hInst = 0;                    // Handle der Instanz.
HWND      hWnd  = 0;                    // Handle des Fensters.
char szAppName[]  = "FontDialog";       // Name der Applikation.
char szTitle[100] =                     // Titel des Fensters.
     "Demo für den Standard-Dialog \"Schriftauswahl\"";

/////////////////////////////////////////////////////////////////
//  Funktionen
//       WinMain(), InitApplication(), InitInstance()
//  wie gehabt (WinMain() mit Laden der Accelerators-Tabelle).

/////////////////////////////////////////////////////////////////
//
//  Funktion:   WndProc(HWND, unsigned, WORD, LONG)
//  Zweck:      Meldungen verarbeiten.
//
LRESULT CALLBACK WndProc( HWND hWnd, UINT message,
                          WPARAM wParam, LPARAM lParam)
{
  static char text[128] = "Hello, World";  // Anfänglicher Text.
```

```
switch (message)
{
 case WM_COMMAND:
   //Menue-Auswahl:
   switch (LOWORD(wParam))
   {
     case IDM_EXIT:
          DestroyWindow(hWnd);
          break;

     case IDM_TEXT:                     // Dialog "Neuer Text".
          setDlgText( text);
         if( DialogBox(hInst,MAKEINTRESOURCE(IDD_DIALOG_TEXT),
                       hWnd, (DLGPROC)DlgProcText) == IDOK)
          {
             strncpy( text, getDlgText(), sizeof(text)-1);
             InvalidateRect( hWnd, NULL, TRUE);
          }
          break;

    case IDM_FONT:           // Schrift in Dialog-Box auswählen.
     {
          HFONT hOldFont = getCurFont();
          HFONT hNewFont = selectNewFont(hWnd);
          if( hNewFont != NULL)
          {   deleteFont(hOldFont);
              InvalidateRect(hWnd, NULL, TRUE);
          }
          break;
     }
   }
   break;    // Ende WM_COMMAND

 case WM_PAINT:
 {
   PAINTSTRUCT ps;   HDC hdc;   RECT rc;   HFONT hOldFont;

   hdc = BeginPaint (hWnd, &ps);

   // Aktuelle Schrift und Farbe auswählen:
   hOldFont = SelectObject( hdc, getCurFont());
   SetTextColor(hdc, getCurTextColor());

   // Ausgabe im Fenster:
   GetClientRect(hWnd, &rc);
   DrawText( hdc, text, -1, &rc,
            DT_SINGLELINE | DT_CENTER | DT_VCENTER);
```

Lösungen (Fortsetzung)

zur 1. Aufgabe (Fortsetzung):

```
        SelectObject( hdc, hOldFont);
        EndPaint(hWnd, &ps);
        break;
      }

      case WM_DESTROY:
        deleteFont( getCurFont());
        PostQuitMessage(0);
        break;

      default:
        return (DefWindowProc(hWnd, message, wParam, lParam));
    }
    return 0;
  }

///////////////////////////////////////////////////////////////
// font.h : Header-Datei zu font.c
///////////////////////////////////////////////////////////////
#include <windows.h>

// Schrift auswählen:
HFONT selectNewFont(HWND hWnd);

// GDI-Objekt hFont zerstören:
void deleteFont(HFONT hFont);

// Aktuelle Schrift holen:
HFONT getCurFont(void);

// Aktuelle Farbe holen:
DWORD getCurTextColor(void);


///////////////////////////////////////////////////////////////
// font.c : Auswahl einer Schriftart mit "ChooseFont".
///////////////////////////////////////////////////////////////
// Wie in diesem Kapitel angegeben.


///////////////////////////////////////////////////////////////
// textDlg.h : Header-Datei zu textDlg.c
///////////////////////////////////////////////////////////////
```

```
#include <windows.h>

// Dialog-Prozedur:
BOOL CALLBACK DlgProcText( HWND, UINT, WPARAM, LPARAM);

// Dialog-Text lesen:
const char* getDlgText();

// Dialog-Text setzen:
void setDlgText(const char* text);


////////////////////////////////////////////////////////////////
// textDlg.c
// Zweck: Dialog "Neuer Text".
//        Definition der in textDlg.h deklarierten Funktionen.
////////////////////////////////////////////////////////////////
#include "textDlg.h"
#include "resource.h"

static char dlgText[128] = "";          // Text im Dialogfeld

const char* getDlgText() {  return dlgText; }
void setDlgText(const char* text)
{
   strncpy( dlgText, text, sizeof(dlgText)-1);
}

BOOL CALLBACK DlgProcText( HWND hDlg, UINT message,
                           WPARAM wParam, LPARAM lParam)
{
  switch(message)
  {
    case WM_INITDIALOG:       // Initialisierung der Dialog-Box.
      // Text im Eingabefeld setzen:
      SetDlgItemText( hDlg, IDC_EDIT, dlgText);
      return TRUE;      // Eingabefokus: Das erste Steuerelement.

    case WM_COMMAND:                  // Eine Benachrichtigung.
    {
      switch( LOWORD(wParam))         // ID des Steuerelements.
      {
        case IDOK:                    // Schaltfläche "OK".
          // Text übernehmen:
          GetDlgItemText(hDlg,IDC_EDIT,dlgText,sizeof(dlgText));
```

Lösungen (Fortsetzung)

zur 1. Aufgabe (Fortsetzung):

```
            EndDialog(hDlg, IDOK);        // Dialog beenden.
            return TRUE;

          case IDCANCEL:                 // Schaltfläche "Abrechen".
            EndDialog(hDlg, IDCANCEL);  // Dialog beenden (Daten
            return TRUE;                // verwerfen).
        }
      } // Ende WM_COMMAND-Behandlung
    } // Ende switch(message)
    return FALSE;
}
```

zur 2. Aufgabe:

Das Demo-Programm »Flug-Reservierung« besteht aus den Quelldateien

`flug.c:`	Hauptmodul mit `WinMain()`,
`flugDB.c:`	Datenbasis mit Datei Ein-/Ausgabe,
`flugDlg.c:`	Dialogprozeduren,
`flug.h:`	Header-Datei des Programms,
`flug.rc, resource.h:`	Ressourcen-Dateien.

Die Daten des Flugplans stehen in der Text-Datei `Flugplan.dat`, die sich im aktuellen Arbeitsverzeichnis befinden muss. Diese Datei kann verändert und erweitert werden. (Falls Buchungen gespeichert sind, dürfen die betreffenden Flüge nicht geändert werden.)

In `flug.h` steht die Deklaration der neuen Dialog-Prozedur:

```
//////////////////////////////////////////////////////////////
// flug.h
// . . . unverändert.
// Dialogprozedur zur Dialog-Box "Stornieren".
BOOL CALLBACK DlgProcCancel( HWND, UINT, WPARAM, LPARAM);
```

Die Dialogprozedur für den neuen Dialog »Flug-Buchung stornieren«:

```
//////////////////////////////////////////////////////////////
// flugDlg.c
// Zweck: Dialogprozeduren für
//          IDR_DIALOG_BOOKING und IDR_DIALOG_CANCEL.
//////////////////////////////////////////////////////////////

#include "flug.h"
// ... Dialogprozedur DlgProcBooking() wie gehabt.
```

```
//////////////////////////////////////////////////////////////////
//  Funktion: DlgProcCancel( HWND, unsigned, WORD, LONG)
//  Zweck: Dialogprozedur zur Dialog-Box IDR_DIALOG_CANCEL
//          "Flug-Buchung stornieren".
//
BOOL CALLBACK DlgProcCancel(HWND hDlg, UINT message,
                            WPARAM wParam, LPARAM lParam)
{
  switch(message)
  {
    case WM_INITDIALOG:     // Initialisierung der Dialog-Box.
      // Keine speziellen Initialisierungen notwendig.
      return TRUE;          // Eingabefokus auf das erste
                            // Steuerelement setzen.
    case WM_COMMAND:
    {
      WORD wID = LOWORD(wParam);     // ID des Steuerelements.
      switch( wID)                   // Welches Steuerelement?
      {
        case IDOK:                // Daten übernehmen und Buchung
        {                         // nach Bestätigung stornieren.
          int indInTmp = indIn,      // Indizes,
              bn, bnTmp;             // Buchungsnummern,
          ULONG  kn;                 // Kundennummer.

          // Buchungsnummer:
          bn = bnTmp =
              GetDlgItemInt( hDlg, IDC_BOOKING_NR, NULL, FALSE);
          // Buchungsnummer überprüfen:
          // indOut <= bn < indIn  bzw.
          // indOut <= bn+NOB < indIn+NOB, falls im Ringpuffer
          //                               indOut > indIn
          if( indOut > indIn)
          {
              indInTmp = indIn + NOB;
              bnTmp    = bn + NOB;
          }


          // Falls Buchungsnummer nicht gültig ist oder
          // oder storniert wurde:
          if( !(indOut <= bnTmp && bnTmp < indInTmp)
              || arrBookingData[bn].BookingTime == 0)
          {
             MessageBox( hDlg,"Keine gültige Buchungsnummer",
                                 szAppName, MB_ICONERROR);
```

Lösungen (Fortsetzung)

zur 2. Aufgabe (Fortsetzung):

```
        return TRUE;
    }

    // Kundennummer holen:
   kn = GetDlgItemInt(hDlg, IDC_CUSTOMER_ID, NULL, FALSE);
    if( kn != arrBookingData[bn].nCustomerID )
    {
        MessageBox( hDlg,"Falsche Kundennummer oder\n"
             "Kundennummer passt nicht zur Buchungsnummer",
                szAppName, MB_ICONERROR);
        return TRUE;
    }

    // Stornierung bestätigen lassen:
    {
      char buf[1024];
      BOOKINGDATA *pB = &arrBookingData[bn];
      FLIGHT *pFlight = getFlight( pB->nID);

      if( pFlight == NULL)
      {
        MessageBox( hDlg,"Fehler im Buchungssystem!",
                    szAppName, MB_ICONERROR);
        return TRUE;
      }

      sprintf(buf, "Kundennummer: %d\n"
                   "Flug-Nummer: %lu\n"
                   "Flug von  %s  nach  %s\n"
                   "Abflug am  %02d.%02d.%d  um %s Uhr\n"
                   "Anzahl Personen: %d \n\n"
                   "Diese Buchung stornieren?",
                    pB->nCustomerID, pB->nID,
                    pFlight->szDepart, pFlight->szDest,
                    pB->nDay, pB->nMonth, pB->nYear,
                    pFlight->szTime, pB->nSeats )

      if( MessageBox( hDlg, buf, szAppName,
                      MB_YESNO | MB_ICONQUESTION) != IDYES)
        return TRUE;              // Keine Bestätigung.
    }

    // Buchung stornieren:
    arrBookingData[bn].BookingTime = 0;
```

```
        --nBookings;
        bDirty = TRUE;

        // Stornierte Buchungen am Anfang und
        // Ende der Queue löschen:
        while( indOut != indIn &&                    // Am Anfang.
               arrBookingData[indOut].BookingTime == 0)
           indOut = (indOut+1)%NOB;

        while( indOut != indIn)                      // Am Ende.
        {  // Index indIn eine Position zurück:
           int i = (indIn > 0) ? indIn-1 : NOB-1;
           if( arrBookingData[i].BookingTime == 0)
             indIn = i;
           else
             break;
        }

        EndDialog(hDlg, IDOK);
        return TRUE;
      }

      case IDCANCEL:       // Dialog beenden (Daten verwerfen).
        EndDialog(hDlg, IDCANCEL);
        return TRUE;

    } // Ende switch(wID)
  } // Ende WM_COMMAND-Behandlung
 } // Ende switch(message)
 return FALSE;
}
```

Kapitel 25

Hardware-nahe Programmierung unter DOS

In diesem Kapitel lernen Sie die Möglichkeiten kennen, von C aus Hardware-nah unter DOS zu programmieren. Hierzu gehören

- die Ausführung von Software-Interrupts,
- das Arbeiten mit verschiedenen Speichermodellen, insbesondere die Verwendung von near-, far- und huge-Zeigern,
- die Programmierung von Hardware-Bausteinen.

Software-Interrupts

Aufruf von Diestprogrammen des ROM-BIOS und des Betriebssystems

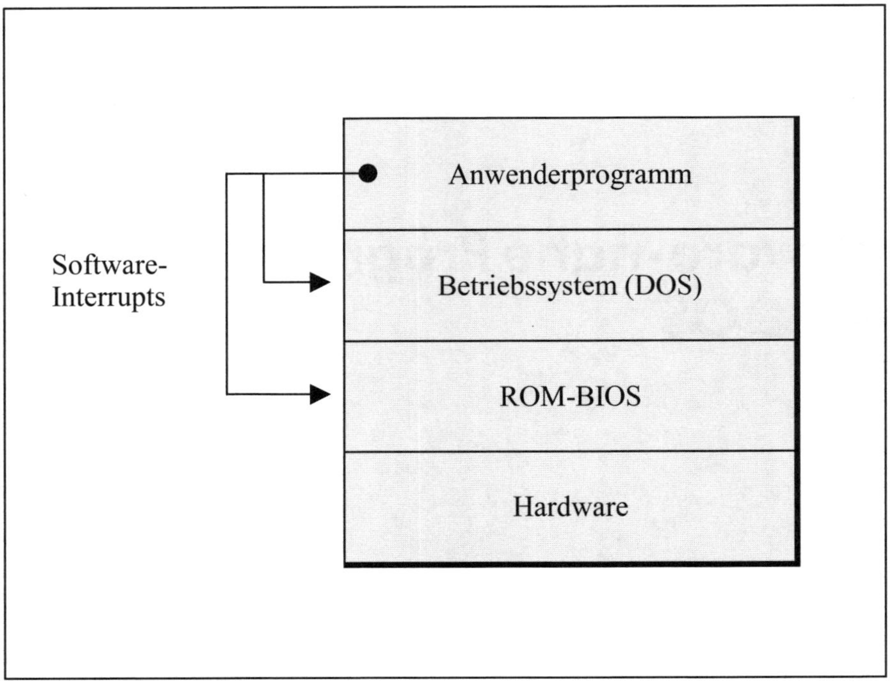

Das vorliegende Kapitel setzt einen IBM-kompatiblen PC voraus. Die Beispiel-Programme sind für das Betriebssystem DOS geschrieben, da einem Anwenderprogramm unter DOS der PC »gehört«, d.h. es gibt keinerlei Einschränkungen für den Zugriff auf die Hardware. Unter Windows 95/98 sind die Programme in einem DOS-Fenster zu starten.

Das ROM-BIOS

Software-Interrupts ermöglichen es, die »festverdrahteten« Dienstprogramme des ROM-BIOS (ROM = Read Only Memory, BIOS = Basic Input Output System) direkt anzusprechen. Dazu gehören Routinen für den Zugriff auf den Bildschirm, die Tastatur, die Festplatte, sowie die seriellen und parallelen Schnittstellen. Auf diese Weise können die Möglichkeiten des PCs voll ausgenutzt werden, und zwar weit gehend unabhängig von der installierten Hardware und vom Betriebssystem.

Beispielsweise stellt das BIOS für Bildschirmausgaben die folgenden Routinen zur Verfügung:

- Abfragen und Einstellen des Bildschirmmodus,
- Ausgabe von Zeichen mit Attributen, wie z. B. Blinken, Farbe,
- Lesen und Setzen der Cursor-Position,
- die Verwendung von Fenstern, die separat gelöscht oder »gerollt« werden können (»Window-Technik«),

womit die Möglichkeiten des BIOS bei weitem nicht ausgeschöpft sind.

Im Vergleich zu den Standardfunktionen von C erfolgt die Ausführung von BIOS-Aufrufen mit hoher Geschwindigkeit. Der höheren Geschwindigkeit und der größeren Flexibilität steht allerdings der Nachteil gegenüber, dass das C-Programm nicht mehr einfach auf jede Maschine portiert werden kann.

Interrupt-Vektoren

Auch die Dienstprogramme von DOS werden über einen Software-Interrupt aufgerufen. Das »Unterprogramm«, das durch einen Interrupt aufgerufen wird, heißt *Interrupt-Routine*. Jede Interrupt-Routine wird durch einen far-Zeiger, den so genannten *Interrupt-Vektor*, adressiert. Ein far-Zeiger belegt 4 Bytes: Die höherwertigen 2 Bytes enthalten die Segment-Basisadresse, die niederwertigen 2 Bytes den Offset.

Die Interrupt-Vektoren sind zu einer Tabelle zusammengefasst, welche die unteren 1024 Bytes des Arbeitsspeichers belegt. Eine Interrupt-Routine ist durch den Index in dieser Tabelle, die so genannte *Interrupt-Nummer*, eindeutig bestimmt. Die Interrupt-Nummern liegen also zwischen 0 und 255.

Zum Aufruf einer Interrupt-Routine genügt es, die entsprechende Interrupt-Nummer anzugeben. Beispielsweise wird mit der Nummer 16 (= 0x10) die Video-Interrupt-Routine des BIOS aufgerufen, die den Bildschirm steuert. Der Interrupt-Vektor mit der Nummer 33 (= 0x21) zeigt auf die Dienstprogramme von DOS.

Aufruf eines Software-Interrupts

Allgemeine 16-Bit-Register

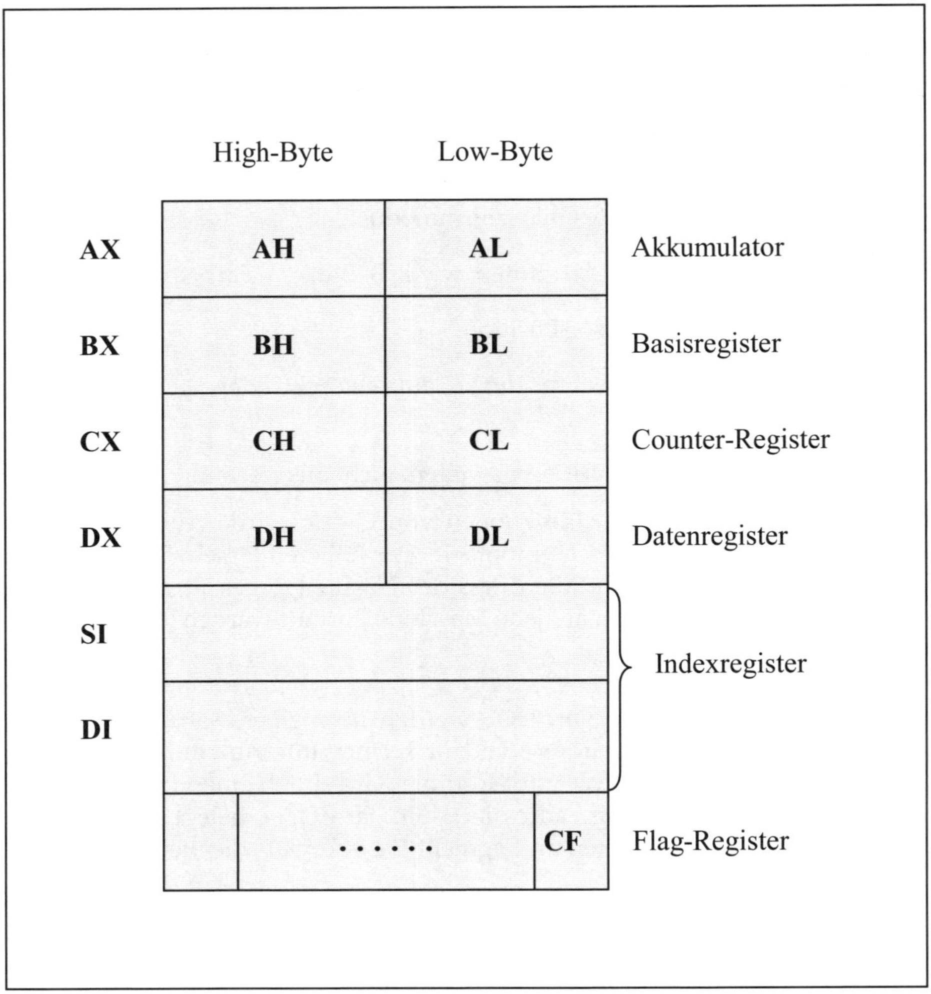

Register

Jede CPU (engl. *central processing unit*) arbeitet mit *Registern*, das sind Speicherplätze in der CPU selber. Im Gegensatz zu Variablen im Hauptspeicher besitzen Register keine Adresse. Jedes Register wird über einen bestimmten Namen angesprochen.

Zu den allgemeinen Registern gehören die Rechenregister: der *Akkumulator*, das *Basisregister*, das *Counter-Register*, sowie das *Datenregister*. Die Familie der Intel-Prozessoren 8086 und aufwärts bezeichnet diese 16 Bit langen Register mit AX, BX, CX bzw. DX. Jedes der Register kann auch byteweise, d.h. über das *High-Byte* und das *Low-Byte* (vgl. die nebenstehende Graphik), angesprochen werden.

Die Indexregister SI und DI werden in der Regel zur indirekten Adressierung verwendet. Sind in einem C-Programm Variablen in der Speicherklasse `register` vereinbart, legt ein PC-Compiler diese gewöhnlich in den Registern SI und DI ab.

Im *Flag-Register* werden Teile des Maschinenzustands und Überläufe bei arithmetischen Operationen durch das Setzen bzw. Löschen einzelner Bits festgehalten.

Im Zusammenhang mit Software-Interrupts ist das *Carry-Flag* `CF`, das sich in der Bit-Position `0` des Flag-Registers befindet, von besonderer Bedeutung: Nach der Ausführung einer Systemroutine wird gewöhnlich das Carry-Flag als Fehlerkennung benutzt. Dabei zeigt `CF = 1` einen Fehler an.

Ausführung von Software-Interrupts

Bei einem Software-Interrupt werden die Register und nicht der Stapel benutzt, um Argumente zu übergeben. Die Ausführung eines Software-Interrupts erfordert also drei Schritte:

1. Laden der entsprechenden Registerinhalte.
2. Aufruf des Interrupts mit der entsprechenden Interrupt-Nummer.
3. Auslesen der Registerinhalte.

Das High-Byte des Akkumulators, also `AH`, wird in der Regel verwendet, um eine Unterfunktion der Interrupt-Routine auszuwählen. Auf den folgenden zwei Seiten sind für den Video-Interrupt des BIOS die Unterfunktionen mit ihrer Registerbelegung zusammengestellt.

Registerbelegungen für den Video-Interrupt

Interrupt-Nummer: 0x10

(**E:** Eingabewerte, **R:** Rückgabewerte in den Registern)

AH = 0 : Videomodus setzen (nur für Farb-/Graphikadapter)

E : AL = Modus (0 - 6)

0	40 x 25 Zeichen	schwarz/weiß	Textmodi
1	40 x 25 Zeichen	Farbe	Textmodi
2	80 x 25 Zeichen	schwarz/weiß	Textmodi
3	80 x 25 Zeichen	Farbe	Textmodi
4	320 x 200 Pixel	Farbe	Graphikmodi
5	320 x 200 Pixel	schwarz/weiß	Graphikmodi
6	640 x 200 Pixel	schwarz/weiß	Graphikmodi

AH = 1 : Cursorgröße setzen

E : CH = Startlinie 0 - 7 bei Farb-/Graphikadaptern

CL = Endlinie bzw. 0 - 13 bei Monochromadaptern

AH = 2 : Cursorposition setzen

E : DH = Zeile (0 bis 24), DL = Spalte (0 bis 79)

BH = Seitennummer (im Textmodus wie bei AH = 5, sonst 0)

AH = 3 : Cursorposition und Cursorgröße abfragen

E : BH = Seitennummer

R : CH, CL = Start-, Endzeile der Cursorgröße

DH, DL = Zeile, Spalte der Cursorposition

AH = 4 : Lichtgriffelposition abfragen

R : AH = 0 Lichtgriffel nicht ausgelöst

AH = 1 Lichtgriffel auf dem Bildschirm:

DH, DL = Zeile, Spalte

CH = Pixelzeile (0 bis 199)

BX = Pixelspalte (0 bis 319 bzw. 0 bis 639)

AH = 5 : Aktive Seite wählen (nur für Textmodi)

E : AL = neue Seite (0-7 für Modi 0,1 bzw. 0-3 für Modi 2,3)

AH = 6 : Fenster auf der aktiven Seite nach oben scrollen

E : AL = Zahl der zu rollenden Zeilen (0 löscht Fenster ganz)

CH, CL = Zeile, Spalte linke obere Ecke des Fensters

DH, DL = Zeile, Spalte rechte untere Ecke des Fensters

BH = Zeichenattribut für nachrollende Leerzeilen

AH = 7 : Fenster auf der aktiven Seite nach unten scrollen

E : wie bei Subfunktion AH = 6

AH = 8 : Attribut und Zeichen an aktueller Cursorposition lesen

E : BH = Seitennummer

R : AL = Zeichen, AH = Attribut (nur für Textmodus)

AH = 9 : Attribut und Zeichen an aktuelle Cursorposition setzen

E : AL = Zeichen, CX = Anzahl Zeichen
BL = Attribut (im Textmodus), Farbe (im Graphikmodus)
BH = Seitennummer

AH = 10 : Zeichen an aktuelle Cursorposition setzen

E : AL = Zeichen, CX = Anzahl Zeichen
BH = Seitennummer

AH = 11 : Farbpalette setzen

E : BH = 0 Hintergrundfarbe (bei Modus 4) bzw.
Randfarbe (im Textmodus) setzen
BL = Farbe (0 - 15)
BH = 1 Palette setzen (nur Modus 4)
BL = 0 (Vordergrundfarben: grün/rot/gelb)
BL = 1 (Vordergrundfarben: türkis/magenta/weiß)

AH = 12 : Pixel setzen

E : DX = Zeile (0 - 199), CX = Spalte (0 - 319 bzw. 639)
AL = Farbe (0 - 3 bzw. 0 - 1, 0 = Hintergrundfarbe)

AH = 13 : Pixel abfragen

E DX = Zeile (0 - 199), CX = Spalte (0 - 319 bzw. 639)

R : AL = Farbe des Pixels (0 - 3 bzw. 0 - 1)

AH = 14 : Schreiben auf aktuelle Seite (Teletype-Routine)

E : AL = Zeichen, BL = Farbe (nur bei Grafikmodi)
Bem. Die Zeichen mit den Codes 7 (=Bell), 8 (=Backspace) 10 (=Line Feed), 13 (=Carriage Return) werden als Steuerzeichen interpretiert.

AH = 15 : Videomodus ervmitteln

R : AL = Videomodus wie bei der Subfunktion AH = 0
zusätzlich: AL = 7 für Monochromadapter
AH = Spaltenzahl (40 oder 80)
BH = Aktive Seite

Die Funktion int86()

Die Union REGS

```
struct WORDREGS {  unsigned int ax;
                   unsigned int bx;
                   unsigned int cx;
                   unsigned int dx;
                   unsigned int si;
                   unsigned int di;
                   unsigned int cflag;   };


struct BYTEREGS {  unsigned char al, ah;
                   unsigned char bl, bh;
                   unsigned char cl, ch;
                   unsigned char dl, dh;  };


union  REGS     {  struct WORDREGS x;
                   struct BYTEREGS h;      };
```

Die Funktion get_cur()

```
void  get_cur(int *zeile, int *spalte)
{
  union REGS in, out;

  in.h.ah = 3;                /* Funktion "Cursor holen".*/
  in.h.bh = 0;                /* Erste Bildschirmseite.  */

  int86(0x10, &in, &out);

  *zeile  = out.h.dh;         /* dh enthaelt die Zeile,  */
  *spalte = out.h.dl;         /* dl enthaelt die Spalte  */
}                             /* des Cursors.            */
```

Zur Ausführung von Software-Interrupts stellen die Compiler verschiedene Funktionen zur Verfügung. Beispielhaft wird hier die Funktion `int86()` vorgestellt, wie sie mit den DOS-Compilern von Microsoft, Borland und anderen Anbietern für die Familie der Intel-Prozessoren 80x86 verwendet werden kann.

Prototyp: `int int86(int` *`intno`*`, union REGS *`*`inregs`*`, union REGS *`*`outregs`*`);`

Die Funktion `int86()`, "interrupt 86", ruft die Sytemroutine mit der Interrupt-Nummer `intno` auf.

Darstellung von Registern

Die nebenstehend definierte Union `REGS` überlagert die Strukturen `WORDREGS` und `BYTEREGS`. Die Komponenten dieser Strukturen entsprechen den Registern mit gleichem Namen. Die so definierte Union `REGS` erlaubt sowohl den wortweisen als auch den byteweisen Zugriff auf die Register.

Vor dem Systemaufruf werden die Inhalte der Union `REGS`, auf die `inregs` zeigt, in die entsprechenden Register geladen.

Nach Durchführung des Interrupts werden die aktuellen Registerinhalte von der Funktion `int86()` in die Union `REGS` kopiert, auf die *`outregs`* zeigt.

Die Funktion liefert als Return-Wert den Inhalt des AX-Registers nach dem Interrupt-Aufruf.

Aktuelle Cursorposition abfragen

Als Beispiel betrachten wir die nebenstehend definierte Funktion `get_cur()`, welche die aktuelle Position des Cursors holt. Die Argumente der Funktion sind zwei Zeiger auf Variablen vom Typ `int`, in welche die Werte von Zeile und Spalte zurückgeschrieben werden.

Zunächst wird die Unterfunktion »Cursorposition abfragen« ausgewählt, indem die Komponente `ah` der BYTEREGS-Struktur `in.h` mit dem Wert `3` geladen wird. Die meisten Videosysteme bieten im Textmodus mehrere Bildschirmseiten an, von denen standardmäßig die Seite mit der Nummer `0` angezeigt wird. Daher wird der Komponente `bh` der Wert `0` zugewiesen.

Nach dem Aufruf der Funktion `int86()` steht in `out.h.dh` die Zeilenposition und in `out.h.dl` die Spaltenposition des Cursors.

Weitere Funktionen für die Bildschirmsteuerung

Die Datei `Video.c` auf der CD zum Buch enthält die Funktion `get_cur()`, sowie die Funktionen `set_cur()`, `scroll_up()` und `cls()` der folgenden Seite. Außer diesen befinden sich weitere Funktionen in der Datei, wie z.B. `get_screen_page()`, welche die aktive Bildschirmseite zurückgibt.

Weitere Beispiele

Die Funktion set_cur()

```
void set_cur(int zeile, int spalte)
{                               /* Cursor positionieren.*/
  union REGS intregs;

  intregs.h.ah = 2;             /* Subfunktion  AH = 2   */
  intregs.h.dh = zeile;
  intregs.h.dl = spalte;
  intregs.h.bh = 0;             /* Bildschirmseite  0    */

  int86( 0x10, &intregs, &intregs);
}
```

Die Funktion scroll_up()

```
void scroll_up(int anzahl, int anf_zeile, int end_zeile)
{                               /* Fenster hochrollen. */
  union REGS intregs;

  intregs.x.ax = 0x600 + anzahl;
                          /* Subfunktion AH = 6, AL = anzahl */
  intregs.x.cx = anf_zeile << 8;
                                /* ch = anf_zeile, cl = 0  */
  intregs.x.dx = (end_zeile << 8) + 79 ;
                                /* dh = end_zeile, dl = 79 */
  intregs.h.bh = 7;       /* Attribut: weiß auf schwarz */

  int86( 0x10, &intregs, &intregs);
}
```

Die Funktion cls()

```
void cls(void)          /* Gesamten Bildschirm loeschen.*/
{
  scrollup(0,0,24);
  set_cur(0,0);
}
```

Die Funktion `scroll_up()` rollt ein Bildschirmfenster um `anzahl` Zeilen nach oben. Das Bildschirmfenster ist durch die linke obere Ecke und die rechte untere Ecke festgelegt.

Die Zeilen- und Spaltennummer für die linke obere Ecke des Bildschirmfensters wird in das High- bzw. Low-Byte von `cx` kopiert. Durch `anf_zeile << 8` wird der Wert von `anf_zeile` um acht Bits nach links geshiftet, also in das High-Byte übertragen. Die beim Links-Shift nachgeschobenen Nullen stehen anschließend im Low-Byte. Alternativ sind auch die zwei folgenden Anweisungen möglich:

```
intregs.h.ch = anf_zeile;  intregs.h.cl = 0;
```

Die rechte untere Ecke des Bildschirmfensters ist durch den Wert in `dx` festgelegt. Durch `intregs.x.dx = (end_zeile << 8) + 79` wird die Zeilennummer `end_zeile` in das High-Byte und die Spaltennummer 79 in das Low-Byte kopiert.

Darstellung von Zeichen auf dem Bildschirm

Das High-Byte des BX-Registers übernimmt ein *Attribut* für die gelöschten Zeilen. Dieses bestimmt die Darstellung der Zeichen und hat folgende Bedeutung:

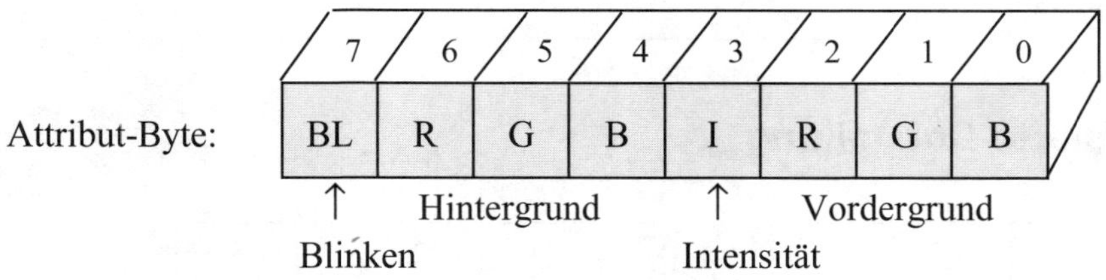

Die RGB-Bits bestimmen die Farben:

R	G	B	Farbe	R	G	B	Farbe
0	0	0	schwarz	1	0	0	rot
0	0	1	blau	1	0	1	violett
0	1	0	grün	1	1	0	braun
0	1	1	kobaltblau	1	1	1	weiß

Ist das Intensitätsbit `I = 1`, so wird die Vordergrundfarbe intensiviert, d.h. weiß wird hellweiß, braun wird gelb usw. Ist das Bit `BL = 1`, so blinkt das Zeichen, andernfalls nicht.

Bei einem *Monochrombildschirm* hat das Attribut-Byte im Prinzip dieselbe Bedeutung, wobei Farben natürlich nicht dargestellt werden können, sondern nur die entsprechenden Graustufen.

Segmentierung des Hauptspeichers

Berechnung absoluter Adressen

4	9	A	C	:	0	E	B	2

Segment-Basisadresse : Offset

Links-Shift der Segment-Basisadresse		4	9	A	C	0
+ Offset	+		0	E	B	2
= absolute Adresse		4	A	9	7	2

Normalisierte Darstellung

4	A	9	7	:	0	0	0	2

Adressierung im Real-Mode

Ein Prozessor aus der Intel-Familie 8086/88, 80186, 80286 verfügt nur über 16 Bit breite Register. Mit einem Register können daher maximal 64KB = 65535 Bytes adressiert werden. Auch für die Prozessoren ab dem 80386 gilt diese Einschränkung, wenn sie unter einem 16-Bit-Betriebssystem wie DOS betrieben werden.

Im Real-Mode der Intel-Prozessoren, der auch von DOS verwendet wird, kann bis zu 1 MB Hauptspeicher adressiert werden. Um trotz der 16-Bit-Adressierung auf einen Speicher von 1 MB = 16 * 64KB zugreifen zu können, wird der Speicher eines IBM-kompatiblen PCs in so genannte *Segmente* unterteilt.

Ein Segment ist maximal 64 KB lang. Jedes Byte im Hauptspeicher wird über die *Segment-Basisadresse* und den *Offset* adressiert. Dabei ist der Offset die Anzahl der Bytes relativ zum Anfang des Segments. Die Segment-Basisadressen werden in speziellen Registern, den *Segmentregistern*, abgelegt.

Absolute Adressen

Im Real-Mode wird jede Adresse in der Form `SSSS:OOOO` dargestellt, wobei `SSSS` die Segment-Basisadresse und `OOOO` der Offset in hexadezimaler Schreibweise ist. Die zugehörige *absolute Adresse* im Speicher wird daraus wie folgt berechnet:

absolute Adresse = Segment-Basisadresse * 16 + Offset

Die Segment-Basisadresse wird also um eine Hex-Stelle nach links geshiftet und der Offset hinzuaddiert. Nebenstehend ist dies an einem Beispiel illustriert. Das Ergebnis ist eine fünfstellige Hex-Zahl, durch die 1 MB adressiert werden kann. Aus der Adressberechnung ergibt sich, dass Segmente bei den absoluten Adressen 0, 16, 32, 48, usw. beginnen können.

Die Darstellung `SSSS:OOOO` einer absoluten Adresse ist allerdings nicht eindeutig. Beispielsweise liefern `0040:0000` und `0000:0400` dieselbe absolute Adresse. Die Mehrdeutigkeit ist dann von Nachteil, wenn Adressen mit verschiedenen Segment-Basisadressen verglichen werden sollen.

Normalisierte Darstellung

Durch *Normalisierung* der Darstellung kann diese Mehrdeutigkeit ausgeschlossen werden. Dabei werden von der fünfstelligen absoluten Adresse die vier höherwertigen Ziffern als Segment-Basisadresse und die niederwertige Ziffer als Offset genommen. Zum Beispiel ergibt die Normalisierung von `49AC:0EB2` die Darstellung `4A97:0002`.

Speichermodelle

Die Speichermodelle gängiger Compiler

Modell	Anzahl Datensegmente	Anzahl Code-Segmente
small	1	1
medium	1	1 für jedes Modul
compact	nach Bedarf	1
large	nach Bedarf	1 für jedes Modul
huge	nach Bedarf, Arrays dürfen größer als 64 KB sein.	1 für jedes Modul

Arten von Speichermodellen

Der Code und die Daten eines Programms werden standardmäßig in zwei separate Segmente geladen. Dieses *Speichermodell* ist für viele C-Programme ausreichend. Benötigt ein Programm jedoch mehr als 64 KB Speicherplatz für die Daten oder den Code, so muss ein anderes Speichermodell gewählt werden. Im Folgenden werden die Modelle beschrieben, welche die gängigen Compiler gemeinsam haben:

small model: Die Daten und der Code eines Programms werden in *je einem* Segment abgelegt. Ein Programm belegt damit maximal 128 KB. Daten und Code sind allein durch ihren Offset zugänglich. Die Segmentregister bleiben unverändert.

medium model: Die Daten eines Programms werden in *einem* Segment abgespeichert. Der Programm-Code wird auf *mehrere* Segmente verteilt. Hierbei wird für jeden Modul ein eigenes Code-Segment erzeugt.

compact model: Die Daten eines Programms werden in *mehreren* Segmenten abgespeichert. Es werden so viele Segmente belegt, wie durch die vorgegebenen Daten erforderlich ist. Der Programm-Code wird in *einem* Segment abgelegt.

large model: Sowohl die Daten als auch der Code eines Programms können mehrere Segmente belegen.

huge model: Daten und Code eines Programms belegen jeweils mehrere Segmente. Im Unterschied zum large-model können Vektoren länger als 64 KB sein. Die Größe eines Vektorelementes muss dann ein Teiler von 64 KB sein.

Für alle Speichermodelle gemeinsam gilt, dass der Code eines Moduls 64 KB nicht überschreiten darf. Gegebenenfalls muss ein zu langes Modul in mehrere Module geteilt werden.

Wahl eines geeigneten Speichermodells

Unter dem Gesichtspunkt der Schnelligkeit ist das »kleinste« Speichermodell das optimale, in welchem ein Programm realisiert werden kann.

Die Wahl eines Speichermodells geschieht in der Regel durch die Angabe einer Option beim Aufruf des Compilers bzw. interaktiv unter einem Menüpunkt wie OPTIONS/COMPILER. Dies entnehmen Sie dem Referenz-Handbuch Ihres Compilers.

near-, far- und huge-Zeiger

Die in den Speichermodellen standardmäßig verwendeten Zeiger-Typen

Modell	Zeiger auf Funktionen	Zeiger auf Daten
small	near-Zeiger	near-Zeiger
medium	far-Zeiger	near-Zeiger
compact	near-Zeiger	far-Zeiger
large	far-Zeiger	far-Zeiger
huge	far-Zeiger	far-Zeiger

Beispiele für die Schlüsselworte near, far und huge

```
long huge array[20000];  /* 20000 * 4 = 80000  Bytes     */

long huge *pl = array;   /* Definition und Initiali-     */
                         /* sierung eines huge-Zeigers.*/

char far *ptr;           /* far-Zeiger auf char.         */

double near func(int a); /* Deklaration einer near-      */
                         /* Funktion.                    */
```

In den einzelnen Speichermodellen sind zur Adressierung von Objekten verschiedene Arten von Zeigern notwendig.

Adressierungsarten

Ein *near-Zeiger* kann den Offset einer Adresse speichern und ist 16 Bits (= 1 Wort) lang. Er zeigt auf ein Objekt im momentan verwendeten Segment. Zur Berechnung der absoluten Adresse wird der aktuelle Wert des entsprechenden Segmentregisters benutzt.

Ein *far-Zeiger* ist 32 Bits lang. Er speichert den Segmentanteil und den Offset-Anteil einer Adresse. Der Segmentanteil steht im höherwertigen Wort und der Offset im niederwertigen Wort des Zeigers. Ein far-Zeiger kann so auf jede beliebige Speicherstelle zugreifen. Arithmetik und Vergleiche mit far-Zeigern sind jedoch nur sinnvoll, wenn sie auf Elemente desselben Vektors zeigen. Deshalb wird bei diesen Operationen nur der Offset-Anteil berücksichtigt. Eine Ausnahme bildet der Vergleich mit dem NULL-Zeiger: hier wird auch der Segmentanteil mit berücksichtigt.

Ein *huge-Zeiger* wird benutzt, um Elemente in einem Vektor zu adressieren, der länger als 64 KB ist. Ein huge-Zeiger ist ebenfalls 32 Bits lang und speichert den Segmentanteil und den Offset-Anteil einer Adresse. Im Unterschied zu far-Zeigern wird bei der Arithmetik und bei Vergleichen mit huge-Zeigern auch der Segmentanteil einer Adresse berücksichtigt.

Gemischte Speichermodelle

Die von den Speichermodellen standardmäßig benutzten Zeiger sind nebenstehend angegeben. Der Programmierer braucht sich darum in der Regel nicht zu kümmern. Es ist jedoch möglich, *gemischte Speichermodelle* mithilfe der Schlüsselworte `near`, `far` und `huge` zu generieren. So kann beispielsweise im small-model ein far-Zeiger benutzt werden, um auf den Bildschirmspeicher zuzugreifen. Andererseits kann es z.B. im large-model sinnvoll sein, die schnellere near-Technik zu verwenden, etwa bei oft benutzten Daten oder Funktionen. huge-Objekte sind in jedem Speichermodell mit dem Schlüsselwort `huge` zu vereinbaren.

In den nebenstehenden Beispielen wird gezeigt, wie das Schlüsselwort `near`, `far` bzw. `huge` zu verwenden ist: Es muss unmittelbar vor dem Bezeichner stehen, bei Zeigern auf near-, far- oder huge-Objekte vor dem Stern.

Belegung des Adressraums

Aufteilung des Adressraums

	Segmentbasis-adresse	Belegungen	
	0000	Interrupt-Vektoren	
	0040	BIOS-Datenbereich	
	0050	Residenter Teil von DOS . .	
		Programme (Code, Daten) . . .	640 KB
EGA/VGA	A000		
MDA/Herkules	B000	Bildschirmspeicher	
CGA	B800		
	C000	Reserviert für ROMs	
	F800	ROM-BIOS	1 MB

Im Folgenden wollen wir die Anwendung von far-Zeigern näher erläutern. Dazu verschaffen wir uns zunächst einen Überblick, welche Informationen im 1 MB großen Adressraum abgelegt sind.

Die unteren 1024 Bytes des Hauptspeichers belegen die *Interrupt-Vektoren*. Diese sind, wie Sie schon wissen, far-Zeiger, welche auf die Routinen des BIOS und des Betriebssystems zeigen.

Der *BIOS-Datenbereich* enthält u.a. den Tastaturpuffer, Informationen über die Hardware-Umgebung (z.B. Drucker, Tastatur, Festplatte) und den Videobereich (z.B. Videomodus, Cursor-Position). Dem Videomodus ist zu entnehmen, in welcher Betriebsart der Videoadapter momentan arbeitet, d.h. ob im Text- oder Graphikmodus, schwarz/weiß oder farbig und mit welcher Auflösung.

Im *residenten Teil von DOS* stehen z.B. Treiberprogramme und die DOS-Funktionen, die durch Interrupt-Vektoren adressiert werden. Im Anschluss daran ist Platz für die *Anwenderprogramme*.

Beginn und Größe des Bildschirmspeichers hängen vom eingebauten Videoadapter ab, welcher die Bildschirmausgaben generiert. Zu den Adaptern aus den Anfängen des PCs gehören die MDA-Karte (*Monochrome Display Adapter*), die nur monochrome Textdarstellung bietet, die CGA-Karte (*Color Graphics Adapter*), die Text und Graphiken farbig darstellt, und die HGC-Karte (*Hercules Graphics Card*), die Text und Graphik mit höherer Auflösung monochrom darstellt.

Die EGA-Karte (*Enhanced Graphics Adapter*) und die VGA-Karte (*Video Graphics Array*) bieten gegenüber der CGA-Karte mehr Farben und höhere Auflösungen. Daher benötigen diese Karten wesentlich mehr Speicherplatz.

Die EGA- und VGA-Karten sind kompatibel zur CGA-Karte, d.h. Programme, die für die CGA-Karte geschrieben wurden, laufen auch mit der EGA- bzw. VGA-Karte. Der Bildschirmspeicher ist aber nur direkt ansprechbar, wenn sie im Textmodus oder in einem CGA-kompatiblen Graphikmodus arbeiten.

Der Adressbereich ab C000 ist für ROM-Bausteine reserviert. Dazu gehören in der Regel das ROM des Videoadapters (ab C000) und das ROM des Festplatten-Controlers (ab C800). Am oberen Ende des 1MB großen Adressraumes befinden sich in einem ROM-Baustein die Routinen des System-BIOS.

Erweiterungsspeicher

Der Speicherbereich ab 1MB, sofern vorhanden, heißt *Erweiterungsspeicher* (engl. Extended Memory). DOS-Programme haben darauf keinen direkten Zugriff. Die Firmen Lotus, Intel, Microsoft und AST-Research entwickelten daher den *XMS-Standard* (Extended Memory Spezification), der es ermöglicht, Daten zwischen dem konventionellen RAM-Speicher und dem Extended Memory auszutauschen. XMS-Treiber, wie z.B. HIMEM.SYS, QUEMM-386, EMM386 und 386-TO-THE-MAX, stellen entsprechende Service-Routinen zur Verfügung.

Ein Anwendungsbeispiel

Beispielprogramm

```
/*  Screen.c -->  Enthält die Funktionen:                     *
 *             - get_screen_seg(), die die Segmentadresse     *
 *               des Bildschirmspeichers ermittelt,           *
 *             - puts_screen(), die einen String direkt in    *
 *               den Bildschirmspeicher schreibt.             */

#define  SCREEN_PTR( seg, off) \
           (unsigned far *) (((long)seg << 16) + (long)off)

static unsigned screen_seg = 0;      /* Segment-Adresse des */
                                     /* Bildschirmspeichers */
static unsigned far *screen = 0;     /* Zeiger im           */
                                     /* Bildschirmspeicher. */

static char far *biosdata = (char far *)0x400000L;
             /* Zeiger in den BIOS-Datenbereich ab 40:0000.*/

/* get_screen_seg()  initialisiert den Zeiger screen mit der *
 *    Segmentadresse des Bildschirmspeichers im Textmodus.   *
 *    Return-Wert: Segmentadresse des Bildschirmspeichers,   *
 *                 bzw. 0, falls nicht im Textmodus 25*80.   */

unsigned  get_screen_seg(void)
{
   switch( *(biosdata + 0x49))          /* Videomodus holen.*/
   {
      case 2:  case 3:
         screen_seg = 0xB800;  /* Segment des Farbschirms. */
         break;
      case 7:
         screen_seg = 0xB000;  /* Segment des S/W-Schirms. */
         break;
      default:
         screen_seg = 0;       /* Nicht im Textmodus 80x25.*/
   }
   screen = SCREEN_PTR( screen_seg, 0); /* Den Zeiger screen*/
                                        /* initialisieren.  */
   return(screen_seg);
}
```

Die Verwendung von far-Zeigern wird an folgendem Beispiel demonstriert:

> Ein Text soll direkt in den Bildschirmspeicher geschrieben werden, wobei das Attribut (z.B. Blinken, Farbe) im Dialog eingegeben werden kann.

Zur Lösung des Problems ist es zunächst notwendig, die Segmentadresse des Bildschirmspeichers festzustellen. Das erledigt die Funktion `get_screen_seg()`. Die zweite Funktion `puts_screen()` schreibt einen String mit Attribut direkt in den Bildschirmspeicher. Im Folgenden werden diese zwei Funktionen beschrieben. Das Erstellen der Funktion `main()` bleibt dem Leser als Übung überlassen (vgl. 3. Aufgabe in diesem Kapitel).

Im nebenstehenden Quellcode sind zunächst drei Variablen definiert:

- `screen_seg` dient zum Abspeichern der Segmentadresse des Bildschirmspeichers im Textmodus.
- `screen` ist der far-Zeiger, mit dem direkt auf den Bildschirmspeicher zugegriffen wird.
- `biosdata` wird benutzt, um den BIOS-Datenbereich zu lesen, der bei der absoluten Adresse 40:0 beginnt. Mit dem Cast wird die long-Konstante dem Typ des Zeigers angepasst.

Diese Variablen sind als `static` deklariert, damit sie nur von Funktionen verwendet werden können, die im Modul `Screen.c` definiert sind.

Die Funktion `get_screen_seg()` liest mit Hilfe des far-Zeigers `biosdata` den Videomodus auf der Adresse `0040:0049` im BIOS-Datenbereich (Es wäre auch möglich, den Videomodus durch Aufruf des Video-Interrupts mit der Subfunktion 15 festzustellen).

Dem Videomodus ist zu entnehmen, ob ein Color-Adapter im Textmodus oder ein Schwarz/Weiß-Adapter vorliegt. Die entsprechende Segmentadresse des Bildschirmspeichers, also `0xB800` bzw. `0xB000`, wird in `screen_seg` abgelegt. Aus dieser Adresse und dem Offset 0 wird dann ein far-Zeiger gebildet:

```
screen = SCREEN_PTR(.screen_seg, 0);
```

Dieser Aufruf des Makros SCREEN_PTR ist äquivalent mit der Anweisung

```
screen = (unsigned far*) ((long)screen_seg << 16);
```

Es wird also zunächst der zwei Byte lange Wert der Variablen `screen_seg` mit einem Cast in einen vier Byte langen `long`-Wert umgewandelt. Der Links-Shift schiebt dann die Segmentadresse in die beiden höherwertigen Bytes des `long`-Wertes. Schließlich passt der äußere Cast den `long`-Wert dem Typ des Zeigers an.

Die Compiler stellen Makros zur Verfügung, mit denen far-Zeiger gebildet werden können bzw. der Segmentanteil und der Offset-Anteil von far-Zeigern getrennt angesprochen werden können. Diese sind jedoch von Compiler zu Compiler verschieden.

Direktes Ansteuern des Bildschirmspeichers

Darstellung von Zeichen im Textmodus

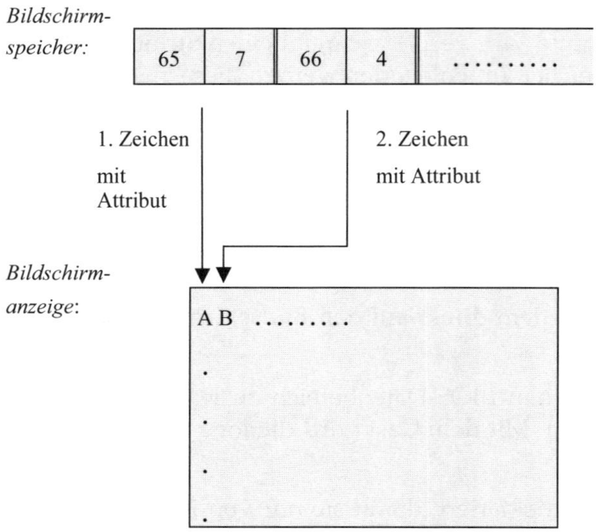

Fortsetzung von Screen.c

```
/* puts_screen()  String mit Attribut ab angegebener        *
 *                Zeile (0-24), Spalte (0-79) ausgeben.     */

void puts_screen(unsigned int  zeile,      /* Bildschirm-   */
                 unsigned int  spalte,     /* Position.     */
                 char *string,             /* Der String,   */
                 unsigned int  attribut)   /* das Attribut. */
{
   unsigned char *p = (unsigned char *)string;
   if( screen_seg == 0)  return;           /* screen_seg    */
                                           /* initialisiert?*/
   if( zeile > 24 || spalte > 79)
      return;
   screen = SCREEN_PTR(screen_seg,zeile*160 + spalte*2);
                               /* Offset zum Segment-Anfang.*/
   attribut <<= 8;             /* Attribut ins High-Byte.   */
   while( *p != '\0')
      *screen++  =  *p++ | attribut;
}
```

Aufbau des Bildschirmspeichers

Bevor Zeichen in den Bildschirmspeicher geschrieben werden können, ist es notwendig, den Aufbau des Bildschirmspeichers zu verstehen.

Im Textmodus gibt es bei normaler Auflösung 25 Zeilen mit jeweils 80 Zeichen. Zur Darstellung eines Zeichens werden zwei Bytes benötigt: ein Byte für das Zeichen selbst und ein Byte für sein Attribut, welches die Darstellungsart festlegt. Daraus ergibt sich ein Gesamtspeicherplatzbedarf für den Bildschirm von

```
80 * 25 * 2 Bytes = 4000 Bytes.
```

Im Bildschirmspeicher liegen das Zeichen- und Attribut-Byte unmittelbar hintereinander, wobei das Attribut das höherwertige Byte belegt. Die Folge von Zeichen- und Attributwerten sind im Bildschirmspeicher sequenziell abgelegt. Dies ist nebenstehend illustriert. Der Offset eines Zeichens an der Bildschirmposition `zeile, spalte` kann daher wie folgt berechnet werden

```
zeile * 80 * 2 + spalte * 2.
```

Die nebenstehende Funktion puts_screen()

Die Funktion `puts_screen()` gibt einen String mit Attribut ab der angegebenen Position auf dem Bildschirm aus.

In der Funktion wird zunächst sichergestellt, dass die Variable `screen_seg` mit der Segmentadresse des Bildschirmspeichers initialisiert ist und die Parameter `zeile, spalte` gültige Werte enthalten. Dann wird mithilfe des Makros SCREEN_PTR der Zeiger `screen` auf die Stelle im Bildschirmspeicher positioniert, wo der String ausgegeben werden soll.

`screen` ist als Zeiger vom Typ `unsigned` vereinbart, um stets zwei Bytes in den Bildschirmspeicher zu schreiben, nämlich das Zeichen und sein Attribut. Das übergebene Attribut wird deshalb ins High-Byte der `unsigned`-Variablen `attribut` geshiftet.

In jedem Durchlauf der `while`-Schleife wird das nächste auszugebende Zeichen des Strings mit Attribut in den Bildschirmspeicher geschrieben und der Zeiger `screen` um zwei Bytes = `sizeof(unsigned int)` verschoben. Der Bitoperator `|` erzeugt hierbei den `unsigned`-Wert, der das Zeichen und das Attribut in der richtigen Reihenfolge enthält.

Hardware-Bausteine

Der Timerkanal

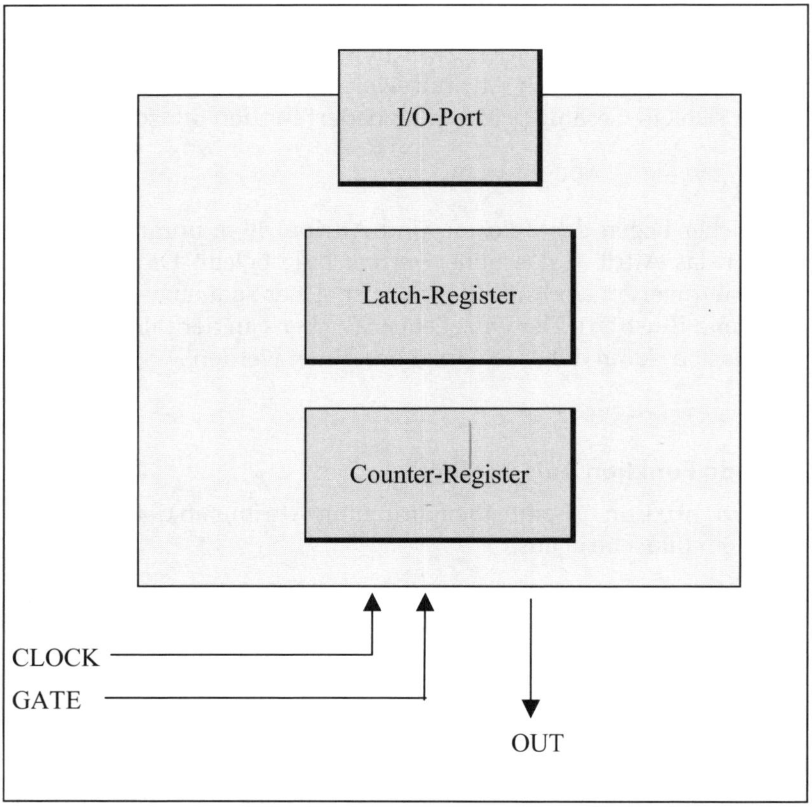

Der PC besteht aus Bausteinen, die von eigenen Mikroprozessoren kontrolliert werden. Sie übernehmen verschiedene Aufgaben zur internen Organisation bzw. für die Ein-/Ausgabe und entlasten damit die CPU. Beispiele sind der DMA-Controler (DMA = Direct Memory Access), der Bildschirmcontroler und der Baustein für die serielle Ein-/Ausgabe UART (= Universal Asynchronous Receiver Transmitter).

Der Timer-Baustein

Die Programmierung solcher Bausteine soll anhand des *Timer-Bausteins* Intel 8253 gezeigt werden, der als Zeitgeber und Zähler fungiert.

Der Timer-Baustein besteht intern aus drei unabhängigen *Timerkanälen*, deren I/O-Ports die Adressen 40H, 41H und 42H besitzen, sowie einem *Kommando-register* mit der Port-Adresse 43H. Die I/O-Ports sind 8 Bit breit und dienen der Kommunikation mit der »Umwelt«.

Die ersten beiden Timer-Kanäle werden für die Systemzeit bzw. für das Refreshing des RAM-Speichers verwendet. Der Timer-Kanal mit der Port-Adresse 42H ist mit dem Lautsprecher des PCs verbunden. Er kann als einziger in seiner Funktion verändert werden, ohne dass verhängnisvolle Nebeneffekte zu befürchten sind.

Die drei Timer-Kanäle sind von ihrem Aufbau her identisch. Jeder besitzt ein *Latch-Register* und ein *Counter-Register*, die beide 16 Bits breit sind, zwei *Signal-eingänge* CLOCK und GATE sowie einen *Signalausgang* OUT.

Erzeugen von Pulsfolgen

Die Funktionsweise ist Folgende: Am CLOCK-Eingang liegt eine konstante Frequenz von 1,19318 MHz an. In das Latch-Register wird eine Zahl, der so genannte *Teiler*, geschrieben. Dieser Wert wird in das Counter-Register übertragen und mit jedem Impuls am CLOCK-Eingang um `1` dekrementiert. Wenn das Counter-Register den Wert `0` erreicht, wird ein Puls über den Ausgang OUT rausgeschickt. Bei periodischer Wiederholung dieses Vorgangs entsteht so eine Pulsfolge mit der Frequenz 1193180/Teiler.

Hardware-Bausteine (Fortsetzung)

Das Kommandoregister

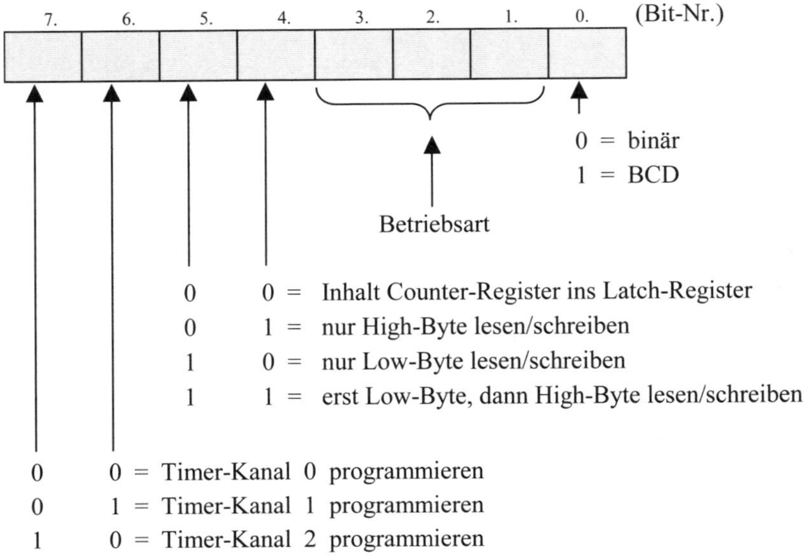

Verbindung zum Lautsprecher des PCs

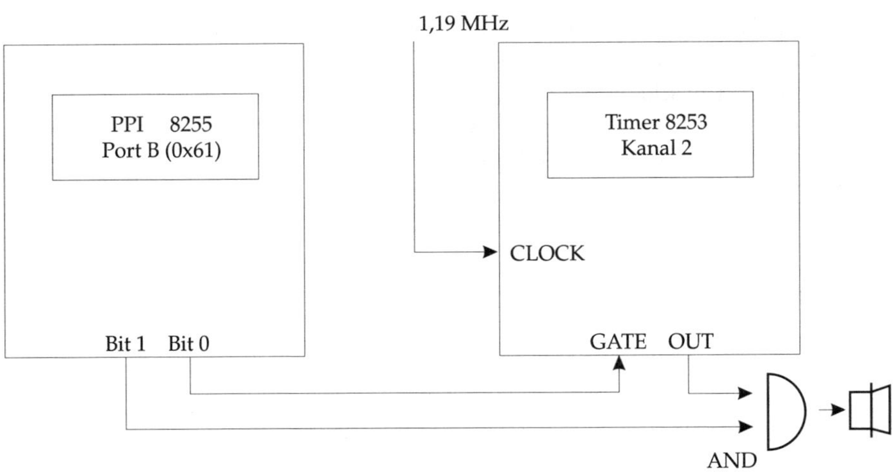

Das Kommando-Byte

Das Kommandoregister wird mit dem so genannten *Kommando-Byte* geladen, das u.a. festlegt, welcher Timer-Kanal programmiert und welche Betriebsart gewählt werden soll.

Die *Betriebsart* bestimmt die Länge der Pulsfolge, ob sich der Zählvorgang automatisch wiederholt und so weiter. Beispielsweise wird durch die Betriebsart 011 eine symmetrische Pulsfolge erzeugt, die zur Generierung von Tönen gut geeignet ist.

Da der Port nur acht Bits breit ist, das Latch-Register dagegen 16 Bits, bestimmt das Kommando-Byte außerdem, ob ein Schreib-/Lesevorgang nur das Low-Byte, nur das High-Byte oder beide Bytes im Latch-Register anspricht. Im letzten Fall werden zwei aufeinander folgende Schreib-/Leseoperationen ausgeführt, durch die zunächst auf das Low-Byte und dann auf das High-Byte zugegriffen wird.

Das Bit in der Position 0 des Kommando-Bytes legt fest, ob der Wert des Counter-Registers als Binär- oder BCD-Zahl interpretiert wird. Z. B. bestimmt das Kommando-Byte `0xB6 = 10110110` , dass

- der Inhalt des Counter-Registers als Binärzahl interpretiert wird,
- die Betriebsart zur Erzeugung einer symmetrischen Pulsfolge gewählt wird,
- zunächst das Low-Byte, dann das High-Byte ins Latch-Register geschrieben wird und
- der Timer-Kanal mit der Port-Adresse 42H programmiert wird.

Timer-Baustein programmieren

Die Programmierung des Timer-Bausteins erfolgt damit in zwei Schritten:

1. Kommando-Byte in den Port des Kommandoregisters schreiben.
2. Teiler in den Port des ausgewählten Timer-Kanals schreiben.

Erzeugung von Tönen

Die mit dem Timer-Baustein erzeugten Frequenzen können dazu benutzt werden, um Töne zu bilden. Der Lautsprecher des PCs ist über ein UND-Gatter direkt mit dem OUT-Ausgang des Timer-Kanals 2 verbunden.

Der zweite Eingang des UND-Gatters ist mit dem Bit 1 im Port B (Port-Adresse: 0x61) des PPI (= Programmable Peripherical Interface) verbunden. Bit 0 ist mit dem GATE-Eingang des Timer-Kanals 2 verdrahtet. Werden die Bits in der Position 0 und 1 des PPI-Ports B auf 1 gesetzt, so wird der Lautsprecher eingeschaltet. Durch Löschen dieser Bits wird der Lautsprecher wieder ausgeschaltet.

Programmieren von Ports

Beispielprogramm

```
/*  Music.c  -->   Ein Mini-Klavier.                            */

#include <stdio.h>
#include <conio.h>
#define ESC  27

void Sound(unsigned frequency), noSound(void);
unsigned f[] = {440, 493, 523, 587, 659, 698, 784, 880, 988};

char meld[] =  "\nMit den Tasten <1> bis <9> werden "
               "die Toene A (Kammerton), B, C,... erzeugt.\n"
     "Jede andere Taste stellt den Lautsprecher wieder ab.\n"
     "Ende des Programms mit <Esc>.\n\n";

int main()
{
   int c;
   puts(meld);                          /*  Meldung ausgeben.  */
   while( (c = getch()) != ESC)
     if( c >= '1' && c <= '9')          /* Ziffer eingelesen?  */
        Sound( f[c-'1'] );              /* Ja:  Ton ausgeben.  */
     else
        noSound();                      /* Nein: Ton abstellen.*/
   noSound();  return 0;
}

void Sound( unsigned frequency) /* Erzeugt einen Ton mit    */
{                               /* der angegebenen Frequenz.*/
   unsigned teiler, PPI_value;
   teiler = (unsigned)(1193180L / frequency);/* Teiler fuer */
                                            /* Timer-Baustein.*/
   outp(0x43, 0xB6);                        /* Kommando-Byte. */
   outp(0x42, (teiler & 0xFF) );  /* Low- und High-Byte des */
   outp(0x42, (teiler >> 8) );/* Teilers ins Latch-Register.*/

   PPI_value = inp(0x61);
   outp(0x61, (PPI_value | 3) ); /* Lautsprecher anstellen. */
}

void noSound(void)              /* Lautsprecher abschalten.*/
{
   unsigned PPI_value = inp(0x61);
   outp( 0x61, (PPI_value & ~3) );
}
```

Für die Programmierung von Hardware-Bausteinen stellen die Compiler Funktionen zum Lesen und Schreiben von Ports zur Verfügung. Es sollen hier die Funktionen `inp()` und `outp()` vorgestellt werden, wie sie z.B. der Microsoft-Compiler und Turbo-C bieten.

Schreiben in Ports

Die Funktion `outp()` schreibt ein einzelnes Byte in einen Port. Sie besitzt folgenden

Prototyp: `int outp(unsigned` *`port`*`, int` *`byte`*`);`

Das Argument *`port`* ist die Port-Adresse, die üblicherweise als Hexadezimalzahl angegeben wird. Der `int`-Wert *`byte`* wird in den Port geschrieben.

Lesen von Ports

Mit der Funktion `inp()` kann ein einzelnes Byte aus einem Port gelesen werden. Die Funktion besitzt den

Prototyp: `int inp( unsigned` *`port`*`);`

Der Return-Wert beider Funktionen ist das gelesene bzw. geschriebene Byte.

Das nebenstehende Mini-Klavier

Mit dem nebenstehenden Programm werden die Töne A (Kammerton), H, C, D, E, F, G, A, H beim Drücken der Tasten 1, 2, ... 9 erzeugt. Das Betätigen einer anderen Taste stellt den Lautsprecher wieder ab. Der Vektor `f` enthält die Frequenzen der zu generierenden Töne, also die Frequenz 440 für den Kammerton, die Frequenz 493 für den Ton H usw.

Die Funktion `Sound()` lädt zunächst das Kommando-Byte `0xB6` in den Port des Kommandoregisters. Mit den folgenden beiden Aufrufen von `outp()` wird dann das Low-Byte und anschließend das High-Byte des Teilers `teiler` in den Port `42H` des Timerkanals geschrieben.

Um den Lautsprecher anzustellen, liest die Funktion `inp()` zunächst das Byte von Port B des Peripheriebausteins (Portadresse 0x61). Die beiden niederwertigen Bits werden auf 1 gesetzt und dann mit `outp()` in den Port zurückgeschrieben.

Die Funktion `noSound()` liest ebenfalls das Byte im Port B des Peripheriebausteins und löscht dann die beiden unteren Bits. Das so geänderte Byte wird in den Port zurückgeschrieben und damit der Lautsprecher abgeschaltet.

Übungen

Registerbelegungen für den Interrupt 0x16 (Tastaturabfrage)

(**R:** Rückgabewerte in den Registern)

AH = 0 : Zeichen des nächsten Tastenanschlags holen

R : AL = ASCII-Code, AH = Tastencode

AH = 1 : Eingabe Status abfragen

R : ZF = 1 Kein Zeichen da (ZF = Zero Flag im Flagregister)
ZF = 0 Zeichen vorhanden

AH = 2 : Status von Umschalttasten holen

R : AL = Status (Bitcodiert: Bit = 1 ↔ Taste gedrückt)

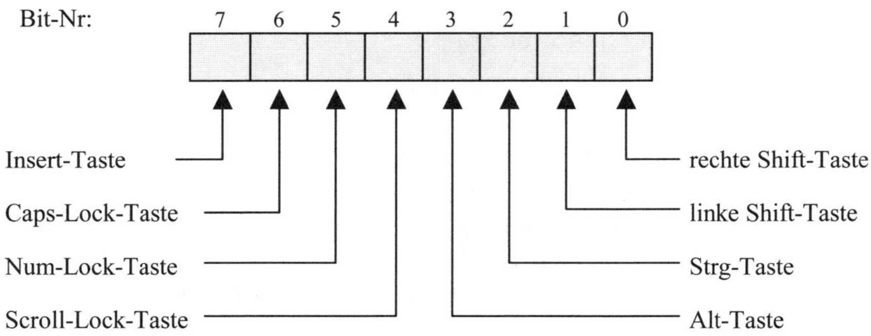

Erweiterte Codes für Sondertasten (Auswahl):

Taste(n)	Code
Home	71
End	79
Ins	82
Del	83
F1 - F10	59 - 68
Shift F1 - F10	84 - 93
Strg F1 - F10	94 - 103
Alt F1 - F10	104 - 113

Taste(n)	Code
↑	72
←	75
→	77
↓	80
PgUp	73
PgDn	81
Strg PgDn	118
Strg PgUp	132

1. Aufgabe:

Wird die Standardeingabe mithilfe des Betriebssystems umgelenkt, so wird jedes Zeichen statt von der Tastatur aus einer Datei gelesen. Um trotzdem die Möglichkeit zu haben, das Programm über die Tastatur zu steuern, ist es nötig, eine Eingabefunktion zur Verfügung zu haben, die Zeichen direkt von der Tastatur liest.

a) Schreiben Sie die Funktion `getcb()`, die den Interrupt 0x16 aufruft, um ein Zeichen von der Tastatur zu lesen. Der BIOS-Interrupt 0x16 ist nebenstehend beschrieben.

   Nach Aufruf des Interrupts mit `AH = 0` befindet sich in `AL` der ASCII-Code des eingelesenen Zeichens. Wurde jedoch eine Sondertaste, z.B. eine der Funktionstasten F1 - F10, gedrückt, so wird dies durch den Wert `0` in AL angezeigt und in `AH` befindet sich der erweiterte Code für diese Sondertaste.

   Damit das aufrufende Programm zwischen den Zeichen-Codes (`0 - 255`) und den erweiterten Codes unterscheiden kann, soll `getcb()` im Fall von Sondertasten den erweiterten Code + `256` zurückgeben.

   Nebenstehend ist der erweiterte Code wichtiger Sondertasten angegeben. Weitere können Sie selbst durch Aufruf von `getcb()` ermitteln.

   Argument: Keines

   Return-Wert: Zeichen-Code des eingelesenen Zeichens bzw.
erweiterter Code + `256`

Schreiben Sie einen Filter für die Ausgabe von Textdateien. Nach jeweils 22 Textzeilen soll die Ausgabe mit folgender Meldung unterbrochen werden:

```
"-----   Weiter mit beliebiger Taste   -----"
```

☞ Verwenden Sie `getcb()` ***nur*** zur Steuerung des Programms!

2. *Aufgabe:*

Es soll die »Bibliothek« mit den BIOS-Routinen für die Bildschirmausgabe durch die Funktionen `putcb()`, `putcb9()`, `balken()` und `input()` ergänzt werden. Damit können Zeichen schnell, auch mehrfach und mit Attribut, ausgegeben bzw. eingelesen werden.

- Die Funktion `putcb()` ruft die Subfunktion 14 (»Teletype-Routine«) des Video-Interrupts auf, um ein Zeichen auf der aktuellen Cursor-Position am Bildschirm auszugeben.

  Argument: Das auszugebende Zeichen.

  Return-Wert: Keiner.

  Bemerkung: Die Teletype-Routine wird auch vom Betriebssystem für die Ausgabe auf dem Bildschirm benutzt. Der Cursor wird versetzt. Das Attribut-Byte im Bildschirmspeicher bleibt unverändert.

- Die Funktion `putcb9()` gibt mithilfe der Subfunktion 9 des Video-Interrupts ein Zeichen mit Attribut ab der aktuellen Cursor-Position mehrfach aus.

  Argumente: Das Zeichen, die Anzahl, wie oft das Zeichen auszugeben ist und den Modus.

  Return-Wert: Keiner.

  Bemerkung: Der Cursor wird hierbei nicht versetzt.

- Die Funktion `balken()` verwendet die Funktionen `set_cur()` und `putcb9()`, um den Cursor auf eine vorgegebene Position zu setzen und einen Balken bestimmter Länge auszugeben.

  Argumente: Die Zeile und Spalte der Cursor-Position, die Länge des auszugebenden Balkens, das Füllzeichen und den Modus für den Balken.

  Return-Wert: Keiner.

  Bemerkung: Der Cursor bleibt auf der ersten Position im Balken.

- Die Funktion `input()` wurde bereits im Kapitel 15, »Mehr über Zeiger«, vorgestellt. Sie soll jetzt mithilfe der Funktionen `getcb()` und `putcb()` anstelle von `getch()` bzw. `putch()` realisiert werden. Dadurch bleiben die vorhandenen Zeichenattribute erhalten.

  Erstellen Sie die vier Funktionen und testen Sie diese. Die Funktion `balken()` kann ein Eingabefeld anzeigen und ist daher gut mit der Funktion `input()` zu verwenden. Schreiben Sie die Prototypen aller Funktionen, die das BIOS verwenden, in die Datei `Bio.h`

3. Aufgabe:

Die Verwendung von far-Zeigern wurde anhand der Aufgabe verdeutlicht, einen String direkt in den Bildschirmspeicher zu schreiben.

Die zur Lösung der Aufgabe nötigen Funktionen `get_screen_seg()` und `puts_screen()` sind bereits in diesem Kapitel erstellt worden. Sie sind in der Quelldatei `Screen.c` enthalten.

Schreiben Sie nun die Funktion `main()`, welche

a) durch Aufruf der Funktion `get_screen_seg()` den Videomodus und die Segmentadresse des Bildschirmspeichers feststellt. Falls die Funktion den Wert `0` zurückgibt, soll das Programm mit einer entsprechenden Fehlermeldung enden;

b) den Bildschirm löscht und das Attribut für den auszugebenden String im Dialog als Hexadezimalzahl (0 - 0xFF) einliest;

c) durch Aufruf der Funktion `puts_screen()` eine Zeichenkette in der Mitte des Bildschirms ausgibt.

4. Aufgabe:

Erweitern Sie das Modul `Screen.c` durch die Funktion `Window()`, welche ein Fenster mit angegebenem Attribut auf dem Bildschirm ausgibt und, falls erwünscht, einen Rahmen um das Fenster zeichnet. Die Ausgabe des Fensters erfolgt durch direktes Schreiben von Blanks mit Attribut in den Bildschirmspeicher.

Als Argumente erhält die Funktion

- Zeile und Spalte der linken oberen Ecke des Fensters,
- Zeile und Spalte der rechten unteren Ecke des Fensters,
- das Attribut für das Fenster,
- ein Flag für den Fensterrand (1 = mit , 0 = ohne Rand),
- das Attribut für den Rand.

Schreiben Sie anschließend eine main-Funktion, mit welcher Sie die Funktion `Window()` testen können.

Lösungen

zur Aufgabe 1.a):

```
/* Getcb.c --> Die Funktion getcb() liefert die naechste *
 *             Tastatureingabe (ruft  BIOS-INT 0x16 auf).*

 *             Return-Wert:                              *
 *             ASCII-Code  bzw.  erweiterter Code + 256  */

#include <dos.h>

int getcb( void)
{
   union REGS intregs;

   intregs.h.ah = 0;        /* Subfunktion 0: ein Zeichen */
                            /* von der Tastatur lesen.    */
   int86( 0x16, &intregs, &intregs);

   if( intregs.h.al != 0)       /* Falls ASCII-Zeichen,   */
      return (intregs.h.al);    /* dieses zurueckgeben.   */
   else                         /* Sonst den erweiterten  */
      return (intregs.h.ah + 0x100); /* Code + 256.       */
}
```

zur Aufgabe 1.b):

```
/*  Show.c  -->  Ein Filter, der jeweils eine              *
 *               Bildschirmseite eines Textes anzeigt.     *
 *               Aufruf:  SHOW < TEXT.DAT                  *
 *                                                         *
 *  Verwendete Module:  Getcb.c                            */

#include <stdio.h>

extern int  getcb( void);

static char weiter[] =
          " - - -  Weiter mit beliebiger Taste!   - - - ";
```

```
int main()
{
   int c;  long line = 0;

   while( (c = getchar()) != EOF) /* Solange ein Zeichen  */
   {                              /* gelesen werden kann, */
      putchar(c);                 /* Zeichen ausgeben.    */

      if( c == '\n')
      {
         ++line;
         if( line % 22 == 0)      /* Nach 22 Zeilen:      */
         {                        /* die Ausgabe anhalten.*/
            fprintf(stderr, "\n\n %60s", weiter);
            getcb();
            fprintf(stderr, "\n\n");
         }
      }
   }
   fprintf(stderr,"\n\nEs wurden %ld Zeilen ausgegeben.\n"
                                                  ,line);
   return 0;
}
```

zur 2. Aufgabe:

```
/*  Putcb.c  -->  Enthaelt die Funktionen                  *
 *                 -  putcb()                               *
 *                 -  putcb9()                              *
 *                 -  balken()                              *
 *                 -  input()                               *
 *                                                          *
 *  Die Prototypen dieser Funktionen stehen in Bio.h        *
 *  Verwendete Module:  Getcb.c                             *
 *                                                          *
 * Für die Bildschirmausgabe werden die Sub-Funktionen 9 *
 * und 14 des Video-Interrupts (ROM-BIOS-Interrupt 0x10) *
 * aufgerufen.                                             */

#include <dos.h>

#define  VIDEO_INT  0x10
```

Lösungen (Fortsetzung)

zur 2. Aufgabe (Fortsetzung):

```
/*-------------------------------------------------------------
 * putcb(c) gibt das Zeichen auf der aktuellen Cursor-
 *          Position am Bildschirm aus. Der Cursor wird
 *          versetzt. Die Steuerzeichen Backspace, CR, LF
 *          und BELL werden ausgefuehrt.
 *
 *          Return-Wert:  keiner                        */

void  putcb(unsigned char c)  /* Gibt das Zeichen in c   */
{                             /* auf den Bildschirm aus. */
      union REGS  intregs;

      intregs.h.ah = 14;  /* Subfunktion 14 ("Teletype").*/
      intregs.h.al = c;
      intregs.h.bl = 0xf;        /*  Vordergrund-Farbe im  */
                                 /*  Grafik-Modus.         */
      int86(VIDEO_INT, &intregs, &intregs);
}


/*-------------------------------------------------------------
 * putcb9(c,count,mode)   Gibt das Zeichen in c count-
 *                        mal im angegebenen Modus auf der
 *                        aktuellen Cursor-Position am
 *                        Bildschirm aus.
 *                        Der Cursor wird nicht versetzt.
 *
 *                        Return-Wert: keiner              */
```

```
void  putcb9( unsigned char c,            /*  Das Zeichen, */
              unsigned count,             /*  die Anzahl,  */
              unsigned mode )  /* Low-Byte:  das Atrribut.*/
{                      /* High-Byte: die Bildschirmseite */
     union REGS intregs;

     intregs.h.ah = 9;    /* Subfunktion 9 des Int 0x10  */
     intregs.h.al = c;
     intregs.x.bx = mode;
     intregs.x.cx = count;

     int86( VIDEO_INT, &intregs, &intregs);
}

/*----------------------------------------------------------
 * balken() Positioniert den Cursor und zeichnet einen
 *          Balken, wobei Position, Laenge, Fuellzeichen
 *          und Attribut als Argumente uebergeben werden.
 *          Der Cursor bleibt auf der ersten Position im
 *          Balken.
 */

void balken( unsigned int  zeile,   /* Start-Position.   */
             unsigned int  spalte,
             unsigned int  laenge,  /* Laenge des Balkens.*/
             unsigned char c,       /* Fuellzeichen.      */
             unsigned int  modus)   /* Low-Byte: Attribut.*/
{                          /* High-Byte: Bildschirmseite.*/
    union REGS  intregs;

    intregs.h.ah = 2;       /* Cursor auf der angegebenen */
    intregs.h.dh = zeile;  /* Bildschirmseite versetzen. */
    intregs.h.dl = spalte;
    intregs.h.bh = modus >> 8;

    int86(VIDEO_INT, &intregs, &intregs);

    putcb9(c, laenge, modus);          /* Balken ausgeben. */
}
```

Lösungen (Fortsetzung)

zur 2. Aufgabe (Fortsetzung):

```
/* input()    Liest Zeichen von der Tastatur und haengt '\0'
 *            an. Das Attribut am Bildschirm bleibt erhalten.
 *            Die optionalen Argumente sind Zeichen, mit
 *            denen die Eingabe abgebrochen werden kann.
 *            Diese Liste muss mit CR = '\r' enden!          */
#include <stdarg.h>

extern int getcb( void);

int input(char *puffer, int max,... )
{
   int c, breakc;       /* Aktuelles Zeichen, Abbruchzeichen.*/
   int nc = 0;          /* Anzahl eingelesener Zeichen.      */
   va_list argp;        /* Zeiger auf die weiteren Arumente.  */

   while(1)
   {
      *puffer = '\0';
      va_start(argp, max);            /* argp initialisieren.  */
      c = getcb();

      do         /* Mit Zeichen der Abbruchliste vergleichen.*/
         if(c == (breakc = va_arg(argp,int)) )
            return(breakc);
      while( breakc != '\r' );
      va_end( argp);

      if( c == '\b' &&  nc > 0)                 /* Backspace? */
      {
         --nc,  --puffer;
         putcb(c);  putcb(' '); putcb(c);
      }
      else if( c >= 32  &&  c <= 255  &&  nc < max )
         ++nc,  *puffer++ = c,  putcb(c);
      else if( nc == max)
        putcb('\7');                          /* Ton ausgeben.*/
   }
}
```

zur 3. Aufgabe:

```
/* T_Screen.c --> Testet das Modul Screen.c, indem es einen   *
 *                String mit verschiedenen Attributen          *
 *                direkt in dem Bildschirmspeicher schreibt.   *
 *                                                             *
 *  Verwendete Module:  Screen.c, Video.c                     */

#include <stdio.h>
#include "Bio.h"            /* Prototypen von cls(), set_cur() */

#define  NORMAL  7

unsigned get_screen_seg( void);
void puts_screen(int zeile,int spalte, char *s, unsigned attr);

int main(void)
{
    unsigned a = 0;                                 /* Attribut */
    static char str[] = "Dieser String wird direkt in "
                        "den Bildschirmspeicher geschrieben!";

    if( !get_screen_seg() )
    {
        printf("Falscher Video-Modus\n");  return 1;
    }

    cls();
    puts_screen(4,0, "Bitte hexadezimal ein Attribut "
                    "eingeben (0 .. ff): ", NORMAL);
    puts_screen(5,0,"(Abbruch mit <q>+<Return>)", NORMAL);

    set_cur(4,54);
    while( scanf("%x", &a) > 0)
    {
        puts_screen(10, 10, str, a);
                                 /* Eingabefeld loeschen: */
        puts_screen( 4, 54, "              ", NORMAL);
        set_cur(4,54);
    }
    cls();
    return 0;
}
```

Lösungen (Fortsetzung)

zur 4. Aufgabe:

```
/* Screen2.c -->  Enthaelt den Inhalt der Datei Screen.c und    *
 *                die folgende Funktion Window():               *
 *                                                              *
 * Window()  Loescht ein Fenster mit dem angegebenen Attribut   *
 *           und zeichnet, falls gewuenscht, einen Rahmen um    *
 *           das Fenster.                                       */

void  Window( unsigned top,          /* Fensterecke oben links.   */
              unsigned left,
              unsigned bottom,       /* Fensterecke unten rechts. */
              unsigned right,
              unsigned wattr,        /* Fensterattribut.          */
              unsigned bflag,        /* bflag=1 : mit Rand.       */
              unsigned battr)        /* Randattribut.             */
{
    register unsigned  i, end;
             unsigned  start, row, screen_val;

    if( bottom > 24 || top  > bottom)  return;
    if( right  > 79 || left > right )  return;

    if( screen_seg == 0)  return; /* screen_seg initialisiert?*/

     /* Zeiger screen in den Bildschirmspeicher zeigen lassen:*/
    screen = SCREEN_PTR( screen_seg, 0);         /* Offset = 0  */

    screen_val = (wattr << 8) + ' '; /* Attribut ins High-Byte,*/
                                     /* Blank ins Low-Byte.    */
    start = top * 80 + left;
    for( row = top; row <= bottom; ++row)  /* Fenster anzeigen.*/
    {
       end  =  start + right - left;
       for( i = start; i <= end; ++i)       /* Eine Zeile des   */
          screen[i] = screen_val;           /* Fensters.        */
       start += 80;
    }
```

```
    if( bflag != 1)  return;                  /* Fertig, falls kein */
                                              /* Rahmen gewuenscht. */

    /*          ----     Umrandung zeichnen     -----              */

    battr <<= 8;                       /* Randattribut ins High-Byte.*/
    start  -= 80;   i = start;         /* linke, untere Ecke.       */

    screen[i++] = battr | 200;                     /* 200 = '+'    */

    screen_val  = battr | 205;                     /* 205 = '-'    */
    end = start + right - left;

    while( i < end)
       screen[i++] = screen_val;
    screen[i] = battr | 188;                       /* 188 = '+'    */

    screen_val = battr | 186;                      /* 186 = '|'    */
    end -= (bottom - top) * 80;

    for( i -= 80; i > end; i -= 80)
       screen[i] = screen_val;
    screen[i--] = battr | 187;                     /* 187 = '+'    */

    screen_val  = battr | 205;                     /* 205 = '-'    */
    end -= (right - left);

    while( i > end)
       screen[i--] = screen_val;
    screen[i] = battr | 201;                       /* 201 = '+'    */

    screen_val = battr | 186;                      /* 186 = '|'    */
    for( i += 80; i < start; i += 80)
       screen[i] = screen_val;
}

void clr( int top, int bottom)        /* Bildschirm von Zeile top */
{                                     /* bis bottom loeschen.      */
     Window( top, 0, bottom, 79, 7, 0, 7);
                        /* Attribut 7 = normal, kein Rand.         */
}
```

Lösungen (Fortsetzung)

zur 4. Aufgabe (Fortsetzung):

```
/*  T_Win.c  -->  Testet die Funktion Window() aus dem Modul    *
 *               Screen2.c, indem es Testwerte einliest und    *
 *               das entsprechende Fenster anzeigt.            *
 *                                                             *
 *  Verwendete Module:  Screen2.c, Video.c                    */

#include <stdio.h>                /* Prototyp von scanf()      */
#include <conio.h>                /* Prototyp von getch()      */
#include "Bio.h"                  /* Prototyp von set_cur()    */
#include "Screen.h"          /* Prototypen von get_sreen_seg(),  */
                             /* puts_screen(), Window(), clr().  */
#define  NORMAL  7

int main()                      /* Die Funktion Window() testen.*/
{
   int oben, unten, links, rechts, fattr, rattr;

   if( get_screen_seg() == 0)  return 1;

   clr(0, 24);
   while(1)
   {
      puts_screen(20, 0, "Bitte Werte eingeben fuer:", 7);
      clr(21,24);
      puts_screen(21, 0,"oben, links, unten, rechts", 0x70);
      set_cur(22, 0);

      if(scanf("%d %d %d %d", &oben,&links,&unten,&rechts) < 4)
         break;
      clr(21,24);
      puts_screen(21, 0,"Fensterattibut und Randattribut "
                        "(hexadezimal)", 0x70);
      set_cur(22,0);
      if( scanf("%x %x", &fattr, &rattr) < 2)
         break;
                                  /* Fenster ohne Rahmen:    */
      Window(oben, links, unten, rechts, fattr, 0, rattr);
      getch();                    /* Auf eine Taste warten. */
                                  /* Fenster mit Rahmen:     */
      Window( oben, links, unten, rechts, fattr, 1, rattr);
   }
   return 0;
}
```

Teil 3

Funktionen der Standardbibliothek

Dieser Teil enthält die Funktionen der ANSI-C Standardbibliothek und einige wichtige andere C-Funktionen, wie z.B. die Routinen für den Low-Level-Dateizugriff.

Die Funktionen werden in alphabetischer Reihenfolge behandelt. Für jede Funktion sind jeweils der *Prototyp*, die entsprechende Header-Datei, eine *Beschreibung*, der *Return-Wert* und ein kurzes *Beispiel* angegeben. In den Beispielen wird aus Platzgründen generell auf die Angabe der Header-Dateien verzichtet. Bei der Verwendung eines Beispiels müssen natürlich die entsprechenden Header-Dateien inkludiert werden. Wenn als Argument ein Dateiname anzugeben ist, kann dieser auch eine Pfadangabe enthalten.

Die mit **ANSI** gekennzeichneten Funktionen entsprechen dem ANSI-Standard von 1989 oder seiner Ergänzung von 1995. Sie werden heute von allen gängigen Compilern unterstützt. Mit dem internationalen Standard ISO7IEC 9899:1999 wurden 1999 zusätzliche Funktionen eingeführt, z.B. die mathematischen Funktionen für komplexe Zahlen. Diese neuen Funktionen sind jedoch noch nicht bei allen Compilern verfügbar und sind hier zusätzlich mit **C99** gekennzeichnet.

Funktionen zur Verarbeitung von Breitzeichen

Neben den klassischen Funktionen zur Verarbeitung von Byte-Zeichen, d.h. Zeichen vom Typ `char`, stellt der ANSI-Standard mit der Ergänzung von 1995 auch die entsprechenden Funktionen zur Verarbeitung von Breitzeichen (engl. *wide characters*) zur Verfügung. Ein Breitzeichen hat den Typ `wchar_t` und wird gewöhnlich zum Speichern eines Zeichens im Unicode verwendet. Der Unicode ist eine Erweiterung der Zeichensätze ASCII und Latin-1 (ISO 8859-1). Er unterstützt die Zeichen nahezu jeder Sprache dieser Welt. Informationen zum Unicode finden Sie unter `http://www.unicode.org/`.

Im Unterschied zu den Byte-Funktionen enthalten die Namen der entsprechenden Breitzeichen-Funktionen ein zusätzliches w, wie beispielsweise `putwc()` statt `putc()` oder `wscanf()` statt `scanf()`. Auch für jede Funktion zur Verarbeitung von Byte-Strings gibt es eine entsprechende Funktion für Breitzeichen-Strings (engl. *wide character strings*). Im Namen dieser Funktionen wird das Kürzel `str` der entsprechenden Byte-Funktion durch das Kürzel `wcs` ersetzt. So sind beispielsweise `wcscmp()` und `wcsftime()` die Namen der Breitzeichen-Versionen von `strcmp()` und `strftime()`. Um doppelte Beschreibungen derselben Funktionalität zu vermeiden, werden in dieser Referenz die Breitzeichen-Funktionen unter der entsprechenden Byte-Funktion aufgeführt.

Mathematische Funktionen und C99

Mit dem C-Standard von 1999 wurde die mathematische Bibliothek wesentlich erweitert. Zusätzlich zu neuen reellen Funktionen wurden auch komplexe Funktionen und eine Gleitpunktumgebung zur differenzierteren Steuerung und Fehlerbehandlung eingeführt.

Funktionen für reelle Gleitpunkttypen

Die Funktionen für reelle Gleitpunkttypen der Standardbibliothek vor 1999 waren nur für den Typ `double` definiert, d.h. die Parameter und der Return-Wert sind vom Typ `double`. Mit C99 wurden zusätzliche Versionen dieser Funktionen für die Typen `float` und `long double` eingeführt, deren Namen mit dem Suffix `f` (für `float`) bzw. `l` (für `long double`) enden. Zum Beispiel gibt es folgende Versionen der Exponentialfunktion für die reellen Gleitpunkttypen:

```
double exp( double x);
float expf( float x);
long double expl( long double x);
```

Auch die mit C99 neu eingeführten reellen Funktionen stehen in drei Versionen zur Verfügung, wobei die Namen der Versionen für `float` wieder mit dem Suffix `f` und die für `long double` mit `l` enden. Alle Funktionen für reelle Gleitpunkttypen sind in der Header-Datei `math.h` deklariert.

Funktionen für komplexe Gleitpunkttypen

Zur Darstellung von komplexen Zahlen in einem C-Programm wurden mit C99 die komplexen Gleitpunkttypen `float _Complex`, `double _Complex` und `long double _Complex` eingeführt. Außerdem wurden zahlreiche komplexe Funktionen definiert, um Operationen mit komplexen Zahlen ausführen zu können (siehe Anhang, »Komplexe Gleitpunkttypen«). Die Namen dieser Funktionen beginnen mit `c` (für complex) und sind in der Header-Datei `complex.h` deklariert.

Auch die komplexen Funktionen gibt es in drei Versionen, wobei die Namen für die Typen `float _Complex` und `long double _Complex` wieder mit dem Suffix `f` bzw. `l` enden. Zum Beispiel gibt es folgende drei Versionen der Exponentialfunktion für die komplexen Gleitpunkttypen:

```
double _Complex cexp( double _Complex x);
float _Complex cexpf( float _Complex x);
long double _Complex cexpl( long double _Complex x);
```

In der Header-Datei `complex.h` ist außer dem Makro `I` für die imaginäre Einheit auch das Makro `complex` als Synonym für `_Complex` definiert. Anstelle von `_Complex` kann also auch das Makro `complex` verwendet werden.

Typgenerische Makros

Die verschiedenen Versionen einer mathematischen Funktion können einheitlich mit einem generischen Namen aufgerufen werden. In der Header-Datei `tgmath.h` sind dafür so genannte *typgenerische Makros* definiert, die an Hand des Argumenttyps die passende Funktion auswählen. Beispielsweise gibt es zu den oben genannten sechs Exponentialfunktionen

`exp()`, `expf()`, `expl()`, `cexp()`, `cexpf()` und `cexpl()`

das typgenerische Makro `exp()`. Wird nun das Makro `exp()` mit einem Argument vom Typ `float _Complex` aufgerufen, so wird automatisch die Funktion `cexpf()` ausgeführt.

Der Name des typgenerischen Makros einer mathematischen Funktion, die nur für reelle Gleitpunkttypen oder für reelle und komplexe Gleitpunkttypen deklariert ist, stimmt immer mit dem Namen der Funktion überein, die in `math.h` für den Typ `double` deklariert ist. Ist eine Funktion nur für komplexe Gleitpunkttypen definiert, so ist der Name des typgenerischen Makros identisch mit dem Namen der Funktion für den Typ `double _Complex`.

In diesem Referenzkapitel sind die mathematischen Funktionen stets unter dem Namen des typgenerischen Makros beschrieben.

Fehlerbehandlung

Beim Aufruf einer mathematischen Funktion tritt ein so genannter *Domain Error* auf, wenn das Argument nicht im Definitionsbereich der Funktion liegt. Beispielsweise kann die reelle Wurzelfunktion `sqrt()` nicht mit einem negativen Wert aufgerufen werden, da sie dafür nicht definiert ist. Ein *Range Error* liegt vor, wenn das Ergebnis nicht mit dem Typ des Return-Wertes darstellbar ist. Dies wird entweder durch einen *Überlauf* oder einen *Unterlauf* verursacht, je nachdem, ob das Ergebnis für die Darstellung zu groß oder zu klein ist. Zum Beispiel tritt ein Überlauf ein, wenn die Funktion `exp()` mit einem großen `double`-Wert aufgerufen wird.

Traditionell werden diese Fehler anhand des Return-Wertes und des Wertes der globalen Fehlervariablen `errno` ermittelt. Makros für mögliche Werte wie `EDOM` (Domain Error) und `ERANGE` (Range Error) und die ganzzahlige Variable `errno` sind in der Header-Datei `errno.h` deklariert.

Eine weitere Möglichkeit zur Fehlerbehandlung bietet die *Gleitpunktumgebung* des C99-Standards. Die Gleitpunktumgebung besteht einerseits aus Systemvariablen für Statusflags, die durch so genannte *Gleitpunkt-Exceptions* gesetzt werden. Andererseits bietet die Gleitpunktumgebung die Möglichkeit, Kontrollmodi, beispielsweise für die Art der Rundung, festzulegen. Ein Programm kann auf die Gleitpunktumgebung mit Funktionen der Standardbibliothek zugreifen. Die Funktionsnamen beginnen mit dem Präfix `fe`, wie zum Beispiel `fetestexcept()` oder `fegetround()`. Alle Deklarationen, welche die Gleitpunktumgebung betreffen, sind in der Header-Datei `fenv.h` enthalten.

Der C99-Standard schreibt nicht vor, dass jeder C-Compiler Gleitpunkt-Exceptions und/oder Kontrollmodi unterstützt. Werden Gleitpunkt-Exceptions unterstützt, ist für jede mögliche Exception ein ganzzahliges Makro definiert, mit dem das entsprechende Statusflag angesprochen werden kann. Dazu gehören mindestens die folgenden Makros:

```
FE_DIVBYZERO, FE_INEXACT, FE_INVALID, FE_OVERFLOW,
FE_UNDERFLOW
```

Außerdem ist in `math.h` das Makro `math_errhandling` definiert, das anzeigt, ob ein Programm zur Fehlerbehandlung die globale Fehlervariable `errno` oder Gleitpunkt-Exceptions oder beides benutzen kann. Ist der Ausdruck

```
math_errhandling & MATH_ERRNO
```

ungleich `0` wird im Fall eines Domain Errors die Fehlervariable `errno` auf den Wert `EDOM` gesetzt und im Fall eines Überlaufs auf den Wert `ERANGE`. Im Fall eines Unterlaufs bestimmt der jeweilige Compiler, ob die Fehlervariable `errno` den Wert `ERANGE` erhält. Ist der Ausdruck

```
math_errhandling & MATH_ERREXCEPT
```

ungleich `0` wird im Fall eines Domain Errors die Exception `FE_INVALID` ausgelöst. Im Fall eines Überlaufs wird die Exception `FE_OVERFLOW` ausgelöst, wenn das mathematische Ergebnis endlich ist, andernfalls die Exception `FE_DIVBYZERO`. Im Fall eines Unterlaufs bestimmt der jeweilige Compiler, ob die Exception `FE_UNDERFLOW` ausgelöst wird.

Hinweis Ein Programm, das auf die Gleitpunktpunktumgebung zugreift, muss den Compiler mit folgendem Standardpragma darüber informieren:

```
#pragma STDC FENV_ACCESS ON
```

Siehe Anhang »Präprozessor Direktiven«, Abschnitt »Die #pragma-Direktive«.

abort ANSI

```
#include <stdlib.h>
void abort(void);
```

Beschreibung

Die Funktion `abort()`, »abort«, beendet das Programm durch einen Aufruf von `raise(SIGABRT)`. Es wird eine Meldung wie z.B.

```
Abnormal program termination
```

auf die Fehlerausgabe `stderr` ausgegeben. Unter UNIX wird auch ein Speicherauszug erzeugt.

Im Gegensatz zur normalen Programmbeendigung mit `exit()` werden nicht die Puffer der Standard-Dateifunktionen übertragen und die mit `atexit()` installierten Funktionen aufgerufen.

Return-Wert

Keiner

Beispiel

```
void main(int argc, char **argv)
{
  FILE *fp;

  if( argc != 2  ||  (fp = fopen(argv[1], "r")) == NULL)
  {
    fputs("Keine Datei angegeben oder Fehler beim Öffnen\n",
                                                   stderr);
    abort();
  }
  ......
}
```

abs **ANSI**

```
#include <stdlib.h>
int abs(int x);
```

Beschreibung

Die Funktion `abs()`, »absolute value«, berechnet den Absolutwert des `int`-Wertes *x*.

Für die Berechnung des Absolutwertes einer ganzen Zahl vom Typ `long` oder `long long` oder `intmax_t` gibt es die Funktionen `labs()`, `llabs()` und `imaxabs()`. Den Absolutwert einer Gleitpunktzahl liefert die Funktion `fabs()` oder eine Variante davon.

Return-Wert

Der Absolutwert von *x*, d. h.

x, falls *x* >= 0,

-*x*, falls *x* < 0.

Beispiel

```
printf("abs(-9) = %d\n", abs(-9));
printf("abs( 2) = %d\n", abs(2));

/* Ausgabe:    abs(-9) = 9
               abs( 2) = 2                        */
```

access

```
#include <io.h>                    /* Prototyp der Funktion  */
int access(char *name, int amode);
```

Beschreibung

Die Funktion access(), »access«, prüft, ob die mit *name* angegebene Datei existiert und die Zugriffsrechte *amode* besitzt. Die Funktion steht auf UNIX-, Windows- und DOS-Systemen zur Verfügung. Manche Compiler, wie z.B. Microsoft Visual C++, stellen dem Namen der Funktion einen Unterstrich voran.

Das Argument amode kann als einstellige Oktalzahl angegeben werden, wobei die einzelnen Bits die unter UNIX übliche Bedeutung haben:

amode	Bedeutung
	Prüfen, ob:
00	Datei existiert
01	Datei ausführbar ist (nur UNIX)
02	Datei beschreibbar ist
04	Datei lesbar ist
06	Datei lesbar und beschreibbar ist

Unter DOS ist jede Datei lesbar und auf jedes Directory kann lesend und schreibend zugegriffen werden.

Return-Wert

Die Funktion gibt 0 zurück, falls der geforderte Zugriff möglich ist. Andernfalls gibt access() den Wert -1 zurück und die Fehlervariable errno erhält den Wert ENOENT (»ungültiger Dateiname«) oder EACCES (»geprüfter Zugriff nicht möglich«).

Beispiel

```
if( access("test.dat", 02) == 0)
  printf("Dieser Prozess darf in die Datei \"test.dat\"
                                          schreiben.\n");
```

acos ANSI

```
#include <math.h>
double acos(double x);
float acosf(float x);                                         C99
long double acosl(long double x);                             C99

#include <complex.h>
double complex cacos(double complex z);                       C99
float complex cacosf(float complex z);                        C99
long double complex cacosl(long double complex z);            C99
```

Beschreibung

Die Funktion `acos()`, »arc cosine«, berechnet den Arcus Cosinus ihres Arguments. Die Funktion ist die Umkehrfunktion des Cosinus `cos()`.

Das Argument *x* der reellen Funktionen muss zwischen `-1` und `+1` (beide einschließlich) liegen. Andernfalls tritt ein Domain Error auf und die Fehlervariable `errno` erhält den Wert `EDOM`.

Return-Wert

Die reellen Funktionen geben den Arcus Cosinus von *x* im Bogenmaß zurück, d.h. einen Wert zwischen 0 und π = 3.1415927.... .

Die komplexen Funktionen geben den komplexen Arcus Cosinus von *z* zurück, dessen Realteil einen Wert zwischen 0 und π = 3.1415927.... hat.

Beispiel

```
printf("acos(-1.0) = %6.4f\n", acos(-1.0));
printf("acos( 0.0) = %6.4f\n", acos( 0.0));
printf("acos( 1.0) = %6.4f\n", acos( 1.0));
/* Ausgabe:  acos(-1.0) = 3.1416
             acos( 0.0) = 1.5708
             acos( 1.0) = 0.0000                         */
```

Hinweis In der Header-Datei `tgmath.h` ist das typgenerische Makro `acos()` definiert, das es erlaubt, die Funktion Arcus Cosinus für alle reellen und komplexen Gleitpunkttypen mit demselben Namen aufzurufen.

acosh ANSI

```
#include <math.h>
double acosh(double x);                                        C99
float acoshf(float x);                                         C99
long double acoshl(long double x);                             C99

#include <complex.h>
double complex cacosh(double complex z);                       C99
float complex cacoshf(float complex z);                        C99
long double complex cacoshl(long double complex z);            C99
```

Beschreibung

Die Funktion `acosh()`, »arc cosine hyperbolicus«, berechnet den Arcus Cosinus Hyperbolicus des übergebenen Arguments. Sie ist die Umkehrfunktion des Cosinus Hyperbolicus `cosh()`. Mathematisch ist die Funktion identisch mit `log(x + sqrt(x*x-1))`. Das gilt entsprechend auch für die komplexen Versionen der Funktion.

Das Argument *x* der reellen Funktionen muss größer oder gleich `1` sein. Andernfalls tritt ein Domain Error auf und die Fehlervariable `errno` erhält den Wert `EDOM`.

Return-Wert

Die reellen Funktionen geben den reellen Arcus Cosinus Hyperbolicus ihres Arguments zurück, der nicht negativ ist.

Die komplexen Funktionen geben den komplexen Arcus Cosinus Hyperbolicus ihres Arguments zurück, dessen Realteil nicht negativ ist und dessen Imaginärteil zwischen $-\pi i$ und πi (π = `3.1415927`...) liegt.

Beispiel

```
double x = 0, y;
puts("Geben Sie eine Zahl groesser oder gleich 1.0 ein:");
scanf("%lf", &x);
errno = 0;
y = acosh(x);
if( errno == EDOM)
   perror("acosh"),  exit(1);
else
   printf("acosh(%.2f) = %f\n", x, y);
```

Hinweis In der Header-Datei `tgmath.h` ist das typgenerische Makro `acosh()` definiert, das es erlaubt, die verschiedenen Versionen der Funktion mit demselben Namen aufzurufen.

asctime ANSI

```
#include <time.h>
char *asctime(const struct tm *systime);
```

Beschreibung

Die Funktion `asctime()`, »ASCII time«, konvertiert Datum und Uhrzeit in einen String. Datum und Uhrzeit sind in der durch *systime* adressierten Struktur vom Typ `tm` abgelegt.

Diese Struktur wird in der Regel durch einen vorhergehenden Aufruf der Funktion `localtime()` oder `gmtime()` mit Werten gefüllt.

Der in der Header-Datei `time.h` definierte Strukturtyp `tm` wird bei der Funktion `mktime()` beschrieben.

Return-Wert

Die Funktion liefert einen Zeiger auf einen String mit Datum und Uhrzeit wie im unten stehenden Beispiel. Dieser String ist 26 Bytes lang. Sein genaues Format ist bei der Funktion `ctime()` beschrieben.

Beispiel

```
struct tm *systime;
time_t sec;

time(&sec);
systime = localtime( &sec );
printf("Datum und Uhrzeit: %s\n", asctime(systime));

/* Ausgabebeispiel:                                    *
 *         Datum und Uhrzeit: Thu Oct 24 08:44:40 2006 */
```

asin ANSI

```
#include <math.h>
double asin(double x);
float asinf(float x);                                          C99
long double asinl(long double x);                              C99

#include <complex.h>
double complex casin(double complex z);                        C99
float complex casinf(float complex z);                         C99
long double complex casinl(long double complex z);             C99
```

Beschreibung

Die Funktion `asin()`, »arc sine«, berechnet den Arcus Sinus ihres Arguments. Die Funktion ist die Umkehrfunktion der Sinusfunktion `sin()`.

Das Argument *x* der reellen Funktionen muss einen Wert zwischen `-1` und `+1` (beide einschließlich) haben. Andernfalls tritt ein Domain Error auf und die Fehlervariable `errno` erhält den Wert `EDOM`.

Return-Wert

Die reellen Funktionen geben den Arcus Sinus von *x* im Bogenmaß zurück, d.h. einen Wert zwischen $-\pi/2$ und $\pi/2$ (π = `3.1415927`...).

Die komplexen Funktionen geben den komplexen Arcus Sinus von *z* zurück, dessen Realteil einen Wert zwischen $-\pi/2$ und $\pi/2$ hat.

Beispiel

```
printf("asin(-1.0) = %7.4f\n", asin(-1.0));
printf("asin( 0.0) = %7.4f\n", asin(0.0));
printf("asin( 1.0) = %7.4f\n", asin(1.0));
/* Ausgabe:  asin(-1.0) = -1.5708
             asin( 0.0) =  0.0000
             asin( 1.0) =  1.5708                        */
```

Hinweis In der Header-Datei `tgmath.h` ist das typgenerische Makro `asin()` definiert, das es erlaubt, die Arcus Sinusfunktion für alle reellen und komplexen Gleitpunkttypen mit demselben Namen aufzurufen.

asinh ANSI

```
#include <math.h>
double asinh(double x);                                         C99
float asinhf(float x);                                          C99
long double asinhl(long double x);                              C99

#include <complex.h>
double complex casinh(double complex z);                        C99
float complex casinhf(float complex z);                         C99
long double complex casinhl(long double complex z);             C99
```

Beschreibung

Die Funktion `asinh()`, »arc sine hyperbolicus« berechnet den Arcus Sinus Hyperbolicus. Sie ist die Umkehrfunktion des Sinus Hyperbolicus `sinh()`. Mathematisch ist die Funktion identisch mit `log(x + sqrt(x*x+1))`. Das gilt entsprechend auch für die komplexen Versionen der Funktion.

Return-Wert

Die reellen Funktionen geben den reellen Arcus Sinus Hyperbolicus ihres Arguments zurück. Die komplexen Funktionen geben den komplexen Arcus Sinus Hyperbolicus ihres Arguments zurück, dessen Imaginärteil zwischen `-πi/2` und `πi/2` (π = `3.1415927`...) liegt.

Beispiel

```
double x, y1, y2;
puts("Geben Sie eine Zahl fuer das Argument x ein:");
if( scanf("%lf", &x) == 1)
{
  y1 = asinh(x);
  y2 = log( x + sqrt( x*x + 1));
  printf(" x = %f\n"
         " asinh(x):              %f\n"
         " log(x + sqrt(x*x+1)): %f\n", x, y1, y2);
}
```

Hinweis In der Header-Datei `tgmath.h` ist das typgenerische Makro `asinh()` definiert, das es erlaubt, die verschiedenen Versionen der Funktion für alle reellen und komplexen Gleitpunkttypen mit demselben Namen aufzurufen.

assert ANSI

```
#include <assert.h>
void assert(int expression);
```

Beschreibung

Das Makro `assert()`, »assertion«, überprüft den Ausdruck *`expression`*. Ist das Ergebnis `0` (»falsch«), so wird eine Meldung auf `stderr` ausgegeben, die den Text von *expression*, den Namen der Funktion, den Namen der Quelldatei und die Zeile der Quelldatei enthält, in der `assert()` aufgerufen wurde. Die Meldung kann zum Beispiel folgende Form haben:

Assertion failed: *`expression`*, **function** *`func`*, **file** *`name`*, **line** *`number`*

Ist der Ausdruck *`expression`* ein von `0` verschiedener Wert (»wahr«), so passiert nichts.

Das Makro wird typischerweise verwendet, um logische Fehler in einem Programm zu finden. Wurden alle Fehler aus einem Programm entfernt, können alle Aufrufe von `assert()` unterdrückt werden, indem vor dem Inkludieren von `assert.h` das Makro `NDEBUG` definiert wird.

Return-Wert

Keiner

Beispiel

```
double x = -1.0, y, z;

y = sin(x) - cos(x);
assert( y > 0);
z = log(y);          // log(y) ist nur für positive y definiert!

/*
Ausgabe in diesem Beispiel:
Assertion failed: y > 0, function main, file Assert.c, line 12
*/
```

atan ANSI

```
#include <math.h>
double atan(double x);
float atanf(float x);                                         C99
long double atanl(long double x);                             C99

#include <complex.h>
double complex catan (double complex z);                      C99
float complex catanf(float complex z);                        C99
long double complex catanl(long double complex z);            C99
```

Beschreibung

Die Funktion `atan()`, »arc tangent«, berechnet den Arcus Tangens ihres Arguments. Die Funktion ist die Umkehrfunktion des Tangens `tan()`.

Return-Wert

Die reellen Funktionen geben den Hauptwert des Arcus Tangens von *x* zurück, d.h. einen Wert zwischen $-\pi/2$ und $\pi/2$ ($\pi = 3.1415927...$).

Die komplexen Funktionen geben den komplexen Arcus Tangens von *z* zurück, dessen Realteil einen Wert zwischen $-\pi/2$ und $\pi/2$ hat.

Beispiel

```
printf("atan(-1.0) = %7.4f\n", atan(-1.0));
printf("atan( 0.0) = %7.4f\n", atan( 0.0));
printf("atan( 1.0) = %7.4f\n", atan( 1.0));

/* Ausgabe:  atan(-1.0) = -0.7854
             atan( 0.0) =  0.0000
             atan( 1.0) =  0.7854
   Bemerkung: Der Return-Wert von atan( 1.0) ist pi/4.
*/
```

Hinweis In der Header-Datei `tgmath.h` ist das typgenerische Makro `atan()` definiert, das es erlaubt, die Arcus Tangensfunktion für alle reellen und komplexen Gleitpunkttypen mit demselben Namen aufzurufen.

atan2 ANSI

```
#include <math.h>
double atan2(double y, double x);
float atan2f(float y, float x);                              C99
long double atan2l(long double y, long double x);            C99
```

Beschreibung

Die Funktion `atan2()`, »arc tangent 2«, berechnet den Arcus Tangens von *y/x*.

Return-Wert

Die Funktion gibt den Arcus Tangens von *y/x* zurück, also einen Wert zwischen -π und π (π = `3.1415927`...). Der Quadrant für den Return-Wert wird durch die Vorzeichen von *x* und *y* festgelegt (siehe folgendes Beispiel).

Sind beide Argumente `0`, so erhält die Fehlervariable `errno` den Wert `EDOM` (Domain Error).

Beispiel

```
double  x = 3,  y = 3;                          /*  y/x = 1   */
printf("\n atan2( y, x)  = %10f",   atan2( y, x));
printf("\n atan2(-y, x)  = %10f",   atan2(-y, x));
printf("\n atan2( y,-x)  = %10f",   atan2( y,-x));
printf("\n atan2(-y,-x)  = %10f",   atan2(-y,-x));
/* Ausgabe:  atan2( y, x) =   0.785398
             atan2(-y, x) =  -0.785398
             atan2( y,-x) =   2.356194
             atan2(-y,-x) =  -2.356194
   Anmerkung: 0.785398 = pi/4 und 2.356194 = 3/4*pi.
*/
```

Hinweis In der Header-Datei `tgmath.h` ist das typgenerische Makro `atan2()` definiert, das es erlaubt, die Arcus Tangens-2-Funktion für alle reellen Gleitpunkttypen mit demselben Namen aufzurufen.

atanh ANSI

```
#include <math.h>
double atanh(double x);                                          C99
float atanhf(float x);                                           C99
long double atanhl(long double x);                               C99

#include <complex.h>
double complex catanh(double complex z);                         C99
float complex catanhf(float complex z);                          C99
long double complex catanhl(long double complex z);              C99
```

Beschreibung

Die Funktion `atanh()`, »arc tangent hyperbolicus«, berechnet den Arcus Tangens Hyperbolicus des übergebenen Arguments. Sie ist die Umkehrfunktion des Tangens Hyperbolicus `tanh()`.

Das Argument *x* der reellen Funktionen muss zwischen `-1` und `1` liegen. Andernfalls tritt ein Domain Error auf und die Fehlervariable `errno` erhält den Wert `EDOM`. Außerdem kann ein Range Error auftreten, wenn das Argument den Wert `-1` oder `1` hat.

Return-Wert

Die reellen Funktionen geben den reellen Arcus Tangens Hyperbolicus des Arguments zurück.

Die komplexen Funktionen geben den komplexen Arcus Tangens Hyperbolicus des Arguments zurück. Sein Imaginärteil liegt zwischen $-\pi i/2$ und $\pi i/2$ (π = 3.1415927...).

Beispiel

```
                                                          // Ergebnis

printf("atanh(-0.5)    = %10f\n", atanh(-0.5));          // -0.549306
printf("atanh( 0.0)    = %10f\n", atanh( 0.0));          //  0.000000
printf("atanh( 0.5)    = %10f\n", atanh( 0.5));          //  0.549306
printf("atanh( 0.9)    = %10f\n", atanh( 0.9));          //  1.472219
printf("atanh( 0.99)   = %10f\n", atanh( 0.99));         //  2.646652
printf("atanh( 0.9999) = %10f\n", atanh( 0.9999));       //  4.951719
```

Hinweis In der Header-Datei `tgmath.h` ist das typgenerische Makro `atanh()` definiert, das es erlaubt, die verschiedenen Versionen der Funktion mit demselben Namen aufzurufen.

atexit ANSI

```
#include <stdlib.h>
int atexit(void (*func)(void));
```

Beschreibung

Der Funktion `atexit()`, »at exit«, wird ein Zeiger auf eine Funktion übergeben, die bei der normalen Beendigung des Programms aufgerufen wird. Das Argument *func* ist ein Zeiger auf eine Funktion, die keine Parameter besitzt und nichts zurückgibt.

Durch nachfolgende Aufrufe von `atexit()` werden weitere Funktionen registriert. Die Funktionen werden nach dem LIFO-Prinzip (»last in, first out«) verwaltet, d.h. die Funktion des letzten Aufrufes von `atexit()` wird bei Programmende als erste aufgerufen. Es können mindestens 32 Funktionen durch `atexit()` registriert werden.

Return-Wert

Im Fehlerfall ein von `0` verschiedener Wert, andernfalls `0`.

Beispiel:

```
void main()
{
    void func1(void), func2(void);

    atexit(func1);
    atexit(func2);
    printf("\nEnde des Programms.\n");
    exit(0);
}

void func1(void)
{ printf("Ich bin die Funktion func1().\n"); }

void func2(void)
{ printf("Ich bin die Funktion func2().\n"); }

/* Ausgabe:  Ende des Programms.
             Ich bin die Funktion func2().
             Ich bin die Funktion func1().           */
```

atof ANSI

```
#include <stdlib.h>
double atof(const char *s);
```

Beschreibung

Die Funktion `atof()`, »alphanumeric to float«, wandelt eine als Zeichenkette gespeicherte Zahl in einen Wert vom Typ `double` um. Beim ersten Zeichen, das nicht als Teil einer Gleitpunktzahl interpretiert werden kann, wird die Umwandlung abgebrochen.

Die umzuwandelnde Zahl muss in der üblichen Form einer Gleitpunktkonstanten dargestellt sein. Führende Zwischenraumzeichen (Leerzeichen, Tabulatorzeichen, Newline-Zeichen) werden ignoriert.

Die Funktion `strtod()` bewirkt dieselbe Umwandlung und liefert außerdem einen Zeiger auf das Zeichen, bei dem die Umwandlung abgebrochen wurde. Zur Umwandlung in eine Zahl vom Typ `int` oder `long` oder `long long` kann die Funktion `atoi()` bzw. `atol()` bzw. `atoll()` verwendet werden.

Return-Wert

Die Funktion gibt den `double`-Wert der in der Zeichenkette gespeicherten Zahl zurück. Im Falle eines Überlaufs ist der Return-Wert undefiniert. Ist der String nicht numerisch auswertbar, so wird `0` zurückgegeben.

Beispiel

```
char *string = "  -12.356e+2 kg",  double z;

z = atof(string);
printf("z = %.2f", z);

/* Ausgabe:    z = -1235.60                          */
```

atoi ANSI

```
#include <stdlib.h>
int atoi(const char *s);
long atol(const char *s);
long long atoll(const char *s);                              C99
```

Beschreibung

Die Funktion `atoi()`, »alphanumeric to int«, wandelt eine als Zeichenkette gespeicherte dezimale Ganzzahl in einen `int`-Wert um.

Führende Zwischenraumzeichen (Leer-, Tabulator-, Newline-Zeichen) werden ignoriert. Die umzuwandelnde Zahl kann ein Vorzeichen besitzen. Ein Dezimalpunkt oder Exponent wird nicht als Teil der Zahl angesehen.

Beim ersten Zeichen, das nicht als Teil der umzuwandelnden Zahl interpretiert werden kann, bricht die Funktion das Lesen der Zeichenkette ab.

Die Funktionen `atol()` und `atoll()` interpretieren den Inhalt einer Zeichenkette in gleicher Weise, liefern aber das Ergebnis als Ganzzahl vom Typ `long` bzw. `long long`.

Die Funktion `strtol()` bewirkt dieselbe Umwandlung wie `atol()` und liefert außerdem einen Zeiger auf das Zeichen, bei dem die Umwandlung abgebrochen wurde. Zur Umwandlung in eine Zahl vom Typ `double` können die Funktionen `atof()` oder `strtod()` verwendet werden.

Return-Wert

Die Funktion `atoi()` gibt die in der Zeichenkette gespeicherte dezimale Ganzzahl als `int`-Wert zurück. Die Funktionen `atol()` und `atoll()` geben die Zahl als `long`-Wert bzw. `long long`-Wert zurück.

Ist die umzuwandelnde Zahl zu groß für den Return-Typ der Funktion, ist der Return-Wert undefiniert. Falls der String nicht numerisch auswertbar ist, wird 0 zurückgegeben.

Beispiel

```
char *s = " +12345678.- Guthaben";

printf("atol(s) = %ld", atol(s));

// Ausgabe:    atol(s) = 12345678
```

bsearch ANSI

```
#include <stdlib.h>
void *bsearch( const void *key,  const void *array,
               size_t n,  size_t size,
               int (*compare)(const void *, const void *));
```

Beschreibung

Die Funktion `bsearch()`, »binary search«, verwendet das binäre Suchverfahren, um in einem sortierten Vektor *array* nach dem durch *key* adressierten Schlüssel zu suchen. Der Vektor enthält *n* Emente der Größe *size*. Der Datentyp `size_t` ist in der Header-Datei `stdlib.h` als `unsigned int` definiert.

Das letzte Argument *compare* ist ein Zeiger auf eine Funktion, die `bsearch()` aufruft, um den gesuchten Schlüssel mit einem Vektorelement zu vergleichen. Die Argumente sind `key` und ein Zeiger auf ein Vektorelement. Wie eine solche Vergleichsfunktion zu definieren ist, wird bei `qsort()` beschrieben.

Return-Wert

Die Funktion gibt die Adresse des ersten Vektorelementes zurück, das mit dem gesuchten Wert übereinstimmt. Gibt es ein solches Vektorelement nicht, so wird der `NULL`-Zeiger zurückgegeben.

Beispiel

```
int scmp( const void *s1, const void *s2);          /* Prototyp */
static char *farben[] = { "blau", "gelb", "grün", "rot", "weiß" };
static char *key = "pink";
char **ret = NULL;
// Sortieren (hier unnötig, da schon sortiert):
qsort( farben, 5, sizeof(char *), scmp);
// Suchen:
if((ret = bsearch( &key, farben, 5, sizeof(char *), scmp)) == NULL )
  printf("Farbe %s nicht gefunden\n", key);
else
  printf("Farbe %s an der Position %d gefunden\n",*ret, ret-farben);
...

// Vergleichsfunktion:
int scmp(const void *pStr1, const void *pStr2)
 {
   const char *key = *(const char **)pStr1;
   const char *str = *(const char **)pStr2;
   return strcmp( key, str);
}
```

btowc ANSI

```
#include <stdio.h>
#include <wchar.h>
wint_t btowc( int c);
```

Beschreibung

Die Funktion `btowc()`, »byte to wide character«, wandelt das einzelne Byte-Zeichen `(unsigned char)c` in das entsprechende Breitzeichen um. Der ganzzahlige Typ `wint_t` ist in `wchar.h` definiert. Sein Wertebereich umfasst den von `wchar_t` und kann zusätzlich den Wert `WEOF` speichern. (Die Typen `wint_t` und `wchar_t` können auch identisch sein.)

Die Funktion `wctob()` führt die umgekehrte Konvertierung durch, wenn das angegebene Breitzeichen in einem Byte gespeichert werden kann. Für die Umwandlung von Multibyte-Zeichen in Breitzeichen und umgekehrt stehen die Funktionen `mbtowc()` bzw. `wctomb()` zur Verfügung.

Return-Wert

Die Funktion `btowc()` gibt den Wert `WEOF` zurück, falls das Argument `c` den Wert `EOF` hat oder das Byte `(unsigned char)c` kein gültiges Zeichen im anfänglichen Shift-Status repräsentiert. Andernfalls ist der Return-Wert die Breitzeichen-Darstellung des Zeichens. Mehr zum Shift-Status finden Sie unter `mbsinit()`.

Beispiel

```
// Die Beispielfunktion strtowcs() kopiert einen Byte-String
// in einen Breitzeichen-String:
int strtowcs( wchar_t wcs[], const char s[])
{
   int i;
   wint_t wc;
   for( i = 0; s[i] != '\0' && (wc = btowc(s[i])) != WEOF; ++i )
     wcs[i] = (wchar_t)wc;
   wcs[i] = L'\0';

   if( s[i] != '\0')
     return -1;          // Beendigung durch ungültiges Zeichen
   else
     return i;           // Stringlänge
}
```

calloc ANSI

```
#include <stdlib.h>
void *calloc(size_t n, size_t size);
```

Beschreibung

Die Funktion `calloc()`, »core allocation«, reserviert Platz im Hauptspeicher für einen Vektor mit *n* Elementen der Größe *`size`*. Der Datentyp `size_t` ist in der Header-Datei `stdlib.h` als `unsigned int` definiert.

Im Gegensatz zur Funktion `malloc()` wird jedes Byte mit dem Wert `0` initialisiert.

Return-Wert

Die Funktion gibt einen typenlosen Zeiger auf den Anfang des zugeteilten Speicherbereichs zurück. Falls nicht genügend Speicherplatz vorhanden ist, liefert die Funktion den `NULL`-Zeiger.

Beispiel

```
size_t n;
int   *p;

printf("Wie viele Ganzzahlen wollen Sie eingeben?\n");
scanf("%u", &n);

p = (int *)calloc(n, sizeof(int));        /* Speicherplatz */
                                          /* reservieren.  */

if(p == NULL)
   printf("Nicht genügend Speicherplatz vorhanden\n");
else
   /* Zahlen in den reservierten Bereich einlesen */
```

carg ANSI

```
#include <complex.h>
double carg(double complex z);                          C99
float cargf(float complex z);                           C99
long double cargl(long double complex z);               C99
```

Beschreibung

Die Funktion `carg()`, »complex argument«, berechnet das Argument der komplexen Zahl z, d.h. den Winkel, den die komplexe Zahl mit der positiven reellen Achse bildet.

Das komplexe Argument und der Betrag stellen die Polarkoordinaten einer komplexen Zahl dar. Der Betrag ist der Absolutwert, den die Funktion `cabs()` zurückgibt (vgl. `fabs()`). Die kartesischen Koordinaten einer komplexen Zahl, also ihren Real- und Imaginärteil, liefern die Funktionen `creal()` und `cimag()`.

Return-Wert

Die `carg`-Funktionen geben das Argument von *z* im Bogenmaß zurück, das im Bereich zwischen $-\pi$ und π liegt (π = `3.1415927`...). Der Return-Wert `carg(z)` ist identisch mit `atan2(x,y)`, wobei `x` der Realteil und `y` der Imaginärteil der komplexen Zahl z sind.

Beispiel

```
// Die Polarkoordinaten einer komplexen Zahl anzeigen:
double complex z = I;
double arg, rad;        // Polarkoordinaten:
arg = carg(z);          // Winkel,
rad = cabs(z);          // Radius (= Absolutwert).

printf("Die Polarkoordinaten der komplexen Zahl %.2f %+.2f*I :
"
       "(%.2f, %.2f)\n", creal(z), cimag(z), arg, rad);

// Ausgabe:
// Die Polarkoordinaten der komplexen Zahl 0.00 +1.00*I :
// (1.57, 1.00)
```

Hinweis In der Header-Datei `tgmath.h` ist das typgenerische Makro `carg()` definiert, das es erlaubt, die Argument-Funktion für alle komplexen Gleitpunkttypen mit demselben Namen aufzurufen.

cbrt ANSI

```
#include <math.h>
double cbrt(double x);                              C99
float cbrtf(float x);                               C99
long double cbrtl(long double x);                   C99
```

Beschreibung

Die Funktion `cbrt()`, »cube root«, berechnet die Kubikwurzel ihres Arguments.

Zur Berechnung der Quadratwurzel steht die Funktion `sqrt()` zur Verfügung. Potenzen können mit der Funktion `pow()` berechnet werden.

Return-Wert

Die Funktion gibt die Kubikwurzel von x zurück, also den Wert $x^{1/3}$.

Beispiel

```
// Berechnung der Kantenlänge eines Würfels, der
// ein bestimmtes Volumen hat.
double vol = 10.0;                // Volumen
double kante = cbrt( vol);        // Kantenlänge

printf("Ein Würfel mit dem Volumen %.2f "
       "hat die Kantenlänge %.2f\n", vol, kante);

/* Ausgabe:
   Ein Würfel mit dem Volumen 10.00 hat die Kantenlänge 2.15
*/
```

Hinweis In der Header-Datei `tgmath.h` ist das typgenerische Makro `cbrt()` definiert, das es erlaubt, die Kubikwurzel-Funktion für alle reellen Gleitpunkttypen mit demselben Namen aufzurufen.

ceil ANSI

```
#include <math.h>
double ceil(double x);
float ceilf(float x);                                    C99
long double ceill(long double x);                        C99
```

Beschreibung

Die Funktion `ceil()`, »ceiling« (Decke), bestimmt die kleinste ganze Zahl, die größer oder gleich dem Wert von *x* ist.

Die Gegenfunktion zu `ceil()` ist die Funktion `floor()`. Die Funktion `trunc()` schneidet den gebrochenen Anteil einer Gleitpunktzahl ab, d.h. rundet gegen Null. Weitere Rundungsfunktionen sind `round()`, `rint()` und `nearbyint()`. Diese Funktionen liefern das Ergebnis als Gleitpunktzahl. Die entsprechenden Funktionen mit einem ganzzahligen Return-Typ sind `lround()` und `lrint()`.

Return-Wert

Die `ceil`-Funktionen geben das ganzzahlige Ergebnis als Gleitpunktzahl zurück.

Beispiel

```
double x1 =  2.3;
double x2 = -2.7;

printf("ceil(%4.1f) = %4.1f\n", x1, ceil(x1));
printf("ceil(%4.1f) = %4.1f\n", x2, ceil(x2));

/* Ausgabe:  ceil( 2.3) =  3.0
             ceil(-2.7) = -2.0
*/
```

Hinweis In der Header-Datei `tgmath.h` ist das typgenerische Makro `ceil()` definiert, das es erlaubt, die Versionen der `ceil`-Funktion für die verschiedenen reellen Gleitpunkttypen mit demselben Namen aufzurufen.

chmod

```
#include <sys\stat.h>     /* Symbolische Konstanten       */
#include <io.h>           /* Prototyp der Funktion        */
int chmod(char *name, int permission);
```

Beschreibung

Die Funktion `chmod()`, »change mode«, ändert die Zugriffsrechte auf die Datei *`name`* in die mit *`permission`* spezifizierten Rechte. Als *`permission`* kann eine vierstellige Oktalzahl angegeben werden, wobei die einzelnen Bits in *`permission`* die unter UNIX übliche Bedeutung haben.

Für *`permission`* sollten die in `sys\stat.h` definierten symbolischen Konstanten benutzt werden. Unter WINDOWS/DOS werden nur die folgenden Werte verwendet:

permission	Bedeutung
S_IWRITE	Nur Schreiben
S_IREAD	Nur Lesen
S_IREAD | S_IWRITE	Lesen und Schreiben

Jeder andere Wert wird ignoriert. Da unter DOS/WINDOWS jede Datei lesbar ist, sind `S_IREAD | S_IWRITE` und `S_IWRITE` gleichbedeutend. Manche Compiler, wie z.B. Microsoft Visual C++, stellen dem Namen der Funktion und den symbolischen Konstanten einen Unterstrich voran.

Return-Wert

Die Funktion gibt die Zahl `0` zurück, falls die Zugriffsrechte erfolgreich geändert wurden. Im Fehlerfall ist der Return-Wert `-1` und der Fehlervariable `errno` wird ein Fehlercode zugewiesen. Eine entsprechende Fehlermeldung kann mit `perror()` angezeigt werden. Falls die Datei nicht existiert, erhält `errno` den Wert `ENOENT`.

Beispiel

```
char filename[] = "test.dat";
if( chmod( filename, S_IREAD) == -1)
{                      // Eigene Fehlermeldung ausgeben:
   if( errno == ENOENT)
       fprintf( stderr,"Datei %s nicht gefunden.\n", filename);
   else
       fprintf( stderr, "Kann Zugriffsrecht der Datei %s "
                        "nicht ändern.\n", filename );
}
```

cimag ANSI

```
#include <complex.h>
double cimag(double complex z);                                C99
float cimagf(float complex z);                                 C99
long double cimagl(long double complex z);                     C99
```

Beschreibung

Die Funktion `cimag()`, »imaginary«, berechnet den Imaginärteil der komplexen Zahl z. Die kartesischen Koordinaten einer komplexen Zahl sind durch ihren Real- und Imaginärteil gegeben. Den Realteil einer komplexen Zahl liefert die Funktion `creal()`. Für eine Variable z vom Typ `double complex` gilt also `z = creal(z) + cimag(z) * I`.

Die Polarkoordinaten einer komplexen Zahl, also der Winkel zur positiven reellen Achse und der Betrag der Zahl, liefern die Funktionen `carg()` und `cabs()`.

Return-Wert

Die `cimag`-Funktionen geben den Imaginärteil ihres Arguments zurück.

Beispiel

```
#ifndef PI
#define PI 3.14159265358979
#endif
// Eine Zufallszahl auf dem Einheitskreis:
double arg = rand()*(2*PI/RAND_MAX);      // Zufälliger Winkel.
double complex z = ccos(arg) + csin(arg)*I;

printf("Die komplexe Zahl mit den Polarkoordinaten "
       "(%.2f, %.2f)\n", arg, cabs(z) );
if( cimag(z) >= 0.0)
   printf("liegt auf der oberen Hälfte des Einheitskreises.\n");
else
   printf("liegt auf der unteren Hälfte des Einheitskreises.\n");

/* Ausgabe:
   Die komplexe Zahl mit den Polarkoordinaten (4.37, 1.00)
   liegt auf der unteren Hälfte des Einheitskreises.
*/
```

Hinweis In der Header-Datei `tgmath.h` ist das typgenerische Makro `cimag()` definiert, das es erlaubt, die `cimag`-Funktionen für die verschiedenen komplexen Gleitpunkttypen mit demselben Namen aufzurufen.

clearerr ANSI

```
#include <stdio.h>
void clearerr(FILE *fp);
```

Beschreibung

Die Funktion `clearerr()`, »clear error«, löscht das Fehler-Flag und das Dateiende-Flag der mit dem File-Pointer *fp* verbundenen Datei.

Sie wird üblicherweise bei der Behandlung von Fehlern benutzt, die bei der Ein- und Ausgabe mit Funktionen der Standardbibliothek auftreten können.

Return-Wert

Keiner

Beispiel

```
FILE *fp;
int c;

if((fp = fopen("test.dat", "w")) == NULL)
   fprintf(stderr, "Kann Datei nicht zum Schreiben öffnen.\n");
else
{
      c = getc(fp);                      /* Fehler !  */
      if( ferror(fp))
      {
            fprintf(stderr, "Fehler beim Lesen \n");
            clearerr(fp);
      }
      /* Datei weiter bearbeiten  */
}
```

clock **ANSI**

```
#include <time.h>
clock_t clock(void);
```

Beschreibung

Die Funktion `clock()`, »clock«, bestimmt die Prozessorzeit, die das aufrufende Programm bis dahin verbraucht hat.

Der Datentyp `clock_t` ist in der Header-Datei `time.h` als `long` definiert.

Die Einheit für die Prozessorzeit ist abhängig vom Compiler. Durch Division mit der ebenfalls in `time.h` definierten Konstanten `CLK_TCK` kann und sollte das Ergebnis in Sekunden umgerechnet werden.

Return-Wert

Die Funktion gibt die Prozessorzeit in einer systemabhängigen Einheit (»Ticks«) zurück. Wenn die Prozessorzeit nicht bestimmt oder dargestellt werden kann, so liefert `clock()` den Wert `-1`.

Beispiel

```
#include <time.h>

clock_t  z;
volatile long count;

int main()
{
   for( count = 0; count < 50000000; ++count)       // Arbeiten.
      ;
   z = clock();                       // Verbrauchte CPU-Zeit holen.
   printf("Prozessorzeit: %0.2f Sekunden.\n",
                                        (double)z/CLK_TCK );
   return 0;
}

/* Ausgabebeispiel: Prozessorzeit:  0.23 Sekunden.          */
```

close

```
#include <io.h>
int close(int fd);
```

Beschreibung

Die Funktion `close()`, »close«, schließt die mit dem File-Handle *fd* verbundene Datei. Ein File-Handle (= File-Deskriptor) liefern z.B. die Funktionen `creat()` und `open()`.

Manche Compiler, wie z.B. Microsoft Visual C++, stellen dem Namen der Funktion einen Unterstrich voran.

Return-Wert

Die Funktion gibt den Wert `0` zurück, falls die Datei geschlossen werden konnte. Bei ungültigem File-Handle wird der Wert `-1` zurückgegeben.

Beispiel

```
int fd;
// Datei zum Lesen öffnen:
if( (fd = open("test.dat", O_RDONLY)) == -1)
{
   perror("OPEN");
   exit( EXIT_FAILURE);
}
// Datei verarbeiten, z.B. kopieren:
   .
   .
   .
if( close(fd) == 0 )
   fprintf( stderr, "Datei \"test.dat\" geschlossen\n");
else
   fprintf( stderr, "Ungültiger File-Handle\n");
```

conj ANSI

```
#include <complex.h>
double complex conj(double complex z);                    C99
float complex conjf(float complex z);                     C99
long double complex conjl(long double complex z);         C99
```

Beschreibung

Die Funktion `conj()`, »conjugate«, berechnet die konjugiert komplexe Zahl ihres Arguments `z`. Ist `z = x + y*i` eine komplexe Zahl, so ist die Zahl `x - y*i` die konjugiert komplexe Zahl von `z`. Die Funktion ändert also nur das Vorzeichen des Imaginärteils ihres Arguments.

Return-Wert

Die `conj`-Funktionen geben die konjugiert komplexe Zahl ihres Arguments zurück.

Beispiel

```
// Der Ausdruck z * conj(z) liefert die Norm von z, d.i.
// das Quadrat des Betrages der komplexen Zahl z.

double complex z = 1.0 - I;
double qabs = (double)(z * conj(z));

printf("Die Norm der komplexen Zahl "
       "%.1f %+.1f*I ist %.1f\n", creal(z), cimag(z), qabs );

// Ausgabe:
// Die Norm der komplexen Zahl 1.0 -1.0*I ist 2.0
```

Hinweis In der Header-Datei `tgmath.h` ist das typgenerische Makro `conj()` definiert, das es erlaubt, die `conj`-Funktionen für die verschiedenen komplexen Gleitpunkttypen mit demselben Namen aufzurufen.

copysign ANSI

```
#include <math.h>
double copysign(double x, double y);                         C99
float copysignf(float x, float y);                           C99
long double copysignl(long double x, long double y);         C99
```

Beschreibung

Die Funktion `copysign()`, »copy sign«, liefert den Betrag von x mit dem Vorzeichen von y. Sofern die Implementierung NaNs (»not a number«) unterstützt, d.h. Werte, die keine gültige Gleitpunktzahl darstellen, kann x ein NaN sein und das Ergebnis ist wieder ein NAN (siehe Gleitpunkt-Kategorien unter `fpclassify()`).

Um den Betrag einer Gleitpunktzahl zu erhalten, kann die Funktion `fabs()` aufgerufen werden.

Return-Wert

Die Funktion gibt den Wert zurück, der den Betrag von x und das Vorzeichen von *y* hat.

Beispiel

```
  printf("Null:      %+.1f  %+.1f\n",
                     0.0, copysign( 0.0, -1.0) );
  printf("INFINITY: %+.1f  %+.1f\n",
                     INFINITY, copysign( INFINITY, -1.0) );
#ifdef NAN
  printf("NAN:       %+.1f  %+.1f\n",
                     NAN, copysign( NAN, -1.0) );
#endif
/* Ausgabe, falls Null mit Vorzeichen repräsentiert wird:
  Null:     +0.0  -0.0
  INFINITY: +inf  -inf
  NAN:      +nan  -nan
*/
```

Hinweis In der Header-Datei `tgmath.h` ist das typgenerische Makro `copysign()` definiert, das es erlaubt, die `copysign`-Funktionen für die verschiedenen reellen Gleitpunkttypen mit demselben Namen aufzurufen.

cos ANSI

```
#include <math.h>
double cos(double x);
float cosf(float x);                                            C99
long double cosl(long double x);                                C99

#include <complex.h>
double complex ccos(double complex z);                          C99
float complex ccosf(float complex z);                           C99
long double complex ccosl(long double complex z);               C99
```

Beschreibung

Die Funktion `cos()`, »cosine«, berechnet den Cosinus ihres Arguments. Das Argument *x* der reellen Funktionen wird im Bogenmaß interpretiert.

Return-Wert

Die Funktionen liefern den Cosinus ihres Arguments. Der Return-Wert der reellen Funktionen liegt zwischen `-1` und `+1`. Der Return-Wert der komplexen Funktionen ist identisch mit $(e^{iz} + e^{-iz})/2$.

Beispiel

```
double pi = 3.14159265;
printf("cos( 0.0) = %4.1f\n", cos( 0.0) );
printf("cos(pi/2) = %4.1f\n", cos(pi/2) );
printf("cos( pi ) = %4.1f\n", cos( pi ) );

double complex z  = ccos(I);
printf("ccos( I ) = %4.1f %+4.1f*I\n", creal(z), cimag(z) );
z = ccos(1+I);
printf("ccos(1+I) = %4.1f %+4.1f*I\n", creal(z), cimag(z) );

/* Ausgabe:  cos( 0.0) =  1.0
             cos(pi/2) =  0.0
             cos( pi ) = -1.0
             ccos( I ) =  1.5 +0.0*I
             ccos(1+I) =  0.8 -1.0*I
*/
```

Hinweis In der Header-Datei `tgmath.h` ist das typgenerische Makro `cos()` definiert, das es erlaubt, die Cosinusfunktion für alle reellen und komplexen Gleitpunkttypen mit demselben Namen aufzurufen.

cosh ANSI

```
#include <math.h>
double cosh(double x);
float coshf(float x);                                        C99
long double coshl(long double x);                            C99

#include <complex.h>
double complex ccosh(double complex z);                      C99
float complex ccoshf(float complex z);                       C99
long double complex ccoshl(long double complex z);           C99
```

Beschreibung

Die Funktion `cosh()`, » hyperbolic cosine«, berechnet den Cosinus Hyperbolicus ihres Arguments. Mathematisch ist die Funktion identisch mit `(exp(x) + exp(-x))/2`. Das gilt entsprechend auch für die komplexen Versionen der Funktion.

Return-Wert

Die Funktionen geben den reellen bzw. komplexen hyperbolischen Cosinus zurück. Der Return-Wert der reellen Funktionen ist größer oder gleich 1. Es tritt ein Range Error auf, wenn das reelle Ergebnis zu groß ist, um mit dem Return-Typ darstellbar zu sein.

Beispiel

```
printf("cosh(-2.0) = %f\n", cosh(-2.0));
printf("cosh( 0.0) = %f\n", cosh( 0.0));
printf("cosh( 2.0) = %f\n", cosh( 2.0));

// Für eine komplexe Zahl z gilt ccosh(z*I) = ccos(z):
double pi = 3.14159265;
double complex v = ccosh(pi*I);
printf("ccosh(pi*I) = %f %+f*I\n", creal(v), cimag(v) );

/* Ausgabe:  cosh(-2.0)  =  3.762196
             cosh( 0.0)  =  1.000000
             cosh( 2.0)  =  3.762196
             ccosh(pi*I) = -1.000000 +0.000000*I
*/
```

Hinweis In der Header-Datei `tgmath.h` ist das typgenerische Makro `cosh()` definiert, das es erlaubt, die hyperbolische Cosinusfunktion für alle reellen und komplexen Gleitpunkttypen mit demselben Namen aufzurufen.

cproj ANSI

```
#include <complex.h>
double complex cproj(double complex z);                      C99
float complex cprojf(float complex z);                       C99
long double complex cprojl(long double complex z);           C99
```

Beschreibung

Die Funktion `cproj()`, »complex projection«, berechnet die Projektion der komplexen Zahl z auf die Riemannsche Sphäre. Die Riemannsche Sphäre repräsentiert die gesamte komplexe Ebene und einen unendlichen Punkt.

Return-Wert

Die `cproj`-Funktionen geben ihr Argument `z` unverändert zurück, falls der Real- und Imaginärteil von `z` endlich sind. Andernfalls ist der Realteil des Return-Wertes unendlich und der Imaginärteil ist 0 mit dem Vorzeichen des Imaginärteils von `z`, d.h. der Return-Wert ist dann:

```
INFINITY + I * copysign(0.0, cimag(z))
```

Beispiel

```
// Die Projektion einer komplexen Zahl anzeigen:

double complex z[2] = { 1.0 - I,  INFINITY * I };

for( int i = 0; i < 2; ++i)
{
   double complex pz = cproj(z[i]);
   printf("%.1f %+.1f*I wird auf %.1f %+.1f*I projiziert.\n",
          creal(z[i]), cimag(z[i]), creal(pz), cimag(pz) );
}

/* Ausgabe:
   1.0 -1.0*I wird auf 1.0 -1.0*I projiziert.
   nan +inf*I wird auf inf +0.0*I projiziert.
*/
```

Hinweis In der Header-Datei `tgmath.h` ist das typgenerische Makro `cproj()` definiert, das es erlaubt, die `cproj`-Funktionen für die verschiedenen komplexen Gleitpunkttypen mit demselben Namen aufzurufen.

creal **ANSI**

```
#include <complex.h>
double creal(double complex z);                                C99
float crealf(float complex z);                                 C99
long double creall(long double complex z);                     C99
```

Beschreibung

Die Funktion `creal()`, »real«, berechnet den Realteil der komplexen Zahl `z`. Die kartesischen Koordinaten einer komplexen Zahl sind durch ihren Real- und Imaginärteil gegeben. Den Imaginärteil einer komplexen Zahl liefert die Funktion `cimag()`. Für eine Variable `z` vom Typ `double complex` gilt also `z = creal(z) + cimag(z) * I`.

Die Polarkoordinaten einer komplexen Zahl, also der Winkel zur positiven reellen Achse und der Betrag der Zahl, liefern die Funktionen `carg()` und `cabs()`.

Return-Wert

Die `creal`-Funktionen geben den Realteil ihres Arguments zurück.

Beispiel

```
// Zu den gegebenen Polarkoordinaten einer komplexen Zahl
// die kartesischen Koordinaten anzeigen:
#ifndef PI
#define PI 3.14159265358979
#endif
// Polarkoordinaten:
double arg = 3*PI/4;        // Winkel (entspricht 3 * 45 Grad),
double rad = 1.0;           // Radius.
// Die komplexe Zahl mit diesen Polarkordinaten:
double complex z = rad * (ccos(arg) + csin(arg)*I);

printf("Die komplexe Zahl mit den Polarkoordinaten (%.2f, %.2f)\n"
       "hat die kartesischen Koordinaten: (%+.2f, %+.2f)",
        arg, rad, creal(z), cimag(z) );

// Ausgabe:
// Die komplexe Zahl mit den Polarkoordinaten (2.36, 1.00)
// hat die kartesischen Koordinaten: (-0.71, +0.71)
```

Hinweis In der Header-Datei `tgmath.h` ist das typgenerische Makro `creal()` definiert, das es erlaubt, die `creal`-Funktionen für die verschiedenen komplexen Gleitpunkttypen mit demselben Namen aufzurufen.

creat

```
#include <sys\stat.h> // Def. der symbolischen Konstanten
#include <io.h>       // Prototyp der Funktion
int creat(char *name, int permission);
```

Beschreibung

Die Funktion `creat()`, »create«, erzeugt eine neue Datei mit dem Dateinamen *`name`* und eröffnet sie zum Schreiben. Durch *`permission`* werden die Zugriffsrechte auf die Datei für spätere Eröffnungen festgelegt, wobei die einzelnen Bits in *`permission`* die unter UNIX übliche Bedeutung haben.

Eine bereits existierende Datei mit Schreibrecht wird auf die Länge `0` gekürzt. Die zur Datei gehörenden alten Zugriffsrechte bleiben jedoch erhalten.

Für *`permission`* sollten die in der Header-Datei `sys\stat.h` definierten symbolischen Konstanten benutzt werden. Unter WINDOWS/DOS werden nur die Konstanten verwendet, die bei `chmod()` beschrieben sind.

Manche Compiler, wie z.B. Microsoft Visual C++, stellen dem Namen der Funktion einen Unterstrich voran.

Return-Wert

Die Funktion gibt einen File-Handle zurück, wenn die Datei eröffnet werden kann. Im Fehlerfall ist der Return-Wert `-1`, und die Fehlervariable `errno` erhält eine der folgenden Konstanten:

Konstante	**Bedeutung**
EACCES	Datei schreibgeschützt
EMFILE	Zu viele Dateien geöffnet
ENOENT	Ungültiger Dateiname

Beispiel

```
if((fd = creat("test.dat",S_IREAD)) == -1)
   perror("CREAT");       // test.dat kann nicht erzeugt werden
```

ctime ANSI

```
#include <time.h>
char *ctime(const time_t *zeit);
```

Beschreibung

Die Funktion `ctime()`, »convert time«, konvertiert die Zeit, die in Anzahl Sekunden vorliegt, in einen String mit Datum und Uhrzeit. Das Argument *`zeit`* ist ein Zeiger auf die Variable, welche die Anzahl Sekunden enthält.

Der erzeugte String belegt genau 26 Bytes (inklusive `\0`) und hat folgendes Format:

```
Wochentag Monat Tag Std:Min:Sek Jahr\n\0
```

also z.B.

```
Mon May 17 15:50:56 1982
```

Die aktuelle Zeit in Sekunden kann mit der Funktion `time()` ermittelt werden. Der Typ `time_t` ist in der Header-Datei `time.h` gewöhnlich als `long` oder `unsigned long` definiert.

Die Funktion `ctime(zeit)` ist wirkungsgleich mit folgendem Aufruf:

```
asctime(localtime(zeit)).
```

Return-Wert

Die Funktion gibt die Anfangsadresse des Strings zurück.

Beispiel

```
time_t sec;

time(&sec);
printf("Datum und Uhrzeit: %s\n", ctime(&sec));

/* Beispielausgabe:
   Datum und Uhrzeit: Tue Oct 21 17:59:50 2006
*/
```

difftime ANSI

```
#include <time.h>
double difftime(time_t time2, time_t time1);
```

Beschreibung

Die Funktion `difftime()`, »difference time«, liefert die Differenz der Zeiten *`time2 - time1`* in Sekunden.

Der Datentyp `time_t` ist in der Header-Datei `time.h` als `long` oder `unsigned long` definiert. Ein entsprechender Wert wird von der Funktion `time()` geliefert.

Return-Wert

Die Funktion gibt die Differenz *`time2 - time1`* als `double`-Wert zurück.

Beispiel

```
time_t start, stop;
long i;

printf("Ich arbeite ...\n");
time(&start);
for(i= 1; i <= 5000000; i++)                          /* Warten */
   ;
time(&stop);
printf("Fertig nach %.2f Sekunden\n", difftime(stop,start));
```

div ANSI

```
#include <stdlib.h>
div_t div( int x, int y);
```

Beschreibung

Die Funktion `div()`, »divide«, dividiert *x* durch *y* und legt den ganzzahligen Anteil des Ergebnisses sowie den Divisionsrest in einer Struktur vom Typ `div_t` ab. Dieser Strukturtyp ist in der Header-Datei `stdlib.h` wie folgt definiert:

```
typedef struct { int quot;  int rem; }  div_t;
```

Für die Division von `long`-Werten kann die Funktion `ldiv()` verwendet werden. Auch für die neuen Typen `long long` und `intmax_t` gibt es die entsprechenden Funktionen `lldiv()` und `imaxdiv()`.

Return-Wert

Die Funktion liefert das Ergebnis als Struktur vom Typ `div_t`.

Beispiel

```
div_t  ergeb;
int x = 9, y = 4;

ergeb = div(x, y);
printf("%d/%d = %d, Rest %d\n", x, y, ergeb.quot, ergeb.rem);

/* Ausgabe:      9/4 = 2,  Rest 1                              */
```

erf, erfc ANSI

```
#include <math.h>
double erf(double x);                                          C99
float erff(float x);                                           C99
long double erfl(long double x);                               C99

double erfc(double x);                                         C99
float erfcf(float x);                                          C99
long double erfcl(long double x);                              C99
```

Beschreibung

Die Funktion `erf()`, »error function«, ist die Fehlerfunktion zur Gaußschen Normalverteilung. Haben die Ergebnisse von Messungen eine Normalverteilung mit der Standardabweichung σ, so ist `erf(a/(σ*√2))` die Wahrscheinlichkeit, dass die Abweichung einer einzelnen Messung vom Mittelwert zwischen `-a` und `+a` liegt.

Die Funktion `erfc()` ist die komplementäre Fehlerfunktion, die einfach als `erfc(x) = 1 - erf(x)` definiert ist.

Return-Wert

Der Return-Wert der `erf`-Funktion ist

$$erf(x) = \frac{2}{\sqrt{\pi}} \cdot \int_0^x e^{-t^2} dt$$

Beispiel

```
// Die Ergebnisse von Messungen seien normal verteilt mit dem
// Mittelwert M und der Standardabweichung 1.
// Die Wahrscheinlichkeit, dass ein Messwert im Intervall
// [M-0.5 , M+0.5] liegt, ist dann:

double w = erf( 0.5 / sqrt(2.0) );
printf("Die gesuchte Wahrscheinlichkeit: %f\n", w);

// Ausgabe:
// Die gesuchte Wahrscheinlichkeit: 0.382925
```

Hinweis In der Header-Datei `tgmath.h` sind die typgenerischen Makros `erf()` und `erfc()` definiert, die es erlauben, die Fehlerfunktionen für alle reellen Gleitpunkttypen mit demselben Namen aufzurufen.

execl - execvpe

```
#include <process.h>

int execl( const char *name, const char *arg0,...
                                /* const char *argn, NULL */);
int execlp( const char *name, const char *arg0,...
                                /* const char *argn, NULL */);

int execle( const char *name, const char *arg0,...
        /* const char *argn, NULL, const char * const envp[] */);
int execlpe( const char *name, char *arg0,...
        /* const char *argn, NULL, const char * const envp[] */);

int execv( const char *name, const char * const argv[] );
int execvp( const char *name, const char * const argv[] );

int execve( const char *name, const char * const argv[],
                              const char * const envp[] );
int execvpe( const char *name, const char * const argv[],
                               const char * const envp[] );
```

Beschreibung

Die `exec`-Funktionen, »execute«, laden und starten ein anderes Programm. Bei erfolgreicher Ausführung überlagert das neue Programm das aufrufende Programm.

Sämtliche durch das aufrufende Programm eröffnete Dateien bleiben geöffnet. Sie stehen damit auch dem neuen Programm zur Verfügung.

Bei jeder `exec`-Funktion bezeichnet der Parameter *name* die ausführbare Datei, die geladen werden soll; *name* kann auch eine Pfadangabe enthalten. Die weiteren Parameter dienen der Übergabe von Argumenten aus der »Kommandozeile« und eventuell der Übergabe von Argumenten für die Umgebung des neuen Programms. Die einzelnen Funktionen unterscheiden sich durch die Art und Weise, wie diese Argumente übergeben werden.

Die Buchstaben `l`, v, `p` und `e` am Ende der Funktionsnamen bestimmen das Format und den Umfang der Argumente sowie die Verzeichnisse, in denen das zu ladende Programm gesucht wird. Es bedeuten:

p »PATH«, die mit *name* angegebene Datei wird nicht nur im aktuellen Verzeichnis gesucht, sondern auch in den Verzeichnissen, die in der Umgebungsvariable `PATH` aufgeführt sind.

l »list«, die Argumente aus der »Kommandozeile« werden in Form einer Liste *arg0*, *arg1*, ..., *argn*, `NULL` übergeben. Die Listenform wird gewöhnlich verwendet, wenn die Anzahl der Argumente bekannt ist.

v »vector«, die Argumente aus der »Kommandozeile« werden in Form eines Vektors *argv[]* übergeben. Die einzelnen Argumente sind also *argv[0]*, *argv[1]*, ... , *argv[n]*. Dabei muss das letzte Argument *argv[n]* der NULL-Zeiger sein.

e »environment«, den exec-Funktionen mit dem Buchstaben e am Ende des Namens wird mit dem Zeiger-Vektor *envp[]* eine eigene Umgebung für das neue Programm übergeben. Jedes Element von *envp[]* ist ein String der Form

```
VAR_NAME = Zeichenfolge
```

Dabei ist VAR_NAME der Name einer Umgebungsvariablen. Das letzte Element von *envp[]* muss der NULL-Zeiger sein.

Die Programme, die über eine exec-Funktion ohne e am Ende aufgerufen werden, erhalten die Umgebung des aufrufenden Programms.

Mindestens zwei Kommandozeilen-Argumente *arg0*, *arg1* bzw. *argv[0]*, *argv[1]* müssen dem neuen Programm übergeben werden, wobei das erste Argument eine Kopie des Programmnamens enthält. Das letzte ist immer der NULL-Zeiger.

Am häufigsten wird ein neues Programm mit einer der Funktionen execlp() oder execvp() gestartet, d.h. es werden die Directories gemäß der Variablen PATH abgesucht, und das Programm erhält die vorhandene Umgebung.

Manche Compiler, wie z.B. Microsoft Visual C++, stellen dem Namen der Funktion einen Unterstrich voran.

Return-Wert

Bei fehlerfreier Ausführung kehrt eine exec-Funktion nicht zum aufrufenden Prozess zurück. Im Fehlerfall ist der Return-Wert -1, und die Fehlervariable errno erhält einen der folgenden Werte:

Konstante	Bedeutung
E2BIG	Argumente benötigen zuviel Platz
EACCES	Unerlaubter Datei-Zugriff
EMFILE	Maximale Anzahl von Dateien bereits geöffnet
ENOENT	Datei oder Pfad nicht gefunden
ENOEXEC	Keine ausführbare Datei
ENOMEM	Nicht genug Platz im Hauptspeicher

Beispiel

```
#include <process.h>
#include <stdio.h>

char *args[] = { "CHILD", "Hallo", "world!", NULL };

void main()               /*  Ruft das Programm CHILD  auf   */
{
   puts("\nJetzt wird das neue Programm gestartet!");
   execvp("CHILD", args);        /* Version: vector + PATH */
   perror("CHILD");       exit(1);
}

/* CHILD.C : Wird vom vorstehenden Programm aufgerufen.  */
#include <stdlib.h>
#include <stdio.h>


int main( int argc, char **argv)    // Gibt seine Argumente aus
{
      puts("\nJetzt läuft das neue Programm!\n");
      while( argc-- )  puts( *argv++);
      exit(0);
}
```

exit, _Exit ANSI

```
#include <stdlib.h>
void exit(int status);
void _Exit(int status);                                    C99
```

Beschreibung

Die Funktion `exit()`, »exit«, bewirkt, dass ein Programm normal beendet wird. Vor der Beendigung ruft `exit()` alle Funktionen auf, die mit der Funktion `atexit()` registriert wurden. Außerdem überträgt `exit()` gefüllte Dateipuffer, schließt geöffnete Dateien und löscht alle Dateien, die mit der Funktion `tempfile()` erzeugt wurden.

Auch die Funktion `_Exit()` beendet das Programm, aber ohne den Aufruf der Funktionen, die mit `atexit()` registriert wurden, und ohne den Aufruf von Signal-Handlern, die mit der Funktion `signal()` installiert wurden. Es ist nicht festgelgt, ob `_Exit()` wie `exit()` auch Dateipuffer überträgt, Dateien schließt und temporäre Dateien löscht.

Das Argument *`status`* ist der »Exit-Code« des Programms und kann vom aufrufenden Prozess ausgewertet werden. Der Wert `0` oder `EXIT_SUCCESS` zeigt an, dass das Programm korrekt abgelaufen ist. Jeder von Null verschiedene Wert, insbesondere `EXIT_FAILURE`, zeigt einen Fehler an. Die Makros `EXIT_SUCCESS` und `EXIT_FAILURE` sind ebenfalls in `stdlib.h` definiert.

Im Unterschied zur Funktion `abort()`, die ein Programm unverzüglich abbricht, geben die Funktionen `exit()` und `_Exit()` keine Meldung aus.

Return-Wert

Die Funktionen besitzen keinen Return-Wert.

Beispiel

```
FILE *fp;
    .
    .
if((fp = fopen("test.dat","r")) = NULL)
{
   fprintf(stderr,"Kann Datei %s nicht öffnen\n", "test.dat");
   exit(EXIT_FAILURE);
}
```

exp ANSI

```
#include <math.h>
double exp(double x);
float expf(float x);                                         C99
long double expl(long double x);                             C99

#include <complex.h>
double complex cexp(double complex z);                       C99
float complex cexpf(float complex z);                        C99
long double complex cexpl(long double complex z);            C99
```

Beschreibung

Die Funktion `exp()`, »exponential«, berechnet den Wert der Exponentialfunktion, d.h. den Wert e^x bzw. den Wert e^z. Dabei ist e = `2,718281`... die Eulersche Zahl. Für komplexe Zahlen gilt die Gleichung e^{iz} = `cos(z) + i*sin(z)`.

Die Funktion `exp()` ist die Umkehrfunktion des natürlichen Logarithmus `log()` und `cexp()` ist die Umkehrfunktion zu `clog()`.

Return-Wert

Die Funktionen liefern e^x bzw. e^z zurück. Falls der Return-Wert der reellen Funktionen zu groß ist, um mit dem Return-Typ darstellbar zu sein, tritt ein Range Error auf.

Beispiel

```
printf("exp(-3.0) = %7.4f\n", exp(-3.0));
printf("exp( 0.0) = %7.4f\n", exp( 0.0));
printf("exp( 3.0) = %7.4f\n", exp( 3.0));
double complex w = cexp(I);
printf("cexp( I ) = %7.4f %+7.4f*I\n", creal(w), cimag(w) );

/* Ausgabe:  exp(-3.0) =  0.0498
             exp( 0.0) =  1.0000
             exp( 3.0) = 20.0855
             cexp( I ) =  0.5403 +0.8415*I      */
```

Hinweis In der Header-Datei `tgmath.h` ist das typgenerische Makro `exp()` definiert, das es erlaubt, die Exponentialfunktion für alle reellen und komplexen Gleitpunkttypen mit demselben Namen aufzurufen.

exp2 ANSI

```
#include <math.h>
double exp2(double x);                                C99
float exp2f(float x);                                 C99
long double exp2l(long double x);                     C99
```

Beschreibung

Die Funktion `exp2()`, »exponential base 2«, berechnet den Wert der Exponentialfunktion zur Basis 2, d.h. den Wert 2^x.

Die Exponentialfunktion `exp2()` ist die Umkehrfunktion des Logarithmus `log2()` zur Basis 2. Die Umkehrfunktion zum natürlichen Logarithmus `log()` ist die Funktion `exp()`.

Return-Wert

Die Funktion `exp2(x)` liefert 2^x zurück. Falls der Return-Wert zu groß ist, um mit dem Return-Typ darstellbar zu sein, tritt ein Range Error auf.

Beispiel

```
double x[4] = { -0.5, 0.5, 10.0, 64.0 };
for( int i = 0; i < 4; ++i)
  printf("exp2(%4.1f) = %8.2f\n", x[i], exp2(x[i]));

/* Ausgabe:
   exp2(-0.5) =      0.71
   exp2( 0.5) =      1.41
   exp2(10.0) =   1024.00
   exp2(64.0) = 18446744073709552000.00
*/
```

Hinweis In der Header-Datei `tgmath.h` ist das typgenerische Makro `exp2()` definiert, das es erlaubt, die Exponentialfunktion für alle reellen Gleitpunkttypen mit demselben Namen aufzurufen.

expm1 ANSI

```
#include <math.h>
double expm1(double x);                                   C99
float expm1f(float x);                                    C99
long double expm1l(long double x);                        C99
```

Beschreibung

Die Funktion `expm1()`, »exponential minus 1«, berechnet den Wert $e^x - 1$. Dabei ist `e = 2,718281`... die Eulersche Zahl. Für kleine Werte von `x` liefert `expm1(x)` ein genaueres Ergebnis als der Ausdruck `exp(x)-1`.

Return-Wert

Die Funktion liefert den Wert $e^x - 1$. Falls der Return-Wert der Funktionen zu groß ist, um mit dem Return-Typ darstellbar zu sein, tritt ein Range Error auf.

Beispiel

```
for( double x = 1; x > 0.000005; x /= 10)
   printf( "expm1(%f) = %.15f\n", x, expm1(x) );

/* Ausgabe:
   expm1(1.000000) = 1.718281828459045
   expm1(0.100000) = 0.105170918075648
   expm1(0.010000) = 0.010050167084168
   expm1(0.001000) = 0.001000500166708
   expm1(0.000100) = 0.000100005000167
   expm1(0.000010) = 0.000010000050000
*/
```

Hinweis In der Header-Datei `tgmath.h` ist das typgenerische Makro `expm1()` definiert, das es erlaubt, die Exponentialfunktion für alle reellen Gleitpunkttypen mit demselben Namen aufzurufen.

fabs ANSI

```
#include <math.h>
double fabs(double x);
float fabsf(float x);                                   C99
long double fabsl(long double x);                       C99

#include <complex.h>
double cabs (double complex z);                         C99
float cabsf(float complex z);                           C99
long double cabsl(long double complex z);               C99
```

Beschreibung

Die Funktionen `fabs()`, »floating point abs«, und `cabs()`, »complex abs«, berechnen den Absolutwert ihres Arguments.

Für die Berechnung des Absolutwertes einer Zahl vom Typ `int`, `long` oder `long long` können die Funktionen `abs()`, `labs()` bzw. `llabs()` verwendet werden.

Der Absolutwert einer komplexen Zahl ist identisch mit dem Betrag von z, d.i. der Abstand von z und dem Nullpunkt in der komplexen Ebene.

Return-Wert

`fabs(x)` liefert den Absolutwert von *x*, d. h. *x*, falls `x >= 0`, und `-x`, falls `x < 0`. Der Absolutwert `cabs(z)` einer komplexen Zahl `z = x + y*i` ist die Wurzel aus $x^2 + y^2$. Diesen Wert liefert auch die reelle Funktion `hypot(x,y)`.

Beispiel

```
printf("fabs(-9.5) = %.2f\n", fabs(-9.5));
printf("fabs( 2.7) = %.2f\n", fabs( 2.7));
printf("cabs( 1+I) = %.2f\n", cabs( 1+I));

/* Ausgabe:
   fabs(-9.5) = 9.50
   fabs( 2.7) = 2.70
   cabs( 1+I) = 1.41
*/
```

Hinweis In der Header-Datei `tgmath.h` ist das typgenerische Makro `fabs()` definiert, das es erlaubt, die Funktionen zur Berechnung des Absolutwertes für alle reellen und komplexen Gleitpunkttypen mit demselben Namen aufzurufen.

fclose ANSI

```
#include <stdio.h>
int fclose(FILE *fp);
```

Beschreibung

Die Funktion `fclose()`, »file close«, schließt die mit dem File-Pointer *fp* verbundene Datei. Falls die Datei zum Schreiben geöffnet wurde, überträgt `fclose()` den Inhalt des Dateipuffers in die Datei. Der Hauptspeicherbereich des E-/A-Puffers wird wieder freigegeben.

Return-Wert

Die Funktion liefert den Wert `0`, wenn die Datei geschlossen werden konnte. Bei einem ungültigen File-Pointer wird der Wert `EOF` zurückgegeben.

Beispiel

```
FILE *fp;
char datei[128] = "test.dat";

if((fp = fopen( datei, "r+")) == NULL)
  fprintf(stderr,"Kann Datei \"%s\" nicht öffnen\n", datei);
else
{
   /*  Datei bearbeiten  */

   if( fclose(fp) == 0 )
      fprintf( stderr, "Datei \"%s\" wurde geschlossen.\n",
                datei );
}
```

fdim ANSI

```
#include <math.h>
double fdim(double x, double y);                          C99
float fdimf(float x, float y);                            C99
long double fdiml(long double x, long double y);          C99
```

Beschreibung

Die Funktion `fdim()` berechnet die positive Differenz von *x* und *y*, also *x - y*, falls *x > y*, und 0 falls *x <= y*.

Return-Wert

Die Funktion liefert das Maximum von *x - y* und 0 zurück. Es kann ein Range Error auftreten.

Beispiel

```
double retail = 299.9,
       costs  = 121.50;
double tax = 0.25 * fdim( retail, costs);
printf("25%% vom Gewinn: %.2f\n", tax);

/* Ausgabe:
   25% vom Gewinn: 44.60
*/
```

Hinweis In der Header-Datei `tgmath.h` ist das typgenerische Makro `fdim()` definiert, das es erlaubt, diese Funktion für alle reellen Gleitpunkttypen mit demselben Namen aufzurufen.

feclearexcept, feraiseexcept, fetestexcept ANSI

```
#include <fenv.h>
int feclearexcept(int excepts);                                    C99
int feraiseexcept(int excepts);                                    C99
int fetestexcept(int excepts);                                     C99
```

Beschreibung

Diese Funktionen unterstützen die grundlegenden Operationen mit den Exceptionflags der Gleitpunktumgebung: Die Funktion `feclearexcept()` löscht die angegebenen Flags, `feraiseexcept()` löst die angegebenen Exceptions aus und `fetestexcept()` testet, welche der angegebenen Flags gesetzt sind. Das Argument dieser Funktionen legt fest, für welche Flags die Operation durchgeführt wird. Als Argument kann eines der nachfolgenden Makros oder eine bitweise Oder-Verknüpfung davon übergeben werden, wie etwa `FE_OVERFLOW | FE_INEXACT`.

Für jede mögliche Gleitpunkt-Exception ist ein ganzzahliges Makro definiert. Dazu gehören mindesten die folgenden Makros:

`FE_DIVBYZERO`	Division durch Null
`FE_INEXACT`	Ergebnis der Operation nicht exakt
`FE_INVALID`	Unzulässige Operation.
`FE_OVERFLOW`	Überlauf
`FE_UNDERFLOW`	Unterlauf

Das Makro `FE_ALL_EXCEPT` repräsentiert alle definierten Gleitpunkt-Exceptions. Die Makros sind nur definiert, wenn der Compiler Exceptions unterstützt

Mit den Funktionen `fegetexceptflag()` und `fesetexceptflag()` kann der Status der Gleitpunkt-Exceptions gespeichert bzw. wieder hergestellt werden.

Return-Wert

Die Funktionen `feclearexcept()` und `feraiseexcept()` liefern den Wert `0`, wenn kein Fehler auftrat, andernfalls einen Wert ungleich `0`.

Die Funktionen `fetestexcept()` liefern die Bit-Maske der Flags, die die aktuell gesetzten Exceptions repräsentieren und im Argument angegeben sind.

Beispiel

```
#pragma STDC FENV_ACCESS ON
feclearexcept( FE_OVERFLOW );
long result = lround(x);          // double-Wert x runden.
if( fetestexcept( FE_OVERFLOW))
{ /* Fehlerbehandlung:
     Ergebnis von lround(x) nicht im Wertebereich von long */ }
```

fegetenv, fesetenv, feholdexcept, feupdateenv ANSI

```
#include <fenv.h>
int fegetenv(fenv_t *envp);                              C99
int feholdexcept(fenv_t *envp);                          C99
int fesetenv(const fenv_t *envp);                        C99
int feupdateenv(const fenv_t *envp);                     C99
```

Beschreibung

Diese Funktionen ermöglichen den Zugriff auf die Gleitpunktumgebung als Ganzes. Die Funktion `fegetenv()` speichert den aktuellen Status der Gleitpunktumgebung in dem Objekt, das durch den Zeiger `envp` adressiert wird.

Auch die Funktion `feholdexcept()` speichert wie `fegetenv()` den aktuellen Status der Gleitpunktumgebung. Zusätzlich löscht aber `feholdexcept()` alle Exceptionflags und schaltet in einen *Non-Stop-Modus*. Das hat zur Folge, dass beim Auftreten einer Gleitpunkt-Exception das Programm normal fortgesetzt wird.

Die Funktion `fesetenv()` setzt die Gleitpunktumgebung wieder in den Zustand, der zuvor durch einen Aufruf der Funktionen `fegetenv()` oder `feholdexcept()` gespeichert wurde. Als Argument kann auch das Makro `FE_DFL_ENV` angegeben werden, das einen Zeiger auf die Gleitpunktumgebung repräsentiert, die beim Start des Programms installiert wurde.

Auch die Funktion `feupdateenv()` versetzt die Gleitpunktumgebung wieder in den Zustand, der im Objekt `*envp` gespeichert ist. Zusätzlich zu `fesetenv()` werden jedoch noch die Exceptions ausgelöst, die beim Aufruf gesetzt waren.

Der Typ `fenv_t` stellt die gesamte Gleitpunktumgebung dar und ist ebenfalls im Header `fenv.h` definiert.

Return-Wert

Die Funktionen liefern den Wert `0`, wenn kein Fehler auftrat, andernfalls einen Wert ungleich `0`.

Beispiel

```
#pragma STDC FENV_ACCESS ON
fenv_t saved_env;
feholdexcept(&saved_env);         // Non-Stop-Modus
/*  ....  Ergebnis berechnen.  */
feclearexcept(FE_UNDERFLOW);      // Störende Exception löschen.
feupdateenv(&saved_env);
```

fegetexceptflag, fesetexceptflag ANSI

```
#include <fenv.h>
int fegetexceptflag(fexcept_t *flagp, int excepts);                C99
int fesetexceptflag(const fexcept_t *flagp, int excepts);          C99
```

Beschreibung

Die Funktion `fegetexceptflag()` speichert den aktuellen Status der angegebenen Exceptionflags `excepts` in dem durch den Zeiger `flagp` adressierten Objekt.

Umgekehrt stellt die Funktion `fesetexceptflag()` den Status der angegebenen Exceptionflags `excepts` wieder so her, wie er zuvor mit der Funktion `fegetexceptflag()` gespeichert wurde.

Der Typ `fexcept_t` repräsentiert den Status der Exceptionflags und ist ebenfalls im Header `fenv.h` definiert. Das zweite Argument `excepts` dieser Funktionen ist eine bitweise Oder-Verknüpfung von Makros, welche die einzelnen Exceptionflags der Gleitpunktumgebung repräsentieren. Sie sind hier unter der Funktion `feclearexcept()` beschrieben. Beim Aufruf von `fegetexceptflag()` dürfen höchstens die Exceptions angegeben werden, deren Status zuvor mit `fegetexceptflag()` gespeichert wurde.

Return-Wert

Die Funktionen liefern den Wert `0`, wenn kein Fehler auftrat, andernfalls einen Wert ungleich `0`.

Beispiel

```
double calculate()
{
   #pragma STDC FENV_ACCESS ON
   fexcept_t saved_excepts;
   // Status aller Exceptions speichern:
   fegetexceptflag( &saved_excepts, FE_ALL_EXCEPT );
   feclearexcept( FE_ALL_EXCEPT );
   /* ... Berechnungen durchführen und
          ausgelöste Exceptions ignorieren oder behandeln.
   */
   // Den gespeicherten Status der Exceptions wiederherstellen:
   fesetexceptflag( &saved_excepts, FE_ALL_EXCEPT );
}
```

fegetround, fesetround ANSI

```
#include <fenv.h>
int fegetround( void);                                    C99
int fesetround( int round);                               C99
```

Beschreibung

Die Funktion `fegetround()` liefert den aktuellen Rundungsmodus der Gleitpunktumgebung.

Die Funktion `fesetround()` setzt den Rundungsmodus der Gleitpunktumgebung auf den im Argument angegebenen Modus.

Zur Darstellung der möglichen Rundungsmodi sind in der Header-Datei `fenv.h` folgende Makros als ganzzahlige Konstanten definiert:

FE_DOWNWARD	Zum nächst kleineren Wert abrunden.
FE_UPWARD	Zum nächst größeren Wert aufrunden.
FE_TONEAREST	Auf- oder abrunden, je nachdem, welcher Wert näher ist.
FE_TOWARDZERO	Positive Werte abrunden und negative Werte aufrunden.

Die Makros sind nur dann definiert, wenn der entsprechende Rundungsmodus unterstützt wird. In dem Fall können auch weitere Makros für Rundungsmodi definiert sein.

Return-Wert

Die Funktion `fegetround()` liefert einen negativen Wert, wenn der Rundungsmodus nicht bestimmt werden kann. Andernfalls ist der Return-Wert gleich einem der obigen Makros.

Die Funktion `fesetround()` liefert den Wert `0`, wenn sie erfolgreich war. Ist der Wert des Arguments kein gültiger Rundungsmodus, bleibt der Rundungsmodus unverändert und die Funktion gibt einen Wert ungleich `0` zurück.

Beispiel

```
#pragma STDC FENV_ACCESS ON
int rounding = fegetround();        // Aktueller Rundungsmodus.
if( fesetround( FE_UPWARD) == 0) // Rundungsmodus neu setzen.
{ /* Berechnungen mit diesem Rundungsmodus durchführen. */ }
fesetround( rounding);         // Den gespeicherten Rundungsmodus
                               // wieder herstellen.
```

feof ANSI

```
#include <stdio.h>
int feof(FILE *fp);
```

Beschreibung

Das Makro `feof()`, »file eof«, überprüft, ob das Ende der mit dem File-Pointer *fp* verbundenen Datei erreicht wurde.

Das Dateiende wird über das Dateiende-Flag erkannt. Dieses wird gesetzt, wenn versucht wurde, am Dateiende zu lesen. Das Dateiende-Flag bleibt solange gesetzt, bis eine der Funktionen `rewind()`, `fseek()`, oder `clearerr()` aufgerufen wird.

Return-Wert

Das Makro gibt einen von 0 verschiedenen Wert zurück, wenn das Dateiende-Flag gesetzt ist. Andernfalls gibt `feof()` den Wert 0 zurück.

Beispiel

```
/*  Eine Datei auf dem Bildschirm ausgegeben.   */
FILE *fp;
int c;
if((fp = fopen("test.dat", "r")) == NULL)
    fprintf( stderr, "Kann Datei nicht öffnen!\n");
else
{
    while( (c = getc(fp)) != EOF)
       putchar(c);
    if( !feof(fp))
       fprintf( stderr, "Fehler beim Lesen!\n");

       fclose(fp);
}
```

ferror ANSI

```
#include <stdio.h>
int ferror(FILE *fp);
```

Beschreibung

Die Funktion `ferror()`, »file error«, prüft, ob ein Schreib- oder Lesefehler beim Zugriff auf die mit dem File-Pointer *fp* verbundene Datei auftrat. `ferror()` ist häufig als Makro implementiert.

Ein Schreib- oder Lesefehler wird über das Fehler-Flag der Datei erkannt. Nach Auftreten eines Fehlers bleibt das Fehler-Flag solange gesetzt, bis eine der Funktionen `clearerr()` oder `rewind()` aufgerufen wird.

Return-Wert

Die Funktion gibt einen von `0` verschiedenen Wert zurück, wenn das Fehler-Flag gesetzt ist. Andernfalls gibt `ferror()` den Wert `0` zurück.

Beispiel

```
FILE *fp;
int c;

if((fp = fopen("test.dat", "w")) == NULL)
   fprintf(stderr, "Kann Datei nicht eröffnen\n");
else
{
   c = getc(fp);                          /* Fehler !  */
   if( ferror(fp))
      fprintf(stderr, "Fehler beim Lesen \n");
   /* --- Datei weiter bearbeiten ---   */
}
```

fflush

ANSI

```
#include <stdio.h>
int fflush(FILE *fp);
```

Beschreibung

Die Funktion `fflush()`, »file flush«, überträgt den Ausgabepuffer des Streams, auf den der File-Pointer *fp* zeigt. Das Argument darf auch ein Null-Zeiger sein. In diesem Fall werden die Ausgabepuffer aller Streams übertragen.

Wurde die mit dem File-Pointer verbundene Datei zum Schreiben geöffnet, wird der Inhalt des Ausgabepuffers an das Betriebssystem übergeben, um ihn in die Datei zu schreiben. In anderen Fällen ist das Verhalten der Funktion nicht definiert. Gewöhnlich wird aber der Puffer geleert, wenn die Datei nur zum Lesen geöffnet wurde.

Nach dem Aufruf von `fflush()` bleibt die zugehörige Datei geöffnet. Die Funktion hat keine Wirkung bei ungepufferten Streams.

Return-Wert

Im Fehlerfall setzt die Funktion das Fehler-Flag des Streams und gibt den Wert `EOF` zurück. Im Erfolgsfall ist der Return-Wert `0`.

Beispiel

```
FILE *fp;

if((fp = fopen("test.dat", "w")) == NULL)
   fprintf(stderr, "Kann Datei nicht öffnen\n");
else
{                                        /*  Datei bearbeiten   */
  if( fflush(fp) == EOF)
     fprintf( stderr,
              "Puffer konnte nicht übertragen werden\n");
}
```

fgetc, fgetwc ANSI

```
#include <stdio.h>
int fgetc(FILE *fp);

#include <wchar.h>
wint_t fgetwc(FILE *fp);
```

Beschreibung

Die Funktion `fgetc()`, »file get character«, liest aus der Datei, die mit dem File-Pointer *fp* verbunden ist, das Byte-Zeichen von der aktuellen Position. Anschließend wird die aktuelle Position um 1 erhöht. Die Funktion `fgetc()` ist wirkungsgleich mit dem Makro `getc()`.

`fgetwc()`, »file get wide character«, ist die Breitzeichen-Version von `fgetc()`. Die Funktion liest das nächste Breitzeichen von der aktuellen Position und erhöht dann die aktuelle Dateiposition um die Anzahl gelesener Bytes. Wenn bei der Konvertierung des in der Datei gespeicherten Multibyte-Zeichens in ein Breitzeichen ein Fehler auftritt, setzt `fgetwc()` die Fehlervariable `errno` auf `EILSEQ` (»illegal sequence«) and gibt `WEOF` zurück. Die Funktion `fgetwc()` ist wirkungsgleich mit dem Makro `getwc()`.

Die entsprechenden Funktionen zum Schreiben einzelner Zeichen in eine Datei sind `fputc()` und `fputwc()`.

Return-Wert

Die Funktionen geben das gelesene Zeichen zurück. Bei Auftreten eines Fehlers oder bei Erreichen des Dateiendes liefert `fgetc()` den Wert `EOF` und `fgetwc()` den Wert `WEOF` zurück. Mit den Funktionen `feof()` und `ferror()` kann zwischen dem Auftreten eines Fehlers und dem Erreichen des Dateiendes unterschieden werden.

Beispiel

```
FILE *fp;
char puffer[81];  int c, i;
fp = fopen("test.dat", "r");
if( fp == NULL)
   fprintf(stderr, "Kann Datei nicht öffnen\n");
else
{         /* Textzeile aus der Datei in String einlesen. */
  for(i=0;(i < 80)&&((c=fgetc(fp))!=EOF) && (c!='\n'); i++)
    puffer[i] = c;
  puffer[i] = '\0';
  . . .
}
```

fgetpos ANSI

```
#include <stdio.h>
int fgetpos( FILE * restrict fp, fpos_t * ppos);
```

Beschreibung

Die Funktion `fgetpos()`, »file get position«, ermittelt wie `ftell()` die aktuelle Position in der Datei, die mit dem File-Pointer *fp* eröffnet wurde. Sie kopiert die aktuelle Position in die durch *ppos* adressierte Variable.

Dieser Wert wird von der Funktion `fsetpos()` verwendet, um später den Seek-Zeiger wieder an diese Stelle zu positionieren.

Der Typ `fpos_t` ist ein in der Header-Datei `stdio.h` definierter ganzzahliger Typ oder ein Strukturtyp. Falls die Dateiverarbeitung mit Breitzeichen-Funktionen erfolgt, speichert `fgetpos()` auch den aktuellen Shift-Status, der die Interpretation von Multibyte-Zeichen beeinflusst.

Return-Wert

Die Funktion gibt `0` zurück, wenn alles gut geht. Ein von `0` verschiedener Wert zeigt einen Fehler an. In dem Fall erhält die Fehlervariable `errno` einen Wert, der die Art des Fehlers angibt.

Beispiel

```
FILE *fp;
fpos_t pos;
if((fp = fopen("test.dat", "r+")) == NULL)
{
  fprintf(stderr, "Kann Datei %s nicht öffnen\n","test.dat");
  exit(
}
if( fgetpos(fp, &pos) != 0)      // Aktuelle Position sichern.
    perror("fgetpos");
else
{
   . . .                         // Daten aus Datei lesen und
                                 // Daten aktualisieren.
   fsetpos(fp, &pos);        // Zurück zur gesicherten Position
   .....                     // und Daten zurückschreiben.
}
```

fgets, fgetws ANSI

```
#include <stdio.h>
char *fgets(char * restrict str, int n, FILE * restrict fp);

#include <wchar.h>
wchar_t *fgetws(wchar_t * restrict str, int n,
                FILE * restrict fp);
```

Beschreibung

Die Funktion `fgets()`, »file get string«, liest eine Folge von Byte-Zeichen aus der mit dem File-Pointer *fp* verbundenen Datei, kopiert sie in den durch `str` adressierten `char`-Vektor und hängt ein String-Endezeichen `'\0'` an. Die Funktion bricht das Einlesen ab, sobald *n*-1 Zeichen eingelesen wurden oder ein Zeilenvorschub `'\n'` erkannt und kopiert wurde.

Die Funktion `fgetws()`, »file get wide string«, ist die Breitzeichen-Version von `fgets()`. Sie liest bis zu `n-1` Breitzeichen in den durch `str` adressierten `wchar_t`-Vektor.

Die entsprechenden Ausgabefunktionen sind `fputs()` und `fputws()`.

Return-Wert

Die Funktionen geben den Zeiger `str` zurück. Wurde kein Zeichen gelesen, sondern direkt das Dateiende erkannt, liefern die Funktionen den `NULL`-Zeiger zurück, und der durch `str` adressierte Vektor bleibt unverändert. Auch im Fehlerfall wird der `NULL`-Zeiger zurückgegeben.

Beispiel

```
FILE *fp;
char name[21];

if((fp = fopen("kunden.dat", "r")) == NULL)
   fprintf(stderr, "Kann Datei nicht eröffnen\n");
else
{
   if( fgets(name, 21, fp) != NULL )
      printf("1. Name in der Datei: %s\n", name);
}
```

fileno

```
#include <stdio.h>
int fileno(FILE *fp);
```

Beschreibung

Die Funktion `fileno()`, »file number«, bestimmt das File-Handle (= File-Deskriptor) der Datei, die mit dem File-Pointer *fp* verbunden ist.

Manche Compiler, wie z.B. Microsoft Visual C++, stellen dem Namen der Funktion einen Unterstrich voran.

Return-Wert

Die Funktion gibt den ganzzahligen File-Handle zurück. Im Fehlerfall ist der Return-Wert `-1` und die Fehlervariable `errno` erhält einen Wert, der die Art des Fehlers anzeigt.

Beispiel

```
FILE *fp;
int fd;

if(fp = fopen("test.dat", "r")) == NULL);
   fprintf( stderr, "Kann Datei nicht öffnen.\n");

fd = fileno(fp);              /* File-Handle zu fp holen. */
if( fd != -1)
  printf("Die Datei besitzt den File-Handle %d.\n", fd);

/*  Ausgabebeispiel:
    Die Datei besitzt den File-Handle 6. */
```

floor ANSI

```
#include <math.h>
double floor(double x);
float floorf(float x);                                           C99
long double floorl(long double x);                               C99
```

Beschreibung

Die Funktion `floor()`, »floor« (Boden), bestimmt die größte ganze Zahl, die kleiner oder gleich dem Wert von *x* ist.

Die Gegenfunktion zu `floor()` ist die Funktion `ceil()`. Zum Runden von Gleitpunktzahlen stehen außerdem eine Reihe neuer C99-Funktionen zur Verfügung. Dazu gehören `nearbyint()`, `rint()`, `round()` und `trunc()`.

Return-Wert

Die Funktion gibt das ganzzahlige Ergebnis als `double`-Wert zurück.

Beispiel

```
printf("floor( 2.7) = %4.1f\n", floor( 2.7));
printf("floor(-3.1) = %4.1f\n", floor(-3.1));

/* Ausgabe:  floor( 2.7) =  2.0
             floor(-3.1) = -4.0
*/
```

Hinweis In der Header-Datei `tgmath.h` ist das typgenerische Makro `floor()` definiert, das es erlaubt, diese Funktion für alle reellen Gleitpunkttypen mit demselben Namen aufzurufen.

fma ANSI

```
#include <math.h>
double fma(double x, double y, double z);                          C99
float fmaf(float x, float y, float z);                             C99
long double fmal(long double x, long double y,
                 long double z);                                   C99
```

Beschreibung

Die Funktion `fma()`, »fused multiply-add«, berechnet den Ausdruck `(x * y) + z`. Die Berechnung wird mit hoher Genauigkeit durchgeführt, wobei nur einmal gerundet wird.

Die Funktion `fma()` ist auch schneller als die normale Berechnung des Ausdrucks `(x * y) + z`, wenn auf dem System ein spezieller FMA-Maschinenbefehl zur Verfügung steht. Dies ist der Fall, wenn das Makro `FP_FAST_FMA` definiert ist. Die entsprechenden Makros für die Typen `float` und `long double` sind `FP_FAST_FMAF` und `FP_FAST_FMAL`.

Return-Wert

Die Funktion gibt das Ergebnis des Ausdrucks `(x * y) + z` zurück.

Beispiel

```
// Berechnung eines Polynoms n-ten Grades an der Stelle x
// gemäß dem Horner-Schema (wiederholtes Ausklammern von x).
// Zum Beispiel gilt für ein Polynom 3. Grades
//    p(x) = a[3]*x*x*x + a[2]*x*x + a[1]*x + a[0]
//         = x*(x*(x*a[3] + a[2]) + a[1]) + a[0]

double polynom( double a[], int n, double x)
{
    double erg = a[n];
    for( int i = n-1; i >= 0; --i)
        erg = fma( x, erg, a[i]);   // erg =  x * erg + a[i];

    return erg;
}
```

Hinweis In der Header-Datei `tgmath.h` ist das typgenerische Makro `fma()` definiert, das es erlaubt, diese Funktion für alle reellen Gleitpunkttypen mit demselben Namen aufzurufen.

fmax, fmin ANSI

```
#include <math.h>
double fmax(double x, double y);                          C99
float fmaxf(float x, float y);                            C99
long double fmaxl(long double x, long double y);          C99
```

Beschreibung

Die Funktion `fmax()`, »float maximum«, bestimmt das Maximum seiner Argumente.

Die Funktion `fmin()`, »float minimum«, bestimmt das Minimum seiner Argumente.

Return-Wert

Die Funktion `fmax()` liefert den Wert des größeren Arguments und `fmin()` den Wert des kleineren Arguments zurück.

Beispiel

```
// Den mittleren von drei Werten bestimmen:
double median( double a, double b, double c)
{
   double ab = fmin(a,b),
          ac = fmin(a,c),
          bc = fmin(b,c);
   return fmax( fmax(ab, ac), bc);
}
```

Hinweis In der Header-Datei `tgmath.h` sind die typgenerischen Makros `fmax()` und `fmin()` definiert, die es erlauben, die Maximum-Funktion bzw. die Minimum-Funktion für alle reellen Gleitpunkttypen mit demselben Namen aufzurufen.

fmod ANSI

```
#include <math.h>
double fmod(double x, double y);
float fmodf(float x, float y);                                  C99
long double fmodl(long double x, long double y);                C99
```

Beschreibung

Die Funktion `fmod()`, »float modulo«, berechnet x modulo y, also den Rest der Division x/y. Der Rest ist definiert als `x - n*y` mit einer ganzen Zahl n, so dass der Rest betragsmäßig kleiner als y ist und das Vorzeichen von x hat.

Eine etwas andere Berechnung des Divisionsrestes verwenden die C99-Funktionen `remainder()` und `remquo()`.

Return-Wert

Falls das Argument `y` ungleich `0` ist, liefert die Funktion das Ergebnis der Modulo-Division. Andernfalls hängt es vom Compiler ab, ob `fmod()` einen Domain Error erzeugt oder `0` zurückgibt.

Beispiel

```
printf("fmod( 9.5, 3.5) = %4.1f\n", fmod(9.5, 3.5) );
printf("fmod(-9.5, 3.5) = %4.1f\n", fmod(-9.5, 3.5) );
printf("fmod( 9.5,-3.5) = %4.1f\n", fmod(9.5, -3.5) );

/* Ausgabe:
   fmod( 9.5, 3.5) =  2.5
   fmod(-9.5, 3.5) = -2.5
   fmod( 9.5,-3.5) =  2.5
*/
```

Hinweis In der Header-Datei `tgmath.h` ist das typgenerische Makro `fmod()` definiert, das es erlaubt, diese Funktion für alle reellen Gleitpunkttypen mit demselben Namen aufzurufen.

fopen ANSI

```
#include <stdio.h>
FILE *fopen(const char * restrict name,
            const char * restrict modus);
```

Beschreibung

Die Funktion `fopen()`, »file open«, öffnet eine Datei mit dem Dateinamen *`name`* und der Zugriffsart *`modus`*. Mögliche Zugriffsarten sind:

modus	**Eröffnen**	**Anmerkungen**
`"r"`	zum Lesen	Die Datei muss schon existieren.
`"r+"`	zum Lesen und Schreiben	
`"w"`	zum Schreiben	Existiert die Datei nicht, so wird sie neu
`"w+"`	zum Schreiben und Lesen	erzeugt. Existiert die Datei bereits, geht der Dateiinhalt verloren.
`"a"`	zum Schreiben ab Dateiende	Existiert die Datei noch nicht, so wird
`"a+"`	zum Schreiben ab Dateiende und Lesen	sie neu erzeugt.

Nach dem Öffnen einer Datei zeigt die aktuelle Dateiposition, auch Seek-Zeiger genannt, auf das erste Byte der Datei. Bei einer im Modus `"a"` oder `"a+"` geöffneten Datei wird der Seek-Zeiger vor jeder Schreiboperation an das Ende der Datei positioniert. Daten in der Datei können daher nicht überschrieben werden.

Soll bei einer Datei, die im Modus `"r+"`, `"w+"` oder `"a+"` eröffnet wurde, zwischen Lesen und Schreiben gewechselt werden, so muss zuvor eine der Funktionen `fseek()`, `rewind()` oder `fsetpos()` aufgerufen werden.

Auf einigen Systemen, wie beispielsweise DOS und Windows, muss zwischen Text- und Binärmodus unterschieden werden. Der gewünschte Modus kann durch Anhängen des Buchstabens `t` (»Textmodus«) oder `b` (»Binärmodus«) an den Modus-String festgelegt werden. Standardmäßig wird eine Datei im Textmodus geöffnet.

Return-Wert

Die Funktion gibt einen File-Pointer zurück, d.h. einen Zeiger auf eine Struktur vom Typ `FILE`. Bei jedem nachfolgenden Dateizugriff ist dieser Zeiger anzugeben.

Kann die Datei nicht geöffnet werden, liefert `fopen()` den `NULL`-Zeiger.

Beispiel

```
FILE *fp;
int c;

fp = fopen("test.dat", "a+");     /* Schreiben am Dateiende */
                                  /* und Lesen.             */
if(fp == NULL)
{
   fprintf(stderr,"Kann Datei nicht eröffnen.\n");
   exit(1);
}
else
   printf("Datei \"test.dat\" ist eröffnet.\n");

while(( c = getchar()) != EOF)    /* Tastatureingaben ans   */
   fputc(c, fp);                  /* Ende der Datei hängen. */

rewind(fp);                    /* Seek-Zeiger auf Dateianfang */

while(( c = fgetc(fp)) != EOF)    /* Datei auf dem          */
   putchar(c);                    /* Bildschirm ausgeben.   */

fclose(fp);                       /* Datei schließen.       */
```

fpclassify ANSI

```
#include <math.h>
int fpcassify( x );                                          C99
```

Beschreibung

Das Makro `fpclassify()`, »floating point number classification«, ermittellt die Gleitpunktzahl-Kategorie, der das Argument `x` angehört. Das Argument muss einen reellen Gleitpunkttyp haben, also `float`, `double` oder `long double`. C99 unterscheidet fünf Kategorien für Gleitpunktzahlen, für die in der Header-Datei `math.h` folgende ganzzahlige Makos definiert sind:

`FP_ZERO`	Gleitpunktzahlen mit Wert `0`
`FP_NORMAL`	Gleitpunktzahlen in normalisierter Darstellung ungleich `0`
`FP_SUBNORMAL`	Gleitpunktzahlen in subnormaler Darstellung
`FP_INFINITE`	Gleitpunktzahlen, die einen unendlichen Wert darstellen
`FP_NAN`	Werte, die keine gültige Gleitpunktzahl (engl. »Not a Number«, kurz `NaN`) darstellen.

Zusätzlich können weitere Kategorien mit entsprechenden Makros definiert sein.

Um zu testen, ob eine reelle Gleitpunktzahl einer bestimmten Kategorie angehört, können auch die Makros `isnormal()`, `isfinite()`, `isinf()` und `isnan()` aufgerufen werden. Das Makro `signbit()` liefert das Vorzeichenbit einer Gleitpunktzahl.

Return-Wert

`fpclassify()` gibt den Wert des Makros für die Kategorie zurück, in die das Argument fällt.

Beispiel

```
#define assert_normal_or_zero(x) \
        assert(   fpclassify(x) == FP_NORMAL \
               || fpclassify(x) == FP_ZERO);

// Beispielausgabe, falls x nicht normal oder null ist:
Assertion failed: fpclassify(x) == FP_NORMAL || fpclassify(x)
== FP_ZERO, file f_examples.c, line 56
```

fprintf, fwprintf ANSI

```
#include <stdio.h>
int fprintf( FILE * restrict fp,
             const char * restrict formatstr, ...
                                        /* arg1, arg2 ... */ );

#include <wchar.h>
int fwprintf( FILE * restrict fp,
              const wchar_t * restrict formatstr, ...
                                        /* arg1, arg2 ... */ );
```

Beschreibung

Die Funktion `fprintf()`, »file print formatted«, schreibt den Format-String *formatstr* in die mit dem File-Pointer *fp* verbundene Datei. Die im Format-String enthaltenen Formatelemente bestimmen die Interpretation und die Ausgabe der weiteren Argumente *arg1, arg2* ... . Dies geschieht in der bei `printf()` beschriebenen Weise.

Die Funktion `fwprintf()` ist die Breitzeichen-Version von `fprintf()`. Im Unterschied zu `fprintf()` ist der Format-String ein Breitzeichen-String und es werden Breitzeichen in den Stream `fp` geschrieben.

Return-Wert

Die Funktionen liefern die Anzahl der ausgegebenen Zeichen zurück. Im Fehlerfall wird ein negativer Wert zurückgegeben.

Beispiel

```
FILE *fp;
char *volk  = "Chinesen";
char *musik = "Kontrabass";
int z = 2;

fp = fopen("test.dat", "a");     /* Schreiben ab Dateiende */

if( fp != NULL)
  fprintf( fp,"%d %s mit dem %s ", z, volk, musik);

/*    In der Datei "test.dat" wird angehängt:
      2  Chinesen mit dem Kontrabass
*/
```

fputc, fputwc ANSI

```
#include <stdio.h>
int fputc( int c, FILE *fp);

#include <wchar.h>
wint_t fputwc( wchar_t wc, FILE *fp);
```

Beschreibung

Die Funktion `fputc()`, »file put character«, schreibt das Zeichen *c* auf die aktuelle Position der Datei, welche mit dem File-Pointer *fp* geöffnet wurde. Anschließend wird die aktuelle Position um 1 erhöht. Diese Funktion ist wirkungsgleich mit dem Makro `putc()`.

`fputwc()`, »file put wide character«, ist die Breitzeichen-Version von `fputc()`. Die Funktion schreibt das Breitzeichen wc in die Datei und erhöht dann die aktuelle Dateiposition um die Anzahl geschriebener Bytes. In der Datei werden Zeichen als Folge von Multibyte-Zeichen gespeichert. Wenn bei der Konvertierung des Breitzeichens in ein Multibyte-Zeichen ein Fehler auftritt, setzt `fputwc()` die Fehlervariable `errno` auf `EILSEQ` (»illegal sequence«) and gibt `WEOF` zurück. Die Funktion `fputwc()` ist wirkungsgleich mit dem Makro `putwc()`.

Die entsprechenden Funktionen zum Lesen einzelner Zeichen aus einer Datei sind `fgetc()` und `fgetwc()`.

Return-Wert

Die Funktionen geben das geschriebene Zeichen zurück. Im Fehlerfall ist der Return-Wert `EOF` bzw. `WEOF`.

Beispiel

```
/*   Tastatureingaben an das Ende der Datei hängen.        */
FILE *fp;
int c;
if((fp = fopen("test.dat", "a")) == NULL)
   fprintf(stderr, "Kann Datei %s nicht öffnen\n", "test.dat");
else
   while(( c = getchar()) != EOF)
      fputc(c, fp);
```

fputs, fputws ANSI

```
#include <stdio.h>
int fputs(const char * restrict str, FILE * restrict fp);

#include <wchar.h>
int fputws(const wchar_t * restrict wstr, FILE * restrict fp);
```

Beschreibung

Die Funktion `fputs()`, »file put string«, schreibt die Zeichenkette *`str`* in die mit dem File-Pointer *`fp`* verbundene Datei. Das String-Endezeichen `'\0'` wird nicht in die Datei übertragen.

Die Funktion `fputws()`, »file put wide string«, ist die Breitzeichen-Version von `fputs()`. Sie schreibt den Breitzeichen-String `wstr` in die Datei.

Die entsprechenden Ausgabefunktionen sind `fgets()` und `fgetws()`.

Return-Wert

Im Fehlerfall liefern die Funktionen den Wert `EOF` zurück, andernfalls einen nicht negativen Wert.

Beispiel

```
FILE *fp;
char *string =
     "Zeichenkette, die in die Datei geschrieben wird.";

if((fp = fopen("test.dat", "a")) == NULL)
   fprintf(stderr, "Kann Datei nicht eröffnen\n");
else
   fputs(string, fp);
```

fread ANSI

```
#include <stdio.h>
size_t fread(void * restrict buffer, size_t size, size_t n,
             FILE * restrict fp);
```

Beschreibung

Die Funktion `fread()`, »file read«, liest bis zu *n* Datenobjekte der Länge *size* aus der mit dem File-Pointer *fp* verbundenen Datei und schreibt sie in einen Speicherbereich, auf dessen Anfang *buffer* zeigt.

Der Speicherbereich muss mindestens *n * size* Bytes groß sein. Der Datentyp `size_t` ist in der Header-Datei `stdio.h` als `unsigned int` definiert.

Die Gegenfunktion zu `fread()` ist `fwrite()`.

Return-Wert

Die Funktion gibt die Anzahl der tatsächlich eingelesenen Datenobjekte zurück. Ist diese Zahl kleiner als *n*, so wurde entweder das Dateiende erreicht oder es trat ein Fehler auf. Zur Unterscheidung sollte eine der Funktionen `feof()` oder `ferror()` verwendet werden.

Beispiel

```
FILE *fp;
ARTIKEL record[100];        // Voraussetzung: Struktur ARTIKEL
                            // bereits zuvor definiert.
if((fp = fopen("artikel.dat", "r")) == NULL)
   fprintf(stderr,"Datei kann nicht eröffnet werden\n");
else
/* Bis zu 100 Datensätze vom Typ ARTIKEL aus Datei lesen:   */
   if( fread( record, sizeof(ARTIKEL), 100, fp) < 100
       && !feof(fp) )
      fprintf(stderr,
             "Fehler beim Lesen der Datei artikel.dat");
```

free ANSI

```
#include <stdlib.h>
void free(void *ptr);
```

Beschreibung

Die Funktion `free()`, »free«, gibt einen Speicherbereich frei, auf dessen Anfang das Argument *`ptr`* zeigt. Der Zeiger *`ptr`* muss zuvor von einer der Funktionen `malloc()`, `calloc()` oder `realloc()` zurückgegeben worden sein.

Falls *`ptr`* der `NULL`-Zeiger ist, passiert nichts.

Return-Wert

Keiner

Beispiel

```
char *ptr;
                                    /* 2000 Bytes anfordern: */
if((ptr = (char *) malloc(2000)) == NULL)
   fprintf( stderr,
            "Kann Speicherplatz nicht reservieren\n");
else
{    .           /* Zugeteilten Speicherplatz verwenden. */
     .
     .
   free(ptr);    /* Speicherplatz wieder freigeben.      */
}
```

freopen ANSI

```
#include <stdio.h>
FILE *freopen( const char * restrict name,
               const char * restrict modus,
               FILE * restrict fp);
```

Beschreibung

Die Funktion `freopen()`, »file reopen«, schließt die mit dem File-Pointer *fp* verbundene Datei und eröffnet die Datei *name* mit der Zugriffsart *modus* unter Verwendung des »alten« File-Pointers *fp*. Die möglichen Zugriffsarten sind bei der Funktion `fopen()` beschrieben.

`freopen()` wird normalerweise auf eine der Standarddateien `stdin`, `stdout` und `stderr` angewendet, um die Ein- bzw. Ausgabe umzulenken.

Return-Wert

Die Funktion gibt den File-Pointer für die neu geöffnete Datei zurück. Dieser ist identisch mit dem Wert von *fp*. Im Fehlerfall wird der `NULL`-Zeiger zurückgegeben. Die ursprüngliche Datei wird immer geschlossen!

Beispiel

```
char datei[] = "test.dat";

if( freopen( datei, "w", stdout) == NULL)
  fprintf(stderr, "Fehler beim Aufruf von freopen()\n");
else
  printf("Diese Ausgabe wird in die Datei %s umgeleitet\n",
                                                    datei);
```

frexp ANSI

```
#include <math.h>
double frexp(double x, int *exp_ptr);
float frexpf(float x, int *exp_ptr);                          C99
long double frexpl(long double x, int *exp_ptr);              C99
```

Beschreibung

Die Funktion `frexp()`, »float remnant exponent«, zerlegt die Gleitpunktzahl *x* in eine Mantisse `m` (mit Vorzeichen) und einen ganzzahligen Exponenten `exp` zur Basis 2, sodass folgende Gleichung erfüllt ist:

$x = m * 2^{exp}$ mit $0.5 <= |m| < 1.$

Dabei ist `|m|` der Betrag von `m`. Der Exponent `exp` wird an der durch *exp_ptr* adressierten Speicherstelle abgelegt. Falls `x` den Wert `0` hat, erhalten `m` und `exp` den Wert `0`.

Aus der Mantisse `m` und dem Exponenten `exp` kann der Wert von *x* mit Hilfe der Funktion `ldexp()` berechnet werden.

Return-Wert

Die Funktion gibt den Wert der Mantisse `m` zurück.

Beispiel

```
double x = 9.5, m;
int exp;

m = frexp(x, &exp);
printf("Die Zahl %3.1f ist wie folgt zerlegbar:\n", x);
printf("Mantisse: %f,  binärer Exponent: %d\n", m, exp);

/* Ausgabe:  Die Zahl 9.5 ist wie folgt zerlegbar:
             Mantisse: 0.593750,  binärer Exponent: 4
*/
```

Hinweis In der Header-Datei `tgmath.h` ist das typgenerische Makro `frexp()` definiert, das es erlaubt, diese Funktion für alle reellen Gleitpunkttypen mit demselben Namen aufzurufen.

fscanf, fwscanf ANSI

```
#include <stdio.h>
int fscanf( FILE * restrict fp,
            const char * restrict formatstr, ...
                                        /* arg1, arg2 ... */ );

#include <wchar.h>
int fwscanf( FILE * restrict fp,
             const wchar_t * restrict formatstr, ...
                                        /* arg1, arg2 ... */ );
```

Beschreibung

Die Funktion `fscanf()`, »file scan formatted«, liest Daten aus der mit dem File-Pointer *fp* verbundenen Datei, interpretiert sie unter Kontrolle des Format-Strings *formatstr* und legt sie in den durch *arg1, arg2, ...* adressierten Speicherplätzen ab. Jedes der Argumente *arg1, arg2, ...* ist ein Zeiger auf eine Variable, deren Typ mit der entsprechenden Typangabe im Format-String übereinstimmen muss.

Die Funktion `fwscanf()` ist die Breitzeichen-Version von `fscanf()`. Im Unterschied zu `fscanf()` ist der Format-String ein Breitzeichen-String und es werden Breitzeichen aus dem Stream `fp` gelesen.

Der Format-String wird auf die bei `scanf()` bzw. `wscanf()` beschriebene Weise gebildet.

Return-Wert

Die Funktionen geben die Anzahl der tatsächlich eingelesenen Datenfelder zurück. Wird das Dateiende erreicht oder tritt ein Lesefehler auf, bevor ein Datenfeld erfolgreich konvertiert werden konnte, geben die Funktionen den Wert `EOF` zurück.

Beispiel

```
// Ersten Namen mit Telefonnummer aus
// der Datei telefon.dat lesen.

FILE *fp;
char name[41];
long nummer;

if((fp = fopen( "telephon.dat", "r")) == NULL)
   fprintf(stderr, "Kann Datei nicht öffnen\n");
else
   fscanf(fp, "%40s %ld", name, &nummer);
```

fseek

ANSI

```
#include <stdio.h>
int fseek(FILE *fp, long offset, int basis);
```

Beschreibung

Die Funktion `fseek()`, »file seek«, verschiebt den Seek-Zeiger der mit dem File-Pointer `fp` geöffneten Datei um *`offset`* Bytes

- vom Dateianfang, falls *`basis`* der Wert `0` ist,
- von der aktuellen Position, falls *`basis`* der Wert `1` ist,
- vom Dateiende, falls *`basis`* der Wert `2` ist.

Für die Basis-Werte `0, 1, 2` sind in der Header-Datei `stdio.h` die Konstanten `SEEK_SET`, `SEEK_CUR` und `SEEK_END` definiert.

Der Seek-Zeiger darf nicht vor den Dateianfang positioniert werden. Wird der Seek-Zeiger hinter das Dateiende gesetzt und anschließend eine Schreiboperation durchgeführt, so entsteht eine Lücke in der Datei mit undefiniertem Inhalt.

Return-Wert

Im Erfolgsfall gibt die Funktion `0` und im Fehlerfall einen von `0` verschiedenen Wert zurück.

Beispiel

```
FILE *fp;
if((fp = fopen("test.dat", "r")) == NULL)
   fprintf(stderr, "Kann Datei nicht öffnen\n");
else
{
    fseek(fp,80L,0);          /* 80 Bytes nach Dateianfang */
    .....
    fseek(fp,-4L,1);          /* 4 Bytes zurück            */
    .....
    fseek(fp,0L,2);           /* zum Dateiende             */
}
```

fstat

```
#include <sys\types.h> // Typdefinitionen für Systemaufrufe
#include <sys\stat.h>  // Definition der Struktur stat
int fstat(int handle, struct stat *buffer);
```

Beschreibung

Die Funktion `fstat()`, »file status«, ermittelt die Status-Informationen über eine geöffnete Datei. Sie speichert die Informationen über die mit dem File-Handle (= Datei-Deskriptor) *handle* verbundene Datei in die durch *buffer* adressierte Struktur.

Die Funktion `fstat()` liefert für eine geöffnete Datei die gleichen Informationen wie die Funktion `stat()`, die jedoch als erstes Argument einen Dateinamen erwartet.

Der Strukturtyp `stat` ist in der Header-Datei `sys\stat.h` definiert und in diesem Buch bei der Funktion `stat()` beschrieben.

Manche Compiler, wie z.B. Microsoft Visual C++, stellen dem Namen der Funktion einen Unterstrich voran.

Return-Wert

Die Funktion gibt den Wert `0` zurück, wenn die Statusinformationen ermittelt wurden. Der Return-Wert `-1` zeigt einen Fehler an, wobei die Fehlervariable `errno` den Wert `EBAGF` (»bad file number«) erhält.

Beispiel

```
struct stat info;
if( fstat( 0, &info) == -1 )      /*  0 = Standardeingabe   */
   perror("FSTAT");
else if( (info.st_mode & S_IFREG) == S_IFREG)
{
   /* Standardeingabe ist mit normaler Datei verbunden. */
   printf("Die Standardeingabe wurde umgelenkt!\n");
   .....
}
```

fsetpos ANSI

```
#include <stdio.h>
int fsetpos(FILE *fp, const fpos_t *ppos);
```

Beschreibung

Die Funktion `fsetpos()`, »file set position«, setzt den Seek-Zeiger der mit dem File-Pointer *fp* verbundenen Datei an die neue Position **ppos*. Diese Position muss zuvor durch einen Aufruf der Funktion `fgetpos()` ermittelt worden sein.

Der Typ `fpos_t` ist ein in der Header-Datei `stdio.h` definierter ganzzahliger Typ oder ein Strukturtyp. Falls die Dateiverarbeitung mit Breitzeichen-Funktionen erfolgt, speichert `fgetpos()` auch den aktuellen Shift-Status, der die Interpretation von Multibyte-Zeichen beeinflusst.

Im Fall, dass der Typ `fpos_t` als `long` definiert ist, ist der Aufruf von `fsetpos(fp, ppos)` wirkungsgleich mit `fseek(fp,*ppos,0)`.

Return-Wert

Die Funktion gibt `0` zurück, wenn alles gut geht. Ein von `0` verschiedener Wert zeigt einen Fehler an und die Fehlervariable `errno` erhält einen Wert, der die Art des Fehlers angibt.

Beispiel

```
FILE *fp;
fpos_t pos;

if((fp = fopen("test.dat", "r+")) == NULL)
  fprintf(stderr,"Kann Datei %s nicht eröffnen\n", "test.dat");
else
{       ......              // Daten aus Datei lesen.
    fgetpos(fp, &pos);      // Aktuelle Position sichern.
      ......                // Weitere Daten lesen.
    fsetpos(fp, &pos);      // Zurück zur gesicherten Position.
  .....                     // Datei weiter verarbeiten.
}
```

ftell ANSI

```
#include <stdio.h>
long ftell(FILE *fp);
```

Beschreibung

Die Funktion `ftell()`, »file tell«, ermittelt die aktuelle Position in der Datei, die mit dem File-Pointer *fp* verbunden ist.

Return-Wert

Die Funktion gibt die aktuelle Position (= Wert des Seek-Zeigers) zurück. Bei falschem File-Pointer ist der Return-Wert `-1L` und die Fehlervariable `errno` wird auf `EBADF` (»bad file number«) oder `EINVAL` (»invalid argument«) gesetzt.

Beispiel

```
FILE *fp;
long ergeb;

if ((fp = fopen("test.dat", "r")) == NULL)
   fprintf(stderr, "Kann Datei nicht eröffnen\n");
else
{  /*  Zunächst einige Daten aus der Datei lesen. Dann:  */

   ergeb = ftell(fp);
   printf("Aktuelle Position: %ld\n", ergeb);
}
```

fwide ANSI

```
#include <stdio.h>
#include <wchar.h>
int fwide( FILE *fp, int mode );
```

Beschreibung

Die Funktion `fwide()` liefert oder setzt die Zeichenorientierung des mit `fp` adressierten Streams. Ein Stream ist *byte-orientiert*, wenn Zeichen mit den klassischen Byte-Funktionen gelesen oder geschrieben werden, und *wide-orientiert*, wenn Breitzeichen (d.h. Zeichen vom Typ `wchar_t`) gelesen oder geschrieben werden. Das Argument `mode` hat folgende Wirkung:

`mode = 0`	Die Orientierung des Streams bleibt unverändert.
`mode > 0`	Den Stream auf »wide-orientiert« setzen.
`mode < 0`	Den Stream auf »byte-orientiert« setzen.

Nach dem Öffnen eines Streams ist seine Orientierung noch unbestimmt. Das gilt auch für die Standardstreams `stdin`, `stdout` und `stderr`. Die Orientierung eines Streams wird entweder implizit durch den ersten lesenden bzw. schreibenden Zugriff festgelegt oder explizit durch den Aufruf der Funktion `fwide()`.

Die Orientierung eines Streams kann jederzeit mit der Funktion `fwide()` abgefragt werden. Ist seine Orientierung aber einmal festgelegt, kann sie nicht mehr geändert werden, auch nicht mit der Funktion `fwide()`. Um die Orientierung zu ändern, muss der Stream zuerst mit der Funktion `freopen()` erneut geöffnet werden.

Return-Wert

Die Funktion liefert `0`, wenn die Orientierung des Streams noch unbestimmt ist, kleiner als `0`, wenn der Stream byte-orientiert ist, und größer als `0`, wenn der Stream wide-orientiert ist.

Beispiel

```
wchar_t wstring[] = L"Grüße aus Bad Tölz ...";
FILE *fp;
if( (fp = fopen( "widedemo.txt", "w")) == NULL)
   fprintf(stderr, "Kann Datei nicht öffnen.\n"),
   exit(EXIT_FAILURE);
if( fwide( fp, 1) <= 0)       // wide-Orientierung setzen.
   fprintf(stderr, "Kann keine Breitzeichen schreiben.\n");
else
   fwprintf(fp, L"Ein String mit Umlauten: %ls", wstring);
```

fwrite ANSI

```
#include <stdio.h>
size_t fwrite(void * restrict buffer, size_t size, size_t n,
              FILE * restrict fp);
```

Beschreibung

Die Funktion `fwrite()`, »file write«, schreibt *n* Datenobjekte der Größe *size* aus dem durch *buffer* adressierten Puffer in die Datei, die mit dem File-Pointer *fp* eröffnet wurde. Der Datentyp `size_t` ist in der Header-Datei `stdio.h` als `unsigned int` definiert.

Die Gegenfunktion zu `fwrite()` ist `fread()`.

Return-Wert

Die Funktion gibt die Anzahl der Datenobjekte zurück, welche tatsächlich in die Datei geschrieben wurden. Ist diese Zahl kleiner als *n*, so trat ein Fehler auf.

Beispiel

```
int buffer[] = {1,2,3,4,5,6,7};    // Ein int-Vektor der Länge 7.

FILE *fp;
int ergeb;

if((fp = fopen("test.dat", "a")) == NULL)
   fprintf(stderr, "Kann Datei nicht öffnen\n");
else
{
   ergeb = fwrite( buffer, sizeof(int), 7, fp);
   printf(" %d Zahlen in die Datei geschrieben.\n", ergeb);
}

/* Ausgabe:
   7 Zahlen in die Datei geschrieben.
*/
```

getc, getwc getchar, getwchar

ANSI

```
#include <stdio.h>
int getc(FILE *fp);
int getchar(void);

#include <wchar.h>
wint_t getwc(FILE *fp);
wint_t getwchar(void);
```

Beschreibung

Das Makro `getc()`, »get character«, liest das nächste Zeichen aus der Datei, die mit dem File-Pointer *`fp`* verbunden ist. Das Makro `getc()` ist wirkungsgleich mit der Funktion `fgetc()`.

Das Makro `getchar()` ist identisch mit `getc(stdin)`. Es liest also das nächste Zeichen von der Standardeingabe.

Die Makros `getwc()`, »get wide character«, und `getwchar()` sind die Breitzeichen-Versionen von `getc()` und `getchar()`. Diese Makros lesen also das nächste Breitzeichen (ein Zeichen vom Typ `wchar_t`).

Die entsprechenden Makros für die Ausgabe sind `putc()`, `putwc()`, `putchar()` und `putwchar()`.

Return-Wert

Die Makros `getc()` und `getchar()` geben das eingelesene Zeichen oder `EOF` zurück. Entsprechend geben die Makros `getwc()` und `getwchar()` das eingelesene Zeichen oder `WEOF` zurück. Der Return-Wert `EOF` bzw. `WEOF` zeigt einen Fehler oder das Dateiende an.

Beispiel

```
/*      Eine Textdatei auf dem Bildschirm ausgeben.        */
char file[] = "demo.txt"
FILE *fp;
int c;

if((fp = fopen( file, "r")) == NULL)
  fprintf(stderr, "Kann Datei %s nicht öffnen\n", file);
else
   while (( c = getc(fp)) != EOF)
       putchar(c);
```

getch, getche

```
#include <conio.h>
int getch(void);                    /*  System spezifisch  */
int getche(void);
```

Beschreibung

Die Funktionen `getch()` und `getche()`, »get character«, lesen ein Zeichen direkt von der Tastatur. Im Gegensatz zu `getch()` gibt `getche()` das eingelesene Zeichen auf dem Bildschirm aus (»Echo«).

Steuerzeichen werden unverändert weitergegeben. Insbesondere wird das Zeichen Ctrl-Z (= 26) nicht als Dateiende interpretiert, und bei der Eingabe von <Return> liefert `getch()` den Wert 13 = `'\r'` und nicht 10 = `'\n'`. Die Eingabe von Ctrl-C löst jedoch den Interrupt `0x23` (»Break«) aus.

Mit `ungetch()` kann das zuletzt gelesene Zeichen zurückgestellt werden.

Manche Compiler, wie z.B. Microsoft Visual C++, stellen dem Namen dieser Funktionen einen Unterstrich voran.

Return-Wert

Beide Funktionen geben den ASCII-Wert des eingelesenen Zeichens zurück. Es gibt keinen speziellen Return-Wert für das Dateiende oder für den Fehlerfall.

Beispiel

```
int c;
printf("Geben Sie Ziffern und einen Buchstaben ein\n");
do
   c = getch();               // Die Ziffern werden ohne
while( isdigit(c));           // Echo eingelesen,
putch(c);                     // der Buchstabe wird ausgegeben.
```

Anmerkung: Für Unix/Linux gibt es auf der CD zum Buch im Unterverzeichnis `Buch.src\Linux` die Dateien `conio.h` und `conio.c` mit einer Implementierung der Funktion `getch()`.

getenv

ANSI

```
#include <stdlib.h>
char *getenv(const char *name);
```

Beschreibung

Die Funktion `getenv()`, »get environment«, sucht die Tabelle der Umgebungsvariablen nach dem zu *name* gehörenden Eintrag ab.

Return-Wert

Die Funktion gibt einen Zeiger auf den entsprechenden Eintrag zurück. Falls kein Eintrag zu *name* gefunden werden konnte, ist der Return-Wert `NULL`.

Beispiel

```
char *ptr;

ptr = getenv("PATH");

if(ptr == NULL)
  printf("Kein PATH-Eintrag\n");     /* Umgebungsvariable PATH *
                                      * nicht gesetzt.         */
else
  printf("PATH-Eintrag: \n%s\n", ptr);
```

gets ANSI

```
#include <stdio.h>
char *gets(char *buffer);
```

Beschreibung

Die Funktion `gets()`, »get string«, liest eine Textzeile bis zum Newline-Zeichen `'\n'` von der Standardeingabe und legt sie in dem durch *`buffer`* adressierten Puffer ab. Das Newline-Zeichen wird durch das String-Endezeichen `'\0'` ersetzt.

Die Funktion `gets()` besitzt keinen Parameter, um die Länge der Eingabe zu begrenzen. Bei einer zu langen Zeile kann das zu einem Pufferüberlauf führen. Eine bessere Alternative zu `gets()` ist daher die Funktion `fgets()`, die einen solchen Parameter besitzt.

Die entsprechende Funktion für die Ausgabe ist `puts()`.

Return-Wert

Die Funktion liefert ihr Argument als Return-Wert. Im Fehlerfall bzw. bei Erreichen des Dateiendes wird der `NULL`-Zeiger zurückgegeben.

Beispiel

```
char buffer[1000];

printf("Geben Sie eine Textzeile ein "
       "(Abschließen mit Return):\n");
if( gets(buffer) == NULL)
   printf("Kann Text nicht einlesen\n");
else
   printf("Ihr Text:\n%s\n", buffer);
```

gmtime ANSI

```
#include <time.h>
struct tm *gmtime(const time_t *sec);
```

Beschreibung

Die Funktion `gmtime()`, »Greenwich Mean Time« (GMT), konvertiert die Zeit, die mit *`sec`* in Form eines Zeigers auf Sekunden angegeben wird, in das entsprechende Datum mit Uhrzeit.

Die berechneten Werte für Jahr, Monat, Tage etc. werden von `gmtime()` in eine Struktur vom Typ `struct tm` abgelegt. Die Struktur repräsentiert nicht die lokale Zeit, sondern die universelle Zeit »Coordinated Universal Time (UTC)«, die neuere Bezeichnung für »Greenwich Mean Time«. Die lokale Zeit erhält man mit der Funktion `localtime()`.

Die Struktur `tm` ist in der Header-Datei `time.h` definiert und wird in diesem Buch bei der Funktion `mktime()` beschrieben.

Die aktuelle Zeit in Form einer Zahl vom Typ `time_t` erhält man durch einen Aufruf der Funktion `time()`. Der Typ `time_t` ist in der Header-Datei `time.h` gewöhnlich als `long` oder `unsigned long` definiert.

Return-Wert

Die Funktion liefert einen Zeiger auf die Struktur vom Typ `tm`, welche die berechneten Werte für Datum und Uhrzeit enthält.

Beispiel

```
time_t sec;
time(&sec);           // Aktuelle Zeit in Anzahl Sekunden holen.
printf("Datum und Uhrzeit(GMT): %s\n", asctime(gmtime(&sec)));

/* Ausgabebeispiel:
   Datum und Uhrzeit(GMT): Sun Oct 14 20:46:04 2007
*/
```

hypot ANSI

```
#include <math.h>
double hypot(double x, double y);                          C99
float hypotf(float x, float y);                            C99
long double hypotl(long double x, long double y);          C99
```

Beschreibung

Die Funktion `hypot()`, »hypotenuse«, berechnet die Hypotenuse gemäß der Formel von Pythagoras, d.h. die Wurzel aus $x^2 + y^2$. Dabei werden zwischenzeitliche Unter- und Überläufe vermieden. Es kann ein Range Error auftreten.

Return-Wert

Die Funktion gibt das Ergebnis des Ausdrucks $\sqrt{x^2 + y^2}$ zurück.

Beispiel

```
// Berechnung des Abstand zweier Punkte:

typedef struct { double x; double y; } Point;

double distance( Point p1, Point p2)
{
    double dx = p2.x - p1.x,
           dy = p2.y - p1.y;

    return hypot( dx, dy);
}
```

Hinweis In der Header-Datei `tgmath.h` ist das typgenerische Makro `hypot()` definiert, das es erlaubt, diese Funktion für alle reellen Gleitpunkttypen mit demselben Namen aufzurufen.

ilogb ANSI

```
#include <math.h>
int ilogb(double x);                                        C99
int ilogbf(float x);                                        C99
int ilogbl(long double x);                                  C99
```

Beschreibung

Die Funktion `ilogb()` liefert den ganzzahligen Exponenten von x in der internen Darstellung, d.h. den Exponenten zur Basis `FLT_RADIX`. Für eine positive Gleitpunktzahl x gilt

$$x = m * \mathrm{FLT\_Radix}^{\mathrm{ilogb}(x)} \qquad \text{mit} \quad 1 <= m < \mathrm{FLT\_RADIX}.$$

`FLT_RADIX` hat gewöhnlich den Wert 2.

Falls das Argument x gleich `0` ist, gibt `ilogb()` den Wert `FP_ILOGB0` zurück und es kann ein Range Error auftreten. Die Konstante `FP_ILOGB0` hat entweder den Wert `INT_MIN` oder `-INT_MAX`.

Falls das Argument x unendlich ist, gibt `ilogb()` den Wert `INT_MAX` zurück. Falls x ein NaN (»not a number«) ist, liefert `ilogb()` den Wert `FP_ILOGBNAN`. Diese Konstante hat den Wert `INT_MIN` oder `INT_MAX`.

Die ganzzahligen Makros `INT_MIN` und `INT_MAX` sind in `limits.h` definiert und stellen den kleinsten bzw. größten Wert dar, der mit dem Typ `int` darstellbar ist.

Return-Wert

Die Funktion liefert den Exponenten von x als ganze Zahl mit Vorzeichen. Für eine normale Gleitpunktzahl x ist `ilogb(x)` identisch mit `(int)logb(x)`.

Beispiel

```
double x[] = { 0.0, 0.5, 1.9, 4.1 };

printf("Basis FLT_RADIX ist %d\n", FLT_RADIX);
for( int i = 0; i < sizeof(x)/sizeof(double); ++i)
    printf("ilogb(%.1f) = %d\n", x[i], ilogb(x[i]));

/* Ausgabe:   Basis FLT_RADIX ist 2
              ilogb(0.0) = -2147483648
              ilogb(0.5) = -1
              ilogb(1.9) = 0
              ilogb(4.1) = 2                          */
```

Hinweis In der Header-Datei `tgmath.h` ist das typgenerische Makro `ilogb()` definiert, das es erlaubt, diese Funktion für alle reellen Gleitpunkttypen mit demselben Namen aufzurufen.

imaxabs, imaxdiv **ANSI**

```
#include <inttypes.h>
intmax_t imaxabs( intmax_t x);                                    C99
imaxdiv_t imaxdiv(intmax_t x, intmax_t y);                        C99
```

Beschreibung

Die Funktion `imaxabs()` liefert den Absolutwert ihres Arguments. Sie ist die Version der `abs`-Funktion für den Typ `intmax_t`. Der Typ `intmax_t` ist der größte ganzzahlige Typ mit Vorzeichen und gewöhnlich identisch mit `long long`. Deshalb ist die Funktion `imaxabs()` normalerweise gleich `llabs()`.

Die Funktion `imaxdiv()` berechnet in einer Operation den Quotienten und den Rest der ganzzahligen Division `x/y`. Sie ist die Version der `div`-Funktion für den Typ `intmax_t` und gewöhnlich identisch mit `lldiv()`. Die Komponenten `quot` und `rem` der Struktur `imaxdiv_t` haben den Typ `intmax_t`.

Return-Wert

Die Funktion `imaxabs()` gibt den Absolutwert von `x` zurück.

Die Funktion `imaxdiv()` gibt eine Struktur zurück, die in der Komponente `quot` den Quotienten und in `rem` den Rest der Ganzzahldivision `x/y` speichert.

Beispiel

```
intmax_t num1 = 123456789,
         num2 =  12345678;
imaxdiv_t erg;                  // Für das Ergebnis der Division.

printf("num1 = %jd\n"
       "num2 = %jd\n", num1, num2);

printf("Der Absolutwert von num2 - num1 ist %jd\n",
                                   imaxabs( num2 - num1) );

erg = imaxdiv( num1, num2);
printf("num1 / num2 ergibt %jd Rest %jd\n", erg.quot, erg.rem );

/* Ausgabe:
   num1 = 123456789
   num2 = 12345678
   Der Absolutwert von num2 - num1 ist 111111111
   num1 / num2 ergibt 10 Rest 9
*/
```

inp, outp

```
#include <conio.h>  /* Für Visual C/C++: Prototypen       */
#include <dos.h>        /* Für Borland-C: Makro-Definitionen */
int  inp( unsigned port);
void outp( unsigned port, int byte);
```

Beschreibung

Die Funktion `inp()`, »in port«, liest ein einzelnes Byte von der durch *port* angegebenen Port-Adresse.

Die Funktion `outp()`,»out port«, schreibt ein einzelnes Byte, nämlich den Wert von *byte*, in die Port-Adresse *port*.

Manche Compiler, wie z.B. Microsoft Visual C++, stellen dem Namen der Funktionen einen Unterstrich voran.

Return-Wert

`inp()` gibt das gelesene Byte zurück.

Beispiel

```
int printchar( int c)             /* Gibt c an Drucker LPT1 aus */
{                       /* Portadresse im BIOS-Datenbereich lesen: */
  unsigned port = *(unsigned far *)0x00000408L;
  unsigned long time = 0xFFFFF;          /* Wert für TIME OUT   */

   outp( port, c & 0xFF);            /* Zeichen -> Daten-Port.   */
   ++port;                           /* Status-Port.             */
   while( !(inp( port) & 0x80) )          /* Bis Drucker bereit.*/
     if( --time == 0 ) return 0;          /* TIME OUT Fehler.   */

   ++port;                       /* Steuer-Port.                 */
   outp( port, 0xD);             /* Zeichen an Drucker schicken: */
   outp( port, 0xC);       /* Bit 0= Strobe-Bit: high, dann low.*/

   return 1;                     /* Kein Fehler.                 */
}
```

int86, int86x

```
#include <dos.h>
int int86(int intno, union REGS *inregs, union REGS *outregs);
int int86x(int intno, union REGS *inregs,
                   union REGS *outregs, struct SREGS *segregs);
```

Beschreibung

Die Funktionen `int86()` und `int86x()`, »interrupt 86«, führen einen Software-Interrupt mit der Interrupt-Nummer *intno* aus. Die Argumente *inregs* und *outregs* sind Zeiger auf Unions vom Typ `REGS`, der in `dos.h` definiert ist.

Vor dem Systemaufruf werden die Inhalte der durch *inregs* adressierten Union in die entsprechenden Register geladen. Nach Durchführung des Interrupts werden die aktuellen Registerinhalte in die durch *outregs* adressierte Union kopiert.

Der Unterschied zwischen `int86()` und `int86x()` besteht darin, dass die Funktion `int86x()` zusätzlich Werte für die Segment-Register aus der durch *segregs* adressierten Struktur vom Typ `SREGS` übernimmt. Diese ist ebenfalls in der Header-Datei `dos.h` definiert.

Beide Funktionen sind nur für DOS-Compiler verfügbar, möglicherweise unter einem anderen Namen.

Return-Wert

Beide Funktionen geben den Wert des AX-Registers nach dem Interrupt-Aufruf zurück.

Beispiel

Mit dem BIOS-Interrupt `0x16`, Subfunktion `AH = 0`, kann eine Zeichen direkt von der Tastatur eingelesen werden. Ist der BIOS-Tastaturpuffer leer, wartet diese Routine auf den nächsten Tastenanschlag. Das eingegebene Zeichen wird in `AL` zurückgegeben. Es erfolgt kein Echo auf dem Bildschirm.

Wurde eine Sondertaste, z.B. eine Cursor-Taste, gedrückt, so enthält `AL` den Wert `0` und in `AH` befindet sich der erweiterte Code für diese Sondertaste.

Hinweis Da DOS nicht beteiligt ist, wirkt sich eine Umlenkung der Standardeingabe nicht aus! Mit der folgenden Funktion können daher auch Filter-Programme über die Tastatur gesteuert werden.

```
/* Die Funktion getcb() liefert die nächste Tastatur-       *
 * eingabe. Dazu ruft getcb() den BIOS-INT 0x16 auf.        *
 * Return-Wert:  ASCII-Code  bzw.  erweiterter Code + 256   */
```

```
#include <dos.h>

int getcb( void)
{
    union REGS intregs;
    intregs.h.ah = 0;           /* Subfunktion 0: ein Zeichen */
                                /* von der Tastatur lesen.    */
    int86( 0x16, &intregs, &intregs);

    if( intregs.h.al != 0)           /* Falls ASCII-Zeichen,  */
       return (intregs.h.al);        /* dieses zurückgeben.   */
    else                             /* Sonst den erweiterten */
       return (intregs.h.ah + 0x100);    /* Code + 256        */
}
```

isalnum, iswalnum **ANSI**

```
#include <ctype.h>
int isalnum(int c);

#include <wctype.h>
int iswalnum(wint_t wc);
```

Beschreibung

Das Makro `isalnum()`, »is alphanumeric«, prüft, ob das Zeichen *c* ein alphanumerisches Zeichen ist, d.h. ein Buchstabe oder eine Ziffer.

Das Makro `iswalnum()` ist die Breitzeichen-Version von `isalnum()`.

Das Verhalten der Funktionen ist abhängig von der Kategorie `LC_CTYPE` der lokalen (länderspezifischen) Umgebung. Diese kann mit der Funktion `setlocale()` abgefragt oder geändert werden. In der Standard-Umgebung »C« werden deutsche Umlaute und ß nicht berücksichtigt.

Return-Wert

Ist das Zeichen alphanumerisch, so wird ein von `0` verschiedener Wert, andernfalls `0` zurückgegeben.

Beispiel

```
int c;

printf("Geben Sie einen ASCII-Code (0 -255) ein:\n");
scanf("%d", &c);

if(isalnum(c))
   printf("Das Zeichen %c ist alphanumerisch\n", c);
else
   printf("Nicht alphanumerisch!\n");
```

isalpha, iswalpha ANSI

```
#include <ctype.h>
int isalpha(int c);

#include <wctype.h>
int iswalpha(wint_t wc);
```

Beschreibung

Das Makro `isalpha()`, »is alphabetical«, prüft, ob das Zeichen *c* ein Buchstabe ist.

Das Makro `iswalpha()` ist die Breitzeichen-Version von `isalpha()`.

Das Verhalten der Funktionen ist abhängig von der Kategorie `LC_CTYPE` der lokalen (länderspezifischen) Umgebung. Diese kann mit der Funktion `setlocale()` abgefragt oder geändert werden. In der Standard-Umgebung C werden nur die Buchstaben des englischen Alphabets berücksichtigt, also nicht deutsche Umlaute und ß.

Return-Wert

Ist das Zeichen ein Buchstabe, so wird ein von `0` verschiedener Wert, andernfalls `0` zurückgegeben.

Beispiel

```
int c;
printf("Geben Sie einen ASCII-Code (0-255) ein:\n");
scanf("%d", &c);

if(isalpha(c))
   printf("Das Zeichen %c ist ein Buchstabe.\n", c);
else
   printf("Kein Buchstabe!\n");
```

isblank, iswblank ANSI

```
#include <ctype.h>
int isblank(int c);                                        C99

#include <wctype.h>
int iswblank(wint_t wc);                                   C99
```

Beschreibung

Das Makro `isblank()`, »is blank«, prüft, ob das Zeichen *c* ein Leerzeichen (`' '`) oder ein Tabulatorzeichen (`'\t'`) ist. Im Unterschied zu `isspace()` liefert das Makro für andere Zwischenraumzeichen wie (`'\n'`) und (`'\f'`) den Wert `0` (»falsch«).

Das Makro `iswblank()` ist die Breitzeichen-Version von `isblank()`.

Das Verhalten der Funktionen ist abhängig von der Kategorie `LC_CTYPE` der lokalen (länderspezifischen) Umgebung. Diese kann mit der Funktion `setlocale()` abgefragt oder geändert werden.

Return-Wert

Ist das Zeichen ein Leerzeichen `' '` oder das Tabulatorzeichen `'\t'` (bzw. `L' '` oder `L'\t'`), so wird ein von `0` verschiedener Wert, andernfalls `0` zurückgegeben.

In anderen lokalen Umgebungen als der Standardumgebung `"C"` können diese Makros auch für andere Zeichen »wahr« zurückgeben.

Beispiel

```
// Leerzeichen am Ende eines Strings entfernen und
// neue Länge zurückgeben.

int strip_blanks( char *str)
{
   char *p = str + strlen(str);      // Ende des Strings.
   while( --p >= str && isblank(*p) )
       *p = '\0';

   return (p+1) - str;
}
```

iscntrl, iswcntrl

ANSI

```
#include <ctype.h>
int iscntrl(int c);

#include <wctype.h>
int iswcntrl(wint_t wc);
```

Beschreibung

Das Makro `iscntrl()`, »is control«, prüft, ob das Zeichen *c* ein Steuerzeichen ist. Im ASCII-Zeichensatz sind dies die Codes im Bereich von 0 bis 31 oder 127 (DELETE).

Das Makro `iswcntrl()` ist die Breitzeichen-Version von `iscntrl()`.

Das Verhalten der Funktionen ist abhängig von der Kategorie `LC_CTYPE` der lokalen (länderspezifischen) Umgebung. Diese kann mit der Funktion `setlocale()` abgefragt oder geändert werden.

Return-Wert

Ist das Zeichen ein Steuerzeichen, so wird ein von `0` verschiedener Wert, andernfalls `0` zurückgegeben.

Beispiel

```
int c;

printf("Geben Sie einen ASCII-Code (0 - 255) ein:\n");
scanf("%d", &c);

if(iscntrl(c))
   printf("Steuerzeichen!\n");
else
   printf("Das Zeichen %c ist kein Steuerzeichen!\n", c);
```

isdigit, iswdigit ANSI

```
#include <ctype.h>
int isdigit(int c);

#include <wctype.h>
int iswdigit(wint_t wc);
```

Beschreibung

Der Makro `isdigit()`, »is digit«, prüft, ob das Zeichen *c* eine dezimale Ziffer ist, d.h. eine ganze Zahl zwischen `0` und `9`.

Das Makro `iswdigit()` ist die Breitzeichen-Version von `isdigit()`.

Return-Wert

Ist das Zeichen eine dezimale Ziffer, so wird ein von `0` verschiedener Wert, andernfalls `0` zurückgegeben.

Beispiel

```
int c;

printf("Geben Sie einen ASCII-Code (0 - 255) ein:\n");
scanf("%d", &c);

if(isdigit(c))
   printf("Das Zeichen %c ist eine Ziffer.\n", c);
else
   printf("Keine Ziffer!\n");
```

isfinite, isinf, isnan, isnormal ANSI

```
#include <math.h>
int isfinite( x );                                      C99
int isinf( x );                                         C99
int isnan( x );                                         C99
int isnormal( x );                                      C99
```

Beschreibung

Diese Makros prüfen, ob ihr Argument zu einer bestimmten Kategorie von Gleitpunktzahlen gehört. Das Argument muss einen reellen Gleitpunkttyp haben. Die Eigenschaften des Arguments werden auf der Basis seines semantischen Argumenttyps bestimmt.

Die Eigenschaften einer Gleitpunktzahl können auch mit `fpclassify()` ermittelt werden. Die möglichen Kategorien sind beim Makro `fpclassify()` beschrieben.

Return-Wert

Das Makro `isfinite()` liefert einen von `0` veschiedenen Wert, wenn das Argument endlich ist, d.h. eine Gleipunktzahl in normalisierter oder subnormaler Darstellung, oder eine Gleitpunktzahl mit dem Wert `0`. Andernfalls wird `0` zurückgegeben.

Das Makro `isinf()` liefert einen von `0` veschiedenen Wert, wenn das Argument unendlich ist. Andernfalls wird `0` zurückgegeben.

Das Makro `isnan()` liefert einen von `0` veschiedenen Wert, wenn das Argument ein NaN (»not a number«) ist, d.h. keine gültige Gleitpunktzahl darstellt. Andernfalls wird `0` zurückgegeben.

Das Makro `isnormal()` liefert einen von `0` veschiedenen Wert, wenn das Argument eine Gleitpunktzahl in normalisierter Darstellung ungleich `0` ist. Andernfalls wird `0` zurückgegeben.

Beispiel

```
double average( double x, double y)
{
    if( !isfinite(x) )       // NaN oder unendlich.
        return x;
    if( !isfinite(y) )       // Ebenso.
        return y;

   return (x/2 + y/2);
}
```

isgraph, iswgraph ANSI

```
#include <ctype.h>
int isgraph(int c);

#include <wctype.h>
int iswgraph(wint_t wc);
```

Beschreibung

Das Makro `isgraph()`, »is graphical«, prüft, ob das Zeichen *c* ein graphisches Zeichen ist.

Im standardisierten Teil des ASCII-Zeichensatz liegen die Codes von graphischen Zeichen zwischen 33 und 126. Das Leerzeichen (ASCII-Code 32) ist kein graphisches Zeichen, aber ein druckbares Zeichen (vgl. `isprint()`).

Das Makro `iswgraph()` ist die Breitzeichen-Version von `isgraph()`.

Das Verhalten der Funktionen ist abhängig von der Kategorie `LC_CTYPE` der lokalen (länderspezifischen) Umgebung. Diese kann mit der Funktion `setlocale()` abgefragt oder geändert werden.

Return-Wert

Bei einem graphischen Zeichen wird ein Wert ungleich `0`, sonst `0` zurückgegeben.

Beispiel

```
int c;

printf("Geben Sie einen ASCII-Code (0 - 255) ein:\n");
scanf("%d", &c);

if(isgraph(c))
     printf("%c ist ein graphisches Zeichen.\n", c);
else
     printf("Kein graphisches Zeichen!\n");
```

isgreater, isgreaterequal ANSI

```
#include <math.h>
int isgreater( x, y);                                          C99
int isgreaterequal( x, y);                                     C99
```

Beschreibung

Das Makro `isgreater()` prüft, ob das erste Argument größer als das zweite Argument ist. Die Argumente müssen einen reellen Gleitpunkttyp haben. Der Wert `isgreater(x,y)` ist gleich dem Wert des Ausdrucks `(x) > (y)`. Das Makro `isgreater()` löst aber keine Exception »invalid operand« aus, wenn einer der Operanden x oder y ein NaN (»not a number«) ist.

Das Makro `isgreaterequal()` ist analog zu `isgreater()`, entspricht aber dem Ausdruck `(x) >= (y)`.

Die Weiteren Vergleichsmakros sind `isless()`, `islessequal()` und `islessgreater()`. Das Makro `isunordered()` prüft, ob die Operanden unvergleichbar sind, d.h. mindestens ein Operand ein NaN ist.

Return-Wert

Das Makro `isgreater()` liefert einen Wert ungleich `0`, wenn das erste Argument größer als das zweite Argument ist, andernfalls `0`.

Das Makro `isgreaterequal()` liefert einen Wert ungleich `0`, wenn das erste Argument größer oder gleich dem zweiten Argument ist, andernfalls `0`.

Beispiel

```
double maximum( double x, double y)
{
    if( isgreater(x,y) )
       return x;
    else
       return y;
}
```

isless, islessequal, islessgreater ANSI

```
#include <math.h>
int isless( x, y);                                    C99
int islessequal( x, y);                               C99
int islessgreater( x, y);                             C99
```

Beschreibung

Das Makro `isless()` prüft, ob das erste Argument kleiner als das zweite Argument ist. Die Argumente müssen einen reellen Gleitpunkttyp haben. Der Wert `isless(x,y)` ist gleich dem Wert des Ausdrucks `(x) < (y)`. Das Makro `isless()` löst aber keine Exception »invalid operand« aus, wenn einer der beiden Operanden x oder y ein NaN (»not a number«) ist.

Das Makro `islessequal()` ist analog zu `isless()`, entspricht aber dem Ausdruck `(x) >= (y)`.

Das Makro `islessgreater()` entspricht dem Ausdruck `(x) < (y) || (x) > (y)`, also »wahr«, wenn x und y vergleichbar sind, aber verschiedene Werte enthalten. Das Makro `islessgreater()` bewertet seine Argumente nur einmal.

Weitere Vergleichsmakros sind `isgreater()` und `isgreaterequal()`. Das Makro `isunordered()` prüft, ob die Operanden unvergleichbar sind, d.h. mindestens ein Operand ein NaN ist.

Return-Wert

Das Makro `isless()` liefert einen Wert ungleich `0`, wenn das erste Argument kleiner als das zweite Argument ist, andernfalls `0`.

Das Makro `islessequal()` liefert einen Wert ungleich `0`, wenn das erste Argument kleiner oder gleich dem zweiten Argument ist, andernfalls `0`.

Das Makro `islessegretaer()` liefert einen Wert ungleich `0`, wenn das erste Argument kleiner oder größer als das zweite Argument ist, andernfalls `0`.

Beispiel

```
#define minimum(x,y)   (islesseqal(x,y) ? (x) : (y); )
```

islower, iswlower **ANSI**

```
#include <ctype.h>
int islower(int c);

#include <wctype.h>
int iswlower(wint_t wc);
```

Beschreibung

Das Makro `islower()`, »is lower«, prüft, ob *c* ein Kleinbuchstabe ist.

Das Makro `iswlower()` ist die Breitzeichen-Version von `islower()`. Ob ein Breitzeichen ein Kleinbuchstabe ist, kann auch mit der Funktion `iswctype()` getestet werden.

Das Verhalten der Funktion ist abhängig von der Kategorie `LC_CTYPE` der lokalen (länderspezifischen) Umgebung. Diese kann mit der Funktion `setlocale()` abgefragt oder geändert werden. In der Standard-Umgebung »C« werden die deutschen Umlaute ä, ö, ü und der Buchstabe ß nicht berücksichtigt.

Die Makros `tolower()` und `towlower()` können verwendet werden, um einen Großbuchstaben in einen Kleinbuchstaben umzuwandeln.

Return-Wert

Ist das Zeichen ein Kleinbuchstabe, so wird eine von `0` verschiedene Zahl, andernfalls `0` zurückgegeben.

Beispiel

```
int c;
printf("Geben Sie einen ASCII-Code (0 -255) ein:\n");
scanf("%d", &c);

if(islower(c))
   printf("Das Zeichen %c ist ein Kleinbuchstabe.\n", c);
else
   printf("Kein Kleinbuchstabe!\n");
```

isprint, iswprint ANSI

```
#include <ctype.h>
int isprint(int c);

#include <wctype.h>
int iswprint(wint_t wc);
```

Beschreibung

Das Makro `isprint()`, »is printable«, prüft, ob *c* ein druckbares Zeichen ist.

Im standardisierten Teil des ASCII-Zeichensatzes (vgl. Anhang) liegen die Codes der druckbaren Zeichen zwischen `32` und `126`. Bei `isprint()` wird im Unterschied zu `isgraph()` das Leerzeichen (ASCII-Code `32`) auch berücksichtigt.

Das Makro `iswprint()` ist die Breitzeichen-Version von `isprint()`.

Das Verhalten der Funktionen ist abhängig von der Kategorie `LC_CTYPE` der lokalen (länderspezifischen) Umgebung. Diese kann mit der Funktion `setlocale()` abgefragt oder geändert werden.

Return-Wert

Ist das Zeichen ein druckbares Zeichen, so wird ein von `0` verschiedener Wert, andernfalls `0` zurückgegeben.

Beispiel

```
int c;

printf("Geben Sie einen ASCII-Code (0 - 255) ein:\n");
scanf("%d", &c);

if(isprint(c))
  printf("Das Zeichen %c ist druckbar.\n", c);
else
  printf("Das Zeichen ist nicht druckbar!\n");
```

ispunct, iswpunct ANSI

```
#include <ctype.h>
int ispunct(int c);

#include <wctype.h>
int iswpunct(wint_t wc);
```

Beschreibung

Das Makro `ispunct()`, »is punctuation«, prüft, ob das Zeichen *c* ein Interpunktionszeichen ist. Das sind alle graphischen Zeichen ohne Ziffern und Buchstaben.

Das Makro `iswpunct()` ist die Breitzeichen-Version von `ispunct()`.

Das Verhalten der Funktionen ist abhängig von der Kategorie `LC_CTYPE` der lokalen (länderspezifischen) Umgebung. Diese kann mit der Funktion `setlocale()` abgefragt oder geändert werden.

Return-Wert

Ist das Zeichen ein Interpunktionszeichen, so wird ein von `0` verschiedener Wert, andernfalls `0` zurückgegeben.

Beispiel

```
int c;

printf("Geben Sie einen ASCII-Code (0 - 255) ein:\n");
scanf("%d", &c);

if(ispunct(c))
   printf("Zeichen %c ist ein Interpunktionszeichen\n",c);
else
   printf("Kein Interpunktionszeichen!\n");
```

isspace, iswspace ANSI

```
#include <ctype.h>
int isspace(int c);

#include <wctype.h>
int iswspace(wint_t wc);
```

Beschreibung

Das Makro `isspace()`, »is space«, prüft, ob *c* ein Zwischenraumzeichen ist.

Das Makro `iswspace()` ist die Breitzeichen-Version von `isspace()`.

Das Verhalten der Funktion ist abhängig von der Kategorie `LC_CTYPE` der lokalen (länderspezifischen) Umgebung. Diese kann mit der Funktion `setlocale()` abgefragt oder geändert werden.

In der Standardumgebung C sind die *Zwischenraumzeichen* folgende:

Horizontaler Tabulator (`'\t'`), vertikaler Tabulator (`'\v'`), Seitenvorschub (`'\f'`), Zeilenvorschub (`'\n'`), CR-Zeichen (`'\r'`), Blank (`' '`).

Im ASCII-Zeichensatz haben die Zwischenraumzeichen Codes zwischen `9` und `13` oder den Wert `32`.

Return-Wert

Ist das Zeichen ein Zwischenraumzeichen, so wird ein von `0` verschiedener Wert, andernfalls `0` zurückgegeben.

Beispiel

```
int c;
printf("Geben Sie einen ASCII-Code (0 - 255) ein:\n");
scanf("%d", &c);

if(isspace(c))
  printf("%d ist der Code eines Zwischenraumzeiches.\n",c);
else
  printf("Das war kein Zwischenraumzeichen!\n");
```

isunordered ANSI

```
#include <math.h>
int isunordered( x, y);                                    C99
```

Beschreibung

Das Makro `isunordered()` prüft, ob die beiden Argumente *ungeordnet* (d.h. nicht vergleichbar) sind, ohne eine Exception »invalid operand« auszulösen. Die Argumente müssen einen reellen Gleitpunkttyp haben. Zwei Gleitpunktzahlen sind ungeordnet, wenn eine Zahl (oder beide) ein NaN, d.h. keine gültige Gleitpunktzahl (»not a number«) ist.

Um zwei Zahlen ohne das Risiko zu vergleichen, eine Exception »invalid operand« auszulösen, können die Makros `isgreater()`, `isgreaterequal()`, `isless()`, `islessequal()` und `islessgreater()` aufgerufen werden.

Return-Wert

Das Makro `isunordered()` liefert »wahr«, d.h. einen Wert ungleich `0`, wenn die Argumente ungeordnet sind, andernfalls `0`.

Beispiel

```
double maximum( double x, double y)
{
    if( isunordered(x,y) )
       return NAN;
    else
       return isgreaterequal(x,y) ? x : y;
}
```

isupper, iswupper ANSI

```
#include <ctype.h>
int isupper(int c);

#include <wctype.h>
int iswupper(wint_t wc);
```

Beschreibung

Das Makro `isupper()`, »is upper«, prüft, ob das Zeichen *c* ein Großbuchstabe ist.

Das Makro `iswupper()` ist die Breitzeichen-Version von `isupper()`. Ob ein Breitzeichen ein Großbuchstabe ist, kann auch mit der Funktion `iswctype()` getestet werden.

Das Verhalten der Funktionen ist abhängig von der Kategorie `LC_CTYPE` der lokalen (länderspezifischen) Umgebung. Diese kann mit der Funktion `setlocale()` abgefragt oder geändert werden. In der Standard-Umgebung »C« werden die deutschen Umlaute Ä, Ö, Ü nicht berücksichtigt.

Die Makros `toupper()` und `towupper()` können verwendet werden, um einen Kleinbuchstaben in einen Großbuchstaben umzuwandeln.

Return-Wert

Ist das Zeichen ein Großbuchstabe, so wird ein von `0` verschiedener Wert, andernfalls `0` zurückgegeben.

Beispiel

```
int c;
printf("Geben Sie einen ASCII-Code (0 - 255) ein:\n");
scanf("%d", &c);

if(isupper(c))
     printf("Das Zeichen %c ist ein Großbuchstabe.\n", c);
else
     printf("Kein Großbuchstabe!\n");
```

iswctype, wctype ANSI

```
#include <wctype.h>
int iswctype( wint_t wc, wctype_t decription);          C99
wctype_t wctype(const char *property);                  C99
```

Beschreibung

Die sog. *erweiterbare* Funktion `iswctype()`, »is wide character type«, prüft, ob das Zeichen `wc` in die Zeichenkategorie fällt, die durch das zweite Argument `description` beschrieben wird. Das zweite Argument ist der Return-Wert eines vorangehenden Aufrufs der Hilfsfunktion `wctype()`.

Die Funktion `wctype()`, »wide character type«, liefert zu einem String, der eine Zeichenkategorie benennt, einen ganzzahligen Wert vom Typ `wctype_t`, der als zweites Argument an die Funktion `iswctype()` übergeben werden kann. Die zulässigen Strings, die an `wctype()` als Argument übergeben werden können, hängen von der Kategorie `LC_CTYPE` der lokalen Umgebung ab. In allen lokalen Umgebungen sind die folgenden Strings gültige Argumente:

"alnum"	"alpha"	"blank"	"cntrl"	"digit"	"graph"
"lower"	"print"	"punct"	"space"	"upper"	"xdigit"

Somit sind mit `iswctype()` mindestens die Zeichentests durchführbar, für die es auch ein entsprechendes `isw`-Makro gibt. Beispielsweise ist

`iswctype( wc, wctype("alpha"))` äquivalent mit `iswupper(wc)`.

Return-Wert

Die Funktion `iswctype()` liefert einen Wert ungleich `0`, wenn das Zeichen in die angegebene Zeichenkategorie fällt, andernfalls `0`.

Die Funktion `iswctype()` liefert einen Wert ungleich `0` vom Typ `wctype_t`, wenn der übergebene String in der aktuell gesetzten Umgebung eine gültige Zeichenkategorie benennt. Andernfalls ist der Return-Wert `0`.

Beispiel

```
wint_t wc = 'Ö';
// Lokale Umgebung des Systems setzen und anzeigen:
printf("Lokale Umgebung: %s\n", setlocale(LC_ALL, "") );

if( iswctype( wc, wctype("alpha")) )       // Zeichen testen.
   printf("Das Zeichen %lc ist ein Buchstabe.\n", wc);
else
   printf("Das Zeichen %lc ist kein Buchstabe.\n", wc);
```

isxdigit, iswxdigit ANSI

```
#include <ctype.h>
int isxdigit(int c);

#include <wctype.h>
int iswgraph(wint_t wc);
```

Beschreibung

Das Makro `isxdigit()`, »is hexadecimal digit«, prüft, ob das Zeichen *c* eine Hexadezimalziffer ist. Gültige Hexadezimalziffern sind `0` bis `9`, `A` bis `F` und `a` bis `f`.

Das Makro `iswxdigit()` ist die Breitzeichen-Version von `isxdigit()`.

Return-Wert

Ist das Zeichen eine Hexadezimalziffer, so wird ein von `0` verschiedener Wert, andernfalls `0` zurückgegeben.

Beispiel

```
int c;

printf("Geben Sie einen ASCII-Code (0 - 255) ein:\n");
scanf("%d", &c);

if(isxdigit(c))
  printf("Das Zeichen %c ist eine Hexadezimalziffer.\n",c);
else
   printf("Keine Hexadezimalziffer!\n");
```

kbhit

```
#include <conio.h>
int kbhit(void);                    /*  System spezifisch  */
```

Beschreibung

Die Funktion `kbhit()`, »keyboard hit«, prüft, ob eine Taste der Konsole gedrückt wurde. Ein anliegendes Zeichen kann danach mit `getch()` oder `getche()` gelesen werden.

Die Funktion steht auf DOS- und WINDOWS- Rechnern zur Verfügung.

Manche Compiler, wie z.B. Microsoft Visual C++, stellen dem Namen der Funktion einen Unterstrich voran.

Return-Wert

Die Funktion liefert einen von `0` verschiedenen Wert, falls ein noch nicht gelesenes Zeichen anliegt; andernfalls `0`.

Beispiel

```
printf("\nWeiter mit beliebiger Taste!\n

      putchar('*');           //  eine Taste betätigt wird.
```

Anmerkung: Für Unix/Linux gibt es auf der CD zum Buch im Unterverzeichnis `Buch.src\Linux` die Dateien `conio.h` und `conio.c` mit einer Implementierung der Funktion `kbhit()`.

labs, llabs ANSI

```
#include <stdlib.h>
long labs(long x);
long long llabs( long long x);                                  C99
```

Beschreibung

Die Funktionen `labs()`, »long absolute value«, und `llabs()`, »long long absolute value«, berechnen den Absolutwert des `long`- bzw. `long long`-Wertes `x`.

Für die Berechnung des Absolutwertes einer Zahl vom Typ `int` kann die Funktion `abs()` aufgerufen werden. Den Absolutwert einer Gleitpunktzahl liefert die Funktion `fabs()` oder eine Variante davon.

Return-Wert

Der Absolutwert von *x*, d. h.

 `x`, falls *x* `>= 0`,

`-x`, falls *x* `< 0`.

Beispiel

```
long x = 12345678;

printf("labs(%9ld) = %ld\n", x, labs(x));
printf("labs(%9ld) = %ld\n",-x, labs(-x));

/* Ausgabe:  labs( 12345678) = 12345678
             labs(-12345678) = 12345678
*/
```

ldexp ANSI

```
#include <math.h>
double ldexp(double m, int exp);
float ldexpf(float m, int exp);                              C99
long double ldexpl(long double m, int exp);                  C99
```

Beschreibung

Die Funktion `ldexp()` berechnet eine Gleitpunktzahl aus den Werten für die Mantisse `m` und den Exponenten `exp` zur Basis 2, also die Zahl

$$m * 2^{exp}.$$

Umgekehrt kann jede Zahl mit Hilfe der Funktion `frexp()` in eine Mantisse *m* und einen ganzzahligen Exponenten *exp* zur Basis 2 zerlegt werden.

Return-Wert

Die Funktion gibt den Wert $m * 2^{exp}$ zurück. Falls der Return-Wert zu groß ist, um mit dem Return-Typ darstellbar zu sein, tritt ein Range Error auf.

Beispiel

```
printf("ldexp(4.0, 3) = %.1f\n", ldexp(4.0, 3) );

/* Ausgabe:
   ldexp(4.0, 3) = 32.0
*/
```

Hinweis In der Header-Datei `tgmath.h` ist das typgenerische Makro `ldexp()` definiert, das es erlaubt, diese Funktion für alle reellen Gleitpunkttypen mit demselben Namen aufzurufen.

ldiv, lldiv ANSI

```
#include <stdlib.h>
ldiv_t ldiv(long x, long y);
lldiv_t lldiv(long long x, long long y);                C99
```

Beschreibung

Die Funktion `ldiv()`, »long divide«, berechnet in einer Operation den Quotienten und den Rest der ganzzahligen Division `x/y`. Sie ist die Version der `div`-Funktion für den Typ `long`. Das Ergebnis wird in einer Struktur vom Typ `ldiv_t` gespeichert, der in der Header-Datei `stdlib.h` wie folgt definiert ist:

```
typedef struct { long quot; long rem; } ldiv_t;
```

Die Funktion `lldiv()`, »long long divide«, ist die Version der `div`-Funktion für den Typ `long long`. Die Komponenten `quot` und `rem` der Struktur `lldiv_t` haben den Typ `long long`.

Für die Division von `intmax_t`-Werten gibt es die Funktion `imaxdiv()`.

Return-Wert

Die Funktionen geben eine Struktur zurück, die in der Komponente `quot` den Quotienten und in `rem` den Rest der Ganzzahldivision `x/y` speichert.

Beispiel

```
ldiv_t ergeb;

ergeb = ldiv(900000, 40000);
printf("900000/40000 = %ld  Rest %ld\n", ergeb.quot, ergeb.rem);

/* Ausgabe:
   900000/40000 = 22  Rest  20000
*/
```

localeconv ANSI

```
#include <locale.h>
struct lconv *localeconv(void);
```

Beschreibung

Die Funktion `localeconv()`, »locale convention«, liefert ausführliche Informationen für die Formatierung numerischer Werte (monetäre und andere) gemäß den Regeln der aktuell gültigen lokalen Umgebung. Mit der Funktion `setlocale()` kann die lokale Umgebung verändert werden.

Die Funktion `localeconv()` füllt eine Struktur vom Typ `struct lconv`, die in der Header-Datei `locale.h` deklariert ist und deren Komponenten im folgenden beschrieben werden. Die als Beispiel angegebenen Werte gelten für die Schweiz.

Komponenten	**// Beispiel und Beschreibung**	
struct lconv		
{		
/* ----- Die Informationen für nicht-monetäre Werte: ----- */		
char **decimal_point;*	// "."	Zeichen für den Dezimalpunkt.
char **thousands_sep;*	// "," //	Trennzeichen für Gruppen von Ziffern links vom Dezimalpunkt.
char **grouping;*	// "\3" //	Ein String, der die Größe jeder Gruppe von Ziffern zeigt.
/* ----- Die Informationen für monetäre Werte: ----- */		
char **int_curr_symbol;*	// "CHF " // ////	Internationales Währungssymbol für die lokale Währung (drei Zeichen gemäß ISO 4217 und ein Trennzeichen).
char **currency_symbol;*	// "SFrs."	Das lokale Währungssymbol.
char **mon_decimal_point;*	// "." //	Zeichen für den Dezimalpunkt bei Geldbeträgen.
char **mon_thousands_sep;*	// "," //	Trennzeichen für Gruppen von Ziffern links vom Dezimalpunkt.
char **mon_grouping;*	// "\3" //	Ein String, der die Größe jeder Gruppe von Ziffern zeigt.
char **positive_sign;*	// ""	Symbol für nicht negative Geldbeträge.
char **negative_sign;*	// "C"	Symbol für negative Geldbeträge.
char *int_frac_digits;*	// 2 //	Anzahl Ziffern nach Dezimalpunkt im internationalen Format.

Komponenten	// Beispiel und Beschreibung	
char *frac_digits;*	// 2 //	Anzahl Ziffern nach dem Dezimalpunkt im lokalen Format.
char *p_cs_precedes;*	// 1 // //	Für nicht negative Beträge: 1 = Währungssymbol steht vor, 0 = nach dem Betrag.
char *p_sep_by_space;*	// 0 // // //	Für nicht negative Beträge: 1 = space, 0 = kein Leerzeichen zwischen Währungssymbol und Betrag.
char *n_cs_precedes;*	// 1 // //	Für negative Beträge: 1 = Währungssymbol steht vor, 0 = nach dem Betrag.
char *n_sep_by_space;*	// 0 // // //	Für negative Beträge: 1 = space, 0 = kein Leerzeichen zwischen Währungssymbol und Betrag.
char *p_sign_posn;*	// 1	Position von *positive_sign*
char *n_sign_posn;*	// 2	Position von *negative_sign*
char int_p_cs_precedes;	// 1 // // //	Für nicht negative Beträge im internationalen Format: 1 = Währungssymbol steht vor, 0 = nach dem Betrag.
char int_p_sep_by_space;	// 0 // // // //	Für nicht negative Beträge im internationalen Format: 1 = space, 0 = kein Leerzeichen zwischen Währungssymbol und Betrag.
char int_n_cs_precedes;	// 1 // // //	Für negative Beträge im internationalen Format: 1 = Währungssymbol steht vor, 0 = nach dem Betrag.
char int_n_sep_by_space;	// 0 // // // //	Für negative Beträge im internationalen Format: 1 = space, 0 = kein Leerzeichen zwischen Währungssymbol und Betrag.
char int_p_sign_posn;	// 1 //	Position von *positive_sign* im internationalen Format
char int_n_sign_posn;	// 2 //	Position von *negative__sign* im internationalen Format
};		

Die Werte von *p_sign_posn, int_p_sign_posn* und *n_sign_posn, int_n_sign_posn* sind wie folgt zu interpretieren:

0 = Klammern um den Wert mit dem Währungssymbol.

1 = Der Vorzeichen-String steht vor dem Wert und dem Währungssymbol.

2 = Der Vorzeichen-String steht nach dem Wert und Währungssymbol.

3 = Der Vorzeichen-String steht unmittelbar vor dem Währungssymbol.

4 = Der Vorzeichen-String steht unmittelbar nach dem Währungssymbol.

Der letzte Wert im String *grouping* bzw. *mon_grouping* gilt für alle weiteren Ziffern. So bedeutet `"\3"`, dass jede Gruppe aus drei Ziffern besteht, z.B. `1.234.567,89`

Mit den Beispiel-Werten für die Schweiz ergeben sich die folgenden Formate für den Schweizer Franken:

	Nationales Format	**Internationales Format**
positiver Betrag:	`SFrs.12,345.67`	`CHF 12,345.67`
negativer Betrag:	`SFrs.12,345.67C`	`CHF 12,345.67C`

Mit Ausnahme von *decimal_point* kann jede Komponente der Struktur vom Typ `char*` auf den leeren String `""` zeigen. Die Komponenten vom Typ `char` sind nicht-negative Zahlen mit dem höchsten Wert `CHAR_MAX` (definiert in `limits.h`).

Die speziellen Werte `""` bzw. `CHAR_MAX` bedeuten, dass ein entsprechender Wert in der aktuell gültigen lokalen Umgebung nicht zur Verfügung steht. In der minimalen lokalen Umgebung `"C"` (vgl. `setlocale()`), die beim Start des Programms gilt, zeigt *decimal_point* auf `"."`, und alle anderen Komponenten haben den Wert `""` bzw. `CHAR_MAX`.

Return-Wert

Die Funktion liefert einen Zeiger auf eine Struktur vom Typ `struct lconv`, welche die oben beschriebenen Informationen für die Formatierung numerischer Werte enthält.

Beispiel

```
struct lconv *lconv_ptr;

lconv_ptr = localeconv();
if( *lconv_ptr->int_curr_symbol == '\0')
  printf("Kein internationales Währungssymbol verfügbar!\n");
else
  printf("Das internationale Symbol für die lokale Währung: "
         "%s\n", lconv_ptr->int_curr_symbol);
```

localtime ANSI

```
#include <time.h>
struct tm *localtime(const time_t *sec_ptr);
```

Beschreibung

Die Funktion `localtime()`, »local time«, wandelt die Zeit, die mit *sec_ptr* in Form eines Zeigers auf Sekunden angegeben wird, in das entsprechende lokale Datum und die Uhrzeit um. Die berechneten Werte für Jahr, Monat, Tag etc. werden von `localtime()` in eine Struktur vom Typ `struct tm` abgelegt. Diese Struktur ist in der Header-Datei `time.h` definiert und wird hier bei der Funktion `mktime()` beschrieben.

Die entsprechenden Datums- und Zeitwerte in UTC (Coordinated Universal Time, früher Greenwich Mean Time oder GMT genannt) liefert die Funktion `gmtime()`.

Die aktuelle Zeit in Form einer Zahl vom Typ `time_t` erhält man durch Aufruf der Funktion `time()`. Der Typ `time_t` ist in `time.h` gewöhnlich als `long` oder `unsigned long` definiert; der von `time()` gelieferte Wert gibt die Anzahl der Sekunden seit einem bestimmten Zeitpunkt an, z.B. seit dem 1.1.1970, 00:00:00 Uhr UTC.

Return-Wert

Die Funktion liefert einen Zeiger auf eine Struktur vom Typ `struct tm`, die das lokale Datum und die Uhrzeit enthält.

Beispiel

```
struct tm *zeit;
time_t sec;

time(&sec);  /* aktuelle Zeit in Form von Anzahl Sekunden */
zeit = localtime( &sec);
printf("lokales Datum und Uhrzeit: %s\n", asctime(zeit));

/* Ausgabebeispiel:
   lokales Datum und Uhrzeit: Mon Oct 19 15:27:09 1993  */
```

log ANSI

```
#include <math.h>
double log(double x);
float logf(float x);                                          C99
long double logl(long double x);                              C99

#include <complex.h>
double complex clog(double complex z);                        C99
float complex clogf(float complex z);                         C99
long double complex clogl(long double complex z);             C99
```

Beschreibung

Die reelle Funktion `log()` und die komplexe Funktion `clog()`, »logarithm«, berechnen den natürlichen Logarithmus von x bzw. z zur Basis e = `2.718281`... (Eulersche Zahl). Die reellen Funktionen sind nur für positive Werte von *x* definiert.

`log()` ist die Umkehrfunktion der Exponentialfunktion `exp()` und `clog()` ist die Umkehrfunktion von `cexp()`.

Return-Wert

Die Funktionen liefern den natürlichen Logarithmus von x bzw. z zurück. Falls das Argument *x* der reellen Funktionen negativ ist, tritt ein Domain Error auf. Hat *x* den Wert `0`, so kann ein Range Error auftreten (abhängig vom Compiler).

Die komplexen Funktionen liefern einen Retrurn-Wert, dessen Imaginärteil zwischen $-\pi$`i` und π`i` liegt (π = `3.1415927`...).

Beispiel

```
printf("log(0.5) = %7.4f\t", log(0.5));
printf("log(1.0) = %7.4f\t", log(1.0));
printf("log(3.0) = %7.4f\t", log(3.0));
double complex z = clog(-1.0);
printf("clog(-1.0) = %.1f %+f*I\n", creal(z), cimag(z) );

// Ausgabe:
// log(0.5) = -0.6931   log(1.0) = 0.0000   log(3.0) = 1.0986
// clog(-1.0) = 0.0 +3.141593*I
```

Hinweis In der Header-Datei `tgmath.h` ist das typgenerische Makro `log()` definiert, das es erlaubt, die Logarithmusfunktion für alle reellen und komplexen Gleitpunkttypen mit demselben Namen aufzurufen.

log10, log2 ANSI

```
#include <math.h>
double log10(double x);
float log10f(float x);                                    C99
long double log10l(long double x);                        C99

double log2(double x);                                    C99
float log2f(float x);                                     C99
long double log2l(long double x);                         C99
```

Beschreibung

Die Funktion `log10()`, »base-10 logarithm«, berechnet den Logarithmus von *x* zur Basis 10.

Die Funktion `log2()`, »base-2 logarithm«, berechnet den Logarithmus von *x* zur Basis 2.

Beide Funktionen sind nur für positive Werte von *x* definiert. Der natürliche Logarithmus einer Gleitpunktzahl kann mit der Funktion `log()` berechnet werden.

Return-Wert

Die Funktionen liefern den Logarithmus des Arguments zur Basis `2` bzw. `10`. Falls das Argument *x* negativ ist, tritt ein Domain Error auf. Hat *x* den Wert `0`, so kann ein Range Error auftreten (abhängig vom Compiler).

Beispiel

```
printf("log10( 0.1) = %4.1f\n", log10( 0.1));
printf("log10( 1.0) = %4.1f\n", log10( 1.0));
printf("log10(10.0) = %4.1f\n", log10(10.0));

/* Ausgabe:  log10( 0.1) = -1.0
             log10( 1.0) =  0.0
             log10(10.0) =  1.0                  */
```

Hinweis In der Header-Datei `tgmath.h` sind die typgenerischen Makros `log10()` und `log2()` definiert, die es erlauben, die Funktion `log10()` bzw. `log2()` für alle reellen Gleitpunkttypen mit demselben Namen aufzurufen.

log1p **ANSI**

```
#include <math.h>
double log1p(double x);                                    C99
float log1pf(float x);                                     C99
long double log1pl(long double x);                         C99
```

Beschreibung

Die Funktion `log1p()`, » logarithm 1 plus«, berechnet den natürlichen Logarithmus von `1+x`, also den Wert `loge(1+x)`, wobei `e` = `2.718281`... die Eulersche Zahl ist. Die Funktion ist nur für Werte *x* > `-1` definiert. Für sehr kleine Werte von *x* liefert `log1p(x)` ein genaueres Ergebnis als `log(1+x)`.

`log1p()` ist die Umkehrfunktion der Exponentialfunktion `expm1()`.

Return-Wert

Die Funktion liefert den natürlichen Logarithmus von `1+x`. Falls das Argument kleiner als `-1` ist, tritt ein Domain Error auf. Hat *x* den Wert `-1`, kann ein Range Error auftreten (abhängig vom Compiler).

Beispiel

```
for( double x = 1; x > 0.0000005; x /= 100)
   printf( "log1p(%f) = %.15f\n", x, log1p(x) );

/* Ausgabe:
   log1p(1.000000) = 0.693147180559945
   log1p(0.010000) = 0.009950330853168
   log1p(0.000100) = 0.000099995000333
   log1p(0.000001) = 0.000000999999500
*/
```

Hinweis In der Header-Datei `tgmath.h` ist das typgenerische Makro `log1p()` definiert, das es erlaubt, diese Funktion für alle reellen Gleitpunkttypen mit demselben Namen aufzurufen.

logb ANSI

```
#include <math.h>
double logb(double x);                                    C99
float logbf(float x);                                     C99
long double logbl(long double x);                         C99
```

Beschreibung

Die Funktion `logb()` liefert den ganzzahligen Exponenten von x in der internen Darstellung als Gleitpunktzahl. Die Basis `FLT_RADIX` der internen Darstellung ist gewöhnlich 2. Für eine positive Gleitpunktzahl x gilt

$$x = m * \mathrm{FLT\_Radix}^{\mathrm{ilogb(x)}} \qquad \mathrm{mit} \quad 1 <= m < \mathrm{FLT\_RADIX}.$$

Falls das Argument x eine Gleitpunktzahl in subnormaler Darstellung ist, gibt `logb(x)` den Exponenten in der normalisierten Darstellung zurück. Falls x gleich 0 ist, kann ein Domain Error auftreten.

Die verwandte Funktion `ilogb()` gibt den Exponenten als ganze Zahl zurück.

Return-Wert

Die Funktion liefert den ganzzahligen Exponenten von x als Gleitpunktzahl. Für eine Gleitpunktzahl x in normalisierter Darstellung ist `(int)logb(x)` identisch mit `ilogb(x)`.

Beispiel

```
double x[] = { 0.0, 0.5, 1.9, 4.1, INFINITY };

printf("Basis FLT_RADIX ist %d\n", FLT_RADIX);

for( int i = 0; i < sizeof(x)/sizeof(double); ++i)
    printf("logb(%.1f) = %g\n", x[i], logb(x[i]));

/* Ausgabe (mit dem GNU C-Compiler unter Linux):
   Basis FLT_RADIX ist 2
   logb(0.0) = -inf
   logb(0.5) = -1
   logb(1.9) = 0
   logb(4.1) = 2
   logb(inf) = inf
*/
```

Hinweis In der Header-Datei `tgmath.h` ist das typgenerische Makro `logb()` definiert, das es erlaubt, diese Funktion für alle reellen Gleitpunkttypen mit demselben Namen aufzurufen.

longjmp ANSI

```
#include <setjmp.h>
void longjmp(jmp_buf env, int retval);
```

Beschreibung

Die Funktion `longjmp()`, »long jump«, ermöglicht einen Sprung innerhalb des Programms, welcher im Gegensatz zur Anweisung `goto` nicht lokal sein muss. Mit `longjmp()` verzweigt die Programmausführung zu der Stelle, an der zuvor das Makro `setjmp()` aufgerufen wurde.

Beim Aufruf von `setjmp()` wird die momentane Aufrufumgebung (Register und Stack) in den Puffer *env* »gerettet«. Der Datentyp `jmp_buf` ist in der Header-Datei `setjmp.h` definiert.

Durch den Aufruf der Funktion `longjmp()` wird dieser »gerettete« Zustand wieder hergestellt und damit die Programmausführung bei `setjmp()` fortgesetzt.

Das Programm kann anhand des Return-Wertes von `setjmp()` unterscheiden, ob an dieser Stelle `setjump()` aufgerufen oder über `longjmp()` dorthin zurück verzweigt wurde: `setjmp()` liefert den Return-Wert `0`. Dieser Return-Wert wird bei einem Rücksprung mit `longjmp()` auf einen Wert != `0` gesetzt, nämlich auf den Argumentwert `retval`. Dieser muss daher von `0` verschieden sein und wird nötigenfalls auf `1` gesetzt.

Die Funktionen `setjmp()` und `longjmp()` werden typischerweise zur Behandlung schwerer Fehler eingesetzt.

Return-Wert

Keiner

Beispiel

Siehe `setjmp()`.

lrint, llrint ANSI

```
#include <math.h>
long lrint(double x);                                    C99
long lrintf(float x);                                    C99
long lrintl(long double x);                              C99

long long llrint(double x);                              C99
long long llrintf(float x);                              C99
long long llrintl(long double x);                        C99
```

Beschreibung

Die Funktionen `lrint()` und `llrint()` runden eine Gleitpunktzahl zum nächsten ganzzahligen Wert gemäß dem aktuell gesetzten Rundungsmodus. Die Funktionen `lrint()` liefern das Ergebnis als `long`-Wert und `llrint()` als `long long`-Wert.

Der Rundungsmodus kann mit den Funktionen `fegetround()` und `fesetround()` abgefragt und gesetzt werden.

Die verwandte Funktion `rint()` gibt das ganzzahlige Ergebnis als Gleitpunktzahl zurück.

Return-Wert

Die Funktion `lrint()` liefert zu ihrem Argument den nächsten ganzzahligen Wert als `long`-Wert, die Funktion `llrint()` als `long long`-Wert. Falls das Ergebnis nicht im Wertebereich des Return-Typs liegt, kann ein Range Error auftreten (abhängig vom Compiler).

Beispiel

```
#pragma STDC FENV_ACCESS ON
int rounding = fegetround();          // Aktueller Rundungsmodus.
fesetround( FE_TOWARDZERO);           // Rundungsmodus neu setzen.
printf("lrint(1.9) = %ld    lrint(-1.9) = %ld\n",
                      lrint(1.9), lrint(-1.9));
fesetround( rounding);          // Rundungsmodus wieder herstellen.
/* Ausgabe, falls der Runfungmodus FE_TOWARDZERO unterstützt wird:
   lrint(1.9) = 1    lrint(-1.9) = -1
*/
```

Hinweis In der Header-Datei `tgmath.h` sind die typgenerischen Makros `lrint()` und `llrint()` definiert, die es erlauben, die Rundungsfunktion `lrint()` bzw. `llrint()` für alle reellen Gleitpunkttypen mit demselben Namen aufzurufen.

lround, llround ANSI

```
#include <math.h>
long lround(double x);                                        C99
long lroundf(float x);                                        C99
long lroundl(long double x);                                  C99

long long llround(double x);                                  C99
long long llroundf(float x);                                  C99
long long llroundl(long double x);                            C99
```

Beschreibung

Die Funktionen `lround()` und `llround()` runden eine Gleitpunktzahl zum nächsten ganzzahligen Wert, unabhängig vom aktuell gesetzten Rundungsmodus. Falls die Gleitpunkzahl genau zwischen zwei ganzen Zahlen liegt, wird von `0` weggerundet.

Die Funktion `lround()` liefert das Ergebnis als `long`-Wert und die Funktion `llround()` als `long long`-Wert.

Die verwandte Funktion `round()` gibt das ganzzahlige Ergebnis als Gleitpunktzahl zurück.

Return-Wert

Die Funktion `lround()` liefert zu ihrem Argument den nächsten ganzzahligen Wert als `long`-Wert. Die Funktion `llround()` gibt den nächsten ganzzahligen Wert als `long long`-Wert zurück. Falls das Ergebnis nicht im Wertebereich des Return-Typs liegt, kann ein Range Error auftreten (abhängig vom Compiler).

Beispiel

```
printf("lround(-0.5) = %2ld    lround(-0.4) = %2ld\n"
       "lround( 0.4) = %2ld    lround( 0.5) = %2ld\n",
         lround(-0.5), lround(-0.4), lround(0.4), lround(0.5));
/* Ausgabe:
   lround(-0.5) = -1   lround(-0.4) =  0
   lround( 0.4) =  0   lround( 0.5) =  1
*/
```

Hinweis In der Header-Datei `tgmath.h` sind die typgenerischen Makros `lround()` und `llround()` definiert, die es erlauben, die Rundungsfunktion `lround()` bzw. `llround()` für alle reellen Gleitpunkttypen mit demselben Namen aufzurufen.

lseek

```
#include <io.h>
long lseek(int fd, long offset, int basis);
```

Beschreibung

Die Funktion `lseek()`, »long seek«, verschiebt den Seek-Zeiger der mit dem File-Handle *fd* eröffneten Datei um *offset* Bytes

- vom Dateianfang, falls `basis` den Wert `0` hat,
- von der aktuellen Position, falls `basis` den Wert `1` hat,
- vom Dateiende, falls `basis` den Wert `2` hat.

Der Seek-Zeiger darf nicht vor den Dateianfang positioniert werden. Wird der Seek-Zeiger hinter das Dateiende positioniert und anschließend eine Schreiboperation ausgeführt, so entsteht eine Lücke in der Datei mit undefiniertem Inhalt.

Return-Wert

Die Funktion gibt die neue aktuelle Position in der Datei zurück. Der Wert `-1L` zeigt einen Fehler an. In diesem Fall erhält die Fehlervariable `errno` einen der Werte `EBADF` (»ungültiger File-Handle«) oder `EINVAL` (»ungültiger Argumentwert«).

Beispiel

```
int fd;  long ergeb;

if((fd= open("test.dat",O_RDONLY)) == -1) /* O_RDONLY ist*/
   printf("Kann Datei nicht öffnen\n");   /* in fcntl.h  */
                                          /* definiert.  */
else if((ergeb = lseek(fd, 0L, 2)) == -1L)
       printf("Kann Position nicht ändern\n");
else
   printf("Länge der Datei: %ld Bytes\n", ergeb);
```

malloc ANSI

```
#include <stdlib.h>
void *malloc(size_t size);
```

Beschreibung

Die Funktion `malloc()`, »memory allocation«, reserviert einen zusammenhängenden Speicherbereich von *size* Bytes. Der Datentyp `size_t` ist in der Header-Datei `stdlib.h` als `unsigned int` definiert.

Return-Wert

Die Funktion liefert einen typenlosen Zeiger auf den Anfang des reservierten Speicherbereiches. Im Fehlerfall wird der `NULL`-Zeiger zurückgegeben.

Mit Hilfe einer Cast-Konstruktion kann der Typ des Zeigers dem verwendeten Typ angepasst werden. Dies ist aber nicht notwendig, da der Compiler einen `void`-Zeiger auch implizit in einen anderen Zeigertyp umwandelt.

Beispiel

```
int n, *ptr;

printf("Wie viele Ganzzahlen wollen Sie eingeben?\n");
scanf("%d", &n);

if((ptr =  (int *) malloc(n * sizeof(int))) == NULL)
   printf("Kann Speicherplatz nicht reservieren\n");
else
   printf("Es wurden %d Bytes reserviert\n", n * sizeof(int));
```

mblen ANSI

```
#include <stdlib.h>
int mblen(const char *s, size_t maxsize);
```

Beschreibung

Die Funktion `mblen()`, »multibyte character length«, bestimmt die Anzahl Bytes, aus denen das durch *s* adressierte Multibyte-Zeichen besteht. Ein Multibyte-Zeichen ist ein Zeichen, dessen Code mehrere Bytes belegt. Welche Byte-Folgen gültige Multibyte-Zeichen sind, wird durch die lokale Umgebung (Kategorie `LC_TYPE`) beeinflusst. Mit `setlocale()` kann die lokale Umgebung verändert werden.

Das Argument *maxsize* gibt die maximale Anzahl von Byte an, aus denen das Multibyte-Zeichen bestehen darf. Dieser Wert sollte stets kleiner oder gleich dem Wert `MB_CUR_MAX` sein. Die Konstante `MB_CUR_MAX` ist in der Header-Datei `stdlib.h` definiert.

Die verwandte Funktion `mbrlen()` unterscheidet sich von `mblen()` durch einen zusätzlichen Parameter, der ein Zeiger auf ein Objekt vom Typ `mbstate_t` ist. Dieses Objekt beschreibt den aktuellen Shift-Status, der bei der Interpretation des Multibyte-Zeichens verwendet wird.

Return-Wert

Falls *s* nicht der `NULL`-Zeiger ist, liefert die Funktion einen der Werte:

`> 0`	die Anzahl Bytes, aus denen das Multibyte-Zeichen besteht;
`0`	*s* zeigt auf das Zeichen `'\0'`;
`-1`	es liegt kein gültiges Multibyte-Zeichen vor, oder es ist länger als *maxsize*.

Falls *s* der `NULL`-Zeiger ist, zeigt der Return-Wert an, ob die Interpretation von Byte-Folgen von einem »Shift-Status« abhängt. Dabei bedeutet der Return-Wert

`0`	Keine Abhängigkeit vom Shift-Status
`!= 0`	Abhängigkeit vom Shift-Status.

Beispiel

```
static char mbchar[] = "\033ABC";
int size = mblen( mbchar, MB_CUR_MAX);
if( size > 0)
    printf("Das Multibyte-Zeichen belegt %d Bytes\n", size);
else
    printf("Es liegt kein Multibyte-Zeichen vor!\n");
```

mbrlen ANSI

```
#include <wchar.h>
size_t mbrlen(const char * restrict s, size_t maxsize,
              mbstate_t * restrict ps);                    C99
```

Beschreibung

Die Funktion `mbrlen()`, »multibyte restartable character length«, bestimmt wie die Funktion `mblen()` die Anzahl Bytes, aus denen das durch *s* adressierte Multibyte-Zeichen besteht.

Der zusätzliche Parameter `ps` ist ein Zeiger auf ein Objekt vom Typ `mbstate_t`, das den aktuellen Shift-Status einer Multibyte-Zeichenfolge beschreibt. Die Funktion verwendet den übergebenen Shift-Status zur Interpretation des Multibyte-Zeichens und aktualisiert das `mbstate_t`-Objekt nach der Auswertung des Multibyte-Zeichens. Dadurch wird bei einem nachfolgenden Aufruf der Funktion mit diesem Shift-Status das nächste Zeichen korrekt interpretiert. Falls das Argument für `ps` ein `NULL`-Zeiger ist, verwendet die Funktion ein internes, statisches `mbstate_t`-Objekt.

Welche Byte-Folgen gültige Multibyte-Zeichen sind, wird durch die lokale Umgebung (Kategorie `LC_TYPE`) beeinflusst. Mit `setlocale()` kann die lokale Umgebung verändert werden.

Return-Wert

Der ganzzahlige Return-Wert der Funktion hat folgende Bedeutung:

`0`	`s` ist ein `NULL`-Zeiger oder `s` zeigt auf das String-Endezeichen `'\0'`. Das `mbstate_t`-Objekt erhält den anfänglichen Shift-Status.
`> 0`	Die Anzahl Byte, aus denen das Multibyte-Zeichen besteht.
`(size_t)(-2)`	Die ersten *`maxsize`* Byte bilden kein gültiges Multibyte-Zeichen. Die Byte-Folge kann aber der Anfang eines längeren Multibyte-Zeichens sein.
`(size_t)(-1)`	Die Byte-Folge ist kein gültiges Multibyte-Zeichen. Die Fehlervariable `errno` erhält den Wert `EILSEQ` (»illegal sequence«) und das `mbstate_t`-Objekt hat einen undefinierten Status.

Beispiel

```
extern char mbstr[];                // Ein  Multibyte-String
if( mbrlen( mbstr, MB_CUR_MAX, NULL) == (size_t)-2 )
   fprintf( stderr, "Der String mbstr[] beginnt nicht mit "
                    "einem gültigen Multibyte-Zeichen.\n");
```

mbsinit ANSI

```
#include <wchar.h>
int mbsinit(const mbstate_t *ps);                          C99
```

Beschreibung

Die Funktion `mbsinit()`, »initial multibyte state «, prüft, ob das durch `ps` adressierte `mbstate_t`-Objekt den anfänglichen Shift-Status repräsentiert. Ein `mbstate_t`-Objekt, das den Wert `0` hat, repräsentiert den anfänglichen Shift-Status. Der Typ `mbstate_t` ist in der Header-Datei `wchar.h` definiert.

Einige Codierungen für Multibyte-Zeichen sind *statusabhängig*, d.h. die Interpretation einer Byte-Folge hängt von einem *Shift-Status* ab. Der Shift-Status wird gewöhnlich durch im String eingebettete Steuerzeichen, so genannte *Shift-Sequenzen*, verändert. Die Anzahl Byte, die ein Multibyte-Zeichen einschließlich notwendiger Shift-Sequenzen belegt, ist stets kleiner oder gleich `MB_CUR_MAX`. Dieses Makro ist in der Header-Datei `stdlib.h` definiert.

Ob die Interpretation von Multibyte-Zeichen in der aktuell gesetzten lokalen Umgebung (Kategorie `LC_TYPE`) von einem Shift-Status abhängt, kann durch einen Aufruf der Funktion `mblen()` ermittelt werden. Mit `setlocale()` kann die lokale Umgebung abgefragt oder neu gesetzt werden.

Return-Wert

Die Funktion gibt einen Wert ungleich `0` zurück, falls das Argument ein `NULL`-Zeiger ist oder auf ein Objekt verweist, das den anfänglichen Shift-Status repräsentiert. Andernfalls ist der Return-Wert `0`.

Beispiel

```
// Multibyte-String mit dem anfänglichen Shift-Status
// abschließen.
wchar_t widestr[] = L"Ein Breitzeichen-String ...",
        *wcsptr = widestr;
char mbstr[100] = "";
mbstate_t state;
memset( &state, 0, sizeof state);
int mbslen =                      // widestr nach mbstr kopieren:
    wcsrtombs( mbstr, &wcsptr, sizeof(mbstr)-MB_CUR_MAX, &state);
               // Falls widestr nicht vollständig kopiert wurde:
if( mbslen > 0 && !mbsinit( &state) )
   wcrtomb( mbstr+mbslen, L'\0', &state);
```

mbsrtowcs ANSI

```
#include <wchar.h>
size_t mbsrtowcs( wchar_t restrict *dest,
                  const char restrict **src,
                  size_t n,
                  mbstate_t restrict *ps);
```

Beschreibung

Die Funktion `mbsrtowcs()`, »multibyte string restartable to wide character string«, konvertiert wie `mbstowcs()` eine Folge von Multibyte-Zeichen in eine Folge von Breitzeichen (Zeichen vom Typ `wchar_t`). Es werden also die ersten *n* Multibyte-Zeichen des Strings `*src` konvertiert und in den durch `dest` adressierten `wchar_t`-Vektor kopiert. Wird vorher das String-Ende `'\0'` erreicht, wird dafür `L'\0'` in den Vektor geschrieben und die Konvertierung bricht ab. Andernfalls ist der Vektor nicht durch `L'\0'` abgeschlossen.

Die Funktion `mbsrtowcs()` unterscheidet sich von `mbstowcs()` wie folgt:

- Der zusätzliche Parameter `ps` zeigt auf ein `mbstate_t`-Objekt, das den Shift-Status enthält, mit dem die Konvertierung beginnt. Wenn die Funktion `mbsrtowcs()` zurückkehrt, enthält das `mbstate_t`-Objekt den aktuellen Shift-Status des Multibyte-Strings. Falls das Argument für `ps` ein `NULL`-Zeiger ist, verwendet die Funktion ein internes, statisches `mbstate_t`-Objekt.
- Der Parameter `src` ist ein Zeiger auf einen `char`-Zeiger. Die Funktion `mbsrtowcs()` setzt den `char`-Zeiger `*src` auf das erste Zeichen nach dem letzten Zeichen, das konvertiert und kopiert wurde. Dem Zeiger `*src` wird ein `NULL`-Zeiger zugewiesen, wenn das String-Ende erreicht wurde.
- Für das Ziel `dest` darf ein `NULL`-Zeiger angegeben werden. Dann wird der Parameter `n` ignoriert und nur die Anzahl der Multibyte-Zeichen bestimmt.

Return-Wert

Die Funktion `mbsrtowcs()` liefert die Anzahl der konvertierten Zeichen, wobei ein eventuell vorhandenes String-Endezeichen `'\0'` nicht gezählt wird. Wird ein ungültiges Multibyte-Zeichen entdeckt, gibt die Funktion den Wert `(size_t)-1` zurück und die Fehlervariable `errno` erhält den Wert `EILSEQ` (»illegal sequence«).

Beispiel

```
// Anzahl Zeichen im Multibyte-String mbstr bestimmen:
char *mbsptr = mbstr;
size_t mbslen = mbsrtowcs( NULL, &mbsptr, 0, NULL);
if( mbslen != (size_t)-1 )
   printf("Anzahl Zeichen im Multibyte-String: %u\n", mbslen);
```

mbstowcs **ANSI**

```
#include <stdlib.h>
size_t mbstowcs( wchar_t restrict *pwcs,
                 const char restrict *s, size_t n);
```

Beschreibung

Die Funktion `mbstowcs()`, »multibyte string to wide character string«, konvertiert eine durch *s* adressierte Folge von Multibyte-Zeichen in eine Folge von Breitzeichen (Zeichen vom Typ `wchar_t`). Die Zeichen werden in den durch *pwcs* adressierten Vektor kopiert.

Es werden die ersten *n* Multibyte-Zeichen konvertiert. Wird vorher das String-Ende `'\0'` erreicht, wird dafür `L'\0'` in den `wchar_t`-Vektor kopiert und die Konvertierung bricht ab. Andernfalls ist der Vektor nicht durch `L'\0'` abgeschlossen.

Die Konvertierung beginnt im initialen Shift-Status und erfolgt für jedes Multibyte-Zeichen wie durch einen Aufruf von `mbtowc()`.

Die verwandte Funktion `mbsrtowcs()` ist die »restartable«-Version von `mbstowcs()`. Sie unterscheidet sich von der Funktion `mbstowcs()` durch einen zusätzlichen Parameter vom Typ `mbstate_t*`.

Return-Wert

Die Funktion `mbstowcs()` liefert die Anzahl der konvertierten Zeichen, wobei ein eventuell vorhandenes -String-Endezeichen `'\0'` nicht gezählt wird.

Wird ein ungültiges Multibyte-Zeichen entdeckt, gibt die Funktion den Wert `(size_t)-1` zurück.

Beispiel

```
char    mbstr[100];      // Ein Multibyte-String.
wchar_t wcstr[50];       // Platz für die entspr. Breitzeichen
size_t  len;             // und ihre Anzahl.

len = mbstowcs( wcstr, mbstr, 50);
if( len == (size_t)-1 )
   printf("Vektor enthält ungültiges Multibyte-Zeichen!\n");
else
   printf("%u Multibyte-Zeichen wurden konvertiert.\n", len);
```

mbtowc, mbrtowc ANSI

```
#include <stdlib.h>
int mbtowc(wchar_t * restrict pwc, const char * restrict s,
           size_t maxsize);

#include <wchar.h>
size_t mbrtowc(wchar_t * restrict pwc, const char * restrict s,
               size_t n, mbstate_t * restrict ps);
```

Beschreibung

Die Funktion `mbtowc()`, »multibyte character to wide character«, bestimmt den erweiterten Code des durch *s* adressierten Multibyte-Zeichens.

Zuerst wird, wie bei der Funktion `mblen()`, mit den Argumenten *s* und *maxsize* die Anzahl der Bytes ermittelt, aus denen das Multibyte-Zeichen besteht. Liegt ein gültiges Multibyte-Zeichen vor und ist *pwc* nicht der `NULL`-Zeiger, so wird anschließend der zugehörige erweiterte Code in die Variable geschrieben, auf die *pwc* zeigt. Ist *pwc* der `NULL`-Zeiger, wird nur die Länge bestimmt. Die Aufrufe `mblen(s, maxsize)` und `mbtowc(NULL, s, maxsize)` und sind also äquivalent (abgesehen davon, dass der Konvertierungsstatus der Funktion `mbtowc()` nicht betroffen ist).

Die Funktion `mbrtowc()` (r wie »restartable«) unterscheidet sich von `mbtowc()` durch einen vierten Parameter *ps*, der auf ein `mbstate_t`-Objekt zeigt, das den Shift-Status für die Konvertierung enthält. Wenn die Funktion zurückkehrt, enthält das `mbstate_t`-Objekt den Shift-Status nach der Konvertierung. Ist *ps* der `NULL`-Zeiger, so wird ein internes `mbstate_t`-Objekt verwendet, das beim Programmstart mit dem anfänglichen Shift-Status initialisiert wird.

Return-Wert

`mbtowc()` liefert den gleichen Return-Wert wie `mblen()`.

`mbrtowc()` liefert den gleichen Return-Wert wie `mbrlen()`.

Beispiel

```
char  mbchar[MB_LEN_MAX];          /* Ein Multibyte-Zeichen */
wchar_t wchar;
int size = mbtowc(&wchar, mbchar, MB_CUR_MAX);
if( size > 0)
   printf("Das Multibyte-Zeichen belegt %u Bytes\n"
          "Sein Breitzeichen-Code(hex): %X\n", size, wchar);
```

memchr, wmemchr ANSI

```
#include <string.h>
void *memchr(const void *buf, int c, size_t n);

#include <wchar.h>
wchar_t *wmemchr(const wchar_t *buf, wchar_t wc, size_t n);
```

Beschreibung

Die Funktion `memchr()`, »memory character«, sucht in den ersten *n* Bytes des durch *buf* adressierten Puffers nach dem ersten Zeichen, das mit dem Argument *c* übereinstimmt. Der Datentyp `size_t` ist in der Header-Datei `string.h` gewöhnlich als `unsigned int` definiert.

Die Funktion `wmemchr()` ist die Breitzeichen-Version von `memchr()`. Sie sucht in den ersten *n* Breitzeichen des durch *buf* adressierten Puffers nach dem Zeichen, das mit dem Argument wc übereinstimmt.

Um einen String zu durchsuchen, kann auch die Funktion `strchr()` bzw. `wcschr()` verwendet werden.

Return-Wert

Die Funktionen liefern einen Zeiger auf die Stelle im Puffer, wo das gesuchte Zeichen zum ersten Mal auftritt. Wird das Zeichen nicht gefunden, wird ein `NULL`-Zeiger zurückgegeben.

Beispiel

```
static char puffer[] = "Heute ist ein schöner Tag";
char *ptr,
      c = 'i' ;

if((ptr  = memchr( puffer, c, 20)) != NULL)
   printf("%c erstmalig in Postion %d gefunden.\n",
                                           c, ptr-puffer);
else
   printf("%c innerhalb der ersten 20 Bytes nicht gefunden.\n", c);

/* Ausgabe:
   i erstmalig in Position 6 gefunden.
*/
```

memcmp, wmemcmp ANSI

```
#include <string.h>
int memcmp(const void *buf1, const void *buf2, size_t n);

#include <wchar.h>
int wmemcmp(const wchar_t *buf1, const wchar_t *buf2, size_t n);
```

Beschreibung

Die Funktion `memcmp()`, »memory compare«, vergleicht die ersten *n* Bytes im Puffer *buf1* mit denen im Puffer *buf2*. Beim ersten nicht übereinstimmenden Zeichen wird der Vergleich abgebrochen. Der Datentyp `size_t` ist in der Header-Datei `string.h` gewöhnlich als `unsigned int` definiert.

Die Funktion `wmemcmp()` ist die Breitzeichen-Version von `memchr()`. Sie vergleicht die ersten *n* Breitzeichen im Puffer *buf1* mit denen in `buf2`.

Für den Vergleich von Strings können die Funktionen `strcmp()` und `strncmp()` bzw. `wcscmp()` und `wcsncmp()` verwendet werden.

Return-Wert

- `< 0`, falls die Zeichenfolge in *buf1* lexikographisch kleiner als die in *buf2* ist,
- `= 0`, falls beide Zeichenfolgen identisch sind,
- `> 0`, falls die Zeichenfolge in *buf1* lexikographisch größer als die in *buf2* ist.

Beispiel

```
char *s1 = "HALLO FREUNDE!";
char *s2 = "Hallo FREUNDE!";

if( memcmp(s1, s2, 5) != 0)
    printf("\n%.5s und %.5s sind nicht gleich.\n", s1, s2);
else
    printf("\n%.5s und %.5s sind gleich.\n", s1, s2);

/* Ausgabe:
   HALLO und Hallo sind nicht gleich.
*/
```

memcpy, wmemcpy ANSI

```
#include <string.h>
void *memcpy( void * restrict dest,
              const void * restrict src, size_t n);

#include <wchar.h>
wchar_t *wmemcpy( wchar_t * restrict dest,
                  const wchar_t * restrict src, size_t n);
```

Beschreibung

Die Funktion `memcpy()`, »memory copy«, kopiert *n* Bytes aus dem Puffer *src* in den Puffer *dest*. Der Datentyp `size_t` ist in der Header-Datei `string.h` gewöhnlich als `unsigned int` definiert.

Die Funktion `wmemcpy()` ist die Breitzeichen-Version von `memcpy()`. Sie kopiert *n* Breitzeichen aus dem Puffer *src* in den Puffer `dest`.

Der Programmierer muss darauf achten, dass sich die beiden durch *src* und *dest* adressierten Speicherbereiche nicht überlappen. Im Gegensatz zu den Funktionen `memmove()` und `wmemmove()` ist nämlich nicht sichergestellt, dass die Zeichen in einem Überlappungsbereich der Puffer zunächst gelesen und dann erst überschrieben werden.

Für das Kopieren von Strings können die Funktionen `strcpy()` und `strncpy()` bzw. `wcscpy()` und `wcsncpy()` verwendet werden.

Return-Wert

Die Funktionen geben den Zeiger *dest* zurück.

Beispiel

```
static char src[]  =   "Ich werde kopiert!";
static char dest[] = ">>>>>>>>>>><<<<<<<<<<<";

memcpy(dest + 2, src, strlen(src));
printf("%s\n", dest);

/* Ausgabe:
   >>Ich werde kopiert!<<

*/
```

memmove, wmemmove ANSI

```
#include <string.h>
void *memmove(void *dest, const void *src, size_t n);

#include <wchar.h>
wchar_t *wmemmove( wchar_t *dest, const wchar_t *src, size_t n);
```

Beschreibung

Die Funktion `memmove()`, »memory move«, kopiert *n* Bytes aus dem Puffer *src* in den Puffer *dest*. Der Datentyp `size_t` ist in der Header-Datei `string.h` gewöhnlich als `unsigned int` definiert.

Die Funktion `wmemmove()` ist die Breitzeichen-Version von `memmove()`. Sie kopiert *n* Breitzeichen aus dem Puffer *src* in den Puffer `dest`.

Die beiden durch *src* und *dest* adressierten Speicherbereiche dürfen sich überlappen. Im Gegensatz zu den Funktionen `memcpy()` und `wmemcpy()` ist nämlich sichergestellt, dass die Zeichen im Überlappungsbereich der Puffer zuerst gelesen und dann erst überschrieben werden.

Return-Wert

Die Funktionen geben den Zeiger *dest* zurück.

Beispiel

```
static char src[30] = ">Ich werde verschoben.";

memmove(src + 1, src, sizeof(src) - 1);
printf("%s\n", src);

/* Ausgabe:
   >>Ich werde verschoben.
*/
```

memset, wmemset ANSI

```
#include <string.h>
void *memset( void *dest, int c, size_t n);

#include <wchar.h>
wchar_t *wmemset(wchar_t *dest, wchar_t wc, size_t n);
```

Beschreibung

Die Funktion `memset()`, »memory set«, füllt die ersten *n* Bytes des durch *dest* adressierten Speicherbereichs mit dem Wert *c* auf.

Die Funktion `wmemset()` ist die Breitzeichen-Version von `memset()`. Sie kopiert den Wert von `wc` in die ersten *n* Breitzeichen des durch *dest* adressierten Speicherbereichs.

Return-Wert

Die Funktionen geben den Zeiger *dest* zurück.

Beispiel

```
char s[] = "    Du lieber Augustin!";

printf("%s\n", memset(s, 'O', 3));

/*  Ausgabe:
    OOO Du lieber Augustin!
*/
```

mktime

ANSI

```
#include <time.h>
time_t mktime(struct tm *timeptr);
```

Beschreibung

Die Funktion `mktime()`, »make time«, konvertiert die durch *`timeptr`* adressierten lokalen Zeitangaben in die Anzahl von Sekunden, die seit dem 1.1.1970, 0 Uhr (Greenwich Mean Time) vergangen sind.

Die Struktur `tm` ist in der Header-Datei `time.h` wie folgt definiert:

```
struct tm {  int tm_sec;      /*  0 - 59(60)           */
             int tm_min;      /*  0 - 59               */
             int tm_hour;     /*  0 - 23               */
             int tm_mday;     /* Tag im Monat: 1 - 31  */
             int tm_mon;      /* Monat:        0 - 11  */
             int tm_year;     /* Jahre seit 1900       */
             int tm_wday;     /* Wochentag:   0 - 6    */
             int tm_yday;     /* Tag im Jahr: 0 - 365  */
             int tm_isdst;    /* Flag für Sommerzeit ´ */ };
```

`mktime()` ignoriert die Komponenten `tm_wday` und `tm_yday` und berechnet die Anzahl der Sekunden aus den übrigen Komponenten, die nicht ihren üblichen Wertebereich haben müssen: `mktime()` wandelt alle Komponenten so um, dass sie ihren üblichen Wertebereich erhalten.

Return-Wert

Anzahl der Sekunden bzw. im Fehlerfall `(time_t)(-1)`.

Beispiel

```
time_t heute;  struct tm *zukunft;

time(&heute);
zukunft = localtime(&heute);
zukunft->tm_mday += 100;

if( mktime(zukunft) != -1)
   printf("In 100 Tagen: \n %s\n", asctime( zukunft) );
else
   printf("Fehler beim Aufruf von mktime()\n");
```

modf ANSI

```
#include <math.h>
double modf( double x, double *intpart);
float modff(float x, float *intpart);                       C99
long double modfl(long double x, long double *intpart);     C99
```

Beschreibung

Die Funktion `modf()`, »modulo float«, zerlegt den Wert von *x* in einen gebrochenen und einen ganzzahligen Anteil. Der ganzzahlige Anteil wird in den durch *`intpart`* adressierten Speicherplatz geschrieben.

Return-Wert

Die Funktion gibt den gebrochenen Anteil von *x* zurück.

Beispiel

```
double x = 123.456, y, z;

z = modf(x, &y);
printf("Wert von x:           %7.3f\n", x);
printf("ganzzahliger Anteil: %7.3f\n", y);
printf("gebrochener Anteil:  %7.3f\n", z);

/* Ausgabe:
   Wert von x:          123.456
   ganzzahliger Anteil: 123.000
   gebrochener Anteil:    0.456
*/
```

Hinweis Für die `modf`-Funktionen gibt es kein typgenerisches Makro.

nearbyint ANSI

```
#include <math.h>
double nearbyint(double x);                                    C99
float nearbyintf(float x);                                     C99
long double nearbyintl(long double x);                         C99
```

Beschreibung

Die Funktion `nearbyint()` rundet eine Gleitpunktzahl zum nächsten ganzzahligen Wert gemäß dem aktuell gesetzten Rundungsmodus. Der Rundungsmodus kann mit den Funktionen `fegetround()` und `fesetround()` abgefragt und gesetzt werden.

Im Unterschied zur verwandten Funktion `rint()` löst `nearbyint()` keine Gleitpunkt-Exception `FE_INEXACT` aus, wenn sich das Ergebnis vom Argument unterscheidet.

Return-Wert

Die Funktion liefert zum Argument den nächsten ganzzahligen Wert als Gleitpunktzahl.

Beispiel

```
#pragma STDC FENV_ACCESS ON
int rounding = fegetround();         // Aktueller Rundungsmodus.
if( fesetround( FE_DOWNWARD) != 0 )// Rundungsmodus neu setzen.
   fprintf( stderr, "Rundungsmodus FE_DOWNWARD nicht möglich!");

printf("nearbyint(1.7) = %.1f     nearbyint(-1.7) = %.1f\n",
                             nearbyint(1.7), nearbyint(-1.7));
fesetround( rounding);          // Rundungsmodus wieder herstellen.

/* Ausgabe, falls der Runfungmodus FE_DOWNWARD unterstützt wird:
   nearbyint(1.7) = 1.0     nearbyint(-1.7) = -2.0
*/
```

Hinweis In der Header-Datei `tgmath.h` ist das typgenerische Makro `nearbyint()` definiert, das es erlaubt, diese Funktion für alle reellen Gleitpunkttypen mit demselben Namen aufzurufen.

nextafter, nexttoward ANSI

```
#include <math.h>
double nextafter(double x, double y);                          C99
float nextafterf(float x, float y);                            C99
long double nextafterl(long double x, long double y);          C99

double nexttoward(double x, long double y);                    C99
float nexttowardf(float x, long double y);                     C99
long double nexttowardl(long double x, long double y);         C99
```

Beschreibung

Die Funktion `nextafter()` bestimmt den nächsten Wert nach x in Richtung y, der mit dem Return-Typ der Funktion darstellbar ist. Die Argumente werden zuerst in den Return-Typ der Funktion konvertiert. Falls die Werte der Argumente gleich sind, ist das Ergebnis y.

Die Funktion `nexttoward()` bestimmt wie `nextafter()` den nächsten darstellbaren Wert nach x in Richtung y. Sie unterscheidet sich von `nextafter()` nur durch den Typ des zweiten Parameters, der in allen drei Varianten `long double` ist.

Es kann ein Range Error auftreten, wenn der Betrag von x der größte endliche Wert ist, der mit dem Typ der Funktion darstellbar ist, und das Ergebnis kein endlicher, darstellbarer Wert ist.

Return-Wert

Die Funktionen liefern zu ihrem ersten Argument x den nächsten darstellbaren Wert in Richtung y.

Beispiel

```
printf("Die kleinste positive Gleitpunktzahl vom Typ float: %E\n",
       nextafterf( 0.0F, 1.0F) );

/* Ausgabe:
Die kleinste positive Gleitpunktzahl vom Typ float:
1.401298E-045
*/
```

Hinweis In der Header-Datei `tgmath.h` sind die typgenerischen Makros `nextafter()` und `nexttoward()` definiert, die es erlauben, diese Rundungsfunktionen für alle reellen Gleitpunkttypen mit demselben Namen aufzurufen.

open

```
#include <fcntl.h>
#include <sys\stat.h>
#include <io.h>
int open(char *name, int mode,... /* int permission */);
```

Beschreibung

Die Funktion `open()`, »open«, eröffnet die mit *name* angegebene Datei zum Lesen und/oder Schreiben bzw. erzeugt eine neue Datei. Der String *name* kann einen Pfad enthalten.

Das Argument *mode* legt die Zugriffsart fest. Die Bit-Codierung für die Zugriffsart ist bei den verschiedenen Compilern unterschiedlich. Daher sollten für *mode* symbolische Konstanten benutzt werden, die in der Header-Datei `fcntl.h` einheitlich definiert sind. Eine der drei folgenden Konstanten muss immer angegeben sein:

O_RDONLY	Datei nur zum Lesen eröffnen.
O_WRONLY	Datei nur zum Schreiben eröffnen.
O_RDWR	Datei zum Lesen und Schreiben eröffnen.

Mit diesen Konstanten können weitere durch | verknüpft werden:

O_APPEND	Schreiben ab Dateiende.	
O_CREAT	Falls die Datei noch nicht existiert, eine neue Datei erzeugen und zum Schreiben eröffnen.	
O_EXCL	Nur zusammen mit `O_CREAT`: `open()` abbrechen, wenn die Datei bereits existiert.	
O_TRUNC	Datei zum Schreiben öffnen und auf Länge 0 kürzen.	
O_NDELAY	Nur für Geräte-Dateien: Kein Warten beim Öffnen und späteren Lese-/Schreiboperationen.	(UNIX)
O_BINARY	Datei im Binärmodus eröffnen.	(WINDOWS/DOS)
O_TEXT	Datei im Textmodus eröffnen.	(WINDOWS/DOS)

Eine neue Datei wird nur erzeugt, wenn `O_CREAT` mit angegeben wird. In diesem Fall legt `permission` wie bei der Funktion `creat()` die Zugriffsrechte für spätere Eröffnungen fest.

Das dritte optionale Argument *permission* ist nur dann angegeben, wenn mit `O_CREAT` eine neue Datei erzeugt werden soll.

Für *permission* sollten die in der Header-Datei `sys\stat.h` definierten symbolischen Konstanten benutzt werden. Unter WINDOWS/DOS werden nur die Konstanten verwendet, die bei `chmod()` beschrieben sind.

Manche Compiler, wie z.B. Microsoft Visual C++, stellen dem Namen der Funktion und den symbolischen Konstanten einen Unterstrich voran.

Return-Wert

Die Funktion liefert einen File-Handle. Kann die Datei nicht eröffnet werden, so wird der Wert `-1` zurückgegeben, und die Fehlervariable `errno` erhält einen der folgenden Werte:

Wert	Bedeutung
EACCES	Zugriff nicht erlaubt.
EEXIST	Datei existiert bereits (Nur bei O_CREAT | O_EXCL).
EINVAL	Ungültiges Argument für mode oder permission.
EMFILE	Maximalzahl von Dateien bereits offen.
ENOENT	Datei oder Pfad nicht gefunden.

Beispiel

```
int fd;

if((fd = open("test.dat", O_RDWR | O_APPEND)) == -1)
  perror("OPEN");      /* Datei konnte nicht geöffnet werden */
else
  printf("Datei erfolgreich eröffnet\n");
/* Datei zum Lesen und Schreiben ab Dateiende eröffnet   */
```

perror **ANSI**

```
#include <stdio.h>
void perror(const char *string);
```

Beschreibung

Die Funktion `perror()`, »print error«, kann benutzt werden, um nach dem Auftreten eines Fehlers, bei dem die Fehlervariable `errno` gesetzt wurde, eine Fehlermeldung zur Standardfehlerausgabe zu schicken. Zunächst wird der in *`string`* gespeicherte Text ausgegeben, dann ein Doppelpunkt mit Blank und anschließend die Systemfehlermeldung zum aktuellen Wert von `errno` mit einem Zeilenvorschub.

Return-Wert

Keiner

Beispiel

```
int fd;
static char datei[] = "test.dat";

if( (fd = open(datei, O_READONLY) ) == -1)
  perror(datei);

/* Ausgabe, falls die Datei nicht existiert:
   test.dat: No such file or directory
*/
```

pow ANSI

```
#include <math.h>
double pow(double x, double y);
float powf(float x, float y);                                  C99
long double expl(long double x, long double y);                C99

#include <complex.h>
double complex cexp(double complex x, double complex y);       C99
float complex cexpf(float complex x, float complex y);         C99
long double complex cexpl(long double complex x,
                          long double complex y);              C99
```

Beschreibung

Die Funktionen `pow()`, »power«, und `cpow()`, »complex power«, berechnen die Potenz x^y.

Die Argumente der reellen Funktion `pow()` müssen folgende Bedingungen erfüllen:

- Falls *x* negativ ist, muss *y* ganzzahlig sein. Ist diese Bedingung nicht erfüllt, löst die Funktion einen Domain Error aus.
- Falls *x* gleich `0` ist, muss *y* größer oder gleich `0` sein. Dabei gilt: 0^0 `= 1.0`, sonst 0^y `= 0.0`. Ist diese Bedingung nicht erfüllt ist, kann ein Domain Error auftreten.

Die komplexe Funktion `cpow()` besitzt einen Verzweigungsschnitt für das erste Argument entlang der negativen reellen Achse.

Return-Wert

Die Funktionen geben x^y zurück, wenn die Berechnung korrekt ausgeführt werden konnte. Im Fall eines Über- oder Unterlaufs kann ein Range Error auftreten.

Beispiel

```
printf("pow(-3.0, 2.0) = %4.1f\n", pow(-3.0, 2.0));
/* Ausgabe:      pow(-3.0, 2.0) =  9.0                    */

double complex z = cpow( 2.0, I);
printf("cpow(2.0, I) = %.1f %+.1f*I \n", creal(z), cimag(z));
/* Ausgabe:      cpow(2.0, I) = 0.8 +0.6*I
```

Hinweis In der Header-Datei `tgmath.h` ist das typgenerische Makro `pow()` definiert, das es erlaubt, die Funktion für alle reellen und komplexen Gleitpunkttypen mit demselben Namen aufzurufen.

printf, wprintf ANSI

```
#include <stdio.h>
int printf(const char * restrict format_string, ...
                                       /* arg1,..., argn */);

#include <wchar.h>
int wprintf(const wchar_t * restrict format_wstring, ...
                                       /* arg1,..., argn */);
```

Beschreibung

Die Funktion `printf()`, »print formatted«, gibt den Format-String *`format_string`* auf die Standardausgabe aus, wobei darin enthaltene Formatelemente durch die Werte aus der Argumentliste *`arg1`*, ..., *`argn`* ersetzt werden.

Die Funktion `wprintf()` unterscheidet sich von `printf()` nur darin, dass der Format-String aus Breitzeichen besteht und Breitzeichen auf `stdout` ausgegeben werden.

Ein Formatelement bestimmt, wie ein Argument aus der Argumentliste interpretiert und ausgegeben wird. Hierbei wird das erste Formatelement durch den Wert des ersten Arguments aus der Argumentliste, das zweite Formatelement durch den Wert des zweiten Arguments usw. ersetzt.

Ein Formatelement hat folgende allgemeine Form:

`% [`*`Flags`*`] [`*`Feldbreite`*`] [.`*`Genauigkeit`*`]` *`typ`*

`Flags`	besteht aus einem der Zeichen `+`, `' '`(Blank), `-`, `0` oder aus einer Kombination dieser Zeichen. Sie haben folgende Wirkung:
`+`	Positive Zahlen werden mit Vorzeichen ausgegeben.
`' '`	Positive Zahlen werden mit führendem Blank ausgegeben.
`-`	Im Feld wird linksbündig ausgegeben (vgl. Feldbreite).
`0`	Das Feld wird vor der Zahl mit 0 aufgefüllt.
`Feldbreite`	ist eine positive Ganzzahl, welche die Länge eines Ausgabefeldes festlegt. Wenn der Feldbreite ein Minuszeichen vorangestellt ist, wird der entsprechende Argumentwert linksbündig in das Feld gesetzt, andernfalls rechtsbündig. Der verbleibende Platz im Feld wird mit Blanks aufgefüllt. Ist die auszugebende Zeichenfolge länger als das Feld, so wird sie vollständig ausgegeben, d.h. die Feldbreite wird vergrößert.

Für die Ausgabe von Zahlen kann der Feldbreite eine 0 vorangestellt werden (z.B. `%08d`). Führende Leerstellen im Ausgabefeld werden dann mit Nullen aufgefüllt.

Als Feldbreite kann auch ein Stern (`*`) angegeben werden. Dann wird die Feldbreite durch ein zusätzliches Argument bestimmt, das direkt vor dem auszugebenden Argument stehen und den Typ `int` haben muss.

`.Genauigkeit` legt bei der Ausgabe von Gleitpunktzahlen mit den Typangaben `f` oder `e` die Anzahl der Ziffern fest, die hinter dem Dezimalpunkt ausgegeben werden. Bei der Ausgabe mit `g` bestimmt sie die Anzahl der signifikanten Stellen. Falls nötig, wird gerundet. Ohne Angabe der Genauigkeit wird der Standardwert `6` angenommen.

Bei Ganzzahlen bestimmt die Genauigkeitsangabe die Mindestzahl von Ziffern, die auszugeben sind. Besitzt eine Zahl weniger Ziffern, als `.Genauigkeit` festlegt, so werden Nullen vorangestellt. Der Standardwert für die Genauigkeit ist hier `1`.

Ist das Argument ein String, so bestimmt die Genauigkeitsangabe die Höchstzahl der Zeichen, die vom String ausgegeben werden.

`typ` legt fest, wie das entsprechende Argument interpretiert und umgewandelt wird. Hierbei muss `typ` mit dem Typ des Arguments korrespondieren. Folgende Typangaben sind möglich:

typ	**Argument-Typ**	**Ausgabe**
`d, i`	`int`	dezimal
`u`	`unsigned int`	dezimal
`o`	`unsigned int`	oktal
`x`	`unsigned int`	hexadezimal mit a,b,c,d,e,f
`X`	`unsigned int`	hexadezimal mit A,B,C,D.E,F
`f`	`float/double`	Gleitkommazahl
`e, E`	`float/double`	Exponentialdarstellung
`g, G`	`float/double`	Gleitkommazahl/Exponentialdarstellung, was kürzer ist
`a, A`	`float/double`	hexadezimale Exponentialdarstellung*
`c`	`char/int`	Einzelnes Zeichen

typ	Argument-Typ	Ausgabe
s	String	Ausgabe des Strings bis '\0' (aber höchstens soviele Zeichen, wie mit .*Genauigkeit* angegeben)
n	int *	Speichert im entsprechenden Argument die Anzahl der bis dahin ausgegebenen Zeichen
p	Zeiger	Die im entsprechenden Argument enthaltene Adresse wird in hexadezimaler Form ausgegeben.
%	keiner	Das Zeichen % wird ausgegeben.

* Die Typangaben A und a wurden in C99 eingeführt und geben eine Gleitpunktzahl im Format 0Xh.hhhhhP±dd bzw. 0xh.hhhhhp±dd aus (evtl. mit Vorzeichen). Dabei sind die signifikanten Ziffern h.hhhhh hexadezimal (die Anzahl der Ziffern wird durch die Genauigkeit bestimmt). Der Exponent nach dem Buchstaben P (oder p) ist ein dezimaler Exponent zur Basis FLT_RADIX (gewöhnlich 2).

Zur Ausgabe von Werten mit einem Typen, der nicht in der vorstehenden Tabelle vorkommt, muss der Typangabe ein *Längenmodifizierer* vorangestellt werden. Hat beispielsweise ein Argument den Typ long, so muss den Typangaben d, i, u, o, x, X der Buchstabe l (Kleinbuchstabe l) vorangehen. Folgende Kombinationen von Längenmodifizierer und Typangaben sind möglich:

Längen-Modifizierer	Typspezifizierer	Argument-Typ
hh	d, i, o, u, x, oder X	signed char oder unsigned char
h	d, i, o, u, x, oder X	short oder unsigned short
l	d, i, o, u, x, oder X	long oder unsigned long
l	c	wint_t
l	s	wchar_t *
ll	d, i, o, u, x, oder X	long long oder unsigned long long
j	d, i, o, u, x, oder X	intmax_t oder uintmax_t
z	d, i, o, u, x, oder X	size_t
t	d, i, o, u, x, oder X	ptrdiff_t
L	a, A, e, E, f, F, g, oder G	long double

Mit printf() verwandte Funktionen sind fprintf(), sprintf(), vfprintf() und vprintf(). Die entsprechenden Funktionen für Breitzeichen sind fwprintf(), swprintf(), vfwprintf() und vwprintf().

Return-Wert

Die `printf`-Funktionen liefern die Anzahl der ausgegebenen Zeichen bzw. im Fehlerfall `EOF`.

Beispiele

Im Folgenden ist nach jeder `printf`-Anweisung die Ausgabe mit angegeben.

```
/*  Verwendete Variablen:                                          */
int count, a = 63;      unsigned b = 40000;        long  n = 10;
double x = 123.4567;    char  *s = "ein String";

/*   ----------      Einfache Formatelemente      ----------       */
printf("%d  %i  %o  %x  %X  %c \n", a, a, a, a, a, a);
/*       63  63  77  3f  3F  ?                                     */
printf("%d   %u   %X \n",  b, b, b); /* -25536   40000   9C40 */
printf("%ld  %lo  %lX \n", n, n, n); /* 10  12  A               */
printf("%f   %E   %g \n",  x, x, x);
/*       123.456700  1.234567E+02  123.457                         */
printf("%% %s %% und seine Adresse: %p \n",  s, s);
/*       % ein String % und seine Adresse: 01A4                    */
printf("%s!%n   ", s, &count);  printf("count = %d \n", count);
/*       ein String!                     count = 11                */

/*   ----------     Mit Feldbreiten und Flags      ----------      */
printf("<%5d>--<%05d> \n",  a, a ); /* <   63>--<00063>           */
printf("<%-5d>--<%+-5d>--<% d>--<% d> \n", a, a, a, -a);
/*       <63   >--<+63   >--< 63>--<-63>    */
printf("<%15s>--<%-15s>--<%2s> \n", s, s, s);
/*       <     ein String>--<ein String     >--<ein String>        */

/*   ----------       Mit Genauigkeiten            ----------      */
printf("<%.2f>--<%10.2f>--<%+10.5f>--<%-10.3f>\n", x, x, x, x);
/*       <123.46>--<    123.46>--<+123.45670>--<123.457    >       */
printf("<%.5s>--<%20.5s>--<%5.20s> \n", s, s, s);
/*       <ein S>--<               ein S>--<ein String>             */
```

putc, putwc putchar, putwchar

ANSI

```
#include <stdio.h>
int putc(int c, FILE *fp);
int putchar(int c);

#include <wchar.h>
wint_t putwc(wint_t wc, FILE *fp);
wint_t putwchar(wint_t wc);
```

Beschreibung

Das Makro `putc()`, »put character«, schreibt das Zeichen *c* auf die aktuelle Position in der Datei, die mit dem File-Pointer *fp* verbunden ist. Anschließend wird die aktuelle Position um 1 erhöht. Das Makro `putc()` ist wirkungsgleich mit der Funktion `fputc()`.

Das Makro `putchar(c)` ist identisch mit `putc(c, stdout)`. Es schreibt also ein Zeichen auf die Standardausgabe.

Die Makros `putwc()`, »put wide character«, und `putwchar()` sind die Breitzeichen-Versionen von `putc()` bzw. `putchar()`. Sie schreiben also das Breitzeichen wc in die Datei bzw. auf die Standardausgabe. Wenn bei der Konvertierung des Breitzeichens in ein Multibyte-Zeichen ein Fehler auftritt, erhält die Fehlervariable `errno` den Wert `EILSEQ` (»illegal sequence«). Das Makro `putwc()` ist wirkungsgleich mit der Funktion `fputwc()`.

Die entsprechenden Makros zum Lesen einzelner Zeichen sind `getc()`, `getwc()`, `getchar()` und `getwchar()`.

Return-Wert

Die Makros geben das geschriebene Zeichen zurück. Im Fehlerfall ist der Return-Wert `EOF` bzw. `WEOF`.

Beispiel

```
int c;  FILE *fp;

if((fp = fopen("test.dat", "a")) == NULL)
  fprintf(stderr,"Kann Datei nicht öffnen!\n");
else
{
  for(c = 'A'; c <= 'Z' && putc(c,fp) != EOF; c++)
     ;
  printf("Die Buchstaben A bis Z an die Datei "
         \"test.dat\" gehängt.");
}
```

putch

```
#include <conio.h>
int putch(int c);                          /*  System spezifisch  */
```

Beschreibung

Die Funktion `putch()`, »put character«, gibt das Zeichen *c* mit Hilfe der entsprechenden Betriebssystemfunktion direkt auf dem Bildschirm aus.

Die Gegenfunktion zu `putch()` ist `getch()` bzw. `getche()`, welche ein Zeichen von der Tastatur liest.

Manche Compiler, wie z.B. Microsoft Visual C++, stellen dem Namen dieser Funktionen einen Unterstrich voran.

Return-Wert

Die Funktion gibt das Zeichen `c` zurück. Im Fehlerfall ist der Return-Wert `EOF`.

Bei einigen Compilern besitzt die Funktion keinen Return-Wert.

Beispiel

```
int c;

printf("Bitte geben Sie ein Zeichen ein:  ");
do
   c = getch();        /* Überliest jedes Zeichen, das    */
while(! isalpha(c));   /* kein Buchstabe ist.             */
putch(c);              /* Der Buchstabe wird ausgegeben.  */
```

puts

ANSI

```
#include <stdio.h>
int puts(const char *string);
```

Beschreibung

Die Funktion `puts()`, »put string«, schreibt die Zeichenkette *`string`* auf die Standardausgabe. Anschließend wird ein Newline-Zeichen `'\n'` ausgegeben.

Die Gegenfunktion zu `puts()` ist `gets()`.

Return-Wert

Die Funktion gibt im Fehlerfall den Wert `EOF` zurück. Andernfalls liefert sie einen nicht-negativen Wert.

Beispiel

```
char *string = "\nIch bin eine Zeichenkette";

puts(string);
puts("und werde auf die Standardausgabe geschrieben.");

/* Ausgabe:
            Ich bin eine Zeichenkette
            und werde auf die Standardausgabe geschrieben.
*/
```

qsort ANSI

```
#include <stdlib.h>
void qsort(void *array, size_t n, size_t size,
           int (*compare)( const void *, const void *) );
```

Beschreibung

Die Funktion `qsort()`, »quick-sort«, sortiert den Vektor *array* in aufsteigender Reihenfolge nach dem Quick-Sort-Algorithmus. Der Vektor besitzt *n* Elemente der Größe *size*.

Das letzte Argument *compare* ist ein Zeiger auf eine Funktion zum Vergleichen von Vektorelementen. `qsort()` ruft diese Funktion auf, wenn zwei Vektorelemente zu vergleichen sind und übergibt dabei Zeiger auf die beiden Elemente.

Die Vergleichsfunktion *compare* muss normalerweise selber definiert werden. Die Parameter dieser Funktion sind zwei Zeiger auf die Vektorelemente, die zu vergleichen sind. Die Zeiger werden als »typenlose Lesezeiger« deklariert.

Der Return-Wert der Vergleichsfunktion ist kleiner als `0`, gleich `0` oder größer als `0`, je nachdem, ob das erste Vektorelement kleiner, gleich oder größer als das zweite Element ist.

Return-Wert

Keiner

Beispiel

```
int zahlen[1000];              /* Ein Vektor mit int-Werten.  */
int intcmp( const void *, const void *);     /* Prototyp der */
                                        /* Vergleichsfunktion.*/

qsort( zahlen, 1000, sizeof(int), intcmp);      /* Sortieren. */
```

Die Vergleichsfunktion für das Sortieren von `int`-Werten:

```
int intcmp( const void *p1,  const void *p2)
{
    if(       *(int *)p1 > *(int *)p2 )   return (1);
    else if( *(int *)p1 < *(int *)p2 )   return (-1);
    else                                  return (0);
}
```

raise ANSI

```
#include <signal.h>
int raise(int sig);
```

Beschreibung

Die Funktion `raise()`, »raise«, sendet das Signal *sig* zum ausführenden Programm.

Wurde zuvor mit der Funktion `signal()` eine Behandlungsroutine für die Signalnummer *sig* festgelegt, so wird diese ausgeführt, andernfalls wird die Standardroutine gestartet.

Return-Wert

Falls die Behandlungsroutine für das Signal das Programm nicht beendet, liefert die Funktion bei erfolgreicher Ausführung den Wert `0`. Im Fehlerfall gibt die Funktion einen von `0` verschiedenen Wert zurück.

Beispiel

```
void  term_handler( void);                               /* Prototyp */

main()
{ /*  Behandlungsroutine für SIGTERM (Termination) setzen:      */
  if( signal( SIGTERM, term_handler) == SIG_ERR)
      perror("signal-Funktion"), exit(1);

  fprintf(stderr,"In main() --> Weiter mit der Eingabe-Taste! ");
  getchar();
  raise(SIGTERM);
}

void  term_handler( void)
{
   fprintf(stderr, "\nAbbruch durch das Signal %d\n", SIGTERM);
   fflush(NULL);            /* Die Ausgabepuffer aller Streams an */
                            /* das Betriebssystem übertragen.     */
   abort();                 /* Programm beenden.                  */
}
```

rand

ANSI

```
#include <stdlib.h>
int rand(void);
```

Beschreibung

Die Funktion `rand()`, »random«, erzeugt eine Pseudo-Zufallszahl zwischen `0` und `RAND_MAX`. Die Konstante `RAND_MAX` ist in der Header-Datei `stdlib.h` definiert und hat mindestens den Wert $32767 = 2^{15} - 1$.

Der Pseudo-Zufallszahlengenerator kann mit der Funktion `srand()` initialisiert werden. Dadurch kann erreicht werden, dass mit jedem Programmstart eine neue Folge von Zufallszahlen erzeugt wird.

Return-Wert

Eine Zufallszahl.

Beispiel

```
int i;

srand( (unsigned)time(NULL) );        /* Mit der aktuellen Zeit */
                                      /* initialisieren.        */
for( i=1; i <= 10; i++)
   printf(" %2d. Zufallszahl:  %.f\n", i,
                                      (double)rand()/RAND_MAX);

// Es werden 10 Zufallszahlen zwischen 0.0 und 1.0 ausgegeben.
```

read

```
#include <io.h>
int read(int fd, void *buffer, unsigned n);
```

Beschreibung

Die Funktion `read()`, »read«, liest aus der mit dem File-Handle *fd* verbundenen Datei maximal n Bytes in einen Speicherbereich, auf den *buffer* zeigt.

Manche Compiler, wie z.B. Microsoft Visual C++, stellen dem Namen der Funktion einen Unterstrich voran.

Return-Wert

Die Funktion gibt die Anzahl der tatsächlich eingelesenen Bytes zurück. Sie liefert den Wert `0` beim Versuch, ab Dateiende zu lesen. Im Fehlerfall ist der Return-Wert `-1`, und die Fehlervariable `errno` erhält einen der Werte `EACCES` (»Zugriff nicht gestattet«) oder `EBADF` (»ungültiger File-Handle«).

Beispiel

```
#define SIZE 1000

int fd, ergeb;
char buffer[SIZE];

if((fd = open("test.dat", O_RDONLY)) == -1)
    fprintf(stderr, "Kann Datei nicht öffnen!\n");
else if((ergeb = read(fd, buffer, SIZE)) == -1)
    fprintf(stderr, "Fehler beim Einlesen\n");
else
    printf("Es wurden %d Bytes aus der Datei gelesen\n", ergeb);

/* Maximal 1000 Bytes aus der Datei test.dat eingelesen. */
```

realloc ANSI

```
#include <stdlib.h>
void *realloc(void *ptr, size_t n);
```

Beschreibung

Die Funktion `realloc()`, »reallocate«, ändert die Größe des durch *ptr* adressierten Speicherbereiches, der zuvor mit `malloc()`, `calloc()` oder `realloc()` reserviert wurde. Das Argument *n* ist die neue Länge des Speicherbereichs, wobei der Datentyp `size_t` in der Header-Datei `stdlib.h` als `unsigned int` definiert ist.

Die Daten bleiben im reservierten Bereich unverändert. Wird die Länge des Speicherbereichs vergrößert, so wird gegebenenfalls der gesamte alte Datenbereich kopiert.

Return-Wert

Die Funktion gibt einen typenlosen Zeiger auf den reservierten, zusammenhängenden Bereich zurück. Im Fehlerfall wird der `NULL`-Zeiger zurückgegeben.

Beispiel

```
int *ptr;

if((ptr = malloc( 20 * sizeof(int))) == NULL)
  printf("Kann Speicherplatz nicht reservieren.\n");
else
  printf("Für 20 Integer-Werte Speicherplatz reserviert.\n");

if((ptr = realloc(ptr, 40 * sizeof(int)) == NULL)
  printf("Kann neuen Speicherplatz nicht reservieren.\n");
else
  printf("Jetzt für 40 Integer-Werte Speicherplatz "
         "reserviert.\n");
```

remainder, remquo ANSI

```
#include <math.h>
double remainder(double x, double y);                                  C99
float remainderf(float x, float y);                                    C99
long double remainderl(long double x, long double y);                  C99

double remquo(double x, double y, int *quo);                           C99
float remquof(float x, float y, int *quo);                             C99
long double remquol(long double x, long double y, int *quo);C99
```

Beschreibung

Die Funktion `remainder()` berechnet den Rest der Division `x/y` gemäß dem Standard IEC 60559. Der Rest ist definiert als `x - n*y` mit der ganzen Zahl `n`, die dem exakten Wert `x/y` am nächsten kommt. Falls der exakte Quotient genau zwischen zwei ganzen Zahlen liegt, ist `n` die nächste gerade ganze Zahl. Der Rest gemäß dieser Definition kann also positiv oder negativ sein.

Die Funktion `remquo()` berechnet wie `remainder()` den Rest der Division `x/y`. Zusätzlich speichert sie auch den ganzzahligen Quotienten der Division in der `int`-Variablen, die durch das dritte Argument adressiert wird. Der Quotient muss aber nicht vollständig gespeichert werden. Der Standard fordert lediglich, dass das Vorzeichen und die letzten drei Bits (also modulo 8) mit dem tatsächlichen Quotienten übereinstimmen.

Eine etwas andere Berechnung des Divisionsrestes verwendet die klassische Funktion `fmod()`.

Return-Wert

Die Funktionen liefern das Ergebnis der Modulo-Division `x REM y` gemäß dem Standard IEC 60559.

Beispiel

```
printf("remainder( 9.5, 3.5) = %4.1f\n", remainder( 9.5, 3.5) );
printf("remainder(-9.5, 3.5) = %4.1f\n", remainder(-9.5, 3.5) );

/* Ausgabe:
   remainder( 9.5, 3.5) = -1.0
   remainder(-9.5, 3.5) =  1.0
*/
```

Hinweis In der Header-Datei `tgmath.h` sind die typgenerischen Makros `remainder()` und `remquo()` definiert, die es erlauben, diese Funktionen für alle reellen Gleitpunkttypen mit demselben Namen aufzurufen.

remove **ANSI**

```
#include <stdio.h>
int remove(const char *filename);
```

Beschreibung

Die Funktion `remove()`, »remove«, bewirkt, dass die Datei nicht mehr unter dem Namen *`filename`* angesprochen werden kann. Die Datei wird gelöscht, wenn sie keine weiteren Dateinamen (»Links«) besitzt.

Ein Verzeichnis oder eine schreibgeschützte Datei kann mit `remove()` nicht gelöscht werden.

Return-Wert

Die Funktion gibt den Wert `0` zurück, wenn alles gut geht, sonst einen von `0` verschiedenen Wert. Im letzten Fall erhält die Fehlervariable `errno` auf manchen Systemen den Wert `EACCES` (»permission denied«) bzw. `ENOENT` (»no such file or directory«).

Beispiel

```
int ergeb;

ergeb = remove("test.dat");
if( ergeb != 0)
   fprintf(stderr, "Kann Datei nicht löschen!\n");
else
   printf("Datei gelöscht!\n");
```

rename ANSI

```
#include <stdio.h>
int rename(const char *altname, const char *neuname);
```

Beschreibung

Die Funktion `rename()`, »rename«, gibt der Datei mit dem Dateinamen *`altname`* den neuen Dateinamen *`neuname`*.

Das Argument *`altname`* muss der Name einer bereits existierenden Datei sein.

Die Funktion kann dazu benutzt werden, um eine Datei in ein anderes Vrezeichnis einzutragen. Die Verschiebung in ein anderes Laufwerk ist jedoch nicht möglich, da die Datei nicht kopiert wird.

Return-Wert

Wenn die Datei umbenannt wurde, gibt die Funktion den Wert `0` zurück. Im Fehlerfall wird ein von `0` verschiedener Wert zurückgegeben, und die Fehlervariable `errno` erhält den Wert `EACCES` (»permission denied«) oder `ENOENT` (»no such file or directory«) bzw. `EXDEV` (»cross device link«).

Beispiel

```
int ergeb;

ergeb = rename("ulf\\test.dat", "\\usr\\pit\\test.dat");
if( ergeb != 0 )
   fprintf(stderr,"Kann Datei nicht umbenennen!\n");
else
   printf("Datei test.dat nach \\usr\\pit verlagert.\n");
```

rewind ANSI

```
#include <stdio.h>
void rewind(FILE *fp);
```

Beschreibung

Die Funktion `rewind()`, »rewind«, setzt den Seek-Zeiger der mit dem File-Pointer *fp* verbundenen Datei auf den Dateianfang zurück und löscht das Dateiende-Flag sowie gesetzte Fehler-Flags. Sie bewirkt also dasselbe wie die Funktion `fseek(fp, 0L, 0)` mit den Unterschieden, dass `rewind()` keinen Return-Wert besitzt und dass `fseek()` die Fehler-Flags nicht löscht.

Return-Wert

Keiner

Beispiel

```
FILE *fp;   int c;
char *string = "Dieser Satz wird ans Dateiende angefügt.";

if((fp = fopen("test.dat","a+")) == NULL)
   fprintf(stderr, "Kann Datei nicht öffnen\n");
else
{
   fputs(string, fp);     /* Satz ans Dateiende anfügen.   */
   rewind(fp);            /* Zurück zum Dateianfang.       */
   while( (c = getc(fp)) != EOF )
        putchar(c);       /* Die gesamte Datei ausgeben.   */
}
```

rint ANSI

```
#include <math.h>
double rint(double x);                                    C99
float rintf(float x);                                     C99
long double rintl(long double x);                         C99
```

Beschreibung

Die Funktion `rint()` rundet eine Gleitpunktzahl zum nächsten ganzzahligen Wert gemäß dem aktuell gesetzten Rundungsmodus. Der Rundungsmodus kann mit den Funktionen `fegetround()` und `fesetround()` abgefragt und gesetzt werden.

Im Unterschied zur verwandten Funktion `nearbyint()` löst `rint()` eine Gleitpunkt-Exception `FE_INEXACT` aus, wenn sich das Ergebnis vom Argument unterscheidet.

Return-Wert

Die Funktion liefert zu ihrem Argument den nächsten ganzzahligen Wert als Gleitpunktzahl.

Beispiel

```
#pragma STDC FENV_ACCESS ON

int rounding = fegetround();          // Aktueller Rundungsmodus.
if( fesetround( FE_UPWARD) != 0 )     // Rundungsmodus neu setzen.
   fprintf( stderr, "Rundungsmodus FE_UPWARD nicht möglich!");

printf("rint( 1.7) = %4.1f\n"
       "rint(-1.7) = %4.1f\n", rint(1.7), rint(-1.7));
fesetround( rounding);          // Rundungsmodus wieder herstellen.

/* Ausgabe, falls der Rundungmodus FE_UPWARD unterstützt wird:
   rint(1.7) = 2.0    rint(-1.7) = -1.0
*/
```

Hinweis In der Header-Datei `tgmath.h` ist das typgenerische Makro `rint()` definiert, das es erlaubt, diese Funktion für alle reellen Gleitpunkttypen mit demselben Namen aufzurufen.

round ANSI

```
#include <math.h>
double round(double x);                                    C99
float roundf(float x);                                     C99
long double roundl(long double x);                         C99
```

Beschreibung

Die Funktion `round()` rundet eine Gleitpunktzahl zum nächsten ganzzahligen Wert, unabhängig vom aktuell gesetzten Rundungsmodus. Falls die Gleitpunktzahl genau zwischen zwei ganzen Zahlen liegt, wird von `0` weggerundet. Im Unterschied dazu berücksichtigen die Funktionen `nearbyint()` und `rint()` den aktuellen Rundungsmodus.

Die verwandte Funktion `lround()` liefert das Ergebnis als `long`-Wert und die Funktion `llround()` als `long long`-Wert.

Return-Wert

Die Funktion liefert zum Argument den nächsten ganzzahligen Wert als Gleitpunktzahl.

Beispiel

```
printf("round(-0.5) = %4.1f     round(-0.4) = %4.1f\n"
       "round( 0.4) = %4.1f     round( 0.5) = %4.1f\n",
        round(-0.5), round(-0.4), round(0.4), round(0.5));

/* Ausgabe:
   round(-0.5) = -1   round(-0.4) =  0
   round( 0.4) =  0   round( 0.5) =  1
*/
```

Hinweis In der Header-Datei `tgmath.h` ist das typgenerische Makro `round()` definiert, das es erlaubt, diese Funktion für alle reellen Gleitpunkttypen mit demselben Namen aufzurufen.

scalbn, scalbln ANSI

```
#include <math.h>
double scalbn( double x, int n);                              C99
float scalbnf( float x, int n);                               C99
long double scalbnl( long double x, int n);                   C99

double scalbln( double x, long n);                            C99
float scalblnf( float x, long n);                             C99
long double scalblnl( long double x, long n);                 C99
```

Beschreibung

Die Funktion `scalbn()`, »scale binary«, multipliziert eine Gleitpunktzahl x mit der ganzzahligen Potenz $\texttt{FLT\_RADIX}^n$. Die Berechnung erfolgt effizienter als mit den arithmetischen Operatoren. Die in `float.h` definierte Konstante `FLT_RADIX` ist die Basis in der von der Gleitpunktumgebung verwendeten Exponentialdarstellung und hat gewöhnlich den Wert `2`.

Die Funktion `scalbln()` unterscheidet sich von `scalbn()` nur durch den zweiten Parameter, der den Typ `long` hat.

Die verwandte Funktion `ldexp()` multipliziert eine Gleitpunktzahl mit einer Potenz zur Basis `2`. Umgekehrt zerlegt die Funktion `frexp()` eine Gleitpunktzahl in eine Mantisse und einen ganzzahligen Exponenten zur Basis `2`.

Return-Wert

Die Funktion gibt den Wert $\texttt{x*FLT\_RADIX}^n$ zurück. Falls der Return-Wert nicht mit dem Return-Typ darstellbar ist, kann ein Range Error auftreten.

Beispiel

```
for( int n = 1; n < 5; ++n)
  printf("scalbn( 1.0, %d) = %4.1f\n", n, scalbn(1.0, n) );

/* Ausgabe:
   scalbn( 1.0, 1) =  2.0
   scalbn( 1.0, 2) =  4.0
   scalbn( 1.0, 3) =  8.0
   scalbn( 1.0, 4) = 16.0
*/
```

Hinweis In der Header-Datei `tgmath.h` sind die typgenerischen Makros `scalbn()` und `scalbln()` definiert, die es erlauben, diese Funktionen für alle reellen Gleitpunkttypen mit demselben Namen aufzurufen.

scanf, wscanf ANSI

```
#include <stdio.h>
int scanf(const char * restrict format_string, ...
                                  /* arg1,..., argn */);

#include <wchar.h>
int wscanf(const wchar_t * restrict format_string, ...
                                  /* arg1,..., argn */);
```

Beschreibung

Die Funktion `scanf()`, »scan formatted«, liest Zeichen in formatierter Form von der Standardeingabe und speichert die konvertierten Werte in Variablen, die durch die Argumente *arg1*, ..., *argn* adressiert werden. `scanf()` ist die Gegenfunktion zu `printf()`.

Die Funktion `wscanf()` unterscheidet sich von `scanf()` nur darin, dass der Format-String aus Breitzeichen besteht und Breitzeichen von `stdin` gelesen werden.

Die Interpretation der eingelesenen Zeichen erfolgt durch den Format-String *format_string*, der Formatelemente enthält. Für jedes Formatelement muss ein Argument angegeben werden. Überzählige Argumente werden von `scanf()` ignoriert.

Ein Formatelement hat folgende allgemeine Form:

```
% [Feldbreite] typ
```

Für jedes Formatelement wird das nächste Eingabefeld eingelesen, konvertiert und in die entsprechende Variable abgelegt. Eingabefelder sind durch Zwischenraumzeichen (Leer-, Tabulator- und Newline-Zeichen) voneinander getrennt.

Feldbreite, sofern angegeben, legt die maximale Zeichenanzahl fest, die das Eingabefeld haben kann. Werden mehr Zeichen eingegeben, so bleiben die überzähligen Zeichen im Puffer der Standardeingabe. Das nächste Eingabefeld beginnt also mit dem ersten überzähligen Zeichen.

typ entspricht den Typangaben bei `printf()`. Es gibt folgende Möglichkeiten:

typ	**Eingabe**	**Argument**
d	Dezimale Ganzzahl	int-Zeiger
u	Positive dezimale Ganzzahl	unsigned-Zeiger
o	Oktale Ganzzahl	unsigned-Zeiger
x	Hexadezimale Ganzzahl	unsigned-Zeiger
i	Dezimale, oktale oder hexadezimale Ganzzahl	int-Zeiger

typ	**Eingabe**	**Argument**
e,f,g, E,F,G	Gleitpunktzahl im Format einer Gleitpunktkonstanten	float-Zeiger
c	Einzelnes Zeichen	char-Zeiger
s,[]	String	Zeiger auf char-Vektor
p	Zeigerwert, hexadezimal (vgl. Ausgabe von printf())	Zeiger auf void-Zeiger
n	keine	int-Zeiger; es wird die Anzahl der bis dahin eingelesenen Zeichen gespeichert.
%	ein %-Zeichen	keines

- Bei %i entscheidet das Präfix wie bei ganzzahligen Konstanten darüber, ob die Eingabe als oktale, dezimale oder hexadezimale Zahl interpretiert wird.
- Den Typangaben d, i, o, x und u ist der Buchstabe l bzw. ll voranzustellen, wenn das Argument die Adresse einer long- bzw. long long-Variablen ist. Diesen Typangaben ist der Buchstabe h voranzustellen, wenn das Argument die Adresse einer short-Variablen ist, und der Buchstabe j, wenn es die Adresse einer intmax_t-Variablen ist.
- Den Typangaben f, e, g, F, E, G ist der Buchstabe l bzw. L voranzustellen, falls das Argument die Adresse einer double- bzw. long-double-Variablen ist.
- %c bewirkt, dass das nächste Zeichen eingelesen wird. Dieses kann auch ein Zwischenraumzeichen sein. Im Gegensatz dazu lesen alle anderen Typangaben das nächste Eingabefeld, wobei führende Zwischenraumzeichen überlesen werden.
- Mit der Typangabe s wird eine Zeichenfolge eingelesen und ein String-Endezeichen '\0' angehängt.

  Anstelle von s kann eine Folge von Zeichen (sog: *Suchzeichen*, engl. *scanset*) angegeben werden, die in eckige Klammern [ ] einzuschließen sind. Jedes eingelesene Zeichen muss dann mit einem dieser Suchzeichen übereinstimmen.

  Ist den Suchzeichen ein ^-Zeichen vorangestellt, so wird die gegenteilige Wirkung erzielt: Das Einlesen des Eingabefeldes endet, sobald ein Suchzeichen auftritt.

  Die Angabe mehrerer aufeinanderfolgender Suchzeichen kann verkürzt werden, indem das erste und letzte Suchzeichen durch einen Bindestrich verbunden werden. Beispielsweise ist a-f gleichbedeutend mit abcdef und 1-4 gleichbedeutend mit 1234.
- Enthält ein Formatelement hinter dem Prozentzeichen (%) einen Stern (*), so wird die Eingabe gemäß dem vorgegebenen Typ interpretiert, jedoch nicht abgespeichert. Das entsprechende Eingabefeld wird also überlesen. Für dieses Formatelement ist kein Argument anzugeben.

Der Format-String kann außer Formatelementen auch andere Zeichen enthalten: Zeichen, die nicht zu einem Formatelement gehören und keine Zwischenraumzeichen sind, werden als Eingabe erwartet, jedoch nicht abgespeichert. Wird ein anderes Zeichen als erwartet eingegeben, bricht die Funktion `scanf()` das Einlesen ab.

Ein Zwischenraumzeichen im Format-String bewirkt, dass an dieser Stelle in der Eingabe alle Zwischenraumzeichen (eines, mehrere oder auch keines) bis zum ersten anderen Zeichen überlesen werden. Zum Beispiel können auf diese Weise bei der Eingabe von einzelnen Zeichen mit `%c` führende Zwischenraumzeichen entfernt werden.

Ein Zeichen, das nicht gemäß dem Formatelement interpretiert werden kann, beendet das Eingabefeld und verbleibt im Eingabepuffer. Dieses Zeichen wird dann bei der nächsten Konvertierung als erstes gelesen.

Kann ein Formatelement, nach dem Überlesen führender Zwischenraumzeichen, bereits das erste Zeichen nicht verarbeiten, bricht die Funktion `scanf()` das Einlesen ab.

Return-Wert

Die Funktion gibt die Anzahl der tatsächlich eingelesenen und konvertierten Eingabefelder zurück. Eingabefelder, die mit `%*` überlesen wurden, sowie die Ausführungen von `%n` werden nicht mitgezählt. Der Wert `EOF` wird zurückgegeben, falls vor der ersten Konvertierung ein Lesefehler auftrat oder das Dateiende erreicht wurde.

Beispiele

```
    int count, a, b, len;    long n;    float x;    double dx;
    char ch, buf1[256], buf2[256];

/*  --------------    Eingabe von Zahlen    ---------------     */
    printf("\nBitte vier Zahlen dezimal eingeben:  ");
    count = scanf("%d %ld %4f %lf", &a, &n, &x, &dx);

/*  Bei Eingabe von:   123  45  67.89  012.3<Return>
    Zuweisungen:       a = 123,  n = 45,  x = 67.8,  dx = 9.0
    Return-Wert:       count = 4
    Noch nicht verarbeitete Zeichen:   012.3\n
    Bei Eingabe von:   12.3  456  7.8 <Return>
    Zuweisung:         a = 12  und  n, x und dx unverändert
    Return-Wert:       count = 1
    Noch nicht verarbeitete Zeichen:  .3  456  7.8 \n           */

    fflush(stdin);                     /* Puffer für stdin löschen */
    printf("\nBitte drei ganze Zahlen eingeben:  ");
    count = scanf("%i %i %li", &a, &b, &n);
/*  Bei Eingabe von:   10  010  0x10<Return>
    Zuweisungen:       a = 10,  b = 8,  n = 16
    Return-Wert:       count = 3
    Noch nicht verarbeitete Zeichen:  \n                        */
```

```
/* -----------    Eingabe von Zeichen und Strings  ----------    */
    scanf("%*[^\n]");             /* alle Zeichen bis \n überlesen  */
    scanf("%c", &ch);                                /* ch = '\n'  */
    printf("\nBitte eine Zeile Text eingeben: \n");
    count = scanf("%s%n %2s", buf1, &len, buf2);

/*  Bei Eingabe von:  Hallo world!<Return>
    Zuweisungen:  "Hallo" -> buf1, 5 -> len, "wo" -> buf2
    Return-Wert:  count = 2
    Noch nicht verarbeitete Zeichen:  rld!\n                   */

    scanf("%255[^\n]", buf1);   /* Den Rest der Zeile einlesen, */
                                /* maximal 255 Zeichen.         */
    printf("\nWeiter machen (j/n)? ");
    scanf("%*[^JNjn]%c", &ch);  /* Antwort einlesen. Alle       */
                                /* Zeichen != J,N,j,n überlesen */
    if( ch == 'n' || ch == 'N' )  exit(0);

/*  Bei Eingabe von:  y<Return> j<Return>
    Zuweisung:        ch = 'j'
    Return-Wert:      1
    Noch nicht verarbeitete Zeichen:  \n                       */

    scanf("%*[^\n]");             /* alle Zeichen bis \n überlesen */
    printf("\nBitte eine Artikel-Nr. eingeben: \n");
    count = scanf("%8[0-9]%n", buf1, &len);

/*  Bei Eingabe von:  a1234<Return>
    Zuweisungen:      keine       Return-Wert:      count = 0
    Noch nicht verarbeitete Zeichen:  a1234\n
    Bei Eingabe von:  1234567890<Return>
    Zuweisungen:      "12345678" -> buf1 , 8 -> len
    Return-Wert:      count = 1
    Noch nicht verarbeitete Zeichen:  90\n                      */
```

setbuf ANSI

```
#include <stdio.h>
void setbuf(FILE * restrict fp, char * restrict buffer);
```

Beschreibung

Die Funktion `setbuf()`, »set buffer«, richtet für die mit dem File-Pointer *`fp`* verbundene Datei den Dateipuffer *`buffer`* ein. Dieser muss die Länge `BUFSIZ` haben. Die symbolische Konstante `BUFSIZ` ist in der Header-Datei `stdio.h` definiert.

Falls *`buffer`* der `NULL`-Zeiger ist, erfolgt die Datenübertragung ungepuffert.

Die Funktion `setbuf()` muss unmittelbar nach dem Eröffnen der Datei, noch vor einer Schreib- oder Leseoperation, aufgerufen werden.

Abgesehen vom Return-Wert ist `setbuf()` äquivalent zur Funktion `setvbuf()` mit den zusätzlichen Argumenten

- `_IOFBF` (für mode) und `_BUFSIZ` (für size), falls `buffer != NULL`, bzw.
- `_IONBF` (für mode), falls `buffer == NULL`.

Return-Wert

Keiner

Beispiel

```
FILE *fp;
char puffer[BUFSIZ];

if((fp = fopen("test.dat", "w")) == NULL)
    fprintf(stderr, "Kann Datei nicht öffnen!\n");
else
{
    setbuf( fp, puffer);
    printf("Neuer Dateipuffer eingerichtet!\n");
}
```

setjmp ANSI

```
#include <setjmp.h>
int setjmp( jmp_buf env);
```

Beschreibung

Das Makro `setjmp()`, »set jump«, speichert die momentane Aufrufumgebung in den durch *env* angegebenen Puffer. Insbesondere werden der Stack und damit alle automatischen Variablen gespeichert. Der Typ `jmp_buf` von *env* ist in der Header-Datei `setjmp.h` definiert.

Durch einen späteren Aufruf der Funktion `longjmp()` wird die »gerettete« Aufruf-Umgebung wiederhergestellt und dadurch die Programmausführung wieder bei `setjmp()` fortgesetzt. Anhand des Return-Wertes von `setjmp()` kann festgestellt werden, ob `setjmp()` aufgerufen oder via `longjmp()` an diese Stelle zurück gesprungen wurde.

Return-Wert

Die Funktion gibt den Wert `0` zurück. Bei einem Rücksprung mit `longjmp()` wird dieser auf einen von `0` verschiedenen Wert gesetzt.

Beispiel

```
jmp_buf env; int value;
   ...
if(setjmp(env) == 0)
   printf("Sprungziel installiert\n");
else
   printf("Rücksprung mit longjmp() erfolgt\n");
  ...                     /* Weiter im Programm.         */

longjmp(env, 1);          /* Zu einem späteren Zeitpunkt. */
```

setlocale ANSI

```
#include <locale.h>
char *setlocale(int category, const char *locale_name);
```

Beschreibung

Die Funktion `setlocale()`, »set locale«, erlaubt die Anpassung des Programms an lokale (länderspezifische) Besonderheiten, wie z.B. das Währungssymbol, das Zeichen für den Dezimalpunkt oder Sonderzeichen im Alphabet.

Es ist möglich, nur bestimmte lokale Aspekte zu berücksichtigen. Dazu wurden in ANSI-C die lokalen Aspekte in folgende Kategorien eingeteilt:

KATEGORIE	Die betroffenen Teile des Programms
`LC_ALL`	Alle lokalen Aspekte, d.h. jede der folgenden Kategorien
`LC_COLLATE`	Die Funktionen `strcoll()` und `strxfrm()`
`LC_CTYPE`	Die Funktionen für die Zeichenbehandlung (z.B. `isalpha()`) und die Multibyte-Funktionen
`LC_MONETARY`	Die Formatierungs-Informationen für die Darstellung von Geldbeträgen, die von der Funktion `localeconv()` zurückgegeben werden
`LC_NUMERIC`	Das Zeichen für den Dezimalpunkt bei Ein-/Ausgaben (z.B. `printf()`) und bei String-Konvertierungen; außerdem die Informationen der Funktion `localeconv()` für die Formatierung nicht-monetärer Zahlen
`LC_TIME`	Die Funktion `strftime()` für die Formatierung von Datum und Zeit

Das erste Argument der Funktion `setlocale()` ist eine der oben beschriebenen, ganzzahligen Konstanten, wie z.B. `LC_ALL`. Sie sind in der Header-Datei `locale.h` definiert.

Das zweite Argument *`locale_name`* ist ein String, der die lokale Umgebung für die im ersten Argument angegebene Kategorie festlegt. Die folgenden Strings sind für *`locale_name`* möglich:

`NULL` Der `NULL`-Zeiger dient zur Abfrage: Die Funktion `setlocale()` liefert für die angegebene Kategorie den aktuell gültigen lokalen Namen, wobei die lokale Umgebung nicht geändert wird. Dieser String kann später als Argument für *`locale_name`* angegeben werden, um eine erfolgte Änderung rückgängig zu machen.

`"C"` Damit wird die minimale lokale Umgebung für C-Programme gewählt: Es werden keine lokalen Aspekte berücksichtigt.

`""` Mit dem leeren String wird als lokale Umgebung eine Einstellung gewählt, die dem Einsatzgebiet des Systems entspricht.

Darüber hinaus kann (und sollte) jeder Compiler weitere Strings für lokale Namen zur Verfügung stellen. Diese implementationsabhängigen lokalen Namen erlauben dem Compiler eine flexible Behandlung lokaler Aspekte. Beim Start eines Programms gilt die Voreinstellung: `setlocale(LC_ALL, "C");`

Return-Wert

Die Funktion liefert für die angegebene Kategorie den aktuell gültigen lokalen Namen. Wurde für *`locale_name`* nicht der `NULL`-Zeiger angegeben, ist dies der neue Name. Bei einem erfolglosen Aufruf (z.B. mit ungültigem lokalen Namen) gibt `setlocale()` den `NULL`-Zeiger zurück.

Beispiel

```
char *locale;
if( (locale = setlocale(LC_NUMERIC, "")) == NULL)
    fprintf(stderr,"setlocale: Kann lokale Umgebung"
                   " nicht ändern\n");
else
{
    printf("Ihre lokale Umgebung: %s\n", locale);
    printf("Eine Testausgabe:  %.2f\n", 12.34);
    // ...
}
```

setvbuf ANSI

```
#include <stdio.h>
int setvbuf(FILE * restrict fp, char* restrict buffer,
            int mode, size_t size);
```

Beschreibung

Die Funktion `setvbuf()`, »set variable buffer«, ordnet der mit dem File-Pointer *fp* eröffneten Datei den Puffer *buffer* der Länge *size* anstelle des standardmäßigen Dateipuffers zu. Der Parameter *mode* ist eine der folgenden symbolischen Konstanten, die in der Header-Datei `stdio.h` definiert sind:

`_IOFBF` »I/O fully buffered«: Ein- und Ausgaben werden vollständig gepuffert, d.h. bei Lese- und Schreiboperationen wird der Puffer zunächst komplett gefüllt.

`_IOLBF` »I/O line buffered«: Ausgaben werden zeilenweise gepuffert, d.h. nach jedem Zeilenvorschub wird der Pufferinhalt in die Datei geschrieben. Eingaben werden wie bei `_IOFBF` vollständig gepuffert.

`_IONBF` »I/O not buffered«: Ein- und Ausgaben erfolgen ungepuffert. Die Parameter `buffer` und `size` werden ignoriert.

Falls *buffer* der `NULL`-Zeiger ist, wird durch einen Aufruf von `malloc()` ein Puffer der Größe *size* dynamisch angelegt.

Return-Wert

Die Funktion gibt `0` zurück, wenn alles gut geht, andernfalls einen von `0` verschiedenen Wert.

Beispiel

```
FILE *fp;
char buffer[10240];

fp = fopen("test.dat", "r");
if( setvbuf(fp,buffer,_IOFBF, sizeof(buffer)) != 0)
    printf("Kann Dateipuffer nicht einrichten\n");
else
    printf("Dateipuffer der Länge 10240 gesetzt\n");
```

signal ANSI

```
#include <signal.h>
void (* signal(int sig, void (*func)(int)) )(int);
```

Beschreibung

Mit der Funktion `signal()`, »signal«, kann festgelegt werden, wie das Programm auf Signale mit der Signalnummer *sig* reagiert. Signale werden entweder durch andere Prozesse, von der Tastatur, durch interne Interrupts, wie z.B. »Division durch Null«, oder explizit mit der Funktion `raise()` erzeugt.

Das zweite Argument *func* legt die Art der Reaktion fest. Es gibt drei Möglichkeiten:

Wert von func	Wirkung beim Eintreffen des Signals sig
`SIG_DFL`	»signal default«, die Standardroutine für die Signalnummer wird aufgerufen. Im Allgemeinen wird das Programm anschließend beendet.
`SIG_IGN`	»signal ignore«, das Signal wird ignoriert und das Programm fortgesetzt.
Adresse einer Funktion	Zuerst wird `signal(`*sig*`, SIG_DFL)` und dann die Funktion `(*func)(`*sig*`)` aufgerufen. Es wird also für das nächste Signal *sig* die Standardroutine eingesetzt und dann die eigentliche Reaktion auf das momentane Signal ausgeführt. Soll beim nächsten Signal *sig* nicht die Standardroutine ausgeführt werden, so muss wieder `signal()` aufgerufen werden, z.B. in der Funktion *func* selbst.

Die folgenden Signaltypen sind nach dem ANSI-Standard in jeder Implementierung vorhanden und in der Header-Datei `signal.h` definiert:

Signal	Bedeutung
`SIGABRT`	»abort«, anormale Programmbeendigung, z.B. ausgelöst durch die Funktion `abort()`. Die standardmäßige Reaktion ist die Beendigung des Programms.
`SIGFPE`	»floating point exception«, ausgelöst durch Divisionsfehler oder Coprozessor- bzw. Emulator-Fehler
`SIGILL`	»illegal instruction«, ausgelöst durch ungültigen Maschinenbefehl
`SIGINT`	»interrupt«, ausgelöst durch das Drücken der Unterbrechungstaste (unter DOS/Windows: Ctrl-C).
`SIGSEGV`	»segmentation violation«, ausgelöst durch ungültigen Speicherzugriff
`SIGTERM`	»termination«, Software-Beendigung des Programms (unter UNIX: Standardsignal des Kill-Kommandos)

Die Standardreaktion auf die anstehenden Signale ist die Programmbeendigung. Abhängig vom Betriebssystem bzw. Compiler können weitere Signaltypen implementiert sein. Die entsprechenden Konstanten in der Header-Datei `signal.h` beginnen stets mit der Zeichenfolge `SIG`.

Return-Wert

Die Funktion liefert bei erfolgreicher Ausführung den Wert von *func* aus dem vorhergehenden Aufruf von `signal()`, also den vorhergehenden »Reaktionseintrag«. Beim ersten Aufruf von `signal()` ist das `SIG_DFL`. Trat ein Fehler auf, so wird der Fehlercode `SIG_ERR` zurückgegeben und die Fehlervariable `errno` erhält den Wert `EINVAL`.

Beispiel

```
/*      Testprogramm für die Funktion signal()                */

# include  <stdio.h>
# include  <stdlib.h>
# include  <signal.h>

void  sig_handler(int sig);                        /* Prototyp */

main()
{                /* Behandlungsroutine für Ctrl-C setzen:   */
    if( signal( SIGINT, sig_handler) == SIG_ERR)
       perror("signal-Funktion"), exit(3);

    while(1)
       puts("Ich kann mit Ctrl-C abgebrochen werden!");
    return 0;
}

void  sig_handler( int sig)
{
    char c;

    if( sig != SIGINT)  exit(1);

    signal( SIGINT, SIG_IGN);    /* Weitere Ctrl-C Eingaben */
                                 /* ignorieren.             */
    fputs("\n\nSoll das Programm beendet werden (j/n)?\n",
                                                     stderr);
    while( (c = getchar() | 0x20) != 'j'  &&  c != 'n' )
        ;
    if( c == 'j' )
       exit(0);                      /* Programm beenden.   */
    signal( SIGINT, sig_handler);    /* Standardroutine für */
}                                /* Ctrl-C wieder einsetzen */
```

signbit ANSI

```
#include <math.h>
int signbit( x );                                            C99
```

Beschreibung

Das Makro `signbit()`, »sign bit«, prüft, ob das Argument negativ ist, d.h. ob das Vorzeichen-Bit gesetzt ist. Das Argument muss einen reellen Gleitpunkttyp haben, also `float`, `double` oder `long double`, und kann einen beliebigen Wert haben, auch unendlich oder NaN (»not a number«). Wenn der Wert `0.0` kein Vorzeichen hat, wird er als positiv behandelt.

Um zu testen, ob eine reelle Gleitpunktzahl einer bestimmten Kategorie angehört, kann das Makro `fpclassify()` aufgerufen werden oder eines der Makros `isnormal()`, `isfinite()`, `isinf()` oder `isnan()`.

Return-Wert

Das Makro `signbit()` liefert einen Wert ungleich `0`, wenn das Vorzeichen-Bit des Arguments gesetzt ist, andernfalls `0`.

Beispiel

```
double x[] = { 0.0, -0.0, 1.23, INFINITY, -NAN };

for( int i = 0; i < sizeof(x)/sizeof(double); ++i)
{
    char *nostr = signbit(x[i]) ? "" : " nicht";
    printf( "%.4f ist%s negativ\n", x[i], nostr );
}

/* Beispielausgabe:
   0.00 ist nicht negativ
   -0.00 ist negativ
   1.23 ist nicht negativ
   inf ist nicht negativ
   -nan ist negativ
*/
```

sin ANSI

```
#include <math.h>
double sin(double x);
float sinf(float x);                                        C99
long double sinl(long double x);                            C99

#include <complex.h>
double complex csin(double complex z);                      C99
float complex csinf(float complex z);                       C99

long double complex csinl(long double complex z);           C99
```

Beschreibung

Die Funktion `sin()`, »sine«, berechnet den Sinus ihres Arguments. Das Argument *x* der reellen Funktionen wird im Bogenmaß interpretiert.

Return-Wert

Die Funktion liefert den Sinus ihres Arguments. Der Return-Wert der reellen Funktionen liegt zwischen `-1` und `+1`. Der Return-Wert der komplexen Funktionen ist mathematisch gleich $(e^{iz} - e^{-iz})/(2*i)$.

Beispiel

```
double pi = 3.14159265;
printf("sin( 0.0 )  = %4.1f\n", sin(0.0));
printf("sin( pi/2 ) = %4.1f\n", sin(pi/2));
printf("sin(3/2*pi) = %4.1f\n", sin(3/2*pi));

double complex z = csin(I);
printf("csin( I )    = %4.1f %+4.1f*I\n", creal(z), cimag(z) );
z = csin(1+I);
printf("csin( 1+I ) = %4.1f %+4.1f*I\n", creal(z), cimag(z) );

/* Ausgabe:  sin( 0.0 )  =  0.0
             sin( pi/2 ) =  1.0
             sin(3/2*pi) = -1.0
             csin( I )   =  0.0 +1.2*I
             csin( 1+I ) =  1.3 -0.6*I
*/
```

Hinweis In der Header-Datei `tgmath.h` ist das typgenerische Makro `sin()` definiert, das es erlaubt, die Sinusfunktion für alle reellen und komplexen Gleitpunkttypen mit demselben Namen aufzurufen.

sinh ANSI

```
#include <math.h>
double sinh(double x);
float sinhf(float x);                                      C99
long double sinhl(long double x);                          C99

#include <complex.h>
double complex csinh(double complex z);                    C99
float complex csinhf(float complex z);                     C99
long double complex csinhl(long double complex z);         C99
```

Beschreibung

Die Funktion `sinh()`, »hyperbolic sine«, berechnet den Sinus Hyperbolicus ihres Arguments. Mathematisch ist die Funktion identisch mit $(e^{z} - e^{-z})/2$.

Return-Wert

Die Funktion gibt den Sinus Hyperbolicus ihres Arguments zurück. Falls das Ergebnis der reellen Funktionen nicht mit dem Return-Typ darstellbar ist, tritt ein Range Error auf.

Beispiel

```
printf("sinh(-5.0) = %8.4f\n", sinh(-5.0));
printf("sinh( 0.0) = %8.4f\n", sinh(0.0));
printf("sinh( 5.0) = %8.4f\n", sinh(5.0));

// Für eine komplexe Zahl z gilt csinh(z*I) = csin(z)*I:
double pi = 3.14159265;
double complex v = csinh((pi/2)*I);
printf("csinh((pi/2)*I) = %f %+f*I\n", creal(v), cimag(v) );

/* Ausgabe:
   sinh(-5.0) = -74.2032
   sinh( 0.0) =   0.0000
   sinh( 5.0) =  74.2032
   csinh((pi/2)*I) = 0.000000 +1.000000*I
*/
```

Hinweis In der Header-Datei `tgmath.h` ist das typgenerische Makro `sinh()` definiert, das es erlaubt, diese Funktion für alle reellen und komplexen Gleitpunkttypen mit demselben Namen aufzurufen.

spawnl - spawnvpe

```
#include <stdio.h>
#include <process.h>

int spawnl( int mode, char *name, char *arg0,...
                                   /* char *argn, NULL */ );
int spawnlp( int mode, char *name, char *arg0,...
                                   /* char *argn, NULL */ );

int spawnle( int mode, char *name, char *arg0,...
                    /* char *argn, NULL, char *envp[] */);
int spawnlpe( int mode, char *name, char *arg0,...
                    /* char *argn, NULL, char *envp[] */);

int spawnv( int mode, char *name, char *argv[] );
int spawnvp( int mode, char *name, char *argv[] );

int spawnve(int mode,char *name,char *argv[],char *envp[]);
int spawnvpe(int mode,char *name,char *argv[],char **envp);
```

Beschreibung

Die spawn-Funktionen, »spawn« (dt. erzeugen), laden und starten unter DOS ein anderes Programm, das als child process (Kind-Prozess) bezeichnet wird. Der aufrufende Prozess heißt parent process (Eltern-Prozess).

Das erste Argument *mode* legt fest, ob auf die Beendigung des neuen Prozesses gewartet werden soll. In der Header-Datei process.h sind für *mode* folgende Konstanten definiert:

Konstante	Bedeutung
P_OVERLAY	Der Kind-Prozess überlagert den Eltern-Prozess. Dadurch ergibt sich der gleiche Ablauf wie bei den exec-Funktionen.
P_WAIT	Der Eltern-Prozess wartet auf die Beendigung des Kind-Prozesses.

Bei jeder spawn-Funktion bezeichnet der Parameter *name* die ausführbare Datei, die geladen werden soll, wobei name auch eine Pfadangabe enthalten kann. Die weiteren Parameter dienen der Übergabe von Argumenten aus der »Kommandozeile« und eventuell von Argumenten für die Umgebung des neuen Prozesses. Die einzelnen Funktionen unterscheiden sich durch die Art und Weise, wie diese Argumente übergeben werden.

Die Buchstaben l, v, p und e am Ende der Funktionsnamen bestimmen das Format und den Umfang der Argumente sowie die Verzeichnisse, in denen das zu ladende Programm gesucht wird. Es bedeuten:

p »path« Die mit *name* angegebene Datei wird nicht nur im aktuellen Verzeichnis gesucht, sondern auch in den durch die Umgebungsvariable `PATH` bestimmten Verzeichnissen.

l »list« Die Argumente aus der »Kommandozeile« werden in Form einer Liste *arg0*, *arg1*, ..., *argn*, `NULL` übergeben. Die Listenform wird gewöhnlich verwendet, wenn die Anzahl der Argumente bekannt ist.

v »vector« Die Argumente aus der »Kommandozeile« werden in Form eines Vektors *argv[]* übergeben. Die einzelnen Argumente sind also *argv[0]*, *argv[1]*, ... , *argv[n]*. Dabei muss das letzte Argument *argv[n]* der `NULL`-Zeiger sein.

e »environment« Mit dem Zeiger-Vektor *envp[]* wird dem neuen Prozess eine eigene Umgebung übergeben. Jedes Element von *envp[]* ist ein String der Form

`VAR_NAME` = Zeichenfolge

Dabei ist `VAR_NAME` der Name einer Umgebungsvariablen. Das letzte Element von *envp[]* muss der `NULL`-Zeiger sein.

Die Prozesse, die über eine `spawn`-Funktion ohne `e` am Ende aufgerufen werden, erhalten die Umgebung des Eltern-Prozesses.

Mindestens zwei Kommandozeilen-Argumente *arg0*, *arg1* bzw. *argv[0]*, *argv[1]* müssen dem neuen Programm übergeben werden, wobei das erste Argument eine Kopie des Programmnamens enthält. Das letzte ist immer der `NULL`-Zeiger.

Bei manchen Compilern, z.B. Microsoft Visual C++, wird dem Namen der Funktionen ein Unterstrich vorangestellt.

Return-Wert

Mit dem Modus `P_OVERLAY` und bei fehlerfreier Ausführung kehrt eine `spawn`-Funktion nicht zum aufrufenden Prozess zurück.

Eine `spawn`-Funktion, die mit dem Modus `P_WAIT` aufgerufen wurde, liefert den exit-Status des Kind-Prozesses.

Im Fehlerfall wird `-1` zurückgegeben und die Fehlervariable `errno` erhält einen der folgenden Werte:

Konstante	**Bedeutung**
`E2BIG`	Argumente benötigen zuviel Platz
`EINVAL`	Ungültiger Wert für `amode`
`ENOENT`	Datei oder Pfad nicht gefunden

Konstante	Bedeutung
ENOEXEC	Keine ausführbare Datei
ENOMEM	Nicht genug Platz im Hauptspeicher

Beispiel

```
#include <process.h>
#include <stdio.h>

char *args[] = { "EDIT", "TEST.DAT", NULL };
int status;

void main()  /* Startet als Kind-Prozess den DOS-Editor EDIT. */
{
   status = spawnvp(P_WAIT, "EDIT", args);    /* Modus: Warten */

   switch( status)
   {
     case -1:  perror("SPAWN");
               break;
     case  0:  printf("\nTEST.DAT erfolgreich editiert!\n");
               break;
     default:  printf("\nEditor nicht erfolgreich beendet!\n");
               break;
   }
   exit(0);
}
```

sprintf, snprintf, swprintf **ANSI**

```
#include <stdio.h>
int sprintf(char * restrict str,
            const char * restrict formatstr, ...
                                   /* arg1,...,argn */);
int snprintf(char * restrict str, size_t n,              C99
             const char * restrict formatstr, ...
                                   /* arg1,...,argn */);

#include <wchar.h>
int swprintf(wchar_t * restrict str, size_t n,
             const wchar_t * restrict formatstr, ...
                                   /* arg1,...,argn */);
```

Beschreibung

Die Funktion `sprintf()`, »string print formatted«, kopiert den Format-String *`formatstr`* mit den Werten der Argumentliste *`arg1`*, ... *`argn`* formatiert in den String *`str`*. Die Funktion `sprintf()` ist äquivalent zu `printf()` mit dem Unterschied, dass sie das Ergebnis anstatt nach `stdout` in den durch *`str`* adressierten `char`-Vektor kopiert und das String-Endezeichen angehängt.

Die Funktion `snprintf()` ist äquivalent zu `sprintf()` mit dem Unterschied, dass sie höchstens `n` Zeichen (inklusive des abschließenden String-Endezeichens) in den Zielvektor *`str`* kopiert.

Die Funktion `swprintf()` ist die Breitzeichen-Version von `snprintf()`. Sie unterscheidet sich von `snprintf()` nur darin, dass der Format-String aus Breitzeichen besteht und Breitzeichen in den Zielvektor kopiert werden.

Return-Wert

Die Funktion gibt die Anzahl der Zeichen zurück, die in den String kopiert werden. Das String-Endezeichen wird nicht mitgezählt.

Beispiel

```
char *name = "Müller, Max";
char *wohn = "80498 München, Adalbertstr. 295";
long tel = 28317280;
char adresse[80];

sprintf(adresse,"%12s : %30s : Tel. %6ld", name, wohn, tel);
puts(adresse);
// Ausgabe:
// Müller, Max : 80498 München, Adalbertstr 295 : Tel. 28317280
```

sqrt **ANSI**

```
#include <math.h>
double sqrt(double x);
float sqrtf(float x);                                    C99
long double sqrtl(long double x);                        C99

#include <complex.h>
double complex csqrt(double complex z);                  C99
float complex csqrtf(float complex z);                   C99
long double complex csqrtl(long double complex z);       C99
```

Beschreibung

Die Funktion `sqrt()`, »square root«, berechnet die Quadratwurzel ihres Arguments. Das Argument *x* der reellen Funktionen darf nicht negativ sein. Andernfalls tritt ein Domain Error auf.

Zur Berechnung der Kubikwurzel von reellen Gleitpunktzahlen steht die Funktion `cbrt()` zur Verfügung. Potenzen können mit der Funktion `pow()` berechnet werden.

Return-Wert

Die Funktion gibt die Quadratwurzel ihres Arguments zurück, also den Wert $x^{1/2}$ bzw. $z^{1/2}$.

Beispiel

```
double x = 9.0, w;
w = sqrt(x);
printf("sqrt( %3.1f ) = %3.1f\n", x, w);

double complex z = csqrt( -1.0);
printf("csqrt(-1.0) = %.1f %+.1f*I \n", creal(z), cimag(z));

/* Ausgabe:
   sqrt( 9.0 ) = 3.0
   csqrt(-1.0) = 0.0 +1.0*I
*/
```

Hinweis In der Header-Datei `tgmath.h` ist das typgenerische Makro `sqrt()` definiert, das es erlaubt, die Wurzelfunktion für alle reellen und komplexen Gleitpunkttypen mit demselben Namen aufzurufen.

srand

ANSI

```
#include <stdlib.h>
void srand(unsigned n);
```

Beschreibung

Die Funktion `srand()`, »seed random«, initialisiert den Zufallszahlengenerator mit dem »Keim« *n*. Anschließend kann durch Aufrufe der Funktion `rand()` eine neue Folge von Zufallszahlen erzeugt werden.

Mit einem Aufruf von `srand(1)` erzeugt `rand()` dieselbe Folge von Zufallszahlen, die auch ohne Aufruf von `srand()` entstanden wäre.

Return-Wert:

Keiner

Beispiel

```
/* Gibt drei Folgen von je 5 Zufallszahlen aus  */
int i;
                        /* srand() wurde bisher nicht aufgerufen: */
for(i=1; i <= 5; i++)
   printf(" %5d. Zufallszahl: %d\n", i, rand());

srand(7);  /* Zufallszahlengenerator mit 7 initialisieren. */

for(i=1; i <= 5; i++)          /* 5 Zufallszahlen ausgeben. */
   printf(" %5d. Zufallszahl: %d\n", i, rand());

                           /* Mit Anzahl Sekunden initialisieren: */
srand( (unsigned)time(NULL));
for(i=1; i <= 5; i++)
   printf(" %5d. Zufallszahl: %d\n", i, rand());
```

sscanf, swscanf ANSI

```
#include <stdio.h>
int sscanf(char * restrict str,
           const char * restrict formatstr, ...
                                  /* arg1, ... ,argn */);

#include <wchar.h>
int swscanf(wchar_t * restrict wcs,
            const wchar_t * restrict formatstr, ...
                                  /* arg1, ... ,argn */);
```

Beschreibung

Die Funktion `sscanf()`, »string scan formatted«, liest und konvertiert Daten aus der Zeichenkette *`str`* und schreibt sie in die durch *`arg1`,..., `argn`* adressierten Speicherplätze. Die Funktion ist äquivalent zur Funktion `scanf()` mit dem Unterschied, dass anstatt von `stdin` aus dem durch *`str`* adressierten String gelesen wird.

Die Funktion `swscanf()` ist die Breitzeichen-Version von `sscanf()`. Im Unterschied zu `sscanf()` ist der Format-String ein Breitzeichen-String und es werden Breitzeichen aus dem String `wcs` gelesen.

Der Format-String wird auf die bei `scanf()` beschriebene Weise gebildet.

Return-Wert

Die Funktionen geben die Anzahl der tatsächlich eingelesenen Datenfelder zurück. Wird das Stringende erreicht oder tritt ein Fehler auf, bevor ein Datenfeld erfolgreich konvertiert wurde, geben die Funktionen den Wert `EOF` zurück.

Beispiel

```
char *person = "Müller, Max, 26";
char  name[20], vorname[20];
int  alter, ergeb;

ergeb = sscanf(person, "%[^,], %[^,], %d",
                                  name, vorname, &alter);
printf("Name:      %s\n", name);
printf("Vorname:   %s\n", vorname);
printf("Telephon: %d\n", alter);

printf("Es wurden %d Felder übertragen\n", ergeb);
```

stat

```
#include <sys\types.h>     /* Typdefinitionen                */
#include <sys\stat.h>      /* Definition der Struktur  stat */

int stat(char *file, struct stat *buffer);
```

Beschreibung

Die Funktion `stat()`, »status«, ermittelt die Status-Informationen der durch *`file`* angegebenen Datei und speichert sie in die durch *`buffer`* adressierte Struktur vom Typ *`stat`*.

Der Strukturtyp `stat` ist in `sys\stat.h` wie folgt definiert:

```
struct stat
{
   dev_t   st_dev;     /* Nummer des Dateisystems (UNIX) bzw. des  *
                        * Laufwerks (DOS), das die Datei enthält.  */
   ino_t   st_ino;     /* Nur UNIX: die I-number (Knotennummer)    */
   ushort  st_mode;    /* Die 16-Bit Dateiattribute                */
   ushort  st_nlink;   /* Link-Zähler, 0 für Pipes (DOS: stets 1)  */
   ushort  st_uid;     /* Nur UNIX: User-ID                        */
   ushort  st_gid;     /* Nur UNIX: Group-ID                       */
   dev_t   st_rdev;    /* Nur für Gerätedateien: Gerätenummer      */
   off_t   st_size;    /* Dateigröße in Bytes, 0 für Gerätedateien */
   time_t  st_atime;   /* "access time" - Zeit: letzter Zugriff    */
                        * (DOS: st_atime = st_mtime )               */
   time_t  st_mtime;   /* "modification time" - Zeit: letzte       *
                        *  Schreiboperation                        */
   time_t  st_ctime    /* "status change time" - Zeit: letzte      */
                        * Statusänderung (Lesen ist keine!),       *
                        * (DOS: st_ctime = st_mtime )              */
};
```

Die Typnamen sind in `sys\types.h` definiert:

```
ushort, ino_t :  unsigned short
time_t, off_t :  long
dev_t         :  short
```

Für die einzelnen Bits der Bit-Maske `st_mode` sind in der Header-Datei `sys\stat.h` symbolische Konstanten definiert. Dazu gehören die Konstanten für die Zugriffsrechte (vgl. `chmod()`) sowie

`S_IFREG` »if regular« gesetzt, wenn es sich um eine gewöhnliche Datei handelt;

`S_IFDIR` »if directory« gesetzt, wenn es sich um ein Directory handelt.

Die Funktion `stat()` steht auf UNIX-, DOS- und Windows-Rechnern zur Verfügung und ist auch auf Verzeichnisse anwendbar. Die Funktion `fstat()` liefert die gleichen Informationen für eine schon geöffnete Datei.

Manche Compiler, wie z.B. Microsoft Visual C++, stellen dem Namen der Funktion einen Unterstrich voran.

Return-Wert

Die Funktion gibt den Wert `0` zurück, wenn die Statusinformationen ermittelt wurden. Der Return-Wert `-1` zeigt einen Fehler an, wobei die Fehlervariable `errno` den Wert `ENOENT` (»no such file or directory«) erhält.

Beispiel

```
struct stat info;

if( stat("test", &info) == -1 )
   perror("test");
else if( (info.st_mode & S_IFDIR) == S_IFDIR)
   printf("test ist ein Directory\n");
else
   printf("Dateilänge von test: %ld\n", info.st_size);
```

strcat, wcscat ANSI

```
#include <string.h>
char *strcat(char * restrict s1,
             const char * restrict s2);

#include <wchar.h>
wchar_t *wcscat(wchar_t * restrict s1,
                const wchar_t * restrict s2);
```

Beschreibung

Die Funktion `strcat()`, »string concatenate«, hängt die im String *s2* gespeicherte Zeichenkette an das Ende des Strings *s1*. Hierbei überschreibt das erste Zeichen von *s2* das String-Endezeichen von *s1*.

Die Funktion `wcscat()`, »wide character string concatenate«, ist die Breitzeichen-Version von `strcat()`. Sie hängt den Breitzeichen-String *s2* an den Breitzeichen-String *s1*.

Der String *s1* muss groß genug sein, um zusätzlich den String *s2* aufzunehmen. Soll maximal eine bestimmte Anzahl von Zeichen kopiert werden, sind die Funktionen `strncat()` bzw. `wcsncat()` zu benutzen.

Return-Wert

Die Funktionen geben die Anfangsadresse des Strings *s1* zurück.

Beispiel

```
char name[50] = "Müller, ";
char *vorname = "Max";

strcat(name, vorname);
printf("%s\n", name);

/* Ausgabe:
   Müller, Max
*/
```

strchr, wcschr ANSI

```
#include <string.h>
char *strchr(const char *s, int c);

#include <wchar.h>
wchar_t *wcschr(const wchar_t *s, wchar_t c);
```

Beschreibung

Die Funktion `strchr()`, »string character«, sucht im String *s* das erste Auftreten des Zeichens *c*. Das String-Endezeichen `'\0'` gilt als Zeichen des Strings, d.h. kann auch gesucht werden.

Die Funktion `wcschr()`, »wide character string character«, ist die Breitzeichen-Version von `strchr()`. Sie sucht das Breitzeichen *c* im Breitzeichen-String *s*.

Das letzte Auftreten eines Zeichens in einem String kann mit der Funktion `strrchr()` bzw. `wcsrchr()` gefunden werden. Um ein Zeichen von mehreren Suchzeichen bzw. einen Teil-String zu suchen, können die Funktionen `strpbrk()` und `wcspbrk()` bzw. `strstr()` und `wcsstr()` verwendet werden.

Return-Wert

Die Funktionen liefern einen Zeiger auf die Stelle im String *s*, an der das Zeichen *c* zum ersten Mal auftritt. Kommt das Zeichen *c* im String *s* nicht vor, so wird der `NULL`-Zeiger zurückgegeben.

Beispiel

```
char *s = "Heute scheint die Sonne";
char c = 't', *ptr;

printf("\nDer String: %s\n", s);

if((ptr = strchr(s, c)) == NULL)
   printf("Das Zeichen %c kommt im String nicht vor.\n",c);
else
{
   printf("Das Zeichen %c tritt zum ersten Mal ", c);
   printf("\nan der Stelle %d im String auf.\n",(ptr -s)+1);
}
```

strcmp, wcscmp ANSI

```
#include <string.h>
int strcmp(const char *s1, const char *s2);

#include <wchar.h>
int wcscmp(const wchar_t *s1, const wchar_t *s2);
```

Beschreibung

Die Funktion `strcmp()`, »string compare«, vergleicht die Strings *s1* und *s2* lexikographisch.

Die Funktion `wcscmp()`, »wide character string compare«, ist die Breitzeichen-Version von `strcmp()`. Sie vergleicht die Breitzeichen-Strings *s1* und *s2*.

Sollen nur eine bestimmte Anzahl von Zeichen der Strings verglichen werden, können die Funktionen `strncmp()` und `wcsncmp()` verwendet werden.

Return-Wert

Die Funktion gibt einen der folgenden Werte zurück:

< 0, falls *s1* < *s2*,

= 0, falls *s1* == *s2*,

> 0, falls *s1* > *s2*.

Sind *s1* und *s2* verschieden, so entsteht der Return-Wert bei Rechnern, die mit dem ASCII-Zeichensatz arbeiten, als Differenz der ersten beiden ungleichen Zeichen.

Beispiel

```
char *s1 = "GUTEN TAG",  *s2 = "guten tag",  *cmp;
int result;

if( (result = strcmp(s1, s2)) < 0)  cmp = "kleiner als";
else if( result == 0)               cmp = "gleich";
else                                cmp = "größer als";

printf("\n\"%s\" ist %s \"%s\"!", s1, cmp, s2);

/* Ausgabe:     "GUTEN TAG" ist kleiner als "guten tag"!     */
```

strcoll, wcscoll ANSI

```
#include <string.h>
int strcoll(const char *s1, const char *s2);

#include <wchar.h>
int wcscoll(const wchar_t *s1, const wchar_t *s2);
```

Beschreibung

Die Funktion `strcoll()`, »string collate«, vergleicht die Strings *s1* und *s2* lexikographisch. Im Gegensatz zu `strcmp()` berücksichtigt `strcoll()` den lokalen Zeichensatz, der durch die Kategorie `LC_COLLATE` der lokalen Umgebung festgelegt ist. Mit der Funktion `setlocale()` kann die lokale Umgebung abgefragt und geändert werden.

Die Funktion `wcscoll()`, »wide character string collate«, ist die Breitzeichen-Version von `strcoll()`. Sie vergleicht die Breitzeichen-Strings *s1* und *s2* unter Berücksichtigung der lokalen Umgebung.

Die Funktion `strcoll()` transformiert intern die Strings *s1* und *s2* mit Hilfe der Funktion `strxfrm()`, um sie dann mit `strcmp()` zu vergleichen. Entsprechend verwendet `wcscoll()` die Funktionen `wcsxfrm()` und `wcscmp()`.

Return-Wert

Die Funktion gibt einen der folgenden Werte zurück:

< 0, falls *s1* < *s2*,

= 0, falls *s1* = *s2*,

> 0, falls *s1* > *s2*.

Beispiel

```
if( strcoll("Bär", "Baum") < 0)
   printf("Richtig! \"Bär\" ist kleiner als \"Baum\"\n");
else
   printf("An den Programmierer:\n"
          "Lokale Umgebung mit der Funktion setlocale()"
          " anpassen!\n");
```

strcpy, wcscpy ANSI

```
#include <string.h>
char *strcpy(char * restrict s1,
             const char * restrict s2);

#include <wchar.h>
wchar_t *wcscpy(wchar_t * restrict s1,
                const wchar_t * restrict s2);
```

Beschreibung

Die Funktion `strcpy()`, »string copy«, kopiert den String *s2* in den durch *s1* adressierten `char`-Vektor. Dieser muss groß genug sein, um den String *s2* mit dem String-Endezeichen `'\0'` aufzunehmen.

Die Funktion `wcscpy()`, »wide character string copy«, ist die Breitzeichen-Version von `strcpy()`. Sie kopiert den Breitzeichen-String *s2* nach *s1*.

Sollen maximal n Zeichen kopiert werden, so kann die Funktion `strncpy()` bzw. `wcsncpy()` verwendet werden.

Return-Wert

Die Funktionen geben *s1* zurück.

Beispiel

```
char s1[30];

strcpy(s1, "Müller, Max");
printf("\"%s\" wurde nach s1 kopiert.\n", s1);

/* Ausgabe:    "Müller, Max" wurde nach s1 kopiert.      */
```

strcspn, wcscspn ANSI

```
#include <string.h>
int strcspn(const char *s1, const char *s2);

#include <wchar.h>
size_t wcscspn(const wchar_t *s1, const wchar_t *s2);
```

Beschreibung

Die Funktion `strcspn()`, »string counter set position«, bestimmt die Länge des Teil-Strings von *s1*, der keines der Zeichen des Strings *s2* enthält. Das ist die String-Länge von *s1*, falls *s1* kein Zeichen aus *s2* enthält, oder der Index des ersten Zeichens in *s1*, das mit einem der Zeichen aus *s2* übereinstimmt.

Die Funktion `wcscspn()` ist die Breitzeichen-Version von `strcspn()`. Sie bestimmt die Länge des anfänglichen Teil-Strings von *s1*, der nur aus Breitzeichen besteht, die nicht im String *s2* vorkommen.

Einen Zeiger auf das entsprechende Zeichen liefert die Funktion `strpbrk()` bzw. `wcspbrk()`. Die Länge des anfänglichen Teil-Strings von *s1*, der nur aus Zeichen des Strings *s2* besteht, wird von `strspn()` bzw. `wcsspn()` ermittelt.

Return-Wert

Die Funktionen geben die Länge des anfänglichen Teil-Strings von *s1* zurück, der keines der Zeichen aus *s2* enthält.

Beispiel

```
char *s1 = "Heute ist der 4. August";
int laenge, i;

laenge = strcspn(s1, "0123456789");
printf("Teil-String bis zur ersten Ziffer (incl.): \n");
for( i = 0; i <= laenge; i++)
     putchar(s[i]);

/* Ausgabe:
   Der Teil-String bis zur ersten Ziffer (incl.):
   Heute ist der 4
*/
```

strerror ANSI

```
#include <string.h>
char *strerror(int errnum);
```

Beschreibung

Die Funktion `strerror()`, »string error«, gibt einen Zeiger auf die zur Zahl *errnum* gehörige Systemfehlermeldung zurück. Normalerweise ist die Zahl *errnum* der in der Fehlervariablen `errno` gespeicherte Wert.

Im Unterschied zur Funktion `perror()` wird die Fehlermeldung nicht automatisch auf dem Bildschirm angezeigt. Hierfür muss beispielsweise die Funktion `printf()` extra aufgerufen werden.

Return-Wert

Die Funktion liefert einen Zeiger auf die Fehlermeldung zurück.

Beispiel

```
static char datei[] = "test.dat";
int fd;
                                /* Fehlersituation erzeugen:  */
if( chmod( datei, S_IREAD ) == -1)
    fprintf( stderr, "\n%s: %s\n", datei, strerror(errno));
if( (fd = creat( datei, S_IREAD) ) == -1)
    fprintf( stderr, "\n%s: %s\n", datei, strerror(errno)),
    exit(2);

/* Ausgabe, falls die Datei nicht existiert:
     test.dat: No such file or directory

   Ausgabe, falls die Datei existiert:
     test.dat: Permission denied
*/
```

strftime, wcsftime ANSI

```
#include <time.h>
size_t strftime(char * restrict s, size_t maxsize,
                const char * restrict formatstr,
                const struct tm * restrict timeptr);

#include <wchar.h>
size_t wcsftime(wchar_t * restrict s, size_t maxsize,
                const wchar_t * restrict formatstr,
                const struct tm * restrict timeptr);
```

Beschreibung

Die Funktion `strftime()`, »string format time«, legt Datum und Uhrzeit formatiert in einem String ab. Das Ergebnis wird in den durch *s* adressierten `char`-Vektor kopiert, dessen Länge *maxsize* ist.

Die Zeit wird einer Struktur vom Typ `struct tm` entnommen, auf die *timeptr* verweist. Diese Struktur muss zuvor durch einen Aufruf von `localtime()` oder `gmtime()` angelegt und mit Werten gefüllt werden. Der Typ `struct tm` ist in `time.h` definiert und wird bei der Funktion `mktime()` beschrieben.

Die Formatierung wird durch das Argument *formatstr* kontrolliert. Dieser String enthält gewöhnliche Zeichen (auch Multibyte-Zeichen) und Formatelemente, die wie bei `printf()` mit dem %-Zeichen beginnen. Die möglichen Formatelemente sind in der nachstehenden Tabelle aufgeführt. Alle gewöhnlichen Zeichen werden unverändert nach `s` kopiert.

Die Funktion `wcsftime()` ist die Breitzeichen-Version von `strftime()`. Sie unterscheidet sich von `strftime()` nur darin, dass der Format-String aus Breitzeichen besteht und Breitzeichen in den Zielvektor kopiert werden.

Die Wirkung der Formatelemente wird durch die Kategorie `LC_TIME` der lokalen Umgebung beeinflusst. Mit der Funktion `setlocale()` kann die lokale Umgebung geändert werden.

Formatelement	Wird ersetzt durch
`%a`	Abkürzung für den lokalen Namen des Wochentags
`%A`	Der volle lokale Name des Wochentags
`%b`	Abkürzung für den lokalen Namen des Monats
`%B`	Der volle lokale Name des Monats
`%c`	Datum und Uhrzeit im lokalen Format
`%d`	Tag im Monat dezimal: 01 – 31
`%H`	Stunden (24-Stunden-Uhr) dezimal: 00 – 23

Formatelement	Wird ersetzt durch
%I	Stunden (12-Stunden-Uhr) dezimal: 01 – 12
%j	Tag im Jahr dezimal: 001 – 366
%m	Monat dezimal: 01 – 12
%M	Minuten dezimal: 00 – 59
%P	lokale Version von AM oder PM
%S	Sekunden dezimal: 00 – 59
%U	Woche im Jahr (Sonntag = erster Wochentag): 00 - 53
%w	Wochentag dezimal (Sonntag = 0): 0 - 6
%W	Woche im Jahr (Montag = erster Wochentag): 00 - 53
%x	Datum im lokalen Format
%X	Uhrzeit im lokalen Format
%y	Jahr dezimal ohne Jahrhundert: 00 - 99
%Y	Jahr dezimal mit Jahrhundert
%Z	Name der Zeitzone (nichts, falls Zeitzone unbekannt)
%%	Das %-Zeichen

Sollen Datum und Zeit im amerikanischen Standardformat ausgegeben werden, so können die einfacheren Funktionen `asctime()` oder `ctime()` verwendet werden.

Return-Wert

Die Länge (ohne das String-Endezeichen) des Strings, der nach *`s`* kopiert wurde, sofern diese Länge kleiner als *`maxsize`* ist. Andernfalls wird `0` zurückgegeben, und der Inhalt von *`s`* ist unbestimmt.

Beispiel

```
time_t sekunden;    struct tm *zeit;
char datum[30];

time( &sekunden);
zeit = localtime( &sekunden);
strftime( datum, 30, "München, den %d.%m.%y", zeit);
printf("Ort und Datum: %s\n", datum);
```

strlen, wcslen ANSI

```
#include <string.h>
size_t strlen(const char *s);

#include <wchar.h>
size_t wcslen(const wchar_t *s);
```

Beschreibung

Die Funktion `strlen()`, »string length«, bestimmt die Länge des durch *s* adressierten Strings, d. h. die Anzahl der im String vorkommenden Zeichen ohne das String-Endezeichen `'\0'`.

Die Funktion `wcscspn()`, »wide character string length«, ist die Breitzeichen-Version von `strlen()`. Sie bestimmt die Anzahl der Breitzeichen im String *s* ohne das String-Endezeichen `L'\0'`.

Der Datentyp `size_t` ist in der Header-Datei `string.h` gewöhnlich als `unsigned int` definiert.

Return-Wert

Die Funktionen geben die Länge des Strings zurück.

Beispiel

```
char *s = "Hallo Jo!";
int length;

length = strlen(s);
printf("Die Anzahl der Zeichen in \"%s\" ist %d.\n", s,
                                                   length");

/* Ausgabe:
   Die Anzahl der Zeichen in "Hallo Jo!" ist 9.
*/
```

strncat, wcsncat

ANSI

```
#include <string.h>
char *strncat(char * restrict s1,
              const char * restrict s2, size_t n);

#include <wchar.h>
wchar_t *wcsncat(wchar_t * restrict s1,
                 const wchar_t * restrict s2, size_t n);
```

Beschreibung

Die Funktion `strncat()`, »string number concatenate«, hängt die ersten *n* Zeichen des Strings *s2* und das String-Endezeichen `'\0'` an den String *s1*. Besteht *s2* aus weniger als *n* Zeichen, wird nur bis zum String-Ende von *s2* kopiert.

Die Funktion `wcsncat()` ist die Breitzeichen-Version von `strcat()`. Sie hängt die ersten *n* Breitzeichen des Strings *s2* und das String-Endezeichen `L'\0'` an den String *s1*.

Der Datentyp `size_t` ist in der Header-Datei `string.h` als `unsigned int` definiert.

Soll der gesamte String *s2* angehängt werden, kann die Funktion `strcat()` bzw. `wcscat()` benutzt werden.

Return-Wert

Die Funktionen geben *s1* zurück.

Beispiel

```
char s1[40]= "Hau ruck, ";      /*  Externe Vereinbarungen   */
char s2[]  = "Donald Duck";

puts( strncat(s1, s2, 6) );

/* Ausgabe:
   Hau ruck, Donald
*/
```

strncmp, wcsncmp ANSI

```
#include <string.h>
int strncmp(const char *s1, const char *s2, size_t n);

#include <wchar.h>
int wcsncmp(const wchar_t *s1, const wchar_t *s2, size_t n);
```

Beschreibung

Die Funktion `strncmp()`, »string number compare«, vergleicht die ersten *n* Zeichen der Strings *s1* und *s2* lexikographisch. Es wird höchstens bis zum ersten String-Endezeichen verglichen.

Die Funktion `wcsncmp()`, »wide character string compare«, ist die Breitzeichen-Version von `strncmp()`. Sie vergleicht die ersten *n* Breitzeichen der beiden Strings.

Return-Wert

Die Funktionen haben denselben Return-Wert wie die Funktionen `strcmp()` und `wcscmp()` mit dem Unterschied, dass maximal die ersten *n* Zeichen verglichen werden.

Beispiel

```
char *s1 = "Guten Morgen!";
char *s2 = "Guten Abend!";
char *cmp;

cmp = strncmp(s1, s2, 5) ? "nicht gleich" : "gleich";

printf("Die ersten 5 Zeichen der Strings sind %s.\n", cmp);

/* Ausgabe:
   Die ersten 5 Zeichen der Strings sind gleich.
*/
```

strncpy, wcsncpy ANSI

```
#include <string.h>
char *strncpy(char * restrict s1,
               const char * restrict s2, size_t n);

#include <wchar.h>
wchar_t *wcsncpy(wchar_t * restrict s1,
                  const wchar_t * restrict s2, size_t n);
```

Beschreibung

Die Funktion `strncpy()`, »string number copy«, kopiert die ersten *n* Zeichen des Strings *s2* in den durch *s1* adressierten `char`-Vektor. Dieser muss mindestens die Länge *n* haben. Das String-Endezeichen `'\0'` wird nicht angehängt. Ist die String-Länge von *s2* kleiner als *n*, wird der Rest mit `'\0'` aufgefüllt.

Die Funktion `wcsncpy()` ist die Breitzeichen-Version von `strncpy()`. Sie kopiert die ersten *n* Breitzeichen von *s2* nach *s1*. Auch in diesem Fall ist der String *s1* nicht durch das String-Endezeichen `L'\0'` abgeschlossen, wenn die Länge von *s2* größer oder gleich *n* ist.

Falls der gesamte String kopiert werden soll, kann die Funktion `strcpy()` bzw. `wcscpy()` benutzt werden.

Return-Wert

Die Funktionen geben *s1* zurück.

Beispiel

```
char s1[20] = "Hamburg ist schön.";

strncpy(s1, "Maria", 3);
puts(s1);

/* Ausgabe:
   Marburg ist schön.
*/
```

strpbrk, wcspbrk ANSI

```
#include <string.h>
char *strpbrk(const char *s1, const char *s2);

#include <wchar.h>
wchar_t *wcspbrk(const wchar_t *s1, const wchar_t *s2);
```

Beschreibung

Die Funktion `strpbrk()`, »string pointer break«, sucht den String *s1* nach einem der in *s2* enthaltenen Zeichen ab.

Die Funktion `wcspbrk()`, »wide character string pointer break«, ist die Breitzeichen-Version von `strpbrk()`. Sie sucht in *s1* nach einem Breitzeichen, das in *s2* enthalten ist.

Ist nur ein Zeichen bzw. ein Teil-String zu suchen, so können die Funktionen `strchr()` und `wcschr()` bzw. `strstr()` und `wcsstr()` verwendet werden.

Return-Wert

Die Funktion liefert einen Zeiger auf das erste Zeichen in *s1*, das mit einem der Zeichen aus *s2* übereinstimmt. Kommt in *s1* kein Zeichen aus *s2* vor, so wird der `NULL`-Zeiger zurückgegeben.

Beispiel

```
char *s1 = "Heute ist der 4. August";
char *s2 = "1234567890";
char *ptr;
                            /* Erstes Zeichen aus s2 suchen:  */
if( (ptr = strpbrk(s1, s2)) != NULL)
  printf("Rest-String ab der ersten Zahl: %s\n", ptr);

/* Ausgabe:
   Rest-String ab der ersten Zahl:  4. August.
*/
```

strrchr, wcsrchr ANSI

```
#include <string.h>
char *strrchr(const char *s, int c);

#include <wchar.h>
wchar_t *wcsrchr(const wchar_t *s, wchar_t c);
```

Beschreibung

Die Funktion `strrchr()`, »string right character«, sucht im String *s* das letzte Auftreten des Zeichens *c*. Das String-Endezeichen `'\0'` gilt als Zeichen des Strings.

Die Funktion `wcsrchr()`, »wide character string right character«, ist die Breitzeichen-Version von `strrchr()`. Sie sucht das letzte Auftreten des Breitzeichens *c* im Breitzeichen-String *s*.

Das erste Auftreten von *c* kann mit der Funktion `strchr()` bzw. `wcschr()` festgestellt werden.

Return-Wert

Die Funktion liefert einen Zeiger auf die Stelle im String *s*, an der das Zeichen *c* zum letzten Mal vorkommt. Falls das Zeichen *c* im String *s* nicht vorkommt, wird der NULL-Zeiger zurückgegeben.

Beispiel

```
char *s = "DREI CHINESEN MIT DEM KONTRABASS";
char *ptr;

ptr = strrchr(s, 'D');            /* Das letzte 'D' suchen  */
printf("Reststring: %s\n", ptr);

/* Ausgabe:
   Reststring: DEM KONTRABASS
*/
```

strspn, wcsspn ANSI

```
#include <string.h>
int strspn(const char *s1, const char *s2);

#include <wchar.h>
size_t wcsspn(const wchar_t *s1, const wchar_t *s2);
```

Beschreibung

Die Funktion `strspn()`, »string set position«, bestimmt die Länge des anfänglichen Teil-Strings von *s1*, der nur Zeichen aus der Zeichenmenge von *s2* enthält. Das ist die String-Länge von *s1*, falls *s1* nur Zeichen aus *s2* enthält, oder der Index des ersten Zeichens in *s1*, das in *s2* nicht vorkommt.

Die Funktion `wcsspn()` ist die Breitzeichen-Version von `strspn()`. Sie bestimmt die Länge des anfänglichen Teil-Strings von *s1*, der nur aus Breitzeichen besteht, die im String *s2* vorkommen.

Die Länge des anfänglichen Teil-Strings, der kein Zeichen des Strings *s2* enthält, wird mit der Funktion `strcspn()` bzw. `wcscspn()` ermittelt.

Return-Wert

Die Funktion gibt die Länge des anfänglichen Teil-Strings von *s1* zurück, der nur Zeichen aus *s2* enthält.

Beispiel

```
char s1[] = "123 Äpfel und 45 Birnen";
int laenge, i;

laenge = strspn(s1, "0123456789");
printf("\nDer erste Teil-String , der nur Ziffern enthält:
                                                    \n");
for( i = 0; i < laenge; ++i)
   putchar(s[i]);

/* Ausgabe:  Der erste Teil-String , der nur Ziffern enthält:
             123                                           */
```

strstr, wcsstr ANSI

```
#include <string.h>
char *strstr(const char *s1, const char *s2);

#include <wchar.h>
wchar_t *wcsstr(const wchar_t *s1, const wchar_t *s2);
```

Beschreibung

Die Funktion `strstr()`, »string in string«, durchsucht den String *s1* nach der Zeichenfolge in *s2* (ohne das String-Endezeichen `'\0'`).

Die Funktion `wcsstr()` ist die Breitzeichen-Version von `strstr()`. Sie durchsucht den Breitzeichen-String *s1* nach dem Teilstring *s2*.

Um ein Zeichen oder eines von mehreren Suchzeichen zu lokalisieren, können die Funktionen `strchr()` und `wcschr()` bzw. `strpbrk()` und `wcspbrk()` verwendet werden.

Return-Wert

Die Funktionen liefern die Adresse des ersten Auftretens von *s2* im String *s1*. Kommt *s2* im String *s1* nicht vor, so wird der `NULL`-Zeiger zurückgegeben. Hat *s2* die Länge `0`, so ist der Return-Wert *s1*.

Beispiel

```
char *s1 = "Donau so blau, so blau";

puts( strstr(s1, "blau") );

/* Ausgabe:
   blau, so blau
*/
```

strtod, strtof, strtold ANSI

```
#include <stdlib.h>
double strtod( const char * restrict s,
               char ** restrict endptr);
float strtof( const char * restrict nptr,                C99
              char ** restrict endptr);
long double strtold( const char * restrict nptr,         C99
                     char ** restrict endptr);
```

Beschreibung

Die Funktion `strtod()`, »string to double«, wandelt eine führende Zeichenfolge im String `s` in eine Zahl vom Typ `double` um. Beim ersten Zeichen, das nicht als Teil einer Gleitpunktzahl interpretiert werden kann, wird die Umwandlung abgebrochen.

Als zweites Argument erwartet die Funktion die Adresse eines `char`-Zeigers. Ist dieser nicht der `NULL`-Zeiger, so wird der durch *`endptr`* adressierte `char`-Zeiger auf das erste Zeichen im String *`s`* gesetzt, das nicht mehr als Teil der Gleitpunktzahl interpretiert werden kann. Die umzuwandelnde Zahl muss als Gleitpunktkonstante dargestellt sein. Führende Zwischenraumzeichen werden ignoriert.

Die Funktionen `strtof()` und `strtold()` unterscheiden sich von `strtod()` nur dadurch, dass sie das Ergebnis als `float` bzw. als `long double` zurückgeben.

Die entsprechenden Funktionen für Breitzeichen-Strings (engl. *wide character strings*) sind `wcstof()`, `wcstod()` und `wctold()`.

Return-Wert

Die Funktionen geben den umgewandelten Wert zurück. Ist keine Umwandlung erfolgt, wird der Wert `0` zurückgegeben. Im Fall eines Überlaufs ist der Return-Wert `HUGE_VAL` mit entsprechendem Vorzeichen und die Fehlervariable `errno` erhält den Wert `ERANGE` (Range Error).

Beispiel

```
static char messung[] = "  -1.24E-3 Grad Celsius",
            *stop;

printf("Ergebnis --->%f\n", strtod(messung, &stop));
printf("Reststring ->%s\n", stop);
/*  Ausgabe: Ergebnis --->-0.001240
             Reststring -> Grad Celsius                 */
```

strtok, wcstok

ANSI

```
#include <string.h>
char *strtok(char * restrict s1, const char * restrict s2);

#include <wchar.h>
wchar_t *wcstok(wchar_t * restrict s1, const wchar_t * restrict
s2,
                    wchar_t ** restrict ptr);
```

Beschreibung

Die Funktion `strtok()`, »string token«, zerlegt den String *s1* in so genannte Token, die durch Zeichen aus *s2* voneinander getrennt werden. Ist *s1* beispielsweise die Zeichenkette `"Hallo C-Freunde !"` und *s2* die Zeichenkette `" "` (Blank), so sind in *s1* die drei Token `"Hallo"`, `"C-Freunde"` und `"!"` enthalten. Zeichen aus *s2* gehören nicht zu einem Token.

Beim ersten Aufruf bestimmt die Funktion das erste Token in *s1* und hängt ein String-Endezeichen `'\0'` an. Der ursprüngliche String *s1* wird also verändert, indem das erste Trennzeichen nach dem Token durch das String-Endezeichen `'\0'` überschrieben wird. Bei jedem weiteren Aufruf der Funktion mit `NULL` anstelle von *s1* wird das nächste Token gesucht und ein String-Endezeichen `'\0'` angehängt. Der String *s2* kann bei jedem Aufruf der Funktion ausgewechselt werden.

Die Funktion `wcstok()`, »wide character string token«, zerlegt wie `strtok()` den String *s1* in Token, die durch Zeichen aus *s2* getrennt sind. Als drittes Argument ist die Adresse eines `wchar_t`-Zeigers anzugeben. Dieser Zeiger wird von der Funktion auf einen Bereich gesetzt, in dem die Funktion Informationen für den nächsten Aufruf speichert, der mit einem `NULL`-Zeiger als erstes Argument erfolgt.

Return-Wert

Die Funktionen liefern bei jedem Aufruf einen Zeiger auf das nächste Token. Beim ersten Aufruf muss der zu zerlegende String *s1* angegeben werden, bei jedem weiteren Aufruf `NULL` anstelle von `s1`. Gibt es kein bzw. kein weiteres Token in *s1*, so wird der `NULL`-Zeiger zurückgegeben.

Beispiel

```
char *ptr, *s1 = " 23.Okt.01 16:54:40";
char *s2 = " .:";              /* Blank, Punkt, Doppelpunkt */
ptr = strtok(s1, s2);
while(ptr != NULL)
   printf("\t%s", ptr),   ptr = strtok(NULL, s2);
/* Ausgabe:      23     Okt     01      16      54      40     */
```

strtol, strtoll, strtoimax ANSI

```
#include <stdlib.h>
long strtol(const char * restrict s,
            char ** restrict endptr, int base);
long long strtoll( const char * restrict s,                C99
                   char ** restrict endptr, int base);

#include <inttypes.h>
intmax_t strtoimax(const char * restrict s,                C99
                   char ** restrict endptr, int base);
```

Beschreibung

Die Funktion `strtol()`, »string to long«, wandelt eine führende Zeichenfolge im String *s* in eine Zahl vom Typ `long` um. Die Zeichenfolge wird als Zahl zur Basis *base* interpretiert, wobei *base* eine Ganzzahl zwischen `2` und `36` oder gleich `0` ist.

Hat `base` den Wert `0`, so wird die Basis `8` (oktal), `16` (hexadezimal) oder `10` (dezimal) angenommen, je nach dem, ob die Zeichenfolge mit `0`, mit `0x` oder mit einer der Ziffern `1` bis `9` beginnt. Führende Zwischenraumzeichen werden überlesen. Beim ersten Zeichen, das nicht als Teil einer Zahl zur Basis *base* interpretiert werden kann, wird die Umwandlung abgebrochen.

Als zweites Argument erwartet die Funktion die Adresse eines `char`-Zeigers. Falls dieses Argument nicht der `NULL`-Zeiger ist, wird der `char`-Zeiger auf das erste Zeichen in *s* gesetzt, das nicht mehr als Teil der Zahl interpretiert werden konnte.

Die Funktionen `strtoll()` und `strtoimax()` unterscheiden sich von `strtol()` nur dadurch, dass sie den String `s` in einen Wert vom Typ `long long` bzw. `intmax_t` konvertieren. Die entsprechenden Funktionen für Breitzeichen-Strings (engl. *wide character strings*) sind `wcstol()`, `wcstoll()` und `wctoimax()`.

Return-Wert

Die Funktionen geben den umgewandelten Wert zurück. Erfolgte keine Umwandlung, wird `0` zurückgegeben. Im Fall eines Überlaufs erhält `errno` den Wert `ERANGE` und der Return-Wert ist je nach Vorzeichen `LONG_MAX` oder `LONG_MIN`, bzw. `LLONG_MAX` oder `LLONG_MIN`, bzw. `INTMAX_MAX` oder `INTMAX_MIN`.

Beispiel

```
char s[] = "1A04 hexadezimal", *stop;
printf("Ergebnis ->%lx", strtol(s, &stop, 16));
printf(",  Reststring ->%s\n" , stop);
/* Ausgabe:  Ergebnis ->1A04,   Reststring -> hexadezimal */
```

strtoul, strtoll, strtoumax ANSI

```
#include <stdlib.h>
long strtoul(const char * restrict s,
          char ** restrict endptr, int base);
long long strtoull( const char * restrict s,                C99
                 char ** restrict endptr, int base);

#include <inttypes.h>
intmax_t strtoumax(const char * restrict s,                C99
                char ** restrict endptr, int base);
```

Beschreibung

Die Funktion `strtoul()`, »string to unsigned long«, wandelt eine führende Zeichenfolge im String *s* in eine Zahl vom Typ `unsigned long` um. Die umzuwandelnde Zeichenfolge wird als Zahl zur Basis *base* interpretiert, wobei *base* eine Ganzzahl zwischen `2` und `36` oder gleich `0` ist.

Hat *base* den Wert `0`, so wird die Basis `8` (oktal), `16` (hexadezimal) oder `10` (dezimal) angenommen, je nach dem, ob die Zeichenfolge mit `0`, mit `0x` oder mit einer der Ziffern `1` bis `9` beginnt. Führende Zwischenraumzeichen werden überlesen. Beim ersten Zeichen, das nicht als Teil einer Zahl zur Basis *base* interpretiert werden kann, wird die Umwandlung abgebrochen.

Als zweites Argument erwartet die Funktion die Adresse eines `char`-Zeigers. Falls dieses Argument nicht der `NULL`-Zeiger ist, wird der `char`-Zeiger auf das erste Zeichen in *s* gesetzt, das nicht mehr als Teil der Zahl interpretiert werden konnte.

Die Funktionen `strtoull()` und `strtoumax()` unterscheiden sich von `strtoul()` nur dadurch, dass sie den String `s` in einen Wert vom Typ `unsigned long long` bzw. `uintmax_t` konvertieren. Die entsprechenden Funktionen für Breitzeichen-Strings (engl. *wide character strings*) sind `wcstoul()`, `wcstoull()` und `wctoumax()`.

Return-Wert

Die Funktionen geben den umgewandelten Wert zurück. Erfolgte keine Umwandlung, wird `0` zurückgegeben. Im Fall eines Überlaufs erhält `errno` den Wert `ERANGE` und der Return-Wert ist `ULONG_MAX` bzw. `ULLONG_MAX` bzw. `UINTMAX_MAX`.

Beispiel

```
char *s = "017234 oktal", *stop;
printf("Ergebnis --->%lo  ", strtoul(s, &stop, 0));
printf("Reststring ->%s\n", stop);
/* Ausgabe:  Ergebnis --->17234  Reststring -> oktal          */
```

strxfrm, wcsxfrm ANSI

```
#include <string.h>
size_t strxfrm( char * restrict s1,
                const char * restrict s2, size_t maxsize);

#include <wchar.h>
size_t wcsxfrm( wchar_t * restrict s1,
                const wchar_t * restrict s2, size_t maxsize);
```

Beschreibung

Die Funktion `strxfrm()`, »string extended form«, transformiert den String *s2* in eine neue Form und legt das Ergebnis in den durch *s1* adressierten `char`-Vektor ab, dessen Länge *maxsize* ist. Nationale Sonderzeichen werden dabei gemäß der aktuell gültigen lokalen Umgebung (Kategorie `LC_COLLATE`) berücksichtigt.

Die Transformation ist derart, dass ein Vergleich von zwei transformierten Strings mit der Funktion `strcmp()` das gleiche Ergebnis liefert wie ein Vergleich der originalen Strings mit der Funktion `strcoll()`.

Falls *maxsize* den Wert `0` hat, darf *s1* auch der `NULL`-Zeiger sein. In diesem Fall liefert `strxfrm()` nur die Länge der transformierten Version von *s2*.

Die Funktion `wcsstr()` ist die Breitzeichen-Version von `strxfrm()`. Sie transformiert den Breitzeichen-String *s2* und legt das Ergebnis in den durch *s1* adressierten `wchar_t`-Vektor ab. Der Vergleich zweier transformierter Breitzeichen-Strings mit der Funktion `wcscmp()` liefert das gleiche Ergebnis wie ein Vergleich der originalen Strings mit der Funktion `wcscoll()`.

Return-Wert

Die Funktionen liefern stets die Länge des transformierten Strings (ohne das String-Endezeichen `'\0'`). Ist diese Länge gleich oder größer als *maxsize*, ist der Inhalt von *s1* unbestimmt.

Beispiel

```
char  neu_str[50];
unsigned int  len;
len = strxfrm( neu_str, "München läßt grüßen!", 50);
printf("\nLänge des transformierten Strings: %u\n", len);
if( len < 50)
  printf("Der transformierte String:  %s", neu_str);
```

system ANSI

```
#include <stdlib.h>
int system(const char *s);
```

Beschreibung

Die Funktion `system()`, »system«, übergibt die durch *s* adressierte Zeichenkette dem Kommando-Interpreter des Betriebssystems. Der im String enthaltene Befehl wird vom Kommando-Interpreter in der Weise ausgeführt, als wäre der Befehl auf Betriebssystemebene über die Tastatur eingegeben worden.

Der `NULL`-Zeiger kann übergeben werden, um festzustellen, ob ein Kommando-Interpreter verfügbar ist.

Return-Wert

Ist das Argument der `NULL`-Zeiger, so liefert die Funktion den Wert `0`, wenn der Kommando-Interpreter nicht verfügbar ist, andernfalls einen von `0` verschiedenen Wert.

Ist das Argument nicht der `NULL`-Zeiger, so ist der Return-Wert vom Compiler abhängig. In der Regel wird der Wert `0` zurückgegeben, wenn das Kommando korrekt ausgeführt werden konnte. Ein von `0` verschiedener Wert zeigt einen Fehler an.

Beispiel

```
                                                /*System-spezifisch */
if( system("COPY  D:\\TEST.DAT  C:"))
   printf("Fehler beim Kopieren\n");
else
   printf("Datei \"TEST.DAT\" von D: nach C: kopiert\n");
```

tan ANSI

```
#include <math.h>
double tan(double x);
float tanf(float x);                                        C99
long double tanl(long double x);                            C99

#include <complex.h>
double complex ctan(double complex z);                      C99
float complex ctanf(float complex z);                       C99
long double complex ctanl(long double complex z);           C99
```

Beschreibung

Die Funktion `tan()`, »tangent«, berechnet den Tangens ihres Arguments. Das Argument *x* der reellen Funktion wird im Bogenmaß interpretiert.

Der Tangens einer reellen Zahl x ist gleich `sin(x)/cos(x)`. Entsprechend ist der Tangens einer komplexen Zahl z gleich `csin(z)/ccos(z)`.

Return-Wert

Die Funktion gibt den Wert des Tangens von *x* bzw. *z* zurück.

Beispiel

```
printf("tan(-1.0) = %7.4f\n", tan(-1.0));
printf("tan( 0.0) = %7.4f\n", tan(0.0));
printf("tan( 1.0) = %7.4f\n", tan(1.0));
double complex z = ctan(I);
printf("ctan( I ) = %7.4f %+7.4f*I\n", creal(z), cimag(z) );

/* Ausgabe:
   tan(-1.0) = -1.5574
   tan( 0.0) =  0.0000
   tan( 1.0) =  1.5574
   ctan( I ) =  0.0000 +0.7616*I
*/
```

Hinweis In der Header-Datei `tgmath.h` ist das typgenerische Makro `tan()` definiert, das es erlaubt, die Tangensfunktion für alle reellen und komplexen Gleitpunkttypen mit demselben Namen aufzurufen.

tanh

ANSI

```
#include <math.h>
double tanh(double x);
float tanhf(float x);                                          C99
long double tanhl(long double x);                              C99

#include <complex.h>
double complex ctanh(double complex z);                        C99
float complex ctanhf(float complex z);                         C99
long double complex ctanhl(long double complex z);             C99
```

Beschreibung

Die Funktion `tanh()`, »hyperbolic tangent«, berechnet den Tangens Hyperbolicus ihres Arguments.

Der hyperbolische Tangens einer reellen Zahl `x` ist gleich `sinh(x)/cosh(x)`. Entsprechend ist der hyperbolische Tangens einer komplexen Zahl `z` gleich `csinh(z)/ccosh(z)`.

Return-Wert

Die Funktion gibt den Tangens Hyperbolicus ihres Arguments zurück. Der Return-Wert der reellen Funktion liegt zwischen `-1` und `+1`.

Beispiel

```
printf("tanh(-2.0) = %7.4f\n", tanh(-2.0));
printf("tanh( 0.0) = %7.4f\n", tanh(0.0));
printf("tanh( 2.0) = %7.4f\n", tanh(2.0));
double complex z = ctan(1+I);
printf("ctan(1+I) = %7.4f %+7.4f*I\n", creal(z), cimag(z) );

/* Ausgabe:
   tanh(-2.0) = -0.9640
   tanh( 0.0) =  0.0000
   tanh( 2.0) =  0.9640
   ctanh(1+I) =  1.0839 +0.2718*I
*/
```

Hinweis In der Header-Datei `tgmath.h` ist das typgenerische Makro `tanh()` definiert, das es erlaubt, diese Funktion für alle reellen und komplexen Gleitpunkttypen mit demselben Namen aufzurufen.

time ANSI

```
#include <time.h>
time_t time(time_t *ptr);
```

Beschreibung

Die Funktion `time()`, »time«, liefert die Anzahl der Sekunden, die seit einem bestimmten Zeitpunkt vergangen sind (z.B. seit dem 1.1.1970, 00:00:00 Uhr Greenwich Mean Time). Das Ergebnis wird stets als Return-Wert zurückgegeben. Sofern *`ptr`* nicht der `NULL`-Zeiger ist, wird das Ergebnis auch in den durch *`ptr`* adressierten Speicherplatz abgelegt.

Der von `time()` gelieferte Wert kann anschließend einer der Funktionen `ctime()`, `gmtime()` oder `localtime()` übergeben werden, um die Anzahl der Sekunden in ein entsprechendes Datum mit Uhrzeit umzuwandeln.

Der Datentyp `time_t` ist in der Header-Datei `time.h` gewöhnlich als `long` oder `unsigned long` definiert.

Return-Wert

Die Funktion liefert das Datum und die Uhrzeit in Form eines numerischen Wertes vom Typ `time_t`.

Beispiel

```
time_t zeit1, zeit2;

time(&zeit1);                    /* Zeitmessung beginnt  */
    .
    .
    .
time(&zeit2);                    /* Zeitmessung beendet  */

printf("Die verbrauchte Zeit: %.2f Sek.\n",
                                 difftime( zeit1, zeit2));
```

tmpfile ANSI

```
#include <stdio.h>
FILE *tmpfile(void);
```

Beschreibung

Die Funktion `tmpfile()`, »temporary file«, eröffnet eine temporäre Datei im Binär-Modus zum Schreiben und Lesen (Modus: `"w+b"`).

Die erzeugte Datei hat einen Namen, der sich von den Namen anderer Dateien unterscheidet. Die Datei wird automatisch gelöscht, wenn das Programm normal endet oder wenn die Datei vorher geschlossen wird.

Es können mindestens so viele temporäre Dateien erzeugt werden, wie das Makro `TMP_MAX` angibt. Dieses Makro ist in `stdio.h` definiert und hat mindestens den Wert 25.

Return-Wert

Falls die Datei eröffnet werden kann, gibt die Funktion einen File-Pointer zurück. Andernfalls liefert sie den `NULL`-Zeiger.

Beispiel

```
FILE *fp;

if( (fp = tmpfile()) == NULL)
   fprintf(stderr,"Fehler beim öffnen einer "
                 " temporären Datei.\n");
else
{
   /*   Temporäre Datei bearbeiten     */
}
```

tmpnam ANSI

```
#include <stdio.h>
char *tmpnam(char *s);
```

Beschreibung

Die Funktion `tmpnam()`, »temporary name«, erzeugt einen neuen Dateinamen, der für eine temporäre Datei verwendet werden kann. Es wird garantiert, dass der neue Dateiname von allen bereits existierenden Dateinamen im aktuellen Directory verschieden ist.

Falls *s* der `NULL`-Zeiger ist, wird der erzeugte Dateiname in einem internen statischen Puffer abgelegt. Dieser wird bei einem erneuten Aufruf der Funktion `tmpnam()` überschrieben.

Ist *s* nicht der `NULL`-Zeiger, so erwartet `tmpnam()`, dass *s* auf einen `char`-Vektor zeigt, der mindestens `L_tmpnam` Bytes lang ist. In diesen Vektor wird der neue Dateiname kopiert.

Die Funktion kann bis zu `TMP_MAX` verschiedene Dateinamen erstellen. Die symbolischen Konstanten `L_tmpnam` und `TMP_MAX` sind in der Header-Datei `stdio.h` definiert.

Return-Wert

Ist das Argument `s` nicht der `NULL`-Zeiger, so wird `s` zurückgegeben. Ist *s* der `NULL`-Zeiger, so liefert die Funktion einen Zeiger auf den internen Puffer mit dem neuen Dateinamen.

Beispiel

```
char name[L_tmpnam];

tmpnam(name);
printf("Neuer Dateiname: %s\n", name);

/* Jetzt kann eine Datei mit dem neuen Namen          *
 * eröffnet werden.                                   */
```

tolower, towlower ANSI

```
#include <ctype.h>
int tolower(int c);

#include <wctype.h>
wint_t towlower(wint_t wc);
```

Beschreibung

Die Funktion `tolower()`, »to lower«, wandelt einen Großbuchstaben in *c* in einen Kleinbuchstaben um. Jedes andere Zeichen bleibt unverändert.

Die Funktion `towlower()` ist die Breitzeichen-Version von `tolower()`. Sie wandelt ein Breitzeichen, das ein Großbuchstabe ist, in einen Kleinbuchstaben um.

Das Verhalten der Funktionen ist abhängig von der Kategorie LC_CTYPE der lokalen (länderspezifischen) Umgebung. Diese kann mit der Funktion `setlocale()` abgefragt oder geändert werden. In der Standard-Umgebung »C« werden deutsche Umlaute nicht berücksichtigt.

Abhängig vom Compiler können `tolower()` und `towlower()` auch als Makro bzw. als Funktion und Makro implementiert sein. Im letzteren Fall kann die Funktion ausgewählt werden, indem die Makro-Definition mit der `#undef`-Direktive entfernt wird.

Soll geprüft werden, ob ein Zeichen ein Kleinbuchstabe ist, kann die Funktion `islower()` bzw. `iswlower()` benutzt werden. Für die Umwandlung in Großbuchstaben gibt es die Funktionen `toupper()` und `towupper()`. Außerdem steht in C99 für die Umwandlung von Breitzeichen die so genannte erweiterbare Funktion `towctrans()` zur Verfügung.

Return-Wert

Die Funktionen geben das umgewandelte Zeichen zurück.

Beispiel

```
char *s,   *text = "Dieser Text wird in "
                   "KLEINBUCHSTABEN ausgegeben.";
for(s = text; *s != '\0'; ++s)
   *s = tolower( *s);
puts( text );
/* Ausgabe:
   dieser text wird in kleinbuchstaben ausgegeben.      */
```

toupper, towupper **ANSI**

```
#include <ctype.h>
int toupper(int c);

#include <wctype.h>
wint_t towlower(wint_t wc);
```

Beschreibung

Die Funktion `toupper()`, »to upper«, wandelt einen Kleinbuchstaben in *c* in einen Großbuchstaben um. Jedes andere Zeichen bleibt unverändert.

Die Funktion `towupper()` ist die Breitzeichen-Version von `toupper()`. Sie wandelt ein Breitzeichen, das ein Kleinbuchstabe ist, in einen Großbuchstaben um.

Das Verhalten der Funktion ist abhängig von der Kategorie LC_CTYPE der lokalen (länderspezifischen) Umgebung. Diese kann mit der Funktion `setlocale()` abgefragt oder geändert werden. In der Standard-Umgebung »C« werden deutsche Umlaute nicht berücksichtigt.

Abhängig vom Compiler können `toupper()` und `towupper()` auch als Makro bzw. als Funktion und Makro implementiert sein. Im letzteren Fall kann die Funktion ausgewählt werden, indem die Makro-Definition mit der `#undef`-Direktive entfernt wird.

Soll geprüft werden, ob ein Zeichen ein Großbuchstabe ist, kann die Funktion `isupper()` bzw. `iswupper()` benutzt werden. Für die Umwandlung in Kleinbuchstaben gibt es die Funktionen `tolower()` und `towlower()`. Außerdem steht in C99 für die Umwandlung von Breitzeichen die so genannte erweiterbare Funktion `towctrans()` zur Verfügung.

Return-Wert

Die Funktionen geben das umgewandelte Zeichen zurück.

Beispiel

```
char *s, *text = "Dieser Text wird in "
                 "GROßBUCHSTABEN ausgegeben.";
for( s = text; *s != '\0'; ++s)
    *s = toupper( *s);
puts( text );
// Ausgabe: DIESER TEXT WIRD IN GROßBUCHSTABEN AUSGEGEBEN.
```

towctrans, wctrans ANSI

```
#include <wctype.h>
wint_t towctrans(wint_t wc, wctrans_t desc);                    C99
wctrans_t wctrans(const char *property);                        C99
```

Beschreibung

Die so genannte *erweiterbare* Funktion `towctrans()` wandelt das Breitzeichen `wc` gemäß dem im zweiten Argument `desc` festgelegten Kriterium um. Das zweite Argument ist der Return-Wert eines vorangehenden Aufrufs der Hilfsfunktion `wctrans()`.

Die Funktion `wctrans()`, »wide character transformation«, liefert zu einem String, der eine Zeichenumwandlung benennt, einen ganzzahligen Wert vom Typ `wctrans_t`, der als zweites Argument an die Funktion `towctrans()` übergeben werden kann. Die zulässigen Strings hängen von der Kategorie `LC_CTYPE` der lokalen Umgebung ab, die mit der Funktion `setlocale()` abgefragt oder geändert werden kann.

In allen lokalen Umgebungen sind `"tolower"` und `"toupper"` als Argument beim Aufruf von `wctrans()` gültig. Daher liefern folgende Aufrufe das gleiche Ergebnis:

`towctrans(wc,wctrans("tolower"))` ist äquivalent mit `tolower(wc)`,

`towctrans(wc,wctrans("toupper"))` ist äquivalent mit `toupper(wc)`.

Return-Wert

Die Funktion `towctrans()` liefert zum Argument `wc` das umgewandelte Zeichen gemäß der im zweiten Argument festgelegten Zeichenumwandlung.

Die Funktion `wcttrans()` liefert einen Wert ungleich `0` vom Typ `wctrans_t`, wenn der übergebene String in der aktuell gesetzten Umgebung eine gültige Zeichenumwandlung benennt. Andernfalls ist der Return-Wert `0`.

Beispiel

```
wchar_t text[] = L"Mit Händen und Füßen.\n";
wctrans_t mapping = wctrans("toupper");

// Lokale Umgebung des Systems setzen und anzeigen:
printf("Lokale Umgebung: %s\n", setlocale(LC_ALL, "") );

for( int i = 0; text[i] != L'\0'; ++i)    // Zeichen umwandeln.
    text[i] = towctrans( text[i], mapping);
fputws( text, stdout);

// Beispielausgabe: Lokale Umgebung: German_Germany.1252
//                  MIT HÄNDEN UND FÜßEN.
```

trunc ANSI

```
#include <math.h>
double trunc(double x);                                C99
float truncf(float x);                                 C99
long double truncl(long double x);                     C99
```

Beschreibung

Die Funktion `trunc()` schneidet den gebrochenen Anteil einer Gleitpunktzahl ab, d.h. rundet eine Gleitpunktzahl zum nächsten ganzzahligen Wert in Richtung `0`, unabhängig vom aktuell gesetzten Rundungsmodus.

Im Unterschied zu `trunc()` rundet die Funktion `round()` zum nächsten ganzzahligen Wert und die Funktionen `nearbyint()` und `rint()` berücksichtigen den aktuellen Rundungsmodus.

Return-Wert

Die Funktion liefert zu ihrem Argument den abgeschnittenen ganzzahligen Wert als Gleitpunktzahl.

Beispiel

```
printf("trunc(-1.9) = %4.1f    trunc(1.9) = %4.1f\n",
                                trunc(-1.9), trunc(1.9));

printf("round(-1.9) = %4.1f    round(1.9) = %4.1f\n",
                                round(-1.9), round(1.9));

/* Ausgabe:
   trunc(-1.9) = -1.0    trunc(1.9) =  1.0
   round(-1.9) = -2.0    round(1.9) =  2.0
*/
```

Hinweis In der Header-Datei `tgmath.h` ist das typgenerische Makro `trunc()` definiert, das es erlaubt, diese Funktion für alle reellen Gleitpunkttypen mit demselben Namen aufzurufen.

ungetc, ungetwc **ANSI**

```
#include <stdio.h>
int ungetc( int c, FILE *fp);

#include <wchar.h>
wint_t ungetwc( wint_t wc, FILE *fp);
```

Beschreibung

Die Funktion `ungetc()`, »unget character«, schreibt das Zeichen *c* wieder in den mit dem File-Pointer *fp* verbundenen Dateipuffer zurück. Ein eventuell gesetztes EOF-Flag wird gelöscht. Eine nachfolgende Leseoperation beginnt mit dem Zeichen *c*. Die Datei muss zum Lesen eröffnet sein.

Die Funktion `ungetwc()`, »unget wide character«, ist die Breitzeichen-Version von `ungetc()`. Sie schreibt das Breitzeichen *wc* in den mit dem File-Pointer *fp* verbundenen Dateipuffer zurück.

Wie oft `ungetc()` bzw. `ungetwc()` aufgerufen werden kann, ohne dass zwischenzeitlich ein Zeichen gelesen wird, ist abhängig vom Compiler. Garantiert ist nur ein Mal.

Nach dem Lesen der zurückgestellten Zeichen ist die aktuelle Dateiposition dieselbe wie vor dem Zurückstellen der Zeichen. Die zurückgestellten Zeichen gehen verloren, wenn die Dateiposition durch `fseek()`, `rewind()` oder `fsetpos()` verändert wird.

Return-Wert

Falls alles gut geht, ist der Return-Wert das zurückgestellte Zeichen, im Fehlerfall der Wert `EOF` bzw. `WEOF`.

Beispiel

```
int c, i, a[50];
FILE *fp;             /* fp ist File-Pointer einer zum     */
                      /* Lesen eröffneten Datei.           */

for(i=0; i < 50 &&(c = getc(fp)) != EOF) && isdigit(c); i++)
   a[i] = c;          /* Ziffer in Vektor speichern.       */

if( c != EOF)         /* Zeichen, das keine Ziffer ist,    */
  ungetc(c,fp);       /* in den Dateipuffer zurückstellen. */
```

ungetch

```
#include <conio.h>
int ungetch(int c);                    /*   System-spezifisch   */
```

Beschreibung

Die Funktion `ungetch()`, »unget character«, stellt das zuletzt von der Tastatur eingelesene Zeichen *c* zurück. Als nächstes Zeichen wird mit `getch()` oder `getche()` wieder das Zeichen *c* eingelesen.

Es kann immer nur ein Zeichen zurückgestellt werden.

Soll ein Zeichen in eine mit einem File-Pointer verbundene Datei zurückgestellt werden, so kann die Funktion `ungetc()` verwendet werden.

Return-Wert

Die Funktion gibt das Zeichen *c* zurück. Im Fehlerfall ist der Return-Wert `EOF`.

Beispiel

```
int c;

do
   c = getch();
while(isspace(c));
ungetch(c);

/* Zwischenraumzeichen werden ohne Echo eingelesen. Das   *
 * erste andere Zeichen wird zurückgestellt. Es kann mit *
 * getch() oder getche() als nächstes gelesen werden.    */
```

unlink

```
#include <stdio.h>
int unlink(const char *filename);
```

Beschreibung

Die Funktion `unlink()`, »unlink«, bewirkt, dass die Datei nicht mehr unter dem Namen *`filename`* angesprochen werden kann. Die Datei wird gelöscht, wenn sie keine weiteren Dateinamen besitzt.

Ein Directory oder eine schreibgeschützte Datei kann mit `unlink()` nicht gelöscht werden.

Manche Compiler, wie z.B. Microsoft Visual C++, stellen dem Namen der Funktion einen Unterstrich voran.

Return-Wert

Die Funktion liefert den Wert `0`, wenn alles gut geht. Im Fehlerfall wird der Wert `-1` zurückgegeben, und die Fehlervariable `errno` erhält den Wert `EACCES` (»permission denied«) bzw. `ENOENT` (»no such file or directory«).

Beispiel

```
int ergeb;

if((ergeb = unlink("test.dat")) == -1)
  fprintf(stderr, "Kann Datei nicht löschen!\n");
else
  printf("\"test.dat\" gelöscht!\n");
```

va_arg, va_start, va_end ANSI

```
#include <stdarg.h>
void va_start(va_list argptr, lastfix);
type va_arg(va_list argptr, type);
void va_end(va_list argptr);
void va_copy(va_list dest, va_list src);                    C99
```

Beschreibung

Die Makros `va_arg()` und `va_start()` ermöglichen bei der Definition einer Funktion mit variabler Anzahl von Argumenten den Zugriff auf optionale Argumente. Die Funktion muss mindestens ein festes Argument besitzen.

Das Makro `va_start()`, »variable start«, initialisiert den Zeiger *`argptr`* vom Typ `va_list`, indem es ihn auf das erste optionale Argument setzt. Dazu muss für *`lastfix`* der Name des Parameters für das letzte obligatorische Argument der Funktion angegeben werden.

Das Makro `va_arg()`, »variable argument«, übergibt das nächste Argument der Funktion, auf das *`argptr`* zeigt. Dazu ist der Datentyp *`type`* des Arguments anzugeben. Anschließend wird *`argptr`* auf das nachfolgende variable Argument der Funktion gesetzt. Vor Benutzung von `va_arg()` muss der Makro `va_start()` aufgerufen worden sein.

Das Makro `va_end()`, »variable end«, sollte aufgerufen werden, wenn alle Argumente gelesen wurden. In der Regel wird mit `va_end()` der Zeiger *`argptr`* auf `NULL` gesetzt.

Das Makro `va_copy()`, »variable copy«, kopiert den aktuellen Zustand des Argumentzeigers `src` nach `dest`. Dadurch kann die Verarbeitung der Argumente wieder an der gespeicherten Stelle aufgenommen werden, unabhängig vom aktuellen Zustand des Argumentzeigers `src`. Vor der erneuten Initialisierung eines Argumentzeigers mit `va_start()` oder `va_copy()` muss für den Zeiger das Makro `va_end()` aufgerufen werden.

Return-Wert

Das Makro `va_arg()` gibt jeweils das nächste Argument zurück.

Die Makros `va_start()`, `va_copy()` und `va_end()` besitzen keinen Return-Wert.

Beispiel

```
/* Die Funktion maximum() bestimmt das Maximum von int-Werten.  *
 *  Dabei ist die Anzahl der Argumente variabel:                 *
 *  Das 1. Argument enthält die Anzahl der weiteren Argumente.   *
 *  Von den weiteren Argumenten wird das Maximum bestimmt.      */

# include <stdarg.h>

int maximum(int count, int first, ...)
{
     int maxarg, arg;
     va_list argptr;        /* Zeiger auf die weiteren Argumente */

     maxarg = first;
     va_start( argptr, first);           /* argptr initialisieren. */
     while( --count > 0)                 /* Die weiteren Argumente */
     {                                   /* verarbeiten.           */
       arg = va_arg( argptr, int);       /* Das nächste Argument   */
       if( arg > maxarg)
         maxarg = arg;
     }
     va_end( argptr);       /* argptr wird nicht mehr verwendet. */
     return maxarg;
}

/*   -----     Beispiel-Aufruf der Funktion maximum()     -----   */
# include <stdio.h>
int maximum(int count, int first, ...);                /* Prototyp */

int main()
{
   int max;
                            /* Das Maximum von 5 int-Werten:     */
   max = maximum( 5, 100, -7, 30000, 0, -999);
   printf("Das Maximum: %d\n", max);

   return 0;
}
```

vfprintf, vprintf, vsprintf, vsnprintf ANSI

```
#include <stdio.h>                  /* Prototyp der Funktionen   */
#include <stdarg.h>                 /* Datentyp va_list          */
int vprintf( const char * restrict format_string, va_list argptr);
int vfprintf( FILE * restrict fp,
              const char * restrict format_string, va_list argptr);
int vsprintf( char * restrict buf,
              const char * restrict format_string, va_list argptr);
int vsnprintf(char * restrict buf, size_t n,                    C99
             const char * restrict format_string, va_list argptr);
```

Beschreibung

Die Funktionen `vprintf()`, `vfprintf()`, `vsprintf()`, und `vsnprintf()`, »variable ... «, sind äquivalent zu den Funktionen `printf()`, `fprintf()`, `sprintf()` bzw. `snprintf()` mit dem Unterschied, dass die v-Versionen der Funktionen einen Zeiger auf eine Argumentliste anstatt der Argumentliste selbst erwarten.

Die entsprechenden Funktionen für Breitzeichen-Strings sind `vwprintf()`, `vfwprintf()` und `vswprintf()`. Sie sind in der Header-Datei `wchar.h` deklariert.

Return-Wert

Anzahl der ausgegebenen Zeichen.

Beispiel

```
void errorMsg(const char *func_name, const char *format, ...)
{
   va_list args;
   va_start(args, format);
                              // Name der Funktion ausgeben:
   fprintf(stderr, "FEHLER in %s: ", func_name);
   vfprintf(stderr, format, args);     // Rest der Meldung
}

// Beispiel-Aufruf (fp : File-Pointer, file : Dateiname)
  if( fp == NULL)
     errorMsg(__func__, "Datei %s nicht geoeffnet!\n", file);
```

vfscanf, vscanf, vsscanf ANSI

```
#include <stdio.h>                     /* Prototyp der Funktionen    */
#include <stdarg.h>                    /* Datentyp va_list           */
int vscanf( const char * restrict format_string,                  C99
            va_list argptr);
int vfscanf( FILE * restrict fp,                                  C99
             const char * restrict format_string, va_list argptr);
int vsscanf( char * restrict buf,                                 C99
             const char * restrict format_string, va_list argptr);
```

Beschreibung

Die Funktionen `vscanf()`, `vfscanf()` und `vsscanf()`, »variable ... «, sind äquivalent zu den Funktionen `scanf()`, `fscanf()` bzw. `sscanf()` mit dem Unterschied, dass die v-Versionen der Funktionen einen Zeiger auf eine Argumentliste anstatt der Argumentliste selbst erwarten.

Die entsprechenden Funktionen für Breitzeichen-Strings sind `vwscanf()`, `vfwscanf()` und `vswscanf()`. Sie sind in der Header-Datei `wchar.h` deklariert.

Return-Wert

Diese Funktionen geben wie `scanf()` die Anzahl der eingelesenen und konvertierten Eingabefelder zurück, die an die Variablen der Argumentliste zugewiesen wurden.

Beispiel

```
int getPerson( char *name, char *vname, int* alter)
{
    printf("Ihre Daten? (Format: Name, Vorname, Alter) : ");
    return vscanf( "%[^,], %[^,], %d", (va_list)&name);
}

// Beispiel-Aufruf:
static char name[64], vname[64];
int alter;
// . . .
   if( getPerson( name, vname, &alter) == 3)
     printf( "Hallo %s %s!\n"
             "Ihr Alter: %d\n", vname, name, alter);
```

wcsrtombs ANSI

```
#include <wchar.h>
size_t wcsrtombs( char * restrict dst,
                  const wchar_t ** restrict src,
                  size_t n, mbstate_t * restrict ps);
```

Beschreibung

Die Funktion `wcsrtombs()`, »wide character string restartable to multibyte string«, konvertiert wie `wcstombs()` eine Folge von Breitzeichen in eine Folge von Multibyte-Zeichen.

Die Konvertierung bricht ab, wenn das Endezeichen `'\0'` in den Vektor `dst` geschrieben wurde, oder wenn mit dem nächsten Multibyte-Zeichen die Gesamtlänge von *n* Byte überschritten wird. Die Konvertierung beginnt im initialen Shift-Status und erfolgt für jedes Breitzeichen wie durch einen Aufruf von `wcrtomb()`.

Die Funktion `wcsrtombs()` unterscheidet sich von `wcstombs()` wie folgt:

- Der zusätzliche Parameter `ps` zeigt auf ein `mbstate_t`-Objekt, das den Shift-Status enthält, mit dem die Konvertierung beginnt. Wenn die Funktion `wcsrtombs()` zurückkehrt, enthält das `mbstate_t`-Objekt den aktuellen Shift-Status des Multibyte-Strings. Falls das Argument für `ps` ein `NULL`-Zeiger ist, verwendet die Funktion ein internes, statisches `mbstate_t`-Objekt.
- Der Parameter `src` ist ein Zeiger auf einen `wchar_t`-Zeiger. Die Funktion `wcsrtombs()` setzt den `wchar_t`-Zeiger `*src` auf das erste Zeichen nach dem letzten Zeichen, das konvertiert und kopiert wurde. Dem Zeiger `*src` wird ein `NULL`-Zeiger zugewiesen, wenn das String-Ende erreicht wurde.
- Für das Ziel `dest` darf ein `NULL`-Zeiger angegeben werden. Dann wird der Parameter `n` ignoriert und nur die Anzahl Byte bestimmt, die eine Multibyte-Darstellung des Strings belegen würde (ohne das Stringendezeichen).

Return-Wert

Die Funktion `wcsrtombs()` liefert die Anzahl der nach *s* kopierten Bytes, wobei ein eventuell vorhandenes Endezeichen nicht mitzählt. Falls ein Breitzeichen nicht in ein Multibyte-Zeichen konvertiert werden kann, ist der Return-Wert `(size_t)-1` und die Fehlervariable `errno` erhält den Wert `EILSEQ`.

Beispiel

```
// Anzahl Bytes, die eine Multibyte-Darstellung eines
// Breitzeichen-Strings wcstr benötigt:
wchar_t *wcsptr = wcstr;
size_t len = wcsrtombs(NULL, &wcsptr, 0, NULL);  // Anzahl ohne '\0'
if( len != (size_t)-1 )
   printf("Anzahl Bytes des Multibyte-Strings: %u\n", len+1);
```

wcstod, wcstof, wcstold ANSI

```
#include <wchar.h>
double wcstod( const wchar_t * restrict wcs,
               wchar_t ** restrict endptr);

float wcstof( const wchar_t * restrict wcs,                C99
              wchar_t ** restrict endptr);

long double wcstold( const wchar_t * restrict wcs,          C99
                     wchar_t ** restrict endptr);
```

Beschreibung

Die Funktion `wcstod()`, »wide character string to double«, ist die Breitzeichen-Version von `strtod()`. Sie unterscheidet sich von `strtod()` nur dadurch, dass sie die Zeichen des Breitzeichen-Strings `wcs` numerisch interpretiert. Das Ergebnis der Umwandlung ist eine Gleitpunktzahl vom Typ `double`.

Entsprechend sind die Funktionen `wcstof()` und `wcstold()` die Breitzeichen-Versionen von `strtof()` und `strtold()`. Diese Funktionen konvertieren also den übergebenen Breitzeichen-String in eine Gleitpunktzahl vom Typ `float` bzw. `long double`.

Return-Wert

Die Funktionen geben den umgewandelten Wert als Gleitpunktzahl zurück. Ist keine Umwandlung erfolgt, wird der Wert `0` zurückgegeben. Im Fall eines Überlaufs ist der Return-Wert `HUGE_VAL` mit entsprechendem Vorzeichen und die Fehlervariable `errno` erhält den Wert `ERANGE` (Range Error).

Beispiel

```
wchar_t abstand[] = L"  123.45E-6 Meter",
        *stop;

printf("Ergebnis --->%.10f\n", wcstod( abstand, &stop));
printf("Reststring ->%ls\n", stop);
/* Ausgabe:
   Ergebnis --->-0.0001234500
   Reststring -> Meter
*/
```

wcstol, wcstoll, wcstoimax ANSI

```
#include <wchar.h>
long wcstol( const wchar_t * restrict wcs,
             wchar_t ** restrict endptr, int base);

long long wcstoll( const wchar_t * restrict wcs,              C99
                   wchar_t ** restrict endptr, int base);

#include <inttypes.h>
intmax_t wcstoimax( const wchar_t * restrict wcs,             C99
                    wchar_t ** restrict endptr, int base);
```

Beschreibung

Die Funktion `wcstol()`, »wide character string to long«, ist die Breitzeichen-Version von `strtol()`. Sie unterscheidet sich von `strtol()` nur dadurch, dass sie statt einem Byte-String einen Breitzeichen-String verarbeitet. Die Zeichenfolge wird als ganze Zahl zur Basis *base* interpretiert, wobei *base* eine Ganzzahl zwischen `2` und `36` oder gleich `0` ist. Das Ergebnis der Umwandlung ist eine ganze Zahl vom Typ `long`.

Entsprechend sind die Funktionen `wcstoll()` und `wcstoimax()` die Breitzeichen-Versionen von `strtoll()` und `strtoimax()`. Diese Funktionen konvertieren also den übergebenen Breitzeichen-String in eine ganze Zahl vom Typ `long long` bzw. `intmax_t`.

Return-Wert

Die Funktionen geben den umgewandelten Wert als ganze Zahl mit Vorzeichen zurück. Erfolgte keine Umwandlung, wird `0` zurückgegeben. Im Fall eines Überlaufs erhält `errno` den Wert `ERANGE` (Range Error) und der Return-Wert ist je nach Vorzeichen `LONG_MAX` oder `LONG_MIN`, bzw. `LLONG_MAX` oder `LLONG_MIN`, bzw. `INTMAX_MAX` oder `INTMAX_MIN`.

Beispiel

```
wchar_t wcs[] = L" -1A04 hexadezimal",
        *stop;
printf("Ergebnis --->%#lx\n", wcstol( wcs, &stop, 16));
printf("Reststring ->%ls\n" , stop);
/* Ausgabe:
   Ergebnis ---> 0XFFFFE5FC
   Reststring -> hexadezimal
*/
```

wcstoul, wcstoull, wcstoumax ANSI

```
#include <wchar.h>
unsigned long wcstoul( const wchar_t * restrict wcs,
                       wchar_t ** restrict endptr, int base);

unsigned long long wcstoull( const wchar_t * restrict wcs,    C99
                             wchar_t ** restrict endptr, int base);

#include <inttypes.h>
uintmax_t wcstoumax( const wchar_t * restrict wcs,            C99
                     wchar_t ** restrict endptr, int base);
```

Beschreibung

Die Funktion `wcstoul()`, »wide character string to unsigned long«, ist die Breitzeichen-Version von `strtoul()`. Sie unterscheidet sich von `strtol()` nur dadurch, dass statt einem Byte-String ein Breitzeichen-String verarbeitet wird. Die Zeichenfolge wird als nicht negative ganze Zahl zur Basis *base* interpretiert, wobei *base* eine Ganzzahl zwischen `2` und `36` oder gleich `0` ist. Das Ergebnis der Umwandlung ist eine ganze Zahl vom Typ `unsigned long`.

Die Funktionen `wcstoull()` und `wcstoumax()` sind die Breitzeichen-Versionen von `strtoull()` und `strtoumax()`. Diese Funktionen konvertieren also den übergebenen Breitzeichen-String in eine ganze Zahl vom Typ `unsigned long long` bzw. `uintmax_t`.

Return-Wert

Die Funktionen geben den umgewandelten Wert als ganze Zahl ohne Vorzeichen zurück. Erfolgte keine Umwandlung, wird `0` zurückgegeben. Im Fall eines Überlaufs erhält `errno` den Wert `ERANGE` (Range Error) und der Return-Wert ist `ULONG_MAX` bzw. `ULLONG_MAX` bzw. `UINTMAX_MAX`.

Beispiel

```
wchar_t wcs[] = L"  377 oktal ",
        *stop;
printf("oktal 377 ist dezimal = %u\n",
                              wcstoul( wcs, &stop, 8));
printf("Reststring ->%ls\n" , stop);
/* Ausgabe:
   oktal 377 ist dezimal = 255
   Reststring -> oktal
*/
```

wcstombs ANSI

```
#include <stdlib.h>
size_t wcstombs(char *restrict s,
                const wchar_t *restrict pwcs, size_t n);
```

Beschreibung

Die Funktion `wcstombs()`, »wide character string to multibyte string«, konvertiert die durch *pwcs* adressierte Folge von Breitzeichen in eine Folge von Multibyte-Zeichen. Die Multibyte-Zeichen werden in den durch *s* adressierten `char`-Vektor kopiert. Insgesamt werden höchstens *n* Byte kopiert.

Die Konvertierung bricht ab, wenn das String-Endezeichen `'\0'` in den Vektor geschrieben wurde, oder wenn mit dem nächsten Multibyte-Zeichen die Gesamtlänge von *n* Byte überschritten würde. In diesem Fall ist der Vektor nicht durch `'\0'` abgeschlossen. Die Konvertierung beginnt im initialen Shift-Status und erfolgt für jedes Breitzeichen wie durch einen Aufruf von `wctomb()`.

Die verwandte Funktion `wcsrtombs()` ist die »restartable«-Version von `wcstombs()`. Sie unterscheidet sich von der Funktion `wcstombs()` durch einen zusätzlichen Parameter vom Typ `mbstate_t*`.

Return-Wert

Die Funktion `wcstombs()` liefert die Anzahl der nach *s* kopierten Bytes, wobei ein eventuell vorhandenes String-Endezeichen nicht gezählt wird.

Entspricht einem Code in *pwcs* kein gültiges Multibyte-Zeichen, so gibt die Funktion den Wert `(size_t)-1` zurück.

Beispiel

```
wchar_t wcstr[20] = L"Ein Breitzeichen-String ... ";
char    mbstr[100];          /* Platz für den Multibyte- */
size_t  len;                 /* String und seine Länge.  */

len = wcstombs( mbstr, wcstr, 20);
if( len == (size_t)-1)
   printf("Der Vektor wcstr enthält ungültigen Code!\n");
else
   printf("Multibyte-String mbstr ist %u Byte lang\n",len);
```

wctob ANSI

```
#include <stdio.h>
#include <wchar.h>
int wctob( wint_t wc);
```

Beschreibung

Die Funktion `wctob()`, »wide character to byte«, wandelt das Breitzeichen `wc` in das entsprechende Byte-Zeichen um, wenn dies möglich ist. Das bedeutet, dass die Funktion zunächst ermittelt, ob das zugehörige Multibyte-Zeichen im anfänglichen Shift-Status aus einem Byte besteht. Falls ja, ist das Ergebnis das von `unsigned char` nach `int` konvertierte Byte.

Der ganzzahlige Typ `wint_t` ist in `wchar.h` definiert. Sein Wertebereich umfasst den von `wchar_t` und kann zusätzlich den Wert `WEOF` speichern. (Die Typen `wint_t` und `wchat_t` können auch identisch sein.)

Die Funktion `btowc()` führt die umgekehrte Konvertierung durch. Für die Umwandlung von Multibyte-Zeichen in Breitzeichen und umgekehrt stehen die Funktionen `wctomb()` bzw. `mbtowc()` zur Verfügung.

Return-Wert

Die Funktion `wctob()` gibt den Wert `EOF` zurück, falls das Argument `wc` nicht einem Multibyte-Zeichen der Länge 1 im anfänglichen Shift-Status entspricht. Andernfalls ist der Return-Wert der Zeichencode des entsprechenden Byte-Zeichens. Mehr zum Shift-Status finden Sie unter `mbsinit()`.)

Beispiel

```
// Die Beispielfunktion wcstostr() kopiert einen
// Breitzeichen-String in einen Byte-String:
int wcstostr(char s[], const wchar_t wcs[])
{
   int i, c;
   for( i = 0; wcs[i] != L'\0' && (c = wctob(wcs[i])) != EOF; ++i )
     s[i] = (char)c;
   s[i] = '\0';

   if( wcs[i] != L'\0')
      return -1;           // Konvertierung nicht möglich.
   else
      return i;            // Stringlänge
}
```

wcrtomb ANSI

```
#include <wchar.h>
size_t wcrtomb( char * restrict s, wchar_t wc,
                mbstate_t * restrict ps);
```

Beschreibung

Die Funktion `wcrtomb()`, » wide character restartable to multibyte«, konvertiert wie `wctomb()` ein Breitzeichen in ein Multibyte-Zeichen und speichert dieses in den durch *s* adressierten Vektor (sofern *s* nicht der `NULL`-Zeiger ist). Die Anzahl kopierter Bytes ist stets kleiner oder gleich `MB_CUR_MAX`, einschließlich notwendiger Steuersequenzen.

Der zusätzliche Parameter `ps` zeigt auf ein `mbstate_t`-Objekt, das den Shift-Status enthält, mit dem die Konvertierung beginnt. Wenn die Funktion `wcrtomb()` zurückkehrt, enthält das `mbstate_t`-Objekt den aktuellen Shift-Status nach der Konvertierung. Falls das Argument für `ps` ein `NULL`-Zeiger ist, verwendet die Funktion ein internes, statisches `mbstate_t`-Objekt, das beim Programmstart mit dem anfänglichen Shift-Status initialisiert wird.

Falls *wc* das String-Endezeichen `L'\0'` ist, wird das String-Endezeichen `'\0'` in den `char`-Vektor `s` geschrieben. Falls notwendig, geht dem String-Endezeichen `'\0'` eine Steuersequenz voran, um den anfänglichen Shift-Status herzustellen.

Das erste Argument *s* darf auch ein `NULL`-Zeiger sein. In diesem Fall ist der Aufruf äquivalent mit `wcrtomb( buf, L'\0', ps)`, mit einem internen Puffer `buf`.

Return-Wert

Die Funktion `wcrtomb()` liefert die Anzahl der nach *s* kopierten Bytes. Falls `wc` kein gültiges Breitzeichen ist, gibt die Funktion den Wert `(size_t)-1` zurück und die Fehlervariable `errno` erhält Wert `EILSEQ` (»illegal sequence«).

Beispiel

```
// 10 Breitzeichen in einen Multibyte-String umwandeln:
wchar_t widestr[] = L"Ein Breitzeichen-String ...";
char mbstr[100] = "";                       // Multibyte-String.
int i, mblen = 1, len = 0;
mbstate_t state;
memset( &state, 0, sizeof state);

// 10 Breitzeichen in Multibyte-String kopieren:
for( i = 0; i < 10 && mblen > 0; ++i, len += mblen)
   mblen = wcrtomb( mbstr+len, widestr[i], &state);
if( mblen > 0)                   // Multibyte-String abschließen.
   wcrtomb( mbstr+len, L'\0', &state);
```

wctomb ANSI

```
#include <stdlib.h>
int  wctomb(char *s, wchar_t wc);
```

Beschreibung

Die Funktion `wctomb()`, »wide character to multibyte character«, bestimmt zum Breitzeichen *wc* das entsprechende Multibyte-Zeichen und speichert dieses in den durch *s* adressierten Vektor (sofern *s* nicht der `NULL`-Zeiger ist). Die Anzahl kopierter Bytes ist stets kleiner oder gleich `MB_CUR_MAX`.

Falls *wc* das Zeichen `L'\0'` ist, wird das String-Endezeichen `'\0'` in den `char`-Vektor `s` geschrieben. Falls notwendig, geht dem String-Endezeichen eine Steuersequenz voran, um den anfänglichen Shift-Status herzustellen.

Die verwandte Funktion `wcrtomb()` ist die »restartable«-Version von `wctomb()`. Sie unterscheidet sich von der Funktion `wctomb()` durch einen zusätzlichen Parameter vom Typ `mbstate_t*`.

Return-Wert

Falls *s* nicht der `NULL`-Zeiger ist, liefert `wctomb()` die Anzahl Bytes, die das Zeichen in der Multibyte-Darstellung belegt. Entspricht dem Wert von *wc* kein gültiges Multibyte-Zeichen, so ist `-1` der Return-Wert.

Falls *s* der `NULL`-Zeiger ist, zeigt der Return-Wert an, ob die Interpretation von Byte-Folgen von einem »Shift-Status« abhängt. Dabei bedeutet der Return-Wert

`0`	Keine Abhängigkeit vom Shift-Status;
`!=0`	Abhängigkeit vom Shift-Status. Die Funktion wird in den Ausgangszustand (initialer Shift-Status) versetzt.

Beispiel

```
unsigned char  mbchar[MB_LEN_MAX];
wchar_t wc = 0x123;
int  i, size;
if( (size = wctomb( mbchar, wc)) < 0 )
    printf("%X entspricht kein Multibyte-Zeichen!\n", wc);
else {
    printf("Die Bytes im Multibyte-Zeichen hexadezimal:\n");
    for( i=0; i<size; ++i)
       printf(" %02X", mbchar[i]);
}
```

write

```
#include <io.h>
int write(int fd, char *buffer, int n);
```

Beschreibung

Die Funktion `write()`, »write«, schreibt *n* Bytes aus dem durch *buffer* adressierten Speicherbereich in die Datei, welche mit dem File-Handle *fd* eröffnet wurde.

Bei Diskettendateien wird ab der aktuellen Dateiposition geschrieben, es sei denn, die Datei wurde mit `O_AP END` eröffnet. In dem Fall wird ab Dateiende geschrieben.

Manche Compiler, z.B. Microsoft Visual C++, stellen dem Namen der Funktion einen Unterstrich voran.

Return-Wert

Die Funktion gibt die Anzahl der tatsächlich in die Datei geschriebenen Bytes zurück. Ein Wert kleiner als *n* zeigt an, dass das externe Speichermedium voll ist. Im Fehlerfall wird der Wert `-1` zurückgeliefert, und die Fehlervariable `errno` erhält einen der Werte `EBADF` (»ungültiger File-Handle«) oder `EACCES` (»Zugriff nicht gestattet«).

Beispiel

```
char *buffer = "Heute ist ein schöner Tag";
int  fd, ergeb;

if((fd = open("test.dat", O_RDWR) == -1)
    perror("OPEN");
else
{  if((ergeb =write( fd, buffer, strlen(buffer))) == -1)
      perror("WRITE");
   else
      printf("%d Zeichen in die Datei kopiert", ergeb);
}
/* Ausgabe:   25 Zeichen in die Datei kopiert.  */
```

Anhang

Dieser Anhang enthält folgende Beschreibungen und Tabellen:

- Komplexe Gleitpunkt-Typen,
- Ganzzahlige Typen vorgegebener Breite,
- Präprozessor-Direktiven,
- Standard-Makros,
- Bildschirmsteuerzeichen,
- Operatorenübersicht,
- Vorrangtabelle für Operatoren,
- ASCII-Code-Tabelle,
- »Die CD zum Buch«.

Komplexe Gleitpunkt-Typen

Komplexe Zahlen

Mit ANSI C99 wurden Datentypen zur Darstellung von komplexen Zahlen eingeführt. Die komplexen Zahlen sind eine Erweiterung der reellen Zahlen. Mithilfe von komplexen Zahlen können Gleichungen wie

Beispiel: $x^2 + 1 = 0$ `// Für reelle Zahlen nicht lösbar.`

gelöst werden.

Jede komplexe Zahl `z` ist wie folgt darstellbar:

```
z = x + i * y
```

wobei `x` und `y` reelle Zahlen sind und `i` die sog. *imaginäre Einheit* ist, die den Wert √-1 hat. Die Zahl x heißt auch der *Realteil* und `y` der *Imaginärteil* von `z`. Die komplexe Zahl `x - i*y` heißt die *konjugiert komplexe Zahl* zu z.

So wie jede reelle Zahl als Punkt auf einem Zahlenstrahl darstellbar ist, wird eine komplexe Zahl durch einen Punkt in der Zahlenebene repräsentiert. Der Realteil `x` und der Imaginärteil `y` sind die kartesischen Koordinaten dieses Punktes.

Daneben gibt es auch die Darstellung einer komplexen Zahl in Polarkoordinaten

```
z = r *(cos(φ) + i * sin(φ))
```

wobei φ der Winkel zwischen der Verbindungsgeraden `(0,z)` und der reellen Achse ist. Die Zahl `r` ist der Abstand von `z` zum Nullpunkt in der komplexen Ebene. Der Winkel φ heißt auch das *Argument* von `z` und `r` heißt der *Absolutbetrag* von z.

Aus der Darstellung

```
z = x + i * y
```

ergibt sich, dass die reellen Zahlen ein Teil der komplexen Zahlen sind: Für `y == 0` gilt nämlich `z == x`, d.h. `z` ist eine reelle Zahl. Ist dagegen `x = 0`, so ergibt sich `z = i * y`. In dem Fall heißt `z` *rein imaginär*. Die rein imaginären Zahlen sind also auch ein Teil der komplexen Zahlen.

Die Typen für komplexe Zahlen

Zur Darstellung von komplexen Zahlen in einem C-Programm wurden die folgenden komplexen Gleitpunkt-Typen neu eingeführt:

`float _Complex`, `double _Complex` und `long double _Complex`

Mit den Deklarationen

Beispiel:
```
float x = 7.5F, y = 1.2F;
float _Complex z = x + I * y;
```

wird eine Variable z vom Typ `float_Complex` definiert. Das Makro `I` stellt die imaginäre Einheit dar und hat den Typ `const float_Complex`.

Anstelle des Typnamens `_Complex` kann auch das Makro `complex` verwendet werden. Die Makros für komplexe Zahlen sind in der Header-Datei `complex.h` definiert.

Typumwandlung komplexer Zahlen

Wird eine komplexe Zahl in eine Zahl eines anderen komplexen Gleitpunkt-Typs umgewandelt, werden die Typen von Real- und Imaginärteil konvertiert. Hierbei werden die üblichen arithmetischen Typumwandlungen für die entsprechenden reellen Gleitpunkt-Typen angewendet.

Beispiel:
```
double complex z1 = 0.1 + I * 2.1;
long double complex z2 = z1;
```

Bei der Zuweisung von `z1` an `z2` werden der Realteil und der Imaginärteil von `z1` in den Typ `long double` konvertiert.

Wird eine reelle Gleitpunktzahl in eine komplexe Zahl umgewandelt, so wird die reelle Zahl als Realteil übernommen und der Imaginärteil auf `0` gesetzt. Wenn umgekehrt eine komplexe Zahl in eine reelle Zahl konvertiert wird, bleibt der Realteil erhalten und der Imaginärteil wird ignoriert.

Ganzzahlige Typen vorgegebener Breite

Mit ANSI C99 wurden in der Header-Datei `stdint.h` ganzzahlige Typen mit einer vorgegebenen Breite eingeführt. Die *Breite N* eines ganzzahligen Typs ist die Anzahl der Bits, die zur Darstellung von Werten des Typs einschließlich des Vorzeichenbits verwendet werden. Typische Breiten sind 8, 16, 32 und 64. Beispielsweise hat der Typ `long` mindestens die Breite 32.

Ganzzahlige Typen mit vorgegebener Breite N

Typ	Bedeutung
int*N*_t uint*N*_t	Ganzzahliger Typ mit einer Breite von exakt *N* Bit.
int_least*N*_t uint_least*N*_t	Ganzzahliger Typ mit einer Breite von mindestens *N* Bit.
int_fast*N*_t uint_fast*N*_t	Schnellster ganzzahliger Typ mit einer Breite von mindestens *N* Bit.
intmax_t uintmax_t	Größter ganzzahliger Typ.
intptr_t uintptr_t	Ganzzahliger Typ, der breit genug ist, um den Wert eines Zeigers zu speichern.

In der vorstehenden Tabelle sind die Typen, deren Namen mit `u` beginnen, `unsigned`, also die vorzeichenlosen Versionen der Typen.

Beispiele:

```
int_least32_t  size = 100 * 512;
uintmax_t  zaehler = 0;
```

Hier wird `size` als ganzzahlige Variable mit einer Breite von mindestens 32 Bit definiert und mit dem Wert `51200` initialisiert. Die Variable `zaehler` hat den größten zur Verfügung stehenden Typ ohne Vorzeichen.

Jeder Compiler, der den C99-Standard unterstützt, muss die Typen `int_leastN_t`, `int_fastN_t`, `intmax_t` und die entsprechenden vorzeichenlosen Typen für *N* = 8, 16, 32, 64 definieren. Dagegen ist die Definition der Typen `intN_t`, `uintN_t`, `intptr_t` und `uintptr_t` optional.

Wertebereiche

Wie bei den elementaren Typen `char`, `short`, `int` etc. können auch die Wertebereiche der ganzzahligen Typen mit vorgegebener Breite abgefragt werden. Dazu sind in der Header-Datei `stdint.h` Makros definiert, die den kleinsten und größten Wert angeben. Die Namen der Makros entsprechen den großgeschriebenen Typnamen mit dem Suffix `_MIN` bzw. `_MAX` anstelle des Suffixes `_t`.

Beispiele:
```
int_fast16_t  limit = INT_FAST16_MAX;
```

Formatierte Ein-/Ausgabe

Um Werte vom Typ `intmax_t` oder `uintmax_t` mit einer `scanf`-Funktion einzulesen oder mit einer `printf`-Funktion auszugeben, ist im Formatelement der Längenmodifizierer `j` vor den Typangaben `d`, `i`, `u`, `o`, `x` oder `X` anzugeben:

Beispiele:
```
uintmax_t  max = UINTMAX_MAX;
printf("Groester ganzzahliger Wert: %ju\n", max );
```

Darüber hinaus gibt es für jeden in der Header-Datei `stdint.h` definierten Typ zur Ein-/Ausgabe mit `scanf()` und `printf()` eigene Typ-Spezifizierer. Diese sind in der Header-Datei `inttypes.h` als Makros definiert. Entsprechend den Typ-Spezifizierern `d`, `i`, `u`, `o`, `x`, `X` beginnen die Makronamen für `printf()` mit dem Präfixen `PRId`, `PRIi`, `PRIu`, `PRIo`, `PRIx` oder `PRIX`. Die Makros mit dem Präfix `PRId` sind beispielsweise

`PRId`*N*   `PRIdLEAST`*N*   `PRIdFAST`*N*   `PRIdMAX`   `PRIdPTR`,

wobei *N* für die Breite in Bits steht (i.a. $N = 8, 16, 32, 64$). Jedes Makro repräsentiert einen String mit dem passenden Typ-Spezifizierer. Das folgende Beispiel gibt den Wert der Variable `limit` dezimal mit einer Feldbreite von 10 aus:

Beispiele:
```
int_fast16_t  limit = INT_FAST16_MAX;
printf("limit = %10" PRIdLEAST16 "\n", limit);
```

Das Formatelement ergibt sich durch Verkettung der Strings `"... %10"` und `PRIdLEAST16`.

Die entsprechenden Makronamen für `scanf()` beginnen mit `SCN` statt `PRI`. Die Makros mit dem Präfix `SCNd` sind also:

`SCNd`*N*   `SCNdLEAST`*N*   `SCNdFAST`*N*   `SCNdMAX`   `SCNdPTR`.

Präprozessor-Direktiven

Die #define- und #undef-Direktive

Mit der `#define`-Direktive werden symbolische Konstanten und Makros definiert.

Syntax: `#define` *`name[(Parameter-Liste)]`* *`[Ersatztext]`*

Der Präprozessor ersetzt überall im nachfolgenden Programmtext `name` bzw. *`name(Parameter-Liste)`* durch *`Ersatztext`*. Fehlt die Angabe *`Ersatztext`*, so löscht der Präprozessor die symbolische Konstante bzw. das Makro aus dem nachfolgenden Programmtext (vgl. auch Kapitel 7, »Symbolische Konstanten und Makros«).

Beispiel:

```
#define BUFSIZ    512    /* Symbolische Konstante */

#define CLS       printf("\033[2J")

#define MAX(a, b) ((a)>(b) ? (a) : (b))
```

Dem Parameter eines Makros kann im Ersatztext der Operator `#` (engl. *stringizing operator*) vorangestellt werden. Beim Aufruf des Makros wird dann das ensprechende Argument in Anführungsstriche gesetzt, also in einen String konvertiert.

Beispiel:

```
#define datum(n,m)  printf("Datum: "#n "." #m ".2002")
```

Mit dem Aufruf:

```
datum(24, 7);
```

bildet der Präprozessor folgende Erweiterung:

```
printf("Datum: " "24" "." "7" ".2002");
```

womit

```
Datum: 24.7.2002
```

auf dem Bildschirm ausgegeben wird.

Wird dem Parameter eines Makros im Ersatztext der *Operator* `##` (engl. *token-past operator*) voran- oder nachgestellt, so zieht der Präprozessor die Zeichenfolge links und rechts vom Operator zusammen. Leerzeichen werden dabei ignoriert. Erst anschließend wird der Textersatz vorgenommen.

Beispiel: `#define join(a,n) printf(#a #n " = %.1f\n", a ## n)`

Hat die `float`-Variable `x5` den Wert `7.9`, so wird beim Aufruf

```
join(x,5);
```

die Erweiterung:

```
printf("x" "5" " = %.1f\n", x5);
```

vorgenommen, womit

```
x5 = 7.9
```

auf dem Bildschirm ausgegeben wird.

Soll die Definition einer symbolischen Konstanten oder eines Makros zur Laufzeit des Programms geändert werden, so muss die alte Definition zunächst entfernt werden. Dies geschieht mit der `#undef`-Direktive.

Syntax: `#undef name`

Bei parametrisierten Makros ist die Paramterliste nicht anzugeben.

Anschließend kann `name` mit der `#define`-Direktive neu definiert werden.

Beispiel:

```
#define   BUFSIZ   512
.
.
#undef    BUFSIZ
#define   BUFSIZ   1024
```

Die #include-Direktive

Die `#include`-Direktive kopiert eine Datei in das Programm. Die `#include`-Direktive wird durch den Inhalt der Datei ersetzt.

Syntax:

```
#include <dateiname>

#include "dateiname"
```

Ist der Dateiname von den Zeichen < und > eingeschlossen, so wird die Datei nur in speziellen Verzeichnissen gesucht. Oft sind diese Verzeichnisse durch eine Umgebungsvariable (gewöhnlich `INCLUDE`) festgelegt.

Ist der Dateiname in Anführungszeichen gesetzt, so wird die Datei zusätzlich im aktuellen Verzeichnis gesucht, und zwar als erstes.

Der Name `dateiname` kann Pfadangaben enthalten. In diesem Fall wird nur in dem entsprechenden Verzeichnis gesucht.

Der Dateiname kann auch als symbolische Konstante angegeben werden. Der Ersatztext ist in dem Fall in Anführungszeichen oder in eckige Klammern einzuschließen.

Beispiel:

```
#include <stdio.h>

#include "project.h"


#if VERSION == 1

     #define  MYPROJ_H  "version1.h"

#else

    #define  MYPROJ_H  "version2.h"

#endif

#include MYPROJ_H
```

Bedingte Compilierung

Mit den Direktiven für die bedingte Compilierung ist es möglich, bestimmte Teile einer Quelldatei zu übersetzen, andere dagegen nicht.

Syntax:

```
#if Ausdruck1
        [text1]
     [#elif  Ausdruck2
          text2 ]
              .
              .
              .
     [#elif  Ausdruck(n)
          text(n) ]
     [#else
          text(n+1) ]
      #endif
```

Jede `#if`-Direktive muss mit einer `#endif`-Direktive enden. Dazwischen können beliebig viele `#elif`-Direktiven angegeben sein. Die `#else`-Direktive darf jedoch höchstens einmal vorkommen.

Der Präprozessor bewertet *Ausdruck1, Ausdruck2,* ... der Reihe nach. Beim ersten Ausdruck, der »wahr«, d.h. von `0` verschieden ist, wird der abhängige Text bearbeitet.

Trifft keiner der Ausdrücke zu, so wird die `#else`-Direktive ausgeführt. Fehlt diese, so wird keiner der abhängigen Texte bearbeitet.

Ausdruck1, Ausdruck2, ... müssen konstante Ausdrücke ganzzahligen Typs sein. Sie dürfen den Cast-Operator nicht enthalten. Bei manchen Compilern darf auch der `sizeof`-Operator nicht vorkommen.

Der abhängige Text besteht aus Programmtext, also aus Präprozessor-Direktiven, C-Anweisungen oder auch aus einem ganzen C-Programm.

Bei der Bearbeitung eines abhängigen Textes führt der Präprozessor evtl. vorhandene Direktiven aus, bevor der erweiterte Quellcode dem Compiler zur Übersetzung gegeben wird. Texte, die der Präprozessor nicht bearbeitet, werden aus dem Quellcode entfernt.

Mit dem Operator `defined` kann überprüft werden, ob eine symbolische Konstante oder ein Makro definiert ist.

Syntax: `defined(`*`name`*`)`

Der Operator liefert einen von `0` verschieden Wert, wenn für *`name`* eine gültige Definition vorliegt, andernfalls den Wert `0`.

Eine Definition mit der `#define`-Direktive ist solange gültig, bis sie mit einer `#undef`-Direktive entfernt wird. Wurde in der `#define`-Direktive kein Ersatztext hinter *`name`* angegeben, so handelt es sich trotzdem um eine gültige Definition.

Der Operator `defined` wird typischerweise in einer `#if`- oder `#elif`-Direktive verwendet, wie etwa bei

Beispiel:

```
#if defined(VERSION)
. . . . .
```

Derselbe Test kann auch mit der `#ifdef`- und der `#ifndef`-Direktive durchgeführt werden.

Syntax:

```
#ifdef  name
#ifndef name
```

Die Direktive `#ifdef` liefert einen von `0` verschiedenen Wert, wenn *`name`* definiert ist, andernfalls den Wert `0`.

Die `#ifndef`-Direktive dagegen prüft, ob `name` nicht definiert ist. Sie liefert deshalb den Wert `0`, wenn *`name`* definiert ist, andernfalls einen von `0` verschiedenen Wert.

Die Verwendung des `defined`-Operators hat den Vorteil, dass der von ihm zurückgegebene Wert in einem Präprozessor-Ausdruck weiter verwendet werden kann.

Beispiel:

```
#if defined(STATUS) && defined(COND)
. . . . .
```

Die #line-Direktive

Der Compiler benutzt Zeilennummern und den Namen einer Quelldatei, um bei der Übersetzung entdeckte Fehler anzuzeigen. Mit der `#line`-Direktive kann die Nummerierung der Zeilen und der Dateiname geändert werden.

Syntax: `#line` *`neu_nummer`* `["`*`dateiname`*`"]`

An dieser Stelle beginnt die weitere Nummerierung der Zeilen mit *`neu_nummer`*. Falls *`dateiname`* angegeben wird, ist dies der neue Dateiname, auf den sich der Compiler bei Fehlermeldungen bezieht.

Der neue Dateiname muss in Anführungszeichen stehen und *`neu_nummer`* eine ganzzahlige Konstante sein.

Beispiel: `#line 170 "genprog1.c"`

Die `#line`-Direktive wird typischerweise von Programm-Generatoren benutzt, die einen bestimmten Code in ein C-Programm übersetzen. Bei einer Fehlermeldung kann dann auf die entsprechende Zeile im ursprünglichen Code und dessen Dateinamen Bezug genommen werden.

Die aktuell gespeicherte Zeilennummer und der entsprechende Dateiname sind über die Standard-Makros `__LINE__` und `__FILE__` zugänglich.

Beispiele:

```
printf("Aktuelle Zeilennr: %d\n", __LINE__);
printf("Dateiname: %s\n", __FILE__);
```

Die #pragma-Direktive

Die `#pragma`-Direktive ist Compiler-abhängig. Sie erlaubt die Definition von beliebigen Präprozessor-Befehlen für einen bestimmten Compiler.

Syntax: `#pragma Befehl`

Ein anderer Compiler, der die `#pragma`-Direktive unterstützt, aber den nach `#pragma` angegebenen Befehl nicht kennt, ignoriert diesen einfach.

Beispiel: `#pragma pack(1)`

Diese Direktive bewirkt beim Microsoft Visual C/C++-Compiler, dass die Komponenten einer Struktur byteweise ausgerichtet werden, also keine Lücken entstehen. Weitere Möglichkeiten sind `pack(2)` und `pack(4)`.

Mit C99 wurden folgende Pragmas standardisiert:

Syntax:

```
#pragma STDC FP_CONTRACT  On-Off-Schalter
#pragma STDC CX_LIMITED_RANGE  On-Off-Schalter
#pragma STDC FENV_ACCESS  On-Off-Schalter
```

Für den Schalter *`On-Off-Schalter`* ist entweder `ON`, `OFF` oder `DEFAULT` anzugeben. Diese Pragmas beeinflussen die Übersetzung von arithmetischen Ausdrücken.

Beispiel: `#pragma STDC FP_CONTRACT ON`

Hier wird der Compiler informiert, dass Gleitpunkt-Ausdrücke mit mehreren Operatoren kontrahiert werden dürfen. Ein Ausdruck kann kontrahiert werden, wenn ein Maschinenbefehl zur Verfügung steht, der den Ausdruck in einer atomaren Operation berechnet. Obwohl kontrahierte Ausdrücke schneller ausgeführt werden, ist ihre Verwendung nicht immer erwünscht. Ein kontrahierter Ausdruck liefert nämlich auf Grund von Rundungsfehlern nicht immer exakt dasselbe Ergebnis wie der nicht kontrahierte Ausdruck. Auch können unterschiedliche Gleitpunkt-Exceptions ausgelöst werden. Es ist vom Compiler abhängig, ob standardmäßig Ausdrücke kontrahiert werden.

Das Pragma `CX_LIMITED_RANGE` betrifft arithmetische Operationen mit komplexen Zahlen.

Beispiel: `#pragma STDC CX_LIMITED_RANGE ON`

Diese Zeile informiert den Compiler, dass die Multiplikation, Division und die Berechnung des Absolutwertes nur mit endlichen Operanden ausgeführt wird, für die keine Unter- oder Überläufe zu behandeln sind. Die Standardeinstellung dieses Pragmas ist `OFF`.

Das Pragma `STDC FENV_ACCESS` liefert dem Compiler die Information, ob das Programm auf die Gleitpunktumgebung zugreift oder nicht. Ein Programm, das mit Gleitpunkt-Exceptions arbeitet, z.B. die Funktion `fetestexcept()` aufruft oder mit `fesetround()` einen bestimmten Rundungsmodus setzt, sollte zuvor den Compiler mit folgender Direktive darüber informieren:

Beispiel: `#pragma STDC FENV_ACCESS ON`

Der Compiler unterlässt dann Optimierungen, wie beispielsweise Umstellungen, die das Abfragen von Status-Flags unterlaufen würden. Es ist vom Compiler abhängig, ob die Standardeinstellung dieses Pragmas `ON` oder `OFF` ist.

Die Wirkung einer Pragma-Direktive beginnt mit ihrem Auftreten im Quellcode. Steht die Pragma-Direktive außerhalb von Funktionen, endet ihre Wirkung mit der nächsten, gleichnamigen Pragma-Direktive oder mit dem Ende der Quelldatei.

Eine Direktive, die eines der drei Standard-Pragmas verwendet, darf im Quellcode auch zu Beginn eines Blocks vor allen Deklarationen und Anweisungen stehen. Dann endet ihre Wirkung mit der nächsten, gleichnamigen Pragma-Direktive in einem inneren Block, oder mit dem Ende des Blocks. Am Ende eines Blocks wird wieder der Status hergestellt, der zu Beginn des Blocks gültig war.

Vordefinierte Standard-Makros

Gemäß dem ANSI-Standard gibt es fünf vordefinierte Makros. Ihre Namen beginnen und enden mit zwei Unterstrichen:

`__LINE__` liefert die Nummer der Zeile, in der `__LINE__` steht. Die erste Zeile einer Quelldatei hat die Nummer `1`. Die Nummerierung kann mit der `#line`-Direktive geändert werden.

`__FILE__` liefert den Namen der Quelldatei, in der `__FILE__` steht. Der Name kann mit der `#line`-Direktive geändert werden.

`__DATE__` liefert das Datum als String im Format `mmm tt jjjj`. Dabei ist `mmm` eine Abkürzung für den Monat, `tt` der Tag im Monat und `jjjj` das Jahr, also z.B. `Dec 17 2002`.

`__TIME__` liefert die Uhrzeit als String im Format `hh:mm:ss`. Dabei steht `hh` für die Stunden, `mm` für die Minuten und `ss` für die Sekunden, also z.B. `15:23:47` .

Sowohl `__DATE__` als auch `__TIME__` beziehen sich auf den Zeitpunkt, zu dem der Präprozessor die Bearbeitung begonnen hat. Sie liefern also an jeder Stelle in der Quelldatei dasselbe Ergebnis.

`__STDC__` ist nur definiert, falls ausschließlich ANSI-Schlüsselworte in der Quelldatei zugelassen sind.

Mit ANSI C99 wurden zusätzliche Standard-Makros eingeführt:

`__STD_HOSTED__` hat den Wert `1`, falls es sich um eine »hosted« Implementierung handelt, sonst `0`. Im letzten Fall handelt es sich um eine »freestanding«-Implementierung. Im Gegensatz zur normalen »hosted«-Implementierung stehen dann nur die Funktionalitäten der Standardbibliothek zur Verfügung, die in den Header-Dateien `float.h`, `iso646.h`, `limits.h`, `stdarg.h`, `stdbool.h` und `stddef.h` definiert sind.

`__STD_VERSION__` hat den Wert `199901L`, wenn die Implementierung ANSI C99 (den Standard von 1999) unterstützt.

`__func__` liefert den Namen der Funktion, in der `__func__` steht.

Bildschirmsteuerzeichen

Die folgenden Steuerzeichen entsprechen dem ANSI-Standard zur Steuerung des Bildschirms. Das Zeichen # ist durch die entsprechende dezimale Zahl zu ersetzen.

`ESC[#A`	Cursor # Zeilen hoch
`ESC[#B`	Cursor # Zeilen runter
`ESC[#C`	Cursor # Zeichen nach rechts
`ESC[#D`	Cursor # Zeichen nach links
`ESC[z;sH` oder `ESC[z;sf`	Cursor in Zeile `z` und Spalte `s` setzen
`ESC[s`	Cursorposition sichern
`ESC[u`	Gesicherte Cursorposition laden
`ESC[#K`	# = `0`: Löschen ab Cursorposition bis Zeilenende # = `1`: Löschen ab Zeilenanfang bis Cursorposition # = `2`: Löschen der ganzen Zeile
`ESC[2J`	Bildschirm löschen
`ESC[#(;#...)opm`	# = `0`: alle Attribute normal # = `1`: doppelte Helligkeit ein # = `4`: Unterstreichen ein (Monochrom-Bildschirm) # = `5`: Blinken ein # = `7`: Invers ein # = `3x`: Vordergrundfarbe # = `4x`: Hintergrundfarbe x = `0`: schwarz, x = `4`: blau x = `1`: rot, x = `5`: magenta x = `2`: grün, x = `6`: cyan x = `3`: gelb, x = `7`: weiß
`ESC[c1;c2p`	Tastaturbelegung ändern: Die Taste mit dem dezimalen Code `c1` liefert anschließend den Code `c2`.

Diese Steuerzeichen werden von allen gängigen UNIX-Terminals verstanden. Unter DOS oder in einer DOS-Box unter Win95 oder Win98 muss der Treiber ANSI.SYS in der Datei CONFIG.SYS geladen sein, z.B.

```
DEVICE = C:\DOS\ANSI.SYS
```

Für DOS-Programme unter Windows NT, 2000 und XP enthält die Datei CONFIG.NT im Verzeichnis `system32` die entsprechende Zeile. Für Windows-Programme finden Sie auf der CD eine Lösung mit Windows Systemaufrufen.

Operatorenübersicht

<table>
<tr><th>Operator</th><th>Bezeichnung</th></tr>
<tr><td>arithmetische Operatoren:</td><td></td></tr>
<tr><td>+ -</td><td>Addition, Subtraktion</td></tr>
<tr><td>*</td><td>Multiplikation</td></tr>
<tr><td>/ %</td><td>Division, Modulodivision</td></tr>
<tr><td>-</td><td>Vorzeichenoperator (unär)</td></tr>
<tr><td>++ --</td><td>Inkrement-, Dekrement-Operator</td></tr>
<tr><td>Vergleichsoperatoren:</td><td></td></tr>
<tr><td>== !=</td><td>"gleich", "ungleich"</td></tr>
<tr><td>< <=</td><td>"kleiner", "kleiner oder gleich"</td></tr>
<tr><td>> >=</td><td>"größer", "größer oder gleich"</td></tr>
<tr><td>Logische Operatoren:</td><td></td></tr>
<tr><td>&& || !</td><td>UND, ODER, NICHT</td></tr>
<tr><td>Zuweisungoperatoren:</td><td></td></tr>
<tr><td>=</td><td>Einfache Zuweisung</td></tr>
<tr><td>op=</td><td>Zusammengesetzte Zuweisung
(op ist binärer arithmetischer
oder binärer Bit-Operator)</td></tr>
<tr><td>Bit-Operatoren:</td><td></td></tr>
<tr><td>& ~</td><td>UND, NICHT</td></tr>
<tr><td>| ^</td><td>ODER, Exklusiv-ODER</td></tr>
<tr><td>>> <<</td><td>Shift-Operatoren</td></tr>
<tr><td>Sonstige Operatoren:</td><td></td></tr>
<tr><td>&</td><td>Adressoperator</td></tr>
<tr><td>?:</td><td>Auswahloperator</td></tr>
<tr><td>(Datentyp)</td><td>Cast-Operator</td></tr>
<tr><td>*</td><td>Verweisoperator</td></tr>
<tr><td>-></td><td>Pfeiloperator</td></tr>
<tr><td>.</td><td>Punktoperator</td></tr>
<tr><td>,</td><td>Kommaoperator</td></tr>
<tr><td>sizeof</td><td>sizeof-Operator</td></tr>
</table>

Vorrangtabelle für Operatoren

Priorität	Operator	Zusammenfassung
1.	`()  []  ->  .`	von links

2.	`!  ~  ++  --  -`
	`(Datentyp)`
	`*  &  sizeof`
		von rechts

3.	`*  /  %`	von links
4.	`+  -`	von links
5.	`<<  >>`	von links
6.	`<  <=  >  >=`	von links
7.	`==  !=`	von links
8.	`&`	von links
9.	`^`	von links
10.	`|`	von links
11.	`&&`	von links
12.	`||`	von links
13.	`?:`	von rechts
14.	`=  +=  -=  *=  /=  %=` `&=  ^=  |=  <<=  >>=`	von rechts
15.	`,`	von links

ASCII-Code Tabelle

Standardisierter Teil (Codes 0 bis 127)

dezimal	oktal	hex	Zeichen	dezimal	oktal	hex	Zeichen
0	000	00	(NUL)	32	040	20	(Blank)
1	001	01	(SOH)	33	041	21	!
2	002	02	(STX)	34	042	22	"
3	003	03	(ETX)	35	043	23	#
4	004	04	(EOT)	36	044	24	$
5	005	05	(ENQ)	37	045	25	%
6	006	06	(ACK)	38	046	26	&
7	007	07	(BEL)	39	047	27	'
8	010	08	(BS)	40	050	28	(
9	011	09	(HT)	41	051	29	)
10	012	A	(LF)	42	052	2A	*
11	013	B	(VT)	43	053	2B	+
12	014	C	(FF)	44	054	2C	,
13	015	D	(CR)	45	055	2D	-
14	016	E	(SO)	46	056	2E	.
15	017	F	(SI)	47	057	2F	/
16	020	10	(DLE)	48	060	30	0
17	021	11	(DC1)	49	061	31	1
18	022	12	(DC2)	50	062	32	2
19	023	13	(DC3)	51	063	33	3
20	024	14	(DC4)	52	064	34	4
21	025	15	(DC5)	53	065	35	5
22	026	16	(SYN)	54	066	36	6
23	027	17	(ETB)	55	067	37	7
24	030	18	(CAN)	56	070	38	8
25	031	19	(EM)	57	071	39	9
26	032	1A	(SUB)	58	072	3A	:
27	033	1B	(ESC)	59	073	3B	;
28	034	1C	(FS)	60	074	3C	<
29	035	1D	(GS)	61	075	3D	=
30	036	1E	(RS)	62	076	3E	>
31	037	1F	(US)	63	077	3F	?

ASCII-Code Tabelle (Fortsetzung)

dezimal	oktal	hex	Zeichen	dezimal	oktal	hex	Zeichen
64	100	40	@	96	140	60	`
65	101	41	A	97	141	61	a
66	102	42	B	98	142	62	b
67	103	43	C	99	143	63	c
68	104	44	D	100	144	64	d
69	105	45	E	101	145	65	e
70	106	46	F	102	146	66	f
71	107	47	G	103	147	67	g
72	110	48	H	104	150	68	h
73	111	49	I	105	151	69	i
74	112	4A	J	106	152	6A	j
75	113	4B	K	107	153	6B	k
76	114	4C	L	108	154	6C	l
77	115	4D	M	109	155	6D	m
78	116	4E	N	110	156	6E	n
79	117	4F	O	111	157	6F	o
80	120	50	P	112	160	70	p
81	121	51	Q	113	161	71	q
82	122	52	R	114	162	72	r
83	123	53	S	115	163	73	s
84	124	54	T	116	164	74	t
85	125	55	U	117	165	75	u
86	126	56	V	118	166	76	v
87	127	57	W	119	167	77	w
88	130	58	X	120	170	78	x
89	131	59	Y	121	171	79	y
90	132	5A	Z	122	172	7A	z
91	133	5B	[	123	173	7B	{
92	134	5C	\	124	174	7C	|
93	135	5D	]	125	175	7D	}
94	136	5E	^	126	176	7E	~
95	137	5F	_	127	177	7F	(DEL)

OEM Extended ASCII-Code (Codes 128 bis 255)

dezimal	oktal	hex	Zeichen	dezimal	oktal	hex	Zeichen
128	180	80	Ç	160	240	A0	á
129	181	81	ü	161	241	A1	í
130	182	82	é	162	242	A2	ó
131	183	83	â	163	243	A3	ú
132	184	84	ä	164	244	A4	ñ
133	185	85	à	165	245	A5	Ñ
134	186	86	å	166	246	A6	ª
135	187	87	ç	167	247	A7	°
136	190	88	ê	168	250	A8	¿
137	191	89	ë	169	251	A9	⌐
138	192	8A	è	170	252	AA	¬
139	193	8B	ï	171	253	AB	½
140	194	8C	î	172	254	AC	¼
141	195	8D	ì	173	255	AD	¡
142	196	8E	Ä	174	256	AE	«
143	197	8F	Å	175	257	AF	»
144	200	90	È	176	260	B0	░
145	201	91	æ	177	261	B1	▒
146	202	92	Æ	178	262	B2	▓
147	203	93	ô	179	263	B3	│
148	204	94	ö	180	264	B4	┤
149	205	95	ò	181	265	B5	╡
150	206	96	û	182	266	B6	╢
151	207	97	ù	183	267	B7	╖
152	210	98	ÿ	184	270	B8	╕
153	211	99	Ö	185	271	B9	╣
154	212	9A	Ü	186	272	BA	║
155	213	9B	¢	187	273	BB	╗
156	214	9C	£	188	274	BC	╝
157	215	9D	˘	189	275	BD	╜
158	216	9E	P_t	190	276	BE	╛
159	217	9F	ƒ	191	277	BF	┐

ASCII-Code Tabelle (Fortsetzung)

dezimal	oktal	hex	Zeichen	dezimal	oktal	hex	Zeichen
192	300	C0	└	224	340	E0	α
193	301	C1	┴	225	341	E1	β
194	302	C2	┬	226	342	E2	Γ
195	303	C3	├	227	343	E3	π
196	304	C4	─	228	344	E4	Σ
197	305	C5	┼	229	345	E5	σ
198	306	C6	╞	230	346	E6	µ
199	307	C7	╟	231	347	E7	τ
200	310	C8	╚	232	350	E8	Φ
201	311	C9	╔	233	351	E9	Θ
202	312	CA	╩	234	352	EA	Ω
203	313	CB	╦	235	353	EB	δ
204	314	CC	╠	236	354	EC	∞
205	315	CD	═	237	355	ED	∅
206	316	CE	╬	238	356	EE	∈
207	317	CF	╧	239	357	EF	∩
208	320	D0	╨	240	360	F0	≡
209	321	D1	╤	241	361	F1	±
210	322	D2	╥	242	362	F2	≥
211	323	D3	╙	243	363	F3	≤
212	324	D4	╘	244	364	F4	⌠
213	325	D5	╒	245	365	F5	⌡
214	326	D6	╓	246	366	F6	÷
215	327	D7	╫	247	367	F7	≈
216	330	D8	╪	248	370	F8	°
217	331	D9	┘	249	371	F9	•
218	332	DA	┌	250	372	FA	·
219	333	DB	█	251	373	FB	√
220	334	DC	▄	252	374	FC	η
221	335	DD	▌	253	375	FD	²
222	336	DE	▐	254	376	FE	■
223	337	DF	▀	255	377	FF	

ANSI Extended ASCII-Code (Codes 128 bis 255)

dezimal	oktal	hex	Zeichen	dezimal	oktal	hex	Zeichen
128	180	80	˘	160	240	A0	°
129	181	81	˘	161	241	A1	¡
130	182	82	,	162	242	A2	¢
131	183	83	ƒ	163	243	A3	£
132	184	84	»	164	244	A4	¤
133	185	85	…	165	245	A5	¥
134	186	86	†	166	246	A6	¦
135	187	87	‡	167	247	A7	§
136	190	88	ˆ	168	250	A8	¨
137	191	89	‰	169	251	A9	©
138	192	8A	Š	170	252	AA	ª
139	193	8B	‹	171	253	AB	«
140	194	8C	Œ	172	254	AC	¬
141	195	8D	˘	173	255	AD	-
142	196	8E	˘	174	256	AE	®
143	197	8F	˘	175	257	AF	¯
144	200	90	˘	176	260	B0	°
145	201	91	`	177	261	B1	±
146	202	92	´	178	262	B2	²
147	203	93	«	179	263	B3	³
148	204	94	″	180	264	B4	´
149	205	95	•	181	265	B5	µ
150	206	96	–	182	266	B6	¶
151	207	97	~	183	267	B7	·
152	210	98	_	184	270	B8	¸
153	211	99	™	185	271	B9	¹
154	212	9A	š	186	272	BA	º
155	213	9B	›	187	273	BB	»
156	214	9C	œ	188	274	BC	¼
157	215	9D	˘	189	275	BD	½
158	216	9E	˘	190	276	BE	¾
159	217	9F	Ÿ	191	277	BF	¿

ASCII-Code Tabelle (Fortsetzung)

dezimal	oktal	hex	Zeichen	dezimal	oktal	hex	Zeichen
192	300	C0	À	224	340	E0	à
193	301	C1	Á	225	341	E1	á
194	302	C2	Â	226	342	E2	â
195	303	C3	Ã	227	343	E3	ã
196	304	C4	Ä	228	344	E4	ä
197	305	C5	Å	229	345	E5	å
198	306	C6	Æ	230	346	E6	æ
199	307	C7	Ç	231	347	E7	ç
200	310	C8	È	232	350	E8	è
201	311	C9	É	233	351	E9	é
202	312	CA	Ê	234	352	EA	ê
203	313	CB	Ë	235	353	EB	ë
204	314	CC	Ì	236	354	EC	ì
205	315	CD	Í	237	355	ED	í
206	316	CE	Î	238	356	EE	î
207	317	CF	Ï	239	357	EF	ï
208	320	D0	Đ	240	360	F0	ð
209	321	D1	Ñ	241	361	F1	ñ
210	322	D2	Ò	242	362	F2	ò
211	323	D3	Ó	243	363	F3	ó
212	324	D4	Ô	244	364	F4	ô
213	325	D5	Õ	245	365	F5	õ
214	326	D6	Ö	246	366	F6	ö
215	327	D7	×	247	367	F7	÷
216	330	D8	Ø	248	370	F8	ø
217	331	D9	Ù	249	371	F9	ù
218	332	DA	Ú	250	372	FA	ú
219	333	DB	Û	251	373	FB	û
220	334	DC	Ü	252	374	FC	ü
221	335	DD	Ý	253	375	FD	ý
222	336	DE	Þ	254	376	FE	þ
223	337	DF	ß	255	377	FF	ÿ

Die CD zum Buch

Die beiligende CD enthält folgende Unterverzeichnisse:

- `VC` mit der Autoren-Edition des Visual C/C++ 6.0 Compilers
- `GNU-C` mit dem GNU-C/C++ Compiler für DOS
- `BUCH.SRC` mit den Beispielprogrammen und Musterlösungen zu den Übungen im Buch ab Kapitel 6.

Das Verzeichnis `BUCH.SRC` ist unterteilt in die Verzeichnisse `ANSI`, `DOS`, `Linux` und `Win32`. Jedes dieser Verzeichnisse ist wiederum nach Kapiteln gegliedert.

Das Verzeichnis `ANSI` enthält die Dateien, wie sie im Buch abgedruckt sind. Ausgenommen sind diejenigen Programme aus dem 2. Teil, die speziell für DOS oder Windows geschrieben sind. Im Verzeichnis `Win32` befinden alle Beispiele und Lösungen mit den Projektdateien für Visual C/C++ und natürlich die Windows-Anwendungen ab Kapitel 21. Das Verzeichnis `Linux` enthält die Quellcode-Dateien im Unix-Format (nur LF als Zeilenende) und die Dateien `conio.h` und `conio.c` mit den Funktionen `getch()` und `kbhit()` für Unix.

Weitere Hinweise finden Sie in der Datei `LiesMich.txt` oder `LiesMich.htm` im Hauptverzeichnis der CD. Außerdem sind auch in Unterverzeichnissen weitere LiesMich-Dateien enthalten.

Zum GNU-C/C++ Compiler

Im Verzeichnis GNU-C befinden sich die Dateien des GNU-C/C++ Compilers für DOS. Der GNU-C/C++ Compiler kann auf einfache Weise installiert werden:

- Öffnen Sie ein DOS-Fenster.
- Machen Sie Ihr CD-Laufwerk zum aktuellen Laufwerk (z.B. `D:`) und wechseln Sie in das Verzeichnis GNU-C (`cd GNU-C`).
- Führen Sie das Kommando `INSTALL` aus.

Folgen Sie den Hinweisen zur Installation. Für die Minimalkonfiguration benötigen Sie etwa 26 MB Speicherplatz auf der Festplatte. Empfohlen wird die Standard-Installation mit etwa 41 MB.

Die ersten Schritte für den Umgang mit dem Compiler sind in der Datei `gccstart.txt` oder `gccstart.htm` beschrieben. Die Datei wird am Ende der Installation automatisch angezeigt und kann auch später noch gelesen werden.

Zum Compiler Visual C++ 6.0

Diese Autoren-Edition entspricht weitgehend der im Handel üblichen Standard-Version. Sie ermöglicht es, die im Buch vorgestellten Beispielprogramme nachzuvollziehen, die Lösungen zu den Übungen zu programmieren und sich mit der integrierten Entwicklungsumgebung von Visual C/C++ vertraut zu machen.

Die wichtige Einschränkung der Autoren-Edition gegenüber der Standard-Version des Visual C/C++ Compilers betrifft die Lizenzbestimmungen. Diese lassen den Weitervertrieb aller mit der Autoren-Version erstellten ausführbaren Dateien nicht zu. Beim Starten eines Programms öffnet sich deshalb eine Dialog-Box mit einer entsprechenden Meldung. Für den Test der eigenen Programme sollte das jedoch nicht zu sehr stören.

Zur **Installation** des Visual C++ Compilers rufen Sie das `Setup`-Programm auf und folgen den Anweisungen. Die Installation ist normalerweise unproblematisch. Noch einige Hinweise:

1. Schließen Sie vor der Installation alle anderen Anwendungen. Im Laufe der Installation wird der Rechner neu gestartet.
2. Sie werden gefragt, ob die Batch-Datei `vcvars32.bat` angelegt werden soll. Stimmen dieser Frage auf jeden Fall zu.
3. Die Online-Hilfe heißt MSDN und sollte möglichst installiert werden (150 MB). MSDN kann aber auch später durch einen erneuten Aufruf des Setup-Programms nachinstalliert werden.

Für das **Erstellen von Programmen** mit Visual C++ ist stets ein *Arbeitsbereich* mit einem *Projekt* anzulegen. Das Projekt enthält die zu compilierenden Dateien und legt fest, wie diese übersetzt werden. Alle Programme im ersten Teil dieses Buches (Kapitel 1 bis 17) verwenden nur die standardisierten ANSI-C++ Sprachmittel. Sie sind deshalb Betriebssystem-unabhängig und können z.B. auch auf UNIX- oder Mac-Rechnern übersetzt und ausgeführt werden.

Für diese Programme muss ein Projekt als Konsolenanwendung festgelegt werden. Konsolen-Anwendungen sind vollwertige 32-Bit-Anwendungen, allerdings ohne graphische Benutzeroberfläche. Für die Windows-Anwendungen (Kapitel 21 usw.) benutzen Sie den Projekt-Typ »Win32-Anwendung«.

Zum Anlegen eines Konsolen-Projekts genügt es, im Menü »Datei/Neu« unter »Projekte« *Win32-Konsolenanwendung* auszuwählen. In dieses leere Projekt können dann mit »Datei/Neu/Dateien« neue Header- und Quellcode Dateien eingefügt werden. Unter dem Menüpunkt »Erstellen« finden Sie die Befehle zum Erstellen und Ausführen der EXE-Datei. Wählen Sie direkt »Ausführen« (Icon: !), so wird automatisch eine ausführbare Datei erstellt und ausgeführt.

Im Verzeichnis `Win32` sind die Beispielprogramme eines Kapitels jeweils zu einem Arbeitsbereich zusammengefaßt, der die Endung `dsw` hat. Durch Anklicken dieser Datei wird der Arbeitsbereich mit seinen Projekten direkt geöffnet. Im Menü "Projekt" kann das *aktive Projekt* mit "Aktives Projekt festlegen" ausgewählt werden. Das Übersetzen und Ausführen bezieht sich immer auf das aktive Projekt.

Sehr nützlich sind auch lokale Kontext-Menüs, die mit der rechten Maustatste geöffnet werden. Probieren Sie diese aus!

Stichwortverzeichnis

J

K

Peter Prinz
Ulla Kirch-Prinz

C++
Das Übungsbuch

Testfragen und Aufgaben mit Lösungen

- **Trainieren Sie Ihre C++-Kenntnisse**
- **Fürs Studium und Selbststudium**
- **Mit kommentierten Lösungen**

3. Auflage

Das Buch wendet sich an Leser, die ihre C++-Kenntnisse durch »Learning by Doing« erwerben und vertiefen möchten. Es ist ideal, um sich im Stil eines Workshops auf Prüfungen oder auf die Mitarbeit in einem C++-Projekt vorzubereiten.

Der Aufbau dieses Übungsbuches lehnt sich an das Lehrbuch »C++ lernen und professionell anwenden« derselben Autoren an, das ebenfalls im MITP-Verlag erschienen ist. Jedes Kapitel beginnt mit einer Zusammenfassung des Stoffes, zu dem anschließend Fragen und Aufgaben gestellt werden.

Jedes Kapitel besteht neben der einführenden Beschreibung des Themas aus drei weiteren Teilen: Verständnisfragen, Programmieraufgaben und den Musterlösungen zu allen Fragen und Aufgaben. Mit jeweils 20 Verständnisfragen können Sie testen, wie gut Sie sich in dem jeweiligen Themenbereich auskennen. Die Art der Fragen sind entweder Ja/Nein-Fragen, Multiple-Choice-Fragen oder es muss eine Aussage vervollständigt werden. Im Aufgabenteil können Sie dann Ihr Wissen praktisch umsetzen. In jedem Kapitel gibt es mindestens zehn Aufgaben mit steigendem Schwierigkeitsgrad.

Bei der Auswahl der Problemstellungen für Aufgaben wurde stets darauf geachtet, dass sie typisch und praxisnah sind.

Umfangreich kommentierte Musterlösungen am Ende eines Kapitels geben Ihnen ein direktes und ausführliches Feedback zu Ihren Lösungsansätzen.

Sie verfügen nach der Bearbeitung des Buches über fundierte Programmiererfahrungen und einen umfangreichen Fundus an Beispiel-Code.

Probekapitel und Infos erhalten
Sie unter: **www.mitp.de**

ISBN 978-3-8266-1765-2

Andrei Alexandrescu

Modernes C++ Design

Generische Programmierung und Entwurfsmuster angewendet

- **C++-Techniken zur Entwicklung generischer Komponenten**
- **Entwurfsmuster für flexible, wiederverwendbare Designstrukturen**
- **Aus der „C++ In-Depth Series“ von Bjarne Stroustrup, Vorworte von Scott Meyers und John Vlissides**

„Modernes C++-Design ist ein wichtiges Buch. Es stellt ‚generische Muster' oder ‚Mustervorlagen' als leistungsfähige neue Möglichkeit für ein erweiterungsfähiges C++-Design vor, eine neuartige Kombination von Templates und Mustern, die bisher kaum vorstellbar war. Wenn Sie sich professionell mit C++-Design und Programmierung beschäftigen, dann sollten Sie dieses Buch unbedingt lesen, es ist sehr zu empfehlen [...]“ *Herb Sutter*

Mit seinem Buch *Modernes C++-Design* eröffnet Andrei Alexandrescu dem C++-Programmierer völlig neue Perspektiven und Designtechniken. Mit außerordentlicher Kreativität stellt er eine hochaktuelle Herangehensweise an das Programmdesign vor, bei der Entwurfsmuster, generische Programmierung und C++ miteinander verbunden werden. Ziel dabei ist es, leistungsstarken, flexiblen und in höchstem Maße wiederverwendbaren Code zu erstellen.

Das Buch führt das Konzept der generischen Komponenten ein, bei denen es sich um wiederverwendbare Designmuster handelt, die C++-Codebausteine für den Compiler liefern. Generische Komponenten erzeugen Code, der die ursprüngliche Designintention besser wiedergibt, und unterstützen dadurch die Wiederverwendung von Designstrukturen mit nur wenig Programmieraufwand.

Der Autor beschreibt die spezifischen C++-Techniken und Eigenschaften, die für die Entwicklung generischer Komponenten verwendet werden, und geht über zur Implementierung professioneller generischer Komponenten für den praktischen Einsatz. Immer wieder auftretende Probleme, die C++-Entwickler in ihrer täglichen Arbeit lösen müssen, werden ausführlich behandelt und auf generische Art gelöst. Hierzu gehören unter anderem:

- Auf Policies basierendes Design für mehr Flexibilität
- Partielle Template-Spezialisierungen
- Typlisten – leistungsfähige Typmanipulationsstrukturen
- Entwurfsmuster wie zum Beispiel die Muster Visitor, Singleton, Command und die Fabrikmethode
- Multimethoden

Für jede generische Komponente werden die grundlegenden Probleme und Designoptionen vorgestellt und abschließend eine generische Lösung implementiert.

Alle Quellcode-Beispiele können Sie kostenlos aus dem Web downloaden!

Probekapitel und Infos erhalten Sie unter: **www.mitp.de**

ISBN 978-3-8266-1347-0